SISTEMAS DE INFORMAÇÃO
UMA ABORDAGEM GERENCIAL

gen
Grupo
Editorial
Nacional

SISTEMAS DE INFORMAÇÃO
UMA ABORDAGEM GERENCIAL

TERCEIRA EDIÇÃO

STEVEN R. GORDON
Babson College

JUDITH R. GORDON
Boston College

Tradução
Oscar Rudy Kronmeyer Filho
Doutorando em Controle de Gestão / Pilotagem de Empresas pelo
Programa de Pós-Graduação em Engenharia de Produção da UFRGS
Mestre em Administração de Empresas pelo PPGA-UFRGS
Professor e pesquisador da UNISINOS na área de Sistemas de Informação e Gestão Estratégica

Revisão Técnica
Sandra Regina Holanda Mariano
Doutora em Engenharia de Sistemas e Computação pela Universidade Federal do Rio de Janeiro (UFRJ)
Professora Adjunta da Universidade Federal Fluminense (UFF)

Travessa do Ouvidor, 11
Rio de Janeiro, RJ — CEP 20040-040
Tels.: 21-3543-0770 / 11-5080-0770
Fax: 21-3543-0896
ltc@grupogen.com.br
www.ltceditora.com.br

Editoração Eletrônica: TALMAÍ Editora Ltda.

CIP-BRASIL. CATALOGAÇÃO-NA-FONTE
SINDICATO NACIONAL DOS EDITORES DE LIVROS, RJ.

G671s

Gordon, Steven R.
Sistemas de informação : uma abordagem gerencial / Steven R. Gordon, Judith R. Gordon ; tradução Oscar Rudy Kronmeyer Filho ; revisão técnica Sandra Regina Holanda Mariano. - [Reimpr.]. - Rio de Janeiro : LTC, 2015.

Tradução de: Information systems : a management approach, 3rd ed
ISBN 978-85-216-1479-1

1. Sistemas de informação gerencial. 2. Gerenciamento de recursos da informação. 3. Sistemas de recuperação da informação - Administração. 4. Tecnologia da informação - Administração. I. Gordon, Judith R. II. Título.

05-3702. CDD 658.40380285
CDU 65.011.57

DEDICATÓRIA

DEDICAMOS ESTE LIVRO A
MICHAEL, LAURIE, STEVE, BRIAN E LOGAN,
COM MUITO AMOR.

SUMÁRIO GERAL

Material Suplementar

Este livro conta com materiais suplementares.

O acesso é gratuito, bastando que o leitor se cadastre em http://gen-io.grupogen.com.br.

GEN-IO (GEN | Informação Online) é o repositório de materiais suplementares e de serviços relacionados com livros publicados pelo GEN | Grupo Editorial Nacional, maior conglomerado brasileiro de editoras do ramo científico-técnico-profissional, composto por Guanabara Koogan, Santos, Roca, AC Farmacêutica, Forense, Método, LTC, E.P.U. e Forense Universitária. Os materiais suplementares ficam disponíveis para acesso durante a vigência das edições atuais dos livros a que eles correspondem.

SUMÁRIO

CAPÍTULO 5

TELECOMUNICAÇÃO E REDES 140

PREFÁCIO

Todas as pessoas usam a informação na sua vida pessoal e profissional, mas a maioria não se dá conta de que precisa *administrar* a informação para maximizar sua utilidade. Ainda que você possa ser bombardeado com informações de uma série de meios de comunicação, provavelmente você tem pouca dificuldade em filtrá-las e reter as informações mais importantes. Você pode usar um sistema de informação não computadorizado relativamente simples, como uma agenda, um talão de cheques ou uma lista de endereços, ou um sistema simples baseado em computador, como um calendário eletrônico ou um sistema pessoal de gestão financeira, para ajudá-lo a lidar com estas informações. No nível organizacional, entretanto — e algumas vezes mesmo no nível pessoal —, o volume e a complexidade das informações que estão sendo processadas, sua importância para a organização ou para o indivíduo e a dificuldade de classificar e interpretar as informações requerem controle cuidadoso, processamento sistemático e análises refinadas. Aumentar o rigor da gestão das informações normalmente envolve o desenvolvimento de sistemas mais complexos, formais, geralmente computadorizados, que coletam, organizam, recuperam e comunicam a informação.

A terceira edição de *Sistemas de Informação: Uma Abordagem Gerencial* enfoca a utilização da tecnologia da informação pelo administrador para dar apoio à gestão da informação. Especialmente, ele se dirige ao uso de sistemas computadorizados nas seguintes situações: (1) determinar o tipo de informação requerida para o desempenho efetivo das atividades organizacionais; (2) coletar, acessar e organizar esta informação; (3) recuperar, manusear e processar esta informação uma vez que ela esteja disponível; e (4) interpretar e comunicar a informação para interessados diversos, tanto internos quanto externos à organização. Apesar de o livro apresentar conceitos de informação e de gestão da informação basicamente da perspectiva de um administrador, ele também considera a perspectiva dos trabalhadores do conhecimento e de outros trabalhadores em funções diversas, como marketing, indústria, gestão de recursos humanos, engenharia e finanças, em organizações de todos os tamanhos.

Este livro destina-se ao uso em cursos de sistemas de gestão da informação em programas básicos e de graduação em Administração e Negócios. Objetiva preparar futuros administradores a utilizar os sistemas de informação que satisfazem suas necessidades de informação. Ele inclui exemplos abrangentes de situações do mundo real, nas quais os administradores utilizam, com e sem sucesso, os sistemas e as tecnologias da informação.

O ENFOQUE GERENCIAL

Sistemas de Informação: Uma Abordagem Gerencial, Terceira Edição, apresenta uma estrutura para repensar e aperfeiçoar a gestão da informação utilizando tecnologias e sistemas de informação de alta qualidade. Ele oferece um exclusivo método em quatro passos (veja figura adiante) para o processo da gestão da informação. Este método é integrado através de todo o texto, e minicasos e atividades estão igualmente estruturados.

Primeiro, os administradores começam com um diagnóstico das necessidades de informação. Este diagnóstico requer uma descrição do problema existente, o contexto no qual ele ocorre, o tipo de informações disponíveis, o tipo de informações requeridas para resolvê-lo e os possíveis meios de obtenção das informações requeridas. A seguir, os administradores avaliam as opções para satisfazer estas necessidades. Os administradores avaliam *hardware, software,* banco de dados e redes de telecomunicações para suprir suas necessidades de informação. Então, se as necessidades não são satisfeitas, eles partem para o desenvolvimento do projeto ou seleção de sistemas apropriados. O projeto envolve corrigir deficiências nos sistemas existentes e incorporar nestes sistemas práticas e tecnologias do estado-da-arte. Por fim os

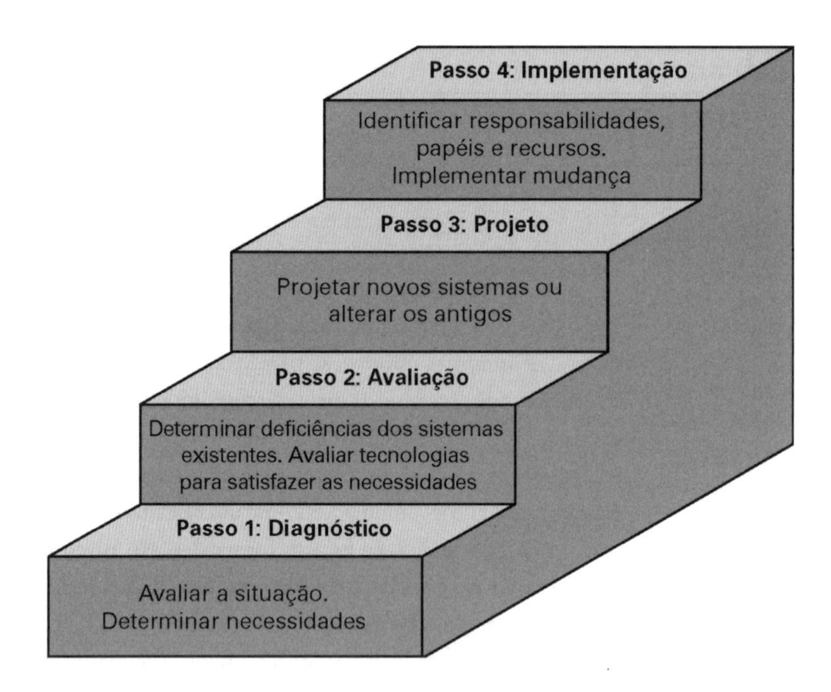

administradores implementam estas mudanças. Eles precisam identificar a responsabilidade de cada parte na implementação, incluindo os papéis que os próprios administradores vão desempenhar, a equipe de sistemas de informação, ou especialistas de fora da organização, bem como o orçamento e o cronograma da implementação.

ORGANIZAÇÃO DESTE LIVRO

O texto está organizado em quatro partes, correspondendo ao método em quatro passos como descrito na figura em forma de escada. Cada parte segue inteiramente o método em quatro passos, mas as partes diferem na sua ênfase (ver tabela a seguir).

	Parte I Diagnosticando as Necessidades de Informação para a Gestão	Parte II Avaliando as Tecnologias da Informação	Parte III Projetando Sistemas Corporativos	Parte IV Administrando os Recursos de Informação
Passo 1 Diagnóstico	✓✓✓	✓✓	✓✓	✓
Passo 2 Avaliação	✓✓	✓✓✓	✓✓	✓
Passo 3 Projeto	✓	✓✓	✓✓✓	✓✓
Passo 4 Implementação	✓	✓	✓	✓✓✓

Chave: ✓✓✓ (Ênfase forte); ✓✓ (Ênfase moderada); ✓ (Ênfase fraca)

A Parte I, "Diagnosticando as Necessidades de Informação para a Gestão" focaliza a maneira pela qual os administradores, grupos e organizações usam a informação. O Capítulo 1 usa esta parte para descrever a natureza da gestão da informação, o contexto da gestão da informação no mundo moderno, o papel do administrador e o método da gestão em quatro passos. O Capítulo 2 versa sobre o contexto organizacional da gestão da informação, focalizando a natureza mutante das organizações, novas estruturas organizacionais e seus requisitos de informação, o uso da tecnologia da informação para dar suporte à gestão por equipe e o papel da informação no preparo e implementação da estratégia organizacional.

A Parte II, "Avaliando as Tecnologias da Informação", ilustra como os administradores avaliam as tecnologias disponíveis para satisfazer suas necessidades de informação. O Capítulo 3 discute *hardware* e *software* e como eles são organizados em sistemas computadorizados completos. O Capítulo 4 analisa os sistemas de gestão de banco de dados, incluindo seu uso e funcionalidade, seu desenvolvimento através do projeto de dados, seus fundamentos tecnológicos e sua gestão. O Capítulo 5 discute telecomunicações e redes, incluindo seus tipos e usos, a infra-estrutura da indústria de comunicação, os componentes de *hardware* e *software* da tecnologia de redes, conceitos sobre a Internet e princípios da gestão de redes.

A Parte III, "Projetando Sistemas Corporativos", apresenta como as organizações usam os sistemas e tecnologia da informação para resolver problemas e incrementar os processos de negócios. O Capítulo 6 introduz os princípios e conceitos de *e-commerce* e *e-business,* incluindo os objetivos de efetuar negócios eletronicamente, modelos de negócios eletrônicos e as dificuldades de se fazer negócios eletronicamente. O Capítulo 7 versa sobre o projeto de sistemas de informações para funções de negócios específicas, sistemas empresariais multidisciplinares e sistemas projetados para dar suporte a processos que extrapolam os limites da empresa. Ele se destina a sistemas de informação que ajudam a administrar relacionamentos com clientes e canais, manufatura e produção, relacionamentos com fornecedores, armazenamento, transporte, gestão de recursos humanos e contabilidade. O Capítulo 8 investiga os sistemas de coordenação e suporte à gestão, incluindo os sistemas de gestão de relatórios, sistemas de apoio à decisão, *groupware* e sistemas de informações executivas.

A Parte IV, "Administrando os Recursos de Informação", investiga as questões associadas ao desenvolvimento de sistemas de informação e à gestão das informações que eles processam. O Capítulo 9 aborda os elementos do desenvolvimento de sistemas, incluindo a avaliação de requisitos; a análise de alternativas; o projeto, desenvolvimento e implementação de novos sistemas; e a manutenção e revisão de sistemas. Ele também enfoca os problemas exclusivos do desenvolvimento e administração de sites na Internet. O Capítulo 10 aborda os meios para estruturar e administrar as partes da organização que distribuem serviços de informação.

CARACTERÍSTICAS DESTE LIVRO

A terceira edição de *Sistemas de Informação: Uma Abordagem Gerencial* oferece uma apresentação integrada de cada tópico usando texto, casos, exercícios e atividades na Internet. O texto é planejado para ser versátil no seu uso, proporcionando flexibilidade na seqüência a ser adotada na cobertura dos capítulos. As características adicionais mais importantes são:

- *Exemplos atuais do mundo real,* integrados através do texto, ilustram os conceitos fundamentais em ação.
- A forte integração de *referências e materiais baseados na Internet* assegura a atualidade desta terceira edição.
- *O método da gestão em quatro passos* ajuda a desenvolver habilidades de pensamento crítico. Os estudantes aprendem a analisar a situação, avaliar os sistemas existentes para a gestão da informação, projetar as características de novos sistemas e considerar as questões associadas com sua implementação.
- *Ênfase no e-business* na seleção de casos e exemplos em todos os capítulos.
- *Um novo capítulo sobre e-commerce e e-business* (Capítulo 6) discute como os negócios modernos estão usando a Internet, a comunicação móvel e outras tecnologias da informação para dar suporte a processos de negócios existentes e implementar novos modelos de negócios.
- *Um novo capítulo sobre sistemas funcionais e empresariais* (Capítulo 7) fornece exemplos extensos e aprofundados de como os departamentos funcionais usam sistemas e tecnologia da informação para automatizar e aprimorar seus processos e como as organizações integram estes sistemas entre si e com os sistemas de clientes, fornecedores e outros parceiros de negócios.
- As questões associadas com a *globalização dos negócios* são destacadas por todo o texto. Os estudantes consideram as implicações de administrar informações em organizações transnacionais com diferentes culturas, habilidades, línguas e sistemas legais.

- *Um veemente enfoque ético* permeia cada capítulo, onde há uma atividade que encoraja os estudantes a considerar as implicações éticas das diferentes opções de gestão.
- *Um foco intenso em tecnologias atuais e futuras* assegura aos estudantes o conhecimento sobre uma série de possibilidades tecnológicas.
- *Um breve caso* introduz cada capítulo. Conceitos-chave através do capítulo são aplicados ao caso da abertura, onde apropriado.
- Uma pedagogia *integrada e abrangente* apóia o aprendizado do aluno. Os elementos pedagógicos incluem um esboço do capítulo, objetivos de aprendizado, resumo do capítulo, termos e expressões importantes, questões de revisão, minicasos, atividades, notas e leituras recomendadas.
- *Os minicasos* permitem aos estudantes vivenciar situações da vida real sem deixar a sala de aula.
- *As atividades* ao final de cada capítulo propiciam ao estudante a oportunidade de entender as necessidades de informação, avaliar a efetividade das estratégias de gestão da informação e aplicar conceitos do curso para aspectos do desenvolvimento de sistemas de informação.
- *Exercícios de SI na Web.* Estes exercícios ao final de cada capítulo fazem uso da Internet como uma ferramenta para explorar mais a fundo os conceitos do capítulo.

AGRADECIMENTOS

O desenvolvimento deste livro foi influenciado pelas contribuições de muitas pessoas. Gostaríamos de primeiro agradecer aos revisores deste livro, que fizeram importantes contribuições que influenciaram significativamente seu desenvolvimento e sua qualidade. Agradecemos a:

Bay Arinze
Drexel University
Gary Armstrong
Shippensberg University
Nancy W. Davidson
Auburn University at Montgomery
Barbara Denison
Wright State University
Jack Van Deventer
Washington State University
Bryan Foltz
East Carolina University
William H. Friedman
University of Central Arkansas
Tim Goles
University of Texas at San Antonio
Veronica Hinton-Hudson
University of Louisville
Brian Kovar
Kansas State University
Brett Landry
University of New Orleans
David W. Letcher
The College of New Jersey
Jane Mackay
Texas Christian University
John Melrose
University of Wisconsin at Eau Claire

Enrique Mu
University of Pittsburgh
Bruce A. Reinig
San Diego State
Paula Ruby
Arkansas State University
Linda Salchenberger
Loyola University of Chicago
Charles Small
Abilene Christian University
Carlos Urcuyo
University of Toledo
Vince Yen
Wright State University
Dale Young
Miami University

Em particular, agradecemos a Paula Ruby, da Arkansas State University, pelo seu notável trabalho na elaboração do manual do professor e no banco de testes.*

Agradecemos muitíssimo ao suporte editorial e técnico oferecido pelos profissionais da Leyh Publishing. Agradecemos, em particular, a Jennifer Fisher, Lari Bishop e Camille McMorrow pela sua atenção ao projeto, ao leiaute, à edição do texto e à busca de permissões. Rick Leyh merece agradecimentos especiais pela sua orientação e inspiração desde a concepção deste projeto até sua implementação.

Nossos maiores agradecimentos vão para nossas famílias, cujo entusiasmo foi sempre a mais profunda fonte de nossa força. Finalmente, para Michael, nossa única criança que permanecia em casa, damos especiais agradecimentos por sacrificar seu tempo conosco para que este projeto tivesse sucesso.

*Esses materiais estão disponíveis em inglês no site da LTC Editora www.ltceditora.com.br. (N.E.)

SOBRE OS AUTORES

Steve R. Gordon é Professor Adjunto de Sistemas e Tecnologia da Informação no Babson College. É co-autor de *Sistemas de Informação: Uma Abordagem Gerencial* e *Essentials of Accounting Information Systems.* Os interesses em pesquisa e consultoria do Dr. Gordon focalizam duas áreas: o controle e a estrutura da função da tecnologia da informação em organizações e do *e-commerce* na indústria de serviços financeiros. Os resultados de suas pesquisas foram publicados no *Communications of the ACM, no Information & Management,* no *Information Systems Management,* no *International Journal of Service Industry Management* e em outras publicações acadêmicas. É Editor Associado Global do *Journal of Information Technology Cases and Applications* e atua no Conselho Editorial do *Journal of End User Computing.*

Antes de chegar ao Babson College, o Dr. Gordon fundou e foi presidente da Beta Principles, Inc., que desenvolveu e comercializou *software* contábil e revendeu *hardware* de computador. O Dr. Gordon também atuou como consultor do setor aéreo na Simat, Helliesen & Eichner, Inc. É doutor em Sistemas de Transportes do Instituto de Tecnologia de Massachusetts (MIT).

Judith R. Gordon é Professora Adjunta de Gestão na Carroll School of Management do Boston College, onde ocupou por duas vezes o cargo de coordenadora. Os interesses de pesquisa e publicação da Dra. Gordon focalizam o desenvolvimento de carreira das mulheres, questões trabalho-família no local de trabalho, mudança organizacional, fornecimento dos sistemas de informação e efetividade administrativa. Ela tem regularmente apresentado trabalhos nos encontros da Academy of Management e tem publicado artigos em jornais como o *Academy of Management Executive, Women in Management Review, Human Resource Planning, Information Systems Management, Information & Management, Sloan Management Review* e *Academy of Management Review.* Ela é a autora de *Organizational Behavior: A Diagnostic Approach* e de *Human Resources Management: A Practical Approach.*

A Dra. Gordon foi a primeira mulher a se doutorar na Sloan School of Management no Instituto de Tecnologia de Massachusetts. Ela atualmente é membro da Commission on Institutions of Higher Education of the New England Association of Schools and Colleges.

Parte I

Diagnosticando as Necessidades de Informação para a Gestão

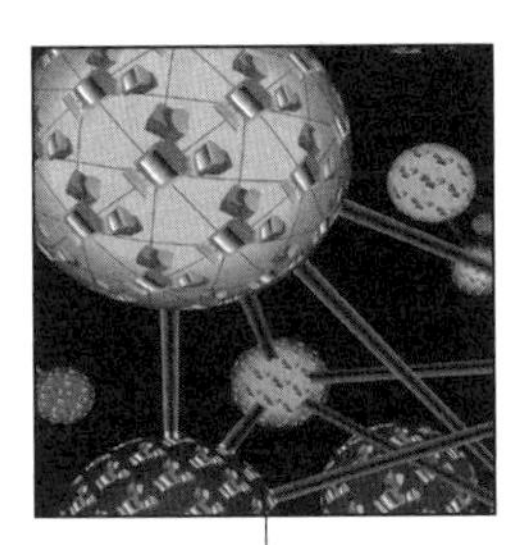

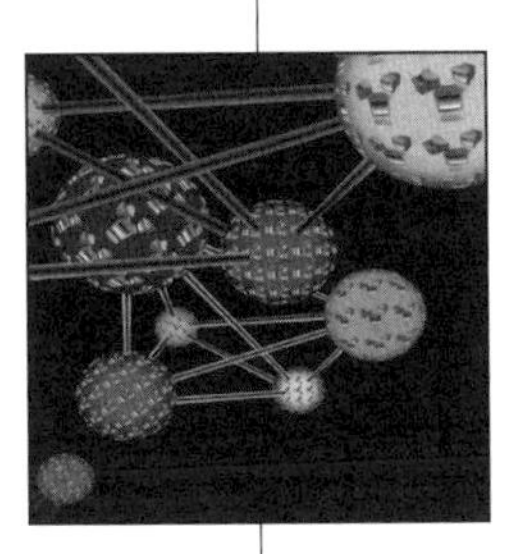

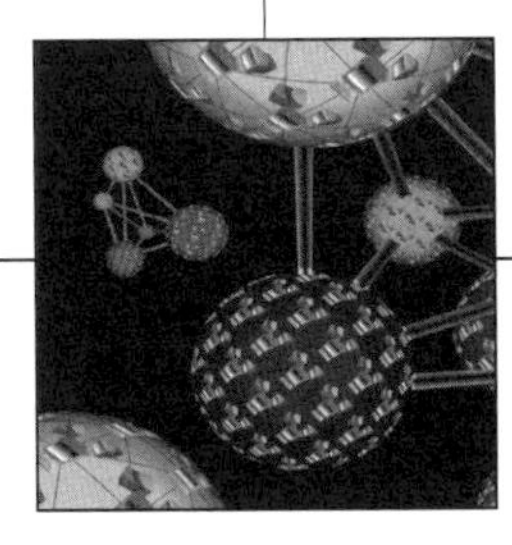

Os gestores enfrentam hoje o desafio de gerenciar de forma efetiva as informações. A tecnologia da informação fornece o suporte para a gestão das informações e ajuda as organizações a competirem com sucesso num ambiente globalizado. Esta parte introduz a gestão da informação nos níveis gerenciais, das equipes e da organização como um todo. O Capítulo 1 apresenta as questões básicas relacionadas com a informação e sua gestão, definindo informação e gestão da informação e discutindo o papel da informação no processo de gestão. Na conclusão do capítulo é apresentado o método da gestão em quatro passos, utilizado ao longo de todo o livro. O Capítulo 2 dá seqüência à introdução ao tema, examinando como as organizações usam a informação para atender os requisitos de informação das novas estruturas organizacionais, o papel da gestão da informação no apoio à gestão por equipes e o relacionamento entre informação e estratégia organizacional. ■

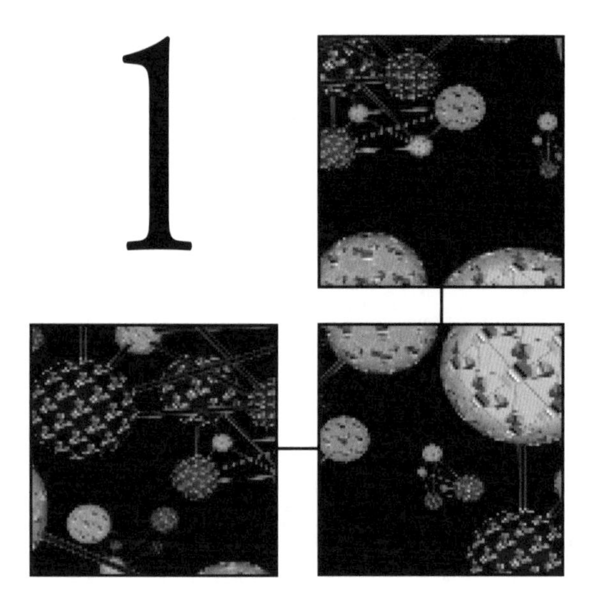

1 Gestão da Informação numa Economia Global

OBJETIVOS DO APRENDIZADO

Após completar o Capítulo 1, você estará apto a:

- Definir informação e discutir seu papel nas organizações.
- Identificar o papel da tecnologia da informação nas organizações.
- Classificar sistemas de informação de acordo com sua finalidade e abrangência.
- Identificar cinco pontos essenciais na gestão de informações nas organizações contemporâneas.
- Descrever o uso das informações pelos gestores em seu trabalho.
- Identificar os requisitos de informações para a gestão efetiva.
- Oferecer um enfoque para as questões éticas na gestão da informação.
- Identificar os quatro passos para a gestão efetiva da informação.

Gerenciando Informações na Marriott International

A Marriott International Inc., conhecida mundialmente pelos seus hotéis Marriott, administra 21 diferentes marcas, incluindo o Ritz-Carlton e as cadeias Ramada, com mais de 2.200 unidades em 60 países. A gestão de suas informações é a chave para administrar suas diversificadas e vastas propriedades.

O Ritz-Carlton foi uma das primeiras cadeias de hotéis a munir seus empregados com as informações de que precisavam para fazer seus clientes sentirem-se especiais. Clientes nos hotéis Ritz-Carlton esperam atendimento personalizado de primeira linha. Quanto mais informações os empregados tiverem sobre seus hóspedes, mais eles podem assegurar que as hospedagens no Ritz atenderam ou excederam as expectativas destes hóspedes. Uma hóspede deseja sua cama arrumada às 9 da noite? Quer uma vista urbana ou de jardim? Quer um chocolate sobre seu travesseiro ao anoitecer? Os empregados do hotel coletam informações não-convencionais sobre as preferências dos hóspedes e as anotam em cartões que o pessoal administrativo digita num banco de dados internacional de preferências de hóspedes. Os empregados usam estas informações para oferecer um nível de serviço mais personalizado.[2]

Este tipo de criação e uso de conhecimentos a respeito do cliente é agora padrão não só no Ritz, mas também em todos os outros hotéis Marriott. Ainda assim, gestores como Tony Reid, vice-presidente de sistemas de planejamento e informação de vendas, sabem que o conhecimento a respeito do cliente, não importa quão bom seja, é pouco aproveitado se restringido a um único hotel. A Marriott também precisa coordenar o uso das informações entre seus hotéis e mesmo entre suas cadeias de hotéis. Como a maioria das pessoas hospeda-se freqüentemente em muitos hotéis diferentes, compartilhar informações pode ajudar a aprimorar o serviço e levar a uma melhor satisfação do cliente. Reid relembra um exemplo, quando o pessoal de vendas de dois diferentes hotéis Marriott estava competindo pelo mesmo cliente e pelo mesmo evento — uma reunião de empresa. Um vendedor do hotel já havia entrevistado o responsável pela reunião e coletado informações sobre o evento. Como resultado, o cliente não teve que perder tempo repetindo as informações para o segundo vendedor. Os dois vendedores prepararam uma proposta em conjunto e ganharam o contrato.[3]

Como os gestores na Marriott e em outras empresas garantem que seus empregados possuem as informações de que necessitam? Como eles compartilham informações críticas entre as unidades de negócio espalhadas pelo mundo? Uma vez obtidas as informações necessárias, como os gestores garantem que seus empregados podem usá-las para fazer bem seu trabalho? Como os gestores e seus empregados lidam com o desafio diário de gerir informações de maneira efetiva e ética?

Neste capítulo primeiro exploraremos o papel e a gestão da informação nas organizações. Depois investigaremos as questões envolvidas na gestão da informação nas organizações contemporâneas. A seguir examinaremos como os gestores usam e administram informações em seu trabalho. Concluiremos examinando o método da gestão em quatro passos para a gestão de informações usado neste livro.

O QUE É GESTÃO DA INFORMAÇÃO?

Administradores lidam com informação em todos os aspectos de seu trabalho. Os gestores na Marriott precisam de informações sobre seus clientes a fim de oferecer o melhor serviço que podem. Eles usam informações sobre seus empregados para treiná-los devidamente e criar incentivos apropriados para que estes ajam no melhor interesse da empresa. Eles usam informações para determinar onde construir novos hotéis, para atribuir ou alterar preços dos seus quartos e instalações e para criar programas de recompensas que incentivem os viajantes a se hospedarem nos hotéis Marriott.

O que É Informação?

Definimos **dado** como fatos, valores, observações e medidas que não estão contextualizadas ou organizadas. Uma estação de meteorologia, por exemplo, pode informar os seguintes dados: 2597, 1400, 35, 30,2R, 10NW, 28. Definimos **informação** como dados processados — dados que foram organizados e interpretados e possivelmente formatados, filtrados, analisados e resumidos. Por exemplo, os dados da estação meteorológica podem fornecer as seguintes *informações*: a estação meteorológica 2597 relatou às 14:00h (2:00 p.m.), uma temperatura de 35 graus Fahrenheit, uma pressão atmosférica ascendente de 30,2, uma velocidade do vento de 10 mph noroeste, e uma umidade de 28%. Um mapa, resumindo os dados de muitas estações, fornece informações sobre a localização e movimento de frentes e tempestades. Apresentamos e usamos informações hoje em vários meios, incluindo som, gráficos e vídeo.

Os gestores podem usar informações para obter conhecimento. **Conhecimento** é um entendimento, ou modelo, sobre pessoas, objetos ou eventos, derivado de informações sobre eles, como ilustrado na Figura 1-1. O conhecimento proporciona uma estrutura para interpretar as informações, usualmente incorporando e explicando variações no tempo ou no espaço. Por exemplo, os gestores na Marriott obtêm conhecimento das preferências dos clientes a partir das informações obtidas como resultado de dados acumulados sobre solicitações específicas destes clientes. **Sabedoria** é a habilidade de usar conhecimento para um propósito. Os sistemas de computador coletam dados, produzem e apresentam informações, e ajudam a criar conhecimento. Confiamos em que as pessoas apliquem sua sabedoria para fazer com que os sistemas de informações sejam efetivos.

O Papel da Informação nas Organizações

As organizações usam as informações como um recurso, como um ativo ou como um produto, ao modo ilustrado na Figura 1-2.

- *Informação como um Recurso*. Tal como o dinheiro, pessoas, matérias-primas, equipamentos ou tempo, a informação pode servir como um **recurso**, um insumo na produção de bens e serviços. A Marriott International, por exemplo, usa a informação como um recurso para fornecer melhores serviços aos seus clientes. Os gestores podem usar a informação para substituir capital e trabalho, ao mesmo tempo em que reduz custos. Por exemplo, os gestores na Scottish Courage Brewing (SCB), a cervejaria líder do Reino Unido e uma das maiores da Europa, usam informações sobre demanda, regras de produção e estoques para fazer melhor uso dos seus tanques de fermentação. Como resultado, eles foram capazes de reduzir as necessidades da SCB de novos investimentos para aumentar a sua capacidade de produção e podem atender melhor pedidos urgentes dos clientes.[4]
- *Informação como um Ativo*. A informação pode servir como um ativo, ou seja, a propriedade de uma pessoa ou de uma organização que contribui para os resultados de uma empresa. Sob este ângulo,

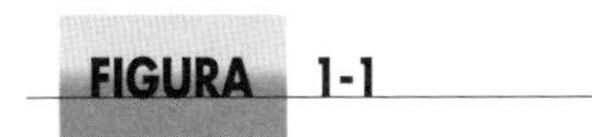

FIGURA 1-1

Gestores Obtêm Informações a Partir de Dados e as Usam para Obter Informações

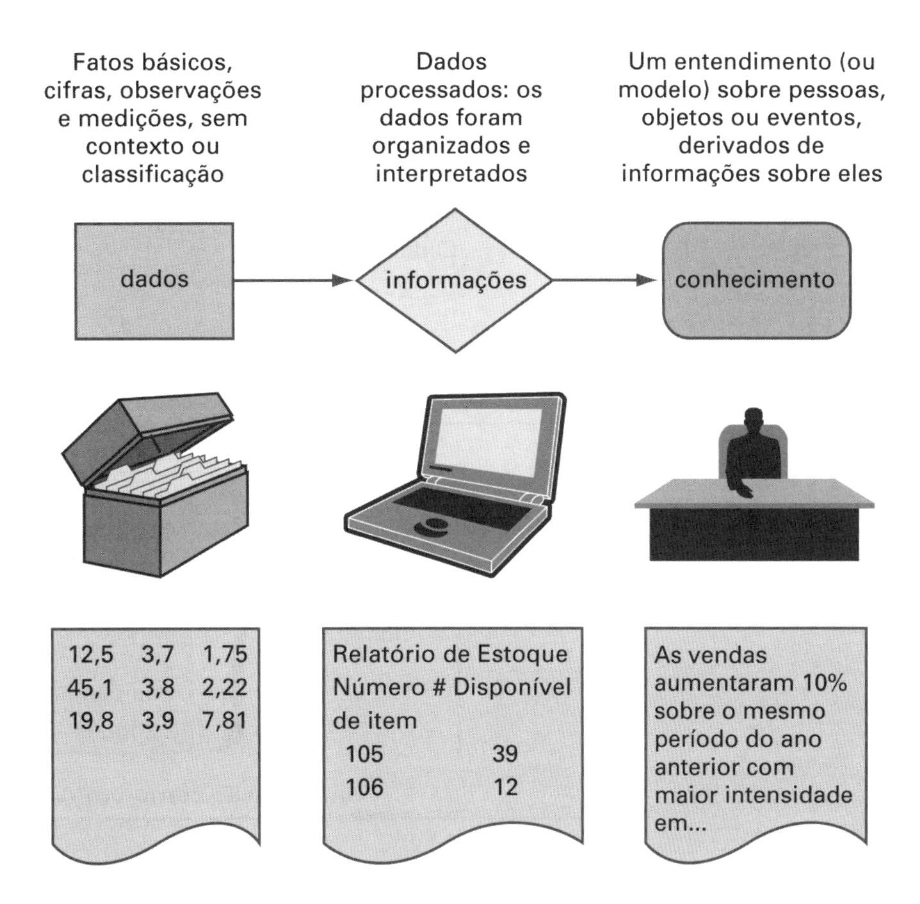

a informação assemelha-se a instalações, equipamentos, *goodwill* e outros ativos da empresa. Os gestores podem visualizar a informação como um investimento que eles podem usar estrategicamente para dar à sua empresa uma vantagem sobre seus competidores. Embora as regras de contabilidade geralmente aceitas normalmente evitem que as empresas listem a informação como um ativo em seus balanços, muitas empresas, como a empresa de caminhões Roadway Express, atribuem internamente um valor às suas informações, a fim de calcular o retorno do investimento sobre os sistemas de informações projetados.[5]

- *A Informação como um Produto.* As empresas também podem vender informação, o resultado de seu processo produtivo, como um produto ou serviço ou como componente embutido em um produto. Em nossa economia orientada para serviços, um número crescente de empresas encara a informação desta forma. Editores de listas telefônicas, guias de informações de televisão e guias de companhias aéreas obtêm um bom lucro vendendo informações. A American Medical Association planeja criar uma subsidiária chamada "Preference Solutions" para vender para empresas farmacêuticas e outras entidades interessadas[6] informações sobre médicos e outros trabalhadores ligados à saúde nos Estados Unidos. Em muitos casos, a venda de informações desta maneira levanta questões éticas (ver Atividade 1.4). A informação é um componente embutido no avançado forno de microondas da LG Electronics. Esta empresa coreana, que fatura 54 bilhões de dólares ao ano, conhecida anteriormente como Goldstar, fabrica um forno de microondas que armazena na memória as 20 programações mais freqüentemente usadas e pode baixar da Internet receitas e informações de cozimento.[7]

O Papel da Tecnologia da Informação

A tecnologia da informação permitiu que pessoas, grupos e organizações fizessem a gestão de suas informações eficaz e eficientemente. Pense nas informações disponíveis na Internet e nas redes internas das empresas. As tecnologias de informação facilitam as comunicações entre as pessoas dentro das organizações e entre estas. Considere a habilidade de uma empresa para rastrear milhares de produtos em seus depósitos e as vendas destes produtos em centenas de pontos de venda. Avanços significativos na tecnologia da informação tornaram possível obter, gerir e usar quantidades enormes de informação a um custo relativamente baixo.

FIGURA 1-2

Gestores Usam a Informação como um Recurso, Ativo ou Produto

Informação como Recurso

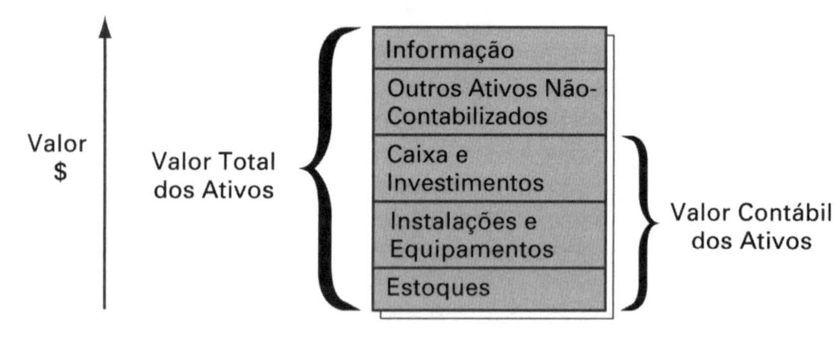

Informação como um Ativo

Informação como Produto

A vasta disponibilidade de tecnologia da computação a custo acessível mudou dramaticamente a maneira como as pessoas adquirem, processam, armazenam, recuperam, transmitem, comunicam e usam a informação. A Ellis Don, uma empresa de construção de Toronto, no Canadá, planeja usar a tecnologia da informação para rastrear milhares de documentos em papel e imagens digitalizadas. A empresa pode operar, a cada projeto, com mais de 50 subempreiteiras, e sem sistemas computadorizados os contratos e projetos de engenharia tornam-se volumosos e difíceis de controlar.[8] O Beth Israel Deaconess Medical Center, de Boston, conecta bebês prematuros hospitalizados com seus pais através de videoconferência, utilizando uma conexão Internet de alta velocidade e software de banco de dados. O sistema Baby CareLink, como é chamado, permite aos pais monitorar seus bebês o tempo todo, melhora a qualidade e a quantidade de informações que os médicos têm a seu dispor quando necessitam tomar decisões que salvam vidas, e até mesmo reduz o tempo que os bebês ficam na Unidade de Tratamento Intensivo Neonatal.[9] Neste livro, vamos examinar como a tecnologia da informação afeta o modo como trabalhamos.

A **tecnologia da informação (TI)** inclui *hardware*, *software*, sistemas de gerenciamento de banco de dados e tecnologias de comunicação de dados.

O ***hardware* de computador** refere-se ao equipamento utilizado no processamento eletrônico das informações. Hoje em dia, computadores de mesa e computadores portáteis podem exceder em desempenho os enormes computadores de um milhão de dólares de dez anos atrás.

- O *hardware* de entrada captura dados no seu formato bruto, primário, e informações de uso interativo.
- O *hardware* de processamento converte ou transforma dados.
- O *hardware* de armazenamento inclui mídias fixas e removíveis que permitem acesso rápido às informações.
- O *hardware* de saída fornece cópias dos dados em papel, microfilmes, e telas de vídeo.

O ***software* de computador** fornece as instruções, na forma de código de computador, e sua documentação correspondente, para processar eletronicamente os dados.

- O *software* de sistemas dirige o funcionamento do *hardware.*
- O *software* de aplicação atua na aquisição, processamento, armazenamento, recuperação e comunicação da informação.
- Ferramentas de desenvolvimento de *software* facilitam a construção e modificação do *software* para melhor responder às necessidades de informação de uma organização.

Os **sistemas de gerenciamento de banco de dados** oferecem veículos para armazenar e dar suporte ao processamento de grandes quantidades de informações de negócios, tais como dados sobre os empregados, produtos, clientes e fornecedores. Esta tecnologia permite aos gestores facilmente acessar, classificar e analisar bancos de dados de informação das mais variadas formas. Por exemplo, Larry Durrett, presidente da Southern Multifoods Inc., proprietária de 100 franquias Taco Bell, usa sofisticados sistemas de gestão de banco de dados para organizar e analisar a enorme quantidade de dados brutos de vendas coletados por seus sistemas de computador diariamente.[10] Gestores na Intermountain Health Care têm usado o seu banco de dados de serviços médicos oferecidos aos cerca de 500.000 residentes de Utah e Idaho para melhorar o atendimento ao cliente, controlar custos e tomar melhores decisões. Por exemplo, analisando dados sobre a utilização dos suprimentos pela empresa, os gestores foram capazes de aprimorar seus contratos de compra e obter descontos por volume. Eles também conseguiram integrar dados clínicos, de cobranças e financeiros para melhor entender interações entre resultados clínicos e custo. Descobriram, por exemplo, que freqüentes testes laboratoriais de colesterol e exames regulares de olhos aumentavam a efetividade dos tratamentos ministrados para o diabetes.[11]

As **tecnologias de comunicação de dados,** especificamente as redes das empresas e a *Internet,* uma rede de redes de alcance mundial, aperfeiçoaram dramaticamente a comunicação das informações entre pequenas e grandes distâncias. Gestores e outros empregados podem facilmente enviar dados de um ponto para outro ou acessar dados localizados no outro lado da Terra usando opções de discagem, redes de computadores, videoconferência e outros meios eletrônicos. Avanços na tecnologia da comunicação ocorrem freqüentemente, reduzindo o custo e aumentando a exatidão e a velocidade da transmissão de dados. As empresas usam a Internet como veículo de comunicação e para o comércio eletrônico.

Empregados na Krispy Kreme Doughnuts podem acessar informações armazenadas na matriz da empresa a partir de qualquer loja usando um simples *browser* da *Web* numa conexão Internet segura chamada VPN (ver Capítulo 5). Com isto, eles podem conduzir pesquisas e inspeções na empresa, examinar estatísticas de produtividade, efetuar pedidos de novos suprimentos e até mesmo treinar novos empregados. Eles podem também enviar informações financeiras pela Web em vez de enviá-las por fax, economizando tempo e aumentando a exatidão.[12]

Gerenciando Informações com Sistemas de Informações

Um **sistema de informações** combina tecnologia da informação com dados, procedimentos para processar dados e pessoas que coletam e usam os dados, como mostrado na Figura 1-3. Um departamento de recursos humanos pode ter um sistema de informações que rastreia empregados atuais e potenciais quanto a histórico de trabalho e salários, experiências de treinamento e avaliações de desempenho, e regularmente fornece relatórios a seus gestores resumindo estes dados. A Microsoft, por exemplo, usa um sistema de informações de recursos humanos para armazenar informações sobre cada empregado, tais como número do Seguro Social, supervisor, data de admissão e situação no emprego, bem como para gerir processos, tais como inscrição em benefícios, controle de férias e licença médica, folha de pagamento e programas de gestão de estoques.[13] Além de usar tecnologias tais como computadores e sistemas de gestão de

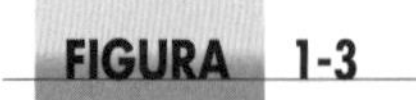

FIGURA 1-3 Os sistemas de informação abrangem tecnologia da informação, dados, procedimentos de processamento de dados e pessoas que usam os dados.

banco de dados, este sistema inclui dados sobre os empregados, sobre procedimentos – tais como quando e como implementar revisões de desempenho – e sobre pessoas – tais como os profissionais de recursos humanos que coletam, analisam e disseminam as informações.

As organizações e seus empregados usam uma variedade de sistemas para ajudar a gerir as informações. Os gestores podem usar sistemas computadorizados para manter informações sobre desempenho de empregados, preferências de clientes e tendências da indústria, assim como para motivar e desenvolver empregados, comunicar-se com outros gestores, tomar decisões, negociar acordos e gerir recursos. À medida que os gestores tornam-se mais sofisticados na execução de suas tarefas, eles demandam sistemas cada vez mais sofisticados que os ajudem a satisfazer suas necessidades de informação.

Organizações que carecem de sistemas de informações de qualidade podem experimentar problemas em acessar os dados de que necessitam para o processo de tomada de decisão executiva. Elas podem perder dados importantes durante uma mudança de local ou falha de energia elétrica. Elas podem também desempenhar as atividades erradas ao tratar com clientes ou fornecedores ou deixar de responder rapidamente às mudanças de mercado ou da indústria.

Tipos de Sistemas de Informações

Embora você possa classificar os sistemas de informações de muitas maneiras, neste livro usamos duas dimensões: o seu propósito, ou finalidade, e o seu escopo. Na dimensão do propósito, diferenciamos os sistemas entre sistemas de automação, sistemas de processamento de transações e sistemas de suporte à gestão. Na dimensão do escopo, distinguimos entre sistemas individuais, departamentais/funcionais, empresariais e sistemas interorganizacionais.

O Propósito dos Sistemas de Informações

Nesta seção, diferenciamos os sistemas de informações de acordo com o propósito do seu uso. Descrevemos rapidamente três categorias distintas de propósito: automação, processamento de transações e suporte à gestão.

Os **sistemas de automação** usam tecnologia da informação para desempenhar tarefas ou torná-las mais fáceis ou menos intensivas em mão de obra. Embora os sistemas de automação possam usar ou coletar informações, este não é seu propósito primário. O sistema de chaves eletrônicas usado pela Marriott International é um excelente exemplo de sistema de automação. As chaves eletrônicas são criadas no momento da identificação de cada cliente. Sua função é abrir portas, e elas simplesmente tomam o lugar das chaves físicas que executam a mesma função. Um outro exemplo de um sistema de automação poderia ser o sistema de robótica que a indústria automobilística usa para montar automóveis. Estes sistemas tomam o lugar de pessoas que executam a mesma função. Os sistemas de computação embutidos nos termostatos avançados controlam a temperatura conforme o dia e a hora, e são também aplicações de sistemas de automação. Os exemplos seguintes ilustram a extensa gama de aplicações dos sistemas de automação:

- Sistemas de automação de escritório aceleram o processamento de informações e auxiliam na gestão do tempo, nas comunicações e na preparação e preenchimento de documentos.
- Sistemas de fluxo do trabalho (*workflow*) coordenam o movimento de documentos e outros dados entre vários grupos nas organizações. A AAA Missouri usa softwares de *workflow* para automatizar o manuseio das solicitações de apólice de seguro, as quais requeriam anteriormente quatro fases, nas quais os formulários de apólice precisavam ser reabertos, classificados e datados.[14]

- A automação industrial em manufatura e o projeto desenvolvido utilizando os sistemas de projeto assistido por computador (CAD) e manufatura assistida por computador (CAM) freqüentemente aprimoram a qualidade do produto, a eficiência dos trabalhadores e o desempenho organizacional.
- A automação da educação e treinamento através do uso de instrução assistida por computador pode tornar disponíveis aos estudantes, de forma facilitada e com baixíssimo custo, grandes quantidades de informações diversificadas.
- Sistemas especialistas automatizam funções que requerem conhecimento altamente especializado, como projeto de produtos, diagnóstico médico ou reparo de equipamentos.

Os **Sistemas de Processamento de Transações** (TPS) processam e registram as transações de uma organização. Uma **transação** é uma unidade de atividade de negócio, tal como comprar um produto, fazer um depósito bancário ou reservar uma passagem aérea. Processar uma transação inclui atividades tais como gravar, arquivar e recuperar registros ou preencher formulários de pedidos e cheques. Sistemas de processamento de transações dão suporte a empregados de nível operacional no desempenho das funções rotineiras do negócio através do fornecimento de dados para responder perguntas, como aquelas mostradas na Figura 1-4. Nos hotéis da Marriott International, agentes de reservas usam sistemas de processamento de transações para reservar acomodações para os clientes. Gestores de limpeza e arrumação podem usar sistemas de processamento de transações para manter o acompanhamento de quais os quartos que precisam ser limpos. Funcionários da portaria usam sistemas de processamento de transações para registrar a entrada dos clientes e indicar-lhes um quarto já limpo.

Sistemas de processamento de transações transformaram o trabalho efetuado por funcionários de escritório e por outros empregados de funções operacionais. Agora, por exemplo, eles fazem a entrada dos dados de reserva de hotéis ou linhas aéreas diretamente nos formulários eletrônicos *online*. O West Florida Medical Center Clinic em Pensacola, Flórida, reduziu em 70% seu índice de recusa de pedidos de pagamento enviados aos planos de saúde, afetando a cobrança de 1 milhão de dólares por mês, simplesmente informatizando a entrada dos códigos de seus pedidos de maneira que sua entrada no sistema pudesse ser feita pelo médico ou enfermeira encarregada(o) da decisão sobre o tipo de tratamento que os pacientes haviam recebido.[15]

Os **Sistemas de Suporte à Gestão** (MSSs), o assunto do Capítulo 8, fornecem informações que os administradores precisam para tomar decisões e coordenar suas atividades. Muitas pessoas usam o termo "sistema de informações gerenciais (MIS)" com o significado de sistemas de suporte à gestão (MSS), mas outros consideram um MIS como sendo qualquer tipo de sistema de informações, forneça ele ou não informações para gestão. Neste texto, consideramos MSS e MIS como sinônimos. Um gestor de recursos humanos na Marriott International pode usar um sistema de suporte à gestão para avaliar o desempenho de um empregado antes de decidir conceder ou não um aumento. Um gestor de marketing pode usar um sistema de suporte à gestão para avaliar de maneira comparada a efetividade de futuras campanhas. Sistemas de suporte à gestão podem alertar um executivo financeiro de que a lucratividade de um determinado hotel está significativamente abaixo daquela de outros na cadeia.

Sistemas de suporte à gestão abrangem sistemas de relatórios operacionais, sistemas de suporte à decisão, *groupware* e sistemas de informações executivas. **Sistemas de relatórios operacionais** fornecem informações que gestores de nível operacional precisam para tomar decisões rotineiras. Eles organizam e resumem dados assenciais coletados por sistemas transacionais de apoio às operações. Os relatórios podem ser preparados periodicamente, a pedido do gestor, ou quando for necessário.

- De quem compramos o nosso papel para copiadoras?
- Quantos envelopes compramos no último pedido?
- Quantos suéteres foram entregues na semana passada?
- Onde foi armazenado o estoque de porcas para rodas automotivas?
- Quanto a empresa deve ao seu fornecedor de químicos?
- Quanto do valor devido à empresa X foi pago?
- Quantas horas os empregados trabalharam?
- Quanto é a folha de pagamento total desta semana?
- Quanto deveria ser o desconto de cada contracheque para pagar impostos e benefícios?
- Quanto é o saldo da conta clientes?
- O carregamento chegou no depósito do cliente ou está a caminho?
- O cliente já pagou?

FIGURA 1-4

Sistemas de processamento de transações ajudam os gestores a responder inúmeras questões que mantêm seus negócios operacionalmente estáveis e lucrativos.

Sistemas de suporte à decisão assistem os gestores na tomada de decisões não rotineiras. Tipicamente, sistemas de suporte à decisão incluem modelos que os gestores podem usar para avaliar o impacto de escolhas alternativas e para ajudá-los a decidir qual escolha é a melhor. A South African Petroleum Refineries Ltd., uma *joint venture* da Royal Dutch/Shell e a British Petroleum, economizou 1,5 milhão de dólares em um ano com um sistema de suporte à decisão que ajudou os gestores a ajustar as operações de mistura e resfriamento nas suas refinarias.[16]

O ***groupware*** suporta as atividades de grupos de gestores e outros trabalhadores. O *groupware* ajuda-os a trocar informações, coordenar atividades e gerir o fluxo de trabalho. A Wunderman, uma empresa internacional de marketing com 80 escritórios em 40 países, usa *groupware* para coordenar projetos multipaíses, desenvolver propostas, compartilhar documentos e coordenar a agenda de trabalho. A Wunderman também permite aos clientes participar nas atividades de *groupware* associadas com seus projetos e descobriu que a participação destes reduziu a necessidade de refazer partes de projetos e aumentou a satisfação dos clientes com os resultados.[17]

Os **sistemas de informações executivas** fornecem as informações que executivos do alto escalão precisam para rapidamente identificar problemas, rastrear dados sobre tendências, comunicar-se com empregados e determinar objetivos estratégicos. A Manila Eletric Company está projetando um sistema de informações executivas para gerir seus processos de planejamento corporativo e tomada de decisão usando uma ferramenta de medição de desempenho conhecida como *Balanced Score Card.* O sistema ajudará executivos a pesar e balancear o desempenho da empresa por meio de um conjunto de perspectivas, como perspectiva financeira, que trata da saúde financeira da empresa, perspectiva do cliente, que trata de valores para o cliente e satisfação do cliente, perspectiva de processos internos, que trata da eficiência dos processos de negócio, e perspectiva de aprendizado e crescimento corporativos.[18] Os sistemas de informações executivas são freqüentemente construídos para satisfazer as necessidades de informação de um determinado executivo.

O Escopo dos Sistemas de Informações

Os sistemas de informações podem ser diferenciados por sua abrangência de uso. Os **sistemas de informações individuais** são dirigidos a uma só pessoa na organização. Freqüentemente, alguém com uma necessidade especial de informações cria um sistema de informações individual para o seu próprio uso. Por exemplo, um gestor de vendas num hotel Marriott pode criar uma planilha eletrônica que o ajude a prever a demanda de espaço da sala de conferência com base nas tendências históricas e padrões no seu hotel. Os indicadores (*bookmarks*), ou lista dos favoritos, que você criou para o seu *browser* da *Web* poderiam ser considerados um tipo de sistema de informações individual. Mesmo que os sistemas de informações individuais possam usar informações que outros na organização coletem ou criem e possam alimentar informações em sistemas com um escopo mais amplo, eles são dirigidos ao uso de uma pessoa no desempenho do seu trabalho.

Os **sistemas de informações funcionais** ou **sistemas de informações departamentais** atendem as necessidades de informação de funções individuais ou departamentais. São exemplos de tais sistemas os sistemas contábeis, os sistemas de gestão de vendas, os sistemas de entradas de pedidos e os sistemas de gestão de depósitos de mercadorias. O Capítulo 7 apresenta muitos exemplos de tais sistemas e examina suas características. Sistemas funcionais podem ser independentes ou fazer parte de um sistema de informações empresariais mais abrangente.

A palavra *empresarial* (*enterprise*) significa uma cooperativa, corporação, associação, união ou qualquer grupo de indivíduos trabalhando juntos como uma organização.[19] **Sistemas de informações empresariais** integram de forma completa as funções de uma empresa ou empreendimento e proporcionam um repositório único, abrangente, para as suas informações. Em termos de processamento de transações, por exemplo, quando um cliente envia o pedido de um produto, um sistema de informações empresariais pode fazer com que o produto seja retirado de estoque, faturado e embarcado para o cliente. Se necessário, ele pode disparar um processo para que o produto seja manufaturado para reposição, o que poderia também requerer a emissão de ordem de compra de suprimentos. Entradas na contabilidade seriam também efetuadas como conseqüência. Pelo fato de uma atividade em qualquer parte de uma empresa normalmente afetar outras partes encadeadas, as empresas usam sistemas de informações empresariais para coordenar todos os processos e atualizar toda a cadeia de efeitos. Em termos de suporte à gestão, os sistemas de informações empresariais incluem ferramentas para analisar dados de abrangência corporativa e avaliar o efeito geral das mudanças efetuadas em uma parte da empresa. Por exemplo, os gestores podem analisar planos de manufatura alternativos para determinar seu impacto na mão-de-obra, nos custos, na qualidade, na disponibilidade de suprimentos e na capacidade para atender à demanda.

Os **sistemas de informações interorganizacionais** são aqueles que oferecem um ponto de interação comum e um repositório de informações comum a uma empresa, seus fornecedores, distribuidores e/ou transportadores. Algumas vezes, mesmo concorrentes são incluídos até um certo ponto. A Humana, uma organização de tratamento de saúde sediada em Louisville, Kentucky, vangloria-se de possuir 6,5 milhões de membros em 18 estados e em Porto Rico. A Humana está testando um sistema de informações interorganizacional que permite a médicos, pacientes e administradores compartilhar dados, tais como a situação de saúde de um paciente e seu histórico de receitas e prescrições médicas, e automatizar certas funções, tais como autorização do plano de saúde. A Humana espera que o sistema vá economizar dinheiro, melhorar os processos de atendimento e atrair tanto clientes como prestadores de serviço.[20]

GESTÃO DA INFORMAÇÃO NO MUNDO CONTEMPORÂNEO

Diagnosticar necessidades de informação, avaliar a tecnologia da informação para atender estas necessidades e projetar sistemas de informações adequados formam a viga- mestra do desempenho efetivo no ambiente atual hoje. Até mesmo empresas bem geridas podem falhar como resultado de eventos não esperados ou de algumas decisões erradas. Bons gestores podem aumentar a probabilidade de sucesso de suas empresas usando informações para tomar boas decisões, motivar empregados e iniciar as mudanças necessárias.

Obtendo Sucesso num Ambiente Global

Os gestores operam num mercado global, no qual organizações atuam dentro e fora das fronteiras nacionais. Entender este contexto global e trocar informações com o mundo todo tornaram-se desafios presentes para os administradores. Diferenças de tempo, cultura e língua criam barreiras para a comunicação efetiva que os sistemas de informações podem reduzir. Gestores nos diferentes hotéis Marriott, por exemplo, querem compartilhar informações sobre os hóspedes para que possam atender suas necessidades em qualquer local. Sistemas de informações podem dar suporte a tal compartilhamento, tornando instantaneamente disponíveis informações sobre um cliente específico em qualquer local do mundo.

Lucrando com uma Economia Eletrônica

Os negócios operam numa economia cada vez mais eletrônica. Os gestores podem tirar vantagem desta tendência para aumentar a rentabilidade dos negócios. Transações de negócios eletrônicas reduzem custos, aumentam a velocidade e criam flexibilidade para os clientes. As empresas podem receber pedidos eletronicamente reduzindo custos de vendas e eliminando erros. Podem distribuir cupons de desconto eletronicamente, adquirir mercadorias eletronicamente, reduzindo papéis, e automaticamente pesquisar e conseguir o melhor preço de fornecedores qualificados. Os gestores podem comunicar-se por *e-mail* e fazer videoconferências, reduzindo postagem, telefone e despesas de viagens.

Focalizando o Desempenho

Para sobreviver num ambiente competitivo, as empresas devem dar ênfase ao desempenho. Os clientes podem estar sendo persuadidos por promessas de preços mais baixos, melhor serviço, qualidade mais alta e devotada atenção. Entretanto, eles não retornarão, a menos que a empresa possa entregar o que foi prometido. Os gestores são responsáveis por garantir que suas empresas entreguem o que prometem. Sistemas de informações ajudam a monitorar o desempenho e a tomar medidas para melhorá-lo.

A crescente competição externa forçou as empresas dos Estados Unidos a reexaminarem a qualidade de suas mercadorias e serviços. Grandes quantidades de defeitos, queixas de clientes sobre produtos vencidos e a decrescente produtividade fez com que fabricantes dos Estados Unidos introduzissem a **gestão da qualidade total** (TQM) como solução para estes problemas. Empresas como Xerox, Motorola, Teradyne, Texas Instruments e outras introduziram programas sistemáticos e em larga escala para lidar com estas preocupações. Programas TQM enfatizam responder às necessidades dos clientes como máxima prioridade. Eles dão aos trabalhadores mais responsabilidade para tomar decisões e mudam a maneira como trabalho é executado. Programas TQM encorajam contínuo aperfeiçoamento nos produtos de uma organização e nos processos para criá-los. Técnicas de controle estatístico usam informações amplas coletadas sobre o funcionamento da organização para melhorar seus produtos e processos. Os gestores também coletam informações sobre as melhores práticas de outras empresas como meio de estabelecer um padrão de desempenho de alto nível para a sua empresa.

Dando Suporte a uma Força de Trabalho Móvel

Tecnologias da informação e da comunicação ajudam trabalhadores a serem tão efetivos quanto possível, não importa onde estejam. O pessoal de vendas pode usar computadores *laptop* equipados com as informações mais atualizadas sobre os produtos e com *software* que lhes permita customizar (personalizar) soluções para atender às necessidades dos seus clientes mais exigentes. Eles podem obter a assistência de especialistas da sua organização por meio de links da *Web* ou *chats*. Eles podem analisar a situação de seus clientes potenciais, acompanhar as vendas, notificar a matriz sobre quaisquer mudanças em campo e receber ordens de seus superiores. Telefones celulares os mantêm em contato de voz e *e-mail* o tempo inteiro.

Avanços nas telecomunicações permitem a gestores do mundo todo fazer reuniões a distância e até mesmo juntar documentos como se estivessem na mesma sala. A habilidade de poder fazer negócios sem precisar aguardar por faxes ou pela entrega diária da correspondência melhora significativamente a produtividade.

As tecnologias da informação e da comunicação também dão suporte ao *telecommuting* (*commuting* é o deslocamento diário dos trabalhadores entre a casa e o trabalho). ***Telecommuters*** são empregados móveis que raramente ou nunca visitam os escritórios de seus empregadores. Eles podem trabalhar em casa ou na rua, satisfazendo suas necessidades individuais ou de suas famílias, enquanto, ao mesmo tempo, reduzem a demanda e custos de espaço de escritório.

Construindo Capacidades Individuais e Produtividade

Organizações de elevado desempenho enfatizam o emprego dos **trabalhadores do conhecimento** — empregados tais como engenheiros, contadores, advogados e especialistas, os quais têm habilidades e conhecimentos especializados que lhes permitem funcionar efetivamente nas organizações contemporâneas. Estes trabalhadores do conhecimento confiam nas informações para ajudá-los no seu desempenho. A British Petroleum (BP) acredita que seus trabalhadores do conhecimento, sendo parte de uma unidade de negócio, também têm um papel no apoio ao bem-estar de toda a empresa através de sua participação em um programa chamado "Compartilhando *Know-how*". Eles são encorajados a usar o sistema "Connect", que inclui perfis pessoais baseados na *Web* de mais de 18.000 engenheiros, cientistas e técnicos bem como pessoal de suporte administrativo e comercial. O "Connect" organiza estes profissionais em redes, como a Rede de Gestores de Operações em Refinarias, que provê bancos de dados para ajudá-los a resolver problemas e conectar-se com os trabalhadores do conhecimento que têm a especialização necessária.[21]

Através de treinamento e desenvolvimento amplos, as empresas constroem capacidades individuais e produtividade. Sistemas de informação contribuem diretamente para ajudar pessoas a processar a grande quantidade de informações disponível. A British Telecom (BT) usa o Intellact para proporcionar a 90.000 dos seus 137.000 empregados acesso via *Web* a dados, notícias e pesquisa sobre praticamente qualquer tópico de importância para a empresa. Aproximadamente 7.000 usuários conectam-se diariamente por sete a oito minutos em média.[22]

O GESTOR E A GESTÃO DA INFORMAÇÃO

Gestão refere-se ao processo de atingir objetivos organizacionais com planejamento, organização, liderança e controle dos recursos organizacionais. Os gestores enfrentam uma lista de desafios ao desempenhar seu trabalho em um ambiente global. Devem lidar com competição crescente, recursos decrescentes, e tecnologia que muda rapidamente. Devem compreender e responder a diferenças culturais dramáticas, restrições legais e necessidades dinâmicas de seus clientes.

O Trabalho do Gestor

Gestores em todos os níveis confrontam-se com informações imperfeitas num ambiente incontrolável. Eles executam uma grande quantidade de trabalho num ritmo exaustivo.[23] Este nível de atividade exige que os gestores continuamente procurem e rapidamente processem grandes quantidades de informações, geralmente sem tempo para uma reflexão aprofundada. Os gestores também participam de uma variedade de atividades rápidas, que resultam em significativa fragmentação de seu tempo. É muito comum a rápida troca de informações com outros, portanto, eles precisam ter as informações necessárias prontamente disponíveis. Pense num gerente funcional num hotel Marriott encarando a possibilidade de reservar espaço para uma grande conferência. Ele precisa entrar em acordo com o cliente sobre quais salas de conferência e recursos serão usados e em quais horários, quantos aposentos reservar para participantes da conferência e quais refeições planejar. Ele precisa saber se sua equipe pode entregar pontualmente o que ele prometeu e com boa relação custo/benefício e sem conflitar com os compromissos assumidos com outros clientes. Ele precisa determinar um preço razoável e então apresentar um contrato assinado quase instantaneamente. Como o tempo é precioso e gestores tendem a tratar com questões que são atuais e específicas, eles procuram meios de conseguir informações tão eficientemente quanto possível.

Gestores também passam grande parte de seu tempo comunicando-se com outros gestores, tanto dentro quanto fora da organização. Quanto mais informação torna-se disponível para eles, mais os gestores parecem querer e necessitar de informações para terem um desempenho efetivo. Cada vez mais os gestores vão gastar mais tempo interpretando dados históricos, antecipando tendências futuras, estabelecendo objetivos precisos, medindo desempenho *versus* metas, identificando variações rapidamente, alocando recursos dinamicamente e adaptando-se a eventos imprevistos.

Gestores em diferentes níveis hierárquicos da organização têm diferentes preocupações, como mostrado na Figura 1-5.

A Abordagem Estratégica das Equipes do Alto Escalão

Gestores do alto escalão estabelecem a direção geral, abrangente, de longo prazo de uma organização ao definirem sua estratégia e políticas. Eles desenvolvem programas e atividades de acordo com o as

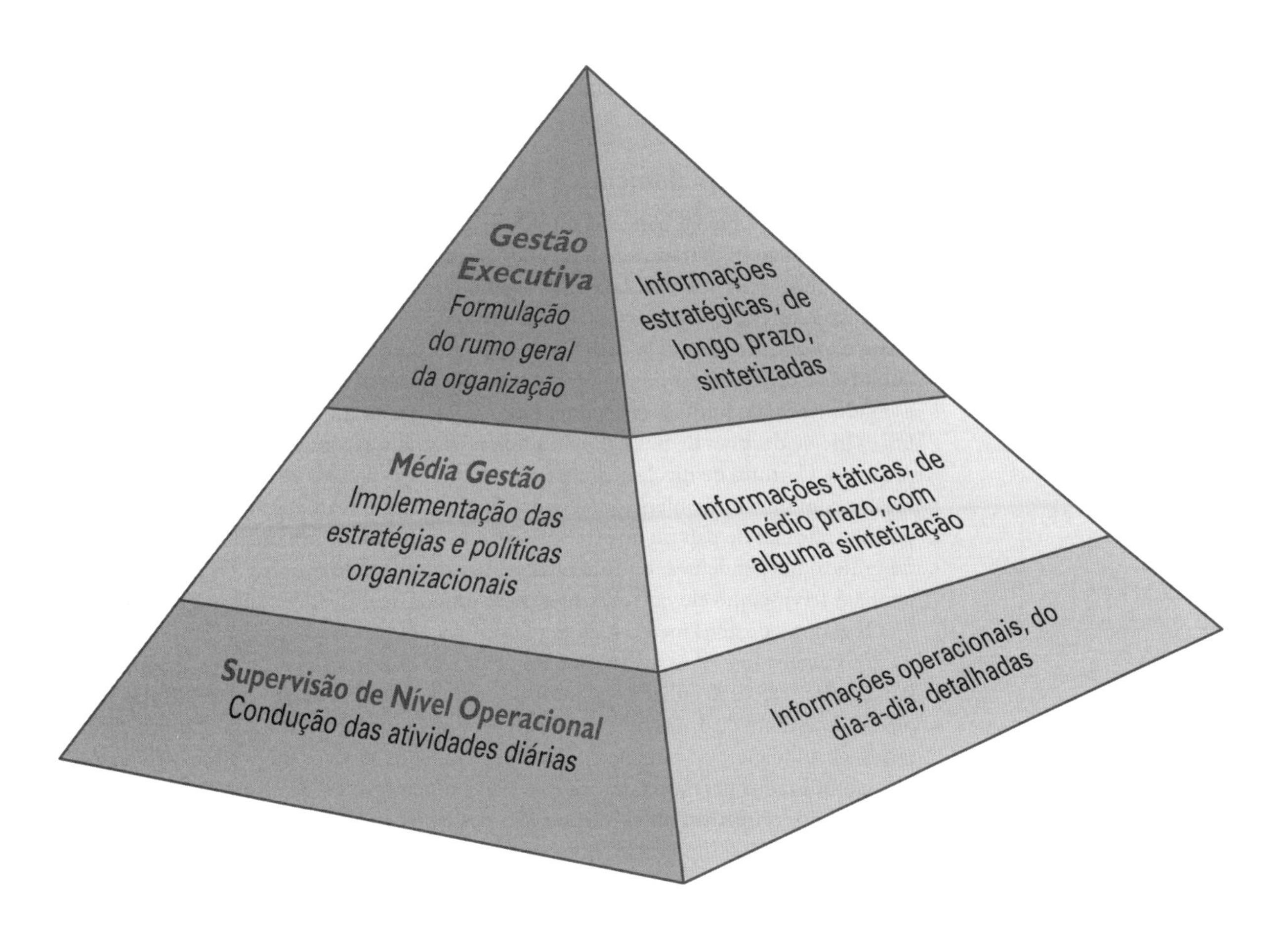

FIGURA 1-5 Gestores em diferentes níveis nas organizações têm diferentes demandas por informação.

metas de lucro e os objetivos da organização. Executivos do alto escalão caracteristicamente têm uma orientação tanto para o ambiente interno quanto para o ambiente externo. Eles precisam assegurar-se de que o trabalho dentro de sua unidade ou divisão seja realizado enquanto interagem com executivos de outras organizações e com o público em geral. Cada vez mais, tais interações ultrapassam fronteiras regionais e nacionais, exigindo dos executivos grandes repositórios de informações sobre uma série de assuntos globais. Richard Parsons, CEO da AOL Time Warner, por exemplo, supervisiona a AOL, o maior serviço de Internet do mundo, os canais a cabo CNN e HBO, os estúdios cinematográficos da Warner Brothers, a impressão de 64 revistas, incluindo Time, People e Sports Illustrated, seis gravadoras e o time de beisebol Atlanta Braves.[24] Ele precisa de fortes habilidades de gestão e informações de qualidade para ter sucesso.

Executivos do alto escalão freqüentemente precisam de informações de desempenho acerca dos resultados de várias divisões ou grupos de produtos. Eles podem pedir resumos de dados sumarizados sobre vendas, níveis de produção ou custos para avaliar o desempenho da organização. Executivos do alto escalão também usam informações sobre novas tecnologias, clientes, fornecedores e outros dados da indústria para obter vantagem competitiva sobre outras empresas. Eles podem necessitar de informações detalhadas sobre aspectos particulares da sua organização, tais como o número total de empregados ou vendas em um dado momento qualquer. Eles também podem necessitar de informações gerais que focalizem a rentabilidade de uma divisão, fatia de mercado, retorno do investimento ou locais problemáticos. Como você pode ver, os requisitos de informações de executivos do alto escalão variam de modo considerável.

Considere o trabalho de um gestor sênior de marketing numa divisão de produtos para tratamento dos cabelos de uma grande empresa. Ele deve determinar o melhor *mix* de produtos para a empresa, autorizar os gastos com publicidade e pesquisa de mercado e supervisionar uma equipe de gestores responsável por atingir os objetivos do departamento. De que tipos de informações ele pode precisar? Agora compare tais necessidades de informações com aquelas de um gestor financeiro sênior ou mesmo com aquelas de um gestor de marketing sênior em uma firma de *software*. Esses gestores claramente têm alguns requisitos em comum, mas também têm necessidades específicas relativas ao seu tipo de organização e indústria. Diagnosticar as necessidades particulares de informações de um executivo sênior requer acompanhar os objetivos organizacionais e de trabalho e então avaliar as informações que o ajudem a consegui-los.

Requisitos de Planejamento e Implementação da Média Gerência

Gestores de nível médio concentram sua atenção na implementação das políticas e estratégias definidas pelo alto escalão. Eles traduzem o direcionamento de longo prazo determinado pelo alto escalão em decisões de médio prazo e atividades que afetam o modo pelo qual a organização faz negócios. Gestores de fábricas, gestores de vendas regionais, diretores de pessoal e outros gestores de nível médio quase sempre lidam com assuntos organizacionais internos, tais como encontrar meios de aumentar produtividade, rentabilidade e serviço. Gestores de nível médio são responsáveis pela garantia da programação da produção e atendimento das limitações orçamentárias, agindo com independência. Eles participam diretamente de uma série de decisões de pessoal, incluindo a contratação, transferência, promoção ou demissão de empregados. Gestores de nível médio passam as diretivas do alto escalão para níveis mais baixos da organização e comunicam problemas ou circunstâncias excepcionais aos níveis hierárquicos mais elevados. Eles podem trabalhar no país ou no exterior, gerindo diretamente um ou mais grupos de trabalho, coordenando grupos independentes, ou supervisionando o pessoal de suporte. Os gestores de nível médio podem também servir como elo entre seus próprios grupos de trabalho e outros grupos na organização.

Os gestores de nível médio requerem informações mais detalhadas sobre o funcionamento dos grupos ou dos trabalhadores que supervisionam do que os executivos; entretanto, geralmente eles não requerem tantas informações detalhadas quanto os supervisores de primeiro nível. Muitas vezes gestores de nível médio necessitam de dados orçamentários detalhados, informações abundantes sobre o desempenho, horários e habilidades dos trabalhadores. Dados sobre os serviços ou produtos desenvolvidos por seus grupos são utilizados para assegurar que seu grupo persegue os objetivos organizacionais. Muitas vezes os gerentes não conseguem obter informações perfeitas e precisam usar as melhores informações que podem conseguir.

Os gestores de nível médio que atuam como **gerentes de projeto** podem ter responsabilidade sobre um ou mais projetos especiais, tais como o desenvolvimento do *software* de uma nova planilha eletrônica ou um novo circuito para computador, ou projetos em andamento, tais como o fornecimento de serviços contábeis para um pequeno negócio. Um gerente de projeto tipicamente supervisiona uma equipe de trabalhadores que juntos devem atingir um objetivo específico. O gerente do projeto deve assegurar-se de que a equipe trabalha unida de maneira produtiva e na direção de seu objetivo comum. Ele deve ter informações sobre o objetivo do projeto, tarefa, horários e membros da equipe.

Necessidades Operacionais dos Supervisores de Primeira Linha

Os gestores de primeira linha têm a responsabilidade mais direta de garantir a efetiva condução das atividades diárias na organização. O supervisor das telefonistas das operadoras de telefonia de longa distância resolve quaisquer problemas que surjam no atendimento aos clientes. O gestor de atendimento ao cliente numa empresa de seguros inspeciona a interação entre os representantes de vendas e os detentores de apólices. Tais supervisores podem planejar a programação do trabalho, modificar as tarefas dos subordinados, treinar novos trabalhadores ou resolver problemas que os empregados encontram. Eles asseguram-se de que seus subordinados cumpram seus objetivos diários, semanais e mensais e munem regularmente os empregados com *feedback* sobre seu desempenho. Eles filtram os problemas e podem passar os problemas particularmente significativos, raros ou difíceis aos gestores de nível médio.

Os supervisores de primeira linha também gastam boa parte do tempo em funções de solucionadores de problemas, tais como substituir trabalhadores ausentes, lidar com queixas de clientes ou providenciar reparos para o equipamento. Eles, também, podem notar imperfeições nas informações que recebem; precisam reconhecer estas deficiências e reagir de acordo. O diagnóstico das necessidades de informação precisa ser progressivo e sensível às situações particulares que estes gestores encontram.

As Funções do Gestor

Gestores assumem no trabalho uma variedade de funções, como mostrado na Tabela 1-1.[25] Gestores de fábricas têm necessidades de informações diferentes dos controladores corporativos. O vice-presidente de recursos humanos tem necessidades de informações diferentes das do encarregado geral das finanças. Gestores desempenham funções como as seguintes, cada qual com suas necessidades de informações:

- *Coletar Informações e Monitorar o Ambiente.* Gestores coletam informações do ambiente interno e externo à organização. Eles revisam informações escritas sobre a empresa e respectivo ramo de negócios, comparecem a reuniões que apresentem informações sobre a organização, ou participam de forças-tarefa ou comitês que trazem informações adicionais sobre o funcionamento organizacional. Eles procuram por uma grande variedade de informações em diversas fontes ao redor do mundo que os apóiem no exercício de suas funções. Os sistemas de informações podem colaborar tanto na coleta quanto no processamento destas informações.
- *Compartilhar Informações.* Tendo coletado informações sobre o funcionamento da organização, os gestores então compartilham-nas com subordinados, seus pares, supervisores ou pessoas de fora da organização. Gestores compartilham informações sobre o ambiente no qual a organização funciona, incluindo tendências da indústria, desenvolvimentos tecnológicos e requisitos do mercado.

TABELA 1-1

Gestores desempenham uma grande variedade de funções como atribuições de seu cargo. O uso da tecnologia de coleta de informações pode tornar mais fácil o desempenho destas funções.

Função	Exemplos de Informações
Coletando informações e monitorando o ambiente	Informações da empresa e do ramo de negócios Anotações de grupos de trabalho e reuniões de comitê Informações sobre competidores
Compartilhando informações	Tendências da indústria Desenvolvimentos tecnológicos Requisitos de mercado Informações organizacionais
Liderando, motivando e orientando os empregados	Gestão de desempenho Oportunidades de treinamento Descrições de cargo
Tomando decisões e planejando	Situações problemáticas Planos operacionais e estratégicos Objetivos da empresa
Distribuindo e negociando recursos	Alocação e distribuição dos empregados Orçamento Equipamentos disponíveis
Resolvendo problemas e desenvolvendo estratégias	Problemas e soluções possíveis Posturas voltadas à mudança Condições políticas e econômicas locais
Garantindo o controle	Padrões de desempenho Objetivos corporativos Indicadores de desempenho

Gestores também compartilham o conhecimento sobre a organização — sua estrutura, objetivos, recursos e cultura. Eles compartilham informações em encontros pessoais, em reuniões, ou usando sistemas eletrônicos.

- *Liderar, Motivar e Orientar Empregados.* Gestores estabelecem uma estrutura formal de prestação de contas e um sistema de responsabilidades entre os empregados. Os gestores tratam da formação de equipes de trabalho eficientes através do encorajamento da cooperação e resolvendo os conflitos que surjam. Eles direcionam e motivam os empregados a atingir objetivos pessoais e organizacionais. Eles treinam, orientam e avaliam seus empregados e os ajudam a desenvolver as habilidades, conhecimentos, materiais, equipamentos e tempo para executar seus trabalhos.
- *Tomar Decisões e Planejar.* Todos os gestores atuam como responsáveis por decisões. Gestores do alto escalão determinam os objetivos de suas empresas e a estratégia para alcançá-los. Gestores das atividades operacionais – nível hierárquico mais baixo – decidem a quantidade e tipo de empregados necessários para alcançar os objetivos da organização. Gestores requerem informações sobre indivíduos, grupos e organizações envolvidos na situação-problema ou por ela afetados. Eles precisam de informações sobre as alternativas disponíveis e os respectivos custos e benefícios. Os gestores geralmente incorporam suas decisões em planos corporativos de longo e curto prazos. Eles devem diagnosticar cada situação de decisão para identificar sua necessidade particular de informações.
- *Distribuir e Negociar Recursos.* Gestores determinam a designação de pessoas para as tarefas, a alocação do dinheiro e materiais para pessoas, departamentos e outros grupos de trabalho, e a organização do uso do tempo de diferentes empregados. Para alocar recursos efetivamente, os gestores necessitam de informações sobre os objetivos empresariais, a disponibilidade de recursos e as distribuições do trabalho existentes entre os empregados, suas capacidades e a programação de férias. Eles também devem saber os custos de diferentes projetos ou produtos. Precisam entender os *tradeoffs* entre diferentes alternativas de planejamento ou orçamento. Gestores freqüentemente negociam com seus subordinados ou outros gestores como melhor alocar recursos para atingir os objetivos organizacionais ou de grupos. Sistemas de informações podem fornecer aos gestores as informações de que eles necessitam para melhorar esta alocação.
- *Resolver Problemas e Desenvolver Respostas Estratégicas.* Em conjunção com a alocação de recursos e negociação, gestores definem os problemas numa situação, analisam-nos, e então propõem soluções. Gestores podem agir como agentes de mudança ao resolver problemas. Como agentes de mudança, precisam de dados sobre as atitudes tanto de trabalhadores como de gestores num processo de mudança, os recursos disponíveis para a mudança, e as conseqüências de mudanças semelhantes ocorridas em outras situações. Desenvolver respostas estratégicas em organizações que funcionam globalmente pode apresentar desafios especiais. Os gestores podem precisar levar em conta significativas flutuações de moeda, condições políticas locais imprevisíveis, ou uma desconhecida comunhão de interesses trabalhistas. Eles podem precisar considerar variações nos costumes nacionais, nas expectativas de trabalhadores e na aceitação de produtos.
- *Instituir Controle.* Controlar significa assegurar que o desempenho atinja os padrões estabelecidos, que as atividades dos trabalhadores ocorram conforme planejado, e que a organização progrida na direção dos seus objetivos. No processo de controle, como mostrado na Figura 1-6, os gestores estabelecem padrões e métodos para a medição do desempenho, avaliam o desempenho, e então o comparam com os padrões estabelecidos. Eles necessitam de informações sobre o funcionamento da organização para ajudá-los a antecipar e solucionar os problemas e desafios organizacionais. Por exemplo, quando um relatório de vendas mostra que um vendedor vendeu significativamente abaixo do previsto, o gestor de vendas pode agir para identificar e eliminar o problema. Quando uma análise de variação de orçamento mostra que uma conta está se aproximando do orçado muito cedo no ano, gestores financeiros podem analisar a despesa passada e a projetada para determinar a causa e corrigir o problema.

Os Desafios para a Gestão Efetiva das Informações

Gestores precisam coletar, processar e disseminar as informações rápida e corretamente para ajudar suas organizações a competir efetivamente no mercado global.

Usando a Tecnologia para Suprir as Necessidades de Informação

Apesar de os computadores poderem tornar disponíveis para uso grandes quantidades de informações, tais informações podem não ser as indicadas para as necessidades dos gestores ou empregados. Os gesto-

FIGURA 1-6 Gestores implementam o processo de controle para assegurar que o desempenho atenda os padrões esperados.

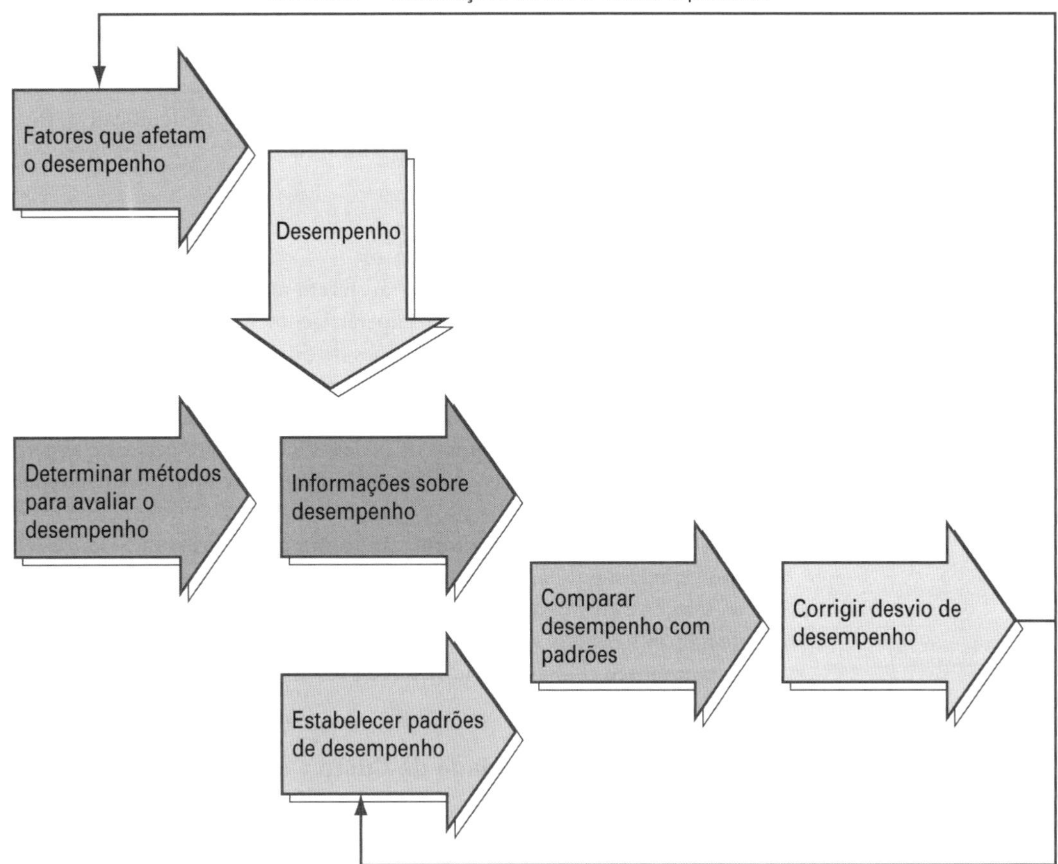

res precisam continuamente reavaliar se têm as informações de que necessitam para desempenhar suas diversas funções.

Usar a tecnologia da informação com eficiência significa garantir que a tecnologia escolhida é a que melhor atende as necessidades de informação. As empresas devem buscar a melhor tecnologia e fazer escolhas levando em conta eficiência e custo. A rapidez com que aparecem as novas tecnologias desafia os gestores a avaliar continuamente quão bem as tecnologias existentes satisfazem as necessidades de informações.

Usar tecnologia com eficiência também requer uma contínua atualização das habilidades técnicas. Apesar de muitas empresas propiciarem treinamento a seus empregados, outras não o fazem. Assegurar que os empregados tenham as habilidades apropriadas traz implicações tanto financeiras quanto de custo e tempo. Como resultado, os empregados podem ter sua mobilidade e produtividade limitadas pela sua capacidade de aprender novas habilidades técnicas independentemente de seus empregadores.

Lidando com a Falta, com o Excesso ou com o Conflito de Informações

A diferença entre a quantidade de informações que uma organização pode coletar e a habilidade de seus empregados para entendê-las tem aumentado ao invés de diminuir. Muitas vezes os empregados defrontam-se com uma sobrecarga de informações. Por exemplo, os *scanners* (dispositivo de leitura de códigos de barras) da Universal Product Code fornecem 100 a 1000 vezes mais informações sobre vendas de produtos do que existia antes de seu uso. O tamanho do banco de dados corporativo da Wal-Mart, que inclui dados sobre vendas, carregamentos, estoque, clientes e fornecedores, entre outros, agora excede 101 *terabytes*, o equivalente a mais de 25 bilhões de páginas de texto.[26] Conforme os gestores ascendem nas organizações e assumem mais responsabilidades, a sobrecarga de informações torna-se um desafio mais significativo.

Para evitar tal sobrecarga, as pessoas devem avaliar cuidadosamente suas necessidades de informações e então encontrar meios efetivos de gerir as informações. Como os computadores processam entradas de fontes variadas, os usuários podem também obter informações conflitantes se uma fonte atualiza informações mais freqüentemente do que outra. A Bob Evans' Farms, dona de 1 bilhão de dólares e operando mais de 450 restaurantes familiares em 22 estados americanos, usa *software* de inteligência de negócio (*business intelligence*) para bloquear seu excesso de informações. Este *software* permite a seus gestores de marketing organizar e resumir informações de maneira significativa, focalizar sua atenção nos eventos e estatísticas menos comuns e colocar a informação certa, na hora certa, nas mãos daqueles que dela necessitam.[27]

Respondendo na Hora Certa

Sistemas de arquivamento manual satisfazem muitas necessidades pessoais para organizar e recuperar informações, mas tornam difícil recuperar facilmente grandes quantidades de informação. Eles também tornam impossível coletar informações de diferentes partes do mundo. Os sistemas computadorizados não somente facilitam o acesso a dados em um único local, mas também permitem aos administradores recuperar informações de múltiplos locais, quase sempre instantaneamente. Eles podem também suportar rápidas e repetidas pesquisas de dados. Por exemplo, pessoas que precisam de informações sobre patentes para invenções de engenharia podem usar um *software* para pesquisar patentes depositadas de maneira sofisticada e rápida.[28]

Diversas indústrias da informação, como jornais, revistas, rádio e televisão, e indústrias da publicidade, ajudam pessoas a adquirir informações atualizadas para uso no trabalho. A Web, particularmente, torna a informação prontamente disponível através da Internet. Por exemplo, os aficionados de cinema não só obtêm horários de filmes na Web, eles podem também ver *trailers* dos filmes, ler críticas e comprar seus bilhetes de forma que possam estar certos de que seu lugar está reservado quando chegarem ao cinema.

Assegurando Efetividade de Custo

Embora a informação possa ser valiosa, seu uso é caro. Adquirir, processar, armazenar, recuperar, transmitir, comunicar e usar a informação tem custos associados. Geralmente adquirir a informação através de fontes informais, como conversas com clientes ou fornecedores, custa menos que fazê-lo de maneira formal por meio de formulários eletrônicos ou equipamentos de monitoração, mas as informações adquiridas através de fontes informais podem ser mais difíceis de organizar e usar efetivamente. Especialistas estimam que formulários eletrônicos para captura de dados custam, para projetar, usar, carregar e revisar, no mínimo 70% menos do que os formulários de papel equivalentes.[29] O processamento eletrônico, tal como o escaneamento eletrônico, pode reduzir significativamente os custos do manuseio da informação. O Lourdes Hospital, de Paducah, Kentucky, uma instalação de 389 leitos, economizou 120.000 dólares em papel e suprimentos e liberou um espaço para depósito de formulários de 100 m^2. Os formulários são impressos quando solicitados e facilmente alimentados no sistema de registros médicos. Os formulários eletrônicos também aumentaram a precisão do hospital no acompanhamento dos pacientes, seus tratamentos e requisitos laboratoriais. Baseada neste sucesso do Lourdes Hospital, a Catholic Health Partners, da qual o Lourdes é membro, tenciona implementar um sistema semelhante, com economia estimada de 10 milhões de dólares.[30]

O custo primário do armazenamento da informação é o custo dos meios de armazenamento e do seu espaço. O custo da mídia, instalações físicas e equipe para sistemas de *backup* (cópias de segurança) também contribui para os custos de armazenagem. Armazenar grandes quantidades de informações demanda simultaneamente desenvolver e armazenar um índice ou mapa que ajuda a localizar os dados. Sistemas eletrônicos recuperam a informação eletronicamente armazenada de maneira rápida e barata. Transmitir informação a longa distância ou trocar grandes quantidades de dados pode ocorrer de forma mais eficiente pela comunicação eletrônica.

Garantindo Segurança

Usuários de sistemas de computação devem prestar especial atenção à segurança de suas informações. Com o uso disseminado da Internet, as preocupações com a segurança tornaram-se mais comuns. Arquivos de computador são muito suscetíveis a roubo e sabotagem, principalmente porque as brechas de segurança não são facilmente visíveis. A ameaça aos arquivos de computador aumentou na medida em que muitas pessoas têm um acesso sem precedentes a eles através da Internet. Níveis de segurança podem ser implementados em sistemas de informações de maneira que somente informações específicas possam ser compartilhadas com outros.

Princípios Éticos para a Gestão da Informação

Sendo o poder da informação tão grande, as pessoas que fazem gestão de informações e aquelas que projetam sistemas de informação estão certas em preocupar-se com sua potencial má utilização. Infelizmente, os sistemas de informação, como a maioria das outras ferramentas, podem ser usados para o bem ou para o mal.

Os filósofos fazem distinção entre os conceitos de **moral** e **ética.** A moral refere-se ao que é bom ou mau, certo ou errado. Os filósofos divergem quanto à moral ser absoluta ou relativa. A teoria relativa diz que diferentes pessoas podem ter padrões diferentes para o que é certo ou errado, dependendo de sua cultura, criação, religião, ou mesmo sua circunstância financeira. A teoria absoluta afirma que os critérios para o que é certo ou errado são absolutos e aplicam-se a todas as pessoas em todas as situações.

Independentemente de qual teoria você aceita sobre a moral, você enfrentará ocasionalmente situações nas quais será difícil aplicar seus padrões de moral. Por exemplo, considere uma pessoa cujo padrão moral diga que todas as vidas têm igual valor. Ela tem em mãos uma dose de um antídoto para um veneno que afetou um criminoso e também a um cidadão distinto que tem feito boas ações em toda a sua vida. O cidadão distinto tem uma chance de sobrevivência de 10% se receber o antídoto, enquanto o criminoso tem uma chance de 90% de sobrevivência se também receber o antídoto. Ambos morrerão se não receberem o antídoto. O que deveria a pessoa fazer? Este exemplo apresenta um dilema moral, porque seu desejo de salvar a pessoa cujos padrões morais são mais parecidos com os seus conflita com seu padrão moral de maximizar a probabilidade de salvar uma vida. Ética é o estudo de como aplicar seus padrões morais para situações particulares, tal como a apresentada. Ela não faz suposições do que é certo e do que é errado. Antes, examina como ser coerente na aplicação dos seus princípios morais.

Os princípios éticos nos sistemas de informações têm relação com segurança, privacidade, uso de recursos da empresa, vírus de computador e comportamento profissional indevido, entre outros. Eles podem envolver qualquer tipo de tecnologia da informação e qualquer tipo de sistema de informações. O uso ético dos sistemas de informações tornou-se uma grande preocupação para gestores e profissionais de SI.

Controles sobre o acesso à informação, particularmente na *Web*, têm levantado preocupações éticas relacionadas à censura. A maioria das limitações tem abordado a prevenção para que crianças não leiam material pornográfico. Entretanto, os negócios rotineiramente limitam ou monitoram o uso da *Web* por seus empregados para proteger-se de processos por assédio sexual e atacar a perda de produtividade associada com a navegação na *Web*. Mais de metade das empresas agora monitora os *e-mails* de seus empregados ou a navegação na *Web*.[31]

Proteger a privacidade pessoal também tornou-se um assunto-chave, pois sistemas de informações em computadores podem manter grandes quantidades de dados sobre indivíduos sem seu conhecimento. Defensores da privacidade exigem políticas e procedimentos para proteger a privacidade individual, tais como garantir a coleta legal de dados corretos e atualizados relevantes para os objetivos da organização.[32]

As pessoas muitas vezes enfrentam opções relativas ao uso de informações que elas não podem rotular claramente como certas ou erradas, morais ou imorais. Por exemplo, o que você faria se, depois de prometer a seus empregados que seus dados são particulares, você fica sabendo que um empregado roubou informações da empresa? E se você fica sabendo que um empregado tem planos para prejudicar outro? Você deveria examinar seus arquivos de dados? As pessoas podem aplicar uma variedade de princípios éticos para determinar o que é ou não é ético em casos como estes.[33]

- *O princípio da minimização do dano.* Tomar a decisão que minimiza o dano. Para aplicar este princípio, você deve verificar como a decisão afeta todas as partes, não somente você e sua empresa. Você provavelmente terá que pesar o dano causado a uma pessoa contra o dano causado a outra.
- *O princípio da consistência.* Suponha que todos os que enfrentam uma situação semelhante façam a mesma escolha que você. Você aprovaria as conseqüências? Por exemplo, se você pensa que copiar *software* em lugar de comprá-lo é ético, examine as implicações de todos copiarem *software.*
- *O princípio do respeito.* Tome a decisão que trate as pessoas com o maior respeito. Isto implica que você age em relação aos outros da mesma maneira que espera que os outros ajam em relação a você.

Se estes princípios conflitam, são muito difíceis de aplicar ou não produzem uma solução clara, você pode também usar diversas abordagens para tomar decisões éticas.[34]

- *Use a lei para guiar sua escolha ética.* Por exemplo, aplique as leis existentes de proteção ao direito autoral para determinar se permissão ou pagamento são necessários para usar um produto de software para uma aplicação específica.
- *Aplique as diretrizes formais de sua empresa ou de uma organização profissional apropriada.* Estas diretrizes podem ajudá-lo a decidir entre escolhas legais. Por exemplo, o Código de Ética e Conduta Profissional da ACM (Association for Computing Machinery) inclui condições, as quais você pode legalmente ignorar, para respeitar a privacidade dos outros e honrar a confidencialidade.
- *Use uma das diretrizes informais a seguir.* O que diria sua mãe (ou pai) se você agisse daquela maneira? Como você se sentiria se visse sua situação descrita nos jornais? A situação "cheira mal"? Como você se sentiria se os papéis fossem invertidos, e o ato fosse feito contra você? Você usaria seu comportamento como uma ferramenta de marketing?
- *Evite decisões que respondam as perguntas seguintes com "não":* A ação causa dano social desnecessário ou deixa de servir ao interesse público? A ação viola quaisquer direitos humanos básicos? A ação reduz quaisquer deveres normalmente aceitos?

A Texas Instruments oferece o teste de ética rápido mostrado na Figura 1-7.

O MÉTODO DA GESTÃO EM QUATRO PASSOS

Como podem os gestores encarar os desafios de gerir informações eficiente e efetivamente? Propomos que uma abordagem sistemática para diagnosticar necessidades, avaliar a tecnologia da informação, projetar sistemas de informações e então implementá-los aperfeiçoará a gestão da informação. Este modelo envolve quatro passos ou etapas, como mostrado na Figura 1-8: diagnóstico, avaliação, projeto e imple-

FIGURA 1-7

Gestores e empregados podem usar este teste rápido para determinar se uma ação é ética.

- A ação é legal?
- Está de acordo com os valores da empresa?
- Se você o fizer, sentir-se-á mal?
- Como isto vai parecer publicado no jornal?
- Se você sabe que está errado, não o faça!
- Se não tem certeza, pergunte.
- Continue perguntando até conseguir uma resposta.

FONTE: Texas Instruments Inc. Reproduzido em Diane Trommer, "Lead Us Not into Temptation – Supply Chain Model Poses New Ethical Challenge", *Electronic Buyers' News*, 4 August 1997, www.tecvhweb.com/se/directlink.cgi?EBN19970904S0005. Usado com permissão.

FIGURA 1-8

Gestores devem usar o método em quatro passos para gerir informações.

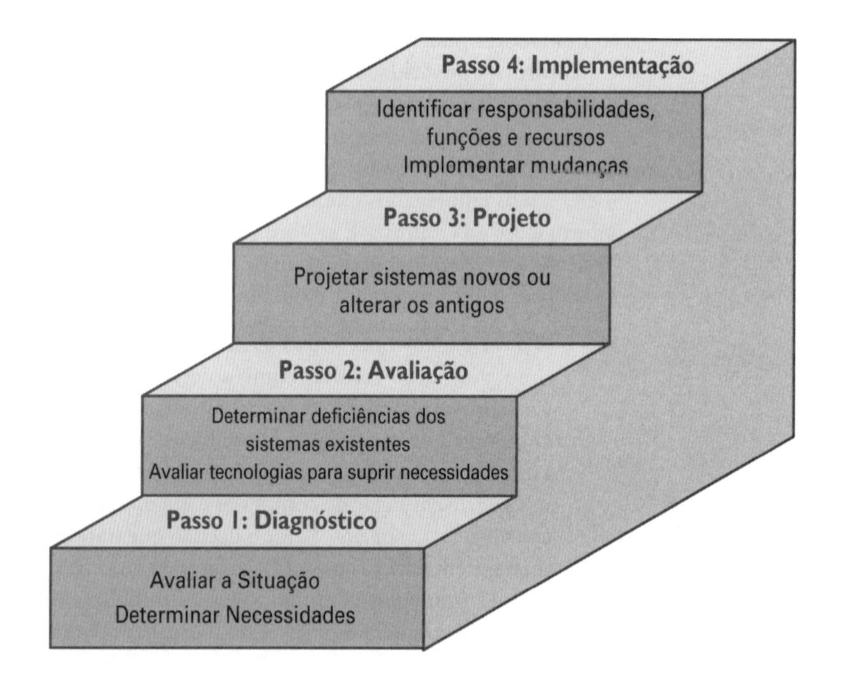

mentação. Enquanto este modelo tem algumas das mesmas características do Ciclo de Vida do Desenvolvimento de Sistemas (ver Capítulo 9), o método da gestão em quatro passos ajuda gestores e outros empregados, mais que profissionais de sistemas de informações, a aprimorar a sua gestão da informação.

Diagnosticando as Necessidades de Informações

Gestores, empregados e outras pessoas devem primeiro avaliar suas necessidades de informações a partir de uma situação particular que enfrentem. O diagnóstico requer uma descrição do problema existente, o contexto no qual ele ocorre, o tipo de informações disponíveis, o tipo de informações necessárias para resolvê-lo e os possíveis meios de conseguir essas informações. Os executivos na Marriott International, por exemplo, precisam determinar o tipo de informações de que precisam para tomar decisões organizacionais tais como definir o rumo estratégico, políticas de marketing em geral e práticas de recursos humanos. Cada gestor tem diferentes exigências de informações. Como pode cada um efetivamente obter e processar as informações mais importantes para sua tomada de decisão?

O diagnóstico das necessidades de informação pode ocorrer nos níveis individual, de gestão, organizacional, ou social. Empregados devem determinar as informações de que precisam para efetuar seus trabalhos efetivamente. Gestores geralmente têm necessidades de processamento de transações, controle financeiro, gestão de projeto e comunicações, entre outros. Organizações usam informação para aumentar sua vantagem competitiva ou implementar sua estratégia, como melhorar o serviço ao consumidor, controlar o custo, ou monitorar a qualidade.

A sociedade, também, usa informações para comunicação, desenvolvimento econômico e aperfeiçoamento da qualidade de vida em geral. A exemplo dos gestores de negócios, os administradores públicos precisam diagnosticar suas necessidades de informação de maneira que possam executar suas funções apropriadamente. A cidade de Fairfax, Virginia, equipou seus ônibus com Sistema de Posicionamento Global (GPS) e instalou um sistema sem fio para juntar as informações de que precisava para melhorar os horários e serviços de ônibus. O sistema também permite aos passageiros que aguardam obter informações precisas sobre a localização e horários prováveis de chegada dos ônibus que se aproximam.[35]

Avaliando Tecnologia da Informação e Sistemas

A avaliação do *hardware*, *software*, banco de dados e comunicação de dados usados para manipular informações segue o diagnóstico das necessidades. A avaliação tem vários passos, como mostrado na Figura 1-9:

1. *Avaliar os sistemas e tecnologia atuais para tratar informações.* Um gestor, por exemplo, poderia primeiro descrever os componentes da tecnologia da informação e sistemas usados para obter, processar, armazenar, recuperar ou comunicar as informações.
2. *Comparar estes componentes com os sistemas disponíveis* e perguntar o seguinte: Quão bem a tecnologia e os sistemas atuais respondem às necessidades atuais? Existe tecnologia e sistemas disponíveis que aprimorariam significativamente o tratamento de informações? Haveria possibilidade de eles terem uma boa relação custo/benefício? Que conseqüências resultarão da mudança no tratamento das informações?
3. *Determinar quais necessidades de informações não são ou não podem ser tratadas.*

A Figura 1-10 oferece uma lista de perguntas que o gestor deve fazer como parte do passo de avaliação.

FIGURA 1-9

Avaliar tecnologia da informação e sistemas envolve comparar os sistemas existentes com sistemas no estado-da-arte que atendam às necessidades de informação.

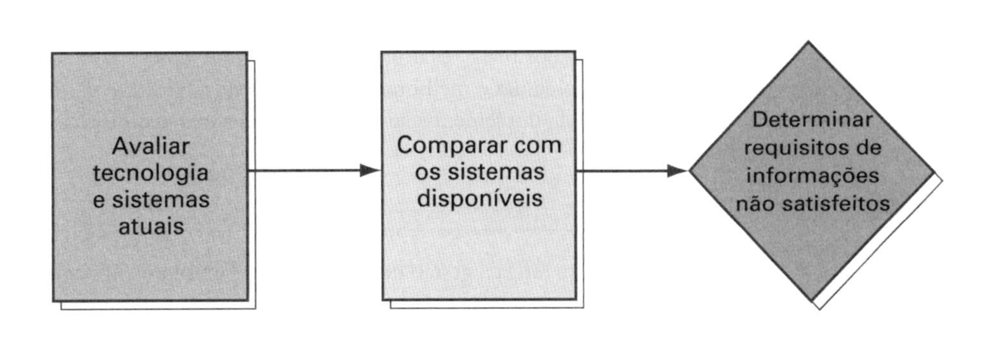

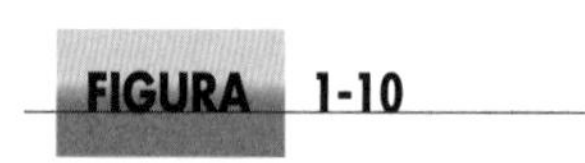
FIGURA 1-10

Responder a estas questões para avaliar os sistemas e tecnologia de informação da sua empresa.

- Quais são os sistemas atuais para tratamento da informação?
- Eles são manuais ou computadorizados?
- Quais são os componentes dos sistemas e tecnologias de informação?
- Como estes componentes comparam-se a sistemas mais avançados?
- Quão bem o sistema atual responde às necessidades de informação?
- Outros sistemas responderiam melhor aos requisitos de informação?
- Sistemas tecnologicamente mais atualizados aperfeiçoariam significativamente o tratamento das informações?
- Que conseqüências resultarão de uma mudança no modo como as informações são tratadas?
- Que requisitos de informações não são e não podem ser tratados, seja qual for a tecnologia da informação ou os sistemas de informações usados?

Projetando Sistemas de Pronta Resposta

Se uma avaliação determinar que a tecnologia e os sistemas existentes não respondem adequadamente aos requisitos de informações, gestores, consultores e usuários das informações, juntamente com profissionais de sistemas de informações, precisam, então, projetar sistemas coerentes para a gestão da informação. O projeto envolve corrigir deficiências dos sistemas existentes e integrar aos mesmos práticas e tecnologias alinhadas com o estado-da-arte.

A fase de projeto envolve tomar decisões sobre a tecnologia de informação específica e sua integração nos sistemas de informações. Isto envolve uma análise custo/benefício para assegurar que o novo projeto forneça um retorno suficiente para os custos adicionais incorridos. Usuários de sistemas e profissionais habilitados geralmente colaboram para garantir o melhor projeto.

Implementando Sistemas de Informações

O passo final aborda assuntos associados com a implementação dos sistemas novos ou alterados. Quem será responsável pela supervisão da implementação? Como ela vai acontecer? Que recursos adicionais serão necessários à implementação? Que tipos de acompanhamento vão ocorrer? Como a mudança afetará outros aspectos do funcionamento individual ou organizacional? Identificar a responsabilidade das partes pela implementação significa determinar os papéis individuais que desempenharão os gestores, a equipe de sistema de informações ou os especialistas externos. Como usualmente acontece, a seguir especifica-se o cronograma da implementação.

A gestão de alto escalão deve assegurar recursos suficientes para a implementação e para lidar com as mudanças que ocorrem como resultado da implementação. Eles devem também julgar se os profissionais da área de sistemas estão atuando efetivamente nas quatro fases. Identificar que o novo sistema e a nova tecnologia provavelmente terão conseqüências imprevistas deve ser um aspecto crítico do planejamento; monitorar tais efeitos e apresentar soluções para problemas que surgem deve ser parte da implementação. A implementação também inclui assegurar que o novo sistema funcione como esperado e resulte nos custos e economias previstas.

ORGANIZAÇÃO DESTE LIVRO

Este livro aplica o método em quatro passos para examinar a gestão da informação, como mostrado na Tabela 1-2. A Parte Um, composta dos Capítulos 1 e 2, faz o diagnóstico das necessidades de informação abordando a maneira como gestores, grupos e organizações usam informações. A Parte Dois, que inclui os Capítulos 3 a 5, avalia as tecnologias da informação disponíveis para atender a estes requisitos. A Parte Três, Capítulos 6 a 8, examina como as organizações usam sistemas e tecnologias da informação para resolver problemas e melhorar os processos de negócio. A Parte Quatro, Capítulos 9 e 10, investiga os problemas da implementação e a gestão do recurso da informação.

RESUMO

Este livro investiga a gestão de informações. Definimos informações como dados processados. Informações podem ser usadas como um recurso, um ativo, ou um produto. A tecnologia da informação, na for-

TABELA 1-2

Este livro segue o método em quatro passos na gestão da informação.

	Parte I Diagnosticando Requisitos de Informações para Gestão	Parte II Avaliando Tecnologias da Informação	Parte III Projetando Sistemas de Negócio	Parte IV Gerenciando o Recurso de Informação
Passo 1 Diagnóstico	• • •	• •	• •	•
Passo 2 Avaliação	• •	• • •	• •	•
Passo 3 Projeto	•	• •	• • •	• •
Passo 4 Implementação	•	•	•	• • •

CHAVE: • • • Ênfase forte • • Ênfase moderada • Ênfase fraca

ma de *hardware* de computador, *software*, sistemas de gerenciamento de banco de dados (SGDB) e tecnologia de comunicação de dados ajuda a atender os requisitos de informações de gestores e empregados. Podemos criar sistemas de informações para fins de automação, processamento de transações ou suporte à gestão e com escopo pessoal, departamental, empresarial ou interorganizacional.

A gestão da informação propõe desafios especiais aos gestores. Eles devem ter sucesso num ambiente global. As empresas estão concentradas em obter um desempenho superior numa economia crescentemente eletrônica e móvel. Elas constroem capacidades e produtividade individuais pela criação de uma força de trabalho baseada no conhecimento.

No mercado global, os gestores enfrentam um ambiente dinâmico e imprevisível, executando uma grande quantidade de trabalho num ritmo exaustivo. Existem diferenças nos tipos de informações requeridas pelos gestores nos diferentes níveis. Todos os gestores executam uma variedade de funções que requerem diferentes tipos de informações. Eles também enfrentam uma variedade de desafios na gestão da informação. Algumas vezes precisam aplicar princípios éticos para decidir qual informação deve ser usada.

Os gestores podem utilizar um modelo analítico de quatro passos para aprimorar sua gestão da informação. Primeiro, avaliam sua situação e necessidades de informações. A seguir, avaliam a qualidade dos sistemas de informações existentes quanto ao preenchimento de suas necessidades de informações. Terceiro, se as necessidades não são atendidas adequadamente, eles propõem modificações nos sistemas para melhor atendê-las. Quarto e último, eles lidam com os problemas de implementação e acompanhamento dos trabalhos.

TERMOS E EXPRESSÕES IMPORTANTES

conhecimento
dados
ética
excesso de informação
Gestão da Qualidade Total (TQM)
gerente de projeto
gestão
groupware
hardware de computador
informação
Internet
moral
recurso
sabedoria
sistema de gerenciamento de banco de dados (SGBD)
sistema de informação
sistema de informações departamentais
sistema de informações empresariais
sistema de informações executivas
sistema de informações funcionais
sistema de informações individuais
sistema de processamento de transações (TPS)
sistema de suporte à gestão
sistema de suporte operacional
sistemas de automação
sistemas de informações interorganizações
software de computador
tecnologia da informação
tecnologia de comunicação de dados
telecommuter
trabalhadores do conhecimento
transação

QUESTÕES DE REVISÃO

1. O que é gestão da informação?
2. O que é informação?
3. No que diferem dados, informações e conhecimento?
4. Apresente três maneiras pelas quais as organizações usam informações.

5. O que é tecnologia da informação?
6. Quais são os quatro tipos principais de tecnologia da informação?
7. Quais são os três propósitos pelos quais as pessoas usam sistemas de informações?
8. O que é uma transação?
9. Que tipos de sistemas de suporte à gestão existem?
10. Como pode ser descrito o escopo de um sistema de informações?
11. Quais os maiores problemas enfrentados pelos gerentes na gestão da informação?
12. Quais aspectos do trabalho do gestor influenciam sua gestão da informação?
13. Como o mercado global afeta a gestão da informação?
14. Que funções executa um gestor?
15. Como os gestores usam a informação para aprimorar a qualidade de seus produtos e serviços?
16. Como um gestor usa informações e sistemas de informação no desempenho de cada uma de suas funções?
17. Quais desafios os gestores enfrentam para assegurar uma efetiva gestão da informação?
18. Que problemas éticos os gestores enfrentam?
19. Quais etapas compõem o método da gestão em quatro passos?
20. Por que devem os gestores diagnosticar suas necessidades de informações?
21. Quais passos devem ser seguidos para avaliar a tecnologia e os sistemas de informação?
22. Que assuntos eles devem considerar no projeto de sistemas de pronta resposta?
23. Que problemas devem ser resolvidos como parte da implementação?

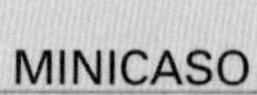

EMPRESA DE HOTELARIA CAPTA A MENSAGEM ATRAVÉS DO MUNDO

Quando a Carlson Hospitality — cuja franqueadora é proprietária e administradora de hotéis como Country Inn & Suites, Radisson e Regent — considerou livrar-se de seus volumosos relatórios gerenciais mensais e substituí-los por lustrosos handhelds portáteis que emitiam informações em tempo real sobre taxa de ocupação, visitas VIP e reservas além da capacidade, a empresa sabia que o projeto não seria como um passeio no parque. Qualquer sistema que a empresa construísse teria que trabalhar com 750 hotéis em 55 países e acomodar mais de 2.000 usuários. Para muitas corporações globais, o simples pensamento de oferecer a tantas e tão dispersas pessoas acesso a tanta informação jogaria abaixo o projeto, mas a Carlson o aceitou e ampliou.

Durante os três últimos anos, a empresa, baseada em Minneapolis, gastou 21 milhões de dólares reestruturando seus sistemas centrais e integrando dados de pelo menos seis bancos de dados. E embora aquela reestruturação não tenha sido feita tendo em mente um vasto projeto sem fio (*wireless*), o resultado permitiu à equipe de tecnologia disponibilizar os indicadores-chave da empresa para uma rede local sem fio (*wireless LAN*), bem como para uma rede cabeada. A integração foi vital para o projeto sem fio porque ele organizou os dados (índices de ocupação, informações de preços, e assim por diante) a partir de todos os diferentes bancos de dados da organização permitindo sua distribuição em escala global.

"A nova arquitetura foi um pré-requisito para ter os dados disponíveis para serem trabalhados", diz o CIO Scott Heintzeman. Mas ela prendeu os gestores às mesas, porque aquelas informações só podiam ser acessadas a partir de PCs. A Carlson queria "os gestores longe de suas mesas e conversando com os clientes", disse Heintzeman. "Não estamos somente colocando para fora informações estáticas, [mas] informações numa forma gráfica que torna fácil [aos gestores] identificar tendências." Por exemplo, uma tela de reservas de quartos permite aos gestores visualizar taxas de ocupação dia a dia ou ano a ano.

Para atingir este objetivo, Heintzeman e sua equipe tiveram que construir uma aplicação que fizesse a informação ter sentido ao ser apresentada em computadores portáteis de mão. E, logicamente, a Carlson teve que instalar redes sem fio em cada hotel onde o sistema sem fio seria usado. Heintzeman e sua equipe escolheram implementar o novo sistema em Pocket PCs (PCs de bolso) da Compaq e não no Palm Pilot ou computadores portáteis similares porque era mais fácil desenvolver *software* no sistema operacional Microsoft do Pocket PC do que no sistema operacional do Palm Pilot.

Em março de 2001, a empresa começou um teste do novo sistema em um hotel de Minneapolis e rapidamente expandiu o teste para quatro outras localidades. Gestores naqueles hotéis usam seus computadores de mesa para selecionar partes dos dados, como índices de ocupação, e montam alertas para os principais indicadores, como um súbito aumento na demanda. Eles então descarregam os dados para os seus portáteis de maneira que possam acessá-los de quase todos os lugares dentro dos hotéis.

Hoje, os gestores da Carlson estão transferindo dados para os portáteis de três maneiras diferentes. A maioria dos gestores usa um adaptador para conectar seus portáteis a um computador, alguns sincronizam seus dados através de uma rede local sem fio e alguns poucos usam a rede digital de longo alcance da AT&T.

No total, diz Heintzeman, a Carlson equipou 200 pessoas com portáteis a um custo aproximado de 100.000 dólares. Ele informa que as coisas estão andando bem e planeja expandir o programa para distribuir cerca de 6.000 Pocket PCs Compaq iPaq, equipando executivos corporativos bem como gestores gerais e pessoal da linha de frente em mais de 600 hotéis.

FONTE: Adaptado de Danielle Dunne, "Wireless That Works", CIO 15 February 2002, 60; e Bob Brewin, "Hotel Chain Moves to Wireless Data Access", Computerworld, 4 December 2000, 6. Reimpresso por cortesia de CIO.

Questões do Caso

Diagnóstico

1. Que necessidades de informações os gestores e pessoal de operações da Carlson tinham?

Avaliação

2. Que tipos de sistemas de informações a empresa tinha?
3. Quão bem estes sistemas supriam suas necessidades?

Projeto

4. Que mudanças nos sistemas de informações a empresa fez?
5. Estas mudanças atendem melhor suas necessidades?

Implementação

6. Que problemas de implementação a Carlson enfrentou?
7. Como irá a Carlson saber se os novos sistemas são ou não efetivos?

1-1 ANÁLISE DAS ATIVIDADES DE GESTÃO

ATIVIDADE

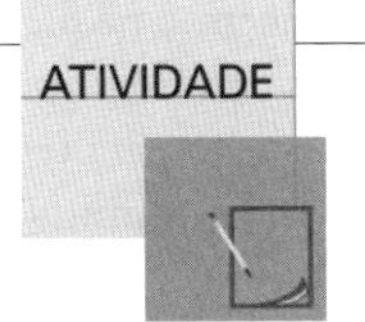

Passo 1: Revise o trecho do resumo de trabalho diário, mostrado na Figura 1-11, da manhã de Joseph Michaelson. Michaelson é o gestor de uma das cinco fábricas de uma grande indústria que produz e vende componentes para computadores. A fábrica opera vinte e quatro horas por dia, sete dias por semana.

Passo 2: Para cada atividade executada, registre as informações que o gestor usou durante aquela atividade, como segue:

Atividade	Informações Usadas

Passo 3: Agora escolha um gestor para entrevistar. Peça-lhe que descreva em detalhes duas ou três atividades que ele desempenhou durante o dia anterior. A seguir, peça ao gestor que lhe diga quais informações foram necessárias para executar estas atividades. Pergunte-lhe de quais informações adicionais ele precisou para desempenhar estas atividades mais eficientemente.

Passo 4: Responda às seguintes questões, em pequenos grupos ou com a classe inteira:

1. Quais atividades os gestores executaram?
2. Quais informações os gestores usaram durante aquelas atividades?
3. Como os gestores conseguiram as informações necessárias?
4. De que informações adicionais os gestores precisavam para desempenhar as atividades mais eficientemente?

1-2 LOJAS DE ARTIGOS FINOS EM COURO

ATIVIDADE

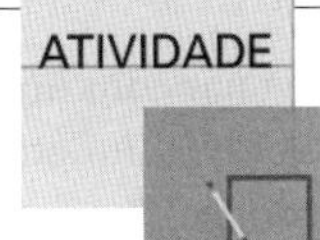

Passo 1: Leia o cenário seguinte.

O proprietário de uma cadeia de cinco lojas de artigos finos em couro decidiu instalar um sistema computadorizado para auxiliar as funções de contabilidade, vendas, operações e recursos humanos para as lojas. Localizadas em pequenos shopping centers de subúrbio, estas lojas possuem um sortimento de ma-

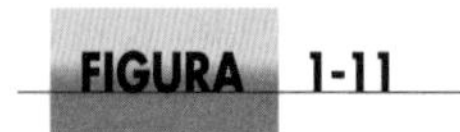

1-11

Joseph Michaelson realiza várias reuniões e executa diversas atividades como parte de seu trabalho.

8:00	Joseph encontra o supervisor da noite para sua reunião diária. Eles conversam sobre o ritmo de produção da noite anterior, problemas com suporte e planos para a produção desta noite.
8:30	Na máquina de café Joseph depara-se com o encarregado de recursos humanos da fábrica. Eles conversam sobre as novas normas federais que afetam seus planos para contratar trabalhadores temporários.
8:40	Joseph recebe um telefonema do departamento de contabilidade corporativa. Ele tem se encontrado regularmente com um representante da contabilidade para discutir novas maneiras de contabilização para estoque sem uso. Eles conversam por vinte minutos sobre o projeto, bem como fofocam sobre assuntos corporativos.
9:00	Joseph encontra-se com as cinco pessoas que respondem diretamente a ele, para revisar seus planos para a semana. Eles passam quase toda a reunião discutindo seus planos para aumentar o número de equipes de autogestão no chão da fábrica. Eles também passam algum tempo falando sobre problemas que estão tendo na usinagem de muitas peças críticas.
10:00	Joseph participa de uma conferência telefônica com os quatro outros gestores da fábrica para discutir a instalação de algumas novas tecnologias de linha de montagem na fábrica.
10:30	Joseph completa a papelada para a avaliação de desempenho de seus subordinados que ele realizou no decorrer das duas semanas anteriores.
11:00	Joseph reúne-se com dois líderes de equipe recém-contratados para dar-lhes boas vindas à fábrica.
11:15	Joseph fala longamente com um fornecedor que esteve fornecendo peças problemáticas para uso em um dos componentes do computador. Juntos eles analisam meios de resolver o problema e agendam uma nova conversa telefônica para o outro dia.
11:30	Joseph faz sua caminhada diária pela fábrica, falando com cerca de trinta trabalhadores no chão da fábrica.

las, pastas, carteiras e outros produtos de couro, bem como acessórios de viagem e pequenos produtos eletrônicos. Até agora, cada loja na cadeia tem operado independentemente, com um só computador pessoal para atender às funções da loja sob os cuidados do gestor. Algumas lojas usam-no para registrar transações; outras mantêm nele registros do estoque; outras ainda usam-no para sistemas primitivos de folha de pagamento.

Passo 2: Individualmente ou em pequenos grupos, faça um diagnóstico da situação. Liste os tipos de informações que cada gestor de loja requer.

Passo 3: Em pequenos grupos ou com a classe inteira, compartilhe as listas criadas. Depois, prepare uma lista completa das informações após responder às seguintes questões:

1. Que elementos essas listas têm em comum?
2. Que informações foram omitidas das listas?
3. Que informações podem ser parte de um sistema de informações computadorizado?

ATIVIDADE

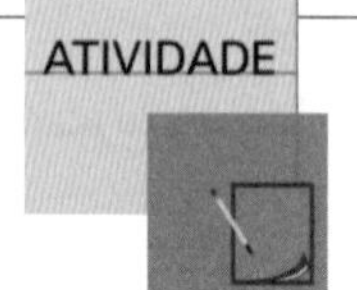

1-3 QUE INFORMAÇÕES SÃO NECESSÁRIAS?

Passo 1: Leia cada problema de gestão abaixo. Para cada situação, decida sobre quais informações o gestor necessita para resolver o problema.

Problema 1: O gestor de benefícios numa empresa de manufatura de tamanho médio acabou de receber quatro reclamações de empregados informando que suas contas do fundo de garantia não foram creditadas corretamente pelo terceiro trimestre consecutivo. De que informações necessita o gestor para certificar-se da correção do valor calculado?

Problema 2: O proprietário de uma cadeia de cinco sorveterias acabou de falar com um de seus gestores sobre o problema de um suprimento em andamento. O gestor observou que um grande número de comentários na sua caixa de sugestões dos clientes eram queixas de que a loja estava sem estoque do sabor de sorvete que o cliente queria comprar. Apesar de tais queixas não parecerem ter afetado as vendas ainda, o gestor está temeroso de que logo irá perder clientes importantes para uma cadeia competidora. De que informações precisam o proprietário e o gestor para assegurar o correto suprimento de sorvete para cada loja?

Problema 3: Como gestor de projetos em uma auditoria de grande porte, você é responsável pela distribuição do trabalho entre os diversos profissionais que trabalham no projeto. Você ouviu uma profissional ligada ao projeto queixando-se de que você usa de favoritismo ao distribuir tarefas. Ela diz que os homens recebem as tarefas que visivelmente tomam menos horas para completar. Você não acredita que esteja fazendo esta discriminação. De quais informações você necessita para refutar esta acusação?

Passo 2: Para cada situação, descreva dois modos pelos quais o gestor poderia conseguir as informações de que ele necessita.

Passo 3: Individualmente, em pequenos grupos, ou com a classe inteira, responda às seguintes questões:

1. Que tipos de necessidades de informações os gestores têm?
2. Como poderiam conseguir as informações de que necessitam?
3. Que papel podem prestar os sistemas de informações em fornecer as informações requeridas?

1-4 QUESTÕES ÉTICAS NA VENDA DE INFORMAÇÕES PESSOAIS

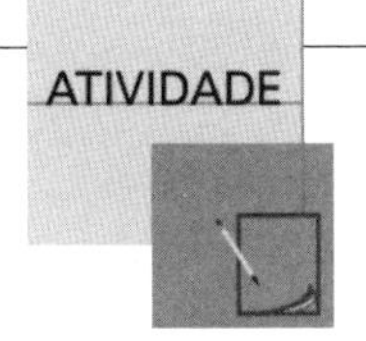

Passo 1: Leia os parágrafos seguintes sobre a AMA (American Medical Association) e seus planos de banco de dados.

A American Medical Association (AMA) foi fundada em 1847 "para agir como a voz unificada dos médicos em trabalho conjunto para aprimorar os cuidados com saúde através do país"[36]. A associação na AMA está aberta somente a médicos, e a maioria dos médicos são membros. A AMA oferece muitos serviços aos médicos, incluindo a publicação de vários jornais, atividades de interesse da classe e educação.

A AMA está planejando lançar uma subsidiária com fins lucrativos chamada "Preference Solutions" para montar e vender informações sobre os profissionais da área da saúde. A AMA já faturou cerca de 23 milhões de dólares com a venda de informações de seu banco de dados, o qual inclui somente dados sobre médicos. A subsidiária, uma *joint venture* entre a AMA e a empresa de marketing Acxiom Corp., vai suplementar o banco de dados da AMA com dados adicionais sobre os médicos bem como dados sobre outros profissionais da área da saúde, como enfermeiras e optometristas. O novo banco de dados incluirá informações demográficas, informações para contato e informações da carreira, incluindo diplomas médicos, especialidades, certificações e histórico profissional. Espera-se que o banco de dados seja especialmente útil para empresas dos ramos farmacêutico, de seguros e de publicidade, para auxiliá-las no direcionamento ao público-alvo mais provável para comprar seus produtos.[37]

Passo 2: Imagine que você é um médico. Individualmente ou em pequenos grupos, identifique os controles que você gostaria de impor ao uso deste banco de dados, para proteger sua privacidade e o possível mau uso. Decida se você iria ou não criar obstáculos quanto à venda de informações deste banco de dados com e sem os controles que você identificou.

Passo 3: Seu instrutor pedirá a você que compartilhe os controles que você identificou com a classe. Um lista destes controles será colocada no quadro ou será disponibilizada para a Passo 4.

Passo 4: Imagine que você é o presidente da AMA. Você entende que pode fazer o máximo de dinheiro e incorrer nos menores custos ao evitar quaisquer controles sobre o banco de dados que você planeja montar. Mesmo assim, você pode ter algumas objeções morais à venda não controlada destas informações. Individualmente ou em pequenos grupos, responda às perguntas seguintes:

1. Quais objeções morais, se existe alguma, você tem quanto à venda não controlada de informações do banco de dados?
2. A quais controles, se existir algum, dirigem-se suas objeções?
3. Como você decidirá o modo de agir levando em consideração objetivos conflitantes entre maximizar o lucro pela venda dos dados e aplicar suas objeções morais?

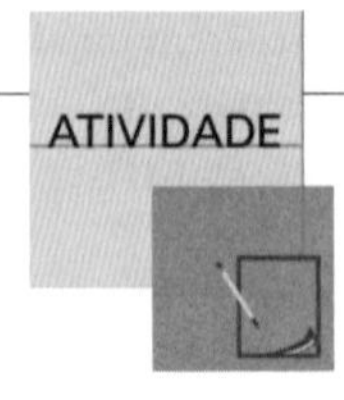

1-5 PLANEJAMENTO PARA "TORNAR-SE GLOBAL"

Passo 1: Você assumiu recentemente o cargo de encarregado geral de informações de uma empresa de tamanho médio que fabrica e vende produtos dirigidos a esportistas profissionais nos Estados Unidos. A pesquisa de mercado da empresa mostra que existe demanda por produtos similares na Europa, e a equipe executiva decidiu abrir pontos de venda em três grandes cidades européias. Se estes pontos de venda tiverem sucesso, o alto escalão planeja abrir dez outros no prazo de um ano, mudar pelo menos uma fábrica para a Europa, e continuar este ritmo de expansão nos próximos três a cinco anos.

Você tem a atribuição de preparar recomendações para atualizar o sistema de informações da empresa para suprir as necessidades de uma empresa global. Como primeiro passo neste planejamento, você decidiu que precisa desenvolver uma lista completa dos aspectos que você e sua equipe precisam considerar sobre a mudança para tornar-se uma empresa global. Você sabe que no mínimo deve considerar as implicações de impostos decorrentes da compra de *hardware* e a disponibilidade de serviços de telecomunicações em cada localidade. Que mais vai influenciar seu plano?

Passo 2: Individualmente ou em pequenos grupos, crie uma lista dos aspectos que você deve considerar quando estiver fazendo recomendações sobre os sistemas de informações nesta empresa.

Passo 3: Compartilhe a lista com o restante da classe, e juntos desenvolvam uma lista completa de questões para empresas globais. Para cada questão incluída na lista, responda as duas perguntas seguintes:

1. Que implicações tem esta questão para o sistema de informações da empresa?
2. O que aconteceria se você ignorasse esta questão?

SI NA *WEB*

Exercício 1: Visite os sites de três empresas que forneçam produtos ou serviços para auxiliar empresas a fazer negócios internacionalmente. Exemplos de tais empresas são aquelas que oferecem serviços de telecomunicações, serviços de logística, serviços de traduções, *software* contábil, ou *software* para gestão de vendas. Explique como estes produtos e serviços ajudam empresas a obter e processar dados e usar as informações resultantes para aprimorar a eficiência das suas operações globais.

Exercício 2: Visite um dos sites da página na Internet do Capítulo 1 na seção chamada "Ética Cibernética". Resuma as questões éticas envolvidas na confecção de leis para controlar a disseminação de documentos, *software* e outras propriedades intelectuais.

LEITURAS RECOMENDADAS

Anthony, Robert. *Planning and Control Systems: A Framework for Analysis.* Boston: Harvard University Press, 1965.

Brynjolfsson, Erik, and Brian Kahin (Eds.). *Understanding the Digital Economy.* Cambridge, MA: MIT Press, 2000.

Lipnack, Jessica, and Jeffrey Stamps. *Virtual Teams: People Working across Boundaries with Technology.* New York: John Wiley & Sons, 2000.

Mintzberg, Henry. *The Nature of Managerial Work.* New Jersey: Harper Row, 1973.

Santos, Jose, Peter Williamson, and Yves L. Doz. *From Global to Metanational: How Companies Win in the Knowledge Economy.* Boston, MA: Harvard Business School, 2001.

Spinello, Richard A. *CyberEthics: Morality and Law in Cyberspace.* Sudbury, MA: Jones & Bartlett Publishing, 2001.

Wheaton, Kristan J. *The Warning Solution: Intelligent Analysis in the Age of Information Overload.* Fairfax, VA: AFCEA International Press, 2001

NOTAS

1. Marriott International, *2000 Annual Report.*
2. James Cash, "Gaining Customer Loyalty," *Informationweek,* 10 April 1995, 88. Laura Struebing, "Measuring for Excellence," *Quality Progress* 29 (1996): 25–28.
3. Elana Varon, "Suite Returns," *CIO* 13 (15 August 2000): 114–122.
4. David Spacey, "Roll Out the Barrels," *Supply Management* 6 (9 August 2001): 32–33.
5. Bob Brewin, "Short-Haul Trucker to Roll Out Location-Tracking System," *Computerworld,* 5 February 2001, 7.
6. Michael Romano, "Broadening the Base," *Modern Healthcare* 31 (29 October 2001): 20–21.
7. Tatyana Sinioukov, "LG Electronics: Ready to Roll into the U.S. Market," *Dealerscope,* July 2001, 26.
8. Michael MacMillan, "Fighting Paper with Paper," *Computing Canada* 26 (13 October 2000): 35.
9. John Halamka, "Inside a Virtual Nursery," *Health Management Technology,* June 2001, 37–38.
10. Lori Doss, "Taco Bell Franchisees Try 'Above-Store' Systems to Lift Efficiency," *Nation's Restaurant News,* 22 October 2001, 55.
11. Rick Whiting, "Data Analysis to Health Care's Rescue," *Informationweek,* 24 September 2001, 68.
12. Jennifer Disabatino, "New Krispy Kreme Intranet a Recipe for Success," *Computerworld.com,* 26 July 2001, http://www.computerworld.com/databasetopics/data/story/0,10801,62556,00.html, accessed on 2 September, 2002.
13. Kimberly Mecham, "How Microsoft Built a Cost-Effective HR Portal," *HR Focus* 78 (August 2001): 4–5.
14. Julie Gallagher, "AAA Missouri Takes Direct Route," *Insurance & Technology,* November 2001, 16.
15. Ronald E Keener, "Clean Claims, More Money," *Health Management Technology,* May 2001, 20–21.
16. Avi Breiner and Rafi Maman, "Refinery Reaps the Benefits of New Decision Support Tool," *Oil & Gas Journal,* 8 January 2001, 46–48.
17. Larry Stevens, Groupware Out of the Box—Some Companies Find That No-Frills Web Collaboration Software Is a Welcome Alternative to a Pricey Notes or Exchange Rollout, *Internetweek,* 1 October 2001, PG33–PG34.
18. "Meralco Info System," *Businessworld,* 20 March 2001, 1.
19. Paraphrased and adapted from the 'Lectric Law Library's Lexicon at http://www.lectlaw.com/def/e022.htm, accessed on 1 January 2002.
20. David Lewis, "Managed-Care Firm Takes Lead with Diverse Extranet," *Internetweek,* 21 May 2001, 50.
21. David C Barrow, "Sharing Know-How at BP Amoco," *Research Technology Management,* May/June 2001, 18–25.
22. Jason Compton, "Dial K for Knowledge," *CIO,* 15 June 2001, 136–138.
23. H. Mintzberg, *The Nature of Managerial Work,* 2d ed. (Englewood Cliffs, NJ: Prentice-Hall, 1979).
24. Peter J. Howe, "The Point Man Richard Parsons, 'Consummate Diplomat' and Longtime Insider, Faces a Tough Job Steering AOL Time Warner through Turbulent Times in the Net-Media Industry," *Boston Globe,* 16 December 2001, E1. Betsy Streisand and Joellen Perry, "You've Got a New CEO: AOL Time Warner Picks a Diplomat to Bring Unity to Its Many Parts," *U.S. News & World Report,* 17 December 2001, 32–33.
25. The roles presented here are drawn in large part from Henry Mintzberg, *The Nature of Managerial Work,* 2nd ed. (Englewood Cliffs, NJ: Prentice-Hall, 1979).
26. Paul Sheldon Foote and Malini Krishnamurthi, "Forecasting Using Data Warehousing Model: Wal-Mart's Experience," *The Journal of Business Forecasting Methods & Systems,* fall 2001, 3–17.
27. C. Dickinson Waters, "Bob Evans' Tech Chief Attacks Information Overload," Nation's Restaurant News, 16 April 2001, 58. James Peters, "Bob Evans Growth Plan Falls Flat As Unit Expansion Falters," Nation's Restaurant News, 3 December 2001, 4–6. www.bobevans.com, accessed on 29 August, 2002.
28. "Patent Searches and More," Manufacturing Engineering, March 2001, 32.
29. M. Bragen, "Form Fitting," Computerworld, 14 September 1992, 105–107.
30. "Documented Savings," Health Management Technology, October 2001, 56–57.
31. Sandra Swanson, "Beware: Employee Monitoring Is on the Rise," Informationweek, 20 August 2001, 57–58.
32. Michael H. Agranoff, "Protecting Personal Privacy Exposed in Corporate Data Bases," Information Strategy: The Executive's Journal 7 (summer 1991): 27–32.
33. This discussion is based on Ernest A. Kallman and John P. Grillo, *Ethical Decision Making and Information Technology: An Introduction with Cases* (New York: McGraw-Hill, 1993).
34. Kallman and Grillo, *Ethical Decision Making.*
35. Alan Radding and Julia King, "Leading the Way," *ComputerworldROI,* September/October 2001, 14–22.
36. http://www.ama-assn.org/ama/pub/category/1915.html, accessed on 15 January 2002.
37. Romano, "Broadening the Base," 20–21.

2

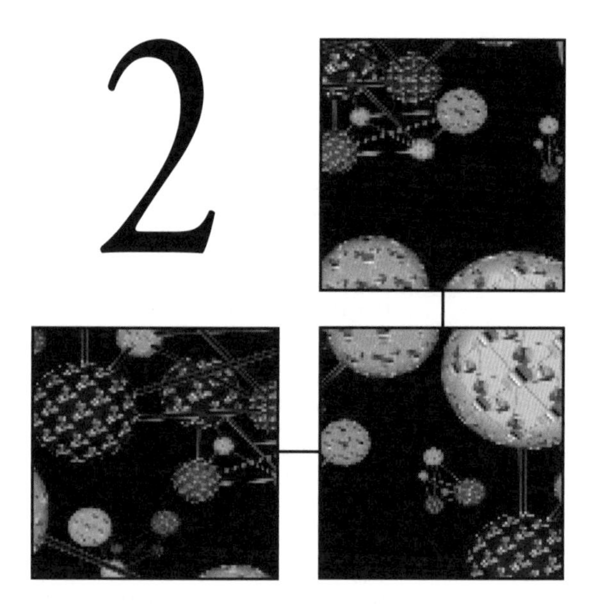

A Organização e a Gestão da Informação

OBJETIVOS DO APRENDIZADO

Após completar o Capítulo 2, você estará apto a:

- Descrever o contexto de negócios no qual operam as organizações contemporâneas.
- Discutir os cinco requisitos de informações das organizações de hoje.
- Descrever as novas formas organizacionais que surgiram e seus requisitos de informação.
- Identificar as necessidades de informações da gestão em equipe.
- Ilustrar os tipos de informações requeridas para tomar e implementar decisões estratégicas em uma organização.
- Comentar acerca do relacionamento entre informações e o projeto e implementação de estruturas organizacionais.
- Oferecer maneiras de utilizar a informação para a obtenção de vantagem competitiva.

A Kodak Enfrenta Desafios

Quando Daniel Carp, *chairman* (presidente do conselho de administração), presidente e *CEO* da Eastman Kodak Company, examinou os dados de vendas para a temporada do Natal de 2000, com certeza percebeu que eles sinalizavam boas e más notícias. A boa notícia era que as câmaras digitais estavam entre os itens mais procurados para a estação de férias e que as câmaras da Kodak batiam os competidores facilmente, alcançando uma fatia de 50% do mercado, de acordo com uma pesquisa. A má notícia era que o filme, o papel fotográfico, e o processamento de filmes haviam sido a principal fonte de faturamento e lucro desde que a companhia havia sido fundada em 1892. A Kodak estava claramente numa encruzilhada, com muitos possíveis caminhos a seguir.

Carp tinha que responder algumas perguntas importantes. Seria o filme uma tecnologia do passado, condenado pela revolução digital, ou filmes e seu processamento continuariam a ser áreas de negócios prósperas mesmo enquanto a fotografia digital crescesse? Para competir no mundo digital, a Kodak deveria dedicar-se a câmaras, impressão de fotografias, ou papel fotográfico? A Kodak já era uma participante em todos estes mercados. Sua câmara Easy Share era uma campeã de vendas. Sua câmara Palm Pix transforma uma agenda eletrônica portátil em uma câmara digital. Sua subsidiária Ofoto.com tem um site na *Web* para os clientes compartilharem fotos digitais com amigos e parentes, editar fotos e imprimi-las ou colocá-las em cartões e entregá-las em suas casas. O papel *inkjet* da Kodak, com qualidade fotográfica, era bastante popular. Um mercado em que a Kodak não competia era o de impressoras digitais de alta definição.[1]

A ameaça imposta à Kodak pela tecnologia digital é clara. Que outras ameaças enfrenta a Kodak? Quais são suas forças e fraquezas e como estas podem afetar sua resposta? Que oportunidades existem para crescimento do faturamento e do lucro, e como deveria Carp priorizar estas oportunidades? Que divisão deveria ser enxugada (*downsized*) ou eliminada? Que empresas a Kodak poderia querer adquirir para fortalecer sua posição competitiva? De quais informações Carp precisaria para tomar estas decisões? Como os sistemas de informações da Kodak podem ajudar?

Tendo Carp definido um rumo estratégico para a Kodak, como comunicar sua visão de maneira que a companhia toda empenhe esforços efetivamente na direção do mesmo objetivo? Como podem os sistemas de informação transformar sua visão em ação?

Gestores em todas as empresas enfrentam questões similares. Neste capítulo nós as respondemos olhando primeiro para a natureza das organizações e seus requisitos de informações. A seguir, examinamos um certo número de novas estruturas organizacionais e consideramos as informações requeridas para dar-lhes suporte. Depois, investigamos as tendências para o uso de equipes no local de trabalho e revisamos as informações que a gestão em equipe requer. Finalmente, exploramos o uso das informações na determinação e implementação de uma estratégia de organização, bem como na conquista de vantagem competitiva.

A ORGANIZAÇÃO EM TRANSFORMAÇÃO

As organizações funcionam em um mercado dinâmico, global, com numerosos desafios e oportunidades. Elas devem produzir produtos de alta qualidade para serem comercializados rapidamente e a um preço competitivo, e atendendo às necessidades do cliente. A Kodak encara estes desafios na indústria da imagem.

O Contexto de Negócios

As características a seguir determinam o pano de fundo para o funcionamento da organização:

- *A globalização dos negócios* pede gestores com grandes habilidades de liderança em situações culturais adversas. Eles devem responder a contínuas e imprevisíveis mudanças econômicas e a dramáticas convulsões políticas. Precisam pensar criativamente sobre os melhores locais para suas fábricas, a fim de tirar vantagem de baixos custos de mão-de-obra pelo mundo. Eles também têm que pensar em como promover e vender os mesmos produtos em diferentes países, para tirar vantagem das economias de escala e escopo. A DaimlerChrysler AG, por exemplo, uma empresa alemã, está juntando engenheiros, gerentes de marketing e executivos da Europa, América do Norte, e Ásia para desenvolver um "motor mundial" que possa equipar carros da Chrysler, Mitsubishi e Hyundai.[2]
- *A rápida mudança tecnológica* ameaça constantemente produtos e serviços estabelecidos. O ritmo da mudança tecnológica tem sido crescente. Como resultado, as empresas têm que modernizar sua tecnologia mais freqüentemente do que o faziam no passado, somente para permanecerem competitivas. Por exemplo, em 1970, a produtividade da fábrica média era somente 15% abaixo da produtividade das melhores fábricas. Em 2000, esta cifra havia aumentado para 40%.[3] A fábrica média simplesmente não consegue acompanhar o passo das mudanças tecnológicas. As organizações de hoje precisam promover um ambiente de aprendizado, onde os empregados possam de maneira constante ampliar suas habilidades à medida que a tecnologia muda. Além do mais, os gestores precisam ser vigilantes e hábeis ao avaliar a ameaça e o potencial de novas tecnologias.
- *Flexibilidade organizacional, adaptabilidade, e colaboração* caracterizam a organização em transformação. As empresas precisam ter a capacidade de reorganizar-se rapidamente para responder às condições de mercado mutáveis. Necessitam colocar recursos onde houver o melhor retorno. Necessitam replanejar seus processos de negócios para se tornarem mais efetivas e eficientes. As organizações de hoje muitas vezes formam sociedade com outras companhias, até mesmo concorrentes, para atender às demandas dos clientes e criar novos nichos para os produtos. Comunicação ampla e rápida tornou-se a chave para o funcionamento organizacional efetivo. As empresas introduziram estruturas organizacionais flexíveis para facilitar as comunicações dentro das organizações e entre elas. A Nortel Networks, uma líder em redes e comunicações que fatura 30 bilhões de dólares, mudou recentemente de uma firma verticalmente integrada para uma que agora terceiriza quase toda a produção. Esta mudança estrutural permite à Nortel usar somente as fábricas mais atuais para fornecer os componentes de que ela necessita e também ajustar-se rapidamente às mudanças geográficas na demanda e nas necessidades de manufatura.[4]

- *Equipes de trabalho e trabalhadores com autoridade e autonomia* acompanham esta necessidade por maior flexibilidade, adaptabilidade e colaboração. As empresas usam equipes funcionais mistas para colocar os produtos no mercado mais rapidamente e com custos mais baixos. Elas concedem aos trabalhadores novas responsabilidades na tomada de decisão fazendo com que empregados com melhor conhecimento possam rapidamente responder às mudanças permanentes no ambiente. A Bell Atlantic, agora Verizon, testou o conceito de equipes de trabalho organizando metade dos seus *call centers** de clientes para operar em equipes. Ela descobriu que os centros baseados em equipe produziam melhor qualidade de serviço, maior satisfação dos empregados, maior produtividade e crescimento nas vendas.[5]
- *A força de trabalho em transformação* fez com que as empresas considerassem o valor que as mulheres e minorias agregam às organizações com seu enfoque e conhecimento especiais. Combinados com os tradicionais trabalhadores masculinos, a força de trabalho mais diversificada cria um poderoso mecanismo para entendimento do mercado e aprimoramento do desempenho organizacional. As empresas também lutam com os benefícios e desafios criados pelo crescente mercado de trabalho eventual, onde os trabalhadores movem-se entre as empresas numa relação regida por contratos. O mercado de trabalho temporário nos Estados Unidos, que varia conforme o estado da economia, é avaliado em aproximadamente 70 bilhões de dólares e cresce à base de dois milhões de vagas diariamente.[6] Uma estimativa indica que em cada quatro trabalhadores americanos um é "agente livre", trabalhando por conta própria ou em projetos ou trabalhos temporários.[7]
- *A gestão do conhecimento* surge como uma nova disciplina nas organizações.[8] Definimos **gestão do conhecimento** como a identificação, captação, sistematização e disseminação do conhecimento de maneira que este possa ser usado para aprimorar a operação e eficiência da organização. Você deve lembrar que definimos conhecimento como um entendimento derivado da informação. Como o entendimento é uma intensa experiência pessoal, o conhecimento também é pessoal. O desafio da gestão do conhecimento é transformar tal conhecimento pessoal em conhecimento organizacional. Os **trabalhadores do conhecimento**, aqueles que entendem as informações mantidas pela organização e sabem usá-las com sabedoria, são particularmente valiosos para o sucesso de uma organização. Imagine, por exemplo, o valor agregado que um trabalhador da recepção em um hotel pode oferecer quando treinado como um trabalhador do conhecimento e não como um simples recepcionista.

Os Requisitos de Informações para as Organizações

As organizações de hoje têm necessidades especiais e crescentes por informações que propiciem suporte às suas novas maneiras de fazer negócios. Elas devem assegurar a acessibilidade, confiabilidade, exatidão, privacidade e segurança das informações a um custo razoável.

- *Tornando as Informações Acessíveis.* As empresas precisam tornar disponíveis ao usuário as informações apropriadas no momento certo, no lugar certo e no formato correto. As organizações, cada vez mais, usam sistemas computadorizados para aumentar a acessibilidade à informação. A Kodak está gastando mais de 200 milhões de dólares para integrar seus sistemas de informações e tornar seus dados disponíveis para uso em todos os processos e por toda a empresa. Ela informa ter um total de 500 terabytes (equivalente a 500 trilhões de caracteres) de dados acessíveis aos seus empregados.[9] Apesar de os sistemas de informações, tais como os da Kodak, poderem satisfazer a necessidade de tornar as informações acessíveis, eles também podem tornar os dados inacessíveis quando entram em colapso ou quando os gestores os projetam para sonegar informações aos empregados.
- *Assegurando a Confiabilidade e a Exatidão das Informações.* O projeto e uso apropriados dos sistemas de informações garantem a disponibilidade de dados exatos e confiáveis. Gestores precisam de informações corretas e precisas para tomar boas decisões. Dados corrompidos ou indisponíveis podem afetar o desempenho da organização significativa e negativamente. A PSS Medical, uma empresa de suprimentos médicos de Jacksonville, Flórida, estimou que até 2.000 empregados deixavam a empresa cada ano após semanas da contratação porque tinham o seguro negado ou sido pago com atraso devido a dados errados ou deslocados. Um novo sistema de informações que permite aos empregados entrarem com as informações diretamente em formulários via *Web* simplificou significativamente a pape-

---

*Call Center: Centro de atendimento. Estrutura montada para centralizar o relacionamento com clientes que entram em contato com uma empresa pelo telefone. É realizado pelas próprias empresas ou, seguindo uma tendência crescente, é terceirizado para operadoras especializadas. (N.T.)

lada, reduziu os erros, aliviou a carga de trabalho do departamento de recursos humanos e estabilizou a força de trabalho. O valor da elevada exatidão e confiabilidade das informações excede em muito os 17.000 dólares por mês que a empresa gasta para manter o sistema.[10]

- *Respeitando a Privacidade.* As empresas coletam uma grande quantidade de informações a respeito de seus clientes e visitantes de seus sites na *Web.* Elas têm a responsabilidade de usar estas informações de uma maneira que seja compatível com os desejos das pessoas que as forneceram. Uma pessoa que preenche uma receita, por exemplo, numa farmácia online, provavelmente não espera que a farmácia compartilhe informações sobre sua doença com outros. Uma pessoa que adquire seu novo conjunto de tacos de golfe online pode ou não querer que o fabricante compartilhe seus interesses esportivos com outros. As empresas precisam determinar as expectativas de suas fontes de informações e tomar medidas apropriadas para garantir que informações dadas em confiança não sejam usadas de maneira imprópria.
- *Criando Informações Seguras.* Segurança significa proteção contra roubo, manipulação e perda de dados. Empresas protegem suas informações para preservar suas vantagens competitivas e para garantir a integridade das suas operações. Sem a segurança, concorrentes ou empregados descontentes poderiam roubar ou modificar informações críticas, incluindo tecnologia patenteada, metodologias de produção, dados de produtos e da área de pesquisa e desenvolvimento. Empresas financeiras e empresas do ramo da saúde tiveram papel importante na proteção de dados. A Cardinal Health, por exemplo, uma das 100 empresas de manufatura e distribuição na área da saúde citadas na revista *Fortune,* emprega uma equipe de 15 especialistas em segurança para investigar práticas corporativas visando obter e proteger dados. A equipe é encarregada de desenvolver e instituir políticas de segurança e responder a qualquer tentativa de burlar a segurança.[11] Embora a necessidade de segurança pareça óbvia, as pesquisas mostram que, na maioria das vezes, as empresas deixam de aperfeiçoar suas práticas de proteção até que sejam confrontadas com uma falha maior na segurança.[12]
- *Tornando as Informações Disponíveis a um Custo Apropriado.* Como o custo de adquirir, manipular e manter informações pode ser alto, a redução destes custos em uma pequena percentagem pode aumentar grandemente a lucratividade. Especialistas em sistemas de informações necessitam estar atentos quanto ao custo de coletar e manter informações, bem como ao valor das saídas dos sistemas de informações ao justificarem seus custos. Os gestores financeiros de uma empresa precisam comparar o retorno de quaisquer investimentos em sistemas de informações com outros possíveis usos dos recursos financeiros da empresa. A MetLife, por exemplo, queria construir um banco de dados que iria consolidar as informações de clientes de mais de 30 diferentes sistemas de negócios. Embora o preço estimado do banco de dados fosse mais de 50 milhões de dólares, o benefício líquido para a empresa era alto o suficiente para que o CEO Robert Benmosche se sentisse à vontade ao aprovar o projeto.[13]

A Cemex, uma empresa internacional de cimento que fatura 6 bilhões de dólares localizada no México, criou uma vantagem sobre seus concorrentes ao usar sistemas de informações para habilitá-la a reagir rapidamente às necessidades de seus clientes. Empregados e clientes da Cemex requerem informações que sejam acessíveis, confiáveis e seguras, a um custo que mantém a Cemex competitiva em um negócio de *commodities**. As fábricas de cimento da Cemex e um banco de dados central são conectados através da Internet e uma rede via satélite para coordenar as atividades de produção, acompanhar a demanda, trocar informações financeiras e automatizar a manutenção de registros. Seus caminhões são equipados com sistemas de posicionamento geográfico por satélite (GPS), transmissores e fones, de maneira que podem ser monitorados e redirecionados se as necessidades dos clientes mudarem. A confiabilidade e acessibilidade de suas informações permitem à Cemex conceder aos clientes uma janela de entrega de 20 minutos, em oposição à janela de três horas que tem sido costumeira no ramo. Os clientes podem também acessar informações de entrega e faturamento pela Internet, aumentando sua satisfação e impulsionando as vendas da Cemex.[14]

NOVAS ESTRUTURAS ORGANIZACIONAIS E NOVOS REQUISITOS DE INFORMAÇÃO

A **estrutura organizacional** refere-se à divisão do trabalho, coordenação de cargos e relações de prestação de contas formal em uma organização. Esta estrutura pode demandar necessidades específicas de informação para uma organização.

**Commodity.* Mercadoria qualquer. Especificamente, mercadorias de baixo valor agregado, como grãos e minérios, vitais para a economia mundial, comercializadas em grandes volumes; muitas são comercializadas pelas Bolsas de Mercadorias. (N.T.)

A tradicional estrutura hierárquica das organizações viabiliza e traz implícito um modelo de operação de controle e comando organizacional. A informação é filtrada a partir dos baixos escalões da hierarquia para os níveis tomadores de decisão. As decisões da gestão são filtradas para os baixos escalões, onde são executadas. Quanto mais importante a decisão, mais as informações fluem para cima e para baixo na estrutura hierárquica, tomando tempo no processo e aumentando a probabilidade de que as informações e decisões sejam mal interpretadas.

As organizações em transformação de hoje têm duas características importantes. Primeira, os gestores dão aos empregados mais responsabilidade na tomada de decisão, ao invés de reter o controle tanto quanto possível. Sistemas que tornam as informações prontamente disponíveis aos empregados em todos os níveis da organização podem tomar o lugar de gestores, assessorias (legais, de relações públicas, por exemplo), e gestão central. Como a Figura 2-1 ilustra, esta estrutura mais achatada aumenta a amplitude de controle de cada gestor e reduz a necessidade de enviar informações a níveis mais elevados da estrutura corporativa para a tomada de decisão. A empresa pode responder mais rapidamente às mudanças no mercado, porque aqueles que decidem estão mais perto da fonte de informação.

Segunda, na maioria das vezes as organizações têm uma estrutura orgânica. Esta estrutura enfatiza as comunicações laterais e envolve interações mais flexíveis entre as partes da organização. Um gerente de banco pode fazer parte de uma força de trabalho para desenvolver novos produtos para o banco no começo do ano e, muitos meses após, participar da reorganização das funções de vendas no banco. Organizações podem instituir estruturas de gestão de projetos e produtos que agrupem os trabalhadores de acordo com o produto ou projeto no qual trabalham. A forma matricial e outras estruturas integradas agrupam os empregados simultaneamente em múltiplas dimensões, tais como área funcional, projeto, cliente e localização geográfica, como ilustrado na Figura 2-2. Estas estruturas criam, para os trabalhadores de toda a organização, intensas necessidades de informações para assegurar a coordenação de atividades.

FIGURA 2-1

Achatando-se a estrutura da organização aumenta-se a amplitude de controle do administrador e move-se a tomada de decisão para mais perto da fonte das informações.

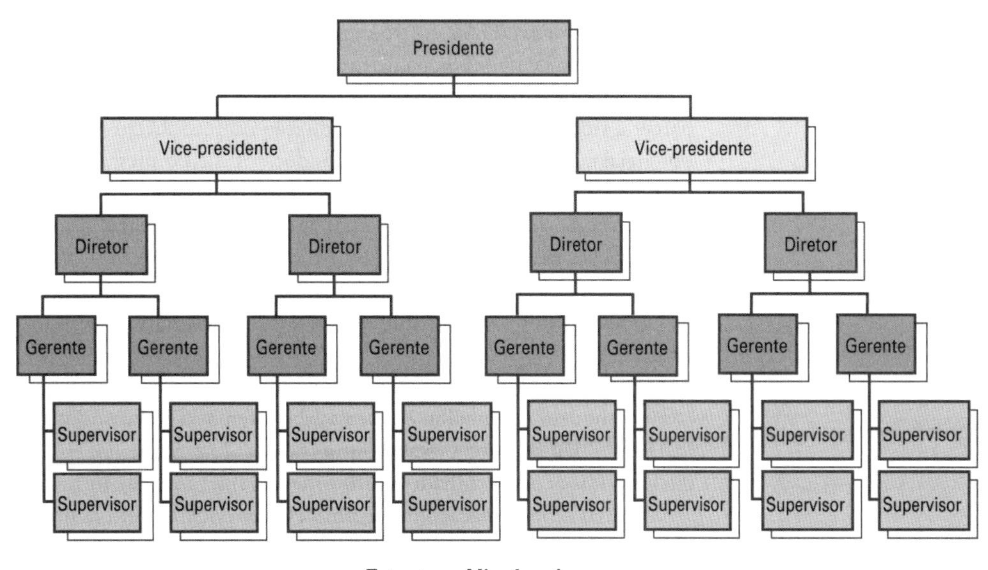

Estrutura Hierárquica

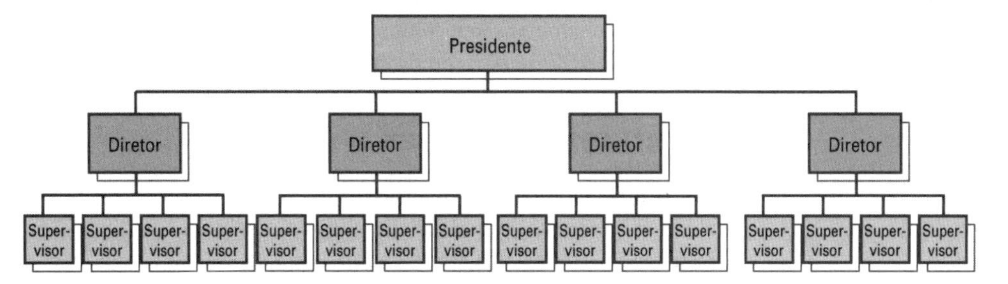

Estrutura Reduzida

FIGURA 2-2

Uma estrutura organizacional matricial, como a mostrada aqui, e outras estruturas orgânicas criam intensas necessidades de informações para coordenar atividades e planejamento.

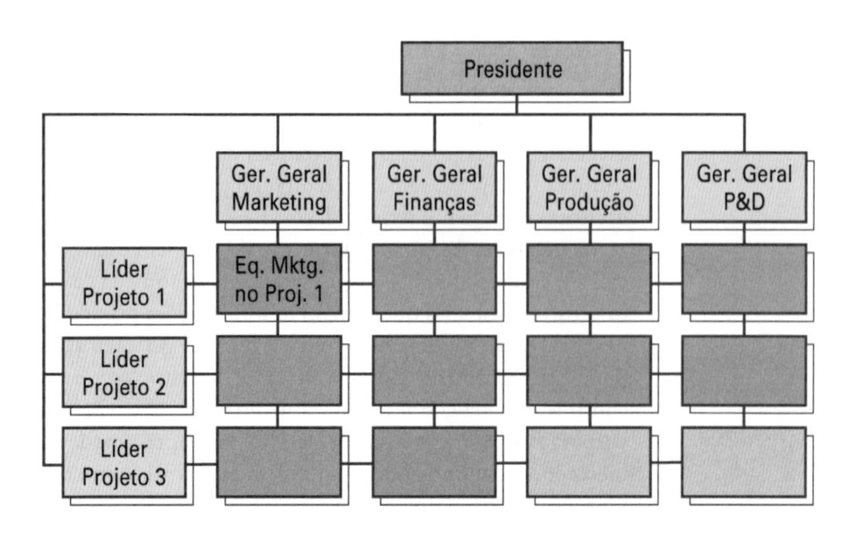

Alianças e *Joint Ventures*

As organizações não precisam sempre obter e desenvolver seus próprios recursos para competir. Algumas vezes é mais rápido e barato formar uma aliança mutuamente benéfica, uma parceria oficial com uma outra organização. Empresas podem licenciar tecnologias para outras empresas. Elas podem formar ***joint ventures***, onde juntas desenvolvam ou comercializem produtos ou serviços específicos com associados locais e no exterior. Tais alianças ajudam as organizações a competir com sucesso, porque trazem recursos adicionais para a resolução de problemas organizacionais. A Drugstore.com, uma farmácia online, e a General Nutrition Centers (GNC), uma distribuidora de vitaminas e comidas naturais, com mais de 5.000 lojas pelo mundo, formaram uma parceria que deu à Drugstore.com os direitos exclusivos de venda dos produtos da marca GNC e criou uma loja, GNC LiveWell, no site da Drugstore.com. Esta parceria estendeu o alcance da GNC a clientes muito além de suas lojas e permitiu à empresa vender 24 horas por dia, 7 dias por semana, sem nenhum investimento na tecnologia, equipamento e mão-de-obra da *Web*. A parceria trouxe à Drugstore.com ampliação no reconhecimento da sua marca e a ajudou a superar uma potencial falta de confiança do consumidor. [15] Estas empresas devem agora encontrar caminhos para compartilhar informações efetivamente.

O setor da saúde experimentou uma consolidação generalizada através da formação de *joint ventures*, organizações guarda-chuva, e alianças. A Intermountain Health Care (IHC), provedora médica dos jogos olímpicos de 2002, compreende planos de saúde, médicos, 21 hospitais e 80 clínicas. A IHC usa tecnologia da informação para integrar e coordenar seus serviços, baixar custos e melhorar os resultados clínicos.[16]

Gestores nestas situações precisam combinar diferentes culturas e estilos de gestão, harmonizar variações no modelo de trabalho e desenvolver sistemas de recursos humanos compatíveis. Os sistemas de informações dão suporte a estas e outras tarefas. Elas requerem sistemas de informações compatíveis para facilitar o uso compartilhado de informações relevantes de forma oportuna.

Sistemas de informação interorganizacionais podem suprir as necessidades de informação ao servir como elos de informações que possibilitem a criação e o eficiente funcionamento de alianças, *joint ventures* e parcerias.[17] Estes atalhos para a comunicação entre duas organizações vão ao encontro das necessidades de coordenação entre uma organização e seus clientes e fornecedores. Elos de informações possibilitam ou aprimoram a obtenção e comunicação de informações relativas a estoques, vendas e outras áreas nas quais as duas organizações interajam.

Estruturas Modulares

As **estruturas modulares** dividem as organizações em processos-chave e permitem a subcontratados individuais executar estes processos-chave, como mostrado na Figura 2-3.[18] Uma pequena equipe executiva desenvolve a estratégia da empresa, subcontrata o trabalho de outros, e então monitora a interação com as várias subcontratadas.[19] A empresa central pode *vender* equipamentos, mas subcontratadas manipulam seus projetos, manufatura, vendas e distribuição. Organizações modulares adicionam ou subtraem partes

FIGURA 2-3

Organizações modulares são redes de subcontratados, cada qual desempenhando uma função específica. A Dell Computer tem uma estrutura modular.

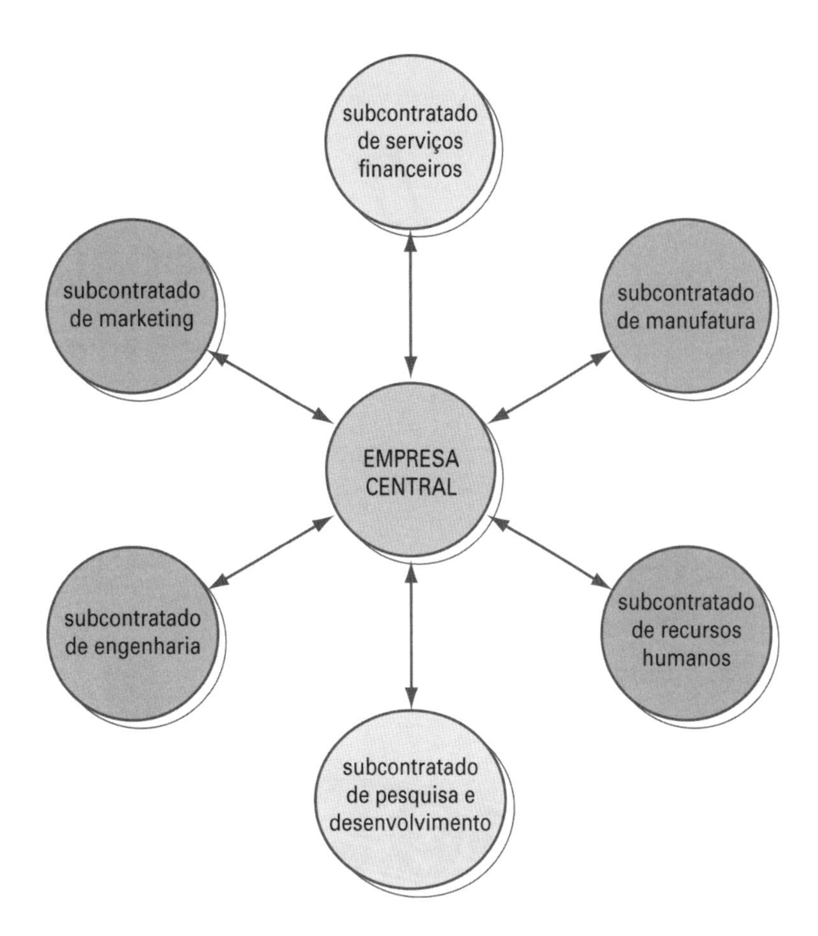

necessárias para ir ao encontro de mudanças nas condições de mercado. Agentes intermediários montam estes subgrupos de negócios pela subcontratação de organizações independentes para os serviços necessários, criando ligações entre parceiros ou distribuindo funções tais como projeto, suprimento, produção e distribuição. Para manter as funções integradas são usados mecanismos de mercado, tais como contratos ou pagamentos proporcionais aos resultados, em vez de planos, controles ou supervisão.[20]

Sistemas de informações de total transparência conectam vários componentes da rede. Eles requerem um entendimento claro dos requisitos de informações de todos os membros da rede, bem como da estratégia e objetivos da corporação modular. Tais sistemas devem ter dados confiáveis que todos os membros possam prontamente acessar.

A Dell Computer pode ser considerada uma organização modular. A Dell monta computadores, mas adquire de outras empresas o projeto e manufatura da maioria dos seus componentes e *software.* A Dell vale-se da sua rede de parceiros e fornecedores para produzir uma gama maior de bens do que poderia produzir sozinha, e suas alianças flexíveis permitem-lhe responder rapidamente a mudanças no mercado resultantes de avanços tecnológicos ou exigências inesperadas de clientes.[21]

A **organização virtual** é uma estrutura modular unida pela tecnologia da informação, como mostrado na Figura 2-4.[22] A tecnologia da informação liga os componentes da rede e permite-lhes compartilhar habilidades, custos e acesso a mercados. Cada organização participante contribui somente com suas competências principais. A habilidade para facilmente agrupar empresas em corporações virtuais cria a flexibilidade necessária para aproveitar novas oportunidades e permanecer competitivo.

As empresas virtuais têm cinco características principais:[23]

- *Ausência de fronteiras.* A empresa virtual não apresenta as fronteiras corporativas tradicionais, porque a amplitude de cooperação entre concorrentes, fornecedores e clientes ultrapassa as fronteiras normais.
- *Tecnologia.* As redes de computadores ligam empresas distantes e usam contratos eletrônicos para formar parcerias.
- *Excelência.* Cada parceiro traz suas capacidades essenciais para a corporação, permitindo a criação de uma empresa "melhor que todas".

FIGURA 2-4 Organizações virtuais valem-se dos sistemas de informação para coordenar as atividades.

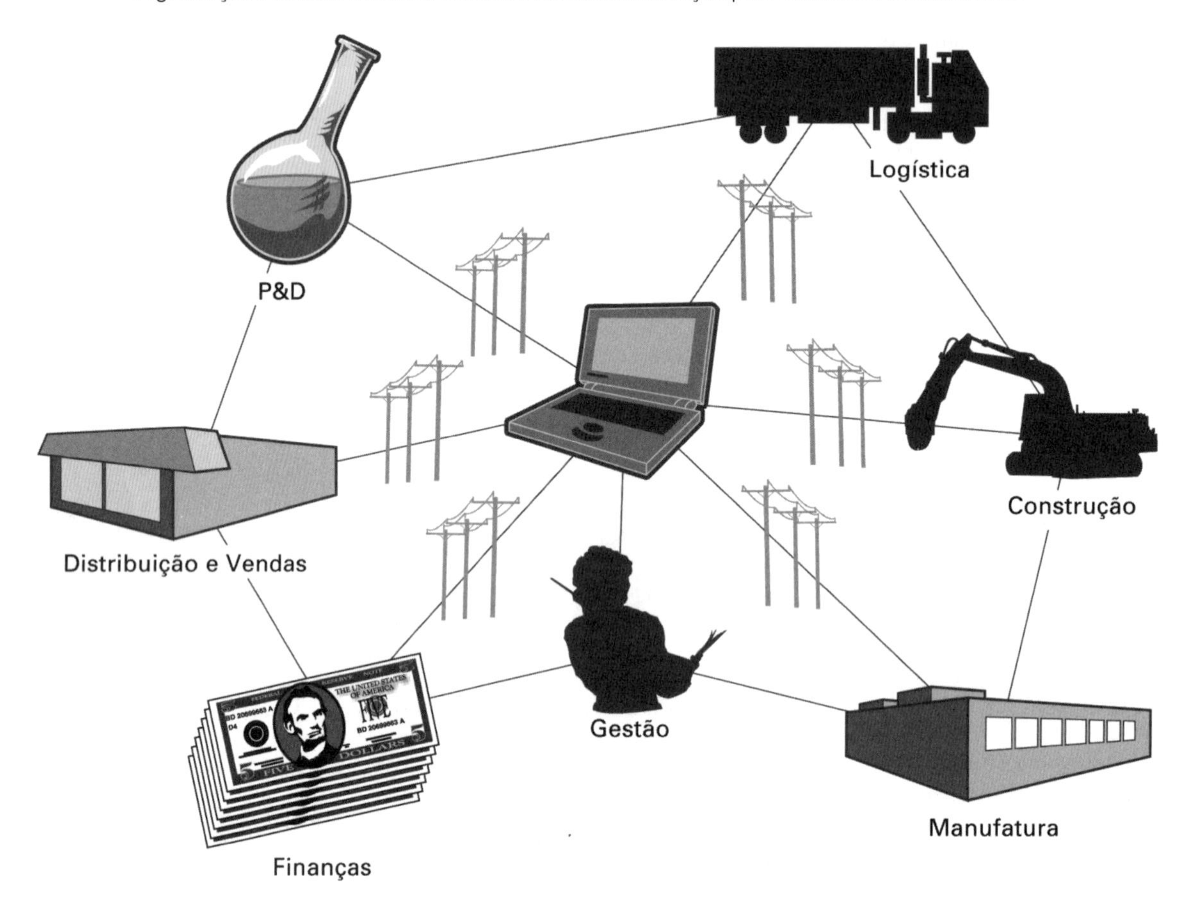

- *Oportunismo.* Parcerias são relativamente temporárias, informais e mais oportunistas, porque as empresas juntam-se para aproveitar uma oportunidade de mercado específica e então separar-se após consegui-la.
- *Confiança.* Os relacionamentos em uma corporação virtual requerem confiança mútua devido à sua grande interdependência.

Uma empresa virtual tem grandes necessidades de informações, porque ela existe, essencialmente, como uma função de informações compartilhadas. Sistemas computadorizados devem ligar os vários membros da rede, fornecendo informações atuais, completas e compatíveis. A Agile Web Inc. é uma empresa virtual composta por 21 pequenas empresas de manufatura da Pensilvânia com capacidades e especialidades complementares. Através de *softwares* sofisticados, elas podem combinar seus recursos para disputar contratos que nenhuma empresa-membro poderia vencer individualmente. Por exemplo, a Agile Web Inc. venceu um contrato para produzir um braço mecânico de empilhadeira que exigiu um de seus membros para fornecer as peças de plástico, outro membro para formatar e moldar as peças de metal e um terceiro membro para juntar o braço mecânico com solda e testar seus circuitos e chaves. Atualmente, a Agile Web gera cerca de 4 milhões de dólares em vendas anuais para seus participantes.[24]

DANDO SUPORTE À GESTÃO EM EQUIPE

Empresas nos Estados Unidos e no exterior alteraram suas culturas para encorajar a colaboração e o trabalho em equipe. A fábrica de vegetais congelados da Pillsbury's Green Giant em Belvidere, Illinois, usa equipes de trabalho desde 1987. O sucesso do conceito de equipe na fábrica levou ao seu crescente uso na busca de eficiência nas operações e resolução de problemas. A fábrica agora tem 48 equipes de negócios além de muitas equipes temporárias de aperfeiçoamento de processos. Uma destas equipes, chamada L.I.F.E., de "Living in an Injury Free Environment" (Vivendo num Ambiente Sem Ferimentos), reduziu os acidentes em 38% no

FIGURA 2-5 Os tipos de equipes diferenciam-se em três dimensões. O quadrado no seu canto inferior esquerdo representa a equipe comum tradicionalmente gerenciada, permanente, unidisciplinar.

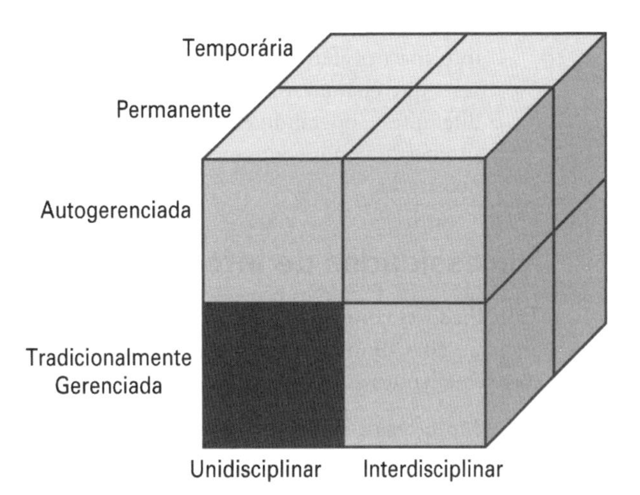

seu primeiro ano e outros 52% no seu segundo ano. Os membros da equipe têm bastante autoridade para resolver problemas, criando uma cultura na qual todos têm uma paixão por seu trabalho.[25]

Equipes no Local de Trabalho

As equipes podem variar na sua liderança, longevidade e composição, como ilustrado na Figura 2-5.

- *Tradicionalmente Gerenciado Versus Autogerenciado.* **Equipes tradicionalmente gerenciadas** têm uma pessoa designada que atua como o líder ou gerente oficial. Esta pessoa supervisiona as atividades diárias da equipe, dá suas diretrizes, avalia seus empregados e assegura o cumprimento de seus objetivos. **Equipes autogerenciadas** têm membros que compartilham responsabilidades pelo gerenciamento do grupo, sem um líder indicado oficialmente. Tais equipes têm responsabilidade total por completar uma parte bem definida do trabalho, geralmente o produto ou serviço finais ou um componente significativo deste. Eles normalmente são discretos quanto às decisões relacionadas ao modo como atingem seus objetivos. Gestores não supervisionam as atividades diárias de uma equipe autogerenciada, mas podem treiná-la, desenvolver uma estratégia abrangente para as equipes na sua área, apoiar inovações e fornecer recursos para a equipe. Os gestores podem também servir como ligação com outras partes da organização, fornecedores e clientes. A Harley-Davidson, a fabricante de motocicletas, começou a implementar equipes autogerenciadas em 1995. Empregados sindicalizados e assalariados agora trabalham em equipes nas quais as decisões são tomadas por aqueles mais informados ou instruídos sobre as alternativas nas quais o consenso deve ser alcançado. A Harley-Davidson atribui muitos resultados positivos alcançados à cooperação, confiança e trabalho de equipe oferecidos por esta estrutura, incluindo um aumento de 88% na produtividade de manufatura, uma queda de 50% em trabalho de preparação dos revendedores, redução significativa em refugos e danos, um aumento de 200% na satisfação dos clientes, e uma satisfação dos empregados dramaticamente aumentada.[26] O sucesso das equipes autogerenciadas, entretanto, depende em parte de vários fatores culturais e atitudes em relação ao trabalho, tais como individualismo e desejo por autoridade, os quais podem diferir entre os países.[27]
- *Permanente Versus Temporária.* **Equipes permanentes** trabalham juntas por longos períodos de tempo, geralmente um ano pelo menos, em um conjunto repetitivo de tarefas. **Equipes temporárias** formam-se por períodos de tempo curtos, previamente especificados, para completar uma série especial de tarefas ou projetos. A Conseco, uma empresa seguradora de Indianápolis com 13 milhões de clientes, usa equipes de projeto temporárias para aperfeiçoar o atendimento ao cliente e as operações internas. As equipes devem terminar seu trabalho em seis meses ou menos, e gerar uma economia para a empresa de aproximadamente 150.000 dólares por projeto.[28]
- *Disciplina Única Versus Disciplinas Múltiplas.* As empresas podem formar equipes que incluam trabalhadores de uma única área funcional, tal como pesquisa e desenvolvimento, manufatura

ou marketing. Cada vez mais as empresas formam equipes interdisciplinares ou **equipes funcionalmente mistas** que incluem empregados de diversas áreas funcionais. Muitas vezes as pessoas com as especialidades requeridas não estão situadas no mesmo local. Em tais casos, compartilhar informações efetivamente é mais difícil. A Hewlett-Packard criou equipes funcionalmente mistas a que chamavam de "virtuais" porque seus membros estavam muitas vezes em localidades diferentes e operando em diferentes horas do dia. Estas equipes desenvolveram e lançaram um sistema de atendimento médico comercialmente bem-sucedido na metade do tempo normalmente necessário.[29]

Necessidades de Informações das Equipes

Trabalhadores com autoridade precisam ter acesso a informações de diversos tipos oriundas de toda a organização. Como as equipes muitas vezes assumem funções gerenciais, têm necessidades de informações semelhantes às dos gestores, como discutido no Capítulo 1. Eles precisam de informações para:

- Monitorar o ambiente
- Atualizar empregados e gestores sobre as atividades da equipe
- Liderar, motivar e treinar membros da equipe
- Planejar
- Tomar decisões
- Alocar recursos
- Resolver problemas
- Monitorar qualidade e desempenho

Os membros da equipe necessitam comunicar informações rapidamente como um meio de coordenar suas ações. Como as equipes geralmente funcionam em localidades espalhadas, até mesmo em locais de diferentes fusos horários, precisam ter acesso a informações atuais e devem ter condições de atualizá-las em tempo real. Por exemplo, as equipes precisam programar, acompanhar e assegurar-se do término das atividades da equipe em prazo adequado. Elas precisam de informações sobre desempenhos individuais e término de tarefas com sucesso para coordenar a equipe na direção de seus objetivos.

Utilizando Sistemas de Informações para as Atividades de Equipe

Sistemas computadorizados podem mais facilmente fornecer às equipes os tipos de informações que elas requerem. As equipes usam os sistemas de automação para aperfeiçoar o fluxo de trabalho, o projeto e a manufatura. Usam sistemas de processamento de transações para acompanhar pedidos, carregamentos e contas a pagar e a receber. Usam sistemas de suporte à gestão para previsões e análises.

O ***groupware***, *software* de computador que essencialmente dá suporte à coordenação de atividades de equipes, passou por um crescimento explosivo. O *groupware*, que é descrito em maior profundidade no Capítulo 8, dá suporte ao serviço de mensagens eletrônicas, agenda reuniões, facilita conferências e executa outras funções, como mostrado na Tabela 2-1. Embora o *groupware* dê suporte a operações de equipe, não está restrito a este uso, podendo ser usado em funções adicionais, como mostrado na Tabela 2-2.

TABELA 2-1

O *Groupware* Pode Ser Classificado de Acordo com a Funcionalidade da Aplicação.

- correio eletrônico e serviço de mensagens eletrônicas
- agendamento de grupos
- sistemas de reunião eletrônica
- *desktop vídeo** e conferência de dados em tempo real
- conferência de dados não em tempo real
- gestão do fluxo de trabalho (*workflow*)
- manuseio de documentação em grupo
- ferramentas de desenvolvimento e utilitários para grupos de trabalho (*workgroup*)
- serviços de *groupware*
- aplicações de *groupware*
- aplicações e produtos cooperativos baseados na Internet

FONTE: Baseado em David Coleman, "Groupware for Collaboration", *Virtual Workgroups*, July/August 1996, 28-32. Tabela da McGraw Hill. Reproduzida com permissão.

*Desktop Vídeo: Edição e produção de vídeo usando plataformas de computação de mesa padrão, executando *hardware* e *software* de vídeo complementares. (N.T.)

TABELA 2-2

Uma pesquisa sobre as mais populares aplicações de negócios para *groupware* mostrou que as três primeiras eram automação e produtividade de escritório, redesenho de processos de negócio, e gestão de projetos em grupo.

Ordem	Aplicações Mais Importantes
1	Produtividade de escritório
2	Redesenho de processos de negócio
3	Gestão de projetos em grupo
4	Coordenação/roteamento de publicações
5	Serviço de atendimento ao cliente
6	Reunião eletrônica
7	Composição integrada para documentos e multimídia
8	Gestão da mudança
9	Distribuição/reestruturação organizacional
10	Automação da força de vendas
11	Suporte para o *downsizing*
12	Migração de *mainframe* para rede local (LAN)

FONTE: Adaptada da Tabela 1 em David Coleman, "Groupware for Collaboration", 28-32. Tabela da McGraw Hill. Reproduzida com permissão.

Por exemplo, os membros da equipe de projetos espalhados pelo mundo podem atualizar especificações de um novo produto em tempo real, de forma que a equipe continue progredindo em seu desenvolvimento do produto.

Estes sistemas permitem às equipes processar informações mais rápida e corretamente. Elas podem obter as informações de que necessitam para ajudar sua organização a sustentar sua vantagem competitiva. A Norsk Hydro, uma empresa norueguesa diversificada com operações em 75 países pelo mundo, usa um produto *groupware* da IBM chamado Lotus Notes para coordenar projetos, compartilhar conhecimentos e colaborar no desenvolvimento de *software*. A cultura na Norsk era tal que unidades de negócios pelo mundo operavam com grande autonomia. Como parte de sua estratégia de modernização, a Norsk procurou estabelecer operações globais com processos padronizados, informações compartilhadas e maior controle central. Os gestores seniores da empresa sentiram, corretamente, que o uso do *groupware* ajudaria a atingir estes objetivos. Apesar de ter encontrado alguma resistência de início, o *groupware* agora está sendo usado em mais de 1.500 aplicações dentro da companhia.[30]

INFORMAÇÕES E ESTRATÉGIA ORGANIZACIONAL

Independentemente de sua estrutura, cada organização precisa desenvolver uma **estratégia** — uma diretriz de longo prazo ou um conjunto de atividades concebidas para atingir seus objetivos. Decisões de nível estratégico incluem planos para realizar objetivos de longo prazo de participação no mercado, lucratividade, retorno de investimento, serviços e desempenho. Gestores que tomam decisões estratégicas precisam determinar as competências diferenciais de suas organizações respondendo a perguntas tais como as mostradas na Figura 2-6. Responder a estas questões exige a obtenção de informações tanto internas quanto externas à organização.

Qual estratégia deveria a Kodak perseguir para manter-se competitiva na era digital? Como Daniel Carp e outros executivos da Kodak irão decidir quais as informações que o alto escalão precisa para determinar sua estratégia? Com certeza, eles vão precisar acompanhar os desenvolvimentos tecnológicos na digitalização da imagem. Também vão precisar desenvolver a inteligência de negócio levantando quais produtos e quais características de produto os consumidores estão comprando. Eles precisarão rever a especialidade de seus engenheiros e desenvolvedores para avaliar suas forças e suas fraquezas na preparação de novas contratações ou na aquisição de empresas que possuam as habilidades e conhecimentos que estão faltando à Kodak.

FIGURA 2-6

Os gestores podem determinar as competências diferenciais de sua organização ao responder a estas questões.

- Em que tipo de negócio deveríamos estar?
- Quais deveriam ser os mercados da organização?
- Que nichos de mercado existem nos quais a organização pode competir?
- Que produtos ou serviços a organização deveria oferecer?
- Que investimento tecnológico é exigido?
- Que recursos humanos estão disponíveis e quais são exigidos?
- Que recursos financeiros, de tempo, materiais, ou outros estão disponíveis e quais são exigidos?

FIGURA 2-7

Empresas desenvolvem Estratégias nos Níveis Corporativo, de Negócios e Funcional.

*SIG: Sistema de Informações Gerenciais. No original MIS: *Management Information System.* (N.T.)

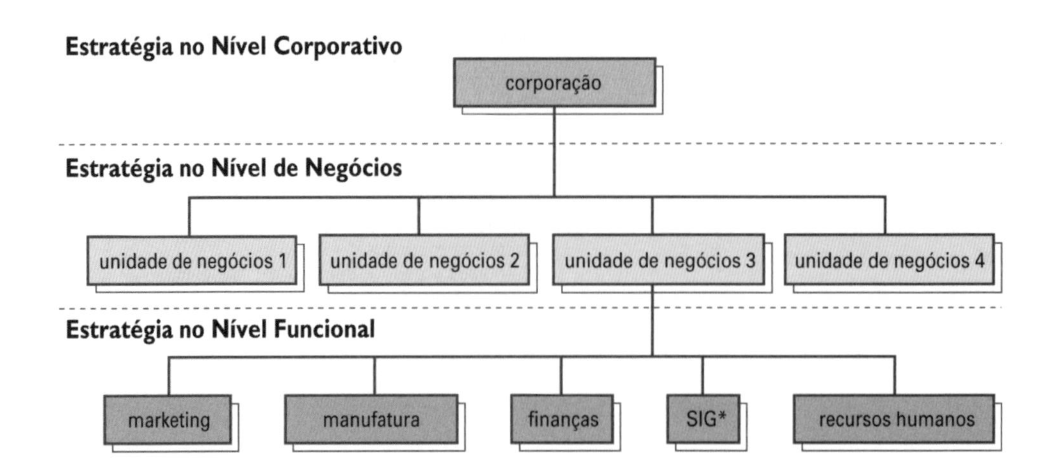

Níveis de Estratégia

As empresas podem desenvolver estratégias em três níveis, como mostrado na Figura 2-7. A **estratégia no nível corporativo** preocupa-se em saber quais linhas de negócios a empresa deveria buscar. Ela enxerga a empresa como um portfólio, uma aglomeração, uma federação ou amálgama de negócios ou subunidades. A gestão estratégica no nível corporativo aborda decisões sobre adquirir novos negócios, livrar-se de negócios antigos, estabelecer *joint ventures* e criar alianças com outras organizações.

Para determinar sua estratégia no nível corporativo, a alta cúpula precisa obter informações sobre a velocidade de crescimento do setor e a parcela de mercado obtida pela unidade de negócios, entre outras informações. Informações sobre crescimento do setor e parcela de mercado geralmente são públicas, pelo menos nos Estados Unidos, devido à transparência requerida de empresas que emitem ações e títulos. Lobistas do ramo, pesquisadores do mercado de ações, jornalistas de revistas de negócio e outros pesquisadores também funcionam como fontes destas informações. Sistemas de informações podem, de forma regular, suprir as organizações com estas informações, recorrendo a bancos de dados comercialmente disponíveis ou a serviços de informação disponíveis na *Web* que oferecem ampla variedade de informações econômicas, tecnológicas, demográficas e até mesmo legais. Esta contínua disponibilidade de informações permite às organizações determinar sua posição estratégica, bem como as ações apropriadas para manter ou mudar esta posição.

Os sistemas de informações podem oferecer as informações para efetuar alocações de recursos e outras decisões de investimentos. Informações sobre parcela de mercado, margens de lucros, propriedades de patentes, potencialidades técnicas, exigências dos clientes e as forças e fraquezas competitivas ajudam os administradores a determinar sua estratégia de investimento.

A **estratégia no nível de negócio** compara as forças e as fraquezas de cada unidade de negócios ou linha de produtos com o ambiente exterior para determinar como cada unidade pode melhor competir por clientes. As decisões estratégicas incluem quais produtos ou serviços a empresa deveria oferecer, a quais clientes, e como ela vai distribuir recursos de publicidade, pesquisa e desenvolvimento, serviços ao cliente, equipamento e assessoria. A Home Depot, uma empresa que possui 1.300 lojas de utilidades para o lar, perseguiu uma agressiva estratégia de crescimento durante os anos 1990, tornando-se o terceiro maior varejista nos Estados Unidos. Entretanto, em resposta a uma diminuição do ritmo da economia no ano 2000 e uma percepção de que o mercado estava ficando saturado, a empresa mudou sua estratégia, focalizando o aumento da produtividade e a expansão dos serviços e efetuando um ajuste detalhado em sua linha de produtos.[31]

A gestão estratégica direciona-se, também, a saber de que maneira funções como finança, marketing, pesquisa e desenvolvimento, operações e gestão dos recursos humanos podem melhor dar suporte às estratégias da organização. **Estratégias funcionais** apontam o caminho pelo qual departamentos individuais desempenham suas tarefas para atingir os objetivos organizacionais.[32] As estratégias de marketing concentram-se no desenvolvimento do produto, promoção, vendas e política de preços. As estratégias financeiras concentram-se na aquisição, alocação e gestão do capital. As estratégias de operações compreendem decisões sobre tamanho das plantas industriais, localização de instalações, equipamento, estoques e salários. As estratégias de pesquisa e desenvolvimento enfatizam a pesquisa básica, aplicada, ou incremental. As estratégias de recursos humanos giram em torno da alocação de empregados e as relações entre trabalho e gestão. Os gestores precisam de informações sobre o estado-da-arte das práticas e atividades mais modernas dos concorrentes em cada área funcional para ajudar a desenvolver suas estratégias.

Definindo a Estratégia da Organização

Muitas forças restringem e ajudam a dar forma à estratégia de uma organização. A Figura 2-8 ilustra este conceito em um modelo chamado **modelo das cinco forças**, popularizado por Michael Porter.[33] O poder de barganha dos compradores e fornecedores, a ameaça de novos entrantes, a possibilidade de entrada de produtos ou serviços substitutos e a rivalidade entre os concorrentes, todos afetam o sucesso da estratégia de uma organização. Consideremos a Kodak. No seu tradicional mercado de filmes e processamento de filmes, seu domínio do mercado assegurava-lhe ter um bom poder de barganha relativamente a seus fornecedores e compradores. Novos entrantes enfrentavam altas barreiras para ultrapassar suas marca e reputação de qualidade bem estabelecidas. Apesar de existirem concorrentes tanto para filmes como para processamento, a Kodak havia estabelecido seu lugar entre os concorrentes. Entretanto, a digitalização de imagem, antes uma ameaça limitada, tornou-se um produto substituto que a Kodak não pode mais ignorar. Ela vai precisar estabelecer sua posição neste mercado ou perderá participação no mercado.

No mundo digital, a Kodak precisa avaliar sua posição competitiva. Ela precisa examinar, por exemplo, se consegue construir suficiente poder de barganha com fornecedores de memórias *flash* e outros componentes de câmaras digitais e tratamento de imagem para ter sucesso na fotografia digital. Ela vai precisar avaliar sua força em relação aos concorrentes e vai precisar determinar em que extensão novos participantes poderão alterar o equilíbrio competitivo. Somente então poderá decidir se vai competir com câmaras, impressão, armazenagem de fotos pela *Web* ou combinações destes mercados.

Gestores muitas vezes usam uma **análise situacional** — o processo de coletar e analisar informações sobre forças (*Strengths*), fraquezas (*Weaknesses*), oportunidades (*Opportunities*) e ameaças (*Threats*) de uma empresa — para ajudar a determinar sua estratégia. O acrônimo *SWOT* é geralmente usado para estes quatro componentes da análise situacional. **Forças** e **fraquezas** são características internas da organização que acentuam e reduzem sua habilidade para competir. Uma reputação de qualidade

FIGURA 2-8

Conforme o modelo de cinco forças de Porter, o poder de barganha de fornecedores e clientes, a ameaça de novos entrantes e produtos ou serviços substitutos, e a rivalidade entre os competidores forçam e ajudam a moldar a estratégia organizacional.

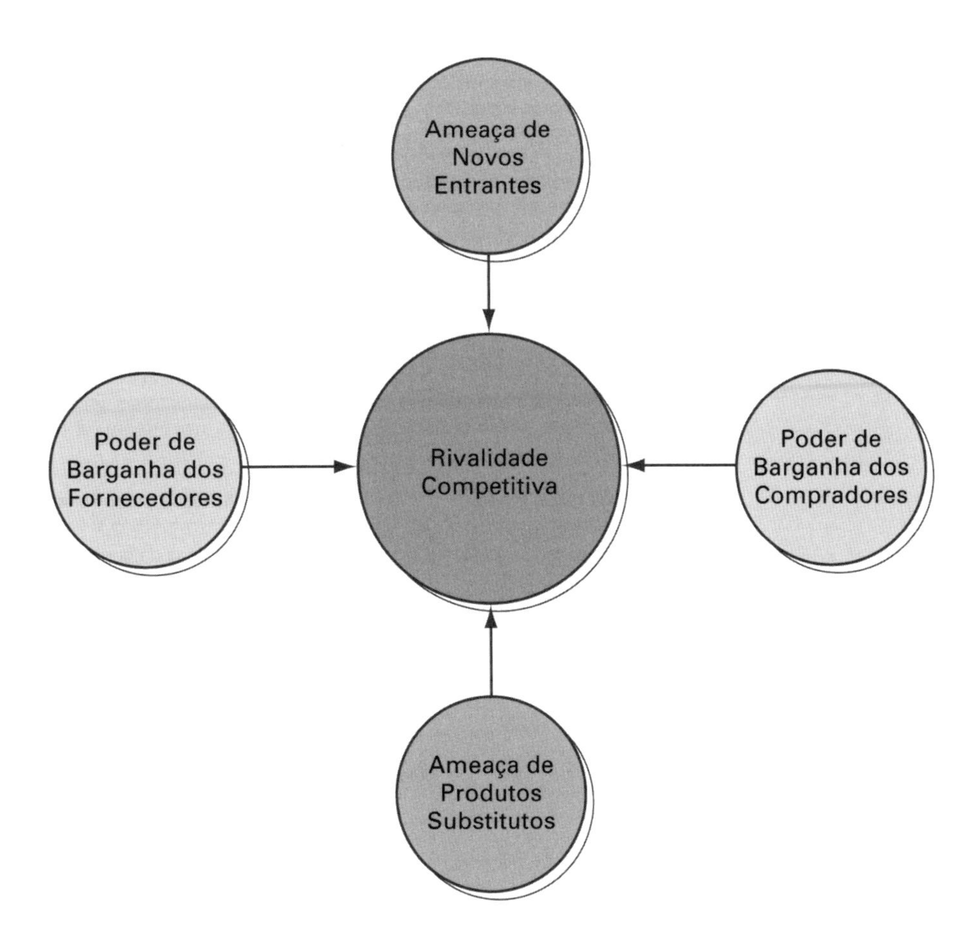

exemplifica força, enquanto ter custos acima da média do setor tipifica fraqueza. **Oportunidades** e **ameaças** são fatores externos ou ambientais que podem ajudar ou retardar uma organização a atingir seus objetivos estratégicos. Concorrentes fracos ilustram uma oportunidade, ao passo que restrições legais representam uma ameaça. A Tabela 2-3 apresenta alguns assuntos importantes a considerar em análise situacional.

A análise situacional requer extensos dados internos e externos. Para avaliar forças e fraquezas internas, tais como reputação pela qualidade ou custos acima da média, a empresa deve comparar os dados de suas condições internas com as médias do setor e da concorrência. Sistemas de informações de qualidade podem ajudar as organizações a receber informações abrangentes para a análise SWOT. As organizações podem usá-las para manter, atualizar, ou acessar dados ambientais e organizacionais, tais como tendências demográficas, listas de clientes potenciais, dados financeiros ou padrões de recrutamento. A gestão estratégica envolve a comparação das forças e fraquezas de cada unidade de negócios ou linha de produtos com o ambiente externo para determinar como a unidade de negócios pode melhor competir por clientes.

Tipos de Estratégias

As empresas podem adotar cinco estratégias, como mostrado na Figura 2-9, para obter os frutos de uma vantagem competitiva: diferenciação, liderança em custo, foco, relacionamento e liderança em informações.[34] Sistemas de informações podem fornecer as informações necessárias para dar suporte a estas estratégias.

- A **diferenciação** procura distinguir os produtos e serviços de uma unidade de negócios daquelas dos concorrentes através de projeto exclusivo, características próprias, qualidade ou outros fatores. Empresas que perseguem uma estratégia de diferenciação precisam de informações atuais e exatas sobre o mercado, incluindo informações detalhadas sobre os produtos dos concorrentes, exigências dos clientes e condições ambientais mutáveis. A CIGNA Insurance gerencia seu conhecimento sobre

TABELA 2-3

Gestores podem usar uma análise SWOT para determinar forças, fraquezas, oportunidades e ameaças no desenvolvimento de uma estratégia.

Forças Internas Potenciais	Fraquezas Internas Potenciais
Uma competência diferencial	Ausência de rumo estratégico claro
Recursos financeiros adequados	Instalações obsoletas
Boa habilidade competitiva	Falta de profundidade na gestão e de talento
Boa reputação por parte dos compradores	Habilidades-chave ou competências ausentes
Uma reconhecida líder do mercado	Histórico pobre na implementação de estratégias
Estratégias de áreas funcionais bem concebidas	Atormentada com problemas operacionais internos
Acesso a economias de escala	Atrasada em pesquisa e desenvolvimento
Proteção contra pressões competitivas fortes	Linha de produtos muito reduzida
Tecnologia patenteada	Imagem de mercado fraca
Vantagens de custo	Rede de distribuição mais fraca
Melhores campanhas publicitárias	Habilidades de marketing abaixo da média
Habilidades na inovação do produto	Incapacidade de financiar mudanças necessárias na estratégia
Gestão experimentada	Custos totais unitários mais altos em relação aos concorrentes principais
À frente na curva de experiência	
Melhor capacidade industrial	
Experiência tecnológica superior	

Oportunidades Externas Potenciais	Ameaças Externas Potenciais
Satisfazer grupos de clientes adicionais	Entrada de concorrentes estrangeiros de custo mais baixo
Entrar em novos mercados	Vendas de produtos substitutos em alta
Expandir linha de produtos para satisfazer faixa mais ampla de necessidades do cliente	Crescimento de mercado desacelerado
Diversidade em produtos relacionados	Mudanças adversas nas taxas de câmbio estrangeiras e nas políticas de comércio de governos estrangeiros
Integração vertical	Exigências legais de alto custo
Barreiras comerciais em queda em mercados estrangeiros atrativos	Vulnerabilidade à recessão e nos ciclos de negócio
Tranqüilidade entre as empresas rivais	Poder de barganha crescente de clientes ou fornecedores
Crescimento mais rápido do mercado	Necessidades e preferências de compradores em processo de mudança
	Mudanças demográficas adversas

FONTE: Adaptado de Arthur A. Thompson, Jr., e A. J. Strickland III, *Strategic Management: Concepts and Cases,* 5.ª edição (Homewood, IL:BPI/Irwin, 1990), 91. Tabela da McGraw Hill. Reproduzida com permissão.

FIGURA 2-9

As empresas podem usar cinco estratégias para desenvolver e sustentar uma vantagem competitiva.

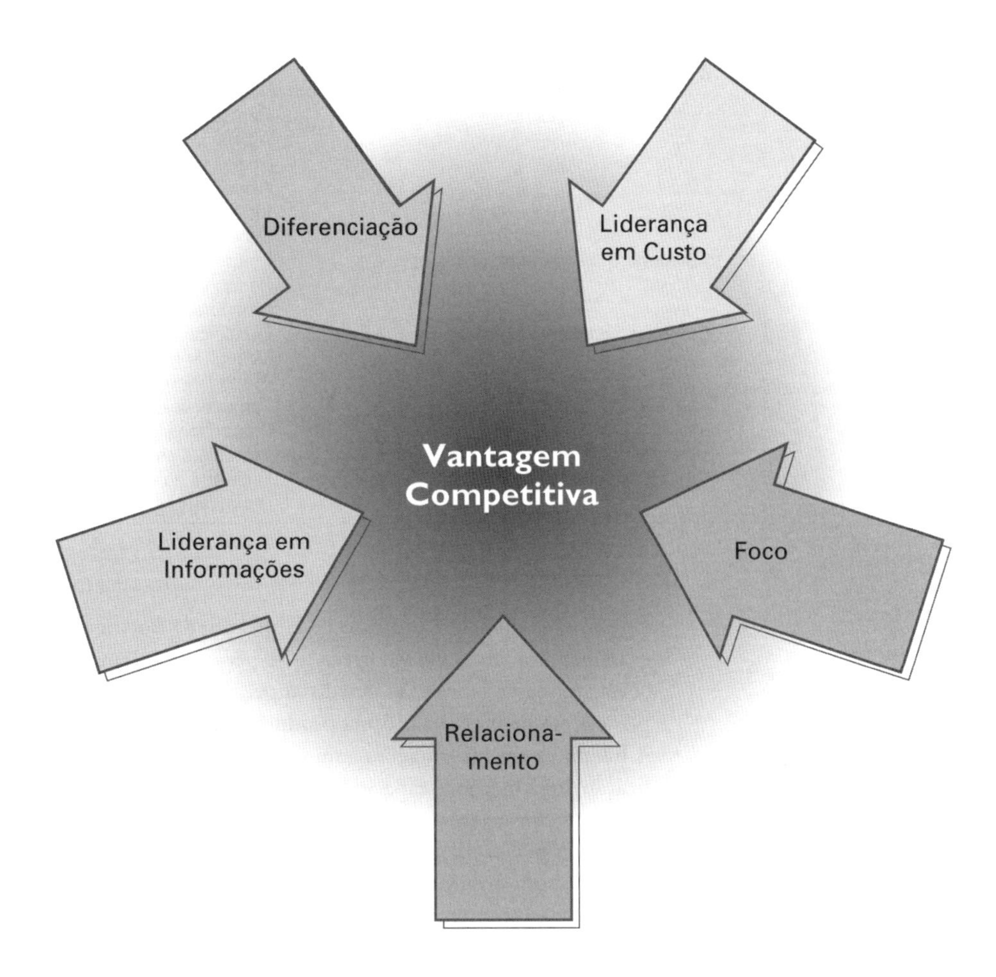

os clientes para identificar nichos de mercado lucrativos. Ela desenvolveu um modelo de desempenho para agentes de seguros que sistematizou os passos essenciais na revisão de uma solicitação de seguro e encadeou cada passo às informações relevantes do banco de dados. Desta forma ela aprimorou a qualidade das informações disponíveis para os agentes de seguros, os quais, por sua vez, ampliaram a lucratividade da empresa.[35]

- A **liderança em custo** alcança uma vantagem competitiva pelo controle cuidadoso de custos, que permite à unidade de negócios ter mais lucro que seus concorrentes em produtos vendidos pelo mesmo preço. Informações completas sobre custos permitem às empresas melhor controlar os custos e lhes dá uma vantagem competitiva. Uma empresa usa informações corporativas internas para reduzir custos pela conquista de eficiência na produção, distribuição e vendas.
- O **foco** leva à vantagem competitiva pela concentração em um determinado segmento de mercado. Uma empresa que segue a estratégia do foco concentra seus recursos para tornar-se um grande jogador em um pequeno mercado e não um pequeno jogador em um mercado maior. A Tiffany, por exemplo, concentra-se no mercado de jóias valiosas. A Whole Foods, uma varejista de Austin, Texas, com 129 lojas nos Estados Unidos, concentra-se no mercado de alimentos naturais e organicamente desenvolvidos. Estas empresas exigem informações sobre a natureza de mercados disponíveis e as características dos jogadores que lá estão.
- O **relacionamento** consegue uma vantagem competitiva pelo estabelecimento de relações especiais, exclusivas, com clientes, fornecedores e até mesmo concorrentes. Estas organizações exigem informações detalhadas sobre as necessidades dos clientes, arranjos especiais com fornecedores e potenciais sinergias* com os concorrentes. A fabricante aeroespacial Boeing liga-se diretamente com alguns de seus principais fornecedores através de um sistema de informações chamado iCollaboration.

*Ação combinada de dois ou mais agentes que produz um resultado mais forte que a soma de seus esforços individuais; cooperação entre dois ou mais grupos, ação combinada. (N.T.)

TABELA 2-4

Gestores podem usar sistemas de informação para ajudar sua empresa a atingir uma vantagem competitiva.

A Empresa Conquista uma Vantagem Competitiva por	Sistemas de Informações Ajudam as Organizações a
Reagir às condições do mercado	Reduzir o excesso de estoques Ajustar os preços ao mercado Reagir rapidamente a vendas decrescentes Alavancar o caixa Introduzir novos produtos Determinar preços
Aprimorar o atendimento ao cliente	Manter estoque apropriado Responder às necessidades dos clientes Monitorar o atendimento ao cliente
Controlar custos	Classificar as despesas Monitorar gastos Controlar orçamentos
Aperfeiçoar a qualidade	Fornecer *feedback* Proporcionar aos trabalhadores da produção acesso imediato às análises
Expandir-se globalmente	Facilitar a comunicação Dar suporte à coordenação

Este sistema modela o processo de fabricação da Boeing para permitir que os fornecedores saibam exatamente quando ela vai precisar de peças. O sistema reduz custos de suprimentos da Boeing, corta atrasos na fabricação devidos a peças fora de estoque e permite aos fornecedores da Boeing planejarem melhor sua própria produção.[36]

- A **liderança em informações** aumenta o valor de um produto ou serviço introduzindo nele qualificação, informações e capacidade de processamento de informações. Gestores podem suplementar produtos com relatórios de resumo e atividades para o cliente, informações de produto e mercado relevantes para o cliente, ou informações sobre produtos e serviços relacionados. A Federal Express e a UPS,* por exemplo, consideram o acompanhamento de pacotes e pedidos de coleta de encomendas via Internet como parte integrante de seus serviços de entrega. Carros de luxo agora são equipados com capacidade de processamento de informações. A Motorola testa novas tecnologias que permitirão aos fabricantes embutir considerável inteligência em seus automóveis. Espera-se que o produto forneça informações de voz a motoristas sobre iminentes congestionamentos e a melhor rota para contorná-los, condições do tempo, indicações do trajeto até um posto de gasolina quando o combustível estiver próximo do final, e talvez até conselhos sobre se há ou não uma vaga no estacionamento no destino do viajante.[37]

Usando Informações para Obter uma Vantagem Competitiva

Em muitas organizações, a gestão da informação é uma operação de bastidores destinada a dar suporte a outras funções do negócio. Os sistemas de informações também podem ser usados proativa e estrategicamente como arma competitiva, como mostrado na Tabela 2-4.

Reagindo às Condições do Mercado

Uma empresa que pode responder rapidamente às condições do mercado tem uma vantagem sobre seus concorrentes mais lentos em vários aspectos. Ela pode manter seus custos mais baixos diminuindo o estoque em excesso, eliminando erros no processo de compra e reduzindo a produção dos produtos com comercialização lenta. Ela pode adaptar seus preços com maior precisão para qualquer condição do mercado. Ela pode reagir mais rapidamente à lentidão nas vendas através de ajuste na publicidade e nas promoções de preços. Ela pode alavancar melhor seu caixa, assumindo compromissos de longo ou curto prazos e movendo o dinheiro rapidamente para onde a oportunidade de lucro é maior. Ela pode introduzir mais rapidamente produtos que o consumidor deseja. Ser a primeira no mercado dá a uma empresa a oportunidade de ser líder em participação no mercado, com as resultantes eficiências de escala em manufatura e marketing.

---

*A Federal Express (Fedex) e a UPS (United Parcel Service) são empresas de entregas rápidas (courier) de encomendas internacionais. (N.T.)

As empresas podem também usar política de preços competitiva para dar-lhes uma vantagem estratégica.[38] Informações de sistemas computadorizados podem auxiliar neste processo. Os restaurantes podem avaliar o impacto de várias estratégias de preços e promoções nas suas margens de lucro. Um hotel balneário pode avaliar o sucesso de pacotes promocionais especiais acompanhando os gastos de um hóspede individual por centro de receita (curso de golfe, restaurante e academia, por exemplo) e pode então ajustar a promoção oferecida para aumentar sua efetividade.

A habilidade de reagir rapidamente ao mercado depende da habilidade de uma empresa em monitorar condições externas. O governo, provedores de notícias e muitas empresas privadas coletam indicadores de tendências econômicas e de mercado que as organizações podem usar para monitorar condições externas. Para recolher informações de negócios, os executivos na Kodak provavelmente também lêem revistas como *Popular Photography, Photo District News, Photo Trade News, Photographic Processing* e *Digital Photography and Imaging International,* e visitam fontes online, tal como Photo.net.

A maioria das empresas também coleta informações sobre condições externas no curso normal dos negócios. Por exemplo, o registro de compras dos clientes pode também tornar-se um indicador da opinião do consumidor e da avaliação do produto. As empresas precisam examinar estes dados não somente a partir do contexto da gestão de operações, mas também do ponto de vista do planejamento para a obtenção da vantagem competitiva. Os sistemas de informações ajudam as empresas a organizar e usar tais dados. Organizações com sistemas de informações que facilitam a obtenção e processamento de dados têm uma vantagem competitiva sobre aquelas que não os têm.

Aperfeiçoando o Atendimento ao Consumidor

O bom atendimento ao consumidor tornou-se um imperativo nos negócios na maioria dos setores. A teoria da gestão agora aconselha às empresas a se tornarem centradas no cliente, obcecadas em saber o que o cliente quer ou do que ele precisa e disponibilizá-lo.[39] Sistemas de informações são decisivos para implementar uma filosofia centrada no cliente. Eles permitem às empresas coletar dados sobre como seus clientes usam seus produtos e serviços, possibilitam respostas imediatas aos problemas dos clientes e, muitas vezes através da Internet, permitem respostas personalizadas às demandas ou preferências dos consumidores. Sistemas de informações voltados para a Gestão do Relacionamento com o Cliente (CRM)* tornaram-se muito populares, como discutido no Capítulo 7.

A General Motors sabe que seus clientes querem carros seguros e confiáveis. É por isso que ela equipa seus veículos de luxo com o OnStar, uma tecnologia e serviço que pode efetuar diagnósticos no motor do automóvel enquanto você dirige, localizar o veículo e enviar assistência de emergência se o veículo enguiçar ou se o *airbag* inflar, e fornecer muitos outros serviços 24 horas por dia, 365 dias por ano. O sistema foi instalado em mais de dois milhões de carros desde 1997. Recentemente, o OnStar incluiu um serviço de recepcionista para ajudar proprietários de carros GM a comprar bilhetes ou planejar eventos a partir de seus veículos quando estão viajando.[40]

Quando muitas empresas que faziam negócios por meio da Internet entraram em colapso em 2001 e a economia arrefeceu depois dos ataques terroristas contra o World Trade Center e o Pentágono, a empresa eBay de leilões online, contrariando a tendência, manteve bons resultados. A eBay atribuiu muito deste sucesso à atenção que dispensa a seus clientes.[41] A eBay efetivamente pratica observar com atenção o que seus clientes compram e ouvir o que eles desejam.[42]

Controlando Custos

Uma organização pode criar uma vantagem competitiva ao se tornar um produtora de baixos custos. Mas como uma empresa mantém custos abaixo da média em sua indústria? Ela pode fazê-lo alcançando economia de escala na produção, na distribuição e nas vendas. Entretanto, à medida que o volume aumenta, acompanhar e racionalizar as atividades do negócio torna-se mais complexo. A habilidade de manusear, processar e resumir grandes quantidades de informação é, portanto, um pré-requisito para atingir redução de custos através do crescimento do volume. Sistemas de informações podem facilmente executar esta função.

Sistemas para classificar, monitorar e limitar gastos também facilitam o controle de custos. Para estabelecer orçamentos, os gestores precisam de informações sobre gastos anteriores e sobre novos planos e objetivos. Informações orçamentárias, por outro lado, permitem que gestores otimizem seus recursos dentro de limites prescritos.

---

*CRM: *Customer Relationship Management* ou Gestão do Relacionamento com o Cliente. (N.T.)

As empresas também podem cortar custos usando a Internet para organizar processos. A Proctor & Gamble, por exemplo, usa a internet para receber o *feedback* de seus grupos focais* sobre os novos produtos. Movimentando os grupos focais online ela baixou os custos em 10% a 20%. A Honeywell usa a Internet para monitorar suas redes, economizando mais de 150 milhões de dólares anualmente por fazer manutenção preventiva em vez de corretiva. A General Motors baixou seus custos por comprar suprimentos via Internet.[43]

Aperfeiçoando a Qualidade

Ter uma reputação de qualidade é uma vantagem estratégica para qualquer organização. Consumidores normalmente pagarão mais por um produto ou serviço que eles sabem que sempre preenche suas expectativas do que por um cuja qualidade varia ou é conhecida como baixa. O aperfeiçoamento da qualidade também baixa custos reduzindo sobras, eliminando reprocessamento e permitindo um processamento mais ordenado.

A conquista da qualidade exige que os trabalhadores de nível operacional tenham constante *feedback* sobre o processo de produção de maneira que possam localizar problemas imediatamente e corrigi-los. No passado, os sistemas eram construídos de maneira que os trabalhadores da produção coletavam e registravam dados sobre a produção mas não tinham acesso imediato às análises efetuadas nos dados que haviam coletado. Sistemas de suporte à gestão produziam relatórios-resumo e de exceções para os gestores, que então passavam a intervir no processo. Geralmente, os gestores ficavam sabendo dos problemas da produção antes dos próprios trabalhadores da produção. Empresas que trabalhavam desta maneira produziam bens inferiores e forneciam serviços inferiores. Agora, os sistemas de informações estão capacitados a imediatamente processar, analisar, e relatar os resultados diretamente para os trabalhadores da produção, os quais podem intervir rapidamente para aprimorar o processo e aperfeiçoar a qualidade.

Expandindo-se Globalmente

Embora as diferenças de linguagem, a regulamentação dos fluxos de informações e a carência de uma infra-estrutura de comunicações continuem sendo barreiras para a troca de informações, em geral as empresas de todos os tamanhos agora têm os recursos e os sistemas de informações que lhes permitem operar globalmente. Sistemas de informações suprem as necessidades para coordenação de diferentes empreendimentos em localidades distantes.

Tornar-se global continua sendo um dos meios mais fáceis para uma empresa expandir seu mercado. Uma empresa que procura a estratégia de rápido crescimento e alta participação no mercado aumenta suas oportunidades de sucesso ao considerar o mundo inteiro como seu mercado. Depois dos ataques terroristas ao World Trade Center e ao Pentágono, quando parecia lógico para as empresas dos Estados Unidos seguir uma estratégia mais introspectiva, uma pesquisa da PriceWaterhouseCoopers descobriu, ao contrário, que 27% das empresas planejavam ampliar sua expansão global, comparados aos somente 19% antes do ataque.[44] Uma possível explicação é que as empresas estavam procurando expandir-se em novas áreas para compensar as vendas domésticas em queda.

Tornar-se global é também uma estratégia para reduzir custos. Empresas com habilidades de manufatura e produção globais podem adaptar seus planos de produção para onde as matérias-primas e mão-de-obra sejam mais baratas. A Applica Inc., por exemplo, uma fabricante da Flórida de pequenos aparelhos domésticos para a cozinha e confecções, incluindo alguns vendidos pela Black & Decker e outros vendidos sob a marca Windmere, mantém os custos baixos por fabricar seus produtos na China e no México.[45]

A tecnologia da informação ajuda empresas multinacionais a competir internacionalmente ao dar suporte a subsidiárias estrangeiras, integrando melhor suas operações mundiais, permitindo maior flexibilidade ao responder às necessidades de mercado locais, e servindo aos clientes de uma maneira mais criativa.[46] A criação de um ambiente tecnológico maduro fora do país ajuda a atender às demandas dos clientes por novos produtos e às necessidades da gestão por consistência e controle em suas diversas instalações pelo mundo.

---

*Os grupos focais são compostos por indivíduos representativos dos clientes que se pretende alcançar em relação a sexo, idade, nível educacional, socioeconômico, etc. (N.T.)

RESUMO

As organizações de hoje precisam de informações para ajudá-las a funcionar efetivamente num mercado em transformação. Elas experimentaram uma globalização dos negócios e a conseqüente necessidade de flexibilidade, adaptabilidade e colaboração. Seus gestores criam equipes e dão autoridade e responsabilidade aos trabalhadores para tomarem decisões melhores e mais rapidamente. Eles empregam uma força de trabalho que está mudando e que vê a diversidade como uma vantagem. Estas organizações exigem informações acessíveis, confiáveis, confidenciais e seguras a um custo apropriado.

Os gestores criam vários tipos de equipes no local de trabalho: tradicionais e autogerenciadas, permanentes e temporárias, de uma única especialidade e multidisciplinares. Estas equipes têm necessidades de informações que abordem as funções de gerenciamento, de comunicações e de tarefas que as equipes executam.

As novas formas das organizações de hoje também têm exigências especiais de informações. Alianças e *joint ventures* usam sistemas de informações para facilitar o compartilhamento de informações relevantes em tempo adequado. Estruturas modulares requerem sistemas de informações transparentes para ligar os diversos componentes da rede. Organizações virtuais não poderiam existir sem sistemas de informações, que ligam suas várias partes.

A informação também tem um papel importante na determinação e implementação da estratégia de uma organização. As organizações precisam de informações na tomada de decisões estratégicas e podem usá-las para desenvolver uma vantagem competitiva. Elas precisam de informações, tais como índices de crescimento do negócio e participação no mercado, para tomar decisões sobre aquisição de novos negócios, desinvestimento em velhos negócios, estabelecer *joint ventures*, e criar alianças com outras organizações. Elas também obtêm informações para ajudar a comparar as forças e fraquezas de cada unidade de negócio com seu ambiente exterior. Empresas podem adotar as seguintes estratégias para obter uma vantagem competitiva: diferenciação, liderança em custo, foco, relacionamento e liderança em informação. As informações podem ajudar organizações a alcançar uma vantagem estratégica porque permitem reagir a condições do mercado, aprimorar o atendimento ao cliente, controlar custos, aprimorar a qualidade e expandir-se globalmente.

TERMOS E EXPRESSÕES IMPORTANTES

aliança
ameaça
análise situacional
diferenciação
equipe autogerenciada
equipe permanente
equipe temporária
equipe tradicionalmente gerenciada
equipes multidisciplinares
estratégia
estratégia funcional
estratégia no nível corporativo
estratégia no nível de negócio
estrutura modular
estrutura organizacional
foco
força
fraqueza
gestão do conhecimento
groupware
joint venture
liderança em custo
liderança em informações
modelo das cinco forças
oportunidades
organização virtual
relacionamento
trabalhador do conhecimento

QUESTÕES DE REVISÃO

1. Que características descrevem o contexto de negócios no qual funcionam as organizações?
2. Por que as organizações precisam garantir acessibilidade, confiabilidade, precisão, privacidade, segurança e relação custo/benefício de suas informações?
3. Como os sistemas de informações ajudam as empresas a operar no mercado global?
4. Como os sistemas de informações permitem às organizações adotarem estruturas mais flexíveis?
5. Que novas estruturas organizacionais existem nas organizações?
6. Como as alianças e as *joint ventures* usam informações?
7. Que características devem ter os sistemas de informações para dar suporte a alianças e *joint ventures*?
8. Como as estruturas modulares usam informações e os sistemas de informações?
9. Que papéis os sistemas de informações desempenham nas organizações virtuais?
10. Quais tipos de equipes são encontrados no ambiente de trabalho?

11. Como as necessidades de informações das equipes autogerenciadas diferem daquelas de outras equipes?
12. As equipes permanentes e as temporárias têm as mesmas necessidades de informações?
13. Como as empresas podem usar sistemas de informações para dar suporte às atividades de equipes?
14. Como pode o *groupware* dar suporte às atividades das equipes?
15. O que é estratégia?
16. Quais são as cinco forças que afetam a estratégia de uma organização de acordo com Porter?
17. Como uma análise *SWOT* ajuda a determinar a estratégia de uma organização?
18. Que informações são necessárias em uma análise *SWOT*?
19. Quais são as cinco estratégias que as empresas podem usar para alcançar vantagem competitiva?
20. Como as empresas usam as informações para manter vantagem competitiva?

GESTÃO DO CONHECIMENTO NA MARCONI

Quando a Marconi foi a uma farra de compras e adquiriu dez empresas de telecomunicações num período de três anos, encontrou um sério desafio: Como poderia a fabricante de equipamentos de telecomunicações que faturava 3 bilhões de dólares ao ano garantir que seus atendentes de suporte técnico conheciam o suficiente sobre a recém-adquirida tecnologia para dar por telefone respostas rápidas e precisas aos clientes? E como a Marconi poderia trazer novos atendentes para promover todos os produtos da empresa?

Os atendentes de suporte técnico da Marconi — 500 engenheiros espalhados em 14 *call centers* ao redor do globo — dão conta de aproximadamente 10.000 perguntas todo mês sobre os produtos da empresa. Antes das aquisições, os atendentes valiam-se do Tactics Online, um site de empresa de serviços na Internet, onde tanto eles como os clientes podiam procurar por perguntas feitas freqüentemente e por documentos de texto. Assim que os novos atendentes e produtos ingressaram na empresa, a Marconi quis suplementar o seu site na Internet com um sistema de gestão do conhecimento mais abrangente. Entretanto, quando os engenheiros das empresas recém-adquiridas começaram a trabalhar, estavam hesitantes em compartilhar seu conhecimento sobre os produtos a que vinham dando suporte. "Eles sentiam que seu conhecimento era uma cobertura de segurança que ajudava a garantir seus empregos", diz Dave Breit, diretor de tecnologia e pesquisa e desenvolvimento para serviços operados em Warrendale, Pennsylvania. "Com todas as aquisições, era essencial que todos evitassem esconder conhecimentos e, ao contrário, os compartilhassem."

Ao mesmo tempo, a Marconi queria organizar seu serviço de atendimento ao consumidor, tornando uma quantidade maior de seus produtos e sistemas de informações disponíveis diretamente aos clientes e encurtando a duração de suas chamadas. "Queríamos alavancar a *Web* para o auto-serviço do cliente em vez de aumentar o número de atendentes", diz Breit. "Também queríamos munir nossos engenheiros da linha de frente [que interage diretamente com os clientes] de mais informações e mais agilidade de forma que eles pudessem resolver as dúvidas dos clientes mais rapidamente."

Ampliando uma Fundação de Gestão do Conhecimento

O conceito de compartilhar conhecimentos entre atendentes não era nada novo na Marconi. Em 1997, a empresa havia começado a atrelar uma parte das gratificações trimestrais dos atendentes à quantidade de conhecimento que eles apresentavam ao Tactics Online, bem como seu envolvimento com o aconselhamento e treinamento de outros atendentes. "Cada atendente tinha que lecionar para duas turmas de treinamento e escrever 10 FAQs* para receber sua gratificação integral", diz Breit. "Quando trouxemos novas empresas online, os novos atendentes receberam o mesmo plano de gratificação. Esta postura permitiu-nos construir um ambiente bem aberto de compartilhamento de conhecimentos."

Para aperfeiçoar o Tactics Online, a Marconi escolheu o *software* da ServiceWare Technologies. A divisão de Breit passou seis meses implementando o novo sistema e treinando atendentes. O sistema — apelidado KnowledgeBase — é ligado ao sistema de Gestão do Relacionamento com o Cliente (CRM)

*FAQ: *Frequently Asked Questions* ou Perguntas mais Freqüentes. São as dúvidas mais apresentadas pelos usuários de um determinado serviço de atendimento. As FAQs agilizam e reduzem custos do atendimento, pois uma dúvida respondida automaticamente ao usuário evita a intervenção do atendente humano. (N.T.)

da empresa e é alimentado por um sistema de gestão de banco de dados. A visão integrada dos clientes e produtos da Marconi fornece aos atendentes um abrangente histórico de interações. Os atendentes de suporte técnico podem, por exemplo, colocar marcadores no banco de dados, e assim o atendente pode iniciar a conversa de imediato a partir do ponto onde o cliente falou por último com outro atendente.

Na Linha de Frente

O Tactics Online complementa o novo sistema. "Os dados armazenados no KnowledgeBase são dicas específicas de resolução de problemas e sugestões sobre nossas várias linhas de produtos", diz Zehra Demiral, gestora dos sistemas de gestão do conhecimento. O Tactics Online, por outro lado, é mais uma porta de entrada para os clientes terem acesso à nossa organização de suporte ao cliente. De lá, os clientes podem acessar o KnowledgeBase ou seus pedidos de serviço ou nossos manuais de treinamento online."

Os atendentes de suporte técnico agora contam com o KnowledgeBase para as mais novas soluções para os problemas do cliente com produtos e sistemas. Atendentes do Nível 1 respondem todas as perguntas que chegam, resolvem os problemas do cliente quando possível, gravam as chamadas no sistema CRM da empresa e transferem as mais difíceis para os atendentes do Nível 2. Atendentes do Nível 2, ao mesmo tempo, são o coração da organização, compondo cerca de 70% da estrutura do suporte técnico. Lidam com os telefonemas mais difíceis e localizam erros e diagnosticam problemas de equipamento e de redes. "Eles são a maioria dos usuários e contribuintes do nosso conhecimento", diz Breit. "Eles escrevem um resumo da chamada e o introduzem no KnowledgeBase [de modo contínuo] de forma que outros atendentes possam consultar esta solução mais tarde."

Depois que atendentes Nível 2 submetem seu conhecimento "cru" para uma fila de espera, atendentes Nível 3 confirmam a precisão das informações, fazem as mudanças necessárias, e então submetem o documento à Demiral. (Atendentes Nível 3 também atuam como consultores, ajudando atendentes Nível 2 a solucionar problemas e servindo de intermediários entre os atendentes e os departamentos de engenharia da empresa.) O processo inteiro de atualizar o sistema KnowledgeBase com uma nova solução normalmente gasta de três dias a duas semanas.

Mudando Papéis

Como Breit antecipara, a implementação do KnowledgeBase mudou os papéis dos atendentes. Os atendentes Nível 1, por exemplo, resolvem problemas mais complicados porque têm mais informações à mão. Na verdade, eles resolvem sozinhos o dobro de chamadas (50% em vez de 25%) num tempo menor (10 minutos versus 30 minutos). Como os atendentes Nível 1 conseguem agora resolver mais chamadas, o grupo dobrou de tamanho durante os últimos dois anos.

Entretanto, a transição não foi totalmente indolor para os atendentes Nível 2 e Nível 3. "Em vez de simplesmente submeter as páginas de Internet ao Tactics Online, eles agora tinham que analisar os processos de modo procedural e criar 'árvores' de diagnósticos", diz Breit. "Este é um modo mais analítico de pensar sobre um problema. A maioria destes sujeitos tinha pensado em termos de 'qual é o modo mais rápido de resolver um problema' em lugar de 'qual é o modo mais eficiente de resolver um problema.'"

Com centenas de pessoas apresentando soluções, a Marconi tendia a ter um monte de reinvenções da roda. "Pode haver cinco ou seis maneiras de resolver um [mesmo] problema, mas há um meio mais eficiente", Breit diz. Para desenterrar e disseminar as soluções mais eficientes, pedia-se que os atendentes desenhassem um fluxo de cada uma de suas soluções nos primeiros três meses de lançamento do KnowledgeBase. "É incrível quantos [atendentes] eram desconhecedores de suas próprias metodologias", diz Breit. "Foi um pouco doloroso, mas eles finalmente se sentiram beneficiados porque entenderam como resolvem problemas."

Como resultado, os atendentes agora criam soluções técnicas para clientes do modo mais eficiente — e lógico — em vez de simplesmente oferecer uma solução "rápida e suja". Pense na diferença entre simplesmente ser informado de quais teclas digitar no seu PC e ser instruído sobre como seu *software* trabalha e a lógica por trás do acionamento de uma certa seqüência de teclas. Uma vez que você realmente entende como o produto trabalha, pode usar o *software* mais efetivamente e sozinho resolver mais problemas.

Fazendo Funcionar

Demiral passou bastante tempo trabalhando com atendentes Nível 3 para tornar suas soluções menos complexas e organizar o processo de revisão. "Tínhamos que passar por duas repetições de como organizar e apresentar o conteúdo", diz Demiral. "Clientes tendem a pensar em termos do produto e a seguir, do problema. Mas os engenheiros pensam muitas vezes sobre o problema primeiro e depois sobre o produto."

Resultado: Os clientes muitas vezes não entendiam perfeitamente a solução. Ao mesmo tempo, a Marconi tinha que trabalhar para diminuir as preocupações dos atendentes Nível 3 de que fazê-los responsáveis pela revisão do conteúdo de uma solução os transformasse subitamente em redatores técnicos.

A Marconi também confrontou-se com questões culturais. "Necessidades de negócios são diferentes em diferentes partes do mundo", diz Demiral. "O que pode ser prática normal de negócios para americanos pode não ser comum em outros lugares". Na Europa, por exemplo, o valor do sistema KnowledgeBase não foi prontamente aceito. Mas quando os empregados lá viram que os clientes podiam usar o sistema para resolver alguns de seus próprios problemas, aceitaram a idéia. Tal experiência foi incorporada no modo como a Marconi aborda a gestão do conhecimento. "Às vezes precisamos introduzir a idéia de gestão do conhecimento com o tempo, validá-la, e então ir adiante", diz Demiral.

FONTE: Adaptada com permissão de Louise Fickel, "Know-It-Alls," *CIO*, 1 November 2001, 90-95. Reimpresso por cortesia de CIO.

Questões do Caso

Diagnóstico

1. Que necessidades de informações tinham os serviços de suporte técnico e de atendimento ao cliente da Marconi?
2. Como as aquisições da Marconi afetaram essas necessidades?

Avaliação

3. Que tipos de sistemas de informações a Marconi usava antes das aquisições?
4. Quão bem esses sistemas atendiam às necessidades da Marconi?

Projeto

5. Que mudanças nos sistemas de informações mais beneficiariam os atendentes e clientes da Marconi?
6. Como iriam estas mudanças melhor atender às suas necessidades?
7. Como o KnowledgeBase pode ampliar a vantagem competitiva da Marconi?

Implementação

8. Quais os problemas de implementação que a Marconi enfrenta em maximizar o valor do KnowledgeBase para seus atendentes e clientes?
9. Como a Marconi tratou estas questões?

ATIVIDADE

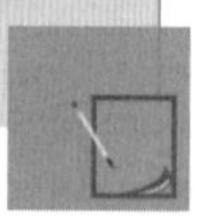

2-1 RECRUTANDO NA COMMUNITY UNIVERSITY

Passo 1: Leia o cenário a seguir.

A escola de graduação em administração da Community University recentemente verificou significativa diminuição no número de consultas e candidatos para seus programas MBA de meio período e de tempo integral. A diretora de admissões recentemente contratada, Susan Sellers, acreditava que o declínio resultava em parte do decrescente interesse na educação em administração. Sellers também acreditava que o declínio podia ser atribuído a uma falta de estratégia clara na venda do programa. Ela queria mudar o foco do recrutamento de alunos de graduação em administração para recém-graduados com uma formação em várias áreas liberais e significativa experiência de trabalho.

Sellers planejava usar uma grande parte de seu orçamento para aperfeiçoar o sistema de informações do setor de admissões. Seu primeiro passo foi identificar as necessidades de informação específicas da nova orientação estratégica do processo de admissões.

Passo 2: Individualmente ou em pequenos grupos, desenvolva uma lista das informações que Susan Sellers precisa para dar suporte à nova estratégia de recrutamento.

Passo 3: Em pequenos grupos ou com a classe toda, distribua a lista que você desenvolveu. Responda então às seguintes questões:

1. Quais são as necessidades de informações da nova estratégia de recrutamento?
2. Como pode a organização satisfazer estas necessidades?

ATIVIDADE

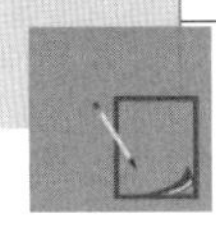

2-2 PRESERVANDO EMPREGOS NA MANSFIELD UNIVERSITY

Passo 1: A Mansfield University decidiu refazer todos os seus processos de negócios durante os três próximos anos, automatizando-os tanto quanto possível com o uso de tecnologias avançadas. Os objetivos da universidade com a reestruturação, conhecida como Projeto Milênio, incluem aperfeiçoamento de serviços para os estudantes e suas famílias e redução de custos.

Você é o vice-presidente de recursos humanos na Mansfield. Acaba de retornar de uma reunião para a qual foi convidado para liderar um esforço de redução no número de empregados em 20% como parte do Projeto Milênio. Apesar de você saber que o replanejamento vai melhorar a universidade e ajudar a garantir seu sucesso nas próximas décadas, você sente que cortar empregos desta maneira não é ético. O que você deve fazer?

Passo 2: Individualmente ou em pequenos grupos, analise a situação usando os critérios éticos básicos.

Passo 3: Baseado em sua análise, desenvolva um plano de ação. Distribua o plano de ação para o resto da classe.

ATIVIDADE

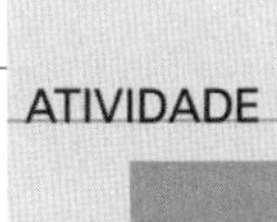

2-3 AMPLIANDO A VANTAGEM COMPETITIVA

Passo 1: Leia as descrições das situações abaixo. Para cada situação, apresente duas estratégias para aumentar a vantagem competitiva da organização sobre as outras de seu ramo. A seguir, liste três tipos de informações necessárias para implementar cada estratégia.

Problema 1: Manter a estabilidade de preços é difícil para restaurantes como o Red Lobster, que é especializado em comidas como siri ou camarão, onde os custos são instáveis. Clientes reagem desfavoravelmente a mudanças freqüentes de preços do menu; portanto, o restaurante deve proteger-se contra preços muito altos e perda de clientes ou preços muito baixos e perda de margem. Como o Red Lobster pode usar informações para manter uma vantagem competitiva?

Problema 2: O proprietário de uma pequena empresa fabricante de balanças digitais exibiu recentemente seu produto em uma feira comercial na Alemanha. Ele também começou a conversar com representantes da câmara de comércio em pequenas cidades na Irlanda sobre as questões associadas à abertura de uma fábrica na cidade. Como pode a empresa usar informações para ampliar sua vantagem competitiva?

Problema 3: Uma pequena imobiliária que havia se especializado em propriedades residenciais começou, recentemente, a listar um pequeno número de propriedades comerciais. Ela também iniciou uma associação de teste numa cadeia nacional de imobiliárias. O consórcio oferece publicidade e referências nacionais e também dá assistência em funções de recursos humanos, tais como folha de pagamento, treinamento e recrutamento. Como pode a pequena imobiliária usar informações para desenvolver mais ainda uma vantagem competitiva sobre outras imobiliárias?

Passo 2: Em pequenos grupos, compile as estratégias que as organizações podem usar para obter vantagem competitiva.

Passo 3: Individualmente, em pequenos grupos, ou com a classe inteira, responda às seguintes questões:

1. De que maneiras uma organização pode ampliar sua vantagem competitiva?
2. Que tipos de informações são necessários para fazer isto?

3. Como podem as organizações conseguir estas informações?
4. Que papel os sistemas de informações podem desempenhar na obtenção das informações necessárias?

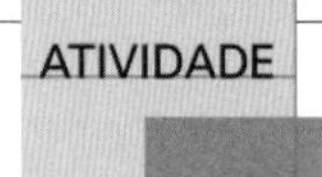

2-4 AVALIANDO A QUALIDADE DAS INFORMAÇÕES

ATIVIDADE

Passo 1: Individualmente ou em pequenos grupos, monte um questionário para avaliar quão bem as informações de uma organização preenchem os critérios de baixo custo, acessibilidade, confiabilidade, privacidade e segurança.

Passo 2: Selecione um departamento em sua faculdade ou universidade ou em uma organização de sua escolha e submeta o questionário a dois ou três membros desta organização.

Passo 3: Tabule os resultados.

Passo 4: Individualmente, em pequenos grupos ou com a classe toda, compartilhe os resultados. A seguir, liste as conclusões que pode retirar dos dados. Responda, então, às seguintes questões:

1. Quão bem as informações organizacionais preenchem os critérios de baixos custos, acessibilidade, confiabilidade e segurança?
2. Quais as duas recomendações que você ofereceria para aprimorar a qualidade das informações da organização?

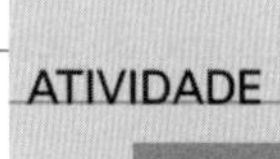

2-5 ANÁLISE SWOT E INFORMAÇÕES

ATIVIDADE

Passo 1: Individualmente, em duplas ou em grupos de três, escolha um negócio local para analisar.

Passo 2: Localize quatro fontes de informações sobre a empresa.

Passo 3: Usando as informações, liste três de cada um dos itens seguintes:

- Forças:
- Fraquezas:
- Ameaças:
- Oportunidades:

Passo 4: Em pequenos grupos, liste os tipos e fontes dos dados que você usou para efetuar a análise SWOT.

Passo 5: Com a classe inteira, formule uma lista completa das fontes e tipos de dados usados para efetuar uma análise SWOT. A seguir, responda às seguintes questões:

1. Que fontes forneceram os dados mais úteis? E os dados menos úteis?
2. Quais outras informações seriam úteis para fazer a análise SWOT?
3. Como os sistemas de informações computadorizados podem auxiliar a análise SWOT?

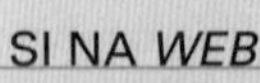

SI NA *WEB*

SI NA *WEB*

Exercício 1: A página na Internet do Capítulo 2 vai levá-lo a várias histórias que fornecem exemplos de estratégias corporativas de negócios. Selecione uma das histórias e suplemente o material da história com sua própria pesquisa sobre esta empresa e outras de seu ramo. A seguir, usando os princípios deste capítulo, avalie a estratégia da empresa. Em particular, analise como os sistemas de informações e a tecnologia da informação podem dar suporte ao rumo estratégico que a empresa tomou.

Exercício 2: Visite dois dos sites da página na Internet do Capítulo 2 na seção chamada "Exemplos de Empresas Virtuais". De que maneiras estas empresas se assemelham? De que maneiras elas diferem? Como a tecnologia da informação as habilita a operar como organizações virtuais?

LEITURAS RECOMENDADAS

Aaker, David A. *Developing Business Strategies,* 6th ed. New York: John Wiley, 2001.

Daft, Richard L. *Organization Theory and Design,* 7th ed. Cincinnati, OH: South-Western College Publishing, 2001.

Duarte, Deborah L. and Nancy Tennant Synder. *Mastering Virtual Teams: Strategies, Tools, and Techniques That Succeed,* 2nd ed. San Francisco: Jossey-Bass, 2001.

Porter, Michael E. *Competitive Strategy: Techniques for Analyzing Industries and Competitors.* New York: Free Press, 1980.

Spekman, Robert E., Lynn A. Isabella, and Thomas C. MacAvoy. *Alliance Competence: Maximizing the Value of Your Partnerships.* New York: John Wiley & Sons, 2000.

NOTAS

1. Geoffrey Smith and Faith Keenan, "Kodak Is the Picture of Digital Success," *Business Week,* 14 January 2002, 39. Michael Slater, "Soon Digital Photography Will Rule," *Fortune,* Supplement: *Tech Review* (winter 2002): 43. Michael Slater, "Kodak Advances in Market Share of Digital Cameras," *Wall Street Journal,* 21 December 2001, B2(E). Kodak, *Annual Report* (December 2000). Also, http://www.ofoto.com, accessed at 10 January 2002.
2. Jeffrey Ball, Todd Zaun, and Norihiko Shirouzu, "DaimlerChrysler Ponders 'World Engine' in Bid to Transform Scope into Savings," *Wall Street Journal,* 8 January 2002, A3(E).
3. Steve Liesman, "Productivity Growth May Be Here to Stay," *Wall Street Journal,* 7 January 2002, A1(E).
4. Thomas C Lawton and Kevin P Michaels, "Advancing to the Virtual Value Chain: Learning from the Dell Model," *Irish Journal of Management* 22:1 (2001): 91–112. Frances Cairncross. "Survey: E-management—The shape of the New E-Company," *The Economist,* 11 November 2000, S37–S38.
5. Priscilla S Wisner and Hollace A Feist, "Does Teaming Pay Off?," *Strategic Finance,* 82 (February 2001): 58–64.
6. Tom McGhee, "Temp Jobs Fall, Though Demand for Work Rises: Downturn Catches Up with Industry," *Denver Post,* 16 December 2001, 101.
7. David Burcham, "Tech Outlook," *Compensation & Benefits Management* 18 (winter 2002): 59.
8. Yogesh Malhotra, "Knowledge Management for E-Business Performance: Advancing Information Strategy to 'Internet Time' Information Strategy," *The Executive's Journal* 16 (summer 2000): 5–16.
9. Lucas Mearian, "Sun Inks Five-Year, $200 Million Contract with Kodak," *Computerworld,* 21 May 2001. Accessed on 17 January 2002, from http://www.computerworld.com/storyba/0,4125,NAV47_STO60752,00.html.
10. Leslie Jaye Goff, "At Their Fingertips," *Computerworld,* 10 December 2001, 19–21.
11. Tracy Mayor, "Someone to Watch over You," *CIO,* 1 March 2001, 82–88.
12. Jaikumar Vijayan, "Survey: Breaches Drive Security Upgrades," *Computerworld,* 5 March 2001, 43.
13. Lucas Mearian, "MetLife Building Giant Customer Relational DB," *Computerworld,* 1 January 2002, 10.
14. Simone Kaplan, "Concrete ideas," *CIO,* 15 August 2001, 78. Dean Ilott, "Success Story—Cemex: The Cement Giant Has Managed Concrete Earnings in a Mixed Year," *Business Mexico* 11 (January 2002): 34–35.
15. Drugstore.com Corporate Profile, http://www.drugstore.com, accessed on 17 January 2002. Simone Kaplan, "The Right Fit," *CIO,* 1 December 2001, 72–76.
16. Susanna Moon, "Improving Care through Integration," *Modern Healthcare,* 7 January 2002, 32–33. Rick Whiting, "Data Analysis to Health Care's Rescue," *Informationweek,* 24 September 2001, 68. Also, http://www.ihc.com, accessed on 23 January 2002.
17. Ram L. Kumar and Connie W. Crook, "A Multi-Disciplinary Framework of the Management of Interorganizational Systems," *Database for Advances in Information Systems* 30 (winter 1999): 22–37.
18. S. Tully, "The Modular Corporation," *Fortune,* 8 February 1993, 106–115.
19. G. Morgan, *Creative Organization Theory: A Resourcebook* (Newbury Park, CA: Sage, 1989).
20. R. E. Miles and C. C. Snow, "Organizations: New Concepts for New Forms," *California Management Review* 28 (spring 1986): 62–73.
21. Melissa A. Schilling and H. Kevin Steensma, "The Use of Modular Organizational Forms: An Industry-Level Analysis," *Academy of Management Journal,* December 2001, 1149–1168.
22. William M. Fitzpatrick and Donald R. Burke, "Form, Functions, and Financial Performance Realities for the Virtual Organization," *S.A.M. Advanced Management Journal* 65 (summer 2000): 13–20. J. A. Byrne, "The Virtual Corporation," *Business Week,* 8 February 1993, 98–99.
23. Byrne, "The Virtual Corporation."
24. Alorie Gilbert, "Virtual Company Wins New Business," *Informationweek,* 2 April 2, 2001, 79–82.
25. John Gregerson, "A League of Their Own," *Food Engineering,* November 2001, 36–40.
26. Joe Singer and Steve Duvall, "High-Performance Partnering By Self-Managed Teams In Manufacturing," *Engineering Management Journal* 12 (December 2000): 9–15.
27. Bradley L. Kirkman and Debra L. Shapiro, "The Impact of Cultural Values on Job Satisfaction and Organizational Commitment in Self-Managing Work Teams: The Mediating Role of Employee Resistance," *Academy of Management Journal* 44 (June 2001): 557–569.
28. Ron Panko, "Stealth Solution," *Best's Review,* November 2001, 53–57. Also, http://www.conseco.com, accessed on October 2, 2002..
29. Thomas L. Legare, "How Hewlett-Packard Used Virtual Cross-Functional Teams to Deliver Healthcare Industry Solutions," *Journal of Organizational Excellence* 20 (autumn 2001): 29–38.
30. Ole Hanseth, Claudio U. Ciborra, and Kristin Braa, "The Control Devolution: ERP and the Side Effects of Globalization," *Database for Advances in Information Systems* 32 (fall 2001): 34–46.
31. Debbie Howell, "The Super Growth Leaders—The Home Depot: Diversification Builds Bridge to the Future," *DSN Retailing Today,* 10 December 2001, 17–18.
32. J. F. Stoner and R. E. Freeman, *Management,* 5th ed. (Englewood Cliffs, NJ: Prentice-Hall, 1992).
33. Michael E. Porter, *Competitive Strategy: Techniques for Analyzing Industries and Competitors* (New York: Free Press, 1980). Michael E. Porter, "How Competitive Forces Shape Strategy," *Harvard Business Review,* March/April 1979, 137–145.
34. Michael Porter, *Competitive Strategy: Techniques for Analyzing Industries and Competitors* (New York: Free Press, 1980). Michael E. Porter, "From Competitive Advantage to Corporate Strategy," *Harvard Business Review,* May/June 1987): 43–59. S. Barrett and B. Konsynski, "Inter-Organizational Information Sharing Systems," *MIS Quarterly,* Special Issue (December 1982): 92–105. H. R. Johnson and M. E. Vitale, "Creating Competitive Advantage with Interorganizational Systems," *MIS Quarterly* (June 1988): 153–165. J. F. Rockart and J. E. Short, "IT in the 1990s: Managing Organizational Interdependence," *Sloan Management Review,* winter, 1989. Stan Davis and Bill Davidson, *2020 Vision* (New York: Simon & Schuster, 1991).
35. Harry M. Lasker and David P. Norton, "The New CIO/CEO Partnership," *Computerworld Leadership Series,* 22 January 1996, 1–7.
36. James Cope, "App Helps Boeing Link Factory Floor to Suppliers," *Computerworld,* 19 March 2001, 12.
37. "Motorola Developing Smart Car Technology," *BusinessWorld,* 10 August 2001, 1.
38. Cynthia M. Breath and Blake Ives, "Competitive Information Systems in Support of Pricing," *MIS Quarterly,* March 1986, 85–96.
39. Laura Mazur, "Keep Improving Service Levels or Lose Out to Rivals," *Marketing,* 15 November 2001, 18.
40. Gail Kachadourian, "OnStar Adds Services," *Automotive News,* 24 December 2001, 2. Lillie Guyer, "OnStar Pushes Safety in Technology," *Automotive News,* 3 December 2001, 6TN. Also, http://www.onstar.com accessed on October 2, 2002.
41. Andy Kessler, "No More New Economy Schadenfreude," *Wall Street Journal,* 25 January 2002, A18. Anonymous, Margaret C. Whitman, *Business Week,* 14 January 2002, 69.

42. Joseph T. Sinclair, *eBay The Smart Way: Selling, Buying, and Profiting on the Web's #1 Auction Site*, 2nd ed. (New York: AMACOM, 2001).
43. Mark Veverka, "The Real Dot.coms," *Barron's*, 24 December 2001, 19–21.
44. Jon E. Hilsenrath, "Globalization Persists in Precarious New Age," *Wall Street Journal*, 31 December 2001, A1.
45. Ibid. Also, http://www.applicainc.com/about .htm, accessed on 29 January 2002.
46. B. S. Neo, "Information Technology and Global Competition: A Framework for Analysis," *Information & Management* 20 (March, 1991): 151–160.

Parte II

Avaliando as Tecnologias da Informação

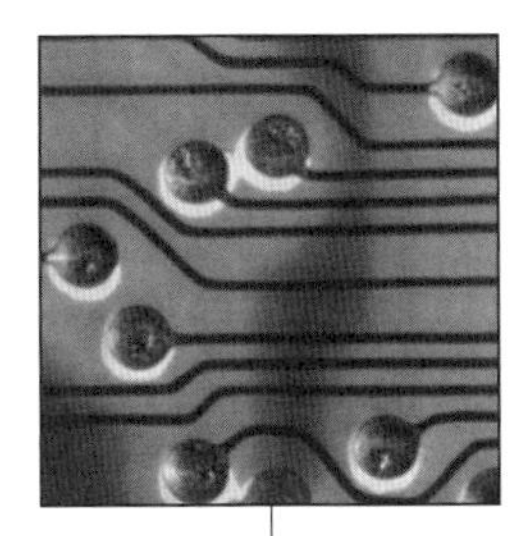

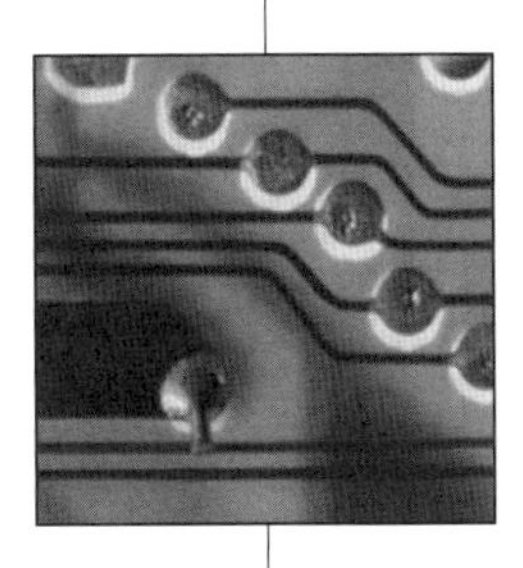

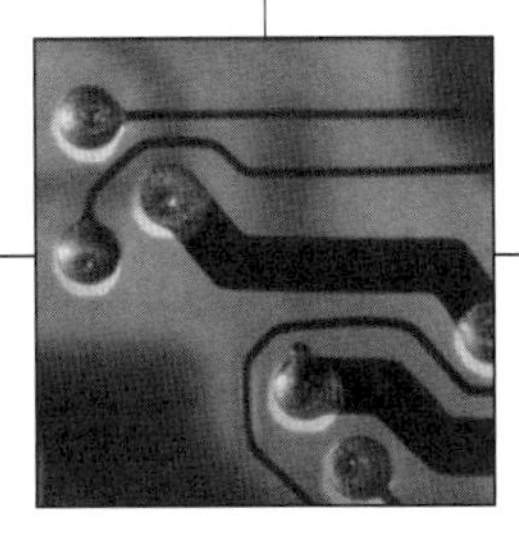

Os administradores usam a tecnologia da informação — *hardware, software* e redes de telecomunicações — para satisfazer suas necessidades de informação. Apesar de não mais se esperar que administradores tenham o conhecimento técnico exigido para projetar, selecionar ou implantar tecnologia da informação, eles devem ter conhecimento suficiente para fazer aos especialistas as perguntas essenciais sobre o tema e fornecer informações relevantes para a seleção da melhor tecnologia de informação para o atendimento de suas necessidades de informação. A Parte II fornece esta visão geral da tecnologia da informação. O Capítulo 3 examina o *hardware* do computador — o equipamento físico usado para entrada de dados, processamento, armazenamento e saída — e o *software* de computador — as instruções que comandam o computador para executar uma tarefa desejada. O Capítulo 4 é dedicado a sistemas gerenciadores de bancos de dados. Ele trata, especificamente, das funções, aplicativos e fundamentos tecnológicos dos sistemas de gestão de bancos de dados e do projeto, desenvolvimento e gerenciamento de bancos de dados. O Capítulo 5 aborda telecomunicações e redes. Ele aborda os princípios das telecomunicações, aplicativos, infra-estrutura, tecnologia e segurança, juntamente com tópicos sobre a Internet e gestão de redes. ■

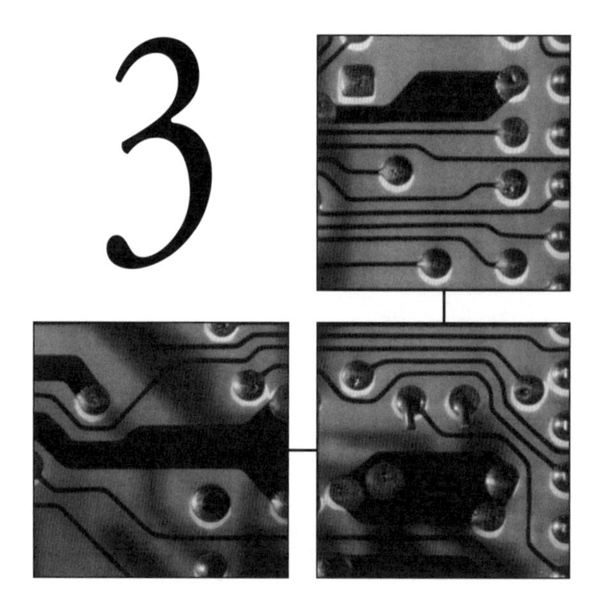

3 O *Hardware* e o *Software* do Computador

OBJETIVOS DO APRENDIZADO

Após completar o Capítulo 3, você estará apto a:

- Descrever como os dados fluem entre os dispositivos de um computador.
- Demonstrar as diferenças entre entrada de dados ativa e passiva.
- Identificar seis tipos básicos de dispositivos de entrada e citar exemplos de cada um.
- Descrever como o processador executa seu trabalho.
- Descrever a lei de Moore e discutir suas implicações.
- Indicar as diferenças de uso e de características dos dispositivos de armazenamento primários e secundários.
- Discutir maneiras de medir a qualidade de gráficos gerados.
- Descrever três dispositivos de *softcopy e* dois dispositivos de *hardcopy*.
- Descrever como os fabricantes empacotam o *hardware* pelo tamanho e função.
- Descrever a diferença entre *hardware* e *software* e explicar como eles trabalham em conjunto.
- Indicar as diferenças de funções entre *software* aplicativo, *software* de sistema e *software* de desenvolvimento de sistemas.
- Demonstrar as diferenças entre o *software* vertical e o *software* horizontal.
- Citar as vantagens relativas dos *softwares* aplicativos verticais na forma de pacotes de software, softwares adaptados ou customizados e softwares proprietários.
- Explicar o papel do núcleo do sistema operacional.
- Descrever como as pessoas usam *software* utilitário para administrar os recursos dos seus computadores pessoais.
- Descrever quatro maneiras pelas quais as linguagens de computador diferem umas das outras.
- Descrever a diferença entre os modelos cliente/servidor de duas camadas, de três camadas, e multicamadas.
- Discutir o significado de inteligência artificial e descrever as implicações da inteligência artificial para o futuro da computação.

Projetando o Prada's Epicenter Store

A abertura da boutique do Prada's Epicenter Manhattan na primavera de 2002 agitou a instituição do varejo de Nova York. A excitação era em parte motivada pelo projeto *avant-garde* da loja, a visão do arquiteto dinamarquês Rem Koolhaas. Suas paredes de vidro, suas prateleiras ao estilo de arquibancadas projetadas para pôr à mostra os sapatos oriundos das casas da moda em Milão e seu palco de 9 metros no formato de uma onda montado no piso demonstravam um estilo elegante à altura do nome Prada. Muito mais interessante, porém, era o projeto dos sistemas para suportar os clientes e pessoal de vendas na loja.

Miuccia Prada, co-CEO do império Prada que faturou 1,5 bilhão de dólares, idealizou uma experiência simples mas altamente gratificante com a clientela. Para alcançar este objetivo, cada vendedor carrega um computador portátil no formato de uma lanterna de mão. Se uma compradora demonstra interesse por um artigo, o vendedor pode rapidamente "escanear" o objeto e receber uma série de informações importantes — quais as cores e tecidos existentes, quais destas constam do estoque, quais acessórios combinam com ele e qual o preço. Então, em terminais de computadores espalhados pela loja, o vendedor pode mostrar imagens de outros itens da coleção, vídeos das roupas que estão sendo usadas em desfiles de moda e até os esboços originais do estilista. Se a cliente usa um cartão da loja, o vendedor tem acesso adicional às preferências, gostos e compras anteriores da cliente, tornando fácil ao vendedor prestar um atendimento versátil. Quando a cliente leva roupas para uma cabine de provas, sensores no ambiente identificam as roupas. Uma tela sensível ao toque permite à cliente verificar como um acessório, tal como um xale ou cinto, ou mesmo os sapatos que ela comprou no mês passado, combinariam com os itens escolhidos. A cliente também pode ativar o "espelho mágico" que captura e passa sua imagem usando o artigo. A cliente pode girar o espelho mágico, por exemplo, para ver a parte de trás do vestido, o que seria difícil em um espelho tradicional.[1]

Como a Prada traduz a meta de atendimento superior ao cliente para a realidade da loja no Epicenter? O que os administradores e seus consultores necessitavam saber sobre a tecnologia de computadores para vislumbrar o resultado final?

Os administradores normalmente não necessitam entender exatamente como um computador trabalha para fazerem seu trabalho, não mais do que motoristas precisam saber sobre o funcionamento de automóveis para poderem dirigi-los. Mas, da mesma forma que motoristas tornam-se melhores em dirigir e comprar carros na proporção em que entendem de mecânica de automóveis, assim também um usuário de computador torna-se melhor usuário, comprador, e diretor à medida que utiliza computadores em sua organização e conhece mais sobre a maneira como os computadores trabalham. Este capítulo fornece uma visão geral do que todo consumidor inteligente de tecnologia da computação necessita saber. Dependendo do seu envolvimento com a tecnologia da computação, você pode necessitar adquirir conhecimentos adicionais em um ou mais dos tópicos cobertos neste capítulo.

Nos últimos anos, a essência da computação mudou-se dos computadores para as redes de dispositivos inteligentes. O computador, neste modelo de computação em evolução, é simplesmente um dos muitos dispositivos conectados para executar uma função de negócio. Na Prada, por exemplo, o dispositivo portátil do vendedor seria inútil sem o acesso ao conhecimento armazenado num computador localizado em algum lugar da empresa. Apesar de algumas vezes nos referirmos às redes neste capítulo, deixamos para o Capítulo 5 a abordagem dos conceitos sobre rede. Também importante para a computação é a tecnologia que permite às organizações, como a Prada, reter e acessar a enorme quantidade de informação que eles precisam sobre clientes, fornecedores e processos. O Capítulo 4 trata do coração desta tecnologia, os sistemas de gestão de bancos de dados.

Neste capítulo, focalizamos o computador propriamente dito. O computador necessita de *hardware* e *software* para funcionar. O *hardware* é o equipamento físico usado para processar a informação. Ele abrange todos os componentes dentro da caixa que chamamos computador. Ele também inclui dispositivos periféricos, aqueles dispositivos interligados ao computador, tais como teclados, telas de vídeo, impressoras e *scanners*, que coletam, exibem, comunicam e armazenam dados. O *software* refere-se às instruções que, com a ajuda das pessoas, comandam o *hardware* para executar tarefas desejadas. Algumas vezes usamos os termos *programa*, *pacote* e *aplicativo* para denominar os produtos de *software*, apesar de cada um ter um significado levemente diferente. Embora este capítulo trate de *hardware* e *software* em seções diferentes, você verá como ambos trabalham juntos à medida que lê o capítulo. Concluímos o capítulo com uma olhadela em alguns avanços fascinantes na vanguarda da tecnologia da computação.

Devido à sua extensão, este capítulo é dividido em dois módulos de aprendizado. O módulo A cobre o *hardware* de computador. O módulo B cobre o *software* e uma espiada no futuro.

MÓDULO A — O *HARDWARE* DE COMPUTADOR

O *HARDWARE* DE COMPUTADOR

A Figura 3-1 é uma ilustração conceitual de um computador e seus dispositivos periféricos. Os administradores geralmente fazem escolhas entre comprar ou atualizar cada um destes componentes depois de diagnosticar suas necessidades e avaliar o *hardware* de computador disponível. A Prada, com seu foco no cliente, preocupou-se particularmente com seus dispositivos de entrada e saída.

- O *hardware de processamento* controla os dispositivos periféricos, tal como comandado pelo *software* do computador.
- O ***data bus***, ou caminho de acesso a dados, é a conexão elétrica entre várias partes do computador, gerenciando o fluxo de dados entre o *hardware* de processamento e o resto do computador. O *hardware* de processamento põe dados na forma de sinais elétricos no caminho de acesso a dados para controlar os outros dispositivos. Ele aceita dados do *data bus* para determinar o *status* destes dispositivos e receber dados que eles possam fornecer. Alguns computadores têm caminhos de acesso a dados adicionais especializados para conexão mais rápida com certos dispositivos.
- *Controladores,* ou **adaptadores**, residem no computador e convertem comandos e dados do barramento ou caminho de acesso a dados em sinais que os dispositivos periféricos podem usar.
- Uma **porta** é uma conexão entre a caixa do computador e um dispositivo fora do computador. Usualmente, ela consiste em um receptáculo saliente na caixa do computador que se liga a um controlador dentro do computador e a um conector de cabo fora do computador. Uma porta infraver-

FIGURA 3-1 Esta ilustração conceitual do *hardware* de computador mostra o *hardware* de processamento no centro, circundado pelo *barramento de dados*, controladores, portas e dispositivos periféricos.

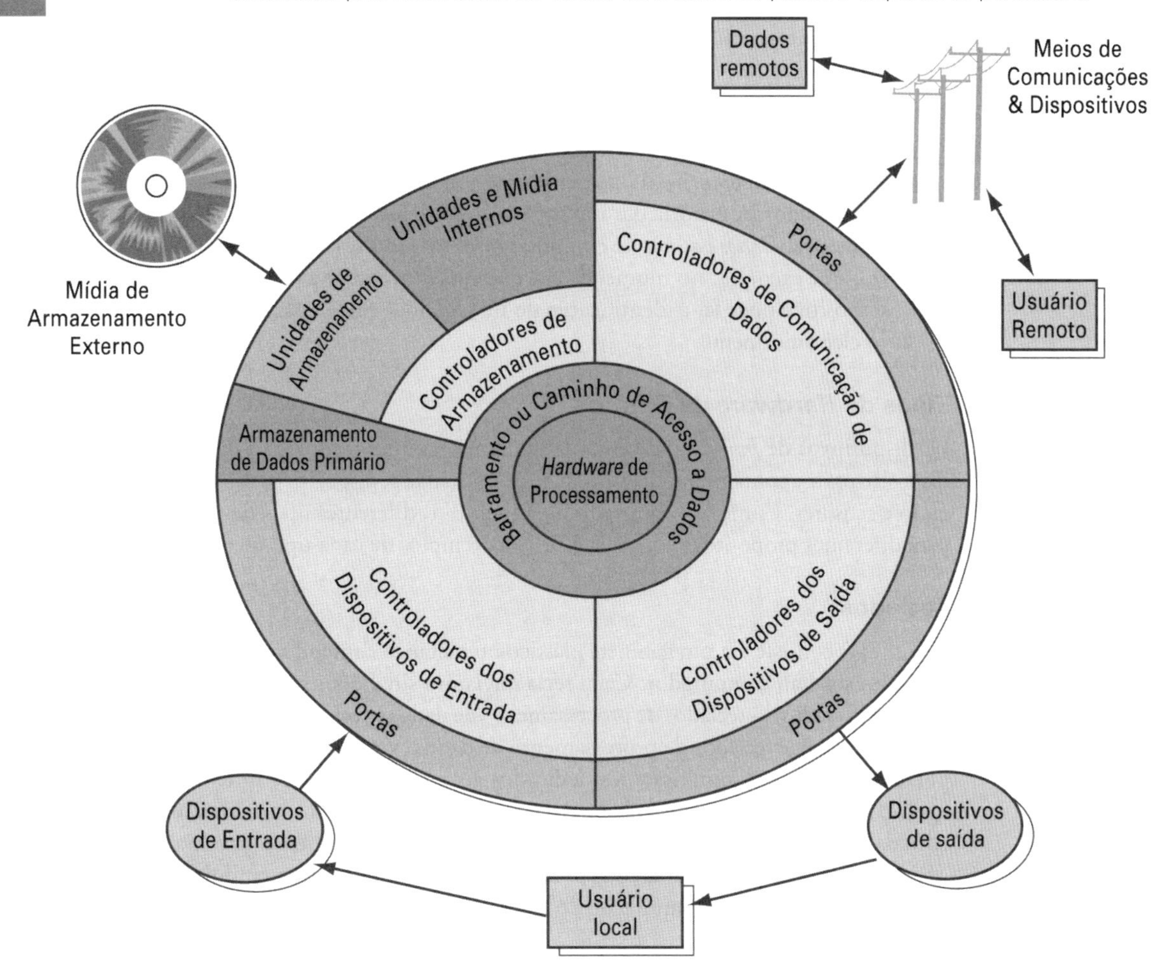

melha também se salienta na caixa do computador, mas conecta um dispositivo externo ao computador através de um sinal infravermelho em vez de um cabo. Alguns dispositivos, como telas nos computadores *laptop*, conectam-se diretamente aos seus controladores sem uma porta ou cabo.

- Dispositivos de entrada, saída e comunicações transferem dados entre o computador e seus usuários ou outros computadores.
- Dispositivos de armazenamento preservam os dados para posterior processamento.

Nem todo *hardware* de computador processa dados realmente. Por exemplo, a *fonte de alimentação* regula a tensão e a amperagem fornecida para outros componentes dentro do computador. Uma caixa chamada gabinete contém os dispositivos do computador. Neste capítulo, entretanto, focalizamos somente o *hardware* diretamente relacionado ao processamento dos dados. Primeiro abordamos os dispositivos de entrada que recebem os dados. Depois, focalizamos como esses dados são processados. A seguir, examinamos dispositivos de armazenamento, aqueles que estão intimamente integrados com o processamento. O último conjunto de dispositivos que examinamos são os dispositivos de saída, aqueles que apresentam ao usuário os resultados do processamento. Finalmente, exploramos as diversas maneiras em que o *hardware* é montado e comercializado.

Hardware para Entrada de Dados

O hardware de entrada consiste em dispositivos que enviam sinais a um computador. Estes dispositivos permitem às pessoas comunicarem-se com os computadores e permitem aos computadores sentirem seu ambiente. Nesta seção, examinamos os usos e tipos de dispositivos de entrada que os administradores podem escolher ao projetar sistemas computadorizados para satisfazerem suas necessidades.

Usos do *Hardware* de Entrada

O *hardware* de entrada traz a informação para dentro do computador. Usamos *hardware* de entrada para três tipos de tarefas: controle, entrada de dados ativa e entrada de dados passiva.

- *Controle.* Uma pessoa usa um dispositivo de entrada para controlar as tarefas ou ações do computador. Por exemplo, você pode usar um dispositivo de entrada para controle quando você seleciona um programa processador de texto de um menu de escolhas ou de uma tela cheia de ícones.
- *Entrada de dados ativa*: Uma pessoa usa um dispositivo de entrada para alimentar dados em um computador. A maioria das transações de negócios são alimentadas desta maneira.
- *Entrada de dados passiva.* O computador obtém informação sem a participação ativa de um usuário. Por exemplo, no momento em que um carro passa pelo posto de cobrança do pedágio, um dispositivo pode ler a identificação do transpônder em seu pára-brisa e registrar a passagem do carro eletronicamente.

Tipos de *Hardware* de Entrada

Os dispositivos de *hardware* de entrada usam as seguintes tecnologias para reconhecer dados: teclados, dispositivos de apontamento, leitoras de texto formatado, dispositivos de captura de imagem, instrumentação e sensores. Conforme mostrado na Tabela 3-1, diferentes tipos de dispositivos são mais indicados para diferentes propósitos. A Tabela 3-2 lista exemplos de cada tipo de dispositivo de entrada.

Teclados

Um *teclado* consiste em um gabinete plástico ou metálico contendo teclas que, quando pressionadas, enviam um sinal ao computador. Cada tecla envia um sinal diferente. A Figura 3-2 ilustra dois tipos comuns de teclados — teclados de processamento de dados e teclados de ponto de venda. O processamento de uso geral exige teclados de processamento de dados. Você vai encontrar este tipo na maioria dos computadores pessoais. Computadores dedicados ao processamento de ordens de venda e algumas outras aplicações podem usar teclados de ponto de vendas. Estes teclados usualmente têm duas áreas, uma para entrada de dados numéricos e uma para registrar vendas de diferentes produtos. No Burger King ou no McDonalds, por exemplo, uma tecla pode representar a venda de um sanduíche de frango enquanto outra representa a venda de um sanduíche de peixe.

Dispositivos de Apontamento

Os dispositivos de apontamento (ver Figura 3-3) permitem ao usuário controlar o movimento de um *cursor*, ou apontador, sobre a tela. Eles estão entre os dispositivos de entrada mais variados e versáteis.

- *Mouse.* O usuário opera um mouse, o dispositivo de apontamento mais popular para *desktops*, colocando sua mão sobre ele e rolando-o sobre o tampo da mesa ou outra superfície. Conforme o mouse se movimenta, ele envia um sinal sobre sua direção e distância de movimento ao computador. O computador processa este sinal e move paralelamente uma seta ou símbolo similar sobre a tela. Um mouse também tem dois ou três botões que o usuário pode *clicar* para enviar sinais adicionais para o computador.
- *Trackball.* O *trackball*, popular na computação móvel, difere do mouse porque o usuário gira o dispositivo em vez de movê-lo. O usuário pode operar uma *trackball* com um único dedo, tornando possível usá-la sem levantar a mão do computador.
- *Joystick.* Um *joystick* atua como um dispositivo de pilotagem. O usuário empurra a alavanca na direção do movimento desejado e solta a alavanca para parar o movimento. A velocidade do movimento pode depender da pressão exercida sobre a alavanca. *Joysticks* são populares para jogos de computador.

TABELA 3-1

Diferentes tipos de dispositivos são mais indicados para diferentes propósitos.

	Uso do Dispositivo de Entrada		
Tipo de Dispositivo de Entrada	**Controle**	**Entrada de Dados Ativa**	**Entrada de Dados Passiva**
Teclado	•	•	
Dispositivo de Apontamento	•	•	
Leitora de Texto Formatado			•
Dispositivo de Captura de Imagem		•	•
Instrumentação	•	•	
Sensor			•

TABELA 3-2

Exemplos de dispositivos de entrada de vários tipos.

Tipo de Dispositivo	Exemplos de Dispositivos
Teclado	Processamento de Dados Ponto de venda
Dispositivo de Apontamento	Mouse *Trackball* *Joystick* *Light Pen* *Touch Screen* *Trackpoint*
Leitora de Texto Formatado	Leitora de Código de Barras Leitora de Caracteres de Tinta Magnética (MICR) Leitora Sensível a Marcas
Dispositivo de Captura de Imagem	*Scanner* Câmera Fixa Digital Filmadora de vídeo portátil
Instrumentação	MIDI (Instrumentos Musicais) Controlador de Robótica
Sensor	Microfone Receptor eletromagnético (p.ex., rádio) Sensor de Pressão Detector Químico Termômetro

FIGURA 3-2

As pessoas usam teclados de processamento de dados para a maioria dos trabalhos em computador.

O pessoal de vendas usa terminais de ponto de venda para registrar as vendas a clientes.

- *Light Pen.** Uma *light pen* (caneta de luz, ou caneta óptica) consiste em um dispositivo que transmite um estreito raio de luz para um sensor transparente que reveste a superfície de uma tela de computador. Comparada ao mouse, à *trackball* e ao *joystick*, a *light pen* tem a vantagem de identificar diretamente um ponto sobre a tela sem ter que mover e parar um cursor.
- *Touch Screen.* A *touch screen* (tela de toque) é uma superfície transparente que reveste uma tela de computador. Quando tocada com o dedo ou um *stylus***, ela sinaliza ao computador indicando o ponto de contato. Os sistemas de toque funcionam bem para equipamentos de acesso público, porque eles não têm peças móveis e usuários sem prática podem operá-los com facilidade. Sistemas baseados em *stylus* funcionam melhor quando se deseja maior precisão, como escrever manualmente ou desenhar sobre um PDA.†
- *Touch Pad.* Um *touch pad* ("almofada de toque"), popular para computadores portáteis, é um dispositivo de entrada sensível a pressão. O usuário controla um cursor sobre a tela movendo seu dedo ao longo do *touch pad.* O *touch pad* é pequeno, não tem peças móveis, e permite ao usuário controlar a posição do cursor sem levantar os dedos do teclado.

**Light Pen*: Dispositivo de entrada que utiliza um detector sensível a luz para selecionar objetos na tela. É similar ao mouse, exceto que, com a *light pen*, você pode selecionar um objeto simplesmente apontando-o diretamente na tela. (N.T.)

***Stylus*: Um dispositivo de apontamento e desenho no formato de uma caneta. É usado como dispositivo de entrada para *touch screen*. (N.T.)

†PDA: Personal Digital Assistant. Basicamente é um *palmtop* que não utiliza teclado para entrada de dados, mas sim uma caneta especial. (N.T.)

FIGURA 3-3

Os dispositivos de apontamento estão entre os mais variados e versáteis dispositivos de entrada.

- *Trackpoint.* Um *trackpoint* é uma pequena alavanca colocada entre as teclas G e H do teclado e operada com o polegar ou indicador de qualquer das mãos. Como o *touch pad,* ele permite ao usuário controlar o cursor sem levantar a mão do teclado.

Leitoras de Texto Formatado

Leitoras de texto formatado, como o nome indica, lêem texto formatado especificamente para o dispositivo em uso. A maioria das leitoras de texto formatado suporta entrada passiva e pode alimentar uma grande quantidade de dados rapidamente. A Figura 3-4 ilustra três tipos de texto formatado — códigos de barras, formulários de sensor de marca (*mark sense*), e texto *MICR.* Dentre todos os textos formatados, o *código de barras* é o que tem a maior aceitação do mercado. A Figura 3-4 mostra dois tipos de códigos de barras — um código de barras UPC (Universal Product Code), um padrão adotado por varejistas em todo o mundo, e um código de barras de matriz bidimensional, que pode conter muito mais dados por unidade de espaço. Existem muitos formatos e padrões de códigos de barras, incluindo padrões para códigos tridimensionais que usam barras em relevo sobre superfícies sujeitas a abrasão ou sobre superfícies que não aceitam impressão facilmente. As leitoras de código de barras capturam dados rapidamente, a baixo custo, facilmente e com relativa exatidão.

A Pratt & Whitney Canada (P&WC), que fabrica motores e peças de motores para a aviação e geradores de energia industriais, usa códigos de barras bidimensionais para acompanhar os 5.000 componentes no seu motor típico. Para fins de rastreamento, cada peça é marcada com uma combinação de números de série, de fábrica e de setor de produção. O uso de códigos de barras da P&WC, que podem ter até 2.000 caracteres, reduziu o número de erros de entrada de dados em 95% a 98%, reduziu a quantidade de peças perdidas, melhorou o controle de estoque, melhorou a capacidade dos empregados de selecionar apropriadamente entre peças parecidas e reduziu em muito a quantidade de trabalho associada com entrada de dados.[2]

Um *formulário sensor de marca* apresenta desenhos em forma de caixas ou de bolhas que aparecem em posições específicas da página. O usuário dá entrada nos dados marcando um pequeno quadrado ou preenchendo uma bola. Formulários sensores de marca são normalmente usados como formulários de resposta de testes, cédulas de votação e instrumentos de pesquisa. Um dispositivo que identifica a existência ou ausência de marcação em pontos determinados lê o formulário e envia seus dados ao computador.

Uma leitora **MICR** (*Magnetic Ink Character Recognition* – Reconhecimento de Caracteres de Tinta Magnética) percebe a forma dos caracteres gravados com tinta magnética. Os caracteres MICR têm uma forma bem estilizada. O sistema MICR é usado quase exclusivamente em cheques bancários.

Dispositivos de Captura da Imagem

Dispositivos de captura da imagem incluem *scanners,* câmeras fixas digitais e filmadoras de vídeo portáteis digitais. Os *scanners* fornecem imagens e outros gráficos ao computador depois de convertê-las para um formato binário, chamado *bitmap,* que o computador pode processar. Os *scanners* diferem em sua sensibilidade para capturar detalhes, no número de cores que suportam e no número de páginas que podem escanear por minuto. Os *scanners* de alta qualidade têm um alimentador de folhas, lêem seis páginas

FIGURA 3-4 A figura ilustra documentos que foram formatados para alimentação via texto formatado.

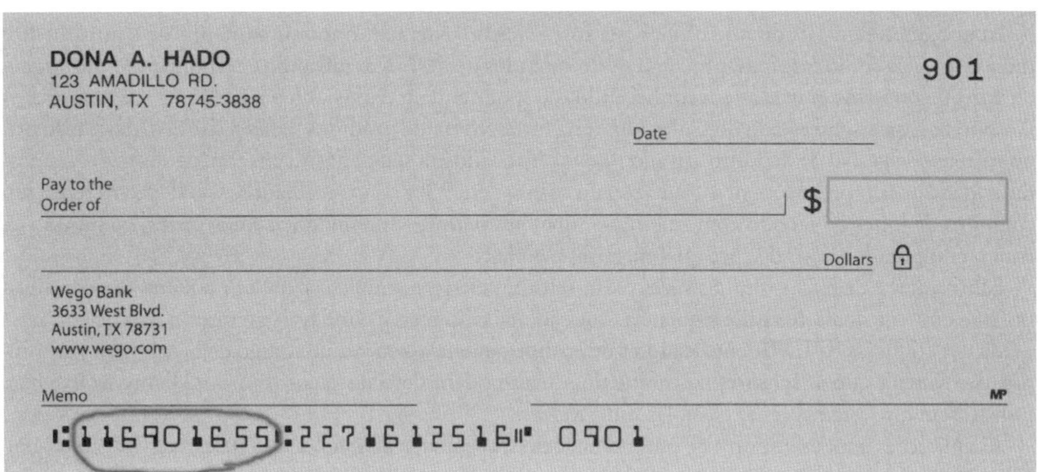

por minuto, no mínimo, fornecem uma resolução de mais de 1.200 pontos por polegada, e distinguem diferenças entre mais de 16 milhões de cores. Os *scanners* planos escaneiam livros, revistas e outras mídias que não podem ser alimentadas através do alimentador de folhas. Os *scanners* também podem capturar imagens de slides ou negativos.

Para usar *scanners* como dispositivo de entrada para texto e números, um *software* chamado **reconhecimento ótico de caracteres (OCR)** precisa converter as imagens recebidas em dados que os programas de processamento de texto e planilhas eletrônicas podem processar. Os *softwares* OCR de menor preço normalmente conseguem uma exatidão maior que 99% em material nítido, impresso ou datilografado, alimentado para um *scanner* de qualidade. A Delta Dental Plan, do estado de Michigan, descobriu que o uso de *scanners* com a tecnologia OCR permitiu-lhe aumentar a eficiência na captura de solicitações em mais de 325% e pagar automaticamente 85% das solicitações submetidas em papel, reduzindo em muito seu *backlog* (demanda reprimida) e melhorando o atendimento ao consumidor.[3]

As *câmeras fixas digitais* produzem uma representação digital de uma imagem que o computador pode armazenar e processar. Externamente, estas câmeras parecem semelhantes a câmeras filmadoras convencionais. As câmeras digitais usam um dispositivo de armazenamento digital, normalmente memória *flash* (ver "dispositivos de armazenamento" adiante neste capítulo), em lugar de filme, para salvar suas imagens. As filmadoras de vídeo portáteis capturam eletronicamente imagens em movimento. Elas também se parecem com suas equivalentes não-digitais. Elas normalmente usam fita magnética para o armazenamento da imagem. A tecnologia e o conhecimento necessários para extrair informação significativa de imagens fixas ou em movimento permanece não totalmente desenvolvida. Como resultado, as organizações usam a tecnologia de vídeo basicamente para capturar imagens para armazenamento e saída e não para processamento. Apesar disso, a Prada conseguiu usar esta tecnologia, juntamente com algum processamento simples, para aprimorar a função de seus espelhos mágicos. Apesar de os dados obtidos por dispositivos de câmeras poderem ser compactados, as imagens digitais, e particularmente imagens em movimento digitais, exigem muito mais espaço de armazenamento do que os documentos de texto.

Instrumentação

Os computadores podem receber alimentação através de outros dispositivos que produzem saída elétrica. Por exemplo, um teclado de piano ou uma guitarra elétrica podem ser equipados para enviar sinais a um computador enquanto o instrumento musical é tocado. O computador pode processar os sinais para registrar as notas que foram tocadas. Da mesma forma, o computador pode captar a saída produzida por um operador de máquina que aperta botões ou gira um volante de direção para controlar um robô ou a parte mecânica de um equipamento.

Sensores

Os humanos sentem luz, som, cheiro, gosto e toque. Os computadores também podem sentir características de seu ambiente. Os **sensores** de entrada para computadores são dispositivos como microfones, receptores eletromagnéticos, sensores de pressão, sensores químicos e sensores de temperatura, que reagem ao ambiente com um sinal que o computador pode interpretar.

Aplicações potenciais de microfones (sensores de som) incluem o monitoramento de equipamentos mecânicos, tais como turbinas, processamento de dados de SONAR, salvando e respondendo mensagens de voz ou concertos gravados e reconhecendo e respondendo a dados ou comandos de voz humana. A Corporate Express, no estado do Colorado, uma fornecedora de produtos para escritórios, descobriu que um sistema de gestão de depósito ativado por voz instalado em seu depósito em Detroit aumentou a produtividade dos empregados em 40% e reduziu os erros em 73%. Os trabalhadores do depósito usam um conjunto de fones de ouvido com microfone que lhes permite, mantendo as mãos livres, comunicar-se com o computador central sobre qual material escolher.[4]

Fabricantes e depósitos muitas vezes usam sensores eletromagnéticos para ler etiquetas de identificação que emitem sinais de radiofreqüência, que são mais duráveis e confiáveis do que código de barras. A Prada usa etiquetas RFID (Identificadores de Radiofreqüência) em vez de código de barras para suas roupas, de maneira que os sensores na cabine de provas podem detectar quais roupas a cliente trouxe para provar, sem que esta necessite passá-las num *scanner.*

As aplicações para os sensores de pressão incluem dispositivos de *touch screen* (telas sensíveis ao toque), dispositivos de entrada através de canetas, balanças inteligentes e sistemas de controle para aviação e mísseis. Sensores que medem umidade, temperatura, composição química e praticamente todas as formas de dados sensoriais podem converter suas leituras em sinais digitais que podem então passar para um computador. As indústrias manufatureiras usam a tecnologia de sensores em grande escala para obtenção de dados sobre os processos de manufatura e para automatizá-los. Os sensores podem até mesmo detectar a intensidade e os padrões de ondas cerebrais. Os computadores podem usar tais sensores para responder aos pensamentos das pessoas.[5] A Tabela 3-3 fornece exemplos de outras aplicações das tecnologias de sensores.

O *Hardware* para Processar Dados

O *hardware de processamento* implementa as instruções codificadas no *software.* Um dispositivo de *hardware* especial chamado *registro de instrução* ou *contador de instrução* contém o endereço de uma posição na memória do computador que guarda a instrução que este precisa para iniciar sua operação. Ao se ligar o

TABELA 3-3

Os sensores podem ser usados para detectar quase todos os tipos de entradas. Esta tabela ilustra algumas das suas aplicações.

Verificar o frescor dos alimentos — Quando você compra comida numa mercearia, pode cheirá-la para ver se está fresca. Microssensores podem "cheirá-la" por você e alertar os balconistas para retirar a comida estragada das prateleiras.

Monitorar sinais vitais — Os microssensores podem ler a pressão arterial de um paciente, a quantidade de oxigênio no sangue, batimentos do pulso, etc. e alimentar essas informações continuamente num computador de monitoramento.

Detectar vazamentos de gás — Os microssensores podem "cheirar" vazamentos de gás em ambientes de mineração ou industriais ou vazamentos de produtos químicos a fim de monitorar a segurança do ambiente de trabalho.

Detectar necessidade de manutenção do automóvel — Os sensores podem detectar a viscosidade do óleo do motor, o calor, se a água está misturada ao óleo e outros problemas que demandam manutenção do automóvel.

Detectores de fumaça inteligentes — Os sensores podem identificar os componentes químicos de partículas trazidas pelo ar, determinando se as partículas estão relacionadas a fumaça de fogo, a névoa de chuva forte ou a poeira de outras fontes.

Detectores de umidade — Os microssensores que monitoram a umidade podem economizar água fechando os sistemas de irrigação automática depois que eles aplicaram a quantidade certa de água e evitando que eles operem depois de tempestades de chuva.

FONTE: Virginia Dudek, "Microsensors: Devices that Feel", *MIS Week*, 11 de setembro de 1989. Usado com permissão.

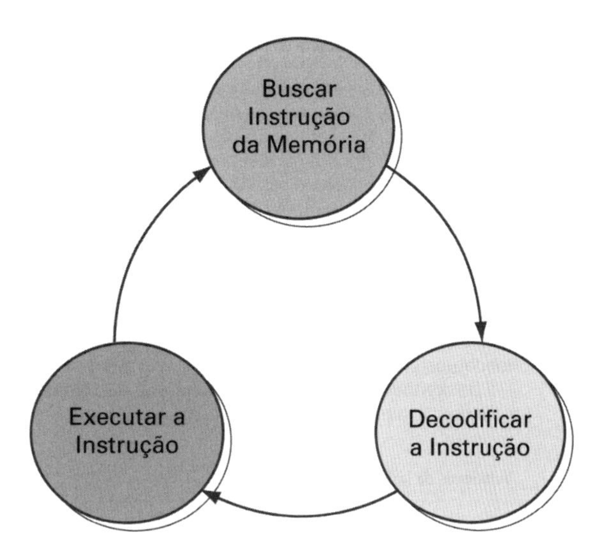

FIGURA 3-5

O processador segue o ciclo de execução — buscar, decodificar e executar — para realizar seu trabalho.

computador, ativa-se esta instrução. Desta forma, o processador executa instruções seqüencialmente na ordem em que elas existem na memória, a menos que ele encontre uma instrução que reponha o contador de instrução para um endereço de memória diferente.

A Figura 3-5 ilustra os passos necessários para um processador de computador efetuar seu trabalho. Primeiro, o computador recupera ou busca a instrução armazenada na posição indicada pelo registro de instrução. Depois, ele decodifica a instrução, isto é, determina o que a instrução o instrui a fazer. Finalmente, ele executa a instrução. O processador repete os três passos de busca, decodificação e execução até que alguém ou uma instrução do computador interrompa o processo.

Medindo a Capacidade de Processamento

Um administrador que compra um computador precisa entender como os profissionais de computação falam sobre a capacidade de processamento de computadores de maneira que ele possa avaliar e verificar a relação custo/benefício. Entre processadores similares e dentro de uma só família de processadores, a velocidade do *clock* (relógio interno de freqüência de operação) é a medida mais comum de capacidade do processador. Um circuito eletrônico chamado *clock* emite um pulso eletrônico regular que sincroniza a operação do processador. A cada pulso, o processador executa uma operação, tal como busca ou decodificação. Algumas operações, principalmente a execução de instruções complexas, podem demandar vários pulsos. Usamos o termo "hertz" para indicar o número de pulsos que um *clock* produz por segundo. Os prefixos mostrados na Tabela 3-4 modificam a quantidade de hertz para expressar maiores velocidades. Um gigahertz, por exemplo, é um bilhão de pulsos por segundo.

Os administradores e os profissionais de computação não podem comparar diferentes tipos de processadores somente na velocidade do *clock*. A Tabela 3-5 descreve muitos outros aspectos de um processador que afeta sua capacidade. Os dispositivos de entrada, armazenamento e saída que envolvem um processador também influenciam sua capacidade. Acesso lento à memória, por exemplo, fará um processador rápido trabalhar lentamente. Você pode avaliar melhor um computador testando-o com uma amostra de tarefas semelhantes àquelas que ele irá executar.

Escolhendo Processamento Paralelo

Administradores cujos empregados resolvem problemas complexos podem escolher um *hardware* com processamento paralelo. O **processamento paralelo** usa dois ou mais processadores em um único compu-

TABELA 3-4

Uso de prefixos para modificar as medidas de velocidade de processador e quantidade de armazenamento.

Prefixo	Significado
Quilo	Um mil
Mega	Um milhão
Giga	Um bilhão
Tera	Um trilhão
Peta	Um quatrilhão

TABELA 3-5

Cinco diferentes medidas refletem a capacidade de processamento de um computador.

Extensão de Palavra e Largura do *Bus* (Barramento de Acesso a Dados)

A extensão de palavra, ou o número de bits que um computador pode processar de cada vez normalmente é, pelo menos, 32 para computadores pessoais e 64 para computadores de uso nas organizações. A largura do caminho de acesso aos dados refere-se ao número de bits que o computador pode mover de uma só vez de uma área da memória para outra e é normalmente menor que a extensão da palavra.

Dobrar a extensão de palavra irá mais do que dobrar a velocidade de certas operações aritméticas, tais como multiplicar grandes números. Isto também vai aumentar a quantidade de memória que o processador pode acessar diretamente. Dobrar a largura do barramento de acesso aos dados vai dobrar a velocidade de movimentação de caracteres de uma área da memória para outra.

Velocidade de Aritmética

O *flop* (número de operações de ponto flutuante por segundo) mede o desempenho aritmético. Os computadores modernos operam na faixa de gigaflops ou até teraflops.

Os computadores usam mais de um único ciclo de clock para executar uma operação aritmética. A aritmética com ponto flutuante — cálculos com números que têm um ponto decimal e são armazenados no formato exponencial — são os que consomem mais tempo.

Velocidade de Instrução

MIPS (milhões de instruções por segundo) mede a velocidade de instrução para um determinado tipo de processador.

A velocidade de instrução normalmente varia diretamente com a velocidade do relógio interno (clock). Um Pentium 4 de 2 gigahertz terá o dobro de MIPS de um Pentium 4 de 1 gigahertz.

Assim, você pode usar MIPS e velocidade de clock intercambiavelmente na comparação de processadores similares. Pelo fato de um tipo de processador poder efetuar em média uma instrução a cada 1,5 ciclo enquanto outro efetua em média uma instrução a cada 2 ciclos, você deve usar MIPS em vez velocidade de clock para comparar diferentes processadores.

Conjunto de Instruções

O número de diferentes instruções que um processador pode decodificar e executar.

Geralmente, quanto mais instruções um processador pode decodificar e executar, maior é sua capacidade. As instruções complexas, entretanto, requerem muito mais ciclos para executar do que instruções simples, portanto elas reduzem a velocidade efetiva do computador relativamente à sua velocidade de clock.

Os processadores RISC (*Reduced Instruction Set Computing* – computadores com conjunto de instruções reduzido) entendem somente umas poucas instruções, mas as executam mais rapidamente do que os tradicionais processadores CISC (*Complex Instruction Set Computing* – computadores com conjunto de instruções complexo). Por exemplo, um processador RISC de 200 MIPS pode não ser mais rápido na execução de tarefas do que um processador CISC de 150 MIPS.

Pipelining

A habilidade de um processador de sobrepor a busca, decodificação e execução de diferentes instruções.

Um processador com *pipelining* opera mais rápido do que um sem esta habilidade. Enquanto o processador com *pipeline* decodifica uma instrução, ele simultaneamente busca uma segunda instrução. Então, enquanto ele executa a primeira instrução, decodifica a segunda e busca a terceira.

tador. Estes processadores compartilham o mesmo barramento de dados e dispositivos ou operam de modo independente. Um computador de processamento paralelo supera os limites de velocidade de qualquer processador simples por dividir o trabalho entre seus processadores.

Os sistemas de *Multiprocessamento Simétrico (SMP)* combinam múltiplos processadores num computador compartilhando o mesmo barramento de dados e mesmos dispositivos de entrada, saída e armazenamento. Em computadores com *processadores paralelos maciços em camada (massively parallel processor – MPP)*, que conectam dezenas ou centenas de processadores, cada processador ou grupo de processadores SMP tem seu próprio barramento de dados, sua própria memória e sua própria cópia do sistema operacional.

Apesar de os fabricantes de MPP visarem originalmente aos cientistas, muitas aplicações de negócios podem tirar vantagem da construção em paralelo dos MPPs. Por exemplo, a ShopKo Stores, uma grande varejista regional de Green Bay, Wisconsin, usa um MPP para analisar dados no seu depósito de dados e para melhorar a resposta ao cliente.[6] Os sistemas de reservas da United Air Lines usam um computador MPP para determinar quantos lugares deve deixar reservados para viagens de negócios de última hora, quantos lugares reservar em excesso (*overbook*) e como administrar as reservas para as conexões do vôo. A empresa acredita que estas funções de gestão de reservas podem somar até 100 milhões de dólares aos seus lucros anuais.[7]

Processadores Especializados

Processadores especializados respondem a um limitado conjunto de comandos para executar tarefas altamente especializadas. Eles não têm uma capacidade geral de manipular dados e mudar a ordem de execução de suas instruções. Como suas instruções foram "*hard wired*" (construídas em *hardware*) em seus *chips* e estes foram otimizados para as tarefas a que se destinam, eles podem executar estas tarefas mais rapidamente do que os processadores de uso geral.

- *Aceleradores de vídeo*, também chamados aceleradores gráficos, manipulam imagens rapidamente — giram-nas, aproximam e afastam do observador, apresentam visões apropriadas de objetos tridimensionais, colorem regiões e detectam e desenham contornos.
- *Processadores de voz* podem traduzir entradas de ondas sonoras em grupos de sons chamados fonemas e depois em palavras escritas. Eles podem aumentar a inteligibilidade e amplificação das comunicações de voz. Também podem digitalizar e reproduzir áudio armazenado em arquivos de computadores.
- Os *co-processadores criptográficos* chamam do processador central para si as pesadas computações criptográficas para aumentar a segurança através de códigos secretos, permitindo codificar ou criptografar dados sem afetar o desempenho do processador central.
- Os *processadores de sinais digitais (DSP)* convertem um sinal de onda eletrônica, como um sensor de som ou outras entradas de sensores, para uma seqüência de *bits* digitais e vice-versa. As aplicações de **processadores de sinais digitais** (**DSP**) incluem codificar em formato digital as transmissões de telefones celulares para impedir escuta e aumentar a pureza do som, modificar uma música gravada para soar como se tivesse sido gravada em uma sala de concerto específica e suprimir ruídos de veículos e outros instrumentos através da geração de sons que cancelam os sons indesejados.[8]

Um processador de computador pode descarregar trabalho para um processador especializado, como um acelerador de vídeo, para aumentar sua própria eficiência. Alguns processadores especializados, como aqueles que manipulam entrada ou saída, podem alcançar maior eficiência executando suas tarefas enquanto o processador central atua de modo independente no próximo conjunto de instruções. Os modernos processadores executam muitas das tarefas anteriormente destinadas a processadores especializados. Por exemplo, desde 1999, o novo processador da Intel desempenha funções que antes requeriam co-processadores especiais de ponto flutuante (aritmética decimal) e co-processadores gráficos.

Tendências de Processamento

A capacidade de processamento dos novos processadores tem aumentado de 20% a 25% ao ano. Neste ritmo, a capacidade de processamento dobra a cada três ou quatro anos e aumenta dez vezes a cada dez a doze anos sem aumento no custo. Este aumento exponencial na capacidade de processamento reflete a **Lei de Moore,** uma previsão de 1965 de Gordon Moore, co-fundador da Intel, que estabelecia que a capacidade de informação armazenável em uma polegada quadrada de silício dobraria em intervalos aproximados de 18 meses, como ilustrado na Figura 3-6. Este prognóstico tem-se mantido assustadoramente verdadeiro por mais de 35 anos. Alguns argumentaram que a Lei de Moore se encaixa no crescimento do poder computacional (em oposição a computador) desde 1900 aproximadamente.[9] Entretanto, a Lei de

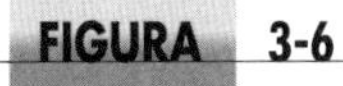

FIGURA 3-6

O gráfico linear logarítmico mostra como o número de transistores em um típico *chip* de processador aumentou exponencialmente de acordo com a Lei de Moore.

FONTE: http://www.intel.com/research/silicon/mooreslaw.htm. Usado com permissão.

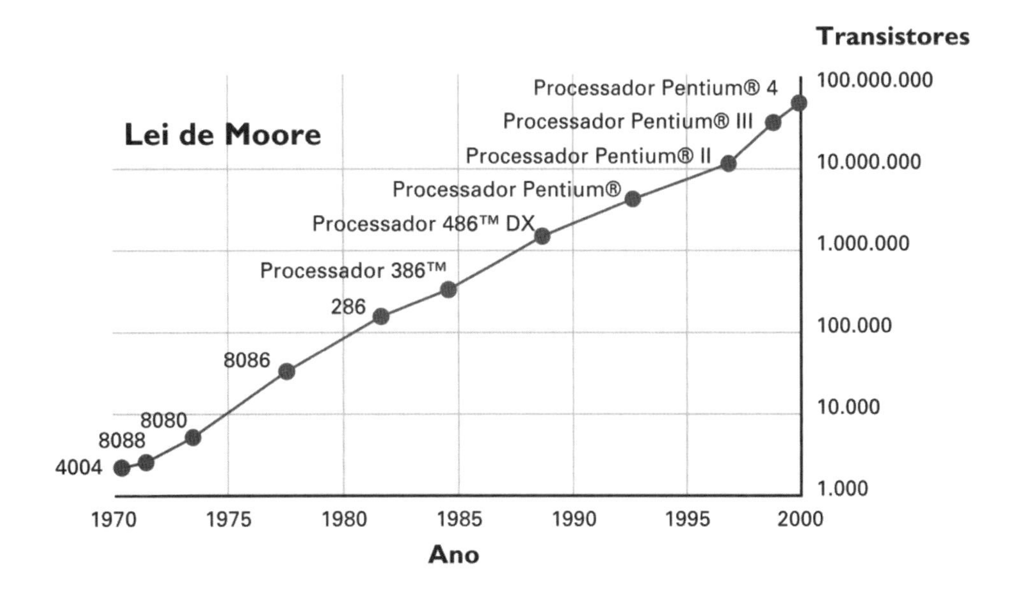

Moore não é uma lei da física. O próprio Moore previu que por volta de 2017 sua lei vai deixar de operar porque será impossível condensar mais circuitos lógicos em um *chip* de computador porque cada um deles precisaria ser menor do que um átomo.[10]

Os cientistas vêem pelo menos duas maneiras de estender a Lei de Moore além de 2017. Uma é compactar verticalmente os transistores em *chips* tridimensionais.[11] Esta tecnologia já é exeqüível, e tais *chips* em 3D já estão sendo vendidos.[12] Uma outra solução é a computação quântica. A computação quântica melhora o poder computacional através do aumento brutal da quantidade de computações que podem ocorrer simultaneamente e não pelo decréscimo do tamanho dos componentes físicos. Apesar de os cientistas estarem fazendo progressos em demonstrar que a computação quântica pode um dia ser possível,[13] as aplicações práticas da tecnologia ainda estão muito distantes.

Hardware para Armazenar Dados

Os administradores e outros usuários de computador raramente desfazem-se de dados logo após coletá-los, processá-los e imprimi-los. Nesta seção nos atemos primeiro à pergunta que eles fazem com mais freqüência: "De quanto armazenamento vou precisar?" A seguir investigamos os tipos de armazenamento e os dispositivos alternativos de cada tipo.

Medindo o Armazenamento

Seqüências de **bits**, cujo valor pode ser zero ou um, podem representar todas as informações. Por exemplo, jornais e revistas imprimem uma foto preto-e-branco com uma série de pontos de tinta separados por espaços em branco. Se você sobrepõe à imagem uma grade quadriculada de 1.000 por 1.000, pode observar a cor, branca ou preta, em cada um dos milhões de espaços entre as interseções da grade. Você pode então representar a imagem com um milhão de bits, colocados em 1 para preto ou 0 para branco. Se você exige uma resolução mais detalhada, pode aumentar o número de linhas na grade e o número de bits usados para representar a imagem. Para representar diferentes cores, você pode aumentar o número de bits dedicados a cada ponto e usar diferentes seqüências para representar diferentes cores.

Bits podem representar letras, números e quaisquer outros caracteres desta maneira. Mas um esquema de codificação, como o código Morse, com bits colocados em 1 para ponto e 0 para barra, pode representar um caractere com muito menos bits. Códigos que usam somente sete bits, por exemplo, podem representar até 128 diferentes caracteres. Dois esquemas de codificação que usam oito bits tornaram-se padrões na indústria de computação. A maioria dos computadores pessoais usa um código chamado *ASCII* para representar caracteres. A IBM usa um código chamado *EBCDIC* para seus maiores computadores, assim como outros fabricantes. Por causa do uso histórico generalizado destes esquemas de codificação de oito bits, agora medimos a capacidade de armazenamento em **bytes**, sendo um byte igual a oito bits. Os mesmos prefixos que usamos para modificar a palavra "hertz" (ver Tabela 3-4) podem também ser aplicados à palavra "byte" para indicar ordens de magnitude. Com o recente crescimento da computação internacional, o padrão *UNICODE*, que propicia até 49.194 diferentes caracteres em um a quatro bytes, tem ganhado extensa aceitação.

As organizações estão descobrindo que, à medida que o preço do armazenamento decresce, aumenta o benefício relativo de preservar dados corporativos para análises futuras. Uma pesquisa recente descobriu que as organizações têm aumentado ou planejam aumentar seu armazenamento de dados em mais de 33% todo ano. Também descobriu que mais de 22% do orçamento para tecnologia da informação das empresas pesquisadas em 2001 estavam reservados para armazenamento de dados.[14] Harry Roberts, CIO da Boscov's Department Stores, estabelecida em Reading, estado da Pennsylvania, estima que as necessidades de armazenamento de sua empresa estão crescendo à taxa de 50% por ano.[15] O depósito de dados da Wal-Mart tem 7,5 terabytes de informações relativas a estoques, orçamentos, clientes, concorrentes e cesta de compras.[16] Com os altos índices de crescimento e enormes volumes que organizações como estas apresentam, a importância de administrar sabiamente o armazenamento corporativo torna-se óbvia. Os administradores necessitam ponderar cuidadosamente o impacto no armazenamento quando considerarem planos para novos sistemas de informação.

Tipos de Armazenamento

O armazenamento pode ser primário ou secundário e volátil e não- volátil. O **armazenamento primário** é elétrico, reside no barramento de dados, e é diretamente acessível pelo processador. O **armazenamento secundário** é o armazenamento que o processador não pode acessar diretamente. Quando o processador necessita de dados, ele comanda o controlador para obter os dados do dispositivo de armazenamento se-

TABELA 3-6

Tipos e exemplos de dispositivos de armazenamento de dados.

	Primário	Secundário
Volátil	RAM Cache	
Não-volátil	ROM	Disco Fita CD DVD *Flash*

cundário e os transfere para o barramento de dados. O processador então usa os dados imediatamente ou os mantém no armazenamento primário.

O **armazenamento volátil** exige energia para reter seus dados. O **armazenamento não-volátil** retém seus dados mesmo na ausência de energia. Como a Tabela 3-6 mostra, o armazenamento primário pode ser volátil ou não-volátil, mas o armazenamento secundário é quase sempre não-volátil. O computador precisa somente de armazenamento primário suficiente para suportar as tarefas que seu usuário planeja executar simultaneamente. O computador deve ter armazenamento secundário suficiente para manter todos os dados e programas que seu usuário vai reunir. O acesso aos dados no armazenamento secundário ocorre a velocidades milhares de vezes a um milhão de vezes mais lentas do que o acesso aos dados do armazenamento primário. Mesmo assim, o armazenamento secundário apresenta três vantagens sobre o armazenamento primário. Primeiro, custa muito menos. Segundo, mantém os dados sem a energia elétrica. Terceiro, ele pode geralmente ser removido do computador, permitindo a transferência de dados entre computadores ou o envio do dado como produto.

Dispositivos de Armazenamento Primário Como os processadores acessam o armazenamento primário diretamente, o computador equipado com armazenamento primário que opera mais lento que seu processador vai operar mais lentamente do que deveria. Lembre-se de que o processador num único ciclo de máquina vai querer recuperar sua próxima instrução da memória. Como os processadores operam a bilhões de ciclos por segundo, os dispositivos de acesso primário devem estar prontos para recuperar e armazenar em poucos bilionésimos de segundo qualquer dado que o processador queira. Este requisito impede o uso de dispositivos mecânicos para o armazenamento primário e sugere o uso de *chips* que armazenem sinais elétricos. Os dispositivos de armazenamento primário de hoje acumulam em um *chip* milhões de transistores, cada um capaz de representar um único bit de dado (ver Figura 3-7). Os dispositivos de armazenamento primário do futuro poderão ser optoelétricos, operando em velocidades próximas da velocidade da luz.

A **memória cache*** é uma pequena quantidade de armazenamento primário que é mais rápida que o armazenamento primário restante do computador. Nos últimos anos, como a velocidade dos processadores de computadores aumentou muito, a velocidade de acesso à memória não conseguiu acompanhar o passo, pelo menos não de forma economicamente viável. Para compensar este problema e para evitar que os processadores tenham de esperar enquanto estão recuperando dados e instruções da memória, os projetistas de computadores equipam os computadores com uma pequena quantidade de memória cache, rápida, mas cara. Quando o processador solicita dados ou instruções de um endereço fora da memória cache, o computador move aqueles dados, juntamente com um bloco de endereços adjacentes, para a rápida memória cache. Então, se o computador solicitar as instruções ou dados de endereços próximos, como usualmente acontece, ele pode achá-los rapidamente na memória cache.

A maioria dos *chips* de memória não consegue armazenar dados sem energia elétrica. Esta armazenagem volátil, conhecida como **RAM** (*random access memory* – **memória de acesso aleatório**), perde qualquer dado que tenha armazenado se alguém desliga o computador. Sem nenhum dado ou programa em sua memória, o computador não poderia fazer nada quando fosse ligado. Alguma porção da memória do computador deve reter instruções que o computador necessita para começar a funcionar e para copiar ou carregar o *software* do sistema operacional do armazenamento secundário para o armazenamento primário. Os projetistas usam um tipo de dispositivo de armazenamento eletrônico conhecido como **memória somente para leitura (read-only memory – ROM)** que mantém seu estado na ausência de energia elétri-

*Área de armazenamento temporário contendo dados que o computador poderá precisar a seguir. Agiliza a realização das operações mais freqüentes. Quando o computador precisa de algum dado, verificará primeiro a memória *cache*. Se o dado não estiver lá, o computador vai obtê-lo da memória principal, mais lenta. (N.T.)

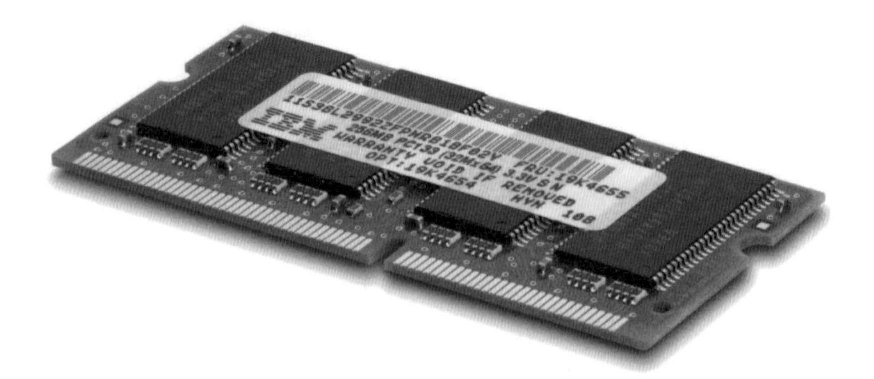

FIGURA 3-7

A placa de circuitos contém 256 megabits de dados em quatro *chips*.

ca para guardar as instruções iniciais do computador. Os dispositivos da ROM (não-volátil) não mudam seu estado em resposta a um sinal eletrônico; os dados precisam ser gravados na memória ROM usando equipamentos especiais. Devido ao custo da ROM e como seus dados não podem ser mudados, os computadores contêm apenas quilobytes de ROM comparados aos megabytes de RAM.

Dispositivos de Armazenamento Secundário Os usuários de computadores empregam dispositivos de armazenamento secundário, tais como *hard disks* (discos rígidos), disquetes, fitas, CDs e DVDs para reter dados, de forma temporária e permanente. Estes dispositivos salvam dados em mídias não elétricas, tais como filmes óticos ou magnéticos cobrindo fitas ou discos. Apesar de estas mídias serem não-voláteis, elas requerem dispositivos mecânicos para posicionar o dispositivo de gravação no momento de salvar ou recuperar dados. Este processo de posicionamento mecânico faz com que a recuperação de dados do armazenamento secundário seja muito mais lenta do que a recuperação de dados do armazenamento primário.

Os dispositivos de armazenamento secundário podem usar mídia fixa ou removível. Os dispositivos de mídias fixas tendem a ser mais rápidos do que as mídias removíveis.

Armazenamento Secundário em Mídia Fixa Um dispositivo de armazenamento de mídia fixa não pode ser removido de seu computador. O tipo mais comum, o **disco rígido (Hard Disk – HD)**, consiste em discos de metal recobertos de material magnético arranjados num eixo, encerrados em uma câmara de vácuo, acondicionados com motor, circuitos eletrônicos e sensores magnéticos. O disco rígido armazena um bit de dados num determinado ponto do disco, orientando o campo magnético em uma direção para indicar 0 e numa outra direção para indicar 1. Como ele gira rapidamente, o disco rígido permite rápido acesso a qualquer bit de informação nele armazenado, selecionado aleatoriamente.

O pequeno tamanho e as baixas necessidades de energia dos discos rígidos permite aos fornecedores incluí-los no interior do gabinete dos computadores pessoais. Pessoas não familiarizadas com a tecnologia de computadores freqüentemente confundem o armazenamento no disco rígido com o armazenamento primário em memória de acesso randômico (RAM), porque ambas são internas ao computador e têm capacidades especificadas em bytes.

Uma tecnologia chamada **RAID** (***redundant arrays of inexpensive disks* – arranjos de discos redundantes de baixo custo**) usa um grande número de discos rígidos relativamente pequenos para criar o que parece ser um dispositivo único de armazenamento. O RAID reduz o tempo necessários para leitura ou gravação de dados porque o computador pode ler ou gravar simultaneamente em cada um dos discos do arranjo RAID. O armazenamento RAID também usa bem menos espaço do que os discos convencionais maiores. A maior parte dos RAID também inclui memória e circuitos redundantes para detectar automaticamente erros de armazenamento. Se qualquer um dos discos no arranjo RAID apresentar defeito, pode ser substituído sem perda de dados e sem interrupção do funcionamento do sistema RAID ou do computador.

Armazenamento Secundário em Mídia Removível As mídias de armazenamento removível incluem disquetes, cartuchos (cartridge disks), fita magnética, mídia óptica e memória flash (ver Figura 3-8).

- Um *disquete* é um meio magnético de acesso aleatório composto de um círculo de Mylar ou material similar coberto por uma película magnética e protegido com uma capa de papelão ou plástico rígido. Os disquetes padrões de 3,5 polegadas armazenam pequenas quantidades de dados, nor-

FIGURA 3-8

Esta figura ilustra vários tipos de mídia removível.

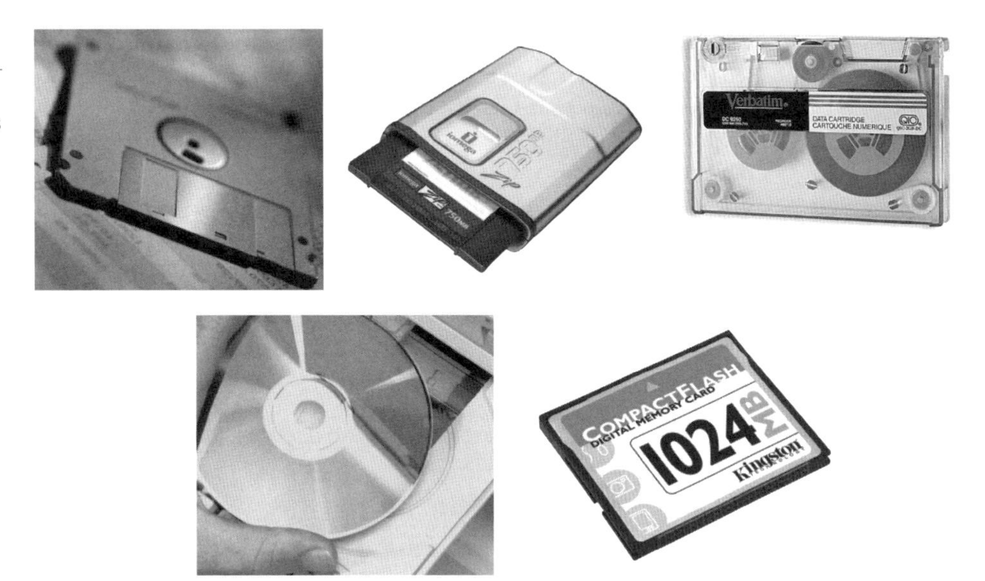

malmente 1,44 MB, apesar de alguns tipos, como o disco ZIP da Iomega e os disquetes servo laser da Imation, que exigem unidades especiais, armazenarem até 240 MB. O desenvolvimento de unidades e mídias óticas de baixo custo reduziu o mercado para disquetes de 42 milhões de unidades em 2000 para apenas 30 milhões em 2001.[17] As previsões são de que esta tendência de redução continue.

- Os *cartuchos* são semelhantes a discos rígidos removíveis. O disco é selado num cartucho, reduzindo a possibilidade de contaminação por poeira e permitindo ao cabeçote de leitura e gravação aproximar-se mais da superfície do disco. A capacidade dos cartuchos é semelhante à das unidades de discos rígidos.
- Os dispositivos de armazenamento em *fita magnética* usam uma fina fita de Mylar coberta com uma camada magnética. As fitas assemelham-se às usadas para gravar música, e os carretéis de fita parecem-se com os carretéis de filme de cinema. A fita oferece um baixo custo por unidade de capacidade de armazenamento. Uma fita capaz de arquivar 20 gigabytes pode ser comprada por menos de 50 dólares. A fita não tem acesso aleatório, assim, ela pode tomar vários segundos ou mesmo minutos para recuperar um item de dado desejado. Portanto, a fita oferece um meio ideal para arquivamento.
- As *mídias óticas* armazenam dados mudando suas propriedades reflexivas ou sua forma quando atingidas por um laser. A luz de um laser de baixa potência determina o estado da mídia para recuperar a informação. As mídias óticas mais comuns são o *CD-ROM*, com capacidade de armazenamento de 580 a 777 MB, dependendo do formato, e o *DVD*, com capacidade beirando 4,7 GB. As duas mídias agora vêm em formatos de somente leitura, gravável e regravável.
- A *memória flash* é um dispositivo de armazenamento eletromagnético que armazena dados em *chips* de computadores de modo não-volátil. Apesar de cara, a memória flash não requer partes móveis, tem baixo consumo de energia e é mais resistente que um disquete. Por esta razão, é popular como um meio de armazenamento para computadores portáteis e câmeras digitais.

Existem dispositivos para automatizar a inserção e remoção das mídias removíveis no computador. Por exemplo, a biblioteca de armazenamento de massa automatizada PetaSite 8400 da Sony armazena até 11 petabytes de dados em um máximo de 56.000 cartuchos de fitas disponíveis simultaneamente através de 828 unidades de fitas.[18] Tais bibliotecas são ideais para armazenar os dados de uma organização. As *jukeboxes* automatizam a troca de discos óticos para dentro e para fora de uma única unidade em 10 segundos ou menos. A biblioteca DRM 7000 da Pioneer armazena até 720 CDs ou DVDs, colocando-os automaticamente em qualquer uma das até 16 unidades.[19]

Armazenamento Distribuído Uma **rede de áreas de armazenamento (storage area network – SAN)** é um dispositivo de armazenamento virtual criado pela conexão de diferentes tipos de dispositivos de armazenamento, tais como bibliotecas de fitas, discos RAID, e *jukeboxes* ópticas, sobre uma rede de alta velocidade. Em vez de organizar o armazenamento de forma que cada dispositivo seja acessado através de seu próprio servidor, uma SAN centraliza o armazenamento de maneira que qualquer servidor conectado a ela tenha acesso à sua total capacidade de armazenamento (ver Figura 3-9). Uma SAN opera com seus próprios cabos de fibra ótica, conectando dispositivos de armazenamento distantes até 10 quilômetros e movimentado dados a até 4 gigabits/segundo. Uma SAN aparenta ser, para os usuários, como um único dispositivo de armazenamento que pode acomodar todos os dados da organização. A SAN não somente simplifica a manutenção, *backup* e restauração de arquivos para os administradores de sistemas, como também elimina o fluxo dos dados de *backup* da rede primária da organização.

Quando a YellowBrix, uma provedora de conteúdo para a *Web* estabelecida em Alexandria, no estado de Virgínia, começou a crescer a taxas de 200% ao ano, seu armazenamento de dados estava aumentando

FIGURA 3-9 Uma rede de áreas de armazenamento *(storage area network* – SAN) centraliza o acesso aos dispositivos de armazenamento de dados.

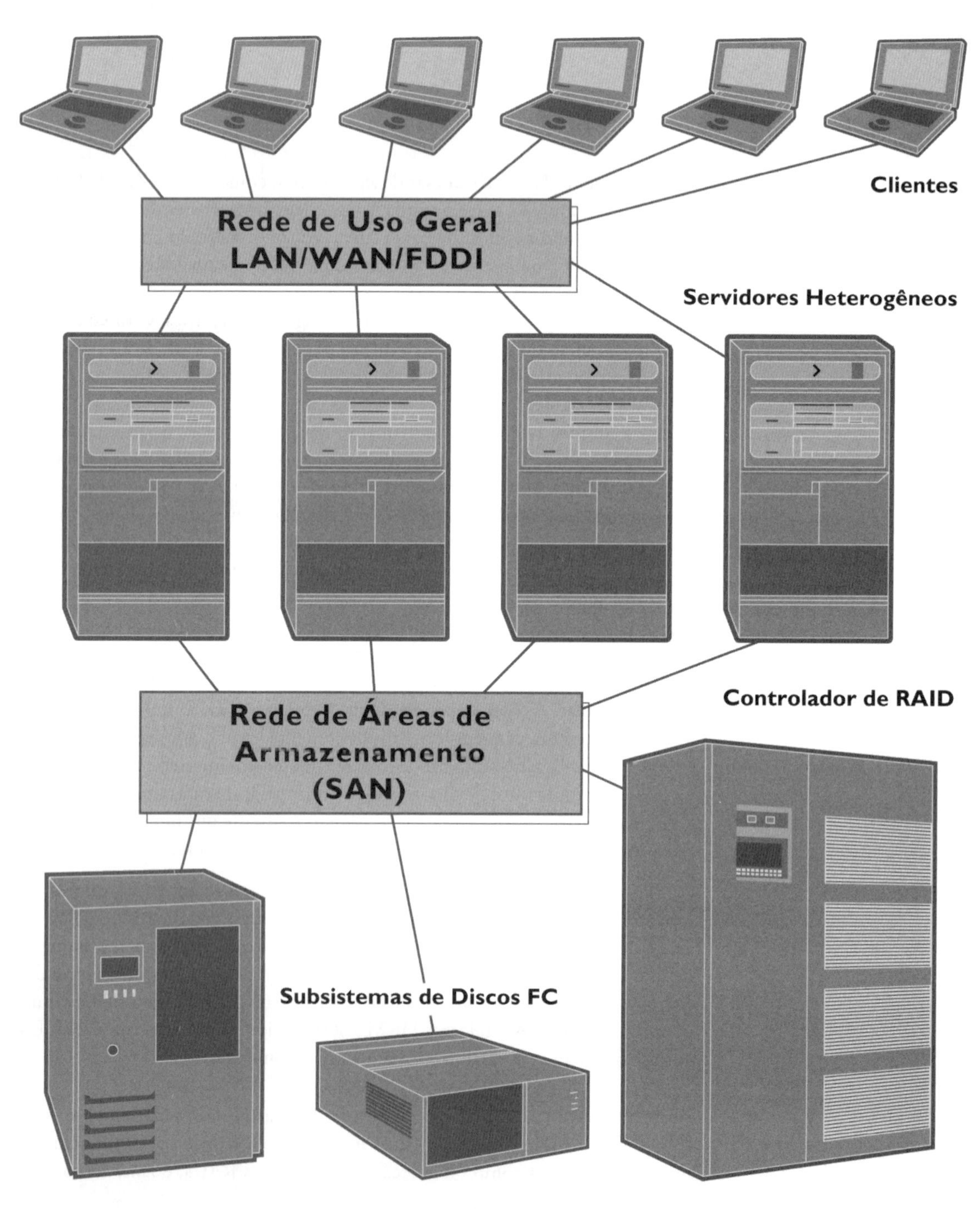

mais rápido ainda. Periodicamente, a empresa tinha de fazer um *upgrade* de seu armazenamento, num processo que tomava quatro dias e requeria o recabeamento dos antigos dispositivos de armazenamento bem como dos novos. Para fazer uma transição suave e aliviar a carga da administração de seus vastos recursos de dados, a YellowBrix mudou para uma SAN. Agora, em apenas algumas horas acrescenta-se armazenamento adicional, sem a necessidade de recabeamento. A mudança, também, aumentou a disponibilidade do serviço e reduziu o tempo de *backup* de dez para quatro horas.[20]

Tecnologias de Armazenamento Volumétrico A quantidade de dados que um disco do tamanho de um DVD ou CD pode armazenar é limitada pela área de sua superfície e pela densidade na qual os dados podem ser efetivamente comprimidos. À medida que os dados são mais densamente comprimidos, torna-se mais e mais difícil e caro separar bits individuais de dados para leitura e gravação. Uma solução para este dilema é armazenar dados não somente sobre a superfície da mídia de armazenamento, mas por todo o volume da mídia.

As tecnologias holográficas armazenam os dados como uma imagem em três dimensões através de toda a espessura do material de gravação. Além disso, milhões de bits de dados podem ser gravados e lidos em paralelo com um único raio de luz, fazendo o acesso aos dados muito mais rápido do que com as tecnologias convencionais. A pesquisa industrial e laboratórios de desenvolvimento vêm estudando o armazenamento holográfico desde cerca de 1980.[21] As primeiras versões comerciais de tal armazenamento, entretanto, somente recentemente foram anunciadas. Inicialmente, os dispositivos holográficos vão comportar cerca de 100 gigabytes de dados em um disco do tamanho de um DVD e transferir dados numa velocidade 15 vezes maior do que a tecnologia padrão do DVD, mas a mídia de armazenamento não será regravável.[22]

A tecnologia de discos fluorescentes multicamadas (MFD) também promete aumentos substanciais na capacidade de discos. Esta tecnologia é semelhante às tecnologias atuais do DVD, exceto que o disco é formado por camadas de material fluorescente transparente. Os pesquisadores demonstraram a efetividade da mídia com até 100 camadas. Como múltiplas camadas podem ser lidas ao mesmo tempo, esta tecnologia também promete aumentos nas velocidades de leitura e gravação.[23]

Hardware para Saída de Dados

Os sistemas computadorizados usam dispositivos de saída para transferir a informação armazenada no computador para uma forma que as pessoas possam ver, ouvir ou sentir. Os administradores necessitam decidir que tipo de saída eles precisam: ***softcopy***, ***hardcopy*** ou **robótica.**

- *Softcopy* — saída numa mídia que não pode ser movida, tal como uma tela de computador.
- *Hardcopy* — saída numa mídia, tal como papel, que pode ser removida do computador.
- *Robótica* — saída em dispositivos que se movem fisicamente em resposta a sinais de um computador.

A maioria dos dispositivos de saída em *hardcopy* e *softcopy* produz saída colocando-se pontos de tinta numa página ou pontos de luz sobre uma tela. A **densidade** refere-se ao número de pontos que um dispositivo produz por polegada horizontal e verticalmente. O uso da indicação pontos por polegada (*dpi*) como especificação única indica que as direções vertical e horizontal têm a mesma densidade (por exemplo, 300 *dpi* ou 1000 *dpi*). Quando o *dpi* vertical e o *dpi* horizontal diferem, os fabricantes normalmente citam os dois números. Para texto, a densidade de 300 *dpi* produz uma qualidade muito boa, apesar de os profissionais usualmente operarem a 1.200 *dpi*. Os fabricantes de telas de computadores muitas vezes especificam a densidade pelo número total de pontos em cada direção, tal como 640 × 480. Alternativamente, eles podem especificar o espaço entre pontos adjacentes, conhecido como resolução. Os especialistas recomendam uma resolução de pelo menos 0,35 milímetro, para minimizar a "vista cansada". A **resolução** pode ser usada para referir-se à densidade.

Dispositivos de *Softcopy*

Os dispositivos de saída de *softcopy* mais utilizados são as unidades de telas, os projetores e os alto-falantes. Cada um destes dispositivos consiste em circuitos eletrônicos residentes numa placa de circuitos dentro do computador e um dispositivo físico, como um tubo de raios catódicos ou alto-falante, que produzem a saída.

Uma unidade de tela, geralmente chamada *display* ou *tela* em computadores *laptops* e portáteis e *monitor* em computador *desktop,* fornece saída visual gráfica. Cada ponto, ou **pixel** (**picture element**), na tela corresponde a uma locação na memória primária do computador ou na memória do *adaptador de vídeo* — uma placa de circuitos no computador que suporta a tela.

As tecnologias de tela mais comuns são tubo de raios catódicos, cristal líquido e plasma. O *tubo de raios catódicos (CRT)* é construído e opera como um televisor. É barato de produzir, cria uma imagem brilhante de alta resolução, mas é pesado e volumoso. Uma tela de cristal líquido *(LCD)* é um pouco mais cara que um CRT para produzir no mesmo tamanho e resolução, não é tão brilhante, mas pode ser feita num formato bem fino e leve. Painéis finos usando as tecnologias LCD estão cada vez mais populares porque seu custo vem baixando e aproximando-se do custo das unidades de tela CRT. *Telas de plasma* também são dispositivos pouco espessos. Apesar de eles produzirem uma imagem brilhante com até maior qualidade do que a produzida pelo CRT, eles são muito mais caros. Cada vez mais eles estão se tornando competitivos para as grandes telas, como as que precisam ser penduradas em uma parede.

As tecnologias volumétricas e estereoscópicas fornecem imagens em telas 3D. *Telas estereoscópicas* fornecem uma imagem tridimensional como vista de um único ponto no espaço usando uma tela plana. A terceira dimensão estereoscópica trabalha sob o princípio de que cada olho vê uma imagem diferente. A maioria exige óculos especiais polarizados ou coloridos, mas novas tecnologias usando cristais LCD podem apontar a imagem de maneira que alguns *pixels* podem ser vistos somente por um olho enquanto outros podem ser vistos pelo outro olho.[24] As **telas volumétricas** produzem uma imagem tridimensional real à volta da qual o observador pode caminhar. As empresas farmacêuticas descobriram que as telas volumétricas, como a ilustrada na Figura 3-10, são tremendamente úteis em habilitá-los a visualizar as estruturas físicas e genéticas de vírus e outros patógenos e projetar moléculas que os neutralizem.[25]

Os projetores permitem que as imagens de computadores sejam apresentadas para uma sala inteira. Eles são mais caros que a maioria das unidades de tela. Os projetores podem ser comparados com base na sua luminosidade, contraste, resolução e definição. Das duas tecnologias mais comuns, os projetores de processamento digital da luz (DLP) produzem imagens com o melhor contraste, enquanto os projetores LCD projetam as imagens mais nítidas.

Um controlador de som, também chamado um *sound card*, produz um sinal elétrico que gera impulsos para um ou mais alto-falantes. Este sinal pode produzir música, efeitos especiais, como o som de um trem que passa, ou o som de uma voz.

Avanços recentes nos processadores DSP (veja a seção sobre processadores especializados) tornaram a produção dos sistemas de saída de voz relativamente barata. Como resultado, uma série de produtos aproveita-se desta tecnologia. Considere o correio de voz. Quando uma pessoa deixa uma mensagem num sistema de correio de voz, o DSP digitaliza a mensagem e a envia para o computador. O computador salva os dados num disco rígido. Quando o receptor da mensagem sinaliza ao computador para tocar a mensagem, o computador transfere a mensagem para um dispositivo contendo um DSP que reverte o processo de digitalização, convertendo os dados de volta para um sinal que soa exatamente como a pessoa que deixou a mensagem.

FIGURA 3-10

Um display volumétrico fabricado pela Actuality Systems mostra a estrutura do HIV.

FONTE: http://computerworld.com/hardwaretopics/hardware/story/0,10801,69675,00.html.

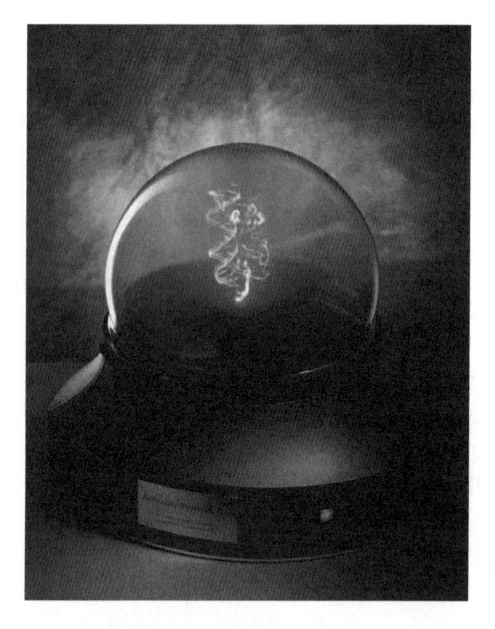

Existem agora ferramentas de desenvolvimento de *software* comercial para ajudar programadores na criação de *software* para transformar texto em conversação de saída que soa muito parecida com a voz humana. As aplicações de síntese de voz vão desde melhorar a interface para encontros de comércio eletrônico até proporcionar livros no formato eletrônico, que as pessoas cegas podem executar e ouvir em seus computadores. A Office Depot usou a sintetização de voz, em combinação com a identificação da fala, para movimentar um sistema de entrada de pedidos via telefone. A empresa informa que os pedidos tirados por este sistema custam 88% a menos para processar e têm em média mais itens por pedido do que os pedidos processados através de um operador humano.[26]

Dispositivos de *Hardcopy*

Os dispositivos de *hardcopy* produzem saída em mídias que podem ser removidas do computador e que, portanto, podem ser retidas por um longo prazo. A mídia de *hardcopy* mais comum para saída de computador é papel, e os dispositivos de saída mais comuns são impressoras e plotadoras. Ao selecionar um dispositivo de *hardcopy*, o usuário deve considerar a densidade e a resolução da saída desejada.

As *impressoras*, usadas pela maioria das pessoas e dos negócios pelo tamanho de sua saída, produzem texto e gráficos sobre papel sem usar uma caneta. As impressoras podem ser a laser, a jato de tinta, matriciais e de impacto, como descrito na Tabela 3-7.

As **plotadoras** operam pelo movimento de uma ou mais canetas sobre o papel, bastante parecido com o modo como uma pessoa escreve (ver Figura 3-11). As empresas de engenharia e arquitetura muitas vezes usam plotadoras em lugar de impressoras para produzir desenhos. As plotadoras produzem saída gráfica de alta resolução. Elas trabalham com papel muito grande em longos rolos.

Existem também dispositivos para produzir as saídas diretamente sobre transparências, microfilmes, microfichas, CD-ROM e slides. Estes dispositivos geralmente custam mais do que os dispositivos que produzem saída de qualidade similar no papel. Por exemplo, a maioria das impressoras a laser ou jato de tinta pode imprimir transparências para projetores. Equipamentos especiais, não necessariamente disponíveis em qualquer escritório, são necessários para produzir saída em microfilme, microficha e CD-ROM. Cada vez mais as pessoas criam slides em seus programas de computador e os apresentam diretamente do computador.

TABELA 3-7 Embora as empresas possam escolher entre quatro tipos de impressoras, a maioria usa impressoras de jato de tinta e impressoras laser.

Tipo de Impressora	Qualidade	Velocidade	Custo	Processo
Laser	Produz texto e gráficos de alta qualidade; 300 a 1.200 dpi	15 páginas por minuto para versões pessoais; sistemas de alto desempenho podem imprimir até 464 páginas por minuto	300 a 500 dólares para sistemas pessoais; mais para sistemas de alto desempenho	Usa um laser interno para colocar pontos de carga seletiva sobre um cilindro aquecido, chamado tambor ou rolo. As cargas atraem partículas de um pó preto chamado toner. Conforme o papel rola sobre o tambor, o tambor transfere o toner para o papel e o calor funde o toner permanentemente, fixando a imagem.
Jato de Tinta	Qualidade semelhante à da impressora a laser; as cópias podem manchar quando úmidas	Três a cinco páginas por minuto	Menos de 200 dólares	Salpica jatos de tinta que produzem pontos no papel
Impressora Matricial	Resolução menor que impressoras jato de tinta ou laser; relativamente ruidosa; útil para impressão de formulários com múltiplas vias	Algumas imprimem 700 caracteres por segundo; 1.400 linhas por minuto	Menos de 200 dólares	Usa uma cabeça impressora que contém pinos que podem ser disparados individualmente sobre uma fita de impressão. Cada pino atinge a fita e deixa um ponto sobre o papel.
Impacto de Caracteres	Usadas em centros de processamento de dados de empresas e chamadas impressoras de correia ou impressoras de cadeia	Podem imprimir 2.200 linhas por minuto	Mais cara que impressoras jato de tinta e laser	Pressiona a imagem metálica ou de plástico duro de um caractere sobre uma fita, a qual deixa uma impressão de tinta sobre o papel. Não imprime gráficos.

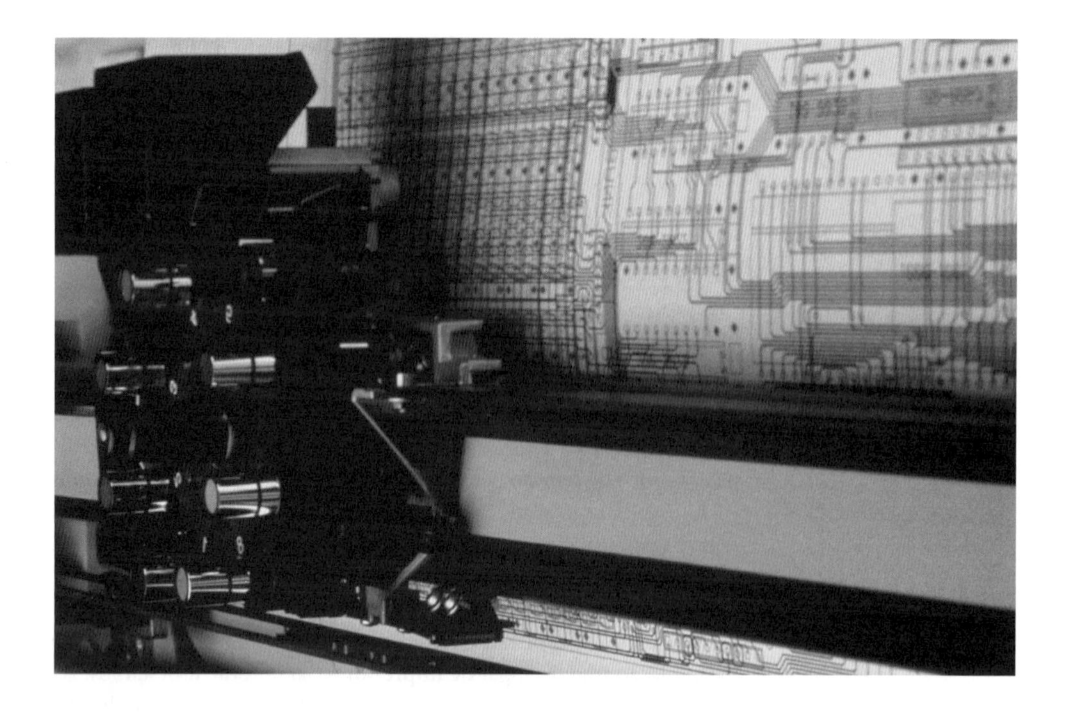

FIGURA 3-11

Arquitetos e projetistas freqüentemente usam plotadoras em vez de impressoras para saída de desenhos. Uma plotadora usa uma caneta ou um grupo de canetas para criar desenhos de linhas contínuas. Uma plotadora plana pode produzir esquemas de grande tamanho.

Dispositivos de Robótica

Os dispositivos de saída de robótica movem-se fisicamente em resposta a sinais do computador. Usualmente, um dispositivo de robótica interpreta uma saída em código digital do computador como um sinal para ligar, desligar, ou desacelerar um motor. Em dispositivos mais complicados, o sinal de saída também se dirige a um dentre muitos motores. Os avanços na robótica dependem menos da sofisticação de tais dispositivos de saída do que do *software* necessário para direcionar a saída e de processadores que podem executar o *software* rapidamente para interpretar entradas de vídeo e sinais de pressão. Só recentemente os cientistas programaram computadores para controlar um robô de maneira que ele evite bater em objetos ao seguir em direção a seu objetivo. Este *software* precisa primeiro sintetizar os dois sinais bidimensionais produzidos pelos dois olhos do robô, em uma representação tridimensional de seu mundo. Então, o software deve planejar e executar logicamente uma rota que conduza o robô no mundo tridimensional.

Empacotando o *Hardware* do Computador

Existem muitos mercados diferentes para os computadores. As necessidades de um estudante, um vendedor, um gerente de marketing, um cientista diferem muito. As necessidades computacionais de uma organização para tarefas como processamento de transações difere em muito das necessidades de um usuário individual de computador. Os fabricantes acondicionam os componentes de computador de diversas formas para satisfazer estas várias necessidades.

Uma maneira de caracterizar o *hardware* de computador é pelo seu tamanho. Os termos "*handheld*", "*laptop*" e "*desktop*" referem-se ao *hardware* de computador dirigido a uso pessoal. Os próprios termos indicam claramente o objetivo de tamanho para estes computadores. Os computadores de mão geralmente não têm um teclado. A entrada dos dados para a maioria dos computadores de mão é feita através de uma tela sensível ao toque e uma caneta especial, geralmente com um conjunto especial de caracteres para tornar a escrita manual facilmente reconhecível. A tela dos computadores portáteis é integrada ao produto e é uma de suas características mais fracas, pois é limitada pelo tamanho da unidade. Alguns produtos integram computadores portáteis com telefones celulares.

Os computadores *laptop* devem ser carregados e são movidos por bateria. Seu peso e a duração da bateria são suas características competitivas principais, apesar de a qualidade e tamanho de sua tela também serem fatores importantes. A maioria das unidades *laptop* é projetada para conexão fácil com uma ***docking station***, um dispositivo de mesa com tela normal, teclado, fonte de alimentação e conexões de rede, para que o *laptop* possa ser usado como um *desktop* sempre que houver uma *docking station* disponível. As unidades *desktop*, a despeito de seu nome (sobre a escrivaninha), são geralmente projetadas para serem colocadas sob e não sobre a escrivaninha. As unidades *desktop* projetadas para se conectarem com uma rede podem não ter dispositivos de armazenamento secundário. As unidades de tela dos computadores de mesa são quase sempre dispositivos separados (monitores) conectados com o computador através de uma porta.

Os computadores que satisfazem às necessidades de uma empresa são geralmente classificados por sua capacidade e função. Os computadores **mainframe** são os mais poderosos, normalmente executando muitos pacotes de aplicações simultaneamente e servindo a centenas de usuários. Os **computadores de médio porte** são menos poderosos, normalmente servindo a um departamento. Os **servidores,** independentemente de sua capacidade, executam uma única aplicação, tal como servir como banco de dados ou como uma conexão da *Web.* Eles podem servir diretamente a usuários finais, mas podem da mesma forma servir a outros computadores que estejam executando aplicações mais gerais. Os computadores mainframe, os de médio porte e mesmo os computadores pessoais podem ser operados como servidores. Um computador *em placa única* é um computador construído numa única placa de circuitos que pode ser montada num gabinete especialmente construído de servidores semelhantes em vez de numa caixa de computador. Devido aos seus requisitos de baixa energia e pouco espaço, as empresas usam amplamente computadores em placa única em seus centros de dados, onde um único gabinete pode acomodar 200 ou mais destes servidores.

RESUMO

Os computadores precisam de *hardware* e *software* para funcionar. Os administradores necessitam entender o suficiente sobre como os computadores operam para serem consumidores inteligentes de equipamento de computação e para tomarem decisões fundamentadas sobre o *hardware* e o *software* necessários para satisfazer suas necessidades de informação.

O *hardware* de computador é o equipamento físico usado para processar a informação. Ele inclui *hardware* de processamento, barramento de acesso a dados, controladores, portas e dispositivos para entrada, saída e armazenamento de dados.

O *hardware* de entrada captura o dado bruto num modo ativo ou passivo e pode ser usado para controlar o computador. Os tipos de *hardware* de entrada são teclados, dispositivos de apontamento, leitoras de texto formatado, dispositivos de captura de imagem, dispositivos de instrumentação e sensores.

O *hardware* de processamento implementa as instruções codificadas no *software.* O processamento paralelo e processadores especializados podem aumentar a capacidade do computador. A Lei de Moore descreve em que medida a capacidade de processamento que pode ser comprada a um determinado preço aumentou ao longo do tempo.

Bits e bytes medem a capacidade de armazenamento. Os dispositivos de armazenamento podem ser voláteis ou não-voláteis e primários ou secundários. O processador tem acesso direto aos dispositivos de armazenamento primário e acesso indireto aos dispositivos secundários, que tendem a ser mais lentos e menos caros que o armazenamento primário.

Os dispositivos de saída transferem a informação armazenada no computador para *softcopy, hardcopy* ou robôs. O *hardware* pode ser compactado em diferentes tamanhos e para diferentes propósitos. Os sistemas *handheld, laptop* e *desktop* atendem às necessidades pessoais, enquanto que os sistemas mainframes e de médio porte, assim como os servidores, atendem às necessidades corporativas.*

TERMOS E EXPRESSÕES IMPORTANTES

adaptador
armazenamento primário
armazenamento secundário
armazenamento volátil/não-volátil
bit
byte
data bus (barramento de dados)
densidade
docking station
hard disk
hardcopy
Lei de Moore
maiframe
memória cache
memória de acesso aleatório (RAM)
memória somente para leitura (ROM)
MICR (Reconhecimento de Caracteres de Tinta Magnética)
pixel
plotadora
porta
processador de sinais digitais (DSP)
processamento paralelo
RAID (arranjos de discos redundantes de baixo custo)
reconhecimento ótico de caracteres (OCR)
rede de áreas de armazenamento (SAN)
resolução
robótica
sensor
servidor
softcopy
tela volumétrica

*Os desktops também atendem às necessidades organizacionais, no momento em que são utilizados pelos empregados, em suas mesas de trabalho, como ferramentas para o desempenho de suas funções. (N.T.)

QUESTÕES DE REVISÃO

1. Defina *hardware*.
2. Descreva como o *hardware* de processamento comunica-se com os dispositivos periféricos.
3. Defina entrada de dados ativa e dê um exemplo. Como ela difere da entrada de dados passiva e da entrada de controle?
4. Como os teclados dos pontos de venda diferem dos teclados de processamento de dados para uso geral?
5. Descreva três tipos de dispositivos de apontamento usados para entrada de dados.
6. Qual é a vantagem de usar códigos de barra de duas dimensões em vez de códigos de barras UPC?
7. Descreva dois tipos de dispositivos de captura de imagem.
8. Identifique os passos que um processador de computador efetua para executar seu trabalho.
9. Que outros fatores, além da velocidade do relógio interno (clock), afetam a capacidade de processamento do computador?
10. Descreva quatro tipos de processadores especializados.
11. O que é a Lei de Moore, e o que ela implica no crescimento da capacidade de processamento?
12. Explane por que os computadores normalmente têm mais armazenamento secundário do que armazenamento primário.
13. O que é a memória cache? Por que os computadores a usam?
14. O que é ROM? Por que os computadores necessitam de ROM?
15. O que é RAID? Por que ele é popular?
16. Identifique três tipos de armazenamento removível.
17. Qual é a diferença entre a saída de *hardcopy* e a de *softcopy*?
18. Qual é a diferença entre telas estereoscópicas e volumétricas? Para quais aplicações estes dispositivos são mais úteis?
19. Descreva a diferença entre uma impressora e uma *plotadora*.
20. Como os computadores mainframes, os de médio porte e os servidores diferem em sua capacidade e função?

MÓDULO B — O *SOFTWARE* DO COMPUTADOR E UMA OLHADA NO FUTURO

O *SOFTWARE* DO COMPUTADOR

O *hardware* não teria utilidade sem o *software* para dizer ao computador o que fazer. Faz sentido, então, classificar o *software* do computador de acordo com quem o usa e que tarefas ele executa, como mostrado na Figura 3-12. O *software aplicativo* ajuda a executar tarefas de negócios, tais como processamento de texto, emissão de um pedido, faturamento para um cliente, ou análise das causas de queda nas vendas.

Tipos	***Software* aplicativo**		***Software* de desenvolvimento de sistemas**		***Software* de sistemas**		
Tarefa	Satisfazer necessidades de negócios		Desenvolver *software*		Administrar o ambiente computacional		
Subtipos	*Software* vertical	*Software* horizontal	Linguagens de computador	Ferramentas CASE	Utilitários de sistema	Gestão de Sistemas e Redes	Núcleo do sistema operacional
Usuários	Profissionais de negócio		Profissionais de computação		Profissionais de negócio	Profissionais de computação	

FIGURA 3-12 *Software* aplicativo, *software* para desenvolvimento de sistemas e *software* de sistemas executam tarefas diferentes para diferentes tipos de usuários.

Dividimos o *software* aplicativo em *software* vertical e *software* horizontal, conforme ele seja dirigido a tarefas comuns a uma determinada indústria (vertical) ou a tarefas genéricas que se apliquem a qualquer indústria (horizontal), como ilustrado na Figura 3-13. O *software* de sistemas é usado para controlar dispositivos periféricos do computador, interfacear com dispositivos de redes e gerenciar a distribuição e a alocação dos recursos computacionais para os outros *softwares*. O *software de desenvolvimento de sistemas* é usado para criar novos *softwares*.

Entender todos os tipos de *softwares* de computador ajuda os administradores a terem uma idéia de como os computadores trabalham e como os diferentes produtos de *softwares* relacionam-se entre si. Começamos com o *software* aplicativo vertical porque esta classe de *software* é a que mais afeta o trabalho dos administradores. Também há mais probabilidades de os administradores precisarem fazer escolhas sobre o *software* aplicativo vertical que usam, portanto é importante que entendam suas opções. Abordamos nesta seção o *software* aplicativo horizontal, o *software* de sistemas e o *software* de desenvolvimento de sistemas. Finalmente, mostramos como as funções do *software* podem ser construídas em camadas para melhorar seu projeto e flexibilidade e fazer melhor uso dos recursos de *hardware*.

Software vertical

O ***software* vertical** executa tarefas comuns a uma indústria específica, como serviços imobiliários, ou uma função dentro de uma indústria, como contratos governamentais para empreiteiros da área de defesa e contabilidade para agências de propaganda. As necessidades de informação muitas vezes são muito específicas para uma indústria ou mesmo para um ramo de uma indústria. Por exemplo, administradores de processos contínuos de manufatura, tais como produção química ou refinaria de petróleo, têm diferentes necessidades de informação e portanto requerem *softwares* diferentes daqueles utilizados pelos administradores de processos de manufatura convencionais, como a montagem de automóveis ou de bens de consumo. Um pacote de manufatura genérico muito certamente não vai satisfazer a nenhum dos dois grupos. Administradores de linhas aéreas e ferrovias, apesar de ambos pertecerem à indústria de transporte, têm necessidades de informação específicas e requerem *softwares* diferentes para acompanhamento de bagagem e venda de passagens a passageiros. O *software* da Prada é claramente um *software* vertical, pois seria inútil em outro ambiente que não o varejo.

O *software* vertical não pode atender a um mercado de massa porque destina-se ao atendimento de necessidades especializadas. Seus desenvolvedores geralmente os distribuem através de canais especializados, tais como empresas de consultoria, **integradores,** e **revendedores de valor agregado.**

- *Empresas de consultoria* com especialização em áreas de aplicação tais como planejamento arquitetônico ou contratação de serviços para o governo. O grupo Accenture's Global Chemical Industry, por exemplo, trabalha com empresas como a Dow, DuPont, Elemica, PolyOne e Ticona para ajudá-las a selecionar e implementar seu *software* vertical.[27]

FIGURA 3-13

O *software* horizontal abrange muitos tipos de indústrias para executar funções comuns a todas as indústrias ou à maioria delas. O *software* vertical satisfaz às necessidades de informações de uma única indústria ou grupo de indústrias.

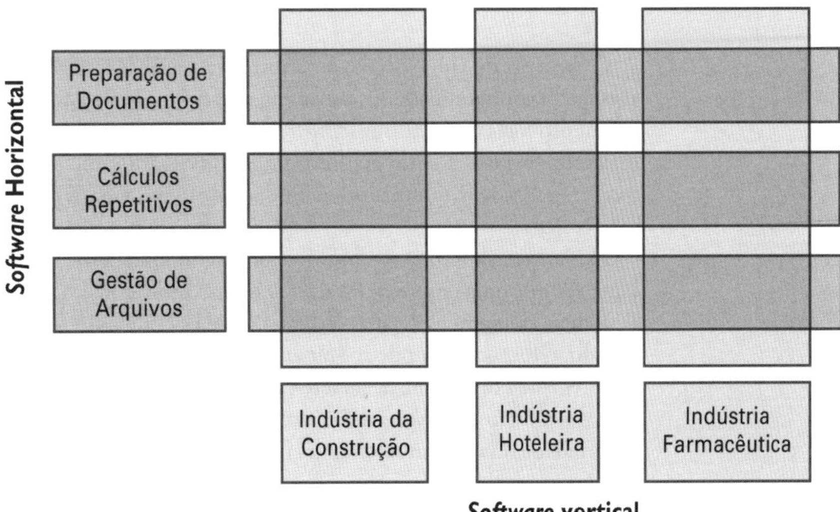

- *Integradoras.* São empresas que acondicionam *hardware* e *software* para atender à especificação de um cliente. A SchlumbergerSema, por exemplo, interligou o *hardware* e o *software* para os sistemas computadorizados usados nos Jogos Olímpicos de Inverno de 2002.[28]
- *Revendedores de valor agregado (VARs).* São empresas que representam o fabricante e têm pessoal treinado pelo fabricante e autorizado a adaptar o *software*. Por exemplo, a Information Technology Inc., estabelecida em Lincoln, estado de Nebraska, é uma VAR para os sistemas de pagamentos e processamento de cheques da NCR Corporation.[29]

O *software* vertical custa mais do que o *software* comercializado em grandes volumes porque os desenvolvedores do *software* vertical precisam recuperar seu investimento em muito menos vendas e porque seus fornecedores têm custos de venda mais altos.

Ao avaliar o *software* vertical, os administradores devem verificar se o *software* suporta a maneira como suas empresas conduzem seus negócios. Empresas carentes de recursos para comprar ou desenvolver *software* personalizado algumas vezes mudam suas práticas de negócios para se adaptarem ao *software* disponível. Outras, particularmente aquelas como a Prada, que têm recursos disponíveis e cujas práticas de negócios indicam novos caminhos para criar uma vantagem competitiva, necessitam obter ou criar *software* que suporte seu modo de fazer negócios.

Os administradores que compram *software* vertical devem também considerar a qualidade e disponibilidade de suporte e desenvolvimento personalizado. Eles precisam certificar-se de que o fornecedor do *software* pode responder às suas necessidades especiais e tem um volume de instalações realizadas suficiente para garantir sua existência por muitos anos. Como os negócios dependem do *software* vertical em suas operações diárias, os fornecedores devem responder rapidamente a emergências e solicitações de mudanças no projeto do *software*. Falhas do *software* ou de seus fornecedores pode ter conseqüências desastrosas para os negócios.

A Decisão entre Desenvolver e Comprar

Uma empresa pode adquirir *software* vertical de três maneiras: (1) adquirir *software* do tipo pacote de um fabricante de *software* e usá-lo sem modificação; (2) adquirir *software* que pode ser adaptado às suas necessidades; e (3) desenvolver o *software* desde o seu início, criando seu *software* próprio. Os gestores das áreas negócios e os especialistas em tecnologia da informação necessitam decidir qual das alternativas, entre aquisição e desenvolvimento, faz mais sentido para cada aplicação. A Figura 3-14 ilustra as vantagens relativas de software vertical do tipo pacote, customizado e próprio.

Os administradores e outros usuários podem adquirir uma grande variedade de produtos de *software* vertical não-customizável às suas necessidades, para todos os tipos de computadores, através das lojas ou diretamente dos desenvolvedores de *software*. Conhecidos como software do tipo pacote ou ***software* de prateleira (COTS)**,* estes pacotes de *software* padronizados existem para uma vasta gama de aplicações e indústrias. Por exemplo, a ChemSW Inc. de Fairfield, Califórnia, desenvolve e comercializa um *software* COTS chamado CISPro Desktop que acompanha e gerencia o estoque e o uso dos produtos químicos de uma empresa.[30] A Champaign Associates, de Manchester, estado de New Hampshire, desenvolve e vende o GiftMaker Pro, um sistema de gestão de doadores para organizações que fazem arrecadação de fundos.[31]

O *software* do tipo pacote oferece três vantagens importantes: baixo preço, grande variedade de funções e alta confiabilidade. Estas vantagens advêm do uso do *software* por múltiplas empresas. Geralmente, quanto mais popular um *software*, maiores tornam-se estas vantagens. O *software* do tipo pacote normalmente beneficia-se do grande número de usuários que o testaram numa variedade de ambientes. Este uso generalizado diminui a probabilidade de que o *software* tenha defeitos maiores ou omita características desejadas.

No lado negativo, o *software* do tipo pacote pode criar uma dependência do fornecedor do *software*. Uma vez que uma empresa instale o *software* vertical de um fornecedor, custar-lhe-á muito caro em licenciamento, treinamento e adaptação na forma de trabalho se ela mudar para outro fornecedor. Como resultado, o fornecedor pode cobrar altos preços para *upgrade* e suporte. Ademais, toda vez que os administradores querem uma nova característica, eles podem somente pedir e esperar pelo lançamento futuro de uma nova versão do *software*. Finalmente, uma empresa que adquire *software* do tipo pacote não detém a propriedade. Ela somente tem uma licença para usá-lo. Esta licença pode vir com muitas restrições, como

*COTS (Commercial off-the-shelf). (N.T.)

FIGURA 3-14

O *software* próprio, o customizado e o *software* em pacote diferem em suas vantagens estratégicas, independência de terceiros externos à empresa, probabilidade de satisfazer as necessidades de negócios, capacidade de *upgrade*, manutenção, custo, confiabilidade e oportunidade de fornecer funções especiais.

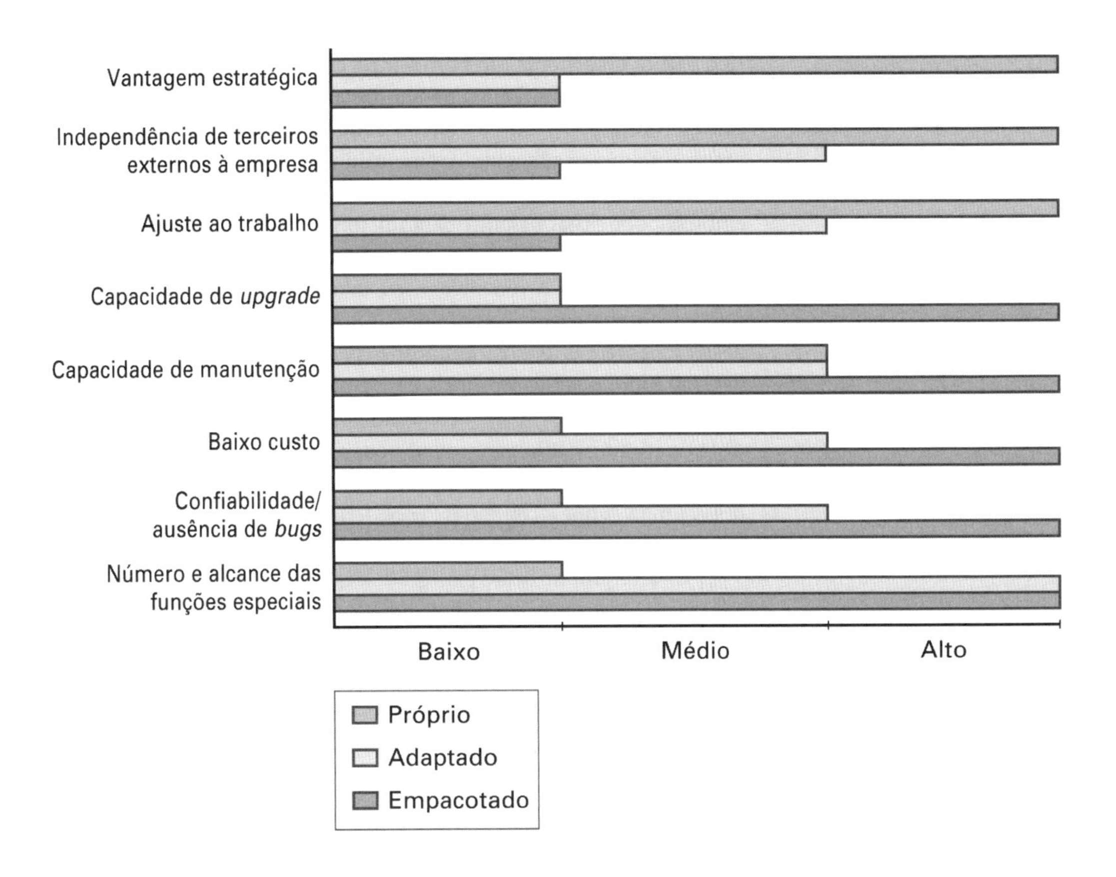

limitação do número de pessoas que podem usá-lo simultaneamente, quantidade de cópias que podem ser feitas, e a possibilidade de o *software* poder ou não ser adaptado.

A maioria dos *softwares* verticais requer algum grau de adaptação. O *software* do tipo pacote geralmente apresenta opções durante a instalação e pode oferecer um menu de "opções" a partir do qual usuários autorizados podem mudar características da configuração. Mas muitos usuários requerem mais opções do que as disponíveis nesta forma de configuração. O *software customizável*, também freqüentemente referido na literatura como *software adaptado*, modifica o *software* do tipo pacote com programas de computador especificamente projetados para as especificações de um cliente.

As duas perguntas que os administradores devem fazer a respeito de *software* customizado ou adaptado são: (1) quem executa a customização e (2) como o *software* é customizado? O desenvolvedor original do *software*, um VAR, ou o comprador do *software* pode executar a customização. Os desenvolvedores de um *software* sabem melhor como o seu *software* trabalha e são candidatos prováveis para executar a adaptação. Todavia, na maioria dos casos, os desenvolvedores originais do *software* não querem desviar o foco de seu produto efetuando adaptações individuais. Freqüentemente, eles se associam a um VAR, que não somente representa seu *software*, mas também foi autorizado a adaptá-lo. Uma empresa que escolhe adaptar *software* por sua conta provavelmente o faz porque acredita que seria mais difícil para um VAR aprender sobre suas necessidades específicas do que seria para a empresa entender o *software* o suficiente para adaptá-lo.

Há duas alternativas para adaptar *software*. Uma é mudar o código que foi escrito pelo desenvolvedor original do *software*. Esta técnica é raramente usada porque a maioria dos desenvolvedores de *software* considera que seu código é uma propriedade e não vão liberá-lo para seus clientes ou VARs. Também, como discutido acima, poucos desenvolvedores vão adaptar seu próprio código. Uma solução mais comum é usar as **interfaces para programação de aplicações** (**APIs** – ***Application programming interfaces***) que são fornecidas com o *software* original. Uma API permite que um programa comunique-se com outro. Uma comunicação típica pode ser "não execute esta tarefa, pois eu (o programa especial desenvolvido) preciso fazê-la", "execute esta tarefa usando os seguintes dados", "execute esta tarefa usando um método alternativo específico em lugar do modo como é normalmente executada". Os desenvolvedores que querem fornecer aos usuários uma opção para adaptar seus *softwares* normalmente fornecem um bom conjunto de APIs para permitir que seu *software* seja customizado fácil e flexivelmente.

O *software* vertical customizado pode estar sujeito a um número desproporcional de *bugs*, situações em que o *software* não trabalha como esperado ou desejado. Enquanto os desenvolvedores de *software* do tipo pacote despendem um bom tempo e esforço projetando e testando seu *software*, os desenvolvedores de *software* customizado não podem testar seu produto tanto quanto aqueles, porque somente uma empresa o utiliza. O *software* adaptado pode também não acomodar facilmente novas versões sem ser novamente totalmente adaptado. Como resultado, as empresas que usam *software* adaptado ou customizado podem não se beneficiar dos continuados esforços de desenvolvimento do fabricante do *software*. Uma empresa pode gastar bastante para adicionar uma função que o fabricante poderia incluir em seu próximo lançamento por uma taxa de melhoria mínima.

As organizações desenvolvem seu *software* próprio a partir do zero em lugar de usar ou customizar *software* do tipo pacote por três razões possíveis. Primeira, nenhum *software* do tipo pacote atende as especificações requeridas, e modificar *software* existente é muito difícil. Segunda, a empresa planeja revender com lucro o *software* próprio desenvolvido. Terceira, o *software* próprio pode trazer à empresa vantagem competitiva ao fornecer atendimento diferenciado aos usuários, aumentar o conhecimento e habilidade da administração para tomar boas decisões, reduzir custos, melhorar a qualidade e fornecer outros benefícios. Somente o *software* próprio, desenvolvido sob encomenda, pode trazer tal vantagem competitiva, uma vez que a concorrência poderia facilmente comprar do mercado *software* do tipo pacote e *software* customizado e eliminar a vantagem competitiva obtida pela empresa.

O *software* próprio é caro para produzir, sua manutenção é cara, é sujeito a erros e normalmente leva vários anos para ser desenvolvido. Este tempo de desenvolvimento não somente atrasa os benefícios esperados, mas também reduz o valor do *software*, pois as necessidades da empresa e o ambiente competitivo mudam sem parar. Finalmente, se desenvolvedores de *software* conseguem imitar as características principais do projeto do *software* e revendê-lo a concorrentes da empresa, eles podem rapidamente diluir qualquer vantagem competitiva que a empresa tenha obtido. Como resultado, o desenvolvimento e uso do *software* próprio saiu de moda e a maioria das empresas procura *software* do tipo pacote ou customizável sempre que possível.

Integrando o *Software* Vertical

Um dos maiores desafios que as empresas enfrentam no uso do *software* vertical é integrar as aplicações de diferentes fornecedores de *software*. As empresas podem evitar este problema de integração comprando de um único fornecedor *software* que já é integrado e que executa todas ou a maioria das funções de que a empresa necessita. Tal *software*, chamado **Sistema Integrado de Gestão** (***ERP – Enterprise Resource Planning***), fornece amplo suporte para os processos operacionais e administrativos da empresa. Ele integra diferentes atividades internas ou externas à empresa, suporta vários idiomas e moedas e ajuda as empresas a integrarem suas operações dispersas em múltiplos locais e unidades de negócio.

A maioria das aplicações ERP são produtos customizáveis. Os maiores fornecedores começam com um gabarito de aplicações que é previamente adaptado pela indústria. Depois, os fornecedores, consultores ou a empresa que adquire o *software* posteriormente o customizam ou adaptam para satisfazer às necessidades individuais da empresa. Apesar de os fornecedores de ERP construírem seu *software* para diminuir a quantidade de adaptações necessárias e para simplificar os procedimentos de adaptação, a maioria das grandes empresas irá gastar algo entre 100% a 500% do custo do *software* para a sua adaptação. O Capítulo 7 aborda o *software* ERP com mais profundidade.

Um enfoque alternativo para a integração do *software* vertical é usar um produto *middleware*. O *middleware* é um *software* que coordena o *software* aplicativo ao processar a saída de um produto de maneira que ela possa ser alimentada automaticamente em outro produto como entrada. Abordaremos o *middleware* no contexto dos sistemas funcionais e empresariais no Capítulo 7.

Software horizontal

O ***software* horizontal** destina-se a tarefas que são comuns para os usuários em todas ou em quase todas as indústrias. Os administradores devem conhecer bem as opções de *software* horizontal e ajudar a encontrar a que melhor atenda às suas necessidades. Normalmente, os profissionais de sistemas de informação e agentes de compras corporativos, em vez de administradores de negócios, assumem responsabilidade na seleção e compra dos pacotes aplicativos horizontais. Eles podem comprar estes pacotes por volume ou comprar uma licença de local único para a organização toda. Eles geralmente avaliam um bom preço e boas condições de negócio em relação aos recursos especiais oferecidos por pacotes concorrentes. O *software* horizontal destina-se ao mercado de massa. Seus desenvolvedores e fabricantes podem vendê-lo a um preço relativamente barato e ainda assim cobrir seus custos. Eles podem distribuí-lo a um baixo custo através de postos de varejo e empresas de reembolso postal.

Nesta seção, discutimos dois tipos genéricos de *software* horizontal: *software* para automação de escritório e *software* aplicativo para funções de negócios. Abordamos, então, os passos que as empresas devem seguir ao comprar *software* horizontal.

Automação de Escritório

Gerentes, auxiliares e outros trabalhadores de escritório usam *softwares* para automação de escritório na execução de suas tarefas. Os produtos de automação de escritório incluem *software* para processamento de texto, *softwares* de apresentação gráfica, planilhas eletrônicas, gerenciador de banco de dados, correio eletrônico, agenda e fluxo de trabalho, como descrito na Tabela 3-8.

Muitos fornecedores vendem muitos tipos de *software* aplicativo para automação de escritório em um único pacote chamado Conjunto de Software para Escritório *(office suite)*, tais como o *Office* da Microsoft ou o *Starsuite* da Sun. A maioria dos conjuntos de software para escritório inclui processamento de texto, planilha eletrônica, gerenciador de banco de dados, e *software* para apresentação gráfica. Alguns podem também incluir *software* de agendamento e de correio eletrônico. Os fornecedores vendem seus conjuntos de *software* para escritório com um desconto significativo em relação ao preço individual dos compo-

TABELA 3-8

Funções de um *software* típico de automação de escritórios.

Processamento de Texto

Os *softwares* de processamento de texto, tais como o Word da Microsoft e o Wordperfect da Corel, ajudam os usuários a criar, modificar e imprimir documentos de texto. Estes documentos podem incluir gráficos e outros elementos não-textuais, apesar de o *software* de gráficos para apresentação e o *software* de publicação para *desktop* funcionarem melhor para criar documentos que sejam mais visuais do que textuais.

Gráficos para Apresentação

Os *softwares* de gráficos para apresentação, tais como o Powerpoint da Microsoft e o Freelance da Lotus, ajudam pessoas sem treinamento gráfico a produzir slides, transparências e impressões com qualidade profissional para auxiliar suas apresentações.

***Software* de Planilhas Eletrônicas**

O *software* de planilhas eletrônicas, tais como o Excel da Microsoft, calcula informações tabulares contendo valores interdependentes e ajuda a automatizar o processo de executar cálculos repetidos. Os administradores podem usar as planilhas eletrônicas para acompanhar valores orçados, calcular aumentos de pagamento ou suportar outras atividades analíticas.

Correio Eletrônico

O *software* de correio eletrônico permite aos usuários enviarem mensagens a outros usuários e anexar documentos e outros dados às suas mensagens. Ele organiza as mensagens recebidas em pastas, suporta a criação e uso de listas telefônicas pessoais e organizacionais e fornece várias opções de manuseio da correspondência, tais como determinar prioridade e confirmação de recebimento.

***Software* de Gestão de Banco de Dados**

O *software* de gestão de banco de dados, tal como o DB2 da IBM e o Access da Microsoft, permite aos usuários armazenar, organizar e recuperar dados de qualquer tipo. O *software* de gestão de banco de dados gera telas para entrada de dados, dados de referências cruzadas de diversos tipos (por exemplo, qual empregado é o representante de vendas para um determinado cliente), e recupera dados satisfazendo um conjunto selecionado de critérios e numa ordem de classificação especificada. Exploramos o *software* de gestão de banco de dados em maiores detalhes no Capítulo 4.

***Software* de Agenda**

O *software* de agenda ajuda a automatizar a manutenção de calendários de compromissos e listas de tarefas. Este *software* lembra os usuários dos compromissos e atividades que eles alimentaram, com uma sinalização visual e de áudio. Os usuários podem agendar compromissos periódicos com uma simples entrada de dados. O *software* de agenda também ajuda as pessoas a compartilhar calendários e pode automaticamente sugerir datas e horários de compromissos para um conjunto de usuários em rede. Ele pode organizar listas de tarefas pela data de vencimento, projeto e outras características.

Software* de *Workflow

O *software* de *workflow* (gestão do fluxo do trabalho) controla o fluxo de documentos eletrônicos e atividades entre trabalhadores ou grupos de trabalhadores. O *software* de *workflow* pode gerar documentos ou correspondência em resposta a certas condições, rastrear documentos, exigir que os usuários adicionem sua assinatura digital, notificar os administradores de tarefas executadas tardia ou impropriamente e selecionar trabalhadores livres dentre um grupo para executar certos processos. Ele também pode ajudar os administradores a documentar e reprojetar seus processos. A esse respeito, o *software* de *workflow* tem muitas aplicações além da automação de escritórios.

nentes neles incluídos. Os componentes apresentam ao usuário uma interface com aparência e operacionalidade comuns e podem facilmente trocar informações entre eles. Por exemplo, alguém trabalhando num documento no processamento de texto pode incluir tabelas e mapas criados com a planilha eletrônica e com o *software* de gráficos para apresentação.

O *software* para automação de escritório também é vendido como *software de escritório integrado*. O *software* de escritório integrado comprime vários pacotes para automação de escritório em um único programa. O *Microsoft Works*, por exemplo, consiste em *software* para processamento de texto, planilha eletrônica, gerenciador de banco de dados e agenda eletrônica. O *software* integrado evita que o usuário fique trocando os programas para usar suas diferentes funções, como o faz com um conjunto de *software* para escritório. O *software* integrado também custa menos que o conjunto de *software* para escritório e pode ser tão barato que os fabricantes de computadores o instalam gratuitamente em seus computadores. Entretanto, o *software* de escritório integrado oferece menos funcionalidade do que um *software* similar em uma suíte de *software* para escritório.

Aplicativos para Funções de Negócio

Os fornecedores vendem *software* horizontal para atender muitos tipos de atividades funcionais comuns à maioria das indústrias. Estas atividades incluem gestão da força de vendas, gestão dos recursos humanos, gestão de estoques, contabilidade, gestão de clientes, gestão de projetos e outros. Por exemplo, a HRM Software, estabelecida em Londres, vendeu seu *software* ExecuTRACK a empresas tão diferentes quanto a fabricante de impressoras Lexmark International, a empresa de alimentos H. J. Heinz e a empresa de mídia Cox Enterprises. O ExecuTRACK é um *software* horizontal para o desenvolvimento de lideranças, planejamento de sucessão e gestão das competências dos empregados.[32]

Muitas empresas pequenas e algumas firmas de tamanho médio compram *software* genérico do tipo pacote para suportar suas funções de negócios. Conforme elas crescem, as necessidades de informação destas empresas tendem a ficar mais especializadas e menos indicadas para *software* horizontal. Quando isto acontece, elas podem substituir seu *software* horizontal por *software* vertical que incorpora funções e atende muitas de suas necessidades de informação de uma maneira mais integrada e com um projeto específico para seu tipo de indústria.

Adquirindo *Software* Horizontal

Ao avaliar um pacote de *software* horizontal, os compradores consideram não somente a qualidade do *software*, mas também a qualidade do fornecedor ou desenvolvedor, a qualidade de sua documentação e a disponibilidade de materiais de apoio, tais como livros didáticos e cursos de treinamento. A estabilidade e a posição de mercado de um fabricante de *software* afetam a probabilidade de desenvolvimento e suporte continuados de seus produtos e a disponibilidade continuada de terceiros na produção de *software* auxiliar e publicações. A qualidade e responsividade da equipe de suporte técnico de um fabricante são importantes mesmo para organizações que têm excelentes equipes de suporte interno. Muitas vezes, somente o fabricante do *software* pode diagnosticar as causas de problemas, descobrir caminhos para vencer as dificuldades e, se necessário, consertá-las. Os compradores podem usar as revistas de negócio e a Internet como fontes primárias de informação sobre a participação de mercado e qualidade de suporte de um fornecedor.

Os compradores de *software* aplicativo horizontal também avaliam as políticas e preços para suporte e *upgrades* de um fabricante. Os fornecedores diferem na quantidade de tempo durante o qual disponibilizam suporte técnico gratuito, bem como no preço do suporte técnico depois deste período. Alguns fornecedores oferecem uma garantia de devolução do dinheiro para usuários insatisfeitos com seus produtos. A maioria dos fornecedores oferece livre acesso a um quadro de avisos eletrônicos para compartilhamento de informações sobre falhas ou erros conhecidos, meios de contornar os problemas e avisos de lançamentos de novas versões de produto. Outros fornecedores oferecem sistemas de contato através dos quais os usuários podem fazer contato com outros usuários sobre suas experiências com o produto. Os compradores devem considerar os horários do suporte técnico do fornecedor, principalmente se o fornecedor está localizado em outros fusos horários.

Os compradores em uma organização que usa vários tipos diferentes de sistemas de computador (por exemplo, *mainframe* IBM, PC-IBM e Macintosh) ou vários tipos de diferentes *softwares* de sistemas devem avaliar se o *software* horizontal pode rodar em todos os sistemas. A organização beneficia-se se não houver necessidade de novo treinamento para usar *software* horizontal em diferentes computadores. Além disso, o *hardware* e o *software* dos sistemas de computador podem ser mudados sem afetar a habilidade dos usuários em executar seu trabalho.

O *software* horizontal conduz a um preço de venda mais alto quando usado em computadores multiusuários ou servidores, embora o preço por usuário, geralmente chamado *price per seat*, chegue a ser mais baixo do que o de *software* similar vendido para uso individual. Os fornecedores de *software* podem oferecer *site licenses*. Estas permitem à organização o direito de usar um número especificado de cópias do *software* licenciado ou dar a um determinado número de usuários acesso a uma cópia única do *software* com um desconto relativo ao preço de uma licença individual. Algumas vezes, em troca deste desconto, o fornecedor solicita que todos os contatos passem por um representante único no local do cliente e fornece somente uma única cópia da documentação do *software*.

O *Software* de Sistemas

O *software* de sistemas executa tarefas para administrar os dispositivos e recursos do computador e sua rede. Os *softwares* de sistemas incluem os seguintes tipos:

- O *núcleo ou kernel do sistema operacional* consiste em programas que executam as atividades básica, a alocação de recursos e o monitoramento dos recursos do computador. O *núcleo* opera com um mínimo de interação ou controle do usuário. Nenhum computador pode operar sem ele.
- Os ***utilitários do sistema*** permitem que os usuários de computador executem a manutenção básica e funções de controle de recursos. Um computador poderia operar sem utilitários do sistema, mas os usuários iriam achá-lo extremamente incômodo.
- O *software de gestão de rede e sistemas* possibilita aos profissionais da área de informática monitorar e controlar os recursos do computador e da rede.

O *Núcleo* do Sistema Operacional

O ***núcleo*** ou ***kernel*** inclui programas que inicializam o computador quando o usuário liga a máquina, que encontram e inicializam programas aplicativos que o usuário deseja executar, e que transferem entrada para o programa aplicativo e transferem dados do programa para dispositivos de saída, de armazenamento e de rede. O **sistema operacional** refere-se ao *software* agregado ao núcleo do sistema operacional. Tradicionalmente, ele inclui muitas rotinas utilitárias, algum *software* de gestão de sistemas e de rede, e mesmo algum *software* horizontal. Exatamente onde o núcleo termina e onde os utilitários de gestão do sistema e de rede começam muitas vezes não tem um limite claro.

Quando múltiplos usuários e múltiplas tarefas compartilham um computador, o sistema operacional precisa manter os dados e comandos de cada tarefa e usuário separados, enquanto ele propicia uma oportunidade de compartilhar informações entre eles. Um gerente de vendas, por exemplo, pode rodar um relatório de vendas mensais ao mesmo tempo em que um gerente de depósito verifica o estoque de um determinado produto. O sistema operacional permite que os administradores de sistemas estabeleçam as regras e prioridades para compartilhamento dos recursos do computador. Um pedido de crédito de um cliente, por exemplo, pode atrasar temporariamente o término do relatório de vendas porque o pedido de crédito do cliente que espera tem uma prioridade mais alta.

O *software* aplicativo chama o núcleo do sistema operacional para requerer recursos computacionais tais como memória, armazenamento, a rede ou a unidade de vídeo. Estas **chamadas de sistema** variam entre os sistemas operacionais, tornando as mudanças e *upgrades* difíceis. A Microsoft codificou o núcleo ou kernel para versões posteriores do seu sistema operacional Windows considerando as chamadas de sistema para versões mais antigas, de maneira que o *software* escrito para as versões mais antigas continuasse a operar à medida que o Windows fosse sendo atualizado. Versões mais novas do Windows, entretanto, tinham novas chamadas de sistema. Como resultado, programas escritos para rodar sob o Windows XP, por exemplo, podem não rodar em versões mais antigas do Windows.

O núcleo do sistema operacional deve ser escrito para um tipo específico de *hardware* de computador, porque ele trabalha com as funções mais básicas do computador. Entretanto, os usuários querem sistemas operacionais que funcionem numa ampla gama de computadores. Chamadas de sistema que operam da mesma forma em computadores diferentes incrementam as habilidades dos desenvolvedores para criar *software* que roda em diferentes sistemas. Uma interface de usuário genérica reduz as necessidades de treinamento dos usuários porque o mesmo conhecimento então se aplica a uma série de computadores.

O UNIX foi projetado como um sistema operacional genérico. Quando surgiu, o UNIX era um *software* de propriedade da AT&T, embora rodasse em muitos diferentes tipos de computadores. A AT&T fornecia licenças a custo relativamente baixo para fornecedores que quisessem modificá-lo para outros computadores. A despeito da portabilidade do UNIX, os usuários achavam que as versões de UNIX fornecidas por seus fabricantes de *hardware* quase sempre estavam abaixo dos padrões da AT&T e diferentes entre si. Assim, a tarefa de desenvolver *software* aplicativo que rodasse em diferentes tipos de computadores continuou difícil.

Uma variante do UNIX chamada Linux tornou-se popular no final dos anos 1990. Um estudante de graduação finlandês chamado Linus Torvalds desenvolveu o *software* e expressamente abriu mão de seus direitos sobre ele, deixando-o sob domínio público, com a condição de que seu código e todas as versões futuras desenvolvidas a partir dele permanecessem abertas para visualização e alteração. Várias empresas, mais notavelmente a Red Hat e Caldera, modificaram o *software* e então criaram versões com as mesmas chamadas de sistema e interface de usuário para operar em muitos tipos diferentes de computadores. Como resultado, os desenvolvedores podem facilmente criar *software* que irá rodar em muitos diferentes tipos de computadores sob o Linux.

Utilitários do Sistema

Os utilitários do sistema operam basicamente sob o controle do usuário e fornecem funções básicas de gestão de recursos, tais como a habilidade de copiar arquivos, criar *backup* de arquivos, alterar nomes de arquivos ou classificar dados, como mostrado na Tabela 3-9. A maioria dos fornecedores de sistemas operacionais inclui muitos utilitários de sistemas como parte integral de seu *software* do sistema operacional.

Uma variedade de utilitários de sistema está disponível, gratuitamente ou não, para aumentar ou incrementar os utilitários de sistema incluídos em um sistema operacional. Por exemplo, a Adobe e a RealNetworks fornecem *software* gratuitamente para ler arquivos nos seus formatos proprietários.[33]

Gestão de Sistemas e Redes

O *software de gestão de rede* monitora o *status* da rede de uma empresa e dos dispositivos conectados a ela. O *software* pode fornecer informações na tela, em tempo real, do tráfego em várias partes da rede em relação à capacidade da rede, bem como relatórios que mostram padrões de uso ao longo do tempo. Estes relatórios permitem à gestão do serviço de rede antecipar as deficiências de capacidade e planejar os *upgrades* do *hardware* de uma maneira racional. O *software* de gestão de rede pode também consultar o *status* de dispositivos conectados à rede, incluindo estações de trabalho, impressoras, roteadores, *switches*, *hubs*, *scanners* e quaisquer outros equipamentos compartilhados. O *software* pode ajustar automaticamente os parâmetros da rede para prevenir-se contra dispositivos defeituosos. Por exemplo, o *software* pode encaminhar os relatórios destinados a uma impressora fora de serviço para uma impressora designada como sua reserva.

O *software* de gestão de sistemas monitora o *status* de um determinado computador. Técnicos especialistas geralmente rodam este *software* em servidores principais do sistema, tais como servidores de arquivos, servidores de rede ou servidores da Internet. O *software* de gestão de sistemas pode identificar quais programas estão rodando, quanto dos recursos do computador eles usam e por que certos problemas de desempenho surgiram. Ele pode alertar a administração para problemas pendentes e pode fornecer relatórios periódicos para documentar a utilização e o desempenho. Ele pode priorizar e submeter à execução programas que não tenham prazos críticos para execução. O *software* de gestão de sistemas pode identificar e remover arquivos temporários deixados por programas terminados de maneira anormal.

Empacotando o Sistema Operacional

Os fornecedores de sistemas operacionais agregam uma grande variedade de *softwares* ao núcleo do sistema operacional. Na maioria dos casos, o *software* agrupado como um sistema operacional inclui um grande número de utilitários de sistema e algum *software* horizontal. O Windows XP da Microsoft, por exemplo, inclui protetores de tela, *software* de diagnóstico, um navegador para a *Web*, editor de fotos, *music player* e até mesmo *software* para exibição e edição de filmes. Uma razão para se colocar tanta funcionalidade quanto possível no sistema operacional é que isto melhora o produto. Alguns céticos declaram que outra razão para isto são questões competitivas, ou talvez anticompetitivas.

Um fornecedor de sistemas operacionais que vende *software* de gestão de banco de dados pode acoplar o *software* de gestão de banco de dados ao sistema operacional, de maneira que os usuários não tenham razões para comprar um produto concorrente. A Microsoft reconheceu a sabedoria desta estratégia ao empacotar seu navegador da *Web*, o Explorer, com o seu sistema operacional Windows 95 e subseqüentes. Ela rapidamente captou uma participação de mercado que não poderia ter alcançado se tivesse tentado vender o Explorer competindo contra o navegador Netscape. A legalidade de tal empacotamento, especialmente se seu praticante tem poder de monopólio e seu propósito é jogar o concorrente para fora

TABELA 3-9

Os sistemas operacionais dos computadores incluem uma variedade de utilitários de sistema.

Utilitário	Descrição
Arquivamento	Permite aos usuários remover dados para uma mídia de armazenamento permanente, tal como um disquete ou disco ótico; pode comprimir e/ou codificar os dados para maior capacidade de armazenamento e segurança. Pode manter um arquivo histórico e efetuar arquivamento tanto incremental quanto completo.
Diagnóstico	Permite ao usuário diagnosticar problemas com várias partes do computador, incluindo arquivos criados e usados pelo sistema operacional.
Extensores de fonte	Fornece fontes de tipos para mudar o formato dos caracteres. Alguns extensores de fonte permitem ao usuário editar, rodar, sombrear e manipular fontes de várias maneiras.
Modificadores de teclado	Permite que teclas em um teclado recebam nova atribuição de maneira que sua digitação seja um atalho para palavras ou frases.
Diversos	Programas para capturar e exibir imagens de tela; programas para recuperar dados que foram apagados; programas que permitam usar o mouse no lugar de teclas de setas para programas que não suportam um mouse.
Protetores de tela	Apresentam desenhos em movimento sobre sua tela se o computador não for usado por um período de tempo. Pode evitar que outros usem o computador sem fornecerem a devida senha.
Segurança	Evita que usuários não autorizados usem seu computador ou acessem seus dados; codifica os dados de maneira que eles não possam ser lidos ou roubados sem elevados custos decorrentes; verifica a integridade de seus dados e/ou programas para garantir que eles não foram alterados.
Visualizadores	Lê e exibe documentos criados por *softwares* diversos e armazenados em formatos especiais.
Antivírus	Identifica e elimina vírus do computador.

FONTE: University Knowledge Database

do mercado, foi questionada nos tribunais no caso *Estados Unidos versus Microsoft.* Apesar de o tribunal ter decidido que a Microsoft tinha se comportado como um monopolista predatório e ter citado a prática da Microsoft de agrupar seu navegador *Web* com seu *software* operacional como parte desta evidência, outra evidência das práticas monopolistas da Microsoft foi também citada.[34] O critério, portanto, torna difícil determinar se anexar *software* aplicativo ao sistema operacional da Microsoft teria sido suficiente para determinar sua condenação.

Software de Desenvolvimento de Sistemas

Apesar de a maioria dos administradores valer-se de profissionais de sistemas de informações para criar ou alterar *software*, eles devem saber que cada tipo de computador reconhece e responde a um conjunto diferente de instruções. Os programas de computador organizam e seqüenciam estas instruções. Os programadores usam linguagens de computador, tais como C, COBOL, Java ou Visual Basic para criar um único programa de computador que execute a mesma tarefa em diferentes computadores. Programas escritos em tais linguagens podem ser traduzidos para a linguagem do computador-alvo antes de serem rodados. As linguagens também aumentam a eficiência do desenvolvimento de *software* porque os programadores podem usar comandos simples, inteligíveis ao invés de instruções escritas num formato requerido pelo computador alvo.

As linguagens de computador diferem na maneira como são traduzidas, seu nível de abstração, se são procedurais ou não-procedurais e se são orientadas a comando/dados ou orientadas a objeto. A Tabela 3-10 descreve algumas linguagens comuns de computador de acordo com estes parâmetros.

Método de Tradução de Linguagens

Um *tradutor de linguagem* traduz o *software* da linguagem usada pelos desenvolvedores de *software* para uma linguagem de computador (conhecida como **linguagem de máquina**) e assim permite aos desenvolvedores usarem uma linguagem comum para *software* destinado a muitos tipos diferentes de computadores. Cada computador traduz o mesmo *software* em instruções que somente ele pode usar.

Existem dois tipos de tradutores de linguagem: compiladores e interpretadores. Um **compilador,** tal como um usado para C, COBOL e FORTRAN, traduz um programa, chamado **código-fonte,** escrito na linguagem do desenvolvedor para código de computador chamado **módulo-objeto.** Um ligador (*linker*) combina este módulo a outros módulos-objeto, contidos numa biblioteca de funções usadas na maioria

TABELA 3-10

As linguagens de computador comuns diferem em pelo menos quatro dimensões.

Linguagem	Método de Tradução Primária	Nível de Abstração	Procedural	Orientada a Objeto
BASIC	Interpretada ou compilada	Moderado	Sim	Não
C	Compilada	Baixo-Moderado	Sim	Não
C++	Compilada	Baixo-Moderado	Sim	Um pouco
C#	Compilada	Baixo-Moderado	Sim	Sim
COBOL	Compilada	Moderado	Sim	Um pouco*
FORTRAN	Compilada	Moderado	Sim	Não
Java	Código intermediário	Moderado	Sim	Sim
Javascript	Interpretada	Moderado	Sim	Não
LISP	Interpretada ou compilada	Moderado	Sim	Não
Pascal	Interpretada ou código intermediário	Moderado	Sim	Não
Perl	Interpretada ou código intermediário	Moderado-Alto	Sim	Não
Prolog	Interpretada	Moderado-Alto	Não	Não
Smalltalk	Interpretada	Moderado-Alto	Sim	Sim
SQL	Interpretada ou compilada	Alto	Não	Não
Visual Basic	Interpretada ou compilada	Alto	Sim	Sim

*COBOL orientado a objeto

dos programas, e cria um programa chamado **módulo executável**, ou **módulo de carga** (ver Figura 3-15). O usuário pode carregar o módulo executável num computador e rodá-lo. O computador rodando o executável não precisa de uma cópia do compilador porque o programa já foi traduzido. Muitas linguagens permitem ao programa ligar ou desligar um módulo-objeto enquanto o programa roda, um recurso chamado "*ligação dinâmica*".

Um **interpretador**, tal como um usado para BASIC e Pascal, traduz comandos de linguagem para código de computador, uma instrução por vez, e então executa cada instrução antes de traduzir a próxima instrução. O usuário simplesmente carrega o interpretador no computador e o roda. O interpretador trata o código-fonte como dados, lendo, traduzindo e obedecendo a seus comandos.

Os interpretadores têm duas grandes vantagens em relação aos compiladores. Primeira, o desenvolvedor pode distribuir seu código-fonte a qualquer um que tenha um interpretador. O mesmo código-fonte vai rodar em qualquer computador e em qualquer sistema operacional. Isto torna as linguagens interpretadas, como Javascript e HTML, ideais para programar páginas de *Web*. Em comparação, um desenvolvedor

FIGURA 3-15

Um compilador traduz código-fonte em módulos-objeto. Um ligador combina estes módulos-objeto com outros de uma biblioteca de objetos para criar um módulo executável.

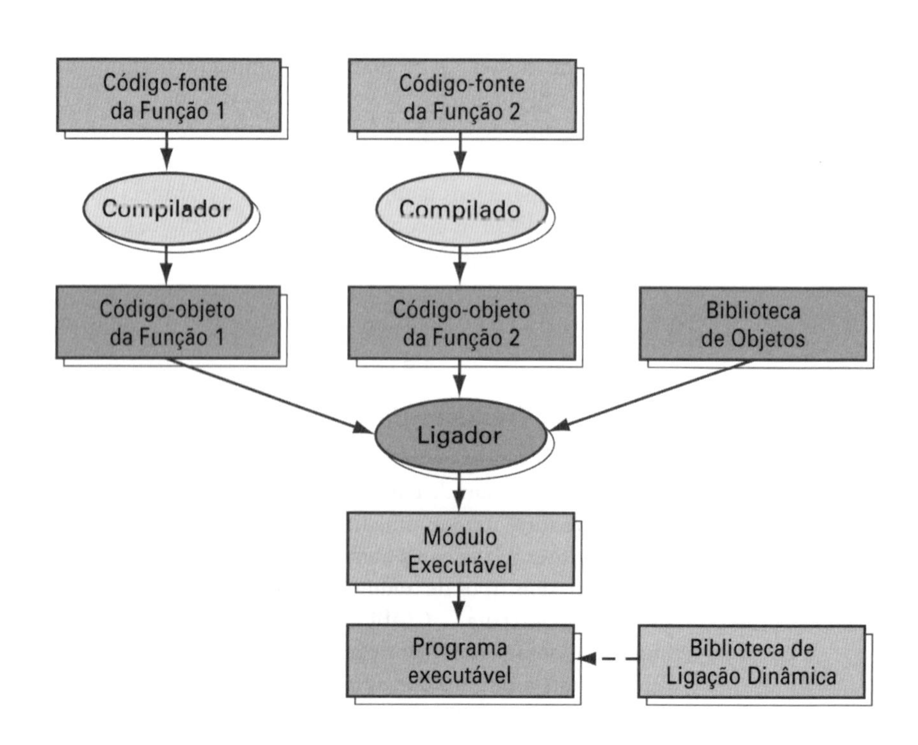

usando uma linguagem compilada precisa criar módulos executáveis para cada combinação de tipo de computador e sistema operacional. Segunda, o interpretador oferece um ambiente amigável para o desenvolvedor de *software*. O desenvolvedor pode interrogar o interpretador sobre o *status* do programa, repor valores de dados e continuar ou reiniciar o programa. Em comparação, toda vez que o desenvolvedor faz uma mudança num programa de linguagem compilada, ele precisa recompilar o programa e submetê-lo novamente ao ligador ("relinká-lo") antes de testá-lo e usá-lo.

As linguagens interpretativas também têm várias desvantagens. O programa interpretado é executado mais lentamente que um similar compilado, porque ele precisa ser traduzido enquanto roda. Um usuário rodando um programa interpretado deve ter uma cópia de seu interpretador em seu computador enquanto que um usuário executando um programa compilado não precisa de uma cópia do compilador. Os usuários de páginas interpretadas precisam ter acesso ao código-fonte para rodar os programas; assim, proteger da pirataria o *software* interpretado é muito mais difícil do que proteger *software* compilado.

Algumas linguagens, como BASIC e LISP, existem em ambas as formas: interpretativa e compilada. Os desenvolvedores podem desenvolver seu *software* usando a forma interpretativa da linguagem e distribuir seu *software* na forma compilada, mas os programas compilados não podem rodar em qualquer computador. Outras linguagens, como Java, compilam código-fonte em um código intermediário que preserva muito da linguagem-fonte em um formato altamente compacto, não reconhecível, que ainda exige um interpretador. Esta solução permite ao programa permanecer protegido, mas rodar em qualquer computador. Isto também acelera a execução do programa, apesar de ainda assim não chegar ao nível de uma linguagem compilada.

Nível de Abstração

Apesar de a linguagem a ser usada numa determinada aplicação ser escolhida por profissionais de sistemas de informação e não por administradores, estes devem saber que têm probabilidades de entender e usar algumas linguagens interpretadoras de alto nível, tal como a SQL (Structured Query Language), suficientemente bem para atender algumas de suas necessidades de informação. As linguagens de computador diferenciam-se no número de passos pelos quais o tradutor tem de passar para transformar os comandos do usuário em comandos executáveis pelo computador e, portanto, a quantidade de instruções que um único comando fornece.

- As *linguagens de segunda geração* são de um relativo baixo nível e requerem muitos passos. Um único comando cria poucas instruções.
- As *linguagens de terceira geração* têm um índice moderado de abstração e requerem menos passos. Um único comando inclui uma quantidade média de instruções.
- As *linguagens de quarta geração (4GLs)* são relativamente de alto nível e requerem o menor número de passos. Um único comando inclui uma extensa quantidade de instruções.

Considere a seguinte analogia. Como você dá a um robô instruções para escovar os dentes? Se você tem um robô suficientemente inteligente e treinado, você pode simplesmente dizer, "Escove seus dentes". Se ele não executou esta tarefa antes, você pode dizer, "Pegue a escova de dentes de seu recipiente. Abra o tubo de pasta. Esprema suficiente pasta de dentes sobre a escova para cobrir as cerdas. Abra a água fria. Molhe a pasta de dentes e as cerdas da escova de dentes. Esfregue a pasta de dentes sobre seus dentes. Enxágüe sua boca." Se o robô tem menos inteligência ou treinamento, você pode precisar dar-lhe instruções mais detalhadas. Ele pode precisar saber como tirar a escova de dentes de seu recipiente, ou como apertar o tubo.

As antigas linguagens de programação de uso geral, conhecidas como linguagens de montagem (*assembly languages*) ou linguagens de segunda geração, exigiam que os programadores especificassem com minuciosos detalhes cada passo que eles queriam que o computador executasse. As linguagens posteriores, como COBOL, FORTRAN e Pascal, incluíam comandos muito mais poderosos. Um único comando numa dada linguagem de terceira geração pode substituir de dez a cinqüenta comandos de linguagens de segunda geração. As linguagens mais recentes, como a SQL, operam em conjunto com *software* de gestão de banco de dados para levar ainda mais significado em cada instrução. Uma única instrução numa destas linguagens de quarta geração muitas vezes iguala centenas ou até mesmo milhares de instruções escritas numa linguagem de segunda geração. Como os desenvolvedores podem carregar bastante significado com poucas instruções, eles podem reduzir o tempo de desenvolvimento em cerca de 25% em relação ao requerido com o uso de linguagens como a COBOL.[35]

As linguagens de baixo nível, como Assembler 8086 e C, têm duas vantagens sobre linguagens de níveis mais altos. Primeiro, elas proporcionam mais flexibilidade e velocidade na execução de um trabalho.

Usando a analogia do robô, um robô instruído no nível mais alto para escovar seus dentes vai, provavelmente, ter um modo fixo de fazê-lo, talvez escovando os dentes superiores antes dos inferiores. Se você quisesse que o robô escovasse seus dentes de baixo antes dos de cima, poderia ter que valer-se de uma linguagem de nível mais baixo. As linguagens de baixo nível permitem mais controle sobre como o computador manuseia seus dados e instruções para algumas tarefas de programação. As linguagens de mais alto nível efetuam mais verificações e aceitam mais possibilidades do que o mesmo código escrito em uma linguagem de mais baixo nível.

Os programadores podem usar as linguagens de alto e baixo nível para desenvolver um único *software* aplicativo. Onde for possível, eles usam a linguagem de mais alto nível disponível para maximizar sua produtividade e reduzir o tempo de desenvolvimento. Se partes do programa rodam muito vagarosamente ou se a linguagem de mais alto nível é inflexível demais para realizar algumas tarefas, os programadores podem escrever parte do código em uma linguagem de nível mais baixo. O programador compilará cada parte do programa usando seu próprio tradutor de linguagem e ligará ("linkará") as partes compiladas em um programa completo com uma ferramenta de desenvolvimento de *software* chamada ***link-loader.***

Procedural versus Não-procedural

As **linguagens procedurais,** como C, COBOL, ou FORTRAN, forçam o desenvolvedor de *software* a dar instruções passo a passo ao computador. As linguagens procedurais possibilitam ao computador variar seus passos dependendo dos dados fornecidos. Estendendo a analogia do robô, uma instrução poderia dizer, "Se o tubo da pasta de dentes estiver vazio, pegue um novo tubo do armário." Os passos executados pelo robô após este comando dependem do estado do tubo de pasta de dentes. O *software* escrito em uma linguagem procedural também permite ao computador determinar seu curso baseado nos dados que encontra.

As **linguagens não-procedurais** foram desenvolvidas depois das primeiras linguagens de quarta geração. O primeiro tipo, como a SQL, exige que o desenvolvedor de *software* declare o resultado que deseja. O processador da linguagem e não o programador determina as instruções a dar ao computador para atingir este resultado. Por exemplo, um comando em tal linguagem pode dizer, "Produza um relatório mostrando o nome, endereço e números de telefones de todos os clientes na região nordeste que têm débito maior que US$3.000." O tradutor da linguagem, não o desenvolvedor do *software*, decide como atingir este resultado.

Um segundo tipo de linguagem não-procedural, como Prolog, declara fatos e regras. Produtos chamados **interfaces de sistemas especialistas** usam um **mecanismo de inferência** para processar as sentenças da linguagem e dados fornecidos por usuários para chegar a conclusões, responder perguntas e dar conselhos. O desenvolvedor de *software* de sistemas especialistas não sabe e geralmente não consegue especificar a ordem ou os passos que o mecanismo de inferência vai usar para chegar às suas conclusões.

A seguir vem um exemplo simples de um programa pequeno (dois fatos e uma regra) que pode ser expresso na linguagem de uma interface de sistemas especialistas (ver Figura 3-16). Fato 1: Jane é a mãe de Alan. Fato 2: Mary é a irmã de Jane. Regra 1: Uma tia é a irmã da mãe de alguém ou a irmã do pai de alguém. Um mecanismo de inferência usaria este programa para determinar se Mary é ou não tia de Alan. A ordem em que os fatos e regras são processados na busca desta resposta não pode ser determinada a partir do programa. Os sistemas especialistas e suas aplicações são descritos com mais detalhes no Capítulo 8.

Orientada a Comando/Dados versus Orientada a Objeto

As **linguagens de programação orientadas a comando/dado,** como FORTRAN, COBOL e Pascal, separam o armazenamento de dados das partes de procedimentos do programa. As partes procedurais do programa operam sobre os dados recebidos.

As **linguagens orientadas a objeto,** como C#, Java e Smalltalk, fundem procedimentos e dados em uma estrutura chamada objeto. O programador usa uma linguagem orientada a objeto para construir objetos. Ele então constrói um programa juntando tais objetos uns com os outros e com outros objetos de uma biblioteca de classes de objetos previamente construída.

O desenvolvedor de *software* que usa uma orientação a objeto especifica os relacionamentos entre objetos de duas maneiras. Primeira, o desenvolvedor estabelece um relacionamento hierárquico no qual as ocorrências (chamadas instâncias) de objetos similares criam uma classe de objeto e uma classe de objeto pode pertencer a outras classes. Por exemplo, Helena e Paulo podem ser objetos da classe de objeto "empregado". A classe de objeto empregado pode ser um membro da classe "pessoa", da qual ela herda muitas de suas características (ver Figura 3-17). Segunda, o desenvolvedor de *software* especifica como os objetos

FIGURA 3-16

Em um sistema especialista, um mecanismo de inferência usa uma base de regras e uma base de fatos para responder às consultas do usuário.

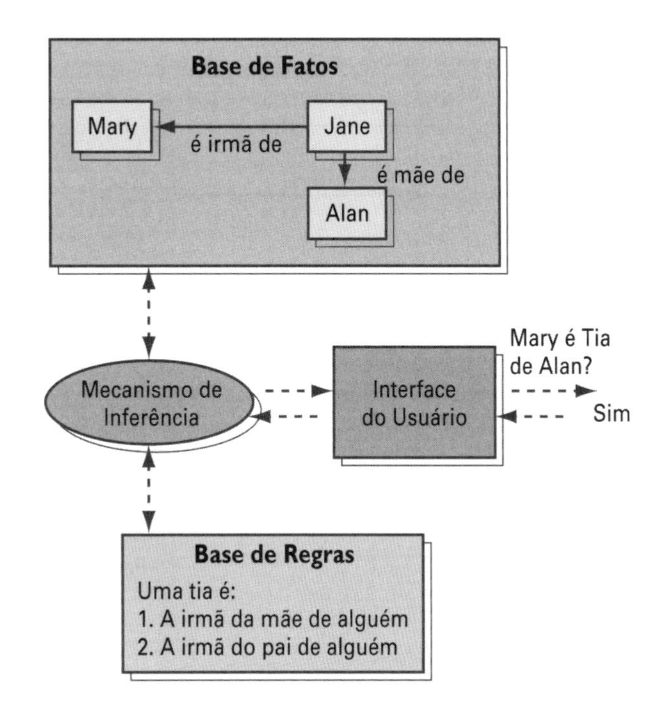

comunicam-se uns com os outros através de mensagens. Por exemplo, qualquer objeto pessoa poderia responder de modo apropriado à mensagem "qual é o seu nome?". A Figura 3-18 ilustra um exemplo mais complexo de comunicação por mensagem entre objetos.

Em um ambiente orientado a objeto, o desenvolvedor de *software* modela os objetos e processos que são necessários à organização para que esta administre suas informações. Usando tais objetos o programador pode facilmente e de forma relativamente rápida criar um protótipo limitado de programa para executar praticamente quaisquer funções de processamento de informação requeridas pela organização. Uma vez que os desenvolvedores tenham criado objetos de *software* que representem os objetos reais em seu ambiente de negócio, eles podem usar estes objetos de *software* repetidamente, economizando tempo de desenvolvimen-

FIGURA 3-17

Os objetos e suas classes formam uma hierarquia, ilustrando o princípio da herança. Um empregado, por exemplo, herda os atributos de uma pessoa. Neste exemplo, Paul e Helen são objetos da classe de objeto empregado.

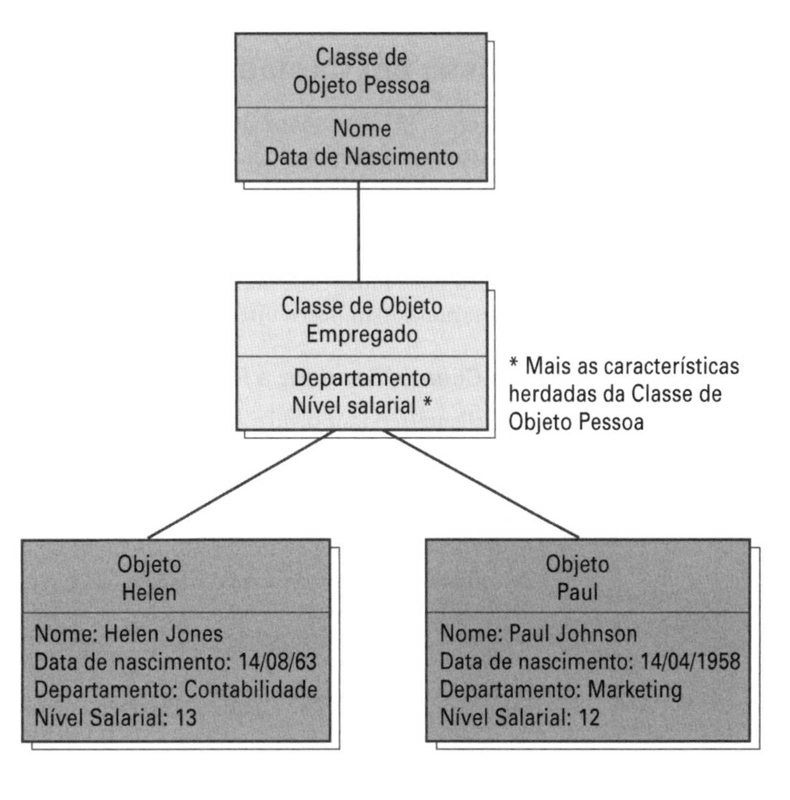

FIGURA 3-18

O objeto cliente responde à mensagem "Podemos oferecer-lhe crédito?" enviando mensagens ao objeto contas a receber de clientes associado ao cliente. Ele processa as respostas do(s) objeto(s) contas a receber e responde com uma mensagem de retorno apropriada.

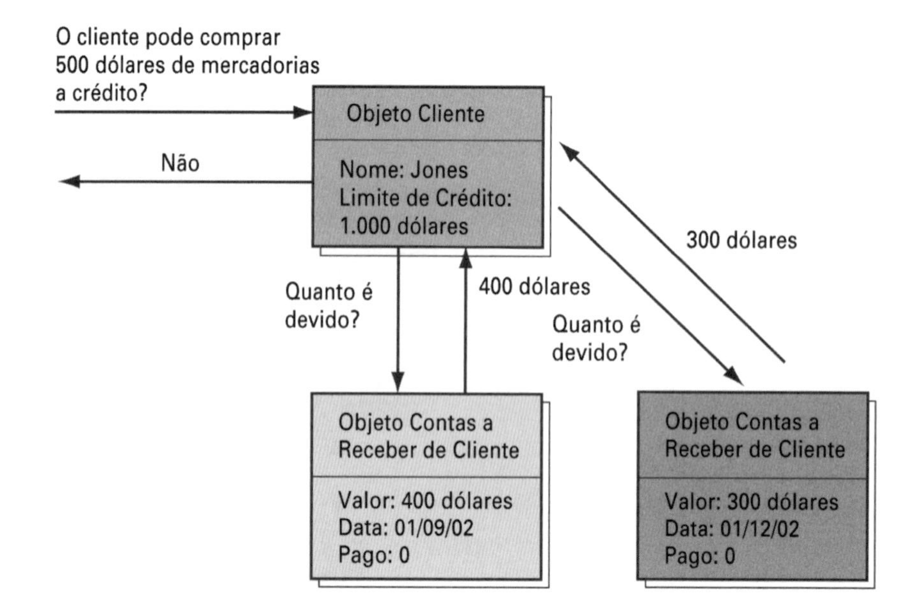

to e custos. A Norfolk Southern Railway, por exemplo, estimou que sua mudança de COBOL para desenvolvimento orientado a objeto economizou-lhe entre 20 e 30 milhões de dólares por ano.[36] As empresas podem economizar um tempo adicional comprando classes de objeto de *software* prontas dos fornecedores para incluir em seu próprio *software*. A PepsiCo acredita que o uso de tais classes aumenta a velocidade com que ela pode desenvolver novo *software*, aumentando sua flexibilidade, adaptabilidade e agilidade de mercado.[37]

Ferramentas CASE

Os desenvolvedores de *software*, como os projetistas de produtos físicos, pensam sobre o *software* como um produto a projetar. As ferramentas para engenharia de *software* assistida por computador (*computer-assisted sofware engineering – SCASE*) são produtos de *software* que aplicam princípios de engenharia para o projeto, desenvolvimento e manutenção dos produtos de *software*. Eles podem formar o fundamento para modelagem, medição e gestão do desenvolvimento e manutenção de sistemas. O Capítulo 9 aborda as ferramentas CASE com maior profundidade.

Uma Visão em Camadas do *Software*

Como a Figura 3-19 ilustra, normalmente existem pelo menos duas camadas de *software* entre o computador e o usuário — o sistema operacional e o *software* aplicativo.

Quando o *software* aplicativo precisa de recursos de computador ou da rede para executar seu trabalho, ele chama o núcleo do sistema operacional para que os forneça. Esta divisão de mão-de-obra permite aos desenvolvedores de *software* criar *software* que roda em diferentes tipos de sistemas de computador. Um aplicativo pode rodar em computadores de diferentes projetos e configurações porque o núcleo do sistema operacional manuseia a interface entre o aplicativo e o *hardware*.

Modelos Cliente/Servidor e Multicamada

O **modelo cliente/servidor** divide um aplicativo de *software* em pelo menos duas partes, separadas mas interdependentes, chamadas de *cliente* e *servidor*. Algumas vezes, o *software* é dividido em mais partes, resultando numa estrutura multicamada. Esta seção discute como e por que o *software* de aplicativo é projetado desta maneira.

O modelo cliente/servidor na sua forma mais básica de duas camadas deixa o manuseio da interface com o usuário sob a responsabilidade do *software* cliente. O *software* servidor é responsável pelo armazenamento e gestão dos dados. Tanto o cliente como o servidor podem efetuar qualquer outro processamento necessário. Considere, por exemplo, o *software* que uma agência de seguros pode usar para processar suas contas. Para adicionar uma nova apólice de seguro, o *software* cliente apresenta a tela de entrada de dados, processa os dados fornecidos pelo usuário e, talvez, calcule uma classe de taxa e o valor do prêmio. O *software* servidor armazena os dados da apólice em um banco de dados central, recupera tabelas de taxa de maneira que o

FIGURA 3-19

Um modelo de *software* em camadas mostra como o sistema operacional faz a intermediação entre o software aplicativo e o computador e como o software aplicativo e o sistema operacional fazem interface com o usuário. A camada do software aplicativo também pode ser dividida em camadas de gestão de dados, de lógica de negócios e de interface com o usuário.

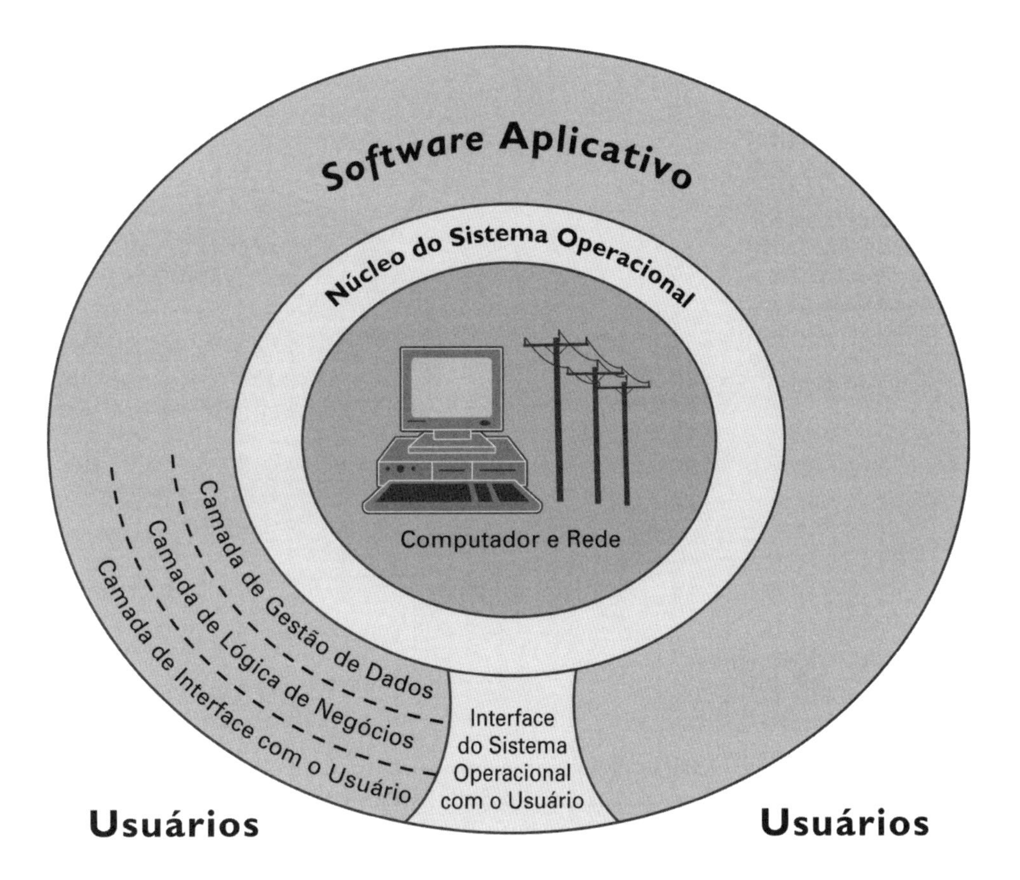

software cliente possa calcular os prêmios e, talvez, até mesmo recuperar informações, como o endereço de cliente, de outras apólices mantidas pelo mesmo cliente, para simplificar a entrada de dados. O servidor pode também executar outras funções, tais como gerar cartas para os possuidores de títulos a receber.

A divisão cliente/servidor propicia três grandes benefícios. Primeiro, ela permite que diferentes partes do *software* sejam construídas e modificadas independentemente. Se a empresa deseja mudar a interface do usuário, por exemplo, ela deve mudar somente o *software* cliente. O *software* servidor não será afetado. Segundo, ela permite que o *software* servidor seja construído para atender a múltiplos aplicativos. Por exemplo, se a empresa de seguros criar outros programas para acessar os mesmos dados, ela pode usar o *software* servidor existente e construir novos aplicativos clientes. Finalmente, ela permite que as diferentes partes do *software* sejam rodadas em computadores diferentes. Esta separação de funções reduz a carga de processamento no computador que armazena os dados. O *software* servidor pode manusear solicitações de cópias do *software* cliente rodando simultaneamente em diferentes computadores. Por exemplo, um único servidor pode armazenar informações de apólices novas e processar solicitações de dez agentes de seguros, cada um com seu computador rodando uma cópia do *software* cliente.

O modelo *cliente/servidor de três camadas* divide um aplicativo em interface do usuário, lógica de negócios e componentes de tratamento dos dados (ver Figura 3-19). Ele produz dois pares de cliente/servidor, como mostrado na Figura 3-20. A interface do usuário é o cliente básico, obtendo dados do usuário e originando uma solicitação para o servidor de lógica de negócios para processar estes dados. O servidor da lógica de negócios torna-se um cliente para o módulo administrador de dados, emitindo solicitações conforme necessário para seu próprio processamento. Quando terminado, o servidor da lógica de negócios envia seus resultados para o cliente interface do usuário, o qual por sua vez os apresenta ao usuário.

O modelo de três camadas reduz os recursos requeridos no *desktop* e na interface de dados. Os programas de negócios tendem a ser grandes e complexos, demandando uma grande quantidade de armazenamento mesmo quando não estão em uso e, quando em uso, demandam quantidades significativas de memória de computador. Separar a lógica de negócios das interfaces do usuário e de dados permite ao *software* da lógica de negócios rodar num computador centralizado, reduzindo as demandas no *desktop* e no computador de recuperação e armazenamento de dados. O impacto é mais significativo no *desktop*. Os empregados podem usar computadores menos poderosos e mais baratos, conhecidos como *thin clients*, que incluem menos *software*, geralmente somente um navegador *Web*, com ou sem armazenamento secundário. Para empresas que possuem milhares de computadores de mesa, o uso de *thin clients* pode re-

FIGURA 3-20

Um modelo cliente/servidor de três camadas inclui uma camada de interface com o usuário, uma camada de lógica de negócios e uma camada de gestão de dados. A camada da lógica de negócios serve à interface do usuário e atua como um cliente para o servidor gestão de dados.

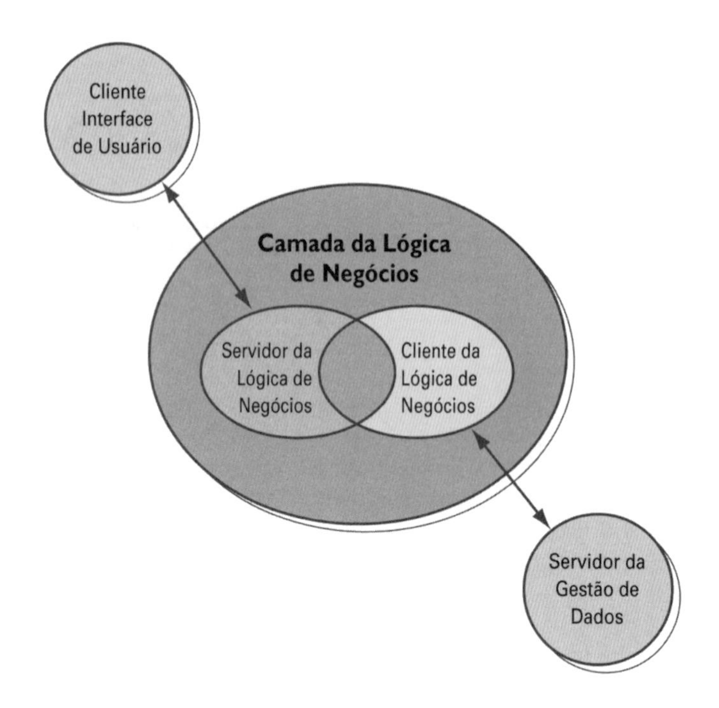

sultar em grande economia de custos. Os modelos de duas camadas, em contraste, resultam em clientes com uma boa quantidade de *software* e armazenamento, chamados *fat clients* (desktops com configuração mais robusta). A Matrix Rehabilitation, uma firma que provê terapia física ambulatorial em mais de 200 clínicas em 13 estados americanos, trocou, em meados de 1998, sua computação para um modelo de três camadas com *thin clients* ao invés de modernizar os computadores de mesa de seus 1.000 usuários. A empresa descobriu que economizou US$2 milhões nos dois primeiros anos, melhorou o desempenho e tempo de resposta em 150% a 200%, e teve condições bem melhores para administrar seus softwares nos seus 30 servidores de aplicativos ao invés de 1.000 computadores desktop.[38]

O modelo três camadas também facilita a tarefa de modernizar *software*. Quando as regras de negócio mudam, os profissionais de computação podem modificar a camada intermediária sem fazer *upgrade* no *software* contido em cada *desktop* e sem *upgrade* na interface de dados. Por esta razão, o modelo de três camadas é particularmente popular em organizações que usam computadores móveis porque os computadores móveis geralmente estão fora e indisponíveis para *upgrade*.

O modelo *cliente/servidor multicamada* ou *modelo cliente/servidor n-camadas* divide o *software* de aplicação em múltiplos componentes, cada um dos quais podendo chamar os outros para executarem serviços para ele. Considere, por exemplo, o *software* de entrada de pedidos. Este *software* pode passar muitas tarefas relacionadas para os sistemas de gestão de estoque, planejamento de vendas e contabilidade. Estes sistemas podem rodar no mesmo computador do sistema de entrada de pedidos ou em outro computador. A divisão do aplicativo permite a estes sistemas mudarem sem afetar o sistema de entrada de pedidos. Este enfoque também reparte a carga de processamento entre diferentes computadores, mas aumenta o *overhead* (sobrecarga) de processamento e de rede, pelo envio de mensagens e solicitações de ida e volta entre os sistemas inter-relacionados.

UMA OLHADA NO FUTURO

A tecnologia da computação está evoluindo rapidamente. Embora tenhamos alguma fé de que a Lei de Moore vá predizer quão rapidamente a capacidade dos computadores vai crescer, é inútil tentar adivinhar quais tecnologias vão alimentar este crescimento. Tudo o que sabemos é que os computadores ficarão menores e mais inteligentes. Nesta seção exploramos os limites de tamanho e inteligência.

Os Nanobots e a Nanotecnologia

O prefixo "nano" significa um bilionésimo. A **nanotecnologia** alude à construção de estruturas em uma escala de um bilionésimo de metro, cerca de cinco vezes o diâmetro de um átomo de carbono. Imagine se você pudesse montar moléculas, ou talvez até átomos, em qualquer seqüência e forma que você desejasse. Você poderia construir qualquer remédio ou talvez até reparar ou trocar partes do corpo que tivessem sido prejudicadas. Você não precisaria plantar alimentos — você os faria!

A IBM demonstrou pela primeira vez a habilidade de movimentar átomos individuais mais de uma década atrás (ver Figura 3-21). Os cientistas, desde então, fizeram grandes avanços na nanotecnologia. Eles produziram um máquina de uma só molécula que converte energia da luz em trabalho.[39] Desenvolveram projetos exeqüíveis para motores em escala nanométrica que são propulsados por lasers.[40] Também criaram arames com a espessura de uns poucos átomos. Quando organizados em uma grade, estes arames podem produzir transistores em suas junções, levando à promessa de computadores compostos de apenas alguns átomos.[41]

A nanotecnologia promete muito. Mas, talvez, a maior promessa de todas seja a da construção de nanobots, robôs de dimensões nanométricas. Estes robôs seriam capazes de executar nanomontagens sob a direção de um computador. Conceitualmente, eles seriam capazes de criar cópias de si mesmos, e cada nanobot criado aumentaria a quantidade de trabalho que poderia ser feito. O conceito da auto-reprodução de computadores pode ser assustador, mas não está mais além do domínio da possibilidade.

A Inteligência Artificial — (Quando) os Computadores serão mais Inteligentes que Você?

O que é inteligência? Como ela é medida? O que significa dizer que você é mais esperto que um computador?

A inteligência é, na verdade, um conceito muito complicado. Os psicólogos e educadores têm debatido entre si por anos sobre como medir quão talentosa uma pessoa é. E ainda não há consenso. Podemos dizer, por exemplo, que uma pessoa é "talentosa com os livros" mas não tem "esperteza de rua" ou "bom senso". Algumas pessoas conseguem realizar surpreendentes cálculos matemáticos de cabeça e, no entanto, não conseguem escrever um parágrafo coerente. Outras conseguem aprender várias línguas, mas têm pouca habilidade para conceitualizar ou seguir uma prova matemática. Em 1983, Gardner propôs uma teoria controversa de múltiplas inteligências.[42] Ele argumentou que pelo menos oito diferentes medidas da inteligência são necessárias para descrever o quanto uma pessoa é inteligente (ver Tabela 3-11). Se a teoria de Gardner é verdadeira, então uma pessoa pode ser mais inteligente que outra em um aspecto e, no entanto, não ser tão inteligente em outro. Todavia, você provavelmente pode concordar que a maioria das pessoas é mais inteligente que cães e que cães são mais inteligentes que computadores na maioria das medidas de inteligência.

Os cientistas de computadores têm tentado há anos, sem sucesso, fazer os computadores inteligentes. As tecnologias chave no campo da **inteligência artificial** (IA) têm sido os sistemas de regras, redes neurais e algoritmos evolutivos. Em um **sistema de regras** o computador toma decisões baseado em regras lógicas. Nós abordamos os sistemas de regras antes neste capítulo na descrição de interfaces de sistemas especialistas e mecanismos de inferência (ver Figura 3-16). Os sistemas de regras demonstraram algum sucesso em algumas esferas, como jogar xadrez e efetuar diagnósticos médicos, onde as decisões a serem tomadas são limitadas em extensão, o conhecimento necessário para tomar aquelas decisões é bem definido e os dados originados das decisões estão prontamente disponíveis.

Os cientistas computacionais aprenderam a aplicar a **lógica fuzzy**, ou difusa, lógica baseada em probabilidades, quando as regras são menos claras. Os computadores usam a lógica difusa para que a linguagem faça sentido. Por exemplo, quando um computador ouve a palavra "contabilidade", pode estar razo-

FIGURA 3-21

Átomos de xenônio sobre uma superfície de níquel.

FONTE: acessado em http://www.rpi.edu/dept/materials/COURSES/NANO/shaw/IBM.gif. Cortesia de International Business Machines. Usado com permissão.

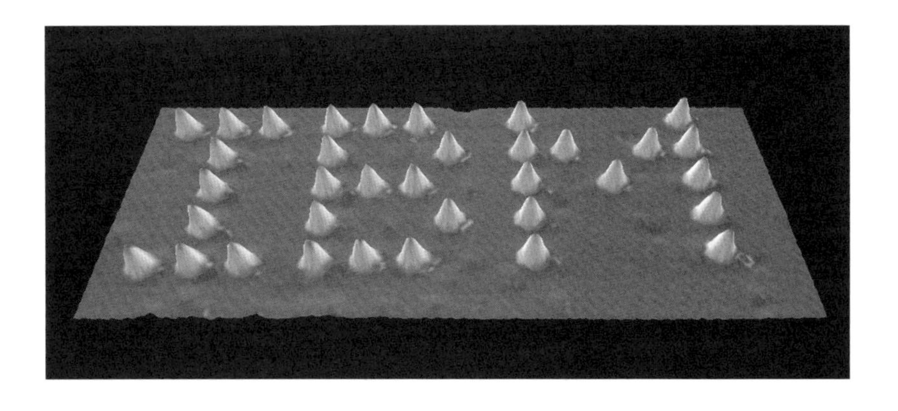

TABELA 3-11

As oito dimensões da inteligência conforme Gardner.

- Inteligência lingüística — "talentoso com palavras"
- Inteligência lógico-matemática — "talentoso com números/racionalização"
- Inteligência espacial — "talentoso com imagens"
- Inteligência corpóreo-cinestésica — "talentoso com o corpo"
- Inteligência musical — "talentoso com música"
- Inteligência interpessoal — "talentoso com pessoas"
- Inteligência intrapessoal — "talentoso com suas próprias emoções"
- Inteligência naturalista — "talentoso com a natureza"

avelmente certo de que o orador não quis dizer "contábil idade", pois é improvável que estas palavras apareçam uma depois da outra. Examinando probabilidades desta maneira, um computador pode deduzir probabilidades de sentido para frases, sentenças e então parágrafos.

Outros avanços nos sistemas de regras dependem de aumentar a quantidade de conhecimento que o computador tem disponível para a aplicação das regras. Para tornar-se inteligente, o computador precisa receber conhecimento que as pessoas admitam como verdadeiro, como "Deve-se sempre carregar uma caixa de biscoitos com a parte aberta para cima". O Cyc Project é uma tentativa de codificar o senso comum em regras básicas. Doug Lenat, diretor do Cycorp Inc., acredita que uma pessoa comum sabe cerca de cem milhões de coisas sobre o mundo. Ele acredita que mapear este conhecimento, como o mapeamento do genoma humano, é factível e será completado logo.[43]

O enfoque da **rede neural** para a inteligência artificial opera por imitação do cérebro humano. Em vez de usar regras embutidas ou programadas e um mecanismo de inferência, a rede neural identifica e reconhece padrões. Uma rede neural simula conexões entre os nervos no cérebro humano, chamados neurônios, os quais são considerados responsáveis pelas sensações e o raciocínio. Como no cérebro, cada neurônio simulado conecta-se com muitos outros neurônios e pode receber sinais deles simultaneamente. As redes "aprendem" reforçando ou enfraquecendo estas interconexões.

O enfoque do *algoritmo evolucionário* para a inteligência artificial opera pela observação do sucesso ou fracasso de milhões de diferentes conjuntos de regras e abordagens para resolver um problema. Inicialmente, estas regras são geradas aleatoriamente, mas, à medida que o computador aprende o que funciona e o que não funciona, as regras de sucesso são guardadas e as de menos sucesso são descartadas. Então, outras mudanças aleatórias são adicionadas, de maneira que a inteligência do computador evolua, como nas espécies biológicas, através da mutação e sobrevivência do mais apto.

A despeito dos avanços nas técnicas de IA, o consenso entre cientistas e a população em geral é de que os computadores não são muito inteligentes. Mesmo assim, há pouca dúvida de que eles têm ganho inteligência. Até hoje estes ganhos têm sido quase imperceptíveis. Mas, argumenta Ray Kurzweil, um dos primeiros líderes na pesquisa da IA, normalmente é difícil ver progresso nos estágios iniciais do crescimento exponencial. Quando o progresso passa de um determinado limiar, entretanto, o impacto do crescimento exponencial pode ser surpreendente. Kurzweil calcula que os computadores pessoais de hoje mal têm a capacidade para simular o cérebro de um inseto. No entanto, se a Lei de Moore continua a valer, como o tem sido por mais de 30 anos, um computador de 1.000 dólares (em dólares de hoje), será capaz de simular o cérebro de um rato lá pelo ano 2010 e um cérebro humano algo pelo ano 2020. Dobrando sua capacidade em poucos anos, ele terá a capacidade de simular todos os cérebros humanos sobre a Terra lá pelo ano 2060.[44]

Quando os computadores serão mais inteligentes que você? Pode ser mais cedo do que você pensa!

RESUMO

O *software* refere-se a comandos que dirigem o computador no processamento de informação ou dados. Os administradores devem entender o papel do *software* de sistemas e do *software* de desenvolvimento de sistemas, mas eles são mais afetados pelo *softwares* aplicativos de negócios, tanto vertical quanto horizontal.

O *software* vertical executa tarefas comuns a uma indústria específica. Ele inclui *software* empacotado, *software* customizado e *software* próprio, os quais diferem na quantidade de adaptação que o *software* permite. O *software* horizontal executa tarefas genéricas comuns a muitos tipos de problemas aplicativos em quaisquer ramos de negócio. Ele inclui *software* para automação de escritório e alguns aplicativos para funções de negócios.

O *software* de sistemas inclui utilitários, *software* de gestão de sistemas e rede e o núcleo do sistema operacional. Os utilitários de sistema operam basicamente sob o controle do usuário e fornecem funções de gestão de recursos básicos. O *software* de gestão de sistemas e de rede permite aos profissionais de computação monitorar e controlar os recursos do computador e das redes. O núcleo do sistema operacional executa a maior parte da manutenção básica, alocação de recursos e funções de monitoração de recursos para o computador.

O *software* de desenvolvimento de sistemas inclui linguagens de computador e as ferramentas da engenharia de *software* assistida por computador (CASE). As linguagens de computador diferem em seu método de tradução, seu nível de abstração, se são procedurais ou não-procedurais, e se são orientadas a comando/dados ou orientadas a objeto. As ferramentas CASE ajudam a automatizar o processo de desenvolvimento de *software*.

No futuro, os computadores serão menores e mais inteligentes. Os nanobots vão provavelmente montar estruturas, talvez até mesmo cópias deles mesmos, a partir de átomos e moléculas. Os *softwares* para inteligência artificial, como os sistemas de regras, redes neurais e algoritmos evolutivos, combinados com a crescente capacidade computacional, simularão a inteligência humana, conforme predito, lá pelo ano 2020.

TERMOS E EXPRESSÕES IMPORTANTES

chamada de sistema
código-fonte
compilador
integrador
inteligência artificial (IA)
interfaces de sistemas especialistas
interfaces para programas aplicativos ou *application programming interface* (API)
interpretador
linguagem de máquina
linguagem orientada a objeto
linguagem procedural/não-procedural
linguagens de programação orientadas a comando/dado
link-loader
lógica fuzzi ou difusa
mecanismo de inferência
middleware
modelo cliente/servidor
módulo de carga
módulo executável
módulo-objeto
nanotecnologia
núcleo (núcleo do sistema operacional)
rede neural
revendedor de valor agregado ou *vallue-edded reseller* (VAR)
sistema baseado em regras
Sistema Integrado de Gestão ou *Enterprise Resource Planning* (ERP)
sistema operacional
software horizontal
software vertical
softwares comerciais de prateleira ou *commercial off-the-shelf software* (COTS)
utilitários do sistema

QUESTÕES DE REVISÃO

1. Defina *software*.
2. Compare e indique as diferenças entre *software* horizontal e *software* vertical.
3. Que fatores devem os administradores considerar na avaliação e aquisição de *software* vertical?
4. Quais são as vantagens e as desvantagens relativas do *software* de pacote, software customizado ou adaptado e software próprio?
5. Por que a empresa deve adquirir *software* através de um revendedor de valor agregado (VAR) ao invés de um fabricante original do *software*?
6. Por que os fornecedores de *software* geralmente suprem seus produtos com interface para programas aplicativos (API)?
7. Que opções existem para garantir que os aplicativos de *software* vertical de uma organização estão suficientemente integrados uns aos outros?
8. Liste dois tipos de *software* horizontal.
9. Que fatores os administradores devem considerar ao avaliar e adquirir *software* horizontal?
10. Explique como o *software* aplicativo usa o núcleo do sistema operacional.
11. Que tipos de *softwares* são normalmente acoplados com o núcleo num sistema operacional?
12. Como um interpretador de linguagem diferencia-se de um compilador?
13. Por que o desenvolvimento de *software* é mais rápido e mais fácil numa linguagem de alto nível do que numa de baixo nível?
14. O que se entende por uma linguagem de computador não-procedural?
15. O que um mecanismo de inferência faz?
16. Qual é a diferença entre um objeto e uma classe de objeto?
17. Indique as diferenças entre o modelo cliente/servidor de duas camadas com o modelo cliente/servidor de três camadas.
18. Defina nanotecnologia.
19. Liste e descreva três tecnologias chave para o campo da inteligência artificial.
20. Descreva a teoria de Gardner de inteligências múltiplas.

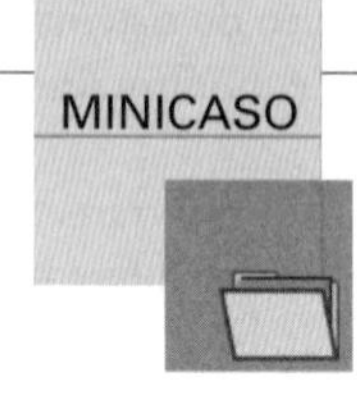

PAVIMENTANDO SOBRE A PAPELADA

O técnico em construções Bill Young lembra de quando tinha que carregar sua caminhonete todos os dias com formulários em papel antes de dirigir-se ao centro do estado de Michigan inspecionando locais de construção de estradas para o Departamento de Transportes de Michigan (MDOT). Ele tinha tantas caixas que "quase nem tinha espaço para me movimentar", relembra, ostentando uma camisa de flanela quadriculada e a pele de um forte bronzeado adquirido trabalhando no campo nos últimos 12 anos. Hoje, o único resquício de papelada em seu carro é um computador *notebook* montado no painel. "Agora sou como uma banda de um homem só", diz Young. "Somos só meu *laptop* e eu".

Young é um entre centenas de técnicos e inspetores dos 37 escritórios do MDOT, 120 agências de transporte local e 71 empresas privadas em Michigan usando o FieldManager, um conjunto de *softwares* de gestão de construção rodoviária desenvolvido e compartilhado pelo MDOT e a Info Tech, uma empresa de *software* de Gainesville, no estado da Flórida. É um sistema inovador para um departamento do governo e para uma indústria que mudou pouco desde 1909, quando o MDOT construiu a primeira milha de autopista de concreto no país.

"O FieldManager é compatível com meu objetivo de gastar nossas verbas de transporte de nosso estado mais na preservação de nossas rodovias do que em despesas administrativas", diz o Diretor do MDOT Greg Rosine. Agora, outros estão seguindo o exemplo do MDOT. O FieldManager foi licenciado para sete estados, duas tribos indígenas e 223 empresas privadas.

No passado, um técnico de campo costumava ir a cada local de trabalho com uma listagem do seu indispensável Relatório Diário de Inspetor. Ele o preenchia à mão, acompanhando milhares de itens de trabalho e materiais para cada projeto — tudo desde máquinas escavadoras a reboco. Ao final do dia ele entregava o relatório ao escritório. Considerando-se que a letra estivesse legível, as informações sobre materiais usados, trabalho completado e pagamentos necessários seriam copiadas e registradas à mão por não menos que cinco pessoas antes que o empreiteiro fosse pago. O MDOT precisava de um exército de funcionários de escritório para verificar o trabalho dos empreiteiros e os inspetores quase sempre podiam controlar somente um projeto por estação. Os projetos maiores precisavam de até 20 inspetores no local a cada dia. Hoje, o MDOT raramente manda mais de um técnico de campo para um local. Ele alimenta os dados num *laptop* e deste transfere para o FieldManager, na estrada mesmo ou na volta ao escritório. Técnicos no escritório usam as informações para gerar automaticamente as estimativas de pagamentos. Enquanto isso, inspetores e funcionários do escritório podem obter relatórios atualizados sobre seus projetos para acertar contestações dos empreiteiros, retificarem contratos, verificar a situação dos orçamentos e fazer outras consultas administrativas de rotina.

As origens do FieldManager remontam a um programa de 1989 chamado Construction Project Record Keeping Systems (CPRKS). O CPRKS eliminou algumas transcrições, mas ele não estava integrado com o outro sistema maior de gestão de construção que o MDOT usava. O CIO do MDOT, C. Douglass Couto contratou a Info Tech, que tinha criado um sistema para PC chamado Field Book, que o MDOT pensou que pudesse ser reformado para substituir o CPRKS. Uma parceria financeira entre um departamento do governo estadual e uma empresa de *software* não tinha precedentes. As negociações contratuais entre o escritório da procuradoria geral de Michigan e os advogados da Info Tech arrastaram-se por aproximadamente dois anos enquanto eles procuravam uma solução politicamente aceitável. "Tínhamos que focalizar o negócio do MDOT, que é construir estradas, não comercializar e distribuir *software* para repartições e consultores locais", explica Couto.

O MDOT e a Info Tech empenharam-se nas negociações porque viram o valor do FieldManager para outros no ramo de construção, diz Couto. O acordo final permitiu que o MDOT e a Info Tech fossem co-proprietários do código-fonte. A Info Tech conseguiu o direito de vender o *software*, mas tinha que dedicar as taxas de licenciamento pagas por outros estados para um contínuo desenvolvimento do FieldManager. O contrato também garantia ao estado de Michigan e aos departamentos de transporte locais uma licença perpétua sobre o *software*, decretava que o MDOT teria de aprovar quaisquer mudanças no mesmo, e definia o pagamento de royalties sobre as vendas a usuários particulares. Era totalmente diferente do contrato padrão que dava ao fornecedor controle total sobre o *software* e sobre todos os benefícios financeiros de suas vendas. "Se o tivéssemos feito do modo usual, teríamos tido que pagar para fazer quaisquer alterações", diz Couto.

Couto e Kevin Fox, administrador de sistemas do FieldManager, também tiveram que convencer legiões de usuários finais do MDOT a abraçar o produto. "Uma pessoa pegou o *laptop* e disse, 'A única coisa que vou fazer com isto é colocá-lo na parte traseira da minha caminhonete e esquecê-lo'", relembra Fox. O MDOT venceu a resistência incluindo usuários em cada estágio do desenvolvimento e deixando que o FieldManager se autopromovesse. Hoje, alguns dos antigos resistentes são propagadores do FieldManager. "Se você fosse a algumas daquelas pessoas que tinham sido mais relutantes e tentasse tirar-lhes o *software* agora, você se daria mal", diz Daniel Rutenberg, analista de sistemas sênior da divisão de construção e tecnologia.

FONTE: Adaptado de Stephanie Overby, "Paving over paperwork", *CIO*, 1.º de fevereiro de 2002, 82-86. Reimpresso por cortesia de CIO.

Questões do Caso

Diagnóstico

1. Quais são as necessidades de informação no MDOT?

Avaliação

2. Que alternativas o MDOT tem para satisfazer estas necessidades?

Projeto

3. Quais são as vantagens do FieldManager no atendimento destas necessidades?
4. Por que Couto sentiu que o MDOT necessitava de *software* próprio ou customizado?
5. Que riscos o MDOT correu no desenvolvimento e na propriedade de *software compartilhado*?
6. Que benefícios resultaram para o MDOT da co-propriedade e do desenvolvimento compartilhado do *software*?
7. Que *hardware* é necessário para o FieldManager funcionar apropriadamente?
8. Considerando o ambiente de construção, você faria mudanças no *hardware* escolhido?

Implementação

9. Por que o MDOT contratou a Info Tech para ajudar a desenvolver o sistema?
10. Como o MDOT conseguiu convencer seus empregados a usar o FieldManager?
11. Que benefícios o MDOT obtém por usar o FieldManager?

ATIVIDADE

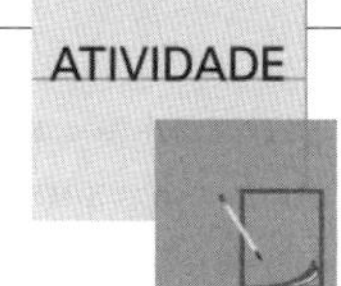

3-1 O PROBLEMA DAS COMPRAS DO CHILDLIFE CENTERS INC.

Passo 1: Leia a situação seguinte.

Você foi recém-contratado como o primeiro administrador de negócios do Childlife Centers Inc., uma cadeia de dez centros de atendimento diurno para crianças de um a sete anos. Jane Stuart começou a empresa dez anos atrás, quando expandiu uma pequena pré-escola instalada em sua casa, no primeiro centro de atendimento integral da Childlife. A partir de então, a senhorita Stewart somou mais nove centros à empresa. Ela espera dobrar o tamanho da empresa nos próximos cinco anos com a abertura de dez centros adicionais. Cada centro atende aproximadamente 60 crianças e tem uma equipe de 12 a 15 membros. Até recentemente Jane usava uma combinação de meio turno para funcionários de escritório e de serviços externos para satisfazer as necessidades administrativas da empresa. A secretária de Jane tem o único computador que a empresa possui; ela o usa somente para a preparação da correspondência.

Você recebeu um orçamento de 50.000 dólares para este ano fiscal para começar a informatizar a administração da empresa. Você e sua pequena equipe serão futuramente responsáveis pelo manuseio dos dados de pessoal, informações dos estudantes, contas a pagar, contas a receber, folha de pagamento e compras. Você contratou um consultor para ajudá-lo nas decisões finais sobre o *hardware* e *software* apropriados, mas quer usar o tempo dele tão efetivamente quanto possível. Então, você quer listar os tipos gerais de *hardware* que espera comprar.

Passo 2: Prepare o caso para discussão em classe.

Passo 3: Responda cada uma das questões seguintes, individualmente ou em pequenos grupos, como indicado pelo seu instrutor:

Diagnóstico

1. Quais são as necessidades de informações do Childlife Centers Inc. nas áreas pelas quais você é responsável?

Avaliação

2. Que problemas podem ocorrer com o sistema manual atualmente utilizado?

3. Quais destes problemas são mais críticos para a sobrevivência da empresa?

Projeto

4. Descreva detalhadamente sua solução para as necessidades de informações da empresa.
5. Descreva tão especificamente quanto possível os dispositivos de entrada e saída que você recomendaria.
6. Que tipo de processamento e armazenamento você recomendaria?
7. Descreva tão especificamente quanto possível qual *software* você recomendaria.

Implementação

8. Como você deveria planejar o uso do consultor que você contratou?
9. Quais questões você deveria esperar atender com a implementação do novo sistema?

Passo 4: Em pequenos grupos, com a classe inteira, ou de forma escrita, compartilhe suas respostas às questões acima. A seguir, responda às seguintes questões:

1. Quais são as necessidades de informação no Childlife Centers Inc.?
2. Quais são as similaridades e diferenças entre as opções de *hardware* e *software* propostas?
3. Que tipos de *hardware* e *software* atenderiam melhor às necessidades da empresa?

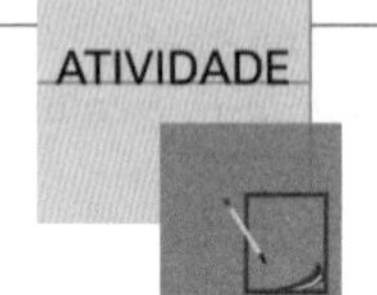

3-2 SELECIONE A TECNOLOGIA DE ENTRADA

Passo 1: Leia as situações seguintes. Cada uma descreve as necessidades de dados de uma área de operações em uma empresa ou organização profissional.

Problema 1: Em um escritório de advocacia, os advogados precisam acompanhar quanto tempo gastam em cada atividade para cada caso em que estão envolvidos. Eles também precisam identificar e acessar quaisquer documentos relevantes para o caso tão rápido quanto possível quando os clientes telefonam. Alguns destes documentos podem ser guardados eletronicamente, enquanto outros precisam ser guardados na forma de papel. (O escritório pode guardar cópias eletrônicas.) Alguns casos são designados para um único advogado da empresa, enquanto outros podem ser designados para vários advogados.

Problema 2: Em um hospital, enquanto visitam pacientes, os médicos precisam acessar a ficha do paciente. Esta ficha contém registros dos sinais críticos do paciente, os resultados de exames realizados e a medicação administrada. O médico também precisa estar apto a dar ordens às enfermeiras que atendem o paciente e a prescrever remédios. As enfermeiras precisam acessar as ordens dos médicos, alimentar sinais críticos e atualizar o registro dos remédios. A farmácia precisa acessar as prescrições ordenadas pelo médico. O laboratório precisa acessar os registros do paciente para atualizar os resultados de exames efetuados. Alguns destes exames, tais como eletrocardiogramas e raios x, produzem resultados gráficos.

Problema 3: Em um depósito, os recepcionistas descarregam materiais de um caminhão ou de um vagão e o comparam com o pedido colocado no fornecedor. Eles anotarão quaisquer discrepâncias. Os estoquistas levam o material para as prateleiras ou caixas onde eles devem ser armazenados. Neste ponto, eles atualizam a contagem do estoque para que fique disponível ao pessoal de vendas, montadores e outros que precisam acessar as quantidades em estoque. Os apanhadores apanham itens nas prateleiras e os colocam nas caixas para embarque. Eles respondem a uma lista de separação gerada em resposta a pedidos dos clientes, lojas ou montadores. Os itens apanhados devem ser removidos da quantidade em estoque.

Passo 2: Para cada situação identifique que dados são requeridos, quem requer os dados, e quem gera e alimenta os dados.

Passo 3: Individualmente ou em pequenos grupos, como instruído por seu professor, identifique as duas melhores tecnologias de entrada de dados para cada situação e para cada tipo de dados. Considere teclado, voz, códigos de barras, *scanners* e outras tecnologias cobertas neste capítulo. Identifique os prós e os contras de cada tecnologia e selecione aquela que você considera ser a melhor.

Passo 4: Em pequenos grupos, com a classe inteira ou de forma escrita, compartilhe suas respostas para as questões acima.

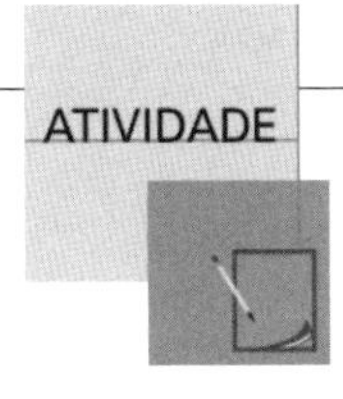

3-3 ESCREVENDO *SOFTWARE* PARA TOMAR UMA LATA DE SPRITE

Passo 1: Imagine isto. Um alienígena do espaço, que parece bem humano e entende sua língua, é seu hóspede em um fim de semana. Entretanto, o alienígena não está acostumado à sua cultura. Encontrando uma lata de Sprite fechada, ele pergunta o que fazer com ela. Naturalmente você gostaria de demonstrar como abri-la e tomar (direto da lata, é claro). Mas, como você acabou de ler este capítulo sobre *software*, decidiu, ao contrário, dar ao alienígena instruções verbais. Se pessoas podem ensinar computadores como fazer trabalhos úteis, você certamente pode ensinar a um alienígena como tomar uma lata de Sprite.

Passo 2: Usando entre oito e doze comandos, instrua o alienígena como abrir e tomar a lata de Sprite que ele achou. Numere cada instrução. Você pode usar instruções da forma, "Repita as instruções 8 a 10 até que a lata esteja vazia." Esta, naturalmente, contaria como uma de suas instruções. Você também pode usar instruções do tipo, "Se a alça está no fundo da lata, continue com a instrução 6".

Passo 3: Troque seu conjunto de instruções com um colega. Avalie suas instruções. Tente achar *bugs* em seus comandos. Lembre-se de que um *bug* é uma falha no *software*. Por exemplo, seu colega pode ter instruído o alienígena para levantar a alça. Entretanto, se você levantar a alça de uma lata sem firmá-la com a outra mão, a lata vai simplesmente levantar, não abrir. Troque sua avaliação com seu colega.

Passo 4: Reescrever as instruções usando de 24 a 36 comandos e considerando as instruções dadas por seu colega.

Passo 5: Troque seu conjunto de instruções com um colega diferente. Avalie as instruções de seu colega. Tente achar *bugs* nos comandos dele ou dela. Troque sua avaliação com seu colega.

Passo 6: Responda às seguintes perguntas sozinho. Então, conforme a orientação de seu instrutor, compartilhe sua opinião com a classe.

1. O aumento do nível de detalhe torna mais fácil ou mais difícil escrever boas instruções?
2. Por que é difícil escrever código sem *bugs*?

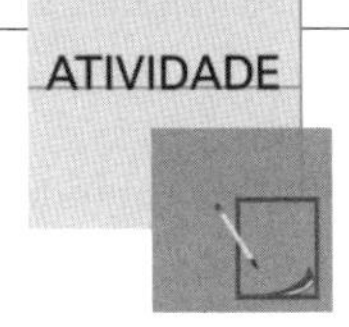

3-4 *SOFTWARE* PARA A PARTY PLANNERS PLUS

Passo 1: Leia o seguinte cenário.

A Party Planners Plus é uma organização de seis pessoas que fornece serviços de planejamento de festas. Jessica Tanner começou a empresa em 1985 no porão de sua casa. Ela oferecia serviços de planejamento para uma série de eventos sociais, incluindo casamentos, aniversários de eventos em geral, celebrações de Bar e Bar Mitzvah, festas de formatura e grandes festas de aniversário. Ela assessorava seus clientes sobre o menu da festa, a decoração e diversões; encomendava convites, flores, serviços de bufê, aluguel de mesas e cadeiras, pequenas lembranças de festa e toalhas de mesa e guardanapos; cuidava da locação do local da festa; e providenciava a equipe necessária, como garçons, manobristas, atendentes de vestiário e animadores. À medida que seu negócio aumentava, Jessica contratou empregados de meio turno e depois de turno integral. Ela progrediu de meramente comprar alguns suprimentos, tais como decorações de mesa, para finalmente contratar um artesão para fabricá-los no local. Quando a empresa tinha sete anos, Jessica mudou a Party Planners Plus para uma pequena loja de frente.

Nos primeiros anos de seu negócio Jessica administrou a papelada manualmente. Isto consistia, basicamente, em confeccionar listas de pedidos, registrar pagamentos aos fornecedores dos suprimentos e acompanhar os pagamentos de seus clientes. Dois anos atrás ela comprou um computador Apple Macintosh para ajudá-la na papelada. Comprou um bom pacote de processador de texto, o qual usava para substituir boa parte do registro manual das informações. Mas, mesmo assim, a papelada tomava um bom tempo e lhe fornecia muito pouca informação sobre seus custos e lucros e pouquíssima ajuda na determinação de preços apropriados. Ela sabe, entretanto, que deveria ser capaz de usar o computador para dar-lhe muito mais suporte no atendimento de suas necessidades de informações.

Passo 2: Prepare o caso para discussão em classe.

Passo 3: Responda cada uma das questões seguintes, individualmente, ou em pequenos grupos, como indicado por seu instrutor.

Diagnóstico

1. Quais você acha que são as necessidades de informações de Jessica Tanner?

2. Como estão sendo satisfeitas atualmente estas necessidades de informações?

Avaliação

3. Que problemas existem com os métodos atuais?

Projeto

4. Que *software* Tanner deveria comprar para atender estas necessidades de informação?

Implementação

5. Tanner deveria contratar um consultor para ajudá-la a selecionar e instalar o *software* que atende suas necessidades de informações?
6. Que aquisições deveriam receber a maior prioridade?
7. Quais aquisições podem ser postergadas se o dinheiro for insuficiente?

Passo 4: Em pequenos grupos, com a classe inteira, ou por escrito, compartilhe suas respostas para as questões acima. Então, responda às perguntas seguintes:

8. Que questões você considerou ao identificar as necessidades de informações da Party Planners Plus?
9. Que tipos de *software* deveriam receber a prioridade mais alta?
10. Que outras questões Tanner deveria considerar ao comprar *software* para sua empresa?

ATIVIDADE

3-5 LIDANDO COM A SUSPEITA DE PIRATARIA DE *SOFTWARE*

Passo 1: Leia a situação seguinte.

Você trabalha numa empresa de 600 empregados. Um dia, trabalhando em um projeto, você conclui que necessita usar um pequeno sistema de gestão de banco de dados. Depois de alguma pesquisa, você conclui que o Microsoft Access é o produto que gostaria de usar. Você chama o encarregado do Departamento de Serviços Técnicos.

"João", diz você , "você compra uma cópia do Microsoft Access para mim?"

"Naturalmente", ele responde. "Nós temos uma cópia do CD de distribuição na rede. Vou enviar-lhe *e-mail* com as instruções de como instalá-lo em seu computador."

"Obrigado, João. Não sabia que tínhamos uma licença do site."

"Bem, realmente não temos. Mas temos algumas licenças, e estou certo de que nem todos estão usando suas cópias."

"Neste caso", você diz, "eu preferiria que você comprasse uma cópia licenciada".

"Temo que estejamos sem verba. Mas não se preocupe com isso. Fazemos assim o tempo todo. Eu mesmo já tive alguns receios quanto a isso, mas o chefe diz que está tudo certo."

Passo 2: Identifique suas alternativas. Considere ações tais como ir diretamente ao diretor da empresa e telefonar anonimamente à linha direta de pirataria de *software* da Microsoft.

Passo 3: Responda cada uma das perguntas seguintes, individualmente, ou em pequenos grupos, como indicado por seu instrutor.

1. Para cada alternativa, quem se beneficia e quem se prejudica?
2. Pelos princípios éticos do menor prejuízo, direitos e deveres, responsabilidades profissionais, interesse próprio e utilitarismo, consistência e respeito, como você avaliaria cada alternativa?
3. Que tipo de ação você executaria? Por quê?

SI NA *WEB*

SI NA *WEB*

Exercício 1: A página na Internet do Capítulo 3 vai direcioná-lo a diversos artigos que se relacionam com *hardware* ou *software.* Selecione um dos artigos e descreva a tecnologia que ele aborda. Então sintetize a opinião do artigo ou apresente sua opinião sobre como esta tecnologia afeta um determinado negócio, negócios em geral ou a sociedade como um todo.

Exercício 2: Você tem uma amiga que iniciou recentemente um pequeno negócio de projeto de interiores. Sua amiga disse-lhe que deseja comprar um computador pessoal para ajudar a controlar suas contas a pagar, contas a receber, pedidos e clientes. Sua amiga sabe que você está fazendo um curso de sistemas de informação e quer seu conselho sobre qual computador e qual *software* ela deveria comprar. Use a *Web* para conhecer mais sobre o *software* e *hardware* que ela vai necessitar para então comparar os produtos. Compare três computadores e indique as diferenças entre sua velocidade relativa, recursos e opções, preço e quaisquer outros fatores relevantes. Compare três pacotes de *software* que poderiam satisfazer suas necessidades e mostre as diferenças entre eles. Então escreva uma breve revisão do que encontrou para sua amiga de maneira que ela possa entender os prós e os contras de cada opção.

LEITURAS RECOMENDADAS

Hennessy, John L., and David A Patterson. *Computer Architecture: A Quantitative Approach.* 3rd ed. San Francisco: Morgan Kaufmann Publishers, 2002.

Meyers, B. Craig, and Patricia Oberndorf. *Managing Software Acquisition: Open Systems and COTS.* Boston: Addison Wesley Longman, 2001.

Negnevitsky, Michael. *Artificial Intelligence: A Guide to Intelligent Systems.* Boston: Addison Wesley Longman, 2001.

Norton, Peter, and H. A. Clark. *Peter Norton's New Inside the PC.* Indianapolis, IN: Sams Publishing, 2001.

Sebesta, Robert W. *Concepts of Programming Languages.* 5th ed. Boston: Addison Wesley Longman, 2001.

Vacca, John R. *The Essential Guide to Storage Area Networks.* Upper Saddle River, NJ: Prentice Hall PTR, 2001.

As seguintes publicações fornecem regularmente informações sobre *hardware* e *software* de computador: *Computerworld, Information Week, Software Magazine.*

NOTAS

1. Jeanette Brown, "Prada Gets Personal," *Business Week*, 18 March 2002, EB8. "Prada Personalizing Customer Experience at New York Epicenter Store Using Texas Instruments RFID Smart Labels," *Business Wire*, 23 April 2002, 2315. IconMedialab, "Texas Instruments & IconMedialab Bring Experience to RFID Retail Solutions," http://www.iconmedialab.com/our_offer/industries/ICON-TIRFID.pdf, accessed on May 31, 2002. Ideo, "Staff Devices & Dressing Rooms for Prada: Information Architecture of High-Fashion Store," http://www.ideo.com/portfolio/re.asp?x=50120, accessed at May 31, 2002.
2. Ken Kirzner, "2D Bar Codes Make Their Mark, for Life," *Frontline Solutions*, May 2001, 18–19.
3. "Major Restoration for Dental Claims," *Health Management Technology*, September 2000, 60.
4. Ken Krizner, "Talking Efficiency," *Frontline Solutions*, April 2002, 16–21.
5. Jerry Zeidenberg, "Multimedia Computing: A Virtual Reality by 2001," *Computing Canada*, 9 November 1992, 17.
6. Renee M. Kruger, "ShopKo's Information Edge," *Discount Merchandiser*, January 1999, 74–75.
7. Stewart Deck, "United Taps Massively Parallel Application," *Computerworld*, 28 June 1999, 66.
8. Ibid. Alicia Hills Moore, "A U.S. Comeback in Electronics," *Fortune*, 20 April 1992, 77–86. Stephan Ohr, "Hot DSP Market Tantalizes Analog and Digital IC Makers," *Electronic Business*, July 1992, 106–109.
9. Ray Kurzweil, *The Age of Spiritual Machines* (New York: Viking/Penguin Putnam, 1999): 25.
10. Michael Kanellos, Moore says Moore's Law to Hit Wall, *CNET News.com*, 30 September 1997, accessed at http://news.com.com/2100-1001-203750.html?legacy=cnet on 3 June 2002.
11. Thomas H. Lee, A Vertical Leap for Microchips, *Scientific American*, January 2002, 52–59.
12. James Detar, A New Dimension to Matrix Chips, *Investor's Business Daily*, 10 May 2002, accessed at http://www.matrixsemi.com/files/10219291820.pdf on 3 June 2002.
13. See, for example, "Computers Take Quantum Leap," *Signal*, February 2002, 6. "EM Noise Cuts Herald Quantum Computing," EE Times, 25 February 2002, 14. "Crystal Traps Light," *Dr. Dobb's Journal*, April 2002, 16.
14. Lorraine Cosgrove Ware, "Managing Storage: Keeping Up with Data," *CIO Research Report*, 7 March 2002, accessed at www.cio.com on 30 May 2002.
15. Carol Hildebrand, "What Elephant?," *CIO*, 15 May 2002, 102-108.
16. Paul Sheldon Foote, and Malini Krishnamurthi, "Forecasting Using Data Warehousing Model: Wal-Mart's Experience," *The Journal of Business Forecasting Methods & Systems*, fall 2001, 13–17.
17. Kim Hyun-chul, "The Passing of a Pint-Sized Friend," *Joins.com*, 25 January 2002. The data are attributed to the Korean-based polyester film manufacturer, SKC Limited.
18. Cybernetics, http://www.cybernetics.com/tape_backup/dtf/petasite.html, accessed on 3 June 2002.
19. Todd Enterprises, http://www.toddent.com/drm-7000.htm, accessed on 3 June 2002.
20. Andrew Conry-Murray, Content Provider Spins Gold from a Storage Area Network, *Network Magazine*, March 2001, 64–69.
21. For a history and explanation of the technology, see Sergei S. Orlov, "Volume Holographic Data Storage," *Communications of the ACM*, November 2000, 47–54.
22. Andy Vuong, "Longmont, Colo.-Based Firm to Unveil New Holographic Storage Technology," *Knight Ridder Tribune Business News*, 8 April 2002, 1.
23. http://www.c-3d.net/tech_frameset.html, accessed on June 3, 2002.
24. Russel Kay, "True 3-D without Glasses," *Computerworld*, 30 April 2001, 53.
25. Russel Kay, "3-D Vision Speaks Volumes," *Computerworld*, 1 April 2002, 44.
26. Amy Helen Johnson, "Helping Web Sites Take Phone Calls," *Computerworld*, 5 February 2001, 65.
27. http://www.accenture.com, accessed on 2 June 2002.
28. Julia King, "Q&A: Bob Cottam, IT Chief for the Olympics, Wants a Perfect 10," *Computerworld*, 11 February 2002, 8.
29. "ITI to Be Value Added Reseller for NCR's Payment Solutions and Check Imaging Business," *Item Processing Report*, 23 May 2002, 1.
30. http://www.chemicalinventory.com/, accessed on 11 September 2002.
31. http://www.campagne.com/gmpro.html, accessed on 11 September 2002.
32. http://www.hrmsoftware.com, accessed on 2 June 2002.
33. http://www.adobe.com/products/acrobat/readstep.html and http://www.real.com accessed on 3 June 2002.
34. *United States vs. Microsoft*, 87 F. Supp. 2d 30 (D.D.C. 2000).
35. Robert Klepper, "Third and Fourth Generation Language Productivity Differences," *Communications of the ACM*, 38 (September 1995): 69–79.
36. Elizabeth Heichler, "Railway Switches Tracks to Objects," *Computerworld*, 26 June 1995, 71.
37. Doug Bartholomew, "Objects Take Off," *Information Week*, 26 February 1996, 14–16.
38. Justine Brown, "PCs Go on a Diet," CIO, 1 May 2001, 154-160. "Citrix Case Studies: Matrix Rehabilitation," http://www.citrix.com/press/news/profiles/matrix.htm, accessed on 30 May 2002.
39. Elizabeth Wilson, "Molecular Machine," *Chemical & Engineering News*, 13 May 2002, 6.
40. Mike Martin, "Lasers Power Nanomotors," *Insight on the News*, 27 May 2002, 29.
41. David P. Hamilton, "Technology (A Special Report)—The Nanotechnician: How Small Can Computer Chips Get? According to Charles Lieber, a Few Atoms Are All You Need," *Wall Street Journal*, 13 May 2002, R17.
42. Howard Gardner, *Frames of Mind: The Theory of Multiple Intelligences* (New York: Basic, 1983).
43. Gary H. Anthes, "Computerizing Common Sense," *Computerworld*, 8 April 2002, 49. Michael Hiltzik, "A.I. Reboots," Technology Review, March 2002, 46–55.
44. Ray Kurzweil, *The Age of Spiritual Machines* (New York: Viking/The Penguin Group, 1999): 102–105.

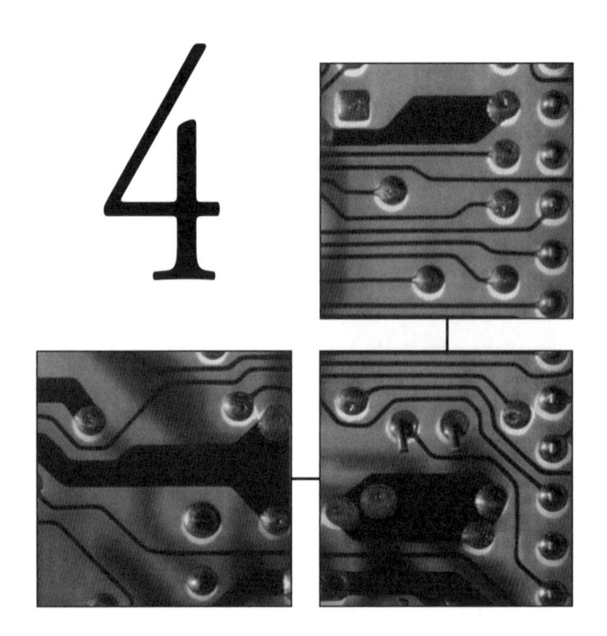

4

Sistemas de Gestão de Bancos de Dados

OBJETIVOS DO APRENDIZADO

Após completar o Capítulo 4, você estará apto a:

- Definir banco de dados e sistema de gestão de banco de dados.
- Descrever oito funções que os sistemas de gestão de bancos de dados devem proporcionar.
- Definir e descrever como as organizações usam metadados.
- Explicar por que os sistemas de informação procuram preservar a atomicidade da transação.
- Explicar por que os administradores usam *data warehouse* ou armazéns de dados e *data marts*.
- Explicar como os sistemas de gestão de bancos de dados ajudam na construção de páginas dinâmicas na *Web*.
- Usar o modelo entidade-relacionamento para demonstrar o relacionamento entre itens de dados de uma forma visual gráfica.
- Descrever quatro arquiteturas de distribuição e as vantagens e desvantagens de cada uma para os administradores.
- Descrever os cinco modelos de bancos de dados e as vantagens e desvantagens de cada um para os administradores.
- Listar as responsabilidades de um administrador de banco de dados e de um administrador de dados.

A Sherwin-Williams Constrói um *Data Warehouse*

A Sherwin-Williams fabrica e vende tintas e suprimentos para pintura desde sua fundação em 1866. Ela alcançou vendas anuais de mais de 5 bilhões de dólares vendendo seus produtos em mais de 2.500 lojas operadas pela empresa nas Américas do Norte e Central e para, aproximadamente, 15.000 revendedores independentes em todo o mundo, incluindo a Wal-Mart, a Target e a The Home Depot.

Manter-se a par da informação necessária ao processo de tomada de decisões inteligentes era um desafio. Considere que a Sherwin-Williams engloba 300 marcas diferentes e mais de 130.000 produtos distintos. Como a empresa cresceu em parte por meio da aquisição de empresas menores, muitos de seus sistemas transacionais e de controle também eram adquiridos e não satisfatoriamente integrados. Por exemplo, em um dado momento, ela tinha sete sistemas de recepção de pedidos rodando em diferentes tipos de computadores localizados em diferentes estados e países. Os administradores necessitavam, de alguma maneira, consolidar e organizar os dados de modo que pudessem fazer perguntas tais como: "Quais são nossas margens por marca e por cliente?" e "Como nos comparamos à concorrência por marca dentro de região?" Sem um adequado serviço de inteligência de negócios (*business intelligence*), os administradores da Sherwin-Williams não tinham condições de atribuir preço aos seus produtos corretamente, nem podiam eficientemente planejar a produção ou encomendar suprimentos.

A solução da Sherwin-Williams era construir um *data warehouse*, um banco de dados que manteria e organizaria toda a informação que a empresa coletou.[1]

Organizar e centralizar os dados de uma empresa pode parecer uma boa idéia, mas não é tão fácil. Primeiro, a administração da empresa precisa decidir quais dados ela necessita coletar e como esses dados deverão ser usados. Então, os padrões devem ser postos em prática, para assegurar-se a consistência do significado de dados vindos de fontes diferentes. Você pode ficar surpreso com os resultados de uma pesquisa recente que mostrou, por exemplo, que só 20% das empresas usam o mesmo código de cliente para a identificação de um determinado cliente em todas as suas atividades e linhas de produtos.[2] Finalmente, os dados devem ser armazenados de tal forma que os administradores da empresa e os empregados nos níveis operacionais possam facilmente recuperá-los e manipulá-los. Os sistemas de gestão de bancos de dados podem ajudar a satisfazer estas necessidades.

Neste capítulo, primeiramente respondemos às questões: "O que é um sistema de gestão de banco de dados", "Quais são suas funções", e "Como ele é usado?". A seguir, abordamos como organizar os dados para o armazenamento num banco de dados. Depois, examinamos e comparamos tecnologias alternativas que estão presentes e suportam diferentes tipos de sistemas de gestão de bancos de dados. Finalmente, olhamos a infra-estrutura de gestão necessária para suportar o uso eficiente dos dados e recursos dos bancos de dados.

O QUE É UM SISTEMA DE GESTÃO DE BANCO DE DADOS (DBMS)?

Um **banco de dados** é uma coleção organizada de dados relacionados. Os termos essenciais aqui são "organizados" e "relacionados". Uma coleção de dados não é, por si só, um banco de dados. Organizado significa que você pode facilmente achar os dados que quer. Por exemplo, um fichário, com pastas classificadas alfabeticamente, é um banco de dados; um punhado de papéis entulhados numa gaveta não o é. Uma coleção de dados sobre os livros que você possui e os números de telefone de seus amigos não são um banco de dados, porque estes dados não se relacionam entre si. Em vez disso, eles formam duas coleções separadas, ou dois bancos de dados. Muitas organizações consideram todos os seus dados organizados como parte de um banco de dados, devido a seu inter-relacionamento potencial.

Que bancos de dados a Sherwin-Williams tem? Tem dados sobre seus clientes e produtos. Ela também tem dados sobre pedidos anteriores, que claramente relacionam-se tanto a seus dados de clientes como de produtos. Ela, provavelmente, também tem uma grande quantidade de dados sobre seus fornecedores. Se estes dados formam um banco de dados ou vários bancos de dados isto depende da extensão em que eles estão organizados de maneira sistemática e significativa e do grau em que estão relacionados.

Os administradores e empregados freqüentemente usam bancos de dados informatizados, aqueles armazenados em mídias acessáveis por computador, tais como discos, disquetes, fitas ou CD-ROMs. Esse procedimento não assegura que eles formem um banco de dados. Por exemplo, muitas empresas usam processadores de texto para informatizar sua correspondência; entretanto, elas organizam estes documentos de maneira casual e não deveriam considerá-los como sendo um banco de dados. Muitas empresas mantêm bancos de dados tanto baseados em computadores como manuais. Por exemplo, a Sherwin-Williams mantém um banco de dados de clientes informatizado, mas ela pode manter um banco de dados manual de materiais de treinamento dos empregados.

Um **sistema de gestão de banco de dados (DBMS – databasse management system)** abrange programas que armazenam, recuperam e, de outro modo, administram um banco de dados computadorizado e fornecem interfaces para os programas aplicativos e para os usuários não programadores. Hoje, cada empresa que desenvolve *software* aplicativo sério deveria usar um ou mais DBMSs para as suas funções de gestão de dados. Os DBMSs formam um componente essencial em quase todos os *softwares* aplicativos verticais.

AS FUNÇÕES DE UM SISTEMA DE GESTÃO DE BANCO DE DADOS

Os administradores acham os DBMSs valiosos porque eles executam as seguintes funções:

- Armazenar e recuperar dados
- Administrar metadados
- Limitar e controlar dados redundantes em múltiplos sistemas
- Suportar compartilhamento de dados simultaneamente
- Propiciar a atomicidade de transação
- Fornecer serviços de *backup* e recuperação
- Fornecer serviços de autorização e segurança

- Garantir a aplicação das regras do negócio

Como os administradores da Sherwin-Williams podem usar os DBMSs? As seções seguintes examinam seu uso para cada uma destas funções.

Armazenando e Recuperando Dados

Um sistema de gestão de banco de dados torna mais fácil aos administradores e empregados armazenar e recuperar dados. As pessoas que usam um DBMS podem armazenar dados de forma permanente e recuperá-los sem rodar quaisquer outros programas ou sem qualquer programação adicional. Os usuários podem criar formulários para entrada de dados, como o da Figura 4-1, que, automaticamente, verificam a validade dos dados fornecidos. Os administradores e outros usuários podem recuperar dados classificados de maneira pré-especificada ou de acordo com critérios que eles especifiquem no momento da recuperação. Jody Schucart, presidente da loja de varejo havaiana The Pocketbook Man, usa um banco de dados para controlar os clientes por idade, sexo e nacionalidade e compras por tamanho de roupa, cor e estilo.[3]

Um administrador de loja na Sherwin-Williams, usando o DBMS da empresa, pode conseguir qualquer informação que queira sobre um cliente. Por exemplo, ele pode fazer uma simples consulta ao banco de dados para identificar qual foi a última compra de um determinado cliente. Ele pode também solicitar um histórico de vendas, mostrando subtotais por categoria de produto. Se há vendas de um determinado produto da empresa, o administrador da loja pode identificar todos os clientes em sua região que compraram esse produto no ano anterior.

Os administradores podem solicitar aos programadores modificações rápidas nos programas que usam os dados. Antes da existência dos DBMSs, cada programa armazenava seus dados em arquivos de dados isolados. Para reduzir o montante de armazenamento de arquivo e maximizar a velocidade de recuperação, os programadores normalmente comprimiam, de diferentes maneiras, diversos tipos de dados, tais como valores em dólar, códigos de cliente ou números de fatura. Outros programadores, ao escrever código para acessar os mesmos arquivos, tinham que saber seus formatos de compressão. O resultado era um grande número de erros, especialmente em sistemas grandes, complexos. Um formato de arquivo eficiente para um aplicativo poderia não ser eficiente para outros. Se os programadores necessitassem mudar o formato de arquivamento para algum dado, eles teriam que mudar todos os programas que faziam menção àqueles dados, freqüentemente reescrevendo programas se a natureza dos dados mudasse. Por exemplo, se o espaço requerido para o código postal de cliente aumentasse de cinco para nove algarismos, os programadores provavelmente teriam tido que modificar todos os programas que acessassem os arquivos de cliente, quer estes programas usassem ou não o código postal.

Agora, usando um DBMS, o programador especifica só quais dados armazenar ou recuperar. O DBMS decide a organização física e a representação dos dados na mídia de armazenamento. O banco de dados enxerga a **visão física** dos dados mas apresenta uma **visão lógica** ao usuário e ao programador. A visão

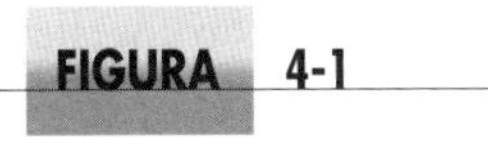

FIGURA 4-1

Os DBMSs podem gerar telas de entrada de dados, tais como esta tela de entrada de dados de gerenciamento de contatos gerada pelo Access da Microsoft.

física inclui como os dados são comprimidos e formatados, quais dados são armazenados perto de quais e quais índices são criados para simplificar e acelerar o a busca dos dados na mídia de armazenamento. A visão lógica organiza e apresenta elementos de dados na maneira que os administradores e outros usuários acharem útil. Como resultado, se uma organização muda a forma de seus dados, ela normalmente não tem que reescrever seus programas.

No final de 1990, as empresas tiveram que modificar muitos programas, escritos muito antes do ano 2000, porque estes programas antigos alocaram só dois algarismos para todos os campos de data, considerando que os primeiros dois algarismos para o ano seriam 19. Os programas escritos para um DBMS, de qualquer forma, foram muito mais fáceis de consertar, pois os administradores de dados simplesmente aumentaram o espaço dos campos de ano para quatro algarismos e adicionaram 1900 a todas as datas no banco de dados.

Administrando Metadados

Metadados são dados acerca dos dados. Por exemplo, o fato de os números de faturas de uma empresa serem formados por seis algarismos, com o primeiro algarismo sendo 1 ou 3, é metadado. Metadados sobre códigos postais podem indicar que estes códigos compreendem oito algarismos, que os três últimos são opcionais, que os zeros iniciais no código sempre devem ser exibidos, e que, quando oito algarismos são exibidos, um traço deve ser mostrado entre o quinto e o sexto algarismos. Também, os metadados podem indicar que esses códigos postais, num relatório, devem ser intitulados "CEP" e centralizados, mas que códigos postais numa tela de entrada de dados devem ser intitulados "Código de Endereçamento Postal:" e apresentados justificados à direita.

Os metadados também têm um propósito de gestão. Eles fornecem um contexto para entender como os dados foram coletados, o que eles querem dizer e como são usados. Por exemplo, um fabricante pode ter uma entrada de bancos de dados para vendas trimestrais de um determinado produto. Um administrador usando tais dados pode precisar saber, por exemplo, se as vendas representam unidades ou dólares, e, se em dólares, se as vendas estrangeiras são convertidas no momento da venda ou no fim do trimestre. O administrador pode também querer saber se as devoluções são subtraídas das vendas ou mantidas como uma entrada em separado. Se subtraídas das vendas, se o foram no trimestre em que a devolução foi feita ou no trimestre em que a venda foi feita.

Os metadados também incluem as visões lógicas de dados chamados esquema e subesquema. Um **esquema** representa uma visão integrada, de abrangência organizacional, de como os dados relacionam-se entre si. Por exemplo, um *esquema* pode indicar que os clientes têm endereços de remessa e de faturamento e que são cobrados com faturas que têm números de fatura, taxas de desconto e linhas de fatura com números de item e preços estendidos.

Os administradores podem focalizar os empregados nos elementos de dados que são mais relevantes para seu trabalho, podem ocultar dados confidenciais, ou podem apresentar relacionamentos não usuais entre os dados em visões chamadas **subesquemas**. Por exemplo, eles podem criar visões que eliminam o código confidencial de taxa de desconto para empregados que não deveriam vê-lo. Os trabalhadores do setor de despacho não necessitam ver um endereço de faturamento, só o endereço de despacho dos clientes. Os trabalhadores do depósito podem ver as linhas de fatura como uma lista de separação, com os códigos de prateleira em vez de códigos de identificação de item.

O **dicionário de dados** refere-se à parte do banco de dados que contém seus metadados e atua como uma ferramenta CASE para automatizar a programação (ver Capítulos 3 e 9). A Figura 4-2 ilustra o conteúdo de uma entrada hipotética de dicionário de dados. Muitos dicionários de dados contêm informação sobre o que programas, relatórios e telas de entrada de dados usam ou direcionam para cada elemento de dados. Esta informação torna relativamente fácil a análise sobre o impacto de mudanças nas características dos dados. Os dicionários de dados estão também disponíveis como produtos independentes que podem ser conectados a múltiplos bancos de dados diferentes. Os administradores do alto escalão usam tais dicionários de dados, juntamente com os dicionários de dados nativos de seus DBMSs, para manter uma vista consolidada dos dados, abrangendo todos os seus bancos de dados.

Por que os metadados são importantes? Os metadados permitem a um programa saber o bastante sobre um item de dados que acessa, por exemplo, um número de fatura ou código postal, armazená-lo e exibi-lo adequadamente. Os metadados permitem a um DBMS verificar erros de entrada de dados. Os administradores de dados podem solicitar relatórios de metadados para identificar mudanças na estrutura do banco de dados ou comparar as necessidades do usuário contra os dados existentes. Podem também consultar o dicionário de dados para determinar a data da criação ou atualização de um determinado item de dados, localizar o seu sistema de origem e quais ferramentas o acessaram. Se um administrador quiser mudar um elemento de dados ou acessar um elemento de dados, ele pode ver quem controla o acesso ou aprova mudanças neste dado.

Limitando e Controlando Dados Redundantes em Sistemas Múltiplos

As empresas freqüentemente coletam e armazenam os mesmos dados em dois ou mais diferentes sistemas de informação. Por exemplo, uma empresa que fabrica e vende equipamento de escritório pode manter as informações sobre seus clientes em três lugares: um sistema de serviços, que acompanha os pedidos ao serviço de atendimento ao cliente e posta boletins sobre os serviços; um sistema de contas a receber, que acompanha o valor que os clientes devem à empresa; e um sistema de vendas, que auxilia seus agentes de vendas na identificação de clientes que possam necessitar de equipamentos adicionais. Esta duplicidade de armazenamento não só desperdiça capacidade de armazenamento do computador, mas também desperdiça tempo e pode causar inconsistências na entrada de dados. Por exemplo, se um cliente mudar-se para uma nova localidade, os empregados devem realimentar o endereço do cliente em todos os três sistemas. Se o cliente contou a um agente de vendas sobre a mudança de endereço, o agente pode esquecer de informar às pessoas encarregadas do serviço de atendimento ao cliente ou do sistema de contas a receber. A empresa pode então ficar com dois ou mais endereços incorretos para o cliente.

Um DBMS reduz a necessidade de armazenar dados redundantes porque ele facilmente une informações acerca de diferentes componentes de negócios. Como ilustrado na Figura 4-3, a Sherwin-Williams só necessita armazenar um código de cliente nos dados que retém sobre um pedido. Se um administrador solicita uma lista dos pedidos classificada por nome de cliente, o DBMS pode procurar o código de cliente na lista de contato de clientes para recuperar os dados detalhados do cliente, tais como nome da empresa, nome do contato e número de telefone associados a cada pedido. No exemplo mostrado, o uso do código de um cliente poupa repetir o nome do cliente, seu número de telefone e, provavelmente, outras informações, como seu endereço, nos registros dos Pedidos 567891 e 567892. Da mesma forma, um

FIGURA 4-2

Um dicionário de dados contém metadados. Esta entrada hipotética mostra metadados para o item de dados Valor de Pagamento do Cliente.

Atributo de: PAGAMENTO-CLIENTE

Tela de entrada de dados:

Título:	Valor do Pagamento:
Limites:	>0
	<100.000
Tipo:	Moeda corrente
Exibição:	US$99.999,99

Cabeçalho de relatório:
Valor do
Pagamento

Sinônimos: PAGAM-CLI,VALOR-CHEQUE,VL-PGT-CLIENTE

Aparece nas seguintes visões: CTAS-A-PAGAR, REGISTRO-CLI, REGISTRO-PAGTO

Aparece nos seguintes programas: ARP-84X, ARP-85Z, PROC-RECEB-CLI, 154X3T22,123X4T23, P94.XX.2;2

Nível de segurança (sem apresentação): 12

Proprietário(os): John Marshall

Msg. de Ajuda: Digite valor do pagamento sem cifrão ou pontos.

Integridade:
Ao criar o PAGAMENTO-CLIENTE:
Atualizar TOT–PGTOS = TOT–PGTOS + VLR-PAGAMENTO-CLIENTE

Ao atualizar:
Atualizar TOT–PGTOS = TOT–PGTOS + alteração

FIGURA 4-3

Um DBMS permite a união de informações de diferentes tabelas. Este exemplo mostra como clientes e seus pedidos combinam-se para apresentar na mesma linha o número de telefone do cliente e a data do pedido.

Informações de Pedido

# Pedido	# Cliente	Data Pedido	Status Pedido	Data Remessa
567891	397	02/07/02	1	02/08/02
567892	221	02/07/02	2	
etc.	...	...	...	...

Informações de Cliente

# Cliente	Nome Empresa	Contato	Telefone
221	Al Smith Painting	Alan Smith	312-555-2189
397	Arlington Builders	Joe Hudson	617-555-3838
etc.	...	...	...

Informações Combinadas Classificadas por Empresa

# Pedido	Data Pedido	Nome Empresa	Telefone
567892	02/07/02	Al Smith Painting	312-555-2189
567891	02/07/02	Arlington Builders	617-555-3838
etc.	...	...	...

DBMS torna fácil a combinação destas informações gerais do cliente com informações exclusivas de outros sistemas. Por exemplo, ele pode combinar o endereço do cliente com suas faturas em aberto nas contas a receber, seus pedidos anteriores para o agente de vendas e seu registro de telefonemas para o agente do serviço de atendimento ao cliente. O DBMS armazena as informações do cliente uma só vez, reduzindo a redundância e eliminando a possibilidade de registros inconsistentes.

Suportando o Compartilhamento de Dados Simultâneo

Sem procedimentos sofisticados de controle, surgem erros quando duas pessoas ou programas tentam acessar e atualizar os mesmos dados ao mesmo tempo. Considere o seguinte exemplo. John e Mary chamam a mesma empresa de vendas por telefone para encomendar, cada um, duas blusas do modelo número 1037. O balconista que manipula o pedido de John verifica que há em estoque três dessas blusas. Ao mesmo tempo, o balconista que manipula o pedido de Mary obtém a mesma informação. John e Mary, ambos acreditando que as duas blusas que querem existem no estoque, solicitam remessa imediata. Enquanto o balconista de John registra a venda, o computador completa a transação, mudando o estoque disponível para um. Ao mesmo tempo, o balconista de Mary registra a venda, também mudando o estoque disponível para um. Embora o estoque disponível não possa preencher ambos os pedidos, este processamento permite aos balconistas e clientes pensar que os pedidos foram completados.

O **controle de concorrência** descreve a gestão adequada de tentativas simultâneas de atualização de um banco de dados por múltiplos usuários ou múltiplos programas. Os DBMSs empregam uma variedade de técnicas para assegurar o controle de concorrência.[4] Em aplicações críticas, tais como desembolso de dinheiro ou gestão de estoques, um DBMS permitirá somente a um usuário atualizar dados específicos num dado momento. Por exemplo, ele pode mostrar a ambos os balconistas que atendem John e Mary o estoque de três blusas. Entretanto, quando ambos os balconistas decidem reservar duas das blusas, o computador só vai permitir o prosseguimento de uma atualização, mantendo a outra em espera. Então, no momento de processar a segunda atualização, ele vai ler outra vez os dados de estoque e descobrir que a solicitação para duas blusas excede o estoque em um e informa ao balconista.

Proporcionando a Atomicidade da Transação

A maioria das transações de negócios muda, de várias maneiras, um banco de dados. Considere o que acontece, por exemplo, quando um cliente bancário transfere R$ 100,00 da conta corrente para a conta de poupança. O banco precisa reduzir o saldo da conta corrente do cliente, aumentar seu saldo na conta de poupança e registrar a transação. Se o DBMS reduz o saldo da conta corrente ou aumenta o saldo da poupança e o computador quebra antes de mudar o outro saldo, então os saldos ficarão inconsistentes, resultando numa injustificável e não desejada perda para o banco ou para o cliente.

A **atomicidade** é o conceito de que uma transação não pode ser partida em partes menores. O termo originou-se num tempo em que as pessoas pensavam que o átomo era indivisível. Na prática, um DBMS deve dividir a transação em suas partes, pois não pode executar simultaneamente múltiplas atualizações nos dados. Entretanto, ele deve tratar estas partes como sendo componentes de um todo unificado. Se qualquer parte da transação falha, deve parecer como se a transação nunca tivesse ocorrido. Isto pode exigir que o DBMS desfaça algumas atualizações já efetuadas.

A maioria dos DBMSs fornece ferramentas para identificar e corrigir transações incompletas antes que elas possam causar estrago.[5] Por exemplo, o DBMS pode criar um registro temporário, conhecido como *log*, no começo de cada transação. Ele registra no *log* cada atualização bem-sucedida e fecha este registro quando a transação está completa. Depois de uma falha do sistema, o DBMS usa o *log* para verificar o processamento de transações e desfaz todas as transações parcialmente completadas. Incorporar esta segurança em cada programa que processa transações de múltiplas atualizações, em vez de usar um DBMS, é excessivamente complexo e difícil.

Os desenvolvedores de *software* podem usar um produto chamado **monitor de processamento de transações (monitor de TP)** para impor a atomicidade da transação. A Tabela 4-1 lista algumas funções básicas de um monitor de TP. Os desenvolvedores normalmente usam monitores de TP em lugar dos recursos de TP de um DBMS ao escreverem *software* que simultaneamente atualiza múltiplos DBMSs não coordenados.

Propiciando Serviços de *Backup* e Recuperação

Muitos bancos de dados são grandes demais para que sejam obtidas cópias de segurança (*backup*) como arquivos normais. Os bancos de dados de vários terabytes não são raros, e algumas empresas estão antecipando bancos de dados com o tamanho de petabytes. Estes bancos de dados levariam horas para serem copiados para discos ou fitas de *backup*. As empresas não podem permitir-se operar sem seus bancos de dados por períodos tão longos. Elas necessitam estar aptas a obter cópias de *backup* destes bancos de dados mesmo enquanto eles estão sendo usados e mudados. Os sistemas de gestão de bancos de dados normalmente fornecem várias opções para lidar com este problema:

- Alguns produtos de DBMS oferecem a capacidade de operar em paralelo sobre dois dispositivos de armazenamento. Periodicamente, o administrador do banco de dados desconecta um dos dispositivos de armazenamento do banco de dados para criar uma cópia de *backup*. Depois, o DBMS atualiza este dispositivo de armazenamento usando o *log* de bancos de dados do dispositivo de armazenamento que permaneceu conectado.
- Alguns produtos de DBMS criam um pequeno banco de dados temporário de atualização, durante o processo de *backup*. O banco de dados principal permanece inalterado durante o *backup*. O DBMS usa tanto o banco de dados principal como o banco de dados temporário para responder às consultas, de modo que o usuário sempre "vê" versões atuais dos dados. Depois que o *backup* acaba, o banco de dados temporário altera o banco de dados principal, tornando-o atualizado.

TABELA 4-1

Os monitores de TP fornecem um leque de funções que simplificam e coordenam o processamento de transações em sistemas distribuídos.

Função	Benefícios Proporcionados
Aplicar a integridade dos dados e atualizações atômicas.	Quando as transações afetam dados em múltiplos computadores, o monitor de TP mantém a integridade dos dados se algum dos computadores envolvidos na transação ou a rede falharem.
Registrar no *log* os erros das transações.	*Os logs* de erros fornecem dados para relatórios que os administradores usam para diagnosticar processos não confiáveis e os técnicos usam para identificar problemas de *hardware* ou *software* de rede.
Propiciar serviços de fila que permitem aos aplicativos de negócios aceitarem transações mais rapidamente do que o banco de dados pode manipulá-las por curtos períodos.	Este recurso é particularmente importante para transações da *Web* cujos volumes não podem ser previstos com segurança (ao contrário de transações locais, limitadas pelo número de terminais).
Oferecer uma linguagem comum para transações que afetam diferentes bancos de dados.	Eles fornecem uma interface comum que os bancos de dados de diferentes fornecedores usam para passar dados entre eles mesmos.
Priorizar as requisições para serviços do banco de dados.	Eles garantem tempos de resposta confiáveis para aplicativos críticos.
Fornecer gestão centralizada dos aplicativos distribuídos.	Eles asseguram a coordenação entre os aplicativos.

Provendo Serviços de Autorização e de Segurança

As organizações devem controlar quem vê os dados que elas coletam. Por exemplo, os administradores freqüentemente tratam os dados de salário, avaliações de pessoal e informações financeiras como confidenciais. Além disso, os administradores devem proteger informações contábeis contra adulteração e fraude.

A maioria dos DBMSs pode limitar quem tem acesso a dados específicos. Um DBMS faz um subesquema prescrito, ou visão lógica de uma parte do banco de dados, disponível para certas classes de usuários ou aplicações. Por exemplo, a maioria dos usuários pode ter acesso a uma visão de dados de empregado que contenha cargo, tempo de serviço e identificação da seguradora de saúde, mas não contenha informações de salário. Os administradores também podem criar visões para metadados. Tais visões, por exemplo, podem impedir certos usuários de saber se o banco de dados contém informação de salário.

Além de visões que escondem dados, a maioria dos DBMSs permite visões de dados agregados ou dados combinados. Por exemplo, um administrador pode autorizar um usuário a ver o salário médio por departamento, mas não dados individuais de salário. Os administradores devem tomar cuidado na permissão de visões de dados estatísticos.[6] Usuários sofisticados freqüentemente podem inferir dados detalhados fazendo consultas divididas e sobrepostas. Visões integradas podem combinar dados que os usuários freqüentemente necessitam ver aglutinados. Por exemplo, um administrador pode usar uma visão que combina nome de cliente com dados relacionados ao representante de vendas do cliente; o administrador verá nome, telefone e endereço de cada representante de vendas do cliente como se o DBMS os armazenasse juntamente com os dados do cliente. Os sistemas não-DBMS freqüentemente não podem esconder os dados de todos os usuários porque os usuários têm acesso ao registro de dados inteiro. Os DBMSs tornam mais fácil controlar o acesso aos dados, mesmo em sistemas com centenas de programas escritos por diferentes programadores. Eles centralizam a função de controle de acesso, simplificando em muito o desenvolvimento de *software* e fornecendo poder adicional a um administrador de dados.

Reforçando as Regras do Negócio

Um DBMS reforça as regras que asseguram que os dados relacionados são logicamente coerentes. Por exemplo, atribuir um representante de vendas a cada cliente expressa um relacionamento entre dois tipos de dados: cliente e representante de vendas. Sem um DBMS, cada programa que modificasse informações sobre representantes de vendas ou clientes teria de verificar se a atribuição do representante de vendas ao cliente já tinha ocorrido. Por exemplo, um programa que elimina ou exclui um representante de vendas teria primeiro de verificar se todos os seus clientes já receberam a atribuição de novo representante de vendas. Excluir um representante de vendas e deixar algum cliente sem representante quebra a regra de atribuição. Quando um DBMS modifica dados, ele pode impor tais regras, simplificando os programas e assegurando que um programador ou projetista de programa não pode transgredir as regras de negócio por desconhecimento.

APLICAÇÕES DE BANCOS DE DADOS

Como um DBMS executa tantas diferentes e importantes funções, ele é central para muitos diferentes tipos de aplicações de negócios. Nesta seção, examinamos três usos típicos dos sistemas de gestão de bancos de dados: suportar *software* aplicativo, armazenar dados num *data warehouse* e alimentar páginas dinâmicas na *Web*.

Suportando *Software* Aplicativo

No mundo de hoje, um sistema de gestão de banco de dados está no coração de quase toda aplicação de *software* de negócios. As razões são simples:

- Um banco de dados fornece um repositório coerente, único, para as informações organizacionais; e
- Um DBMS reduz tempo e esforço de programação ao executar muitas das funções que os programas aplicativos, de outra forma, teriam que executar.

Repositório Único

Sem um repositório consistente e organizado de dados, cada programa aplicativo seria responsável pela sua coordenação com todos os demais aplicativos que necessitassem acessar os dados que ele coleta ou usa. Quando um cliente faz um pedido, por exemplo, o *software* de recepção de pedidos executa a tarefa inicial de registrar o pedido e comunicar-se com o cliente. Entretanto, as informações associadas ao pedido também são usadas pelo programa de faturamento, pelo programa que organiza a produção do produto solicitado, pelo programa que encomenda os suprimentos necessários à produção do produto, pelo programa que prepara a remessa e por vários outros. Construir tais programas na ausência de um repositório de dados coordenado é quase impossível, porque há interações demais entre os programas.

As Funções do DBMS

Como um DBMS fornece muitas das funções que os programadores, de outra maneira, teriam que desenvolver com seus próprios recursos, ele aumenta tremendamente a produtividade do programador. Por exemplo, os programadores não têm que se preocupar com a indexação de dados para recuperação rápida. Eles não têm que executar verificações de validade nos dados adicionados ao banco de dados – as regras construídas no banco de dados executarão as checagens necessárias e retornarão um código de erro se o dado for inválido. Os programadores não têm que construir código para recuperar dados se o sistema cai no meio de uma transação. Cada uma das oito funções tratadas na seção de funções de bancos de dados elimina esta preocupação para os programadores de aplicativos.

Como um DBMS permite aos usuários recuperar dados facilmente de um banco de dados sem qualquer programação, as aplicações de negócios não têm que antecipar cada uso possível dos dados que elas coletam. Os programadores constroem a maioria dos relatórios comuns e úteis diretamente na interface de usuário do aplicativo, mas os administradores podem analisar os dados de muitas outras formas usando diretamente o DBMS. Como resultado, os programas aplicativos são menores e de mais fácil administração.

A Interface DBMS/Aplicativo

O padrão **ODBC** (***Open Database Connectivity*** **– Conectividade de Banco de Dados Aberta**) permite aos programas aplicativos acessar bancos de dados através de um DBMS de maneira uniforme. O padrão de ODBC especifica um protocolo para "conectar" um programa ao DBMS e então emitir comandos ou mensagens para armazenar ou recuperar dados. O padrão de ODBC torna relativamente fácil escrever programas que trabalharão igualmente bem com os produtos de DBMS de diferentes fornecedores.

Armazenando Dados em um *Data Warehouse*

Um **armazém** ou **depósito de dados**, ou ***data warehouse***, é um banco de dados de abrangência empresarial, projetado para suportar um serviço de inteligência de negócios e gestão do processo de tomada de decisão em vez de atender às necessidades operacionais. Apesar de um *data warehouse* poder conter cópias de dados de algumas transações recentes, a maioria de seu conteúdo refere-se a dados históricos e de resumos, agregados em vários níveis e ao longo de várias dimensões. Por exemplo, ele pode conter vendas diárias, semanais e mensais por loja, estado, país e região. Ele pode também agregar vendas por produto, grupos de produto e unidade de negócios. Da mesma forma, ele pode agregar vendas por tipos de cliente.

O China Merchants Bank, sediado em Shenzhen, usa um *data warehouse* para analisar o perfil e preferências de seus clientes e o desempenho de seus departamentos.[7] A Interfoods of America, concessionária de 166 restaurantes Popeyes Chicken & Biscuit, usa um *data warehouse* para comparar o desempenho de franquias individuais e grupos de franquias por região. A Interfoods também usa o *data warehouse* para comparar estoques, custos e outras transações através da empresa e atribui ao *data warehouse* o crédito por capacitar a empresa a reduzir em mais de 2% os custos de alimentos em algumas áreas.[8]

Por que uma organização iria criar um banco de dados separado para o serviço de inteligência e análise de negócios quando a maioria das informações que deseja pode ser obtida diretamente de seus bancos de dados operacionais? Poderia parecer que um *data warehouse* aumenta as necessidades de armazenamento da empresa e poderia levar a inconsistências entre os dados sob análise e os dados que estão sendo usados para as operações cotidianas. Uma razão para construir um *data warehouse* é permitir que o banco de dados operacional rode mais harmoniosamente. Nenhuma empresa quer deixar seus clientes esperando porque seu DBMS está ocupado recuperando grandes volumes de dados para uma análise complexa, iniciada por algum administrador no departamento de marketing. Além disso, as empresas gostam de manter seus bancos de dados operacionais enxutos, retirando as transações que não são mais necessárias às operações de negócios. Entretanto, estas transações têm valor histórico para a análise gerencial e, portanto, devem ser mantidas nos *data warehouse*. As empresas que têm múltiplos bancos de dados operacionais acham que um *data warehouse* é útil para a consolidação dos dados. Finalmente, os *data warehouse* simplificam a análise gerencial porque os dados são resumidos e agregados no momento em que são alimentados no *data warehouse*.

A extração de dados é uma preocupação básica dos administradores de *data warehouse*. Com que freqüência eles deveriam mover dados dos sistemas de produção para o *data warehouse*? A extração dos dados coloca uma pesada carga de processamento nos sistemas de produção. Os administradores de *data warehouse* devem implementar sistemas que identifiquem inconsistências nos dados extraídos de diferentes locais. A extração de dados de sistemas não-DBMS complica a carga no *data warehouse*. Freqüentemente os dados devem ser limpados e transformados antes de serem carregados no *data warehouse*. Os produtos de *software* chamados *produtos ETC* (extrai/transforma/carrega) simplificam esta extração. A Associação Automobilística do Reino Unido (AA) usou o produto ETC da Evoke Software (Evoke) para analisar e extrair 5.000 atributos de dados de mais de 20 fontes de dados e carregá-los no seu *data warehouse*. Por exemplo, o Evoke identificou que a AA descrevia a cor bege de doze diferentes maneiras em seus diferentes sistemas. Sem um produto ETC, como o Evoke, a empresa não seria capaz de identificar as diferentes ortografias e automaticamente transformá-las numa ortografia comum antes de carregá-las em seu *data warehouse*. Portanto, seus pesquisadores de mercado não teriam sido capazes de analisar com precisão fabricação, modelos e cores dos veículos.[9] A Guinness Limited, a cervejaria britânica, achou mais fácil e rápido usar o ActaWorks, um produto ETC da Acta Technology, do que usar o *software* fornecido pelo seu fornecedor do ERP, o SAP, para a extração dos dados de seus sistemas ERP e carregá-los em seu *data warehouse*.[10]

Há muitas ferramentas, incluindo ferramentas de mineração de dados (*data mining*) e ferramentas de processamento analítico on-line (OLAP – OnLine Analytic Processing Tools), para ajudar os administradores a usar efetivamente os dados coletados num *data warehouse*. A *mineração de dados* descreve o processo de identificar padrões em grandes massas de dados. A Bharti Televentures, provedora de serviços de telecomunicações de 306 milhões de dólares (Rs 1.500 crore) sediada em Delhi, Índia, usa a mineração de dados para identificar razões pelas quais seus clientes de telefonia móvel mudam para outros fornecedores e depois corrigir os problemas. Por exemplo, quando uma análise de mineração de dados descobriu que muitas queixas em uma região movimentada vinham de usuários que operavam a partir de escritórios em porões, a empresa instalou transmissores bastante poderosos nessa região. Quando o sistema revelou que um grande número de assinantes pré-pagos em Delhi eram visitantes a negócios que subscreviam os serviços da Bharti em sua cidade natal, a empresa lançou um programa de *roaming* regional para estes clientes.[11] As ferramentas de *processamento analítico on-line (OLAP)* agregam, exibem e analisam dados para detectar inferências e tomar decisões. A Marcus Corporation, que possui, administra, ou representa 186 Baymont Inns & Suites e 7 Woodfield Suites, usa ferramentas OLAP para segmentar os dados sobre vendas, índice de ocupação, preços médios de acomodações, renda por acomodação disponível e reservas futuras por propriedade, localização, tipo de acomodação, gerente, tipo de hóspede, etc. Esta análise permite determinar preços, servir melhor seus hóspedes e avaliar seus administradores.[12] Discutimos a mineração de dados e as ferramentas OLAP e suas aplicações de modo mais completo no Capítulo 8.

Um ***data mart*** é semelhante a um *data warehouse*, mas ele fornece dados de resumo e históricos para o serviço de inteligência de negócios e para o processo de tomada de decisão para um único departamento ou divisão em vez de uma organização inteira. Os *data marts* custam menos para serem desenvolvidos e operados do que os *data warehouse* e podem ser construídos mais rapidamente. Os projetistas podem mais facilmente satisfazer às necessidades dos administradores que os querem sem tomar o limitado tempo dos administradores que não os usarão.

Os administradores às vezes criam *data marts* extraindo dados de um banco de dados existente. Desta maneira, eles podem, talvez, obter um histórico mais longo ou mais níveis de agregação que o *data warehouse* pode fornecer. Os administradores também desenvolvem *data marts* quando sua empresa não implementou um *data warehouse*. Por exemplo, a Borders Group, varejista de livros e música, criou um *data mart* para seu departamento de marketing, pois a Borders não tinha nenhum *data warehouse*. O *data mart* ajudou a Borders a consolidar as informações dos clientes de sua loja na *Web*, a borders.com e suas lojas físicas. Também, juntamente com seu *software* de gestão de relacionamento com o cliente, o *data mart* ajudou a Borders a criar serviços que podiam ser adaptados às necessidades de clientes particulares, executar análises cruzadas e direcionar melhor suas campanhas de marketing.[13]

Muitas empresas, incluindo a Sherwin-Williams, criam um *data mart* como um trampolim para a criação de um *data warehouse*. A Sherwin-Williams construiu quatro *data marts* — para análise de vendas, gestão de categoria, análise de contribuição e matérias-primas — antes de tentar integrá-los num *data warehouse*. Para evitar criar ilhas de informações independentes, ela seguiu uma política de "começar pequeno, pensar grande" selecionando um conjunto único e expansível de produtos de *software* para implementar os *data marts*. Seu objetivo era futuramente integrar os *data marts* num *data warehouse* de âmbito empresarial. Foram necessários apenas cerca de dois anos desde a inauguração do primeiro *data mart* para que um *data warehouse* integrado com 1,1 terabyte de dados e suportando 200 usuários fosse colocado em operação.[14]

Preparando Páginas Dinâmicas na *Web*

Você já notou como a *home page Web* de um provedor de notícias, como a CNN.com, está diferente a cada dia que você retorna a ela? As páginas dos *sites* de leilão e catálogo de vendas também mudam rapidamente para refletir as mudanças em seus produtos. Quando você entra num endereço da *Web* no qual você já esteve antes, é possível que o *site* reflita preferências que você explicitamente alimentou ou preferências inferidas de suas visitas anteriores. *Sites* como estes geram páginas da *Web* automaticamente, puxando os dados de um banco de dados e jogando-os sobre um gabarito, ou modelo, da página.

O ***software* de gestão de conteúdo** é projetado para facilitar o desenvolvimento de páginas *Web* dinâmicas. Os projetistas da *Web* usam o *software* de gestão de conteúdo para desenvolver gabaritos ou *templates* com espaços, ou campos, projetados para exibir certos tipos de informações. Então, a ferramenta de gestão de conteúdo puxa informações selecionadas para o gabarito da *Web*, exatamente como um programa de intercalação ou *merge* de correspondência puxa nomes e endereços para um gabarito de carta. O *software* de gestão de conteúdo alimenta a página da *Web* para um servidor da *Web*, que, por seu turno, apresenta-a ao espectador. Usando *software* de gestão de conteúdo, empregados sem treinamento de *Web* facilmente podem atualizar as páginas da *Web* simplesmente preenchendo um formulário do banco de dados.

Recentemente, a Ford usou um produto de servidor de gestão de conteúdo da Microsoft para reconstruir totalmente o *site* da *Web* Ford.com em apenas 13 semanas. Como os usuários estão agora habilitados a atualizar muito dos dados de *Web* simplesmente alimentando novas informações nos bancos de dados da Ford e como a maioria das informações é recuperada automaticamente de seus bancos de dados, a Ford achou que era capaz de reduzir o pessoal dedicado a manter o *site* da *Web* de cinco para dois. A Ford acredita que tem aproximadamente 280 *sites* de relacionamento com clientes adicionais na *Web* que poderiam beneficiar-se da gestão de conteúdo que ainda não foram convertidos.[15]

DESENVOLVENDO BANCOS DE DADOS ATRAVÉS DE PROJETO DE DADOS

O **projeto de dados** é o processo de identificar e formalizar os relacionamentos entre os elementos de dados que formarão o banco de dados de uma organização. Os administradores freqüentemente trabalham com especialistas em computadores para determinar o projeto que melhor satisfaz suas necessidades de negócios. Por exemplo, o cliente deve ter um representante de vendas? Caso sim, como o banco de dados deveria armazenar um cliente antes de a empresa designar-lhe um representante de vendas? Quantos clientes um representante de vendas pode representar? O que acontece aos clientes de um representante de vendas quando ele deixa a empresa? Deveria o banco de dados conter as mesmas informações para os clientes eventuais que as mantidas para os clientes estáveis? Se o endereço de despacho e de faturamento são os mesmos, deveria o endereço ser armazenado duas vezes?

Decisões como estas não são simples e tendem a aumentar durante a vida de uma aplicação de banco de dados. Os DBMSs, entretanto, tornam possível considerar o projeto de dados de uma organização de forma independente de seus programas aplicativos. Como resultado, é freqüentemente possível mudar o projeto sem um esforço maciço de reprogramação. Não obstante, os desenvolvedores de *software*, administradores de bancos de dados e administradores funcionais precisam entender os inter-relacionamentos que os processos de negócios exigem para que os elementos de dados de uma organização sejam adequadamente refletidos no banco de dados.

Elementos de Dados

Dentro de uma perspectiva lógica, podemos considerar um banco de dados como sendo uma combinação de elementos de dados. A Figura 4-4 mostra como estes elementos formam uma hierarquia. No nível

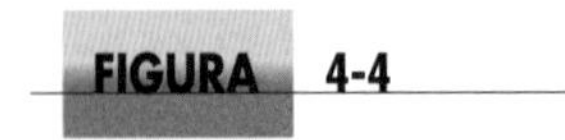
FIGURA 4-4

Na hierarquia dos elementos de dados, um banco de dados contém arquivos, arquivos contêm registros, registros contêm campos e campos contêm *bytes* de dados.

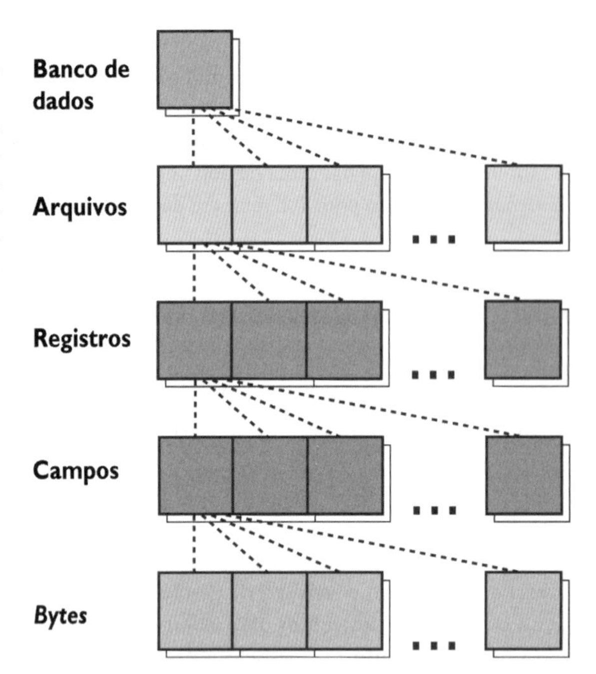

mais alto está o banco de dados propriamente dito. Você pode imaginar isto como um fichário. Continuando a analogia, imagine o banco de dados como composto de **arquivos**, grupos de dados sobre coisas semelhantes, exatamente como os arquivos em seu fichário. Um arquivo de clientes, por exemplo, contém todos os dados sobre os clientes de uma empresa.

Um arquivo contém **registros.** Cada registro, geralmente, contém dados sobre uma pessoa, lugar, ou coisa, concreta ou abstrata. Por exemplo, os dados sobre um determinado cliente poderiam ser um registro no arquivo de clientes. Os dados sobre uma determinada fatura seriam um registro no arquivo de faturas. Cada registro contém **campos**, também conhecidos como **atributos** ou dados sobre uma das características de um registro. Por exemplo, um número de telefone seria um campo num registro de cliente. Um número de fatura ou valor de fatura seria um campo num registro de faturas. Um campo, o elemento de dados mais baixo dotado de significado, contém palavras, bytes e bits de dados (ver Capítulo 3).

Como veremos a seguir, este modelo de dados hierárquico é por demais simplista. Ele ignora os relacionamentos entre elementos de mesmo nível na hierarquia. Por exemplo, o arquivo de clientes da Sherwin-Williams relaciona-se a seu arquivo de pedidos: cada cliente tem um ou mais pedidos. Este modelo também ignora ações em oposição aos atributos dos elementos de dados. Por exemplo, este modelo não pode indicar que um cliente pode fazer coisas tais como enviar um pedido de pintura ou pagar contas quando no vencimento.

O Modelo Entidade-Relacionamento

Embora vários modelos expressem o relacionamento entre os elementos de dados de uma organização, o Modelo Entidade-Relacionamento (E/R) está entre os mais extensamente usados. O modelo E/R oferece um meio gráfico de exibir os inter-relacionamentos entre vários tipos de dados.[16]

A Figura 4-5 ilustra uma porção de um modelo E/R para um atacadista hipotético. Os retângulos identificam entidades sobre as quais a organização coleciona dados, correspondendo a arquivos, como mostrado para clientes e pedidos. Os losangos encerram e nomeiam relacionamentos entre as entidades. Na figura, o relacionamento *faz* indica o fato de que clientes fazem pedidos. As linhas que ligam as entidades ao losango representam os relacionamentos entre eles e mostram se o relacionamento é exclusivo. Neste exemplo, cada cliente faz de zero a muitos (M) pedidos, mas todo pedido é feito por um (1) cliente. Este relacionamento é chamado de um para muitos. Os relacionamentos também podem ser de um para um, como quando cada empregado tem um carro da empresa e cada carro é designado a um empregado, ou muitos para muitos, como quando cada pedido pode ser um pedido de vários produtos e cada produto pode aparecer em vários pedidos. Os ovais indicam atributos de entidades e relacionamentos. Por exemplo, na Figura 4-5, o #tel (número de telefone) é um atributo de cliente e Quantidade_Total é um atributo do relacionamento "pedido_de".

BASES TECNOLÓGICAS

Os administradores que entendem as maneiras fundamentais pelas quais os bancos de dados podem se diferenciar geralmente podem trabalhar mais efetivamente com especialistas em computadores para escolher o DBMS que melhor satisfaz suas necessidades de informação. Nesta seção observamos duas propriedades fundamentais: a arquitetura de distribuição e o modelo de banco de dados.

Arquiteturas de Distribuição

A **arquitetura de distribuição** diz respeito a como a organização distribui fisicamente, entre os computadores numa rede, o processamento dos dados e os bancos de dados. A arquitetura de distribuição tem conseqüências importantes para o desempenho e o uso dos bancos de dados. As redes de computadores permitem a um DBMS que está rodando em um computador acessar dados armazenados em outro computador. Vamos estudar redes de computadores no Capítulo 5 e aprender como os dados fluem através de uma rede. Obter dados através de uma rede é provavelmente mais lento que obtê-los diretamente dos dispositivos de armazenamento do computador que roda o DBMS. Movimentar dados através de uma rede consome recursos da rede e capacidades necessárias em outras tarefas.

Os administradores e especialistas em computadores podem escolher DBMSs com uma dentre quatro arquiteturas de dados: descentralizada, centralizada, cliente/servidor e distribuída. A Tabela 4-2 identifica as diferenças entre estas arquiteturas e mostra suas vantagens e desvantagens.

Arquitetura Descentralizada

Uma *arquitetura descentralizada* não envolve compartilhamento de dados; ela tem "ilhas de informação". Freqüentemente, esta arquitetura surge de usuários que desenvolvem bancos de dados por exigência de aplicações individuais, sem planejamento central e sem controle central.

FIGURA 4-5 Um Diagrama de Entidade-Relacionamento ilustra como as entidades relacionam-se e descreve os atributos de todas as entidades e relacionamentos.

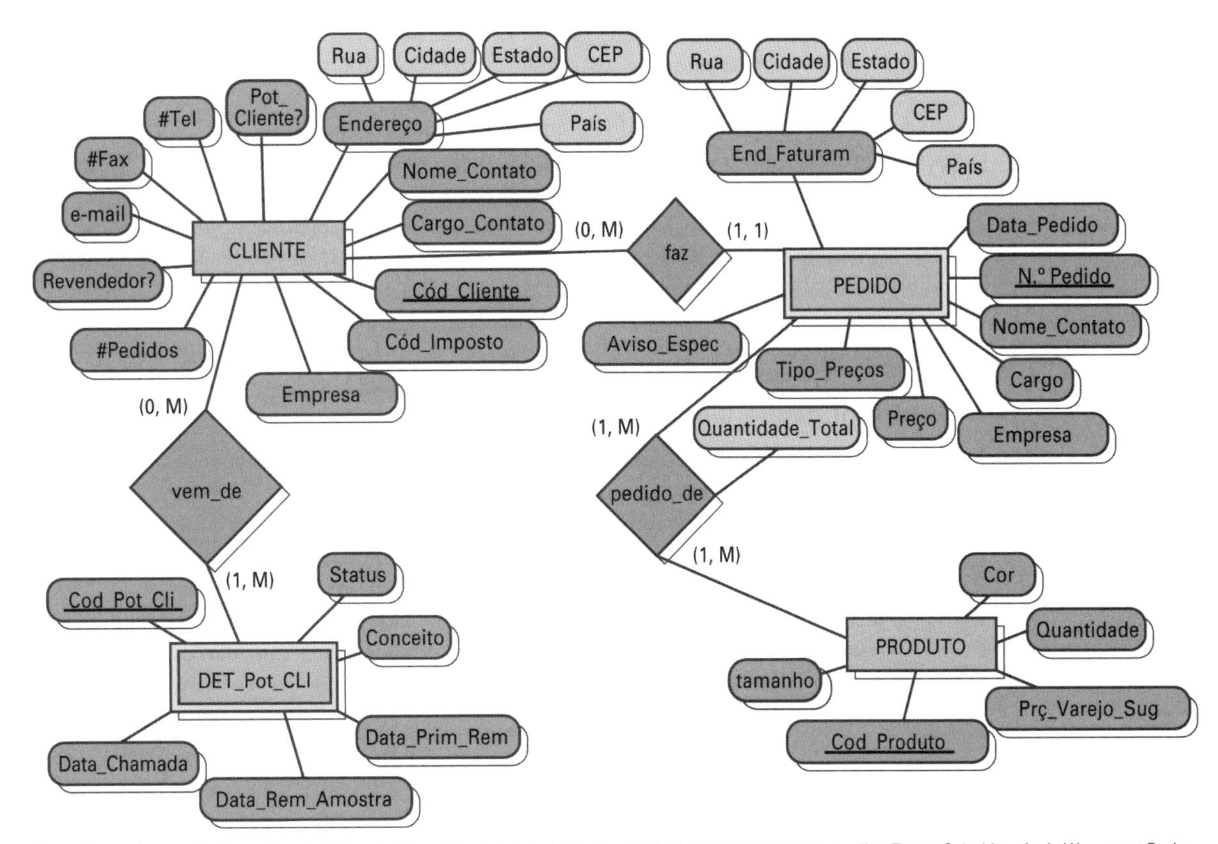

FONTE: Acessado em http://www.ieor.berkeley.edu/~hans/er2.html. Adaptado de um diagrama criado por Handy Halim, Trevor Oelschig e Amie Wang para Back-a-Line, uma empresa que faz cintos atléticos para apoio da coluna vertebral.

TABELA 4-2

As quatro arquiteturas de dados diferem em suas características básicas, assim como em seu desempenho e uso.

		Descentralizada	Centralizada	Cliente/Servidor	Distribuída
Características de Definição	**Dados Compartilhados**	Não	Sim	Sim	Sim
	Localização dos dados	Distribuídos	Centralizados	Centralizados	Distribuídos
	Localização do Processamento	Distribuídos	Centralizados	Compartilhado	Distribuídos
Características de Desempenho e Uso	**Desempenho**	Excelente	Restringido pela Rede	Restringido pela Rede	Mista
	Facilidade de Gestão	Simples	Fácil	Moderada	Difícil
	Redundância	Alta	Baixa	Baixa	Moderada
	Consistência	Baixa	Alta	Alta	Alta
	Escalabilidade*	Alta	Baixa	Moderada	Alta

*Escalabilidade: A habilidade de uma idéia, negócio, produto ou serviço de continuar a funcionar bem independentemente de seu grau de crescimento. (N.T.)

A ausência de planejamento central na arquitetura descentralizada dá liberdade aos usuários para desenvolver aplicações que preencham suas necessidades e para manter controle sobre as aplicações que desenvolvem. Mas esta arquitetura freqüentemente impede os usuários de facilmente combinar ou comparar dados em diferentes bancos de dados. Ela também encoraja a duplicação de dados, exigindo entrada de dados e armazenamento duplicados, possivelmente levando a inconsistências. As arquiteturas descentralizadas freqüentemente surgem em empresas que têm uma abordagem de gestão descentralizada e em empresas construídas por aquisições.

Arquitetura Centralizada

Uma *arquitetura centralizada* tem um único DBMS rodando num único computador e mantendo os dados de forma centralizada. Esta arquitetura fornece um consistente conjunto de dados a usuários autorizados com redundância limitada. É relativamente fácil de controlar e administrar, ao menos para bancos de dados pequenos. Ter uma capacidade de armazenamento centralizada também torna fácil consolidar dados de toda a corporação e determinar se um item de dados atualmente existe no banco de dados.

Com o processamento centralizado, um único programa recebe as entradas de muitos usuários e lhes envia os respectivos produtos. Portanto, uma arquitetura centralizada necessita de mais capacidade de processamento concentrado do que uma arquitetura descentralizada. Normalmente, os PCs são insuficientes para suprir estas necessidades de processamento, resultando no uso de equipamentos mais sofisticados e uma equipe dedicada às operações do computador.

Conforme o tamanho do banco de dados e o seu uso crescem, um equipamento mais poderoso freqüentemente precisa substituir o *hardware* existente para responder às maiores necessidades de processamento e armazenamento de dados. Os upgrades de *hardware* de sistemas *mainframe* são caros e às vezes exigem mudanças de *software* para suportá-los. A integração de aplicativos novos com os existentes torna-se mais complexa e demorada à medida que o banco de dados centralizado cresce.

Arquitetura Cliente/Servidor

Uma **arquitetura cliente/servidor** (ver Capítulo 3) divide as funções de um DBMS entre computadores conectados numa rede, enquanto centraliza o armazenamento permanente para todos os dados num computador chamado **servidor do banco de dados**. Os computadores conectados ao servidor são chamados de *computadores clientes*. Os computadores clientes rodam as partes do DBMS que processam as solicitações dos usuários e lhes apresentam os resultados. O servidor roda as partes do DBMS que armazenam e recuperam os dados. Há uma variedade de modelos para dividir as funções do DBMS entre o computador cliente e o servidor. Em sistemas cliente/servidor de três camadas, os aplicativos que acessam o banco de dados devem rodar em servidores separados do servidor do banco de dados e separados dos computadores clientes do usuário.

Para ilustrar a aplicação e benefícios da arquitetura cliente/servidor, considere um programa de contas a receber rodando em um computador cliente e um aplicativo de atendimento ao cliente rodando em outro computador cliente (ver Figura 4-6). Na estação de contas a receber, o digitador processa o cheque de um cliente, inserindo primeiro o RG do cliente. O programa de contas a receber envia uma solicitação ao DBMS cliente para determinar se o RG do cliente é válido. O DBMS cliente passa esta solicitação ao

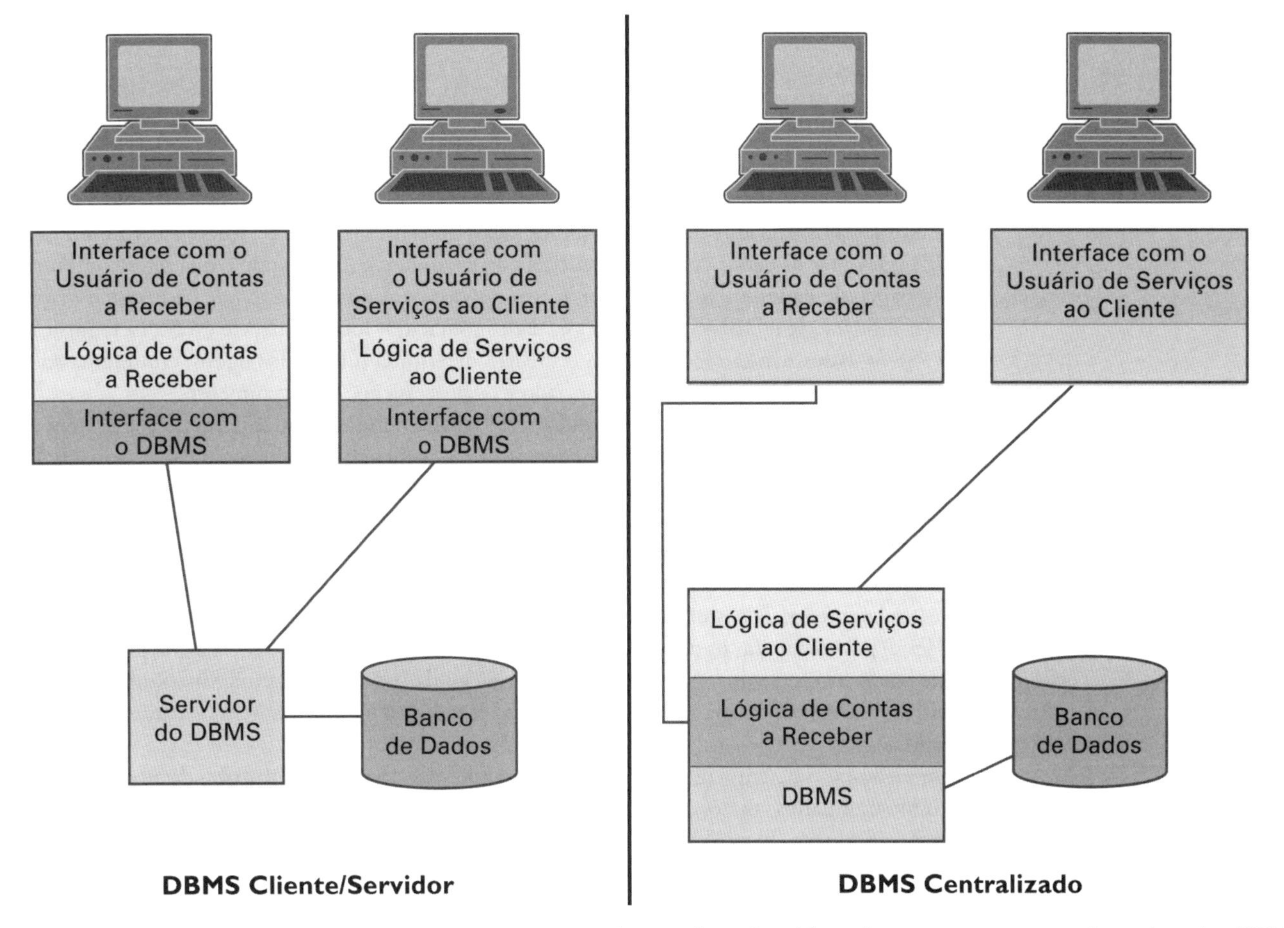

FIGURA 4-6 Esta ilustração mostra como a arquitetura cliente/servidor reduz a carga no computador onde roda o DBMS. Neste exemplo, os programas de contas a receber e atendimento ao cliente são descarregados para o computador cliente.

DBMS servidor, que acessa o banco de dados para determinar se o RG é válido. O servidor responde ao DBMS cliente e o DBMS cliente responde ao programa aplicativo, que então prossegue para aceitar os dados do cheque. Quando o usuário termina de inserir os dados do pagamento, o DBMS cliente processa e comprime os dados e os remete ao DBMS servidor para o armazenamento. Na estação de trabalho, o digitador também acessa dados de cliente, tais como uma lista de pagamentos em aberto, através de um programa rodando em seu computador. Se o servidor recebe duas solicitações para atualizar os mesmos dados ao mesmo tempo, ele medeia o conflito. O servidor também pode manter um *log* para recuperar-se de quedas do sistema.

A vantagem principal da arquitetura cliente/servidor é que ela descarrega do servidor os programas aplicativos e muitas das funções do DBMS. No exemplo acima, a estação do programa de contas a receber opera de modo quase autônomo, sendo pouco afetada pelo número de outros programas que rodam na rede. Na arquitetura centralizada, os aplicativos de contas a receber e atendimento ao cliente rodam no mesmo computador. Quando a empresa acrescentar novos aplicativos, o processamento de contas a receber se tornará mais lento, a não ser que a empresa efetue um *upgrade* no computador para proporcionar maior capacidade de processamento.

A arquitetura cliente/servidor facilita a movimentação de uma grande quantidade de dados pela rede. Como o processamento ocorre em muitos computadores clientes e o computador cliente e o servidor interagem freqüente e extensamente, os dados devem fluir rapidamente entre o servidor e os computadores clientes, garantindo o desempenho adequado do DBMS. O DBMS cliente/servidor, em função disso, impõe uma pesada carga na capacidade da rede.

Uma outra desvantagem da arquitetura cliente/servidor é a dificuldade no controle dos dados. Empregados com acesso aos disquetes nos computadores clientes podem remover dados que a organização deseja manter confidenciais. Como resultado, algumas organizações insistem que nenhum computador cliente seja equipado com mídias removíveis. Isto, entretanto, limita a utilidade destes computadores para outras funções.

Arquitetura Distribuída

Uma *arquitetura de DBMS distribuída* distribui tanto dados como processamento.[17] Ela difere da arquitetura cliente/servidor porque a arquitetura distribuída não tem, necessariamente, armazenamento de dados centralizado; todos os dados podem residir em locais descentralizados. Ela difere da arquitetura descentralizada por tratar os dados como um banco de dados único, dando a todo e qualquer computador cliente do banco de dados e a todo servidor acesso a todos os dados no banco de dados, sem distinção de onde eles residam. Se o DBMS pode obter os dados solicitados localmente, ele executa a requisição localmente. Se os dados não são locais, então o DBMS determina o local dos dados, emite uma solicitação para obter os dados do computador apropriado e os processa após o recebimento.

Uma arquitetura distribuída reduz o tráfego da rede mantendo os dados perto de onde são necessários (ver Figura 4-7). Por exemplo, o escritório de vendas da costa oeste de uma empresa nacional pode manter as informações sobre seus clientes no computador da costa oeste, enquanto o escritório da costa leste mantém dados sobre os clientes da costa leste no computador da costa leste. Ambos os computadores podem recuperar e armazenar dados em qualquer dos locais, mas a maioria do processamento é local. Se uma empresa da costa leste chama o escritório de vendas oeste, o DBMS tentará encontrar os dados do cliente localmente (costa oeste); falhando nisso, ele vai enviar uma mensagem para o computador remoto (costa leste) para recuperar os dados. O usuário do computador da costa oeste não vai precisar saber onde os dados estão armazenados. Além de reduzir o tráfego da rede, a arquitetura distribuída permite que a maioria das transações ocorra rapidamente, pois o computador local mantém os dados usados por estas transações.

Para melhorar o desempenho e reduzir o tráfego de rede, um DBMS distribuído normalmente armazena os mesmos dados em dois ou mais locais. Este recurso do DBMS distribuído é chamado **replicação.** O DBMS administra a consistência dos dados replicados, assegurando que eles sejam introduzidos somente uma vez. Se um usuário ou aplicativo muda os dados replicados em um local, o DBMS muda os dados em todos os locais. Existem várias estratégias para a sincronização dos dados, dependendo do quanto é importante que os dados replicados estejam sempre consistentes.

Um banco de dados distribuído replicado é mais indicado quando os empregados usam computadores portáteis ou laptops na área dos clientes. A replicação permite aos empregados acessar o banco de dados da empresa sem ter de conectar-se com o escritório central. Os empregados podem, por exemplo, ver as especificações de produtos, preços e até a disponibilidade do produto, permitindo-lhes responder rápida e precisamente às questões do consumidor. Eles podem, também, dar entrada em seus pedidos, tanto de um quarto de hotel ou quando o empregado retornar ao escritório, diretamente no banco de dados local e ter certeza de que o pedido será considerado quando os bancos de dados distribuídos forem sincronizados.

Por várias razões os DBMSs distribuídos são mais complexos do que os DBMSs residentes em um computador único. Primeiro, o DBMS distribuído tem de estar apto a determinar a localização de dados específicos. Segundo, ele precisa ser mais sofisticado na determinação do modo ideal de requerer os dados. A ordem na qual o DBMS processa a requisição pode fazer uma diferença significativa na quantida-

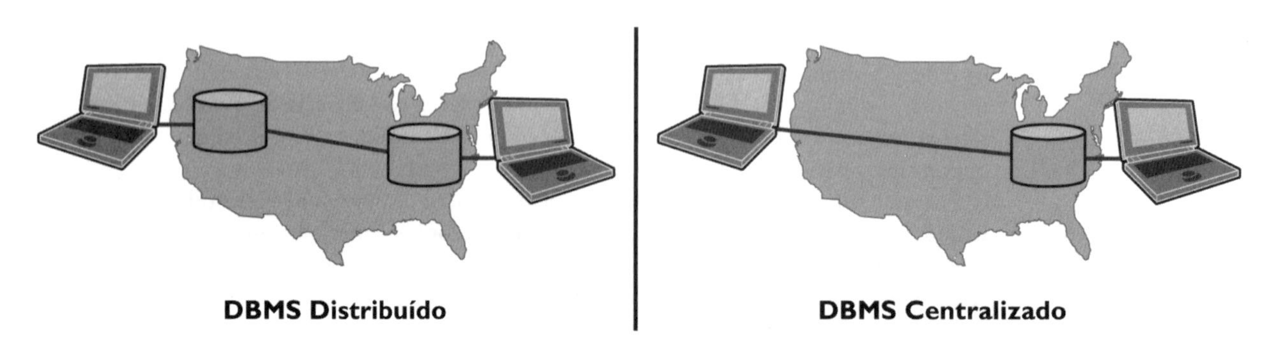

FIGURA 4-7 O DBMS distribuído mantém os dados locais localmente e raramente precisa movimentar dados de uma costa a outra. O DBMS centralizado, neste exemplo, precisa movimentar todos os dados da costa oeste para a costa leste para o armazenamento e de volta novamente para a utilização.

de de dados transmitida através da rede. Finalmente, antecipar falhas do computador e priorizar as requisições dos dados é extremamente complexo. Algumas vezes é difícil determinar se o computador terminou uma atualização antes que ele ou a rede falhe. Além disso, quando duas solicitações para acessar os mesmos dados ocorrem quase simultaneamente, não é fácil determinar qual solicitação veio primeiro ou quais outras solicitações são parte da mesma transação, caso uma das solicitações tenha que ser bloqueada.

Além das dificuldades técnicas, questões organizacionais algumas vezes impedem a aceitação de um banco de dados distribuído.[18] Tradicionalmente, um único administrador ou setor administrativo projeta e controla o banco de dados corporativo. Os DBMSs existem para reduzir a redundância na entrada de dados e no processamento através da centralização destes controles. A distribuição da autoridade e do controle sobre os recursos de dados nega a razão para o uso de um DBMS. Muitos administradores acreditam que ilhas de dados isoladas e potencialmente conflitantes surgirão à medida que os administradores locais adicionam suas modificações favoritas ao modelo de dados organizacional. Uma organização, naturalmente, pode usar uma arquitetura distribuída puramente por suas vantagens técnicas, tais como redução do fluxo de rede e melhora no tempo de resposta, enquanto recusa abrir mão do controle para os administradores locais. Entretanto, muitos administradores vêem na arquitetura distribuída o primeiro passo em direção ao controle distribuído e a potencial perda de informações pessoais e de poder.

Arquiteturas Mistas

Na prática, as arquiteturas mistas surgem freqüentemente. As empresas com múltiplos locais podem usar uma arquitetura distribuída com dados redundantes para maximizar o desempenho. A empresa pode usar uma arquitetura centralizada em um local para consolidar o processamento; ela pode usar uma arquitetura cliente/servidor em outro local para distribuir o processamento. Mesmo em empresas que centralizam seu planejamento de dados, alguns administradores criarão bancos de dados não compartilhados para seu uso pessoal. Eles podem, por exemplo, manter uma lista de contatos de clientes num banco de dados pessoal. Enquanto a empresa pode preferir que os administradores compartilhem tais dados, na prática estes podem achar o compartilhamento impraticável ou muito invasivo na sua privacidade. Como resultado, surgem alguns elementos de uma arquitetura descentralizada.

Modelos de Bancos de Dados

Os diferentes DBMSs tratam os relacionamentos entre os elementos de dados de forma diferente. Seus enfoques recaem em poucas e amplas categorias, conhecidas como **modelos de bancos de dados.** O modelo de banco de dados de um DBMS pode ter profundas implicações em seu desempenho e pode também afetar o projeto do banco de dados.

Nesta seção, começamos com o modelo relacional por ser ele o mais amplamente aceito. Em seguida, discutimos dois modelos que atingiram recentemente um grau de aceitação de mercado, os modelos objeto e o XML. Finalmente, discutimos os modelos em rede e hierárquico unicamente pelo seu significado histórico. O leitor menos técnico pode saltar estas duas seções sem perda de continuidade.

A Tabela 4-3 compara estes modelos de dados. Eles diferem na existência ou não de padrões, na velocidade com que salvam e recuperam dados complexos e transações associadas, na facilidade com que usuários inexperientes podem pesquisar seus dados, no seu suporte para desenvolvimento de *software*, nos tipos de aplicações que eles objetivam suportar e na facilidade com que seus dados podem ser distribuídos. Em geral, são os especialistas técnicos e não os administradores os que decidem sobre o modelo de banco de dados quando da seleção de um DBMS para uma aplicação em particular.

Modelo Relacional

O **modelo relacional**, proposto inicialmente como um modelo teórico em 1970, mas não adotado amplamente até o final dos anos 1980, é a base para a maioria dos produtos DBMS.

No modelo relacional, uma **tabela** representa um arquivo com linhas chamadas **tuplas** e colunas chamadas **atributos.** Por exemplo, os dados na Figura 4-8 representam o arquivo de clientes com linhas, ou tuplas, identificando cada código de cliente, nome, endereço e limite de crédito. Cada coluna apresenta um atributo específico para todos os clientes: a coluna mais à esquerda mostra todos os códigos de clientes, a coluna mais à direita, todos os limites de crédito.

De que modo este modelo liga duas tabelas, por exemplo, clientes e faturas? O modelo relacional conecta tabelas pela inclusão de dados identificadores de uma tabela na outra tabela. Por exemplo, ele poderia incluir na tabela de faturas uma coluna que identifica o cliente responsável pela fatura, como mostrado na

TABELA 4-3

Os bancos de dados diferem em padrões, velocidade, facilidade de uso e objetivo.

	Relacional	Objeto	XML	Rede	Hierárquico
Padrões	SQL	ODMG JDOQL	Nenhum	CODASYL	Nenhum
Velocidade	Baixa	Moderada	Moderada	Moderada	Alta
Facilidade de consulta	Alta	Moderada	Moderada	Baixa	Baixa
Facilidade de desenvolvimento de software	Moderada	Alta	Alta	Baixa	Baixa
Objetivo principal	Suporte ao processo de tomada de decisão	Interface gráfica com o usuário (GUI)	Documento	Transação	Transação
Facilidade de distribuição dos dados	Moderada	Moderada	Moderada	Baixa	Baixa
Produtos representativos	Access DB2 Oracle Sybase	ObjectStore Objectivity Versant	Xindice Cerisent Coherity	IMS	IDS IDMS

Figura 4-8. O DBMS pode então ligar a tabela de clientes à tabela de faturas para obter informações mais detalhadas sobre o cliente de uma determinada fatura. O DBMS responderia quaisquer questões sobre o cliente de uma fatura procurando primeiro na tabela de faturas, achando, então, a linha para aquela fatura e identificando o cliente responsável a partir da coluna cliente. A seguir, o DBMS acha a linha de informações sobre o cliente específico na tabela de clientes. O DBMS pode também identificar todas as faturas de um determinado cliente pela varredura da tabela de faturas e selecionando somente aquelas que têm o identificador de cliente especificado (código de cliente, por exemplo) na coluna apropriada. A maioria dos DBMSs relacionais organiza internamente os dados para fazer tais recuperações de forma rápida e eficiente.

Como o modelo relacional especifica todos os relacionamentos entre os dados através de elementos de dados, o usuário pode recuperar os dados que deseja simplesmente identificando aqueles dados na maneira prescrita. O padrão para especificar esta recuperação é uma linguagem fácil de usar chamada **SQL**.[19] Diferentemente de muitas outras linguagens de programação, a SQL é não-procedural; o usuário especifica somente as características dos dados desejados, não os passos que o DBMS precisa tomar para recuperar os dados. Por exemplo, para achar todos os clientes com um limite de crédito acima de 5.000 dólares, o comando seria:

```
SELECT NOME_CLIENTE FROM TABELA_CLIENTES WHERE LIMITE_CREDITO > 5000.
```

Combinar dados de duas ou mais tabelas é só um pouco mais complexo. Por exemplo, para listar os códigos de fatura e valores de todos os clientes que têm um limite de crédito menor do que 5.000 dólares, o comando SQL seria

```
SELECT CODIGO_FATURA, VALOR_FATURA FROM TABELA_FATURAS, TABELA_CLIENTES
WHERE TABELA_FATURAS.CODIGO_CLIENTE = TABELA_CLIENTES.CODIGO_CLIENTE AND
TABELA_CLIENTES.LIMITE_CREDITO < 5000.
```

FIGURA 4-8

Neste exemplo relacional, o código de cliente liga a tabela de Faturas à tabela de Clientes.

Tabela de Clientes

Código Cliente	Nome Cliente	Endereço	Limite de Crédito
16340	Arlington Software	341 Woodward Rd.	5.000
37126	Hanson Widgets	21 Park Dr.	10.000
21371	Marion Assoc.	19 Avalon Ave.	5.000
31319	Generic Products	113-51 71st St.	25.000
87615	Electric Co.	1 Electric Plaza	25.000

Tabela de Faturas

Código Fatura	Data Fatura	Valor Fatura	Tabela de Faturas
100231	08/11/02	37126	301,37
100232	08/11/02	37126	500,23
100233	08/11/02	87615	128,00
100234	15/11/02	16340	200,00
100235	15/11/02	37126	921,00

Um dos princípios básicos da gestão do banco de dados relacional é que não pode haver duas linhas (registros) iguais numa tabela. A **chave primária** numa tabela é o atributo ou atributos que identificam uma linha única naquela tabela. No exemplo da Figura 4-8, o código de cliente é um bom candidato para ser a chave primária da tabela de clientes. O nome do cliente é também uma chave primária em potencial, assim como o endereço, mas o limite de crédito não pode ser uma chave primária, pois dois clientes diferentes podem ter o mesmo limite de crédito.

Apesar de o modelo de dado relacional ser, conceitualmente, o mais simples de usar, um mau projeto das tabelas de dados anularia esta vantagem. Os projetistas de banco de dados relacionais usam a **normalização** para agrupar os elementos de dados em tabelas para simplificar a recuperação, reduzir a entrada de dados e armazenamento e minimizar a probabilidade de inconsistências nos dados.

Um princípio da normalização é que todo atributo numa tabela deve depender da chave primária e somente desta. Observe a Figura 4-9 para ver a lógica que fundamenta este princípio. Na tabela do topo, o telefone e a região do representante de vendas dependem diretamente do representante de vendas e somente indiretamente da chave primária, o código de cliente, violando o princípio da normalização. Como resultado, as informações de telefone e região para Harris (e Jones) aparecem duas vezes porque Harris representa dois clientes. Muitos problemas surgem desta situação. Primeiro, se Harris representar centenas de clientes, o banco de dados desperdiça armazenamento por salvar as informações de Harris tantas vezes. Segundo, se o número de telefone de Harris tivesse de mudar, teria de ser mudado em centenas de linhas. Terceiro, como mostrado no exemplo, este projeto não impede inconsistências nos dados de Harris entre as linhas da tabela, levando à confusão. Finalmente, se todos os clientes de Harris tivessem de ser retirados da tabela, o banco de dados perderia todas as informações sobre Harris. A parte inferior da Figura 4-9 normaliza os dados ao dividi-los em duas tabelas, uma para clientes e uma para representantes de vendas. Observe como esta solução satisfaz os princípios da normalização e resolve os problemas identificados acima.

A normalização de tabelas relacionais engloba vários princípios adicionais, que estão além da abrangência deste texto. A maneira de como normalizar um banco de dados relacional é um componente importante da maioria dos cursos sobre gestão de bancos de dados e é considerada uma arte entre os profissionais de bancos de dados.

FIGURA 4-9

A normalização elimina o armazenamento duplicado das informações dos representantes de vendas Harris e Jones e elimina possíveis inconsistências, tais como o número de telefone de Harris na tabela não normalizada.

Tabela Não-normalizada com Números de Telefone Conflitantes para o Representante Harris

Cód. Cliente	Nome Cliente	Endereço Cliente	Repres. Vendas	Fone Repres.	Região Repres.
16340	Arlington Software	341 Woodward Rd.	Jones	351-4567	Norte
37126	Hanson Widgets	21 Park Dr.	Harris	259-8558	Sul
21371	Marion Assoc.	19 Avalon Ave.	Arnold	346-9666	Oeste
31319	Generic Products	113-51 71st St.	Harris	741-2559	Sul
87615	Electric Co.	1 Electric Plaza	Jones	351-4567	Norte

Tabela de Clientes

Código Cliente	Nome Cliente	Endereço Cliente	Repres. Vendas
16340	Arlington Software	341 Woodward Rd.	Jones
37126	Hanson Widgets	21 Park Dr.	Harris
21371	Marion Assoc.	19 Avalon Ave.	Arnold
31319	Generic Products	113-51 71st St.	Harris
87615	Electric Co.	1 Electric Plaza	Jones

Tabela Representantes de Vendas

Repres. Vendas	Fone Repres.	Região Repres.
Jones	351-4567	Norte
Harris	259-8558	Sul
Arnold	346-9666	Oeste

O Modelo Objeto

O **modelo objeto** deriva da programação orientada a objeto (ver Capítulo 3).[20] Lembre que este tipo de programação visualiza um objeto como uma encapsulação de atributos (ou dados) e programas (chamados métodos), firmemente agrupados e fora da vista dos usuários e de outros programas. Por exemplo, um cliente pode ser um objeto com atributos, tais como nome, representante-vendas, limite-crédito e faturas, juntamente com métodos, tais como mudar-limite-crédito e pagar-fatura. Alguns atributos, tais como fatura, podem ser eles mesmos outros objetos. Mensagens, que dão instruções ao objeto, fornecem a única interface entre o usuário e um objeto ou entre objetos. Um objeto cliente pode enviar seu nome em resposta à mensagem "diga-me seu nome". Ele pode trocar sua representação do limite de crédito do cliente e retornar com a mensagem "efetuado" em resposta à mensagem "mude limite de crédito para 3000".

Os DBMSs orientados a objeto armazenam objetos e metadados da classe objeto. Os objetos podem pertencer a qualquer tipo de objeto, normalmente chamado classe de objeto. A Figura 4-10 mostra uma classe de objeto empresa com atributos de Nome da Empresa, Números de Telefone e Contatos e o método Adicionar_Número_Telefone, que aceita e processa as mensagens sobre números de telefones adicionais. Todos os subtipos de um objeto, tais como empresa do cliente, herdam as características de seu objeto (isto é, nome de empresa, número de telefone, contatos e adicionar_número_telefone) e podem ter outros atributos e métodos, tais como Pedido e Aceitar_Pedido.

O modelo objeto integra-se facilmente com programas orientados a objeto e representa prontamente tipos de dados complexos como imagens, sons e objetos embutidos em outros objetos. Por exemplo, os modelos orientados a objeto podem representar facilmente organogramas de empresas e desenhos de engenharia, que são difíceis de representar usando os modelos de dados tradicionais. À medida que aplicações multimídia tornam-se mais predominantes na computação, o mesmo acontece também com o uso de objetos. Os DBMSs orientados a objeto fornecem um aparato para registrar tais objetos em um banco de dados.

As implementações atuais dos DBMSs objeto evoluíram de duas maneiras. Primeiro, os proponentes das linguagens orientadas a objeto criaram DBMSs objeto para proporcionar permanência para os objetos representados nas linguagens que eles usam.[21] Segundo, os fornecedores de DBMSs relacionais adicionaram recursos de objeto aos seus produtos.[22] Esta segunda abordagem produziu DBMSs objeto-relacionais híbridos, conhecidos comumente como **servidores universais.**

A maioria dos servidores universais armazena objetos tais como fotografias, assinaturas, ou registros de sons simplesmente como uma série de bytes. Como o modelo não representa propriedades de objeto, os usuários não conseguem achar todas as fotos de pássaros no banco de dados a menos que os registros com estas fotos incluam títulos contendo a palavra "pássaro". O atual padrão para consultas em bancos de dados objeto é um padrão de interface de programação, mas a maioria dos DBMSs orientados a objeto suporta o SQL na medida em que ele é aplicável no contexto dos objetos de banco de dados.

A existência de padrões para a representação dos dados de objetos de modo independente de qualquer linguagem de computador, sistema operacional ou *hardware*, aumentou a popularidade dos DBMSs objeto. A maioria dos fornecedores de *software* adotou o padrão *CORBA (Common Object Request Broker Architecture)*; a Microsoft, em vez disso, adotou o *DCOM (Distributed Component Object Model)*. A mai-

FIGURA 4-10

Uma hierarquia de classes de objetos. Cliente e fornecedor são dois subtipos da classe empresa e herdam seus atributos e métodos. Neste exemplo, clientes automaticamente têm um nome, número de telefone e contatos e um método adicionar-telefone.

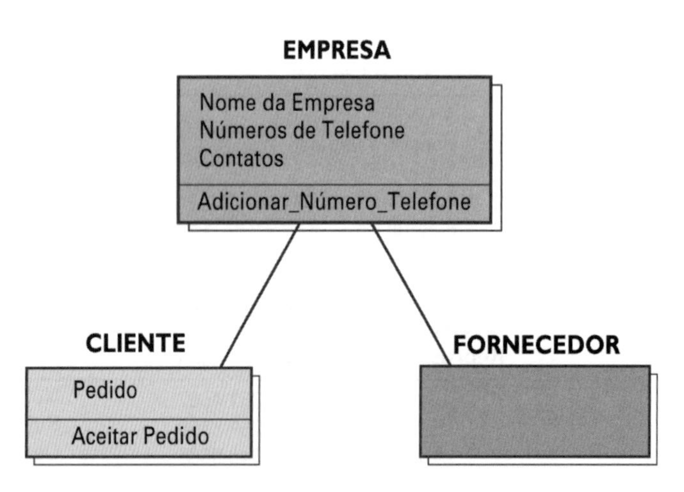

oria dos DBMSs objeto suporta os dois padrões, simplificando sua interface para linguagens de programação orientadas a objeto.

O Modelo XML

A *XML* é uma linguagem usada para marcar e identificar os componentes de documentos de transações baseadas na *Web*, tais como a data ou o valor de uma ordem de compra ou fatura, assim como os componentes de outros documentos da *Web*. A XML identifica não somente os significados destes componentes no contexto do documento, mas também o leiaute do documento para impressão ou exibição. Os sistemas de gestão de bancos de dados XML nativos são projetados para simplificar o armazenamento das informações sobre leiaute, as quais podem ser altamente não-estruturadas e freqüentemente não indicadas para armazenamento no formato relacional. As informações de leiaute são importantes para muitas aplicações, tais como manuais de usuários, catálogos de marketing e informações que os projetistas gostariam de apresentar como uma página de jornal ou de revista. As páginas que não mudam rapidamente podem ser facilmente armazenadas e recuperadas em seus formatos de processador de texto ou editoração eletrônica. Entretanto, quando os componentes e os leiautes mudam rapidamente, os bancos de dados XML permitem aos usuários armazenar e recuperar documentos facilmente.

O **modelo XML** é razoavelmente novo e ainda precisa ser padronizado. Para ser considerado um banco de dados XML nativo, um banco de dados deve estar de acordo com um modelo no qual um documento XML é a entidade fundamental, tal como a linha é a entidade fundamental no modelo relacional. O modelo deve incluir elementos, atributos, dados e informações de leiaute. Um banco de dados XML pode ser usado para armazenar artigos, capítulos e entradas de glossários, bem como metadados de documentos, tais como autores, datas de revisão, informações de versão, leitores, signatários e o percurso do *workflow*.

Muitos bancos de dados relacionais, mesmo que não possam ser considerados bancos de dados nativos, foram *habilitados para XML*. Isto significa que eles podem aceitar dados em formato XML. Para habilitar um banco de dados para entrada de dados XML, o administrador de banco de dados ou um usuário autorizado precisa identificar quais tags ou etiquetas XML são associadas com quais itens do banco de dados. Então, por exemplo, se o DBMS recebe um documento de fatura, o DBMS vai reconhecê-lo como um documento de fatura e vai reconhecer as partes do documento, tais como a identificação do cliente, o endereço de faturamento, o valor da fatura e a data da fatura pelas suas tags XML. O banco de dados pode então extrair os dados do documento e armazená-los adequadamente no banco de dados.

O Modelo em Rede

O **modelo em rede** constrói uma forte ligação (chamada ***set***) entre elementos de dados, como entre clientes e representantes de vendas. Um *set* cliente/representante-de-vendas implementa a regra pela qual cada cliente deve ter um representante de vendas. Cada entrada no *set* inclui dados sobre um único representante de vendas e todos os seus clientes. O modelo em rede não armazena o identificador representante-de-vendas com os dados do cliente, como o faria um modelo relacional. Ele armazena os dados do cliente como parte do set pertencente ao seu representante. Um elemento de dados pode pertencer a vários *sets*. Na Figura 4-11, por exemplo, cada linha de pedido é parte de um *set* pedido/linha-de-pedido e de um *set* produto/linha-de-pedido. Um item pode ser um membro de um tipo de *set* e proprietário de um outro. Por exemplo, na Figura 4-11 um pedido é um membro do *set* cliente/pedido e proprietário do *set* pedido/linha-de-pedido.

Com o uso dos *sets* recupera-se as informações com maior rapidez e eficiência do que com o modelo relacional. O administrador de banco de dados pode especificar que o DBMS armazene os membros de um *set* próximos uns dos outros, de maneira que um único acesso à mídia de armazenamento recupera todos. Por exemplo, um acesso de disco pode recuperar um cliente e todos os seus pedidos.

A partir da perspectiva do usuário, um set complica ao invés de simplificar o acesso aos dados. O usuário não pode acessar dados simplesmente por seu título ou características. Em vez disso, ele precisa prescrever procedimentos para obter os dados por navegação através da rede de itens relacionados. Como o gerente do serviço de atendimento ao cliente pode determinar quais clientes contactar sobre o atraso no processamento de seus pedidos devido a um *recall* de produto? Primeiro, o gerente usaria o *set* linha-de-pedido/produto para identificar todas as linhas de pedido nas quais o produto defeituoso aparecesse. O *set* linha-de-pedido/pedido de cada linha identificaria os pedidos afetados. O *set* pedido/cliente identificaria os clientes afetados. O gerente ou uma pessoa do suporte técnico usa uma linguagem procedural, como o COBOL, para procurar a resposta através dos itens relacionados. Um gerente que usa o modelo

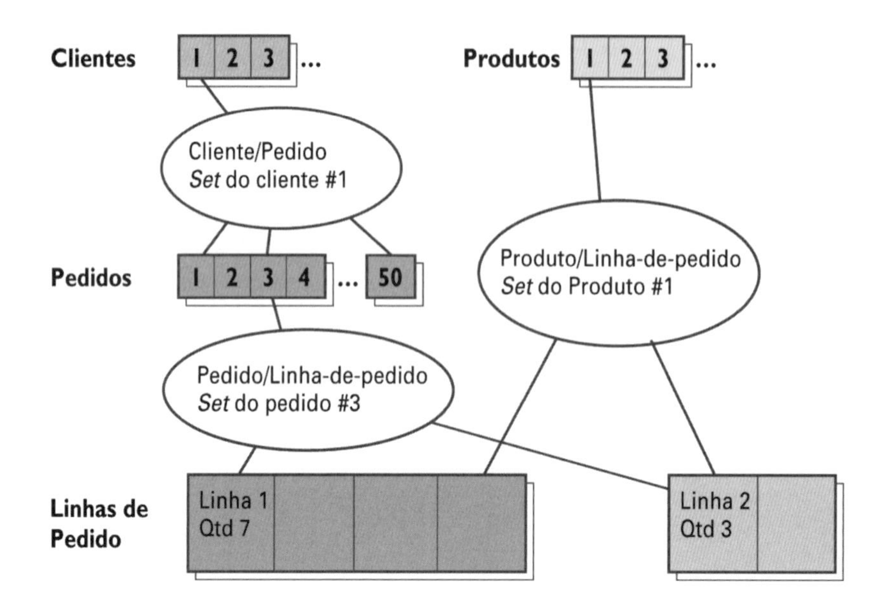

FIGURA 4-11

Neste exemplo de um DBMS em rede, o Pedido 3 é um membro do *set* cliente/pedido do Cliente número 1 e proprietário de um *set* pedido/linha-de-pedido que inclui duas linhas de pedido. A segunda linha de pedido também é um membro do *set* produto/pedido do Produto número 1.

relacional, ao contrário, simplesmente especificaria os relacionamentos entre os dados requeridos sem efetuar nenhuma programação. Falando de forma genérica, o usuário solicitaria ao DBMS que obtivesse os nomes de todos os clientes cuja identificação combinasse com uma identificação de cliente na tabela de pedidos e cujo pedido contivesse uma linha de pedido combinando com a peça defeituosa. Os modernos bancos de dados em rede freqüentemente incluem uma interface de usuário para SQL que traduz as solicitações SQL em programas que navegam pelo banco de dados para extrair os dados desejados.

Vários fatores explicam a popularidade do modelo relacional em comparação com o modelo em rede:

- O decrescente custo de computadores de processamento mais rápido faz com que a utilização do modelo relacional tenha melhor relação custo/benefício, enquanto os custos de programação necessários para usar o modelo em rede permanecem altos.
- A crescente disponibilidade de computadores pessoais faz com que usuários que não são profissionais de computação insistam na facilidade de acesso aos dados sem necessidade de programação.
- O modelo relacional é mais flexível do que o modelo em rede. A simples adição e eliminação de colunas muda os relacionamentos entre os dados; os programas raramente precisam ser mudados, como acontece com o modelo em rede.

O Modelo Hierárquico

Podemos visualizar o **modelo hierárquico,** um precursor do modelo em rede, como um modelo em rede com restrições adicionais. O modelo hierárquico visualiza os dados como organizados em uma hierarquia lógica. Uma entidade pode ser membro de somente um tipo de *set*: por exemplo, os clientes podem pertencer somente a representante-de-vendas, não ao classe-desconto ou qualquer outro set de dados.

A restrição hierárquica torna extremamente difícil representar muitos inter-relacionamentos entre os dados. Considere, por exemplo, o Linhas de Pedido na Figura 4-12. Apesar de a linha de pedido logicamente merecer ser parte do *set* de pedidos e do *set* produtos, o modelo hierárquico impede esta dupla participação porque ela viola a visão hierárquica dos dados. Muito pelo contrário, o modelo requer duas hierarquias para representar os dados, forçando o DBMS a armazenar as linhas de pedido duas vezes.

A maioria das implementações do modelo hierárquico tem meios técnicos de atenuar, em parte, a restrição hierárquica, eliminando a duplicação dos dados. Mesmo assim, ele ainda é trabalhoso para os especialistas em modelagem de dados. Apesar de o acesso ser basicamente mais rápido no modelo hierárquico do que no modelo em rede, a tecnologia de computação atual tornou pouco significativa esta vantagem.

A despeito de seus inconvenientes, o modelo hierárquico permanece um dos modelos mais largamente utilizados em virtude da grande base instalada de um produto chamado IMS. Desenvolvido pela IBM em 1968, milhões de aplicações usaram o IMS. Em muitos casos e principalmente para sistemas que usam muitas transações, o custo de reprogramação destas aplicações ultrapassa os benefícios de convertê-las para um formato em rede ou relacional.

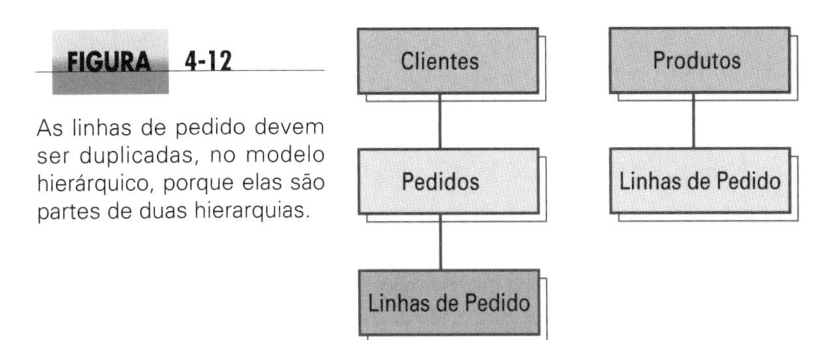

FIGURA 4-12

As linhas de pedido devem ser duplicadas, no modelo hierárquico, porque elas são partes de duas hierarquias.

ADMINISTRANDO OS RECURSOS DE DADOS

A efetividade de um administrador no uso dos dados depende fortemente de como sua organização configura, administra e gerencia seus bancos de dados. Nesta seção, exploramos questões e opções na organização e administração dos recursos de dados para seu uso mais efetivo.

A administração dos recursos de dados é uma questão tanto técnica quanto de negócios. Os administradores de negócios precisam definir suas necessidades de dados e suas fontes de dados. Os profissionais da informação precisam tornar os dados fácil e rapidamente acessíveis aos administradores, assegurar a consistência e exatidão das informações coletadas e armazenadas e determinar padrões e procedimentos para reagir às mudanças nas necessidades de informações de negócio. A administração de dados descreve o papel dos negócios, enquanto a administração de banco de dados descreve o papel técnico. Estes dois papéis freqüentemente sobrepõem-se e recaem em uma única pessoa na organização. Mais freqüentemente, entretanto, a empresa tem um administrador de dados e vários administradores de bancos de dados, um ou mais para cada DBMS utilizado.

A Administração de Dados

Um **administrador de dados** assegura a integridade dos recursos de dados. O administrador de dados precisa saber quais dados a organização coleta, onde ela armazena esses dados e como ela nomeia itens de dados.

O administrador de dados:

- Tenta minimizar a redundância dos dados pela manutenção de documentação centralizada de todos os elementos de dados. Ele pode impor padrões de identificação para os dados em toda a organização e usar um dicionário de dados para manter um acompanhamento de nomes de dados e seus usos.
- Estabelece a segurança dos dados e determina controles de acesso adequados. Ele trabalha estreitamente ligado ao pessoal de negócios para configurar visões lógicas apropriadas.
- Assegura que os dados carregados nos bancos de dados corporativos estejam íntegros.
- Ajuda o pessoal de negócios a estabelecer regras a respeito de formatos de dados e relacionamentos. Por exemplo, as regras estabelecendo limites de créditos para os clientes podem diferir não somente por tipo de cliente, mas também por unidades de negócios em uma empresa, até para o mesmo tipo de cliente.

Um administrador de dados deve ter uma formação em projeto de bancos de dados. Mais importante, um bom administrador de dados necessita de um amplo entendimento do negócio. Os gestores corporativos, em última análise, determinam as regras dos negócios, estabelecem os padrões de qualidade dos dados, definem a política de autorizações e decidem outros assuntos relativos à integridade dos dados. O administrador de dados necessita trabalhar bem com os setores da área de negócio, propondo-lhes questões investigativas que resultem em decisões apropriadas sobre projeto e processos.

Administração de Bancos de Dados

Um **administrador de banco de dados (DBA** – ***database administrator***) supervisiona o desempenho geral e a integridade do DBMS em um ou mais bancos de dados. O DBA efetua *backups* regulares dos bancos de dados e os recupera após uma queda de sistema. O DBA supervisiona e monitora o desenvolvimento de *software* que usa ou afeta os bancos de dados. Ele cria bancos de dados de desenvolvimento em separado para testar novos *softwares* e aprova a transferência de tais *softwares* para um banco de dados de produção após completar os testes. O DBA monitora e instala as correções de *bugs* e os novos lançamentos do fornecedor do DBMS.

A maioria dos fornecedores de DBMSs inclui ferramentas para monitorar a performance do banco de dados. O DBA pode tratar os problemas de performance de várias maneiras:

- O DBA pode fazer mudanças de procedimentos que melhorem o desempenho para atingir níveis satisfatórios. Por exemplo, ele pode restringir certos tipos de atividades do banco de dados para períodos de baixa utilização ou reduzir sua prioridade de maneira que elas não prejudiquem o desempenho.
- O DBA pode construir índices no banco de dados para acelerar a execução de consultas freqüentemente feitas.
- O DBA deve estar capacitado para mudar a quantidade de memória *cache* e de memória de trabalho disponíveis para o banco de dados.
- O DBA pode modificar o projeto de dados através do uso da normalização e desnormalização. Quando os usuários reunirem os registros após dividi-los para reduzir o armazenamento duplicado e eliminar possíveis inconsistências, o banco de dados deve responder corretamente às suas solicitações. A desnormalização junta os registros novamente de forma permanente, reduzindo a carga do banco de dados.

O DBA deve ter fortes habilidades técnicas, extensa experiência com o DBMS em uso e uma excelente capacidade de comunicação. As empresas que operam vários tipos de bancos de dados normalmente empregam pelo menos um administrador de banco de dados para cada tipo de DBMS.

RESUMO

Um banco de dados é uma coleção organizada de dados relacionados. Os sistemas de gestão de bancos de dados executam numerosas funções nas organizações, incluindo armazenar e recuperar dados e metadados, limitar e controlar a redundância, suportar o compartilhamento simultâneo de dados, assegurar a atomicidade das transações, proporcionar serviços de *backup* e recuperação, prover os serviços de autorização e segurança e fazer vigorar as regras do negócio.

Os bancos de dados suportam os *softwares* de aplicações de negócios fornecendo um repositório único para informações e executando funções que de outra forma teriam de ser executadas pelo *software* aplicativo. Os bancos de dados, na forma de *data warehouses* e *data marts*, são usados pelos serviços de inteligência de dados e para suportar a gestão do processo de tomada de decisão. O *data warehouse* abrange uma organização toda, enquanto um *data mart* focaliza uma aplicação ou um departamento. Os bancos de dados, juntamente com o *software* de gestão de conteúdo, suportam a criação de páginas da *Web* dinâmicas.

O projeto de dados descreve o processo de identificar e formalizar os relacionamentos entre os elementos de dados em um banco de dados. O modelo entidade-relacionamento mostra estes relacionamentos de forma gráfica e visual.

A arquitetura de distribuição refere-se à distribuição física do processamento dos dados e dos bancos de dados entre os computadores de uma organização. Uma arquitetura descentralizada não propicia compartilhamento de dados. Os projetistas de aplicações individuais criam bancos de dados com finalidades específicas, sem planejamento ou controle central. Uma arquitetura centralizada indica que o banco de dados roda num único computador. Uma arquitetura cliente/servidor divide o processamento do DBMS entre computadores conectados em rede, enquanto centraliza o armazenamento permanente num servidor de banco de dados. A arquitetura distribuída distribui o processamento e permite que os dados residam em qualquer local da rede de computadores. A replicação de dados nesta arquitetura aumenta o desempenho.

Os modelos de bancos de dados refletem os relacionamentos lógicos entre os dados em um DBMS. O modelo relacional descreve um objeto de dados por uma tabela de linhas e colunas. A normalização dos dados assegura o agrupamento efetivo dos elementos de dados de um banco de dados. O modelo objeto retrata um objeto como a combinação de atributos e métodos. Os servidores universais fornecem o suporte de objetos dentro de uma estrutura relacional. O modelo XML tem um documento, em vez de um registro, como elemento fundamental. O modelo em rede constrói uma ligação forte, chamada *set*, entre os elementos de dados. O modelo hierárquico lembra um modelo em rede, mas também visualiza os dados como organizados logicamente por meio de uma hierarquia.

Um administrador de dados assegura a integridade do recurso de dados em toda a organização. Um administrador de banco de dados focaliza o desempenho e a integridade globais de um único DBMS em um ou mais bancos de dados. Ambos os trabalhos exigem boas habilidades técnicas e de negócios.

TERMOS E EXPRESSÕES IMPORTANTES

administrador de banco de dados (DBA)
administrador de dados
armazém de dados ou *data warehouse*
arquitetura cliente/servidor
arquitetura de distribuição
arquivo
atomicidade
atributo
banco de dados
campo
chave primária
controle de concorrência
data mart
dicionário de dados
esquema
metadados
modelo de banco de dados
modelo em rede
modelo hierárquico
modelo objeto
modelo relacional
modelo XML
monitor de processamento de transações (monitor de TP)
normalização
ODBC (Open Database Connectivity)
projeto de dados
registro
replicação
servidor universal
servidor de banco de dados
set
sistema de gestão de banco de dados (DBMS)
software de gestão de conteúdo
SQL
subesquema
tabela
tupla
visão física
visão lógica

QUESTÕES DE DISCUSSÃO E REVISÃO

1. Para formar um banco de dados é necessário que os dados sejam informatizados?
2. Aponte seis razões pelas quais um administrador poderia querer usar um sistema de gestão de banco de dados.
3. Por que os DBMSs armazenam metadados?
4. Por que é vantajoso reduzir a redundância de dados?
5. Por que é necessário o controle de concorrência?
6. Forneça um exemplo para mostrar por que a atomicidade da transação não deve ser violada.
7. Por que os sistemas de gestão de bancos de dados normalmente têm *backup* e capacidade de recuperação próprias?
8. Como as visões acentuam a segurança dos dados?
9. Por que é melhor aplicar as regras do negócio num banco de dados em vez de implementá-las nos programas que acessam o banco de dados?
10. Como os sistemas de gestão de bancos de dados aumentam a produtividade do programador?
11. Como um *data warehouse* difere de um *data mart*?
12. Como um sistema de gestão de banco de dados ajuda a preparar as páginas da *Web* dinâmicas?
13. Indique as diferenças entre quatro arquiteturas de distribuição.
14. Quais são as vantagens e desvantagens de uma arquitetura distribuída em relação a uma arquitetura centralizada?
15. Quais são as características principais dos cinco modelos de bancos de dados?
16. Como o modelo relacional de banco de dados representa os relacionamentos entre tabelas?
17. Que problemas poderiam surgir do uso de um modelo de dados que não foi normalizado?
18. Quais são as vantagens do modelo objeto em relação ao modelo relacional?
19. Quais as vantagens e desvantagens que os *sets* conferem ao modelo em rede em relação ao modelo relacional?
20. Qual é o papel de um administrador de dados?
21. Qual é o papel de um administrador de banco de dados?
22. Que opções tem um administrador de banco de dados para aumentar o desempenho do banco de dados?

MINICASO

O USO DE *DATA WAREHOUSE* NA NORTH JERSEY MEDIA GROUP

Estabelecida em Hackensack, estado de Nova Jersey, a North Jersey Media Group Inc. (NJMGI) publica dois jornais diários e 27 semanais, a maioria nos abastados subúrbios a oeste de Nova York, bem como quatro publicações especializadas. Ela também opera um portal na Internet e possui um importante negócio de impressões comerciais.

A ampliação do seu *data warehouse* permitirá aos administradores usar mais facilmente o conteúdo de uma variedade de bancos de dados alimentados tanto pelos sistemas internos quanto por fontes externas. Ao mesmo tempo, o sistema de acompanhamento da produção da empresa sintoniza o *workflow* — desde os arquivos de páginas para chapas de impressas até os produtos impressos — para uma ampla gama de publicações, da empresa e contratadas, impressas (em várias diferentes impressoras) em duas das três principais localizações da empresa.

Como era de se esperar, o acompanhamento da produção e o *data warehouse* estão interligados. O propósito de ambos é permitir aos administradores de praticamente todos os departamentos explorar possibilidades e aproveitar oportunidades e tomar melhores decisões sobre produtos e serviços, produção e distribuição, baseadas num melhor conhecimento dos clientes e das capacidades operacionais da organização.

Os executivos da empresa dizem que, quando completamente implementado e integrado, o *data warehouse* e o acompanhamento da produção deverão fornecer uma visão abrangente de todas as operações da empresa e de qualquer informação disponível pertinente a estas operações.

A Visão

Ao descrever o projeto do *data warehouse*, o diretor de desenvolvimento estratégico Richard Weber cita um exemplo simples dentre seus desejos: conseguir melhor otimização das rotas dos transportadores das publicações semanais e diárias da companhia. Estas informações residiam em dois bancos de dados diferentes, tornando-se trabalhoso juntá-las, através de vários programas intermediários, para análise. O *data warehouse* deve tornar mais fácil o acesso e uso das informações.

Talvez mais do que qualquer outra coisa, a empresa conta com a ajuda do *data warehouse* para aperfeiçoar as oportunidades — ou criar oportunidades inteiramente novas — de geração de receita. Como em toda indústria, um objetivo óbvio é a distribuição dirigida — localizar especificamente os mais prováveis clientes dos anunciantes entre leitores e não-leitores, calcular quais produtos, novos ou existentes, são mais apropriados para atender os interesses daqueles possíveis clientes e determinar como entregar-lhes estes produtos com uma boa relação custo/benefício. Os anunciantes, diz Webber, "querem usar seus dólares muito melhor do que o fazem ... e agora". O *data warehouse*, completa ele, vai capacitar sua empresa a encontrar a pessoa certa e entregar uma mensagem apropriada.

Conforme algumas estimativas, o empreendimento pode parecer, a princípio, estar dando para trás, porque alguns anúncios vão alcançar menos pessoas. Que o custo seja menor é, naturalmente, só metade do motivo para fazê-lo em casos onde o valor não está no volume. A outra metade, mais importante, é que aqueles que vêem os anúncios impressos ou encartados (ou recebem certas publicações) são os que têm maior probabilidade de responder ao anúncio. Não é somente a publicidade que resulta ser de maior valor, também podem ser assim os serviços fornecidos.

Novas Oportunidades

As ferramentas usadas com o *data warehouse* permitem a visão dos consumidores e anunciantes de forma conjunta. É uma capacidade que Webber descreve como dispor em camadas, ou montar visualmente, categorias de informações umas sobre as outras, permitindo que sejam entendidas em vários contextos. Ao importar as informações de um anunciante e ajudá-lo com as análises para o processo de tomada de decisão (digamos, examinando os padrões do consumidor), diz Webber, "eu posso usar o *data warehouse* para o desenvolvimento de novos negócios" — como oferecer aos anunciantes "melhor consultoria sobre onde eles podem gastar seus dólares". Webber destaca que, como o depósito de dados é acessível pela *Web*, um representante de vendas pode extrair informações e trabalhá-las num *laptop* enquanto fala ao telefone com um anunciante.

Além disso, as segmentações que combinam demografia do mercado (isto é, interesses, faixa salarial, preferências, idades) com dados geográficos (zona da edição, publicação local, locais de vendas de cópia única, rotas de transportadores) ou com um serviço ou produto em particular (diário, semanal, cobertura de mercado total, publicação especial, audiotex, *site* da *Web*) podem ser estendidas para oportunidades de marketing direto que explorem o reconhecimento das marcas locais, diz Webber. É uma área de sério interesse e envolvimento inicial para a NJMGI. Cerca de 12% dos gastos com publicidade de Nova Jersey vão para o marketing direto, de acordo com o presidente da NJMGI, Jonathan H. Markey. "Agora mesmo", diz ele, "nada disto passa pela nossa porta."

Seja onde o anunciante queira que seu anúncio seja exibido, ou onde o leitor queira que seu jornal seja entregue, "o *data warehouse* vai nos permitir um relacionamento com nossos clientes como jamais tivemos", diz Webber. Isto pode incluir "prestar mais atenção aos nossos leais assinantes" pelos quais "nada fazemos" como indústria, diz ele.

A NJMGI tem outras idéias para o *data warehouse*. "Pensamos que esta é a hora de buscarmos receita adicional", diz o vice-presidente e *CIO* William E. Toner. Entre outras coisas, a empresa vai procurar novos mercados para publicações especializadas e vê potencial de negócios em dois municípios ao norte de Jersey, além de Bergen County, seu município sede. Isto se deve ao crescente número de pessoas mudando-se para os bairros mais distantes.

Desenvolvimento e Implementação

O projeto engloba, ao todo, seis fases num período aproximado de um ano. As fases um e dois, publicações especializadas e circulação, já estão completas. A fase três cobrirá análise de campanha e retenção; a fase quatro vai lidar com a entrega a domicílio e vendas de cópias únicas; e as fases cinco e seis vão focalizar publicidade e marketing, respectivamente.

A NJMGI contactou a Sybase, de Dublin, Califórnia, para o fornecimento dos *softwares* do banco de dados e do depósito de dados. A empresa então selecionou a Business Objects, parceira da Sybase, para fornecer o *software* de simplificação do acesso através de um *front-end* de interface amigável para os usuários. Outros parceiros incluem a Silicon Graphics Inc., pelas suas ferramentas de visualização para mineração de dados e análise de padrões e tendências, a Micro Strategy Inc., pelas suas ferramentas de desenvolvimento e gabaritos de aplicativos, e a Cognos Inc., pelo seu *software* de suporte à tomada de decisão (aplicativos para geração de informações, aplicações financeiras e analíticas, apresentação gráfica e simultânea de múltiplas métricas de negócios e alertas automáticos para eventos definidos).

A implementação do *data warehouse* foi realizada por seis membros das equipes de TI e negócios. Três ou quatro vão permanecer para administrar o sistema. Webber estima que, quando o sistema estiver completo, haverá licenças para 50 a 75 usuários simultâneos, muito provavelmente administradores, com níveis de acesso garantidos para todos menos um grupo de nível global. "Isto abrange tudo, do editorial à produção, com ênfase na circulação, publicidade e marketing", relata ele. Um processo ETC — uma função que precisa ser escrita para cada sistema existente que mantém dados — "atua como um conduto entre aquele sistema e o novo banco de dados", diz Webber. Os sistemas antigos permanecem e são usados como antes. A função ETC é periódica, ao invés de um fluxo constante. Ela hoje é ativada manualmente, mas vai tornar-se automática, diz Webber, depois que "todos os problemas forem resolvidos".

O Resultado Final

Em função do uso de múltiplos sistemas de apoio a negócios, a área de publicações especializadas (para policiais, pais, cuidados com a saúde e leitores hispânicos) puxava informações "para planilhas Excel [Microsoft] desenvolvidas na casa. Agora aquele setor da empresa obtém suas informações diretamente do *data warehouse*", diz Webber.

A divisão semanal será capaz de tirar vantagem do sistema, ajudando anunciantes a determinar quando anunciar o quê e em quais publicações. Os dados de marketing locais serão consultados no que tange à circulação, conteúdo editorial e uma possível reestruturação no *Herald News*, um jornal com tiragem de 43.604 exemplares nos dias úteis em West Paterson, Nova Jersey, que focaliza o condado de Passaic e também é distribuído em algumas zonas de três outros condados.

Webber explicou que, até agora, os pedidos para rodar reportagens especializadas eram passados para um gerente de tecnologia da informação, que nem sempre era capaz de atender aos pedidos, os quais tinham prazo determinado para serem respondidos enquanto a informação ainda era útil. Com os menus suspensos e a rápida visualização possível com o Business Objects, "não é um sistema difícil de aprender", diz Webber, completando que "superusuários" estarão disponíveis para ajuda, projetos especiais e quaisquer configurações especiais. Ele acha que é um "desafio convencer as pessoas de que elas têm informações que nunca tiveram antes" — que eles não precisam mais perguntar e esperar. "Você tem uma idéia? Ligue seu computador", diz ele.

FONTE: Adaptado de Jim Rosenberg, "They Went Data Way", *Editor & Publisher,* 14 January 2002, T6-T12. Reimpresso por cortesia do CIO.

Questões do Caso

Diagnóstico

1. Quais são as necessidades de informação dos administradores de negócios da NJMGI?

Avaliação

2. Quais os problemas que os administradores de negócios da NJGMI enfrentavam na obtenção de informações antes do desenvolvimento do *data warehouse*?

Projeto

3. Quais os benefícios que a NJMGI espera alcançar com um *data warehouse*?
4. Como são ligados o sistema de acompanhamento da produção da NJGMI e seu *data warehouse*?
5. Quais as ferramentas que ampliam a capacidade do *data warehouse*?
6. De onde vêm os dados que alimentam o *data warehouse* da NJGMI? Qual é o papel do *software* ETC na alimentação do *data warehouse*?

Implementação

7. Por que você acha que a NJMGI optou por implementar por fases o seu *data warehouse*?
8. Quais os benefícios que a NJMGI já alcançou?
9. Que desafios os desenvolvedores e os potenciais usuários do *data warehouse* vão ter pela frente?

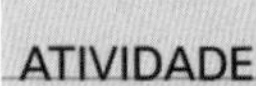

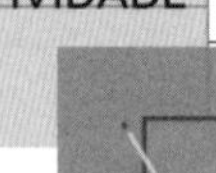

4-1 DADOS SUJOS NO DEPARTAMENTO ESTADUAL DE CORREÇÕES DE MONTANA

Passo 1: Leia a situação seguinte.

Durante anos, o Departamento de Correções de Montana (um estado americano) foi um prisioneiro dos problemas de qualidade de dados. Os antiquados sistemas de TI perpetravam incontáveis crimes de entrada de dados em relatórios que o sistema prisional era solicitado a apresentar às autoridades estaduais e federais. E enquanto o grupo do departamento de SI gastava horas de trabalhos forçados para tentar manter algum nível de integridade dos relatórios, a confiança em geral na qualidade de dados era inexistente e o moral no grupo de SI estava baixo. A situação chegou a um extremo quando o departamento quase perdeu a cobiçada concessão de uma verba federal de 1 milhão de dólares. O culpado: o sistema de informações que, sem regras do negócio e um dicionário de dados, deixou de prever com acerto quantos infratores de um determinado tipo seriam encarcerados. "Tínhamos um flagrante problema de qualidade de dados. Não ao ponto de estarmos perdendo infratores — mas não éramos capazes de retratar com precisão quantos pensávamos que teríamos nos próximos dois a cinco anos", diz Dan Chelini, o chefe dos serviços de informações do departamento.

Com a aquiescência do conselho administrativo das prisões estaduais, o departamento de Chelini montou uma campanha agressiva para mudar a qualidade de dados como parte de uma reestruturação do sistema prisional. O primeiro passo foi trazer uma equipe da Information Impact International, uma consultoria especializada em qualidade de dados, para avaliar os processos organizacionais, familiarizar o departamento com o conceito de intendência de dados e providenciar uma metodologia para a entrada de dados. Embora alguns empregados estivessem, a princípio, duvidosos das novas exigências, eles aceitaram os novos padrões, depois de treinados na modelagem de dados básica e técnicas de limpeza de dados. Um inspetor de validade de dados também foi indicado para reunir suporte para o programa e pôr as novas regras em funcionamento.

O departamento agora declara já estar vendo alguns resultados reais. Em vez de um punhado de programadores tomando toda a responsabilidade pelas informações dos prisioneiros, 30 intendentes de dados provenientes de todas as ocupações da vida prisional — de oficiais da condicional e advogados ao sujeito que banha os prisioneiros na sua entrada em um estabelecimento — agora funcionam como porteiros da qualidade de dados. Eles são responsáveis pela entrada exata das informações sobre prisioneiros, tais como nomes, último endereço conhecido e cicatrizes e desfigurações identificantes. O problema de qualidade de dados do Departamento de Correções de Montana foi contido. "Pela primeira vez em anos, estamos encontrando documentos confiáveis", tais como relatórios para supervisores federais, diz o Inspetor de Validade de Dados Lou Walters. "As pessoas estão envolvidas e animadas em impulsionar a qualidade de dados."

FONTE: Extraído e modificado com permissão de Beth Stackhouse, "Wash Me", *CIO*, 15 February 2001, 100-114.

Passo 2: Prepare o caso para discussão em classe.

Passo 3: Responda às seguintes questões, individualmente ou em pequenos grupos, como indicado por seu instrutor:

Diagnóstico

1. Quais são as necessidades de informações no Departamento de Correções de Montana?

Avaliação

2. Que problemas existiam quando os programadores eram responsáveis pela qualidade dos dados?

Projeto

3. Qual foi o objetivo de indicar intendentes de dados e um inspetor de validade de dados neste caso?
4. Você acha que o departamento teria igualmente alcançado sucesso se tivesse indicado um administrador de dados para cuidar da qualidade de dados e um administrador de banco de dados para criar regras de qualidade de dados no banco de dados? Por que sim ou por que não?

Implementação

5. Como o departamento deveria proceder para garantir que a qualidade dos dados não se deteriore depois que passe a novidade e a animação de melhorar a qualidade dos dados?

Passo 4: Em pequenos grupos ou com a classe inteira, compartilhe suas respostas para as questões acima. A seguir responda às questões seguintes:

1. Qual a importância da qualidade dos dados para o Departamento de Correções de Montana?
2. Como a abordagem de intendência de dados atendeu os problemas de qualidade de dados que o departamento tinha?
3. Quais são as vantagens e desvantagens do plano de intendência se comparado com um plano baseado em um administrador de dados e regras do negócio construídas no banco de dados?
4. O que o departamento deveria fazer para assegurar a continuidade do sucesso do plano de intendência?

ATIVIDADE

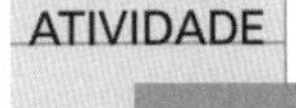

4-2 USANDO UM MICRO DBMS

Passo 1: Seu instrutor lhe dá instruções para o acesso a um DBMS no sistema do seu computador. Então, siga as instruções apresentadas abaixo:

Passo 2: Crie a estrutura para a tabela ESTUDANTES com sete campos com os tamanhos seguintes: IDENT_ESTUDANTE (3), ÚLTIMO_NOME (20), PRIMEIRO_NOME (20), NOME_ INTERMEDIÁRIO (1), SEXO (1), ÁREA (3), MÉDIA (3 com uma casa decimal). Especifique IDENT_ESTUDANTE como a chave primária.

Passo 3: Adicione os dados dos 10 registros de estudantes mostrados abaixo:

IDENT_ ESTUDANTE	ÚLTIMO_ NOME	PRIMEIRO_ NOME	NOME_ INTERMEDIÁRIO	SEXO	ÁREA	MÉDIA
987	Peters	Steve	K	M	Administração	3.2
763	Parker	Charles		M		2.7
218	Pichard	Sally		F	Finanças	3.6
359	Pelnick	Alan	R	M	Finanças	2.4
862	Fagin	Emma		F	Administração	2.2
748	Meglin	Susan	B	F	Sistemas	3.8
506	Lee	Bill		M	Finanças	2.7
581	Cambrell	Ted		M	Marketing	2.8
372	Quigley	Sarah		F		3.5
126	Anderson	Robert	F	M	Contabilidade	3.7

Passo 4: Classifique os registros para que apareçam em ordem descendente de MÉDIA.

Passo 5: Modifique a estrutura da tabela para que seja possível que o último nome de estudante tenha 25 caracteres.

Passo 6: Crie um formulário de entrada de dados que force o usuário, quando introduzir os dados, a limitar os valores de MÉDIA entre 0,0 e 4,0.

Passo 7: Crie uma consulta que encontre no banco de dados todos os estudantes do sexo feminino que tenham uma MÉDIA maior do que 2,5.

Passo 8: Crie um relatório impresso com as informações acerca de cada estudante que permita ao orientador dos estudantes identificar somente aqueles que componham a faixa dos 5% com notas mais altas da classe.

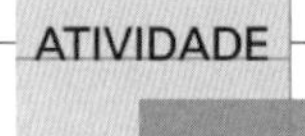
ATIVIDADE

4-3 OS PROBLEMAS NA ADMINISTRAÇÃO DE BANCOS DE DADOS

Passo 1: Leia os problemas seguintes com a administração de um sistema de banco de dados centralizado. Para cada problema, decida o que você faria e então ofereça uma maneira de evitar que a situação ocorra novamente.

Problema 1: Desde sua instalação, o banco de dados centralizado da Watson Manufacturing tem tido registros duplicados. Quando o serviço de atendimento ao cliente foi convertido para seu novo sistema, não se queria nenhum registro duplicado transferido do banco de dados centralizado para o novo sistema. Assim, o pessoal do departamento revisou cuidadosamente todos os registros, identificou os duplicados e os eliminou do sistema. Meses depois desta limpeza, o diretor de pesquisa de mercado empreendeu uma análise da base de clientes potenciais para um novo produto que a empresa estava considerando. O diretor ficou aflito ao descobrir que alguns dos clientes estavam rotulados "registro duplicado" e que não existia nenhuma informação adicional sobre eles. O diretor ficou mais enfurecido ao saber que as informações sobre os clientes podiam ter sido eliminadas do banco de dados.

Problema 2: A área de recursos humanos (RH) é responsável pela captura e manutenção dos dados de pessoal. O RH abandonou o sistema centralizado devido às preocupações sobre a segurança do sistema. Entretanto, alguns dados de pessoal, que haviam sido mantidos pelo RH, eram também usados por vários outros setores. Quando o RH abandonou o sistema, informou à área de sistemas administrativos que eles não iriam passar a outros setores informações novas ou alteradas. A manutenção de endereços de empregados, a localização de empregados nas emergências, a geração de etiquetas de postagem, a verificação de atividade e inúmeras outras funções agora tinham de ser dirigidas ao RH, porque os dados no sistema central não eram mais confiáveis. Relatórios de gestão ou análises requerendo a intercalação de dados do RH com dados de outros sistemas (p. ex., análise de carga de trabalho de empregado) tornaram-se impossíveis. Arquivos de pessoal múltiplos, alternativos e discrepantes, começaram a ser mantidos por diversos setores, cada um para seu uso exclusivo. As vantagens de um banco de dados comum estavam perdidas e as pessoas não conseguiam entender por que os sistemas administrativos, que mantinham o banco de dados, não conseguiam "consertar" isto.

Problema 3: Jennifer Smith juntara-se recentemente à Hartley Engine Company como seu primeiro administrador de banco de dados. A Hartley Engine tinha um sofisticado sistema de gestão de banco de dados distribuído que abrangia todas as funções de negócios básicas. O sistema originara-se de uma profusão de aplicações projetadas individualmente, tornando-se um sistema coeso, projetado e implementado por uma consultoria externa. Os administradores na Hartley eram acostumados a tomar suas próprias decisões sobre quais dados seriam incluídos no banco de dados, quem teria acesso aos dados e quais aplicações deveriam ser incluídas. As mudanças no sistema eram efetuadas com uma simples solicitação escrita ao departamento de SI. Depois de seu primeiro mês no trabalho, Jennifer descobriu que o sistema não estava funcionando tão eficientemente quanto deveria.

Os administradores seguidamente tinham de usar meios complicados para acessar dados mantidos em locais remotos. A segurança para o acesso aos dados era ineficiente e qualquer um podia ler as informações confidenciais. Não havia uma lógica para colocar os dados no banco de dados corporativo em vez de retê-los em microcomputadores locais. O sistema estava sobrecarregado, o processamento era lento e estava custando à empresa, no mínimo, o triplo do valor que seria razoável a uma empresa do porte da Hartley.

FONTE: Reimpresso de P. T. Farago, J. Whitmore-First e E. A. Kallman, "Managing Data Standards and Policies in an Integrated Environment", *Journal of Systems Management*, March 1992, 33. Usado com permissão.

Passo 2: Em grupos de quatro a seis estudantes, chegue a um consenso acerca de como controlar cada situação.

Passo 3: Em pequenos grupos, com a classe inteira, ou por escrito, como indicado por seu instrutor, ofereça um conjunto de cinco diretrizes para desenvolver um meio efetivo de administrar um banco de dados centralizado. Como mudariam estas diretrizes se o banco de dados fosse distribuído?

ATIVIDADE

4-4 HISTÓRIA DA EXPERIAN AUTOMOTIVE

Passo 1: Leia a situação seguinte.

A Experian Automotive construiu o que é conhecido como o maior banco de dados relacional do mundo. O banco de dados contém mais de 16 bilhões de registros sobre mais de 384 milhões de veículos. A Experian usa uma ferramenta ETC chamada ETI*Extract, da Evolutionary Technologies International, sediada em Austin, Estado do Texas, para extrair dados sobre os veículos dos Estados Unidos em até 48 horas após sua entrada no computador de qualquer departamento de trânsito no país. Ele então transforma os dados de um dos 175 diferentes formatos para um formato adequado para carga em seu próprio banco de dados consolidado. A empresa então vende os dados, cobrando somente 10,99 dólares pelo histórico completo de qualquer carro comprado ou vendido nos Estados Unidos.

Mas há uma coisa que incomoda alguns defensores da privacidade: a Experian é, também, um escritório de crédito, que mantém informações de crédito de cerca de 205 milhões de consumidores e 14 milhões de negócios nos Estados Unidos. Para aumentar sua receita e oferecer melhor atendimento aos seus clientes automotivos, a Experian mesclou seus dados de automóveis com seus dados de crédito e com dados de outras origens, incluindo informações de mudança de endereço do serviço postal americano, relatórios de acidentes e emissões de documentos sobre veículos e leilões de veículos.

Recentemente, a Ford Motor Credit informou a 13.000 consumidores que *hackers* haviam invadido o banco de dados da Experian contendo seus números de Social Security, endereços, números de contas e históricos de pagamentos.

FONTE: Pimm Fox, "Extracting Dollars from Data", *Computerworld*, 15 April 2002, 42. http://www.befree.com/company/pressroom/releases/2002/041002.htm, acessado em 17 de junho de 2002. Jay Lyman, "Hackers Expose Consumer Info from Ford, Experian", *osOpinion.com*, acessado em http://www.osopinion.com/perl/story/17826.html em 17 de junho de 2002.

Passo 2: Prepare o caso para discussão em aula. Considere que você foi indicado pelo presidente da Experian para rever a política da empresa de mesclar dados a partir de diferentes fontes.

Passo 3: Responda às seguintes questões, individualmente ou em pequenos grupos, como indicado por seu instrutor.

1. Que alternativas você tem?
2. Para cada alternativa, quem se beneficia e quem é prejudicado?
3. Pelos princípios éticos do dano mínimo, direitos e obrigações, responsabilidades profissionais, interesse próprio e utilitarismo, consistência e respeito, como você avaliaria cada alternativa?
4. Que curso de ação você recomendaria? Por quê?

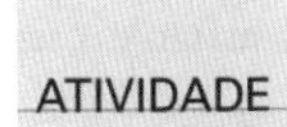

4-5 O SISTEMA DE TRANSPORTES DA SIEMENS RASTREIA OS RELATÓRIOS DE INSPEÇÃO

Passo 1: Leia o caso seguinte.

O Sistema de Transportes da Siemens (STS) sediado em Sacramento, estado da Califórnia, é o maior provedor de veículos *light rail* na América do Norte. A empresa, subsidiária da Siemens AG, uma líder mundial em eletrônica e engenharia, tem mais de 500 sistemas de *light rail* operando em dez cidades nos Estados Unidos. Além de manufaturar e montar veículos sobre trilhos, a empresa desenvolve e instala sinalização, comunicações e sistemas de controle de redes. Ela também faz parceria com seus clientes no fornecimento de manutenção para a infra-estrutura e o estoque rodante para maximizar a disponibilidade do sistema e assegurar eficiência e segurança.

A tarefa de manutenção envolve freqüentes inspeções dos trilhos e do equipamento rodante. Não se espera que os inspetores tragam computadores consigo. Até recentemente, eles carregavam uma prancheta e simplesmente anotavam suas observações num formulário em papel. Seus relatórios, incluindo pedidos para reparos e peças, eram colocados numa pasta-arquivo mantida no veículo e copiados para os gerentes de produção ou de peças. Quando o carro era reparado, o conserto era registrado na pasta do carro e este era liberado para o uso. O problema era que este processo manual era ineficiente e, muitas vezes, não efetivo. Especificamente, os inspetores gastavam até 40% de seu tempo manuseando papéis em vez de inspecionar veículos, e às vezes os papéis eram extraviados.

A solução, projetada em conjunto entre os inspetores e a integradora de sistemas Bear River, requeria que os inspetores registrassem suas observações em um banco de dados mantido em computadores Palm portáteis. Ao final de cada dia, os bancos de dados do computador portátil do inspetor eram sincronizados com um banco de dados central. Os gerentes de produto e peças podiam acessar o banco de dados central para melhor planejar e administrar suas funções.

FONTE: Kristen Kenedy, "Next Stop: Information Age", *CRN,* 29 April 2002, 39. http://www.sts.siemens.com, acessado em 17 de junho de 2002.

Passo 2: Prepare o caso para discussão em aula.

Passo 3: Responda às seguintes questões, individualmente ou em pequenos grupos, como indicado por seu instrutor:

Diagnóstico

1. Que informações os inspetores de veículos do STS necessitam?
2. Que informações os gerentes de produção e peças do STS necessitam?

Avaliação

3. Quais eram os inconvenientes dos sistemas do STS baseados em papéis?

Projeto

4. Por que você acha que o STS escolheu uma solução baseada em banco de dados?
5. Que problemas você acha que poderiam ter surgido ao se tentar combinar os avisos de reparo dos inspetores com a rígida estrutura de um banco de dados?
6. Por que um banco de dados distribuído foi a melhor solução para o STS nesta situação? Teria sido viável qualquer outra arquitetura de distribuição?

Implementação

7. Como o STS ajudou a assegurar a aceitação, pelos seus inspetores, do projeto final?

Passo 4: Em pequenos grupos, com a classe inteira, responda às seguintes questões:

1. Por que o STS decidiu substituir seu sistema de relatórios de inspeção baseado em papéis?
2. Como um sistema de gestão de banco de dados simplificou o desenvolvimento de um sistema informatizado para inspeção e reparos?
3. Por que um banco de dados distribuído foi o enfoque correto para o STS nesta situação?

SI NA *WEB*

Exercício 1: A página da Internet do Capítulo 4 vai direcioná-lo para um artigo sobre o uso de sistemas de gestão de bancos de dados para fins empresarias ou governamentais. Leia o artigo e a seguir responda a qualquer uma das questões seguintes:

a) Quais recursos de um DBMS são mais críticos para o sucesso da aplicação de banco de dados descrita no artigo?
b) Quais são as dificuldades na administração do banco de dados descrito no artigo?
c) Que questões de privacidade e de segurança estão associadas ao banco de dados descrito no artigo e como estas questões estão sendo tratadas?

Exercício 2: Visite os sites da *Web* dos fornecedores de bancos de dados orientados a objeto e XML listados na página da *Web* do Capítulo 4. Leia suas FAQs e *white papers.* Então, compare as vantagens e desvantagens dos modelos objeto e XML em relação ao modelo de DBMS relacional.

LEITURAS RECOMENDADAS

Date, C. J., and Hugh Darwen. *Foundation for Future Database Systems: The Third Manifesto.* Boston: Addison Wesley Longman, 2000.

Hoffer, Jeffrey A., Mary B. Prescott, and Fred R. McFadden. *Modern Database Management,* 6th ed. Upper Saddle River, NJ: Prentice Hall PTR, 2001.

Ponniah, Paulraj. *Data Warehousing Fundamentals,* vol. 1. New York: John Wiley & Sons, 2001.

Silverston, Len. *The Data Model Resource Book: A Library of Universal Data Models for All Enterprises,* vol. 1. New York: John Wiley & Sons, 2001.

Tannenbaum, Adrienne. *Metadata Solutions: Using Metamodels, Repositories, XML, and Enterprise Portals to Generate Information on Demand.* Boston: Addison Wesley Longman, 2001.

Thuraisingham, Bhavani M. *XML Databases and the Semantic Web.* Boca Raton, FL: CRC Press, 2002.

As seguintes publicações fornecem regularmente informações sobre sistemas de gestão de bancos de dados:

Database Trends and Applications (http://www.databasetrends.com).

DB2 Magazine (http://www.db2mag.com).

DMReview (http://www.dmreview.com).

Journal of Conceptual Modeling (http://www.inconcept.com/JCM/index.html).

Journal of Database Management (http://www.idea-group.com).

NOTAS

1. Stacy Collett, "Incoming! External Business Intelligence Can Be a Powerful Addition to Your Data Warehouse, But Beware of Data Overload," *Computerworld,* 15 April 2002, 34. Hugh J. Watson, Barbara H. Wixom, Jonathan D. Buonamici, and James R. Revak, "Sherwin-Williams' Data Mart Strategy: Creating Intelligence across the Supply Chain," *Communications of the AIS,* 5 May 2001. Jim Revak, "Sherwin-Williams' Data Warehouse: The Intelligence in the Supply Chain," *Journal of Innovative Management,* Winter 2001–2002. The Sherwin-Williams Company, *2001 Annual Report.*
2. Paul R.Hagen, with David M.Cooperstein, Christopher Renyi, and Jennifer Schaeffer, *The Forrester Report: Implementing Customer Heuristics,* Cambridge, MA: Forrester Research, 2001, 3. Percentage is based on interviews of 35 executives of department stores, catalog stores, and travel service companies.
3. Erika Engle, "Software Takes Customer Service beyond First Sale," *Pacific Business News,* 9 July 1999, 15.
4. See Gerhard Weikum and Gottfried Vossen, *Transactional Information Systems: Theory, Algorithms, and the Practice of Concurrency Control,* Morgan Kaufmann Publishers, 2001; Quazi N. Ahmed and Susan V. Vrbsky, "Maintaining Security and Timeliness in Real-Time Database System," *The Journal of Systems and Software,* 1 March 2002, 15–29.
5. See Philip M. Lewis, Michael Kifer, and Arthur J. Bernstein, *Database and Transaction Processing,* Boston: Addison Wesley, 2001.
6. See, for example, George T. Duncan, and Sumitra Mukherjee, "Optimal Disclosure Limitation Strategy in Statistical Databases: Deterring Tracker Attacks Through Additive Noise," *Journal of the American Statistical Association,* September 2000, 720–729.
7. Queenie Ng, "Chinese Bank Deploys BI for Faster Sales Analysis," *Asia Computer Weekly,* 10 June 2002, 1.
8. Alan J. Liddle, "Popeyes Franchisee Relies on 'Intelligence' to Convert POS Data into Actionable Information for Improved Performance," *Nation's Restaurant News;* 27 May 2002, 44–46.
9. http://www.evokesoft.com/pdf/uk.pdf, accessed on 16 June 2002.
10. http://www.acta.com/customers/guinness.htm, accessed on 16 June 2002.
11. Roshni Jayakar, "Bharti Televentures Calming the Churn," Business Today, 15 September 2002, 84. Himalee Bahl, "Bharti Televentures' Results: False Rings?," Yahoo News, accessed at http://in.biz.yahoo.com/020513/110/1nxk6.html on 8 September 2002.
12. "Marcus Corporation Enhancing Business Performance with MicroStrategy Software," *PR Newswire,* 4 September 2002.
13. Marion Agnew, "CRM Plus Lots of Data Equals More Sales for Borders," *Informationweek,* 7 May 7, 2001, 114–118.
14. Hugh J. Watson et al, "Sherwin-Williams' Data Mart Strategy."
15. Carol Sliwa, "Ford Settles on Microsoft Content Management Server," Computerworld.com, 5 April 2002, http://www.computerworld.com/softwaretopics/software/story/0,10801,69904,00.html, accessed on 18 June 2002.
16. P. Chen, "The Entity-Relationship Model—Toward a Unified View of Data," *ACM Transactions on Database Systems* 1 (1976); Robert W. Blanning, "An Entity-Relationship Framework for Information Resource Management," *Information & Management* 15 (September, 1988): 113–119.
17. For more details, see M. Tamer Ozsu and Patrick Valduriez, *Principles of Distributed Database Systems,* 2nd ed., Upper Saddle River, NJ: Prentice Hall, 1999.
18. S. R. Gordon and J. R. Gordon, "Organizational Hurdles to Distributed Database Management Systems (DDBMS) Adoption," *Information & Management* 22 (1992): 333–345.
19. American National Standards Institute, Database Language SQL, ANSI X3.168-1992, 1992. (See International Organization for Standardization, *Database Language SQL, ISO DIS 9075:1991,* 1991.)
20. W. Kim, "Object-Oriented Databases: Definition And Research Directions," *IEEE Transactions of Knowledge and Data Engineering,* 2 September 1990, 327–341. N. Leavitt, "Whatever happened to object-oriented databases?" *Computer,* August 2000, 16–19.
21. See, for example, Mickey Jordan, Malcolm P. Atkinson, and Ron Morrison, Eds., *Advances in Persistent Object Systems: Proceedings of the Eight International Workshop on Persistent Object Systems (POS-8) and the Third International Workshop on Persistence and Java,* Morgan Kaufmann Publishers, 1998.
22. See, for example, Paul Geoffrey Brown, *Object-Relational Database Development: A Plumber's Guide,* Upper Saddle River, NJ: Prentice Hall PTR, 2000.

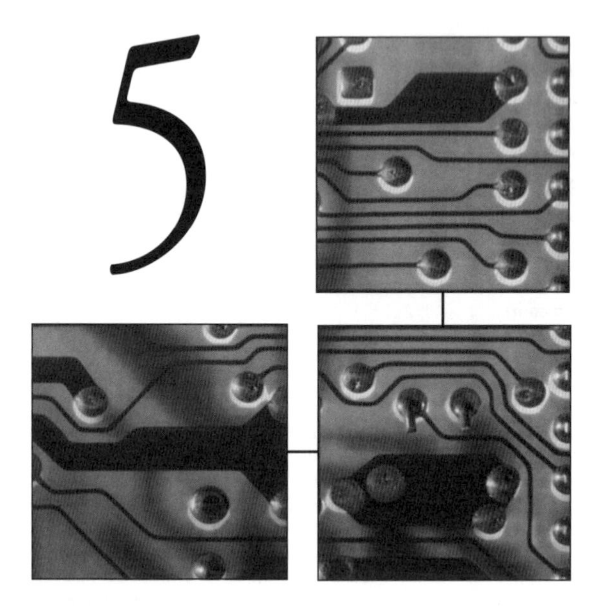

5 Telecomunicações e Redes

OBJETIVOS DO APRENDIZADO

Após completar o Capítulo 5, você estará apto a:

- Identificar e definir os elementos da comunicação.
- Identificar três dimensões das telecomunicações que afetam as opções tecnológicas.
- Descrever os cinco passos no processo da telecomunicação.
- Identificar o tipo de uma rede com base na distância que ela cobre e no contexto organizacional de seu uso.
- Dar exemplos de aplicações empresariais das telecomunicações.
- Descrever a indústria da comunicação nos Estados Unidos e em outros países.
- Discutir o papel do modelo OSI na criação de padrões de telecomunicação.
- Listar e comparar os diferentes tipos de mídias usados para telecomunicação.
- Identificar quatro protocolos LAN e quatro serviços WAN.
- Descrever resumidamente o desenvolvimento da Internet.
- Descrever as funções de um administrador de rede e as ferramentas que os administradores usam para o gerenciamento das redes de telecomunicações.
- Explicar como a infra-estrutura pública básica garante a privacidade, a autenticação, a não-rejeição e a integridade das mensagens.

Usando Redes no Miller-Dwan Medical Center

O Miller-Dwan Medical Center (MDMC), um hospital de 165 leitos localizado em Duluth, Estado de Minnesota, instalou recentemente uma rede sem fio para melhorar o atendimento a seus pacientes e para aumentar sua eficiência operacional. Antes de rede ser instalada, os médicos e enfermeiras preenchiam formulários em papel e acessavam as informações sobre os pacientes em terminais localizados perto das salas de enfermagem. Estes terminais, além de congestionados, estavam muito distantes dos pacientes, o que tornava o serviço inadequado. As informações sobre os pacientes nem sempre estavam atualizadas ou precisas, pois tinham que ser transferidas das fichas para o computador quando os terminais estivessem disponíveis e a equipe médica estivesse livre. Agora, os dados do paciente podem ser introduzidos e acessados ao lado do leito do próprio paciente a partir de laptops (e também a partir de computadores de mão) que a equipe médica carrega sobre carrinhos empurrados de quarto em quarto. Os médicos e enfermeiras podem executar tarefas tais como solicitar um exame médico, preencher uma receita, ou até solicitar uma refeição especial enquanto estão prestando uma consulta ao paciente. Além disso, os pacientes são internados em um terço do tempo que era necessário antes que a rede fosse instalada, e enfermeiras e médicos têm as informações de que necessitam para tratar os pacientes com mais rapidez e de forma mais precisa.

A equipe do hospital havia considerado múltiplas alternativas à rede sem fio. A solução que requeria um terminal em cada quarto foi rejeitada em função de seu custo. Uma outra solução, que colocaria uma conexão de rede em cada quarto, foi rejeitada porque ligar e desligar os laptops tomaria tempo e acrescentaria mais fios ao emaranhado que já havia nos quartos, e pensou-se que poderia ser perigoso.

O MDMC não precisava alterar seus sistemas de *software* para acomodar a nova rede. A maioria das transações do hospital é processada pelo sistema de informações clínicas Meditech que os empregados do hospital usavam antes de a rede ser instalada. Entretanto, agora os empregados do hospital estão confiantes em que as informações que eles obtêm do sistema são atuais e precisas. Além do mais, a rede reduziu consideravelmente o tempo gasto no preenchimento de papelada inútil.[1]

A administração do MDMC está convencida de que escolheu a solução correta. Mas algumas questões permanecem. Deveriam os médicos ausentes do hospital estar conectados à rede para monitorar mais de perto seus pacientes? Caso sim, de que maneira? Os sinais de rádio podem ser captados fora do hospital? Caso sim, como a confidencialidade dos registros médicos dos pacientes será mantida? E como pode o hospital melhor comunicar-se com a comunidade a que ele serve? Os administradores do hospital devem estar aptos a responder questões como estas e prover a capacidade de comunicação necessária para tornar o hospital o melhor que ele pode ser. Este capítulo trata sobre o que administradores, como estes do MDMC, necessitam saber sobre telecomunicações e redes para administrar de maneira efetiva.

Começamos este capítulo apresentando alguns princípios e aplicações básicas das telecomunicações. Tratamos em seguida da infra-estrutura pública que a maior parte das comunicações de longa distância requer. A seguir, exploramos as tecnologias disponíveis para as telecomunicações, incluindo aquelas que a administração do MDMC deve considerar, especialmente as tecnologias associadas às redes sem fio e à Internet. Finalmente, abordamos as questões associadas à gestão das telecomunicações e redes, especialmente as questões de segurança.

PRINCÍPIOS E APLICAÇÕES DAS TELECOMUNICAÇÕES

Comunicação é a troca de informação entre duas partes. **Telecomunicação** é a comunicação a distância. Nesta seção, abordamos alguns princípios básicos de telecomunicação e exploramos como a telecomunicação é aplicada aos negócios.

Princípios de Telecomunicação e Redes

A comunicação é uma das mais importantes de todas as necessidades humanas. É como entendemos o mundo à nossa volta, como selecionamos nossos companheiros e como ensinamos às nossas crianças. Comunicamo-nos basicamente através da visão e do som. Aqueles que nasceram cegos e surdos, como Helen Keller, valem-se de outros sentidos, por exemplo o tato, para comunicar-se. É difícil imaginar a vida sem a comunicação e é difícil imaginar que a espécie humana pudesse existir se não pudéssemos nos comunicar uns com os outros.

Uma empresa é uma organização complexa que depende da comunicação entre seus empregados para organizar suas atividades internas e comunicar-se com seus clientes e fornecedores para produzir e vender seus produtos e serviços. A Wal-Mart, por exemplo, comunica-se constantemente com seus fornecedores para mantê-los informados sobre os níveis de estoque dos produtos em suas lojas e para identificar quais produtos devem ser transportados para abastecer sua rede.[2] Organizações sem fins lucrativos, organizações governamentais e quaisquer outras organizações também dependem da comunicação entre seus membros e a comunidade para cumprir suas missões. Enfermeiras, médicos, farmacêuticos e quaisquer outros empregados no MDMC comunicam-se uns com os outros para coordenar o atendimento ao paciente.

Os humanos desenvolveram uma linguagem para comunicar idéias complexas. Também desenvolvemos a linguagem escrita, que amplia nossa habilidade de comunicação a distância. Comunicamo-nos não somente para trocar informações, mas também para estabelecer e manter relacionamentos.

Elementos da Comunicação

Consideramos que o elemento básico da comunicação é uma mensagem (ver Figura 5-1). Uma **mensagem** é uma idéia, ou uma unidade de informação, enviada de uma parte à outra. Apesar de podermos dividir uma mensagem em partes, tais como períodos, frases, letras e até bits, estas partes isoladamente não têm significado. Usualmente, o destinatário de uma mensagem interpreta seu significado dentro de algum contexto.

Uma *conversação* é uma troca de mensagens entre duas partes, usualmente, mas não sempre, sobre um único tópico ou assunto. O termo técnico para uma conversação usando equipamentos de telecomunicação é uma **sessão,** uma série prolongada de mensagens dotadas de significado e comunicadas no decorrer de um período de tempo em uma determinada ordem.

Um *relacionamento* define o contexto da comunicação. No decorrer de um período de tempo prolongado, duas partes estabelecem um histórico de comunicações, adicionando riqueza ao contexto de qualquer comunicação adicional. As partes entendem seus papéis recíprocos e estabelecem expectativas de como suas mensagens são recebidas e interpretadas.

FIGURA 5-1

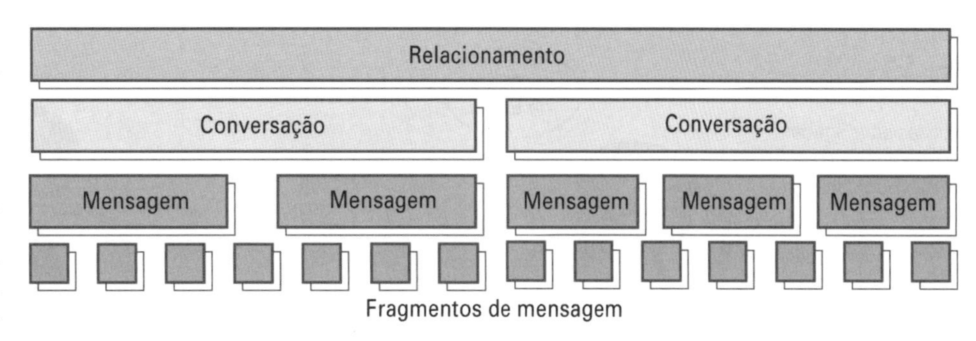

Os elementos da comunicação: Uma mensagem é composta por fragmentos de mensagem; uma conversação é composta por duas ou mais mensagens; e um relacionamento é criado após várias conversações e estabelece um contexto para interpretar novas conversações.

Dimensões da Telecomunicação

Identificamos três dimensões que afetam as opções tecnológicas das telecomunicações: distância, contexto organizacional e contexto de automação (ver Tabela 5-1). A distância afeta significativamente as opções de comunicação. Numa distância bem próxima, a conversação face a face é possível. Em longas distâncias, notadamente em distâncias internacionais, a comunicação normalmente requer o uso de equipamentos e instalações públicas. Na prática, as opções das telecomunicações variam grandemente, dependendo se nos comunicamos dentro de um prédio ou num campus (área local), se numa cidade ou região metropolitana, ou numa comunicação a longa distância. Para fazer uma chamada telefônica, por exemplo, os empregados em um escritório podem simplesmente discar um ramal de dois dígitos para alguém em seu prédio; eles podem precisar discar um 9 ou um zero para obter um tom de discagem antes de discar um número de sete dígitos para chamar alguém dentro de sua área metropolitana; e eles podem precisar usar códigos especiais para chamadas de longa distância.

O contexto organizacional da comunicação também é importante, pois estabelece a natureza dos relacionamentos entre as partes que se comunicam. Fazemos distinção entre comunicações dentro de uma organização, comunicação entre parceiros organizacionais, como clientes ou fornecedores, e comunicação com o público. As organizações comumente compartilham muito mais informações com seus empregados do que estão dispostas a compartilhar com seus parceiros de negócios. O compartilhamento de informações com seu público tende a ser ainda menor. A necessidade de segurança, também, torna-se mais importante à medida que a comunicação torna-se mais pública.

Finalmente, fazemos distinção entre a comunicação humano/humano, humano/computador (entrada ou saída) e comunicação computador/computador. Quando uma das partes da comunicação é humana, a comunicação é relativamente lenta e normalmente envolve linguagem. Quando somente computadores estão envolvidos, a comunicação pode ser mais rápida, é normalmente digital e pode ser altamente codificada.

O Processo de Telecomunicação

A telecomunicação, na sua forma mais simples, usualmente requer os cinco passos seguintes:

1. O remetente inicia a comunicação da mensagem.
2. Um dispositivo põe a mensagem do remetente em um meio de telecomunicação.
3. O *meio de telecomunicação* transfere a mensagem para o endereço do destinatário.

TABELA 5-1

Dimensões da telecomunicação.

Dimensão	Valores possíveis
Distância	Face a face Prédio ou campus Área metropolitana Longa distância
Contexto organizacional	Apenas membros organizacionais Membros organizacionais e parceiros Público
Contexto de automação	Humano/Humano Humano/Computador (Entrada/Saída) Computador/Computador

FIGURA 5-2

O jogo infantil das latas ligadas por um barbante ilustra o processo de telecomunicação.

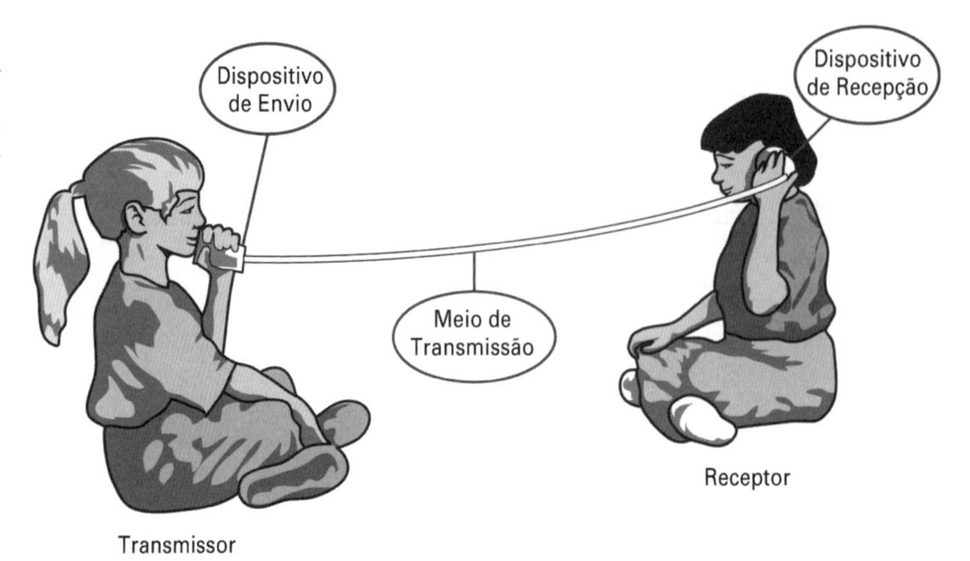

4. Um dispositivo retira a mensagem do meio de comunicação.
5. O destinatário recebe a mensagem.

A Figura 5-2 ilustra este processo para um jogo infantil simples que envia mensagens através de um cordão firmemente esticado entre duas latas. Neste exemplo simples, as latas representam os dispositivos de telecomunicação e o cordão representa o meio de telecomunicação.

Capacidade em Telecomunicações

A capacidade para o fluxo de informações em um canal de telecomunicação, chamada **largura de banda,** é normalmente medida em bits/segundo (bps). Esta capacidade é afetada por muitos fatores, especialmente os dispositivos para comunicação e os meios usados para transmitir a informação. A largura de banda numa comunicação face a face, entretanto, é simplesmente limitada por quão rápido podemos falar. A comunicação entre dispositivos de computador normalmente ocorre com uma largura de banda bem maior. Os administradores necessitam prever qual largura de banda vão necessitar quando da instalação de novos sistemas, de maneira que possam efetivamente orientar seus assessores técnicos na seleção dos equipamentos de telecomunicações apropriados.

Redes de Telecomunicações

Uma **rede** é simplesmente um conjunto de pontos e as conexões entre eles. Em uma rede de telecomunicações, os pontos representam os remetentes de mensagens, os destinatários e seus dispositivos computacionais associados; as conexões representam os meios para telecomunicações. A comunicação através de uma rede é mais complexa do que a comunicação ponto a ponto porque cada mensagem deve ser roteada do seu remetente para o destinatário desejado.

Distinguimos entre os diferentes tipos de redes tomando como base duas das dimensões da comunicação: distância e contexto organizacional. Quanto à dimensão da distância, as redes são chamadas de **redes locais (LANs – Local Area Networks)** se elas servem a um edifício ou a um campus, redes de alcance metropolitano (MANs – Metropolitan Area Networks) se elas servem a uma região metropolitana, ou **redes de longa distância (WANs – Wide Area Networks)** se elas conectam pontos com distâncias maiores do que uma região metropolitana. Na dimensão do contexto organizacional, as redes são chamadas **intranets** se servem aos empregados de uma empresa, **extranets** se elas servem aos empregados e às organizações parceiras, e **redes públicas** se elas servem ao público em geral. As redes públicas englobam redes de telefonia, redes a cabo, redes por satélite e a Internet.

As Aplicações Empresariais das Telecomunicações

As organizações usam a telecomunicação para coordenar as atividades corporativas, facilitar o processo de tomada de decisão em grupo e conduzir o comércio eletrônico.

A Coordenação das Atividades Empresariais

Os administradores na maioria das empresas usam o correio eletrônico, o correio de voz (*voice mail*), as videoconferências e as intranets corporativas para comunicar-se com seus colegas de trabalho, supervisores, subordinados e outros.

As empresas com redes corporativas praticamente trocaram os memorandos e quaisquer outras correspondências escritas pelo *correio eletrônico (e-mail)*, que usa os computadores para enviar as mensagens. O *e-mail* reduziu o tráfego de telefonia e o tempo gasto pelos empregados para responder às chamadas telefônicas. Os empregados agora mandam as mensagens que não são urgentes pelo correio eletrônico, sabendo que as pessoas podem lê-las comodamente. O *software* de correio eletrônico permite aos usuários trocar documentos, tanto texto quanto *multimídia*, anexando-os a uma mensagem de *e-mail*. Os empregados podem enviar correio eletrônico e receber de endereços fora da empresa se sua rede interna está conectada à Internet ou a outras redes públicas.

O *correio de voz* usa os computadores para enviar mensagens de voz. O processo funciona da seguinte forma: Um remetente disca para a *caixa do correio de voz* da pessoa com quem deseja falar. Depois de receber um sinal para começar, o remetente deixa uma mensagem. O destinatário pode acessar a mensagem em seu telefone ou remotamente, discando a caixa do correio de voz. A tecnologia da comunicação registra a mensagem de voz no local apropriado e recupera-a para reprodução. A maioria dos sistemas de correio de voz atualmente não se conecta aos dados da rede corporativa. Entretanto, novos produtos podem agora integrar o correio de voz com o correio eletrônico e fax para produzir uma única lista de mensagens e permitir aos usuários rotear as mensagens de voz usando as suas redes de computadores.[3] Alguns produtos inclusive efetuam a tradução de voz para texto, de forma que os usuários possam ler uma mensagem de correio de voz antes de ouvi-la.[4] Estes desenvolvimentos produzem bons incentivos à integração dos sistemas de correio de voz com outros sistemas organizacionais em uma rede comum.

A *videoconferência* permite a pessoas em diferentes locais manter uma conferência como se estivessem em uma mesma sala. Ela supera os limites da baixa velocidade da digitação versus conversação e aperfeiçoa o contexto da comunicação ao capturar a linguagem corporal. A videoconferência pode ser um meio efetivo de reduzir o custo de viagens. A Figura 5-3 mostra uma configuração típica para videoconferência. A Eliokem, uma fabricante de produtos químicos que faturou 150 milhões de dólares, usa a videoconferência para reduzir as viagens entre suas empresas operacionais na França e no estado de Ohio, economizando tanto tempo quanto dinheiro. A cadeia de restaurantes Wendy's recuperou o custo de seus sistemas de videoconferência em apenas seis meses, com a redução de viagens.[5]

Uma rede ajuda os administradores e empregados em toda a empresa a coordenar suas atividades funcionais. Os administradores de chão de fábrica podem coletar e usar informações sobre custos, suprimentos, estoques, alterações de produtos especiais e testes de controle de qualidade. Os administradores da área de patrimônio podem usar registros sobre propriedades da empresa e administradas pela própria empresa. Os departamentos de engenharia podem manter as especificações mais recentes dos produtos da empresa, atualizações das queixas dos clientes e apresentar desenhos de projetos *online* para acesso de

FIGURA 5-3

A videoconferência economiza o custo das viagens e permite aos usuários verem-se uns aos outros e trabalhar em documentos compartilhados.

toda a empresa. Os departamentos de marketing e de vendas podem manter um banco de dados de clientes potenciais que os empregados em locais ao redor do mundo todo podem acessar. Os profissionais de recursos humanos podem atualizar regularmente as descrições de cargos, benefícios e quaisquer outras informações sobre remuneração, para acesso pelos empregados da empresa.

A Hewlett-Packard (HP) usa uma intranet para muitas funções de recursos humanos. Os 88.000 empregados da empresa em 150 países podem acessar a intranet da HP para preencher formulários sobre benefícios, alterações de endereço, deduções de impostos e até mesmo informações bancárias. Cerca de 150 diferentes tipos de transações são automatizadas, com formulários e instruções em oito línguas, disponíveis aos empregados 24 horas por dia. Anteriormente, os profissionais de recursos humanos tinham de preencher estes dados manualmente, tomando tempo de seu trabalho especializado para executar estas simples funções burocráticas.[6]

As redes de computadores também ajudam os empregados a comunicarem-se através das áreas funcionais. Quando um escriturário do departamento de vendas recebe um pedido, por exemplo, as pessoas no depósito, na fábrica, no faturamento e na expedição têm acesso ao pedido de forma que possam tomar providências sobre ele. A comunicação torna-se ainda mais importante em um ambiente globalizado. Uma empresa pode encomendar suas matérias-primas em uma parte do mundo, montar seu produto em uma outra e vender o produto ainda em outros locais.

O Departamento de Estado dos Estados Unidos planeja usar uma intranet segura para trocar informações com suas embaixadas e escritórios de assuntos estrangeiros usando *e-mails*, bancos de dados, assim como outras aplicações. A intranet poderia ser usada, por exemplo, para efetuar pesquisas sobre um pretendente a um visto num passaporte para visitar os Estados Unidos. Atualmente, a informação que os empregados precisam está espalhada em muitos bancos de dados não conectados, e trocar estas informações é, na melhor das hipóteses, difícil.[7]

Como estes exemplos mostram, as redes mantêm os negócios correndo harmoniosa e eficientemente. A troca de informações entre os empregados em diferentes locais é crucial para praticamente quaisquer operações e sistemas de transações. A troca de informações também é crítica para o processo de tomada de decisão administrativa, particularmente quando equipes ou grupos estão envolvidos. O Capítulo 7 aborda a coordenação das atividades empresariais com maior profundidade.

O Processo da Tomada de Decisão em Grupo

Os administradores podem utilizar o *groupware*, o *hardware* e *software* de computador que suporta as interações de um grupo para ajudar as equipes a executar suas tarefas e atingir seus objetivos mais efetivamente. O *groupware* suporta a troca de informações entre os membros do grupo e, assim, melhora a coordenação de tarefas, a condução de reuniões e a resolução de problemas. Alguns futuristas acham que o progresso nas tecnologias da comunicação e de redes vai alterar fundamentalmente o modo como as pessoas trabalham, deslocando o foco da produtividade individual para a produtividade do grupo.[8] Os membros da sacristia da Igreja Episcopal São João no Brooklin, Nova York, usam o *groupware* da Groove Networks para comunicar-se entre si e permanecer harmonizados, compartilhar e editar documentos em tempo real ou *off-line* e até fazer minutas e boletins e disponibilizá-los para os paroquianos.[9] O Capítulo 8 discute o *groupware* com mais detalhes, focalizando o modo como ele facilita o processo de tomada de decisão em grupo e as atividades de projeto em grupo.

O Comércio Eletrônico

As empresas usam cada vez mais o **comércio eletrônico** (*e-commerce*), ou transações eletrônicas referentes à aquisição e fornecimento de mercadorias e serviços. Embora algumas pessoas definam o comércio eletrônico como englobando somente transações que envolvam a transferência eletrônica de dinheiro, também incluímos as transações eletrônicas relativas às compras utilizando cheque, telefone, ou outros meios quaisquer. O comércio eletrônico inclui tanto o comércio varejista entre pessoas e empresas (b2c – *business to consumers*) quanto o comércio de empresas a empresas (b2b – *business to business*). As empresas usam extranets e redes públicas para o comércio eletrônico.

Em 1996, cerca de 54% de todos os usuários da Internet nos Estados Unidos adquiriram produtos ou serviços usando a *Web*.[10] Muitos mais selecionaram os produtos pela Internet mas os adquiriram através dos canais tradicionais. À medida que as pessoas ganharam confiança na segurança do comércio eletrônico e mais pessoas obtiveram acesso à Internet, as vendas aumentaram incrivelmente. Durante as festas de fim de ano em 2001, por exemplo, os consumidores americanos gastaram 8,3 bilhões de dólares *online*. Dentre os que fizeram compras *online*, 41% adquiriram a metade ou mais de seus presentes *online*.[11]

O volume em dólares do comércio varejista, entretanto, não é nada em comparação com as compras corporativas. No mundo todo, o comércio eletrônico entre organizações foi estimado em mais de 800 bilhões de dólares em 2001.[12] Além disto, há um grande volume de comunicações b2b (*business to business*) que não seria incluído nas estatísticas em dólares atribuídas ao comércio eletrônico. Entre estes estão o pagamento eletrônico de contas e pesquisa de produtos e ofertas ou lances que não resultam na celebração de um contrato.

Os Capítulos 6 e 7 abordam o comércio eletrônico com mais profundidade.

A INFRA-ESTRUTURA DE TELECOMUNICAÇÕES

Embora toda organização seja responsável por montar sua própria infra-estrutura, todas as organizações dependem, de alguma maneira, da infra-estrutura pública que permite que a comunicação aconteça de forma ampla dentro das organizações e entre elas mesmas. A **infra-estrutura** de telecomunicações refere-se às instalações disponíveis para realizar a telecomunicação. Muito desta infra-estrutura pertence a empresas concessionárias de comunicações ou é controlada por estas. Nesta seção, examinamos a natureza da indústria concessionária de comunicações e as questões envolvidas com a telecomunicação em alguns países.

A Indústria Concessionária de Telecomunicações

Uma **concessionária de comunicações** é uma agência do governo ou empresa privada que fornece instalações e serviços de telecomunicações para o público. As concessionárias privadas são quase sempre regulamentadas e são chamadas **operadoras**. Em muitos países, uma empresa chamada *PTT — Postal Telephone and Telegraph company* — ou Empresa Postal, Telefônica e Telegráfica, de propriedade governamental ou operada pelo governo, fornece serviços de comunicações como um monopólio*. As empresas de televisão a cabo não são geralmente consideradas concessionárias de comunicações, embora as linhas da TV a cabo sejam capazes de fornecer algum grau de comunicação bidirecional.

Estrutura das Prestadoras de Serviços de Telefonia nos Estados Unidos

Uma prestadora de serviços de telefonia local (LEC – *Local Exchange Carrier*), como a Albany Mutual Telephone Association, em Albany, estado de Minnesota, fornece serviço de telefonia dentro de uma região chamada LATA (*Local Access Transport Area*), que cobre, aproximadamente, uma área metropolitana ou um grande distrito rural ou semi-rural. As prestadoras de longa distância, como a AT&T e a MCI, fornecem serviço entre LATAs e também serviços de telefonia internacional. As prestadoras LEC e as de longa distância, em cooperação, atendem às chamadas de longa distância e compartilham da receita de acordo com regulamentos federais. Como resultado da Lei de Regulamentação das Telecomunicações nos Estados Unidos, de 1996, as prestadoras de longa distância, as LECs e as empresas de televisão a cabo podem todas oferecer serviços de longa distância, local e TV a cabo. A RCN é um exemplo de empresa que compete em todos os três mercados.[13]

Os Serviços de Telefonia Celular

A tecnologia celular proporciona a transmissão de mensagens sem uma conexão por cabo à empresa de telefonia. Assim, os telefones celulares ou os computadores móveis transmitem as chamadas dos usuários através de sinais de rádio para a antena mais próxima de um conjunto de antenas posicionadas estrategicamente pela operadora de celular para cobrir inteiramente uma região de serviço. Como mostrado na Figura 5-4, a chamada é passada de antena para antena até que ela atinja a central telefônica, que a desvia por terra ou satélite para outras cidades ou países. Conforme o telefone celular movimenta-se para fora do alcance de uma antena e para o alcance de outra, os computadores acompanham seus movimentos de forma que possam enviar os sinais para ele apropriadamente. Nos Estados Unidos, a telefonia celular opera em freqüências de rádio regulamentadas pela Federal Communications Commission (Comissão Federal de Comunicações).** A International Telecommunications Union — ITU (União Internacional de Te-

*Era a situação em que o Brasil se enquadrava até a abertura do mercado brasileiro de telecomunicações. (N.T.)
**No Brasil, a regulamentação é feita pela ANATEL — Agência Nacional de Telecomunicação. (N.T.)

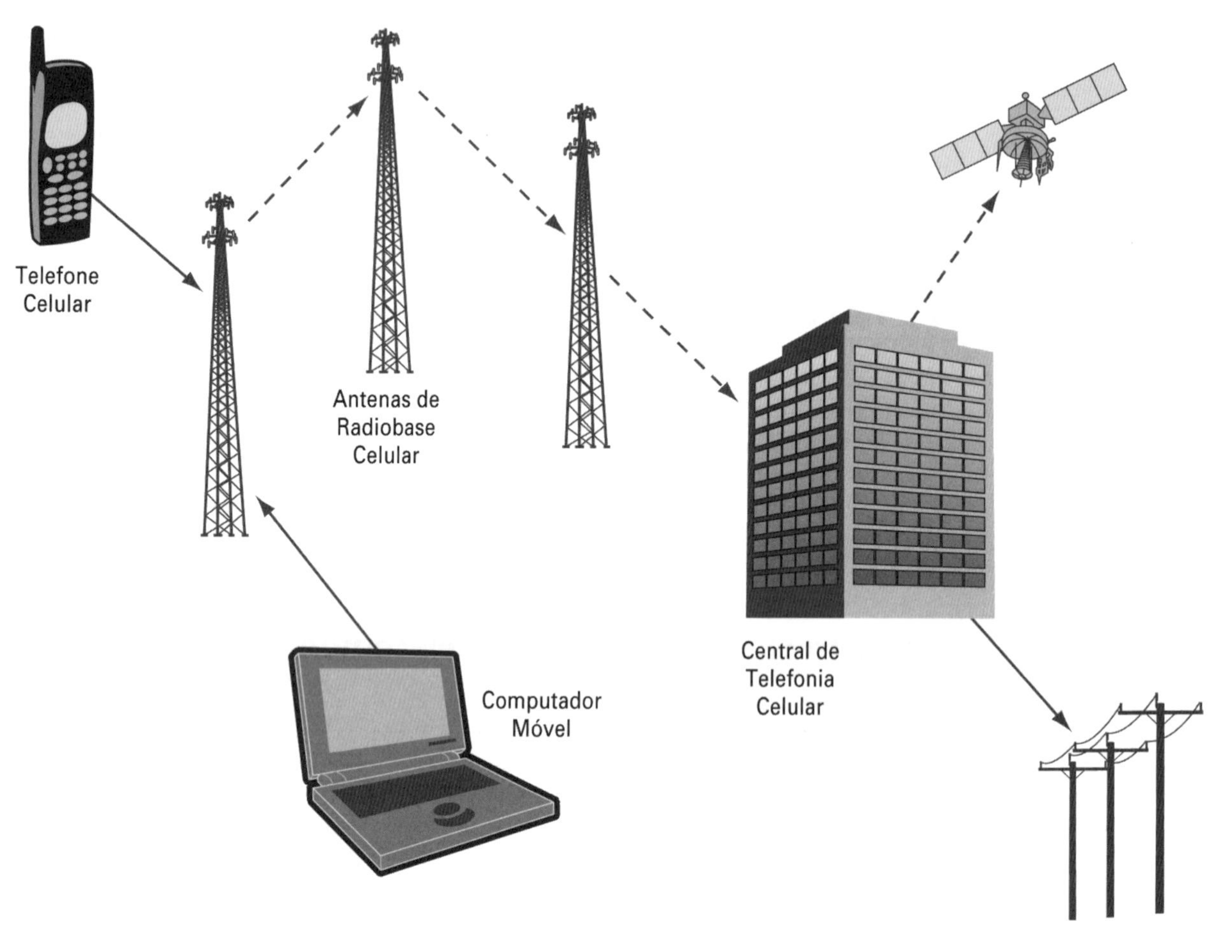

FIGURA 5-4 Um computador móvel com um modem celular ou um telefone celular envia uma mensagem que é recebida pela antena de rádio celular mais próxima. O sistema celular passa a mensagem de antena para antena até ela alcançar uma instalação de comutação celular onde a mensagem é enviada, por linhas da telefonia fixa ou satélites, até seu destino final.

lecomunicações), uma agência das Nações Unidas, determina padrões para o uso de radiofreqüências internacionalmente.

Existem vários padrões incompatíveis para o sinal que os telefones celulares transmitem e recebem. Como resultado, um telefone celular que funciona em um país pode não funcionar em outro; mesmo dentro de um país ou região, um mesmo aparelho telefônico não funciona em todos os lugares, apesar da existência de cobertura celular. Infelizmente, o número de padrões está aumentando, conforme as empresas de telefonia celular esforçam-se para oferecer melhor qualidade e aumentar a largura de banda.

A primeira geração de telefones celulares, disponível no final dos anos 1970 e ainda em uso, comunicava-se com um sinal analógico em vez de um sinal digital. O sinal analógico era propenso a interferência e tinha uma largura de banda muito limitada, adequada somente para transmissão de voz. A segunda geração de telefones celulares, para a qual existem quatro padrões principais conflitantes, tornou-se comercialmente disponível em 1992 e opera digitalmente em taxas de até 9.600 bits/segundo. Esta largura de banda é suficiente para envio de *e-mail*, mensagens curtas e quaisquer outras aplicações que requeiram somente a transmissão e recepção de texto, programas de computador muito pequenos e gráficos bem limitados. A tecnologia para uma terceira geração, operando a 384 kbps, está agora disponível, mas a sua implementação tem sido lenta. Em vez disso, a maioria das operadoras está implementando um *upgrade* evolucionário de seus equipamentos para padrões conhecidos como "segunda geração aprimorada", ou "2,5G". Estes padrões, que mais uma vez usam diferentes tecnologias, operam entre 57,6 e 171,2 kbps.

Cabo

A indústria da televisão a cabo começou a alavancar a capacidade que tem em suas redes a cabo para proporcionar serviços de comunicação de dados. Após usar uma boa parte de sua capacidade para transmissão de televisão, o cabo ainda tem bastante capacidade para transmissão simultânea de dados. Como as empresas a cabo servem principalmente áreas locais, elas trabalham melhor com as redes MANs e necessitam interagir com as operadoras de longa distância para fornecer serviços de WAN ou Internet.

Redes de Valor Agregado

Os revendedores das capacidades de serviço oferecidas pelas redes de telefonia e de satélites, comumente chamados de **redes de valor agregado** (**VANs** – ***Value Added Networks***), adquirem em grandes volumes os serviços de comunicação das concessionárias e os revendem com lucro. Eles juntam as mensagens de muitas empresas e pessoas e as transmitem em linhas dedicadas arrendadas de concessionárias. Estes revendedores alcançam uma economia de escala que lhes permite oferecer preços mais baixos. Eles podem, também, oferecer serviços adicionais, tais como correio eletrônico, acesso a bancos de dados eletrônicos e serviço bancário eletrônico.

A DSI Toys, uma fábrica de 30 milhões de dólares que produz brinquedos e eletrônica de consumo infantil, caros e de alta qualidade, usa a CTI Communications, uma VAN sediada em Coeur d'Alene, no estado de Idaho, para as transações de negócios eletrônicos com a Wal-Mart. Além de fornecer serviços de comunicações, a CTI Communications traduz as transações dos sistemas computadorizados da DSI Toys em um formato que a Wal-Mart pode processar automaticamente e vice-versa.[14]

Questões Internacionais

Muitos países freqüentemente têm uma infra-estrutura de comunicações bem menos desenvolvida do que os Estados Unidos. Até recentemente, monopólios governamentais regulavam e controlavam as telecomunicações na maioria das empresas fora dos Estados Unidos. Entretanto, pressões políticas crescentes, especialmente dentro da Organização Internacional do Comércio (WTO – World Trade Organization) e da União Européia (EU – European Union) e a pressão competitiva das tecnologias móveis combinaram-se para aumentar não só o grau de privatização das concessionárias de telecomunicações como a competição entre elas no mundo todo. Por exemplo, em outubro de 2000 o Parlamento da União Européia adotou uma regulamentação para abrir a competição nos mercados de telecomunicações ao final de 2001. Embora a regulamentação tenha sido substituída por um compromisso que abalou o equilíbrio entre a regulamentação local e as regras da União Européia, há poucas dúvidas de que a competição está aumentando na Europa não só no aspecto legal como na prática.[15] Em 2000, a China dividiu a China Telecom, sua empresa monopolista de comunicações, em duas empresas, uma focalizando a telefonia convencional e a outra as telecomunicações móveis, para promover a competição.[16] Mas em muitas partes do mundo, particularmente em países em desenvolvimento, as organizações que solicitam novos serviços podem ser forçadas a esperar vários meses, ou mesmo anos, para obtê-los.

Muitos países têm regras que restringem o fluxo de dados através de suas fronteiras ou ainda restringem ou autorizam quais dados as empresas podem coletar. Algumas destas restrições derivam de leis locais sobre privacidade que não podem ser postas em prática depois da exportação dos dados. Por exemplo, a União Européia tem mais leis restritivas do que os Estados Unidos, em relação à privacidade das pessoas. A União Européia proíbe a exportação de dados para os Estados Unidos a menos que o destinatário das informações possa proteger a privacidade das pessoas da União Européia na mesma proporção garantida pela lei da União Européia ou que a pessoa abra mão de seu direito de privacidade. As empresas que desenvolvem negócios na Europa devem estar atentas a estas leis e agir de acordo, pois podem ser processadas se deixarem de fazê-lo.[17] Alguns países têm regras ainda mais restritivas. Por exemplo, a Suécia proíbe, com muito poucas exceções, o processamento de dados pessoais que revelem sua participação em um sindicato.[18]

A TECNOLOGIA DA TELECOMUNICAÇÃO

A tecnologia de telecomunicações tem evoluído tão rapidamente que não é razoável esperar que os administradores de empresas permaneçam atualizados nesta área. Afortunadamente, a maioria dos departamentos de TI emprega especialistas de telecomunicações que lidam com o projeto e desenvolvimento dos sistemas de comunicações. Também, a despeito dos rápidos avanços da tecnologia da telecomunicação, seus componentes permaneceram notadamente constantes por muitos anos. Assim, embora os administradores tenham a sabedoria de valer-se de técnicos especialistas no projeto, instalação e manutenção de sua infra-estrutura de telecomunicações, eles devem saber o suficiente para participar inteligentemente dos seus projetos para assegurar-se de que suas necessidades estejam sendo adequadamente supridas. A rede da MDMC, por exemplo, foi projetada e instalada pela Sisu Medical Systems, um consórcio dos hospitais comunitários do estado de Minnesota, formado para administrar suas necessidades de TI. Entretanto, a participação dos administradores, médicos e enfermeiras do MDMC foi decisiva para o desenvolvimento do projeto adequado e para a aceitação da rede. Esta seção resume o que todo administrador e trabalhador do conhecimento precisa saber sobre a tecnologia de telecomunicações para comunicar-se bem com os especialistas em telecomunicações.

A tecnologia para suportar a telecomunicação é construída sobre uma hierarquia de padrões que assegura que suas diferentes partes funcionarão juntas apropriadamente. Começamos esta seção com uma discussão sobre esta hierarquia, conhecida como o modelo OSI. A seguir abordamos diferentes componentes da tecnologia, iniciando com os dispositivos que conectam os computadores aos meios de transmissão, continuando com o meio de transmissão propriamente dito e depois tratando das tecnologias de comutação (*switching*) e roteamento (encaminhamento), que são críticas para a telecomunicação em uma rede. Finalmente, olhamos os padrões existentes e os emergentes que se aplicam às redes locais e às de longa distância.

Os Padrões da Indústria e o Modelo OSI

As indústrias da computação e das comunicações desenvolveram *padrões* — características específicas dos meios, do *hardware* e do software das telecomunicações — que tornam possível misturar produtos de computação e de comunicações de diferentes fornecedores. O **modelo OSI** (***Open Systems Interconnection model*** – modelo de Interconexão de Sistemas Abertos) oferece uma estrutura para se pensar sobre padrões de comunicações. A ISO (International Organization for Standardization) criou o modelo OSI para dividir o processo da comunicação em camadas, como mostrado na Tabela 5-2. Este modelo em camadas simplifica a criação de padrões e torna mais fácil especificar sua abrangência.

TABELA 5-2 O modelo OSI divide o processo de comunicação em partes e identifica as responsabilidades de padrões dentro de cada parte.

Descrição geral	Camada específica	Na origem	Na rota	No destino
Aplicativo Gera mensagens baseado nos aplicativos do usuário (p. ex.: *e-mail*)	7 Aplicativo	Interfaceia a comunicação com o aplicativo		Interfaceia a comunicação com o aplicativo
	6 Apresentação	Executa a compressão dos dados Formata mensagens para transmissão		Descompacta dados Prepara dados para recebimento pelo aplicativo
Rede Leva mensagens geradas pela camada de aplicação, parte-as em blocos, assegura sua integridade e os reúne novamente em mensagens; estabelece e assegura a ordem correta das sessões.	5 Sessão	Estabelece a conexão da sessão Associa mensagem com sessão Encerra a conexão	Cria circuito *end-to-end* se requerido	Estabelece a conexão da sessão Associa mensagem com sessão Encerra a conexão
	4 Transporte	Divide a mensagem em blocos Determina roteamento *end-to-end* nas sub-redes	Implementa o roteamento	Reúne blocos em mensagens Assegura a integridade da mensagem
	3 Rede	Divide blocos em *frames* Determina roteamento na sub-rede	Implementa o roteamento Assegura a integridade dos blocos através de cada sub-rede	Reúne *frames* em blocos
Data Link Controla a camada física determinando como e quando enviar os sinais; parte as mensagens em blocos e assegura a integridade delas.	2 Data Link	Insere pacote no *frame*	Assegura a integridade do pacote através de cada circuito	
Físico Lida com os meios de transmissão e *hardware* necessários para criar circuitos e enviar dados como sinais e com as conexões entre o *hardware* e os meios usados.	1 Físico	Tipos de conectores Determina o *timing* do sinal	Natureza do cabo	Tipos de conectores

Um padrão em qualquer camada do modelo OSI é obrigado a ter pelo menos uma das três características abaixo:

- Trabalhar com todos os padrões das camadas mais baixas; ou
- Especificar quais os padrões de camadas mais baixas ele requer; ou
- Especificar os seus próprios padrões para as camadas mais baixas.

Por exemplo, o **TCP/IP**, o padrão que define como as mensagens são enviadas através da Internet, satisfaz às camadas 3 e 4 do modelo OSI e trabalha com quaisquer padrões nas camadas 1 e 2. Em outras palavras, não importa qual padrão é selecionado para o meio de transmissão (camada 1), sem fio ou via cabo, os padrões TCP/IP se aplicam e as mensagens enviadas de acordo com estes padrões serão adequadamente recebidas. Os padrões das camadas mais altas, tais como o HTTP, usado para aplicações da *World Wide Web* (www), podem especificar que eles trabalharão em qualquer rede TCP/IP. Muitas redes corporativas, tirando vantagem deste fato, operam de acordo com os padrões TCP/IP, de maneira que os usuários possam navegar na sua intranet exatamente como navegam na Internet.

Você vai precisar entender múltiplos conceitos de comunicações para compreender o modelo OSI. Alguns padrões dividem uma mensagem em fragmentos chamados *blocos*. Estes blocos são enviados seqüencialmente: ao longo de sua rota de A para E, um bloco de mensagem pode passar através de dispositivos nos pontos B, C e D. Os segmentos de rota AB, BC, CD e DE são chamados *data links* (elos de dados). Os blocos podem ser divididos em **packets** (pacotes, maços) ou *frames* (quadros) para transmissão através dos *data links*. Os pacotes podem viajar através de diferentes rotas para alcançar seu destino. Na ponta de recepção, os pacotes ou *frames* são remontados em blocos; os blocos são retidos até que uma mensagem completa esteja formada; e as mensagens são enviadas ao terminal ou aplicativo. Em cada uma das camadas do modelo OSI, certos serviços asseguram a integridade das mensagens e aprimoram a segurança e/ou o desempenho.

Os padrões da indústria permitem aos fabricantes de equipamentos e desenvolvedores de *software* desenvolver produtos que funcionam com outros equipamentos e *softwares*. Uma empresa, também, pode selecionar padrões internos a partir dos padrões da indústria, para simplificar o suporte às interfaces entre os produtos e a gestão da comunicação de dados de uma empresa. Por esta razão, as políticas do MDMC podem limitar as opções dos administradores do hospital na seleção do tipo de equipamento para a sua rede sem fio.

A Interface Computador/Meio

Dois tipos de dispositivos conectam um computador ao meio de transmissão — modems e adaptadores.

Um **modem** oferece uma interface entre um computador ou rede de um lado e a linha telefônica, a linha cabo ou a conexão celular de uma operadora de comunicação do outro lado. A Tabela 5-3 lista os tipos de modems. Os padrões definem velocidades de transmissão, tecnologias de compressão e comandos que direcionam o modem para executar tarefas tais como discar um número de telefone. A velocidade de transmissão e a tecnologia de compressão, juntas, determinam quantos bits podem ser transmitidos em um segundo.

Um **adaptador**, também chamado **cartão de interface de rede** (**NIC** – ***Network Interface Card***), propicia uma conexão direta, com ou sem fio, entre um computador e uma rede. O adaptador envia sinais

TABELA 5-3

Inúmeros tipos de modems efetuam o interfaceamento entre o computador ou terminal e as linhas ou cabos telefônicos.

Tipo	Características
Interno	Localizado dentro de um computador; conecta diretamente o barramento de dados do computador com a linha ou cabo telefônico
Externo	Conecta-se normalmente atrás do computador através de uma porta serial ou porta de impressora e depois a uma linha ou cabo telefônico
Cabo	Conecta-se a um cabo coaxial
Sem fio	Conecta-se diretamente à rede de telefonia celular sem cabos
Assíncrono	Tem um protocolo de comunicação de dados que faz com que seja comumente usado com PCs; opera na velocidade do dispositivo de mais baixa velocidade com o qual se comunica
Síncrono	Tem um protocolo de comunicação de dados que faz com que seja comumente usado com computadores *mainframe*
Multiportas (ou multiplexador)	Combina sinais de várias portas ou computadores (normalmente de médio porte ou *mainframes*) em uma única linha de telefone para transmissão a longa distância para outro *multiplexador* que separa os sinais ao final do recebimento.

através das portas dos conectores para uma rede conforme um padrão selecionado. Por exemplo, um adaptador Ethernet oferece um conector que obedece aos padrões Ethernet (ver a seção sobre as tecnologias de comutação e roteamento) e cria e interpreta sinais e endereços Ethernet.

Meios de Transmissão

Os administradores e os profissionais de computação freqüentemente selecionam o meio de transmissão para suas telecomunicações. Os meios mais comuns são o **fio de par trançado**, o **cabo coaxial** e o **cabo de fibra ótica**, assim como sinais eletromagnéticos em freqüências de microondas, de infravermelho e de rádio. A Tabela 5-4 destaca as características mais relevantes destes meios.

- O **fio de par trançado** conecta um telefone à sua tomada na maioria dos lares. Como muitos edifícios têm quantidade excessiva deste fio, os mesmos podem ser usados para propósitos de telecomunicações, ele é barato e facilmente encontrado. São possíveis velocidades de transmissão de até 10 megabits/segundo. As categorias mais robustas do fio de par trançado podem suportar taxas de até um gigabit/segundo.
- O **cabo coaxial**, usado pelas empresas de televisão a cabo, traz os sinais de televisão para os lares. Embora mais volumoso, mais caro e menos comum em prédios do que o fio de par trançado, ele tem uma largura de banda teórica mais alta do que o fio de par trançado, podendo, assim, transmitir mais dados por segundo.
- O **cabo de fibra ótica**, que tem a maior capacidade dos meios de telecomunicações, transporta mensagens por um raio de luz, em vez de usar um sinal elétrico. Muitas empresas de telefonia de longa distância usam-no para transportar chamadas telefônicas simultâneas entre as estações de distribuição mais importantes. As empresas privadas usam-no para transportar dados no interior de seus prédios e entre prédios próximos. O cabo de fibra ótica oferece uma grande segurança em função de sua baixa resistência à torção e oferece maior imunidade à interferência elétrica do que o cabo elétrico. Ela custa cerca de cinco vezes mais do que o fio de par trançado de alto desempenho, mas supera em mais de cem vezes sua capacidade. Ele também não necessita de repetidores, dispositivos que o par trançado e o cabo coaxial precisam para amplificar o seu sinal, que enfraquece à medida que viaja pelo cabo.
- As **microondas** transportam dados. As torres de retransmissão, usadas para as transações de longa distância, recebem um sinal de entrada e o retransmitem para outra estação em sua linha de visão.

TABELA 5-4

Os meios de comunicação de dados têm diferentes características. A despesa é calculada para a conexão de mais baixa capacidade entre dois pontos e não inclui o custo dos dispositivos de reforço do sinal para conexões a longa distância.

Fio de par trançado	O menos caro Largamente disponível Capacidade moderada Fácil de instalar
Cabo coaxial	Moderadamente caro Capacidade de moderada para alta Fios grossos e de difícil manejo Entra nas casas através da TV a cabo
Cabo de fibra ótica	Relativamente caro Altíssima capacidade Altíssima segurança Difícil de dobrar ou manipular
Sinais de microondas	Caros Não requerem cabeamento Podem usar satélite Melhor para grandes volumes, longas distâncias Limitados pela necessidade de ligação visual
Sinais infravermelhos	Capacidade baixa a moderada Baratos Limitados a curtas distâncias Não requerem cabeamento Limitados pela necessidade de ligação visual Sofrem interferência de objetos quentes
Rádio	Faixas de freqüência limitadas Interferência potencial Capacidade moderada para alta Distância limitada Não requer cabeamento

As empresas podem comprar participação em um satélite orbital de telecomunicações que recebe e retransmite os seus sinais de microondas. As microondas transmitem efetivamente dados por longas distâncias sem usar uma empresa de telefonia.

- Os **sinais infravermelhos** funcionam somente entre dispositivos diretamente visíveis entre si. Eles transportam dados em distâncias curtas, como dentro de um prédio.
- Os **sinais de rádio** em bandas de freqüências especiais reservadas para comunicação de curta distância e em bandas de freqüência não regulamentadas podem transportar dados. As LANs sem fio normalmente usam sinais de rádio para transportar dados entre computadores e uma interface de rede. Embora sua capacidade varie, os sistemas avançados de rádio podem propiciar quase a mesma capacidade da maioria dos sistemas de cabo coaxial.

Tecnologias de Roteamento e de Comutação

A telecomunicação é relativamente simples quando apenas duas pessoas ou computadores estão conectados, como no telefone de brinquedo de lata e barbante. As verdadeiras infra-estruturas de comunicação envolvem as redes, que permitem aos remetentes de mensagens escolherem quem vai receber suas mensagens. Neste ambiente, é necessário um equipamento para comutar e rotear cada mensagem e também são necessários protocolos a fim de que as mensagens não interfiram umas nas outras e de modo que os comutadores e roteadores possam determinar como cada mensagem deve alcançar seu destino.

Dispositivos de Comutação e Roteamento

Quatro diferentes tipos de dispositivos determinam a rota de uma mensagem através de uma rede: *hubs*, comutadores ou swiches, roteadores e *gateways** (portas de ligação).

- Um ***hub*** conecta computadores e seções de uma rede entre si. Um *hub* transfere (sem ler) toda mensagem que recebe para tudo que estiver conectado a ele. Os projetistas de redes muitas vezes usam *hubs* para conectar um grupo de computadores a uma rede em um único ponto. Todas as conexões com um *hub* devem ter padrões compatíveis para enviar os sinais através dos meios de transmissão e através do *hardware* e criar e assegurar a correta ordem das sessões. Cada estação de computador, em uma sala de aula que participa de uma rede, estará normalmente ligada por fio a um *hub* conectado à rede local do campus.
- Um **comutador ou switch** conecta dois ou mais computadores, *hubs*, sub-redes, ou redes que têm padrões compatíveis para enviar sinais para os meios de transmissão e para o *hardware* e para criar e assegurar a ordem correta das sessões. Eles examinam o endereço de destino de cada pacote entrante e transferem o pacote diretamente para a porta de destino apropriada sem alterar o pacote. O Virginia Community College System usa comutadores em cada um de seus 38 campi para conectar as suas redes locais com uma rede de longa distância que abrange toda a universidade.[19]
- Um **roteador** conecta dois ou mais *hubs*, sub-redes ou redes que têm o mesmo protocolo de rede e passa dados entre as redes quase simultaneamente. Um roteador pode modificar o pacote que envolve os dados que transmite, mas não altera os dados dentro do pacote. O roteador examina o endereço da destinação final de um pacote e determina a melhor rota através da rede para este alcançar seu destino. Ele então altera o pacote de maneira que ele se dirija ao próximo roteador na rota para o endereço final. Uma universidade pode usar um roteador para conectar a rede do seu campus à Internet.
- Um ***gateway*** movimenta dados entre duas redes que usam diferentes padrões de data link e de rede. Ele aceita dados de uma rede, processa-os em um formato para uma outra rede e então os retransmite. Alguns produtos *gateway* executam uma determinada conversão rapidamente; outros combinam *hardware* e *software* dedicado ao *gateway* e operam mais lentamente, com possibilidade de levar várias horas antes de transferir as mensagens entre as redes.

Protocolos de Rede

Um **protocolo de rede** é um padrão relativo a como uma mensagem é empacotada, protegida, enviada, roteada, recebida e reconhecida pelo destinatário dentro de uma rede. Seu propósito é oferecer um ambi-

**Gateway*: Sistema de interligação de duas ou mais redes com diferentes protocolos de comunicação, de modo que seja possível transferir informações entre elas. (N.T.)

ente no qual a entrega de mensagens possa ser garantida. Ele pode incluir qualquer ou todas as camadas de 1 a 5 do modelo OSI. Discutimos protocolos LAN e WAN separadamente, pois eles diferem muito.

Protocolos LAN

Os três protocolos LAN mais comumente usados são Ethernet, Token Ring e Wi-Fi*. O Bluetooth também pode ser considerado um protocolo LAN, embora ele seja mais comumente considerado um protocolo para uma **rede de alcance pessoal** (PAN – *Personal Area Network*).*

Ethernet

Ethernet é um grupo de padrões destinado a meio, conectores e protocolos de comunicação. Todo dispositivo em uma rede Ethernet tem um endereço exclusivo. Para iniciar as comunicações, um dispositivo põe seus dados em um *bus cable* (cabo barramento de conexão – ver Figura 5-5) junto com o endereço do destinatário pretendido; o destinatário pretendido lê os dados. Se dois dispositivos tentam transmitir ao mesmo tempo, ambos percebem que ocorreu uma colisão e ambos vão esperar uma quantidade de tempo aleatória e então reenviar os dados.

O barramento (*bus*) do Ethernet está localizado dentro de um único dispositivo *hub* como ilustrado na Figura 5-6. As conexões com o dispositivo parecem tomar a forma de uma estrela. Os padrões Ethernet limitam a distância máxima entre dois dispositivos Ethernet quaisquer, embora estes limites variem dependendo dos meios e da largura de banda. Os projetistas Ethernet podem superar os limites de distância pela ligação de múltiplos *hubs* para completar uma LAN, como ilustrado na Figura 5-7. Existem padrões Ethernet com vários níveis de preço e desempenho, como mostrado na Tabela 5-5.

O Tokyo DisneySea, um parque temático de 300 acres, usa uma rede Ethernet de um gigabit para conectar sua área de controle central com múltiplos percursos, centros de entretenimento e um hotel de 500 quartos. Além de controlar os percursos, a rede transmite música em forma digital a partir de uma sala de controle central para amplificadores através do parque sem perda de qualidade do som. Usando o tradicional cabeamento analógico, os engenheiros do Disney calculam que teriam de ter usado cabos com duas polegadas de espessura e a qualidade seria menor devido à interferência do sinal.[20]

Com meio de transmissão de fibra ótica, os limites Ethernet podem atingir cerca de seis milhas (aproximadamente 9,6 km), tornando-se o protocolo apropriado para redes de alcance metropolitano (MANs).

*Wi-Fi: Do inglês **W**ireless **Fi**delity. Termo usado para referir-se genericamente a redes sem fio que utilizam normalmente o padrão 802.11.b. Possui alcance máximo de até 100 metros, sem barreiras ou obstáculos na frente e taxas de 11 Mbps. (N.T.)

**PAN - Personal Area Network: Tecnologia experimental da IBM, juntamente com várias outras empresas, que permite a dispositivos de informação comunicarem-se discretamente e sincronizar-se entre um e outro, quando bem próximos, usando o corpo humano como uma antena. (N.T.)

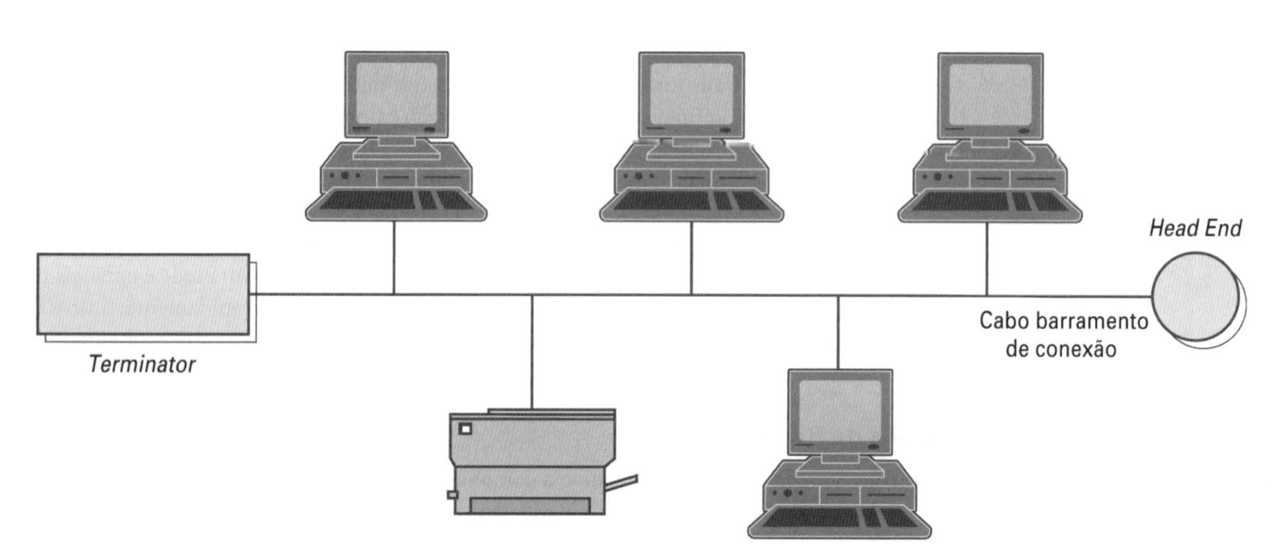

FIGURA 5-5 Os cartões adaptadores de computador, os cartões adaptadores de impressoras e outros dispositivos periféricos colocam e retiram dados em um barramento de Ethernet. Todos os dispositivos têm acesso a todas as mensagens, mas ignoram todas, exceto as que lhes são destinadas.

FIGURA 5-6

Fisicamente, os dispositivos conectam-se a um cabo Ethernet compactado localizado dentro de um *hub* Ethernet.

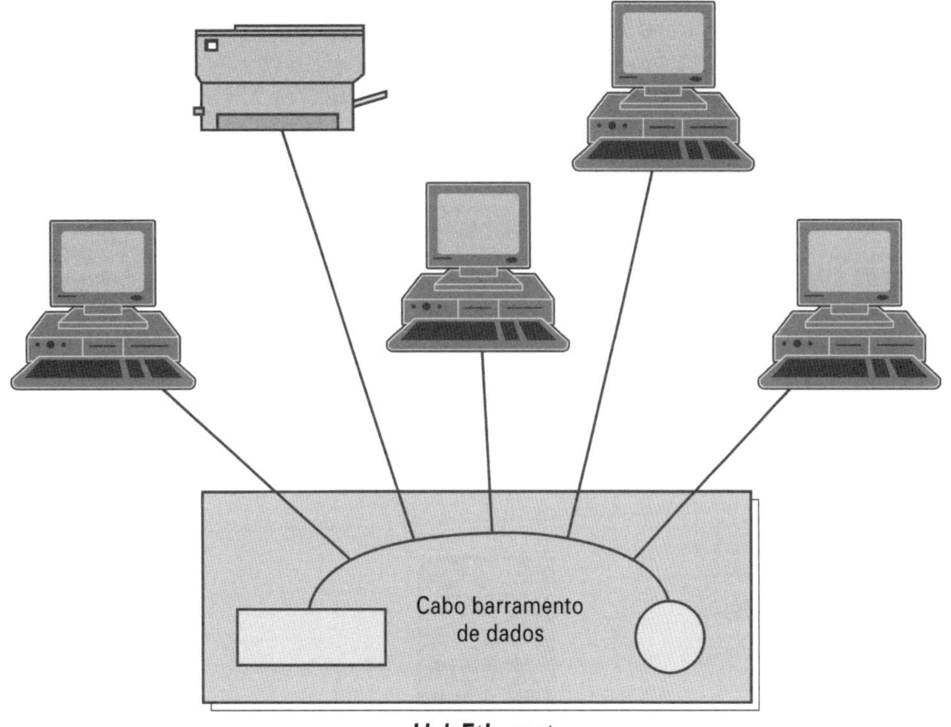

A Cable Bahamas opera uma MAN Ethernet que serve a 50 empresas, 90% dos hotéis do país e clientes residenciais em suas quatro ilhas mais importantes, com larguras de banda que variam de 1 Mbps a 1 Gbps.[21]

Token Ring

O protocolo *token ring* é projetado para evitar conflitos de mensagens, em vez de detectar e reagir a eles. Os dispositivos em uma rede Token Ring são arranjados em um anel unidirecional dentro de um *hub*, como mostrado na Figura 5-8. Ao contrário da Ethernet, somente um computador pode ler diretamente a saída de outro computador. Quando a rede é ligada, o computador de monitoramento do *token* cria uma mensagem chamada *token* vazio. Quando um computador recebe uma mensagem de *token* vazio, ele irá ou reenviar o *token* vazio ou anexar uma mensagem ao *token* e enviá-lo. Cada computador por seu turno recebe a mensagem e a passa à frente até que ela alcance o destinatário pretendido, o qual salva a mensagem e anexa uma confirmação ao *token* para o remetente. Após o recebimento do sinal de confirmação, o remetente envia uma outra mensagem ou cria um novo *token* vazio para passar ao próximo computador.

As colisões não acontecem, mas isto resulta em um desperdício de capacidade. As quedas de sistema também apresentam desafios para a operação deste tipo de rede. Os padrões de Token Ring variam de 4 a 16 megabits/segundo em cabeamento telefônico normal ou de alto desempenho. O popular padrão FDDI permite taxas de transmissão de dados de até 100 Mbps em uma rede *token ring* com fibra ótica.

Wi-Fi

O protocolo **Wi-Fi** é um padrão para LANs sem fio que opera como uma Ethernet. Cada dispositivo na rede tem um endereço e se comunica diretamente com um *hub*, neste caso um *hub* que escuta e recebe sinais de rádio dos adaptadores sem fio na rede. Os padrões Wi-Fi iniciais preconizavam velocidades de 11 Mbps e limitavam o alcance das redes a um raio de 300 pés (aproximadamente 90 m). Padrões subseqüentes aumentaram estes dois limites.

A cidade de Glendale, no estado da Califórnia, está instalando uma LAN Wi-Fi para prover serviço digital à sua polícia, aos bombeiros e aos departamentos de obras públicas. A cidade achou que a solução Wi-Fi seria mais barata que seu serviço de telefonia celular e também forneceria largura de banda adicional necessária para aplicações tais como transmissão de fotos de rostos de pessoas para os carros da polícia em campo.[22]

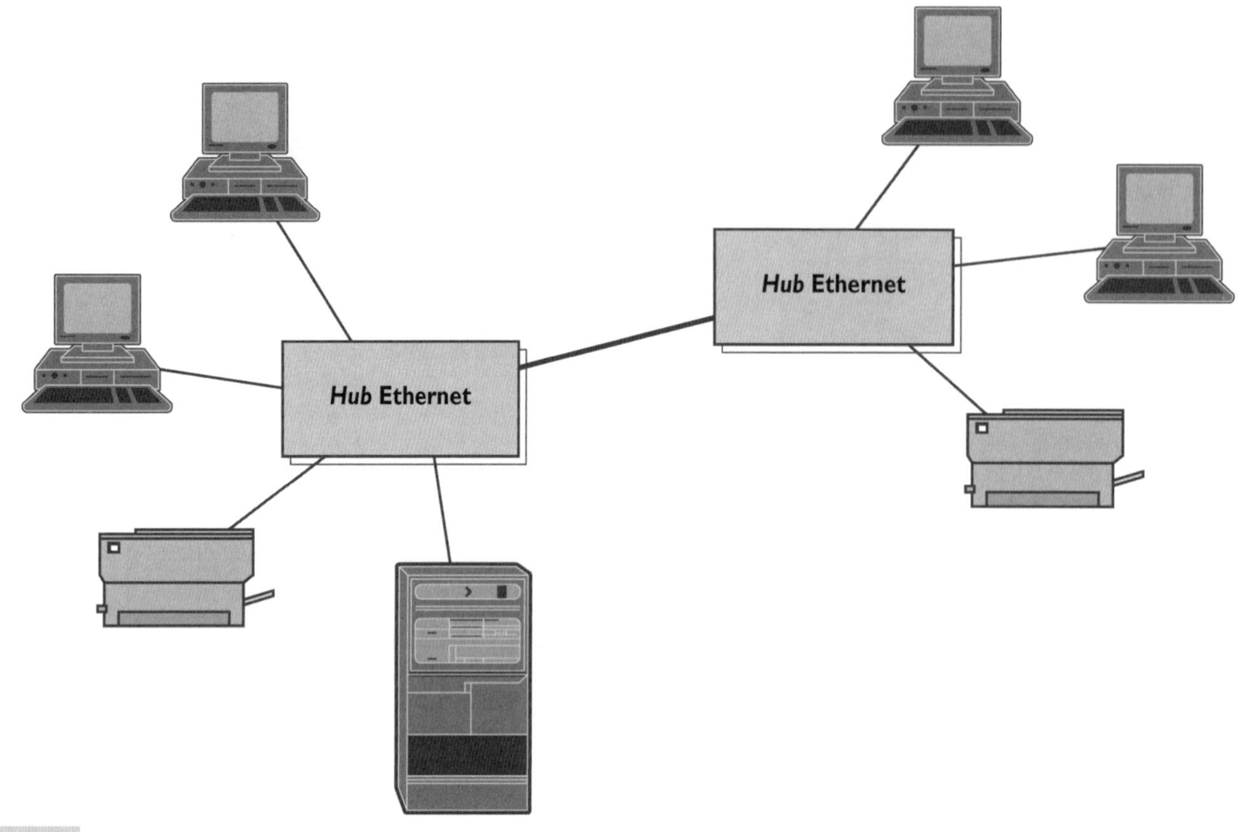

FIGURA 5-7 Os *hubs* Ethernet podem ser conectados à rede para disponibilizar conexões Ethernet entre dispositivos que estão muito distanciados para estarem conectados por um único *hub* Ethernet.

Os *hubs* da Wi-Fi podem ser conectados em *hubs* cabeados ou outros dispositivos cabeados, disponibilizando conexão com a Internet ou com o sistema telefônico. O McDonalds, a cadeia de restaurantes de *fast-food*, planeja equipar seus 4.000 restaurantes japoneses com *hubs* Wi-Fi de maneira que seus fregueses naveguem na Internet enquanto comem por um preço mensal em torno de 13 dólares.[23] Muitos provedores da Internet ofereceram pontos de acesso *"hot spot"* (pontos de conveniência) onde seus clientes podem interligar-se com seus *hubs* para usar o serviço da Internet. A Boingo fez parceria com muitas destas empresas, criando para seus clientes uma rede virtual enorme de *hot spots* com acesso à Internet.[24]

Bluetooth

O *Bluetooth* é um protocolo sem fio (rádio) de baixo custo com um alcance de cerca de 10 metros e com uma largura de banda por volta de 1 Mbps. Por causa de seu curto alcance, é usado principalmente para conectar dispositivos de diferentes tipos, como um computador a uma impressora ou teclado. Até sete dispositivos podem ser conectados simultaneamente em uma pequena LAN ou PAN chamada *piconet*. As *piconets* podem sobrepor-se, propiciando a capacidade de um sistema de rede mais complexo. Os dispositivos da *piconet* podem incluir um *hub*, tal como um *hub* Ethernet, propiciando conexão com uma LAN a cabo, com a Internet ou com o sistema telefônico. A DaimlerChrysler usa redes Bluetooth para conectar seu sistema de chamadas ativado por voz, sem as mãos, chamado U-Connect, a qualquer telefone celular habilitado para o Bluetooth. O telefone celular pode ser colocado em qualquer lugar de um carro, até na bolsa de sua motorista.[25]

TABELA 5-5 Os padrões Ethernet variam em preço e desempenho.

Padrão	Velocidade	Requisitos
10BaseT (Ethernet)	10 megabits/segundo	Par trançado padrão
Ethernet rápida	100 megabits/segundo	Par trançado de alta qualidade ou cabo de fibra ótica
Gigabit Ethernet	1 gigabit/segundo	Par trançado de alta qualidade (máx. 100 metros) ou cabo de fibra ótica
10G Ethernet	10 gigabits/segundo	Cabo de fibra ótica

FIGURA 5-8

Os circuitos em um *hub token ring* conectam cada dispositivo ao próximo dispositivo. As mensagens são conduzidas adiante em torno do anel até que sejam recebidas pelo seu devido destinatário.

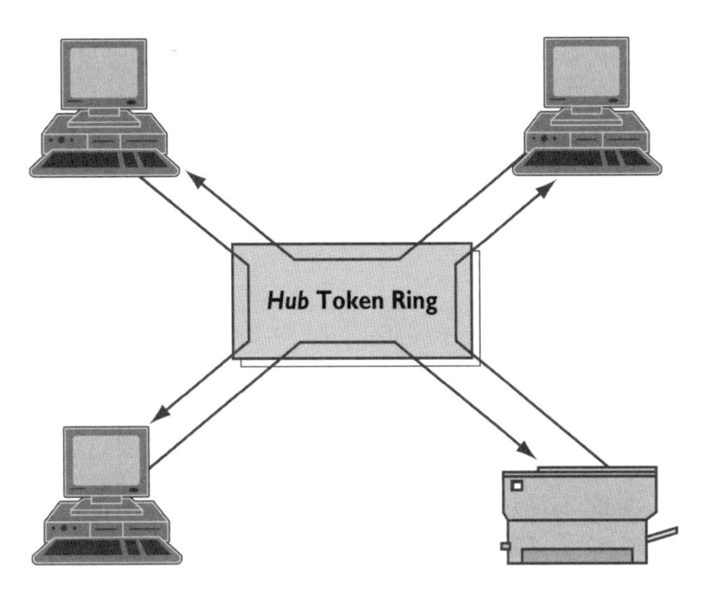

Interconectando-se com Backbones* LAN

O que você faria se sua empresa tivesse múltiplas LANs independentes que você quisesse integrar em uma rede? Você pode criar uma rede de redes. Você pode implementar esta solução de maneira relativamente fácil usando roteadores e comutadores se as redes forem do mesmo tipo. Você pode conectá-las usando gateways caso elas sejam de tipos diferentes. Em qualquer dos casos, a rede que conecta todas as outras é chamada de ***backbone*** (espinha dorsal). A Figura 5-9 ilustra o uso de um backbone para conectar sub-redes e criar uma LAN completa. Historicamente, a *Interface de Dados Distribuídos de Fibra Ótica (FDDI – Fiber Distributed Data Interface)*, uma tecnologia de *token-passing* (passagem de avisos) que usa dois anéis de fibra ótica (*fiber optic rings*) operando em direções opostas a 100 megabits/segundo, foi uma das

* *Backbone*: canal principal, ou espinha dorsal, de uma rede. (N.T.)

FIGURA 5-9

Uma rede *backbone* conecta sub-redes e dispositivos com altos níveis de tráfego de mensagens.

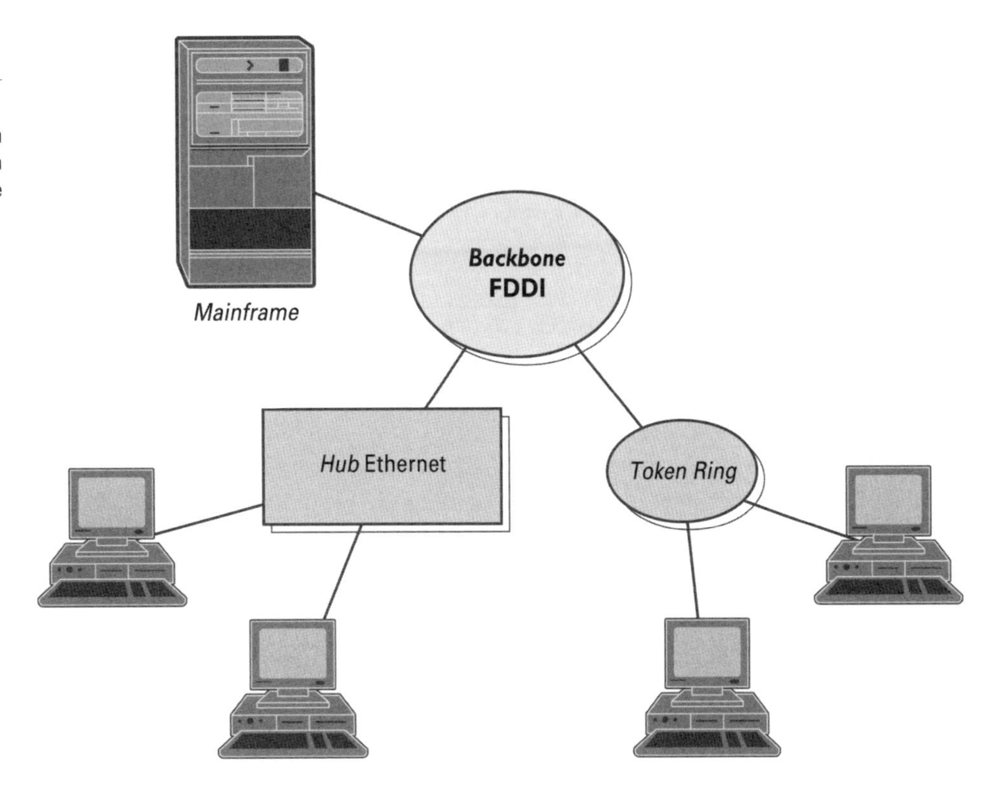

tecnologias mais populares para backbones de LAN. Hoje, a maioria das empresas prefere uma Ethernet de gigabits ou outra tecnologia chamada ATM.

Os projetistas de redes sempre planejam o backbone da rede com a maior capacidade possível. Esta abordagem de planejamento flexível permite-lhes expandir a LAN pela adição de mais segmentos de LAN ao backbone. A maior parte do tráfego vai fluir nos segmentos da LAN, as LANs originais, e quaisquer segmentos novos. Entretanto, conforme a rede cresce, o backbone vai receber quantidades crescentes de tráfego.

Serviços WAN

A maior parte das organizações implementa redes de longa distância usando serviços adquiridos de empresas de TV a cabo ou operadoras telefônicas. A Tabela 5-6 compara os múltiplos serviços de dados disponíveis.

Linhas Dedicadas

Uma **linha dedicada** cria uma conexão direta entre dois números telefônicos, em vez de usar um comutador para fornecer uma conexão temporária a um ou mais circuitos. Quando você assina um contrato para arrendar uma linha, a empresa telefônica fixa a conexão que você pediu. Você paga pela capacidade de enviar mensagens nesta linha dedicada arrendada, usando-a ou não; ninguém mais pode usá-la.

Os preços das linhas dedicadas arrendadas dependem da quilometragem entre os pontos conectados e da capacidade de linha. Uma linha dedicada arrendada custa menos do que pagar pela mesma capacidade em uma base de pagamento conforme o uso. Ela estabelece uma melhor qualidade de conexão entre dois pontos. Em muitas partes do mundo, as empresas telefônicas arrendam circuitos SONET — Synchronous Optical Network (Rede Ótica Síncrona) que usam cabos óticos, em vez de fio telefônico.

Serviços de Dados de Circuitos Comutados

Uma chamada telefônica normal usa um **serviço de circuito comutado** — uma conexão feita entre dois pontos pelo tempo de duração de uma sessão. As cobranças do telefone podem ser fixas ou baseadas no uso.

- A *ISDN (Integrated Services Digital Network)*, ou Rede Digital de Serviços Integrados, descreve um conjunto de padrões para integração de voz, dados de computadores e transmissão de vídeo na mesma linha telefônica. Introduzido primeiramente ao final dos anos 1970, sua aceitação varia muito de acordo com a região. Por exemplo, em 2001, 31% dos alemães *online* tinham uma conexão ISDN em casa.[26] Nos Estados Unidos e Canadá, menos de 1% tinham ISDN em casa e cerca de 7% somente tinham o serviço ISDN no trabalho.[27] Os padrões Europeus do ISDN diferem dos padrões dos Estados Unidos e não há padrões de abrangência mundial.
- A *Linha de Assinante Digital (DSL – Digital Subscriber Line)** fornece velocidades de megabits/segundo em linhas telefônicas normais, feitas de cobre. O ADSL (*Asymmetric Digital Subscriber Line –*

*No Brasil, atualmente o serviço é oferecido pela Telemar, com o nome Velox e pela Telefônica com o nome Spedy. (N.T.)

TABELA 5-6

As organizações podem escolher entre cinco tipos de redes de longa distância (WAN).

Tipo	Exemplos	Comentários
Linha dedicada arrendada	T-1, Fractional T-1 (p. ex. ¼ e ½ T-1), T-4, SONET OC-48	O circuito AT-1 funciona a 1544 Mbps e fornece mais de 24 vezes a capacidade de um telefone normal (com linha de voz) por menos de 24 vezes o custo. As linhas Fractional T-1 são ligeiramente mais caras. As linhas T-4 têm uma capacidade muito maior (igual a 168 linhas T-1) e custam um pouco mais também. Uma linha OC-48 propicia 2,488 Gbps, o equivalente a mais de 38.000 linhas de voz.
Circuito comutado	ISDN BRI, ISDN PRI, SMDS, ADSL	A velocidade varia de 128 Kbps até 1,544 Mbps para as linhas ISDN. As linhas ADSL operam muito mais rápido: 8,192 Mbps da central ao assinante e 1,088 Mbps do assinante à companhia telefônica.
Comutação de pacotes	X.25, *frame relay*, ATM	*Frame relay* a 8 Kbps e ATM estão substituindo o serviço *X.25*.
Celular	CDPD	Este serviço opera à velocidade de 19,2 Kbps.
Televisão a cabo		Este serviço tem taxas de entrega entre 27 e 38 Mbps e taxas de retorno entre 0,32 e 10 Mbps.

Assinante Digital Assimétrica) transporta os dados mais rapidamente da empresa para o assinante e retorna dados do assinante a um ritmo mais lento. Nem todos os circuitos telefônicos podem lidar com o DSL e as empresas telefônicas implementaram o serviço lentamente. Mesmo assim, estima-se que, em 2006, 38% das residências dos Estados Unidos vão usar o DSL para o acesso à Internet.[28]

Serviços de Comutação de Pacotes

Como os serviços de circuitos comutados, os **serviços de comutação de pacotes** fornecem uma conexão direta entre quaisquer pontos na rede de telefonia, mas os serviços de comutação de pacotes não provêm, necessariamente, um circuito fixo para a sessão inteira. Os serviços de comutação de pacotes quebram uma mensagem em pacotes, direcionam estes pacotes conforme o critério da empresa telefônica e os reagrupam no destino, como ilustrado na Figura 5-10. A operadora de telecomunicação pode misturar partes de mensagens de diferentes origens e destinos na mesma linha de longa distância. Os custos são baseados na quantidade de dados transmitidos, não na duração de uma sessão.

As tecnologias de comutação de pacotes mais populares são a *frame relay* (transmissão por quadros) e a ATM. Um padrão com 25 anos de uso chamado "X.25" também tem muitas instalações pelo mundo todo, mas caiu em desuso, devido à disponibilidade de tecnologias mais novas.

No protocolo *frame relay*, um computador abre uma sessão através da solicitação de um circuito de capacidade especificada para um computador destino. Se ele aceita a solicitação, a rede cria um circuito virtual da capacidade requerida usando uma série de circuitos e comutadores. O *frame relay* divide cada mensagem em pacotes de extensão variável de até 8 kilobytes e os envia seqüencialmente através do circuito virtual. Se o computador exceder o fator de transmissão solicitado, os pacotes em excesso são transmitidos se houver capacidade disponível, mas a transmissão não é garantida.

A Georgia Transmission Corporation (GTC) roda um sistema *frame relay* nas linhas dedicadas arrendadas para monitorar e controlar sua rede de transmissão elétrica. O sistema *frame relay* coleta dados operacionais, de manutenção e de medição de receita das 700 subestações de força da empresa. Os dados da subestação são transportados através da *frame relay* até o centro de operações da GTC, seu centro de monitoramento, e até as sedes de cada uma das 39 empresas membro da GTC. Este sistema fornece maior capacidade a um custo menor e maior confiabilidade do que a rede de linhas dedicadas arrendadas que a empresa usava anteriormente.[29]

O *ATM (Asynchronous Transfer Mode* – Modo de Transferência Assíncrona) assemelha-se ao *frame relay* mas tem um tamanho de pacote fixo, de 53 bytes e a capacidade corresponde à demanda. Um tamanho de pacote fixo resulta em equipamento mais rápido e menos caro. O pequeno tamanho do pacote também assegura que nenhum pacote tem que esperar muito tempo, permitindo à operadora oferecer melhores garantias sobre o tempo de espera entre a transmissão e a recepção. As empresas também podem usar o ATM para o *backbone* de suas LANs e, assim, eliminar a necessidade de um *gateway* entre as suas LANs e WANs. A Ken State University usa uma rede de longa distância ATM para suportar as necessidades de dados de voz, vídeo e dados de mais de 30.000 estudantes em seus oito campi. Através da colocação de equipamento ATM nas 3.800 escolas do jardim-de-infância ao primeiro grau,

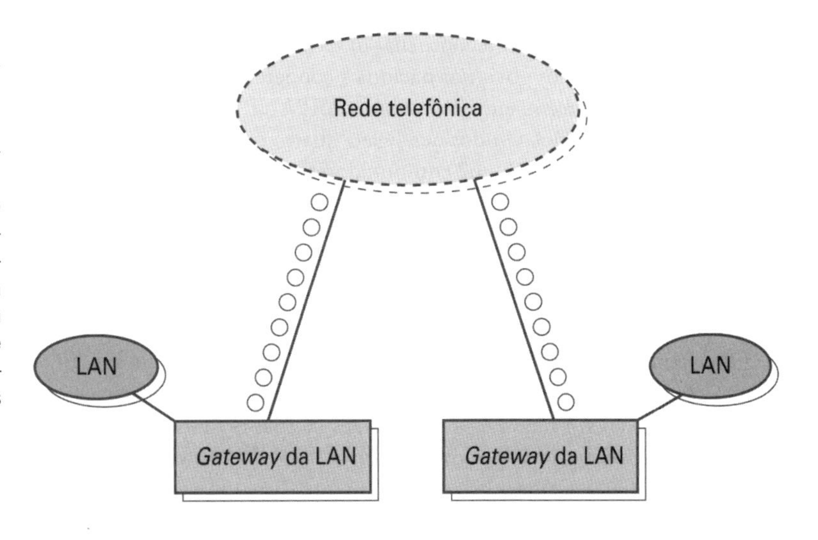

FIGURA 5-10

Em uma rede de comutação de pacotes, pacotes de diferentes fontes dentro da LAN são enviados, através do *gateway*, para uma rede comutada pública. Estes pacotes serão misturados com pacotes de outras fontes, em sua rota para o destino, onde eles serão reunidos novamente com outros pacotes da mesma mensagem.

distribuídas por todo o estado, a universidade planeja ligar sua rede a uma rede ATM que o Estado de Ohio está criando.[30]

Os Serviços de Telefonia Celular

Os serviços celulares propiciam transmissão de dados através da rede de telefones celulares com aproximadamente a mesma velocidade que as linhas da telefonia fixa. O *CDPD (Cellular Digital Packet Data* – Dados em Pacote Digital Celular) usa a capacidade ociosa de uma operadora de celular para transmitir pacotes de dados. Como o CDPD é baseado em pacotes, em vez de circuitos, os usuários não precisam discar para enviar e receber mensagens; eles estão sempre conectados. As operadoras de celulares cobram pelo CDPD com base na quantidade de dados transmitidos ou por uma pequena taxa mensal.

Andy Rodenhiser, proprietário da Rodenhiser Plumbing and Heating, sediada em Holliston, estado de Massachusetts, usa uma WAN CDPD para despachar e administrar seus 27 técnicos em hidráulica. O computador do escritório de Rodenhiser está conectado através da WAN CDPD aos computadores portáteis de seus técnicos, não importa onde eles estejam trabalhando. Os computadores portáteis ligam-se a um GPS no carro dos técnicos, de maneira que o escritório sabe a localização de todos os carros a qualquer hora. A WAN celular permitiu à Rodenhiser melhorar sobremaneira seu serviço de atendimento ao cliente.[31]

A General Packet Radio Service (GPRS) é um serviço de comutação de pacotes emergente que opera a até 171,2 kilobits por segundo. Como no CDPD, o serviço GPRS está sempre ligado, tornando-o atrativo como protocolo para operar uma WAN na Internet. Inicialmente, entretanto, o GPRS tem sido usado principalmente para fornecer serviços da Internet para clientes móveis. Por exemplo, em 2002, 28 milhões de pessoas navegaram na Internet a partir de seus telefones celulares usando um serviço GPRS chamado *i-mode* fornecido pela operadora celular japonesa ITT DoCoMo.[32]

CONCEITOS SOBRE A INTERNET

Quem Administra a Internet?

Empresas, pessoas e governos possuem pedaços da Internet, mas a Internet como um todo não tem proprietários ou operadores. Quem, então, controla o acesso a ela? Quem soluciona as diferenças quando os conflitos surgem? Quem assegura que as partes se interconectem? Quem determina padrões para *hardware* e *software*? Como a Internet consegue manter controle sobre sua composição? Como ela sabe quais usuários estão nestas redes? Como uma pessoa ou empresa pode tornar-se parte da Internet?

As respostas a estas questões são complexas porque a Internet não tem uma gestão formal. Em vez disso, voluntários técnicos individuais e representantes de governos nacionais e da indústria tentam controlar a Internet através de negociações e da criação de acordos não obrigatórios. No passado, este processo funcionou bem. Conforme a Internet tornou-se maior e mais comercial, o impacto financeiro das decisões aumentou e interessados na Internet tornaram-se mais diversificados. Assim, tornou-se mais difícil alcançar consenso em questões críticas. Em 1998, uma extensa coalizão das comunidades de negócios, técnicas, acadêmicas e de usuários criou uma corporação privada não lucrativa chamada Corporação da Internet para Nomes e Números Designados (ICANN — Internet Corporation for Assigned Names and Numbers) para propiciar a coordenação técnica da Internet. Entretanto, a ICANN tem poder somente na medida em que os governos nacionais cooperem.

A Internet começou em 1969 como a ARPANET, uma rede de pesquisa fundada pelo Departamento de Defesa dos Estados Unidos que ligava quatro computadores em Massachusetts, Utah e na Califórnia. A ARPANET cresceu para 62 computadores em 1974 e mais de 100 computadores de pesquisa e de universidades em 1976.

A rede militar, MILNET, separou-se da ARPANET em 1984, apesar de o Departamento de Defesa ter continuado a subvencionar a ARPANET. A Fundação Nacional de Ciência (NSF – National Science Foundation), do governo americano, começou a pagar por redes similares à ARPANET e conectadas a esta e dirigidas à colaboração entre faculdades e universidades. Mais ou menos ao mesmo tempo, o governo britânico criou a JANET, uma rede baseada em tecnologia similar.

A NSF atualizou o *backbone* de suas redes em 1991. A esta altura, mais de meio milhão de computadores conectados à rede e as mensalidades de suas organizações-membro pagavam seus custos operacionais. Já em 1994, os navegadores da *Word Wide Web* (www) estavam por toda parte, quase 4 milhões de computadores conectavam-se e o crescimento disparou a uma taxa de 15% ao mês (ver Figura 5-11). Um

FIGURA 5-11 Os domínios e *hosts* da Internet cresceram exponencialmente entre 1993 e 2002.

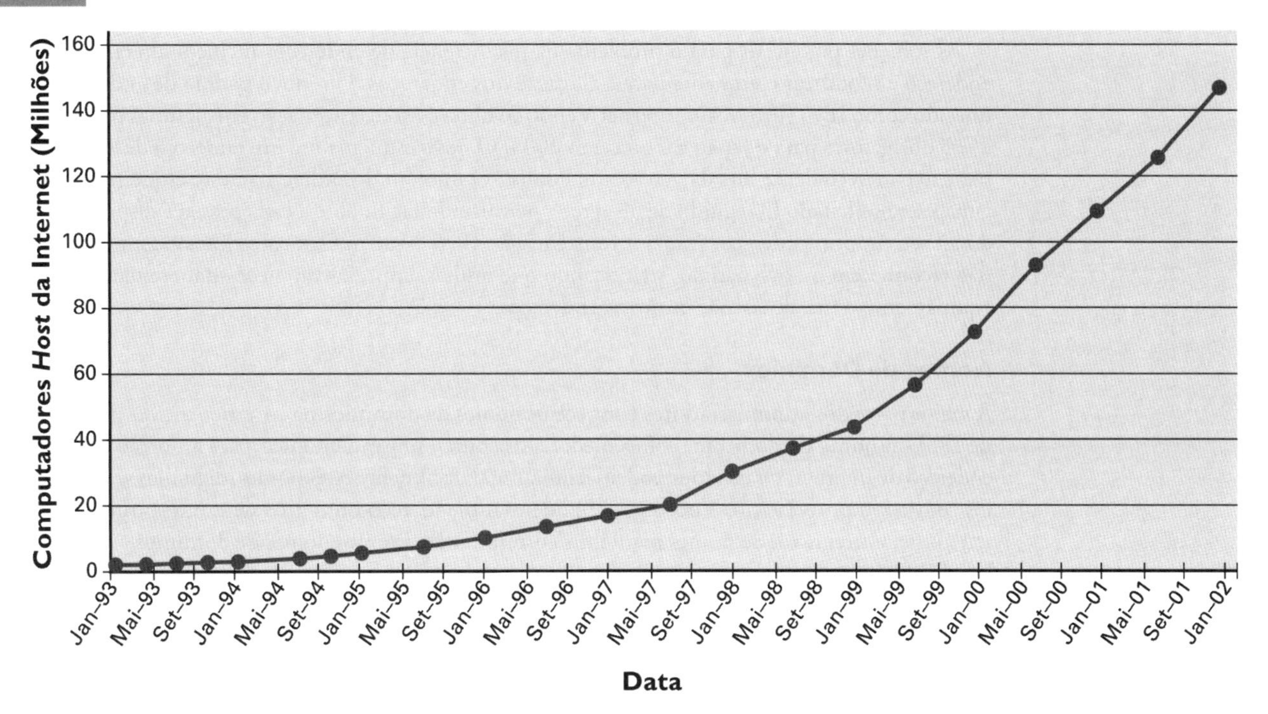

FONTE: http://www.isc.org/ds/host-count-history.html. Usado com permissão.

backbone ATM operando a 145 megabits/segundo foi instalado. Em 1995, o NSF retirou seu financiamento para o *backbone* da Internet, negociando-o para um consórcio de quatro empresas autorizadas a vender o acesso a outros grupos, organizações e empresas nos Estados Unidos.

No início de 1995, o governo americano concedeu um contrato ao MCI WorldCom para iniciar o desenvolvimento de um *Serviço de Rede com Backbone de velocidade muito alta (vBNS)*. O atual *backbone* vBNS da WorldCom consiste em duas redes paralelas operando a 622 Mbits/segundo e 2,5 Gbits/segundo, respectivamente. Em 1999, a National Science Foudation (Fundação Nacional de Ciência) financiou o desenvolvimento de um terceiro *backbone* operando a 2,5 Gbits/segundo e servindo somente às universidades de pesquisa.

Ao final de 2001, 498 milhões de pessoas no mundo todo possuíam conexões Internet em suas casas, 27% delas localizadas nos Estados Unidos.[33] O *Computer Industry Almanac* prevê que o número de usuários da Internet vai ultrapassar 1 bilhão no ano de 2005.[34] Ao final de 2001, cerca de três quartos dos pequenos negócios nos Estados Unidos estavam conectados à Internet com quase metade deles apresentando *sites* da *Web*.[35]

O Endereçamento da Rede Internet

Todo dispositivo conectado à Internet tem um endereço exclusivo chamado de **número IP** (*Internet Protocol*). Este endereço consiste em duas partes — um número de rede e um número de dispositivo. O *backbone* da Internet encaminha uma mensagem entre os números de redes. Ele então passa a mensagem para uma sub-rede que a encaminha para um dispositivo específico. A sub-rede é, freqüentemente, um Provedor de Serviços da Internet (ver adiante na seção sobre Acesso a Redes), o qual decompõe mais detalhadamente o endereço do dispositivo em um endereço de cliente e o número de dispositivo na rede do cliente. O provedor de serviço encaminha a mensagem ao cliente e o cliente então encaminha a mensagem a um dispositivo.

As organizações registram seus nomes em um de três registros — RIPENIC na Europa, APNIC na Ásia e no Pacífico e ARIN nos Estados Unidos (InterNIC antes de março de 1998) — que mantêm tabelas centrais de direcionamento para a porção da rede dos endereços da Internet. O atual esquema de numeração teoricamente permite mais de 4 bilhões de endereços. Entretanto, os esquemas atuais de alocação e a indisponibilidade de endereços alocados em um esquema de endereçamento anterior eliminam muitos endereços. Estranhamente, a Internet está ficando sem endereços para atribuir. A maioria das estimativas é de que novos endereços na Internet tornar-se-ão indisponíveis em algumas partes da Europa e Ásia em 2005, a menos que algo seja feito para corrigir deficiências no esquema existente.[36]

As soluções potenciais para o problema da insuficiência de endereços incluem alterar o tamanho do endereço e modificar o esquema para a alocação dos endereços. Um novo padrão de endereçamento conhecido como IPv6 (Protocolo Internet Versão 6) obteve extensa aceitação em algumas partes do mundo e será obrigatório para o Japão e Coréia em 2005. O novo esquema usa um endereço de 128 bits comparado ao endereço de 32 bits da versão atual do IP. O número de endereços neste esquema é mais do que jamais será solicitado (3 seguido de 38 zeros), permitindo facilmente a cada pessoa e dispositivo do mundo ter seu próprio endereço. A maior resistência ao IPv6 é que muitos roteadores e comutadores antigos não reconhecem o novo padrão, significando que muitas empresas vão necessitar efetuar *upgrade* no seu equipamento a fim de acessar os novos endereços.

Nomes de Domínios

A maior parte dos administradores conhece os nomes de domínios na Internet em vez de seus números de IP. Um **nome de domínio**, como mcdonalds.com, é um mnemônico para a porção número de um endereço da Internet. Os usuários podem lembrar mais facilmente estes nomes, digitá-los sem erro e associá-los com o seu proprietário. Você sempre pode usar o endereço numérico de um dispositivo no lugar de seu nome. Os registros de nomes mantêm a correspondência entre nomes de domínios e seu endereço de IP e fornecem um serviço de pesquisa para os usuários da Internet nos **Servidores de Nome de Domínio (DNSs —** ***Domain Name Servers*)**. Quando você especifica um nome de domínio, como mcdonalds.com, seu servidor de Internet ou provedor de serviço procura o número correspondente na sua cópia do banco de dados de nome de domínios. Se ele não consegue achar o nome, ele solicita uma verificação de número de um servidor de nome de domínio próximo dele. Ele então usa o endereço numérico para comunicar-se com o local desejado.

Os nomes de domínios vêm em dois tipos — domínios de país e domínios genéricos. Cada país controla e atribui os nomes de domínios de seu próprio país. Um registro internacional atribui nomes de domínios genéricos em uma base "vem primeiro/recebe primeiro". Os nomes de domínios de país têm um sufixo de dois caracteres. Por exemplo, todos os nomes registrados no Reino Unido (United Kingdom) terminam com .uk e todos aqueles registrados no Brasil terminam em .br. Cada país pode estabelecer subdomínios. Por exemplo, no Reino Unido, .co.uk representa um subdomínio de empresa. Na maioria dos casos, uma empresa precisa ter operações em um país para poder registrar um nome de domínio no país. Os Estados Unidos, além do seu raramente usado registro de país, reserva .mil para os militares, .gov para o governo e .edu para instituições educacionais.

Até recentemente, existiam apenas três domínios genéricos — .com para organizações comerciais, .org para organizações não-governamentais e .net para provedores de rede. Uma única empresa, a Network Solutions, Inc. (NSI), mantinha o registro de todos os nomes genéricos. Alguns objetavam pelo modo como a NSI conduzia o registro, os lucros que a NSI obtinha, sendo um monopólio, e os limites que a NSI estabelecia para a formação de nomes genéricos. Por exemplo, se alguém solicitasse o nome de domínio mcdonalds.com antes que a empresa de alimentação McDonalds o fizesse, o McDonalds teria de chegar a um acordo com o proprietário do nome ou processá-lo por violação de marca registrada de maneira a poder obter o nome para seu uso próprio. Se outros sufixos estivessem disponíveis, o McDonalds poderia tê-los usado, em vez de .com.

Em novembro de 2000, o ICANN estabeleceu sete novos domínios genéricos, incluindo .biz para negócios, .name para pessoas e .pro para organizações profissionais. Diferentes registros foram selecionados para administrar estes domínios, retirando o monopólio da NSI sobre os nomes de domínios e atribuição de número de IP.

O Acesso às Redes

A Internet não tem restrições de acesso. Qualquer pessoa ou empresa que tenha um número de IP, software apropriado, uma linha telefônica dedicada arrendada e preencha alguns critérios adicionais, pode requerer registro, obtendo, assim, o acesso à Internet. Mais comumente, as pessoas e empresas conectam-se à Internet através de um **Provedor de Serviços da Internet (ISP –** ***Internet Service Provider*)**, uma empresa como a America Online (AOL), a MSN ou o Road Runner (ISP a cabo, empresa da AOL), que já tem uma conexão com a Internet, um grande lote de números IP para nova atribuição e uma conexão de alta capacidade ao *backbone* da Internet. A maioria dos ISPs vende serviços adicionais, tais como *software*, serviços de resolução de problemas e serviços de segurança.

Os ISPs fornecem serviço de discagem *dial-up* ao público através de um *Point of Presence (POP – Ponto de Presença)*. Um POP é simplesmente um local onde o ISP tem um banco de modems que se conectam com a conexão Internet dos ISPs. Quando o usuário conecta-se a um ISP através de um POP, o ISP dá ao usuário um número IP para uso temporário, de maneira que o computador do usuário torne-se um dispositivo na Internet.

A GESTÃO DE REDES

Quando o tráfego de rede na Deaconess Health System em St. Louis, estado de Missouri, disparou de 10% da capacidade para quase 70% da capacidade em uma semana, o Diretor Geral de Informações Bob Bowman usou um *hardware* e *software* de Gestão de Rede para identificar o problema. Ele descobriu que um novo aplicativo para rastrear *pagers* usados por membros da equipe havia causado o problema.[37]

Dispositivos e *Softwares* para a Gestão de Rede

A maioria do dispositivos de rede, tais como *hubs*, roteadores, comutadores, impressoras e até servidores coletam informações sobre os dados que eles processam e sobre sua própria performance. Estes dispositivos podem enviar dados para uma estação de monitoramento quando "interrogados"* (*polled*) ou quando surgem certas condições. O *software* de gestão de rede "interroga" dispositivos, registra reações e ajuda os administradores de rede a identificar problemas e predizer necessidades de aumento de capacidade.

Dispositivos de Rede

A maioria dos dispositivos que operam em uma rede obedece a um padrão conhecido como **SNMP** (***Simple Network Management Protocol*** – Protocolo de Gestão de Rede Simples). O SNMP define como os dispositivos de rede mantêm e comunicam informações sobre sua própria atividade e performance. Uma Estação de Gestão da Rede usa o protocolo SNMP para consultar os dispositivos de rede, obter respostas e determinar parâmetros SNMP para cada dispositivo na rede. Estes parâmetros determinam como os dispositivos operam e sob que condições, tais como sobrecarga, eles devem emitir mensagens não solicitadas para a Estação de Gestão da Rede. O *software* de gestão de rede, discutido adiante, "interroga" os dispositivos SNMP para criar um retrato da rede e gráficos do tráfego na rede.

Um **analisador de rede** conecta-se a uma rede e analisa o tráfego que passa por ela ou através dela. Ele exibe estas informações em tempo real ou produz relatórios para revisão posterior. Normalmente os administradores de rede usam analisadores de rede quando já identificaram a localização de um problema, mas não sabem sua causa. Os analisadores de rede movem-se entre locais para resolver diferentes problemas de desempenho de rede, em vez de executar monitoramento de longo prazo.

O *Software* de Gestão de Rede

Muitos sistemas operacionais, tais como o Windows 2000/Server e o Linux, fornecem múltiplos serviços chave de rede, tais como os seguintes:

- Os serviços de *gestão de dispositivos* reconhecem os dispositivos, incluindo computadores e impressoras, que estão conectados à rede. Cada um tem um endereço ou etiqueta pela qual o *software* cliente pode acessá-lo e a gestão de redes pode controlá-lo.
- Os *serviços de segurança* propiciam entrada na rede e estabelecem um relacionamento entre um usuário e uma estação cliente. O administrador da rede determina quem tem acesso a determinados serviços, dispositivos e dados na rede. A Figura 5-12 mostra uma tela que um administrador pode usar a partir do Windows 2000/Server da Microsoft para fornecer estas funções.
- Os *serviços de arquivo* fornecem acesso aos arquivos compartilhados. Os administradores do MDMC, por exemplo, querem que os trabalhadores da farmácia estejam aptos a acessar os arquivos de clientes criados pelos médicos e enfermeiras.

**Polling*: Procedimento em que o computador principal examina cada dispositivo de telecomunicações para verificar se existe mensagem, um dispositivo por vez, a cada unidade de tempo determinada pelo administrador da rede. (N.T.)

- Os *serviços de impressão* fornecem acesso central a uma impressora comum. Os médicos e enfermeiras no MDMC devem estar aptos a imprimir em uma impressora localizada na sala de enfermagem de cada andar.
- Os *serviços de fax* permitem que os usuários da rede enviem ou recebam um fax eletronicamente, sem ter que criar um *hardcopy*.
- Os *serviços de listas* fornecem uma lista telefônica de toda a empresa que identifica e conecta os usuários da rede entre si e com *softwares*, tais como correio eletrônico e *groupware*.

O *software* de gestão de rede provê serviços adicionais, normalmente relacionados com o monitoramento e roteamento do tráfego. O Open View da HP, por exemplo (ver Figura 5-13), monitora e relata sobre protocolos de rede e dispositivos; mede o desempenho e disponibilidade de rotas de rede específicas; permite a detecção de problemas com estatísticas, alarmes e mapas em uma única tela; executa a análise da causa básica de problemas de rede e prevê futuros congestionamentos.

Papéis Organizacionais e Responsabilidades

As redes que servem a mais de 100 usuários normalmente requerem um profissional em tempo integral para administrar os serviços da rede. Os serviços de rede incluem:

- Planejar, executar *upgrades* e manter a rede física.
- Monitorar o tráfego de rede e o retardo de mensagens.
- Ajustar o leiaute de rede física ou lógica e número de servidores para responder aos retardos da transmissão.
- Adquirir serviços para a comunicação de longa distância.
- Adicionar novas estações de trabalho, impressoras e quaisquer outros dispositivos à rede.
- Adicionar e eliminar usuários, senhas de usuário e modificar autorizações de usuário.
- Instalar *software* compartilhado; controlar o número de usuários simultâneos do *software* compartilhado, se limitado por licença.
- Prover *backup* apropriado dos dados e arquivos compartilhados.

Além de um administrador de rede, muitas organizações contratam especialistas para funções específicas na gestão de rede. Um analista de rede, por exemplo, normalmente resolve problemas de comutadores e roteadores e trata das interrupções e quaisquer outros problemas no momento em que ocorrem. Um engenheiro de rede projeta e configura redes, prevê capacidade de rede e desenvolve planejamento de redes. Um administrador de LAN pode ser o responsável pelo desempenho de uma única rede local. Um administrador de segurança de rede analisa invasões de rede conhecidas ou esperadas para prevenção, avaliação de danos e reparos. Um *Webmaster* ou diretor de site da Internet pode ter, também, responsabilidades de rede para assegurar a capacidade de rápido serviço das páginas da *Web* e proteção contra invasão.

FIGURA 5-12

O sistema operacional de rede do Windows 2000/Server, da Microsoft, permite aos administradores de rede adicionar ou eliminar usuários e especificar suas permissões para acessar arquivos, dispositivos e serviços.

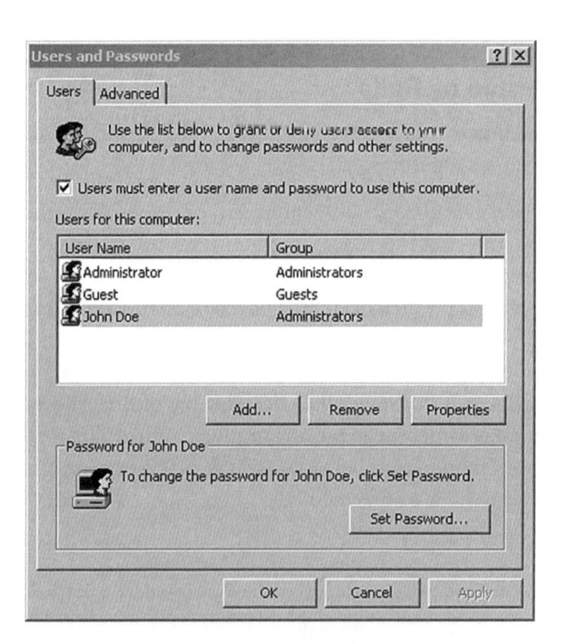

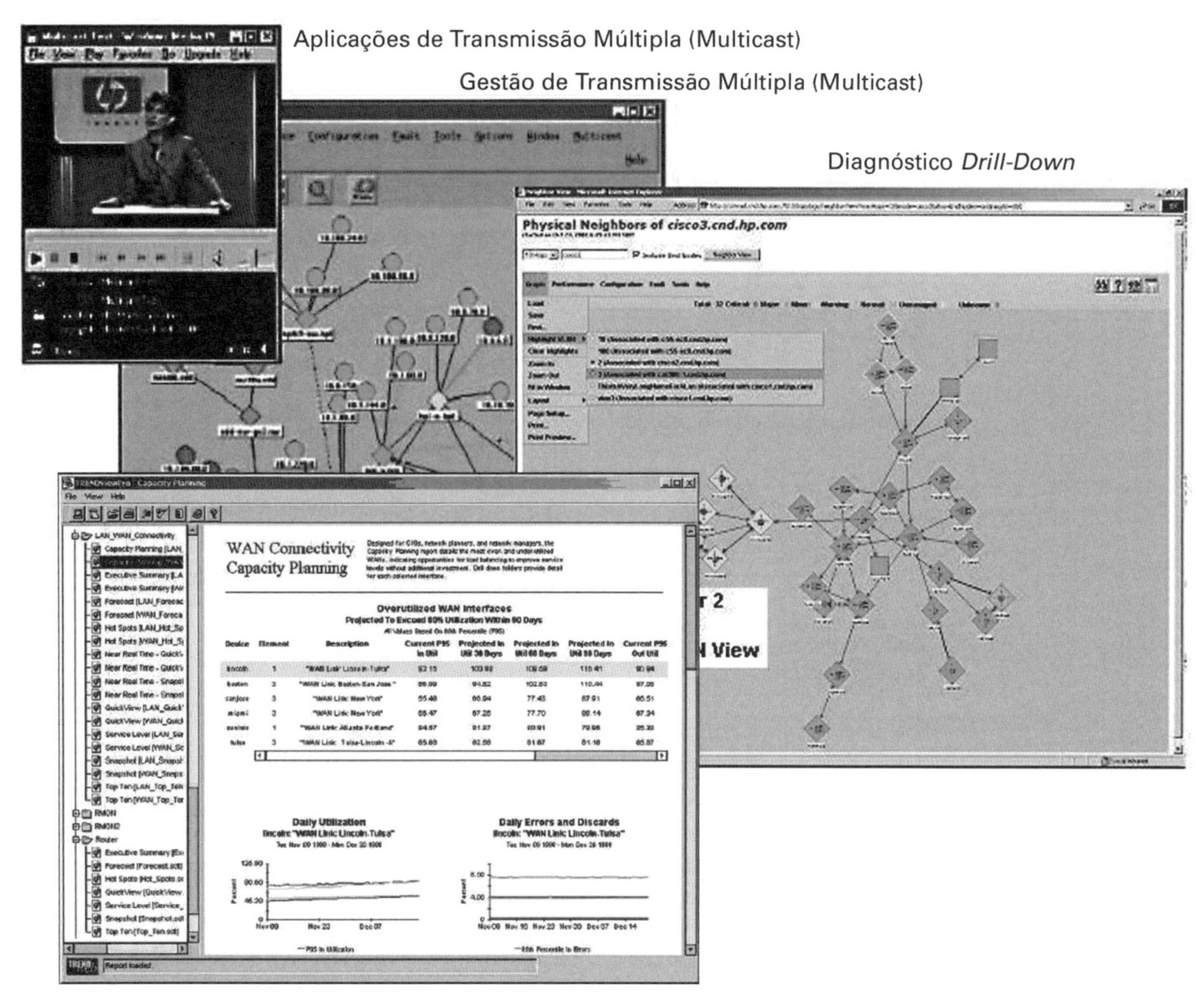

FONTE: http://www.openview.hp.com/solutions/categories/networkmgmt/index.asp. Usado com permissão da empresa Hwelett-Packard.

FIGURA 5-13 Usando o *software* de gestão de rede OpenView da HP, um analista de rede pode executar várias funções de gerenciamento de rede.

ASSEGURANDO A SEGURANÇA DAS TELECOMUNICAÇÕES

Como os dados são vulneráveis a roubo, sabotagem e deterioração acidental durante a transmissão, os administradores de redes de telecomunicações preocupam-se muito com a segurança. Os sistemas de informações que permitem acesso a partir de instalações fisicamente remotas, como redes de longa distância, são particularmente vulneráveis à violação de segurança. O mais importante passo para proteger os dados e limitar as implicações de qualquer brecha na segurança é o desenvolvimento de um plano de segurança, que o Capítulo 10 aborda em detalhes. Os planos de segurança apóiam-se, em grande parte, em múltiplas tecnologias de segurança. Esta seção discute as tecnologias disponíveis para a proteção de dados em um ambiente de rede.

A Criptografia e a Infra-estrutura de Chave Pública (PKI – *Public Key Infrastructure*)

A criptografia usa um código secreto chamado **chave** para embaralhar uma mensagem ou documento de forma a torná-lo ilegível. A chave também pode ser usada para desembaralhar a mensagem. Qualquer um que intercepte uma mensagem embaralhada será incapaz de lê-la, a não ser que conheça a chave. Considerando que somente o remetente e o destinatário pretendido saibam a chave e que a chave não possa ser deduzida da mensagem embaralhada, a mensagem estará segura.

FIGURA 5-14

A criptografia de chave pública é usada para partilhar uma chave de sessão entre duas partes.

Arthur

Betty
1. Eis aqui minha chave pública:
2. Criar uma chave de sessão
3. Codificar a chave de sessão com a chave pública de Arthur
4. Enviar a chave de sessão codificada para Arthur
5. Decodificar a chave de sessão com minha chave pessoal

Mas como pode o remetente de uma mensagem estar seguro de que somente ele e o destinatário desejado sabem a chave? Se a chave for enviada pela rede, qualquer um que intercepte comunicações na rede vai observar a transmissão da chave e será capaz de decodificar quaisquer mensagens adicionais enviadas usando aquela chave. O maior problema no uso da criptografia para a telecomunicação é passar a chave para o destinatário desejado com segurança.

A solução para o problema é a tecnologia chamada **criptografia de chave pública.** A criptografia de chave pública usa um par de chaves. Uma mensagem codificada com uma das chaves no par só pode ser decodificada com a outra chave. Considere que Arthur quer comunicar-se com Betty (ver Figura 5-14). Arthur gera um par de chaves e manda uma delas, chamada *chave pública*, para Betty. Arthur não revela sua *chave pessoal*, a outra metade do par. Betty gera uma nova chave, chamada *chave de sessão*, codifica-a com a chave pública de Arthur e a envia de volta ao mesmo. Qualquer um que pudesse ter interceptado a chave pública que Arthur enviou a Betty seria incapaz de ler a mensagem de Betty, pois uma chave pública não pode decodificar uma mensagem que codificou. Somente Arthur pode ler a mensagem codificada porque ele é o único com a chave pessoal correspondente, a chave casada com a que Betty usou para enviar a mensagem. Uma vez que Arthur decodifique a mensagem, somente ele e Betty conhecem a chave de sessão. Arthur e Betty podem continuar conversando com privacidade usando a chave de sessão.

Uma vantagem da criptografia de chave pública é que uma chave de sessão é válida somente por uma sessão. Novas chaves de sessão são geradas cada vez que duas partes querem conversar. Como as sessões são razoavelmente curtas, os intrusos usualmente não têm muita informação para deduzir a chave de sessão a partir da própria sessão. A dificuldade de deduzir uma chave de sessão a partir de mensagens codificadas aumenta exponencialmente com a extensão da chave de sessão. Os matemáticos calcularam que um *hacker* com um supercomputador levaria dois trilhões de anos para desvendar uma chave de sessão que tivesse 128 bits.[38] Se a velocidade dos computadores aumenta incrivelmente, é necessário somente aumentar a extensão da chave para o aumento da segurança. A adição de um único bit à extensão da chave dobra o tempo necessário para quebrar o código.

A criptografia de chave pública pode ser usada para três funções adicionais importantes para os negócios eletrônicos: autenticação, não rejeição e integridade. **Autenticação** é a capacidade do destinatário de uma mensagem certificar-se da identidade de seu remetente. Antes que você envie o número de seu cartão de crédito para um fornecedor que diz representar uma empresa, você naturalmente quer verificar se o destinatário da mensagem é realmente quem diz ser. A autenticação é obtida com a ajuda de uma terceira parte de confiança, conhecida como **autoridade de certificação** (CA — **certificate authority**). A CA cumpre a mesma função que um cartório ou banco cumpriria em relação a um documento físico. Eis uma descrição aproximada de como funciona: Arthur quer ter certeza de que ninguém mais pode enviar uma mensagem fingindo ser ele. Arthur traz uma identificação física ao CA para provar que ele é o Arthur. O CA emite para Arthur uma chave pública e uma pessoal, assim como um certificado (um documento eletrônico) trazendo a chave pública e codificado com a chave pessoal do registro (ver Figura 5-15). Agora, quando Arthur inicia uma sessão, envia sua chave pública, um número gerado aleatoriamente e uma cópia de seu certificado juntamente com a mesma informação codificada com sua chave pessoal. O destinatário sabe que a mensagem vem de Arthur porque, quando a cópia é decodificada com a chave pública de Arthur, o número aleatório combina com o número na primeira parte da mensagem. O destinatário também pode verificar que a chave pública é de Arthur porque o certificado diz que ela é. O certificado é decodificado com a chave pública do CA, significando que ninguém mais poderia tê-la criado. Este processo de permutar uma chave de sessão e verificar a identidade das partes de uma sessão é básico para um protocolo padrão conhecido como ***Secure Socket Layer*** (**SSL – Nível de Socket Garantido**).

Não-rejeição significa que o remetente de uma mensagem não pode negar ter enviado uma mensagem. Nos negócios tradicionais, uma assinatura confirma que o remetente, ou signatário, neste caso, autorizou a mensagem. Um remetente não pode negar ter enviado uma mensagem porque sua assinatura está anexada a ela. Com os negócios eletrônicos, a não-rejeição é alcançada com a ajuda de uma **assinatura digital**. Para assinar um documento digitalmente, o emitente aplica uma fórmula padrão ao documento que resulta em um extenso número chamado *digital hash** do documento. Muitos documentos podem criar *digital hashes* iguais, portanto, não é possível recriar o documento a partir de seu *digital hash*. O remetente, então, codifica o *digital hash* usando sua chave pessoal, criando, desta forma, a assinatura digital. O destinatário verifica a assinatura decodificando o *digital hash* com a chave pública do remetente e comparando com o *digital hash* produzido pelo documento. Uma correspondência entre elas não somente assegura ao destinatário que o remetente enviou a mensagem, mas também elimina qualquer possibilidade de que o remetente negue ter enviado a mensagem. Ninguém mais poderia ter criado uma assinatura digital que combinasse com a mensagem.

A **integridade** significa que ninguém pode alterar uma mensagem depois de ela ter sido enviada. A integridade de uma mensagem assinada com uma assinatura digital é garantida. Se alguém tivesse tentado alterar a mensagem, o *digital hash* da mensagem alterada não corresponderia ao *digital hash* codificado na assinatura da mensagem.

* *Hash* (terminologia IBM): Em segurança de comunicação, um número gerado a partir das palavras de um texto, para garantir que as mensagens transmitidas cheguem intactas. (N.T.)

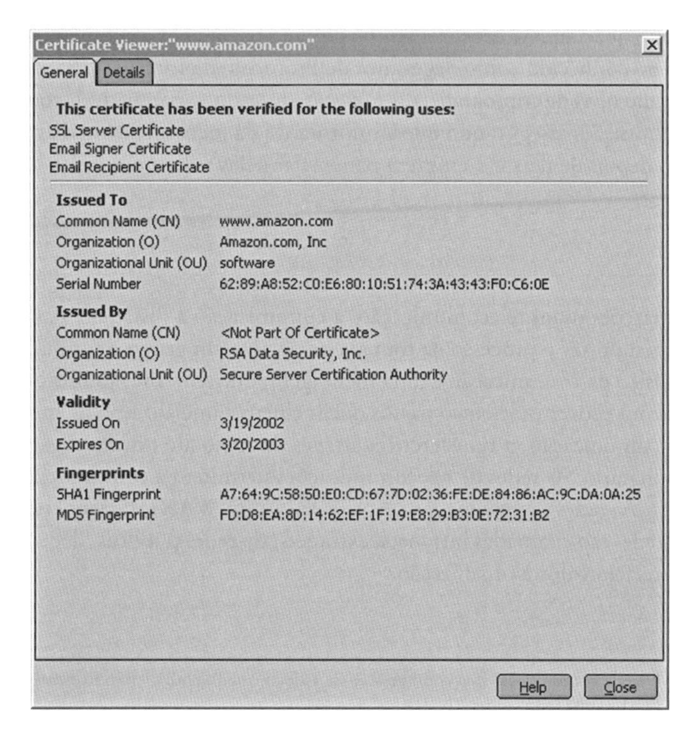

FIGURA 5-15

Uma cópia decodificada do certificado da Amazon apresentada pelo navegador Netscape.

FONTE: cortesia de Amazon.com. Usado com permissão.

*Firewalls**

Um *firewall* é um *hardware* e/ou *software* destinado a separar a intranet de uma organização e seus dados de sua extranet e da Internet. Um *firewall* serve para:

- Esconder informações sobre a rede ao fazer parecer que todo o tráfego de saída origina-se do *firewall* e não da rede.
- Bloquear dados ou programas entrantes que possam comprometer a segurança de uma organização.
- Filtrar o tráfego de saída para limitar o uso da Internet e/ou acesso a *sites* remotos.

Os *firewalls* oferecem uma enorme flexibilidade para os administradores de redes quanto às regras que eles podem usar para propiciar diferentes níveis de segurança. Mas determinar o nível apropriado de segurança e regras associadas pode, muitas vezes, ser difícil. A Major League Soccer (MLS) descobriu esta dificuldade quando criou regras na sua sede de Nova York para proibir os usuários de navegar em *sites* com conteúdo censurável ou baixar dados inapropriados. Como o *software* do *firewall* identificou a edição de roupas de banho da *Sports Illustrated* como de conteúdo censurado, o *firewall* bloqueou todo o acesso ao *site* CNN/Sports Illustrated. "É claro que bloquear o *site* cnnsi.com não é bom para a nossa organização", disse Joseph Dalessio, administrador de rede da MLS.[39]

Redes Privadas Virtuais (VPNs)

Uma **Rede Privada Virtual** (**VPN** – ***Virtual Private Network***) é uma rede *privada* de longa distância que conecta as LANs e usuários de uma organização entre si, através de uma rede *pública*, normalmente a Internet. Criando uma VPN, a organização pode economizar o custo de linhas dedicadas arrendadas, taxas de VAN ou despesas de outras conexões diretas entre seus *sites*. Uma VPN oferece conexões de longa distância virtualmente livres de encargos. As empresas que já pagaram por sua conexão com a Internet precisam somente assegurar-se de que têm capacidade suficiente entre elas e os seus Provedores de Serviços da Internet.

O Green Bay Packers, da Liga Nacional de Futebol Americano, experimentou altos custos de comunicações porque observadores, treinadores e administradores faziam conexão discada com sua rede através de um número 0800 sempre que estavam viajando. Depois de instalar uma VPN, o time conseguiu cortar seus custos de comunicações para um terço de sua quantia anterior. Não foram necessárias alterações de *hardware* e os usuários podiam usar as mesmas senhas que usavam quando acessavam sua rede a partir do escritório.[40]

As VPNs oferecem um alto nível de segurança não somente por criptografar as mensagens, mas, também, por criptografar as informações do cabeçalho que identifica os computadores dos remetentes e destinatários e quaisquer outros elementos de cada pacote em uma mensagem, tais como a sua seqüência. Um padrão conhecido como Segurança de Protocolo da Internet (IPSec – *Internet Protocol Security*) fornece este alto nível de criptografia. Os *firewalls* e roteadores compatíveis com o IPSec executam a criptografia e a decodificação, assegurando que a informação da mensagem é invisível a possível roubo ou redirecionamento depois de deixar a empresa para viajar pelas trilhas públicas.

RESUMO

As organizações usam telecomunicação, a comunicação a distância, para coordenar suas atividades empresariais, suportar o processo da tomada de decisão em grupo e conduzir o comércio eletrônico. O elemento básico da comunicação é uma mensagem, que tem um significado em um contexto. A telecomunicação é um processo de cinco passos que incluem a inicialização da mensagem, a sua colocação em um meio de comunicação, a transferência através do meio até um destino, o resgate do meio e a aceitação pelo destinatário. As redes de telecomunicações permitem a comunicação entre quaisquer partes ligadas à Internet. As redes são chamadas LANs, MANs, ou WANs, dependendo da distância entre seus membros. As redes são chamadas intranets, extranets, ou redes públicas, dependendo de como os membros da rede são relacionados à organização.

**Firewall*: "Parede corta-fogo". Uma configuração de rede, normalmente incluindo *hardware* e *software*, que evita tráfego não autorizado de e para uma rede segura. (N.T.)

As concessionárias de comunicação, incluindo as PTTs, as concessionárias locais e de longa distância, operadoras de celulares e operadoras de TV a cabo, operam as redes públicas e fornecem serviços de comunicação através delas. As redes de valor agregado adquirem estes serviços em grandes volumes e os revendem, freqüentemente oferecendo serviços adicionais.

O modelo OSI divide o processo da comunicação em camadas dentro das quais podem ser determinados os padrões compatíveis. Os meios de transmissão variam no seu custo, capacidade e disponibilidade e incluem fio de par trançado, cabo coaxial, cabo de fibra ótica, microondas e sinais infravermelhos e de rádio. Os *hardwares* de comunicação, tais como modems, *hubs*, comutadores, roteadores e *gateways*, conectam computadores às redes e interconectam segmentos de rede. Os protocolos de rede definem como uma mensagem é empacotada, protegida, enviada, roteada, recebida e confirmada. Os protocolos LAN incluem o Ethernet, o Token Ring, o Wi-Fi e o Bluetooth. As WANs geralmente usam os serviços das operadoras públicas, que incluem as linhas dedicadas arrendadas, serviços de circuito comutado, serviços de comutação de pacotes e serviços celulares.

A Internet é uma rede de redes, sem proprietário e administrada por consenso. Todo dispositivo conectado à Internet tem um número IP exclusivo como seu endereço. Os nomes de domínios identificam os servidores na Internet. Os registros de nomes de domínios mantêm o relacionamento entre nomes de domínios e números IP. A maioria das pessoas e empresas conecta-se à Internet através de um Provedor de Serviços da Internet.

Dispositivos inteligentes, tais como os dispositivos SNMP e analisadores de rede, facilitam a gestão de rede. As funções de gestão de rede incluem planejamento, execução de *upgrade* e manutenção da rede física; monitoramento do desempenho da rede; ajuste de leiaute e *hardware*; aquisição de serviços de longa distância, gestão dos usuários da rede; e fornecimento de segurança e *backup*.

A privacidade e a segurança de mensagens são obtidas através da criptografia usando uma chave para codificar e decodificar mensagens. A criptografia de chave pública fornece um meio de participar de uma sessão entre duas pessoas com segurança. Autoridades de certificação emitem certificados digitais e chaves públicas e privadas permitindo que os remetentes de mensagens autentiquem-se. As assinaturas digitais propiciam a não-rejeição e integridade de mensagens. Os *firewalls* tornam segura a intranet de uma organização e a separam das conexões de sua extranet e de sua rede pública. Uma rede privada virtual usa uma rede pública para fornecer comunicação de WAN privada.

TERMOS E EXPRESSÕES IMPORTANTES

adaptador
analisador de rede
assinatura digital
autenticação
autoridade de certificação (CA – *Certificate Authority*)
backbone
cabo coaxial
cabo de fibra ótica
cartão de interface de rede (NIC – Network Interface Card)
chave
comércio eletrônico (*e-commerce*)
comunicação
comutador
concessionária
criptografia de chave pública
Ethernet
extranet
fio de par trançado
firewall
gateway
hub
infra-estrutura
integridade
intranet
largura de banda
linha dedicada arrendada
mensagem
Modelo OSI (*Open Systems Interconnection Model* – Modelo de Interconexão de Sistemas Abertos)
modem
não-rejeição
Nível de Socket Garantido (SSL – *Secure Socket Layer*)
nome de domínio
número IP (*Internet Protocol*)
operadora de comunicação
pacote
protocolo de rede
Provedor de Serviços da Internet (ISP – *Internet Service Provider*)
rede
rede de alcance pessoal (PAN – Personal Area Network)
Rede de Longa Distância (*WAN – Wide Area Network*)
Rede de Valor Agregado (VAN – *Value Added Network*)
rede local (LAN – *Local Area Network*)
Rede Privada Virtual (VPN – *Virtual Private Network*)
roteador
serviço de circuito comutado
serviço de comutação de pacotes
servidor de nome de domínio (DNS – *Domain Name Server*)
sessão
SNMP (*Simple Network Management Protocol* – Protocolo de Gestão de Rede Simples)
TCP/IP (*Transmission Control Protocol/Internet Protocol* – Protocolo de Controle de Transmissão/Protocolo da Internet)
telecomunicação
Wi-Fi

QUESTÕES DE REVISÃO

1. Como uma intranet difere de uma extranet?
2. Qual é a diferença entre uma LAN e uma WAN?
3. Quais os cinco passos necessários para a telecomunicação?
4. Como a indústria de telecomunicações está estruturada nos Estados Unidos?
5. Como a indústria de telecomunicações fora dos Estados Unidos difere da indústria de telecomunicações norte-americana?
6. Como funcionam os serviços da telefonia celular?
7. Qual é a função dos provedores de serviços de rede de valor agregado (VAN)?
8. Qual é o papel do modelo OSI na criação de padrões da indústria da comunicação de dados?
9. Quais são as características dos seis meios de transmissão usadas para a telecomunicação?
10. Que funções os modems executam?
11. Indique as diferenças entre as funções de um *hub*, um comutador, um roteador e um *gateway*.
12. Quais são os padrões mais populares para redes locais (LANs)?
13. Como se diferenciam a linha dedicada arrendada, o circuito comutado e o serviço de comutação de pacotes?
14. Como os dispositivos SNMP simplificam a gestão de redes?
15. Quais são as funções principais de um administrador de rede?
16. O que é a Internet?
17. Qual é o papel de um Provedor de Serviços da Internet (ISP)?
18. Como as duas partes de uma conversação podem concordar secretamente sobre uma chave de sessão?
19. Como a assinatura digital garante a não rejeição de uma mensagem pelo seu remetente?
20. Qual é o papel de uma autoridade de certificação (CA)?

A FORD DESENVOLVE UM PORTAL DE INTRANET

Quando o CIO anterior da Ford Jim Yost tomou as primeiras providências para criar uma nova intranet, chamada MyFord.com, ele tinha o total apoio e encorajamento do antigo CEO Jacques Nasser. Este suporte foi determinante na configuração do Dearborn, o *site* da *Web* interno da empresa no estado de Michigan. Hoje, o *site* suporta mais de 175.000 empregados que o visitam mais de 500.000 vezes ao dia para tudo, desde verificar seus benefícios até obter as últimas informações competitivas ou inscrever-se nos cursos de treinamento promovidos pela empresa. "A intranet não teria acontecido sem o apoio da gestão superior", diz Martin Davis, administrador de programas para o que a Ford chama de seu projeto portal eletrônico (ePortal).

A intranet da Ford começou como um meio de dar aos empregados um ambiente *online* personalizado e cresceu para uma estratégia empresarial de substituição de aplicativos heterogêneos, destinados a *desktops*, por programas e acesso padronizados em relação à Internet. A empresa fez um grande progresso desde que forneceu, pela primeira vez em 1996, uma intranet aos empregados. "Aquilo era somente o acesso a um mecanismo de pesquisa", diz Davis.

O departamento de TI começou a renovar o *site* em 1999, quando Nasser empenhou-se em uma iniciativa empresa/empregado, destinada a trazer para a idade digital todos os empregados da Ford. Nasser deu ênfase, em reuniões e no *Let's Chat*, seu *e-mail* semanal para todos os empregados da Ford, à importância de integrar as capacidades da Internet com cada uma das unidades de negócios da empresa. Ele também criou, em todos os departamentos, oportunidades de trabalho relacionadas aos negócios eletrônicos. Davis diz que Nasser queria criar uma cultura corporativa que adotasse o *e-commerce*.

"Ele não queria somente gerar milhões de *sites* de *Web*, queria criar uma abordagem racional para os negócios eletrônicos", diz Bipin Patel, diretor da gestão de sistemas na Ford.

Com o encorajamento de Nasser, Yost criou o plano do ePortal eletrônico, que visava ao corte de custos e aumento da eficiência, pela disponibilização de ferramentas de aprendizado e de cooperação *online* e ao dar aos empregados acesso via *desktop* às informações de trabalho e de recursos humanos. Considerando a grande abrangência do projeto — a nova intranet necessitava alcançar quase 200.000 pessoas em 950 localidades no mundo todo — era imperativo o financiamento e disponibilidade de recursos para suportar uma rede daquela magnitude. Nasser deixou claro que Yost teria todo o financiamento que precisava, uma proposição que carregava em si um grande ato de fé, diz Davis, porque qualquer retorno do custo do projeto seria extremamente difícil de mensurar em termos de economia de dólares palpável. "Com um projeto como este, é fácil demonstrar economia através de um aumento na eficiência, mas é muito difícil traduzir isto para retorno do investimento", ele diz. "Eles tiveram a visão de como a intranet beneficiaria a empresa".

O resultado foi o lançamento do MyFord.com em maio de 2001. O *site* permite ao pessoal da Ford acesso às informações pessoais, *links* com formulários de benefícios e recursos humanos, dados demográficos, histórico salarial e notícias gerais da empresa. Além disso, cada unidade de negócios posta informações de trabalho específicas dos empregados. Por exemplo, um administrador de projeto na divisão de engenharia pode acessar informações de projetos de engenharia através de sua visão da página da intranet. "Queríamos ajudar as pessoas a aumentar sua perspicácia através da possibilidade de ler sobre o desempenho da empresa e o que de novo há sobre o negócio, porque isto as ajudará a tomar decisões mais bem fundamentadas", diz Davis.

Antes do lançamento da intranet, os empregados obtinham informações através de processos manuais com papéis, que tomam mais tempo, diz Davis. Agora, os empregados da Ford podem personalizar o *design* da página inicial da intranet, selecionando o que querem ver na página e priorizando os *links* que mais usam. As informações sigilosas podem ser protegidas. Os administradores podem ver dados financeiros sobre a *performance* da empresa, enquanto outros empregados podem acessar somente informações de desempenho geral.

O portal economizou milhões de dólares e milhares de horas-homem à Ford ao disponibilizar aplicativos e documentos aos empregados, diz Davis. Os planos futuros preconizam a implementação dos aplicativos da Microsoft Net-Meeting e eRoom. Sob o atual CIO Marv Adams, Patel e Davis estão procurando criar portais de negócios específicos por unidade dentro da infra-estrutura central.

Para a Ford, a intranet não é só uma ferramenta para os empregados administrarem eficientemente seus benefícios; é, também, a mola-mestra para a empresa tornar-se um negócio digital. Para que a Ford administrasse um negócio eletrônico de sucesso com os clientes, fornecedores e parceiros, seus empregados teriam que, primeiramente, ser eles mesmos competentes nas tecnologias de negócios eletrônicos, diz Davis. "Você não está fazendo negócios eletrônicos apropriadamente a menos que o esteja fazendo, também, dentro da empresa", ele diz. "Começa por dentro".

FONTE: Adaptado de Simone Kaplan, "Calling All Workers", CIO, 1.º de dezembro de 2001, 98-99. Reimpresso por cortesia do CIO.

Questões do Caso

Diagnóstico

1. De forma geral, quais são as necessidades de informações dos empregados da Ford?

Avaliação

2. Quais eram as deficiências da intranet da Ford em 1999?
3. Que iniciativas do antigo CEO da Ford, Jacques Nasser, foram necessárias para melhorar a intranet da Ford?

Projeto

4. Qual era a abrangência do projeto em termos de número de empregados e locais que necessitavam ser alcançados?
5. Como Davis justificou o desenvolvimento do MyFord.com?
6. Que questões de segurança você acha que tiveram de ser consideradas no projeto do MyFord.com?

Implementação

7. Que benefícios o MyFord.com trouxe?
8. Por que Davis acredita que a intranet do MyFord.com é um ponto de partida apropriado para uma futura extranet?
9. Que preocupações deveria ter Davis sobre a abertura da intranet aos clientes, fornecedores e parceiros da Ford? Como ele deve abordar estas preocupações?

ATIVIDADE

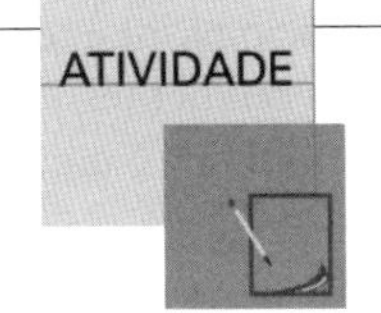

5-1 UMA LAN PARA A CENTRAL AIRLINES

Passo 1: Leia o cenário seguinte.

Ryan Daly é o gerente de operações da Central Airlines no O'Hare International Airport em Chicago. No O'Hare, a Central arrenda 12 portões e movimenta, aproximadamente, 150 vôos/dia e 15.000 passageiros/dia. Além disso, a Central tem uma significativa operação de carga; ela compartilha um depósito/hangar de carga com uma grande transportadora internacional.

Daly supervisiona uma equipe de 32 agentes de etiquetagem de bagagem, 18 agentes de portão, 30 carregadores de bagagem, uma pequena equipe de manutenção e uma variedade de administradores de nível operacional, tais como supervisores de turno nos balcões de etiquetagem, um administrador de carga e um administrador do serviço de atendimento ao consumidor. Daly é responsável pela operação de todos os serviços de passageiros e vôo da Central no aeroporto. Os exemplos de suas responsabilidades incluem arranjar acomodações noturnas para as equipes de vôo, assegurar que a comida carregada para o interior das aeronaves pelos fornecedores de alimentos para as refeições em vôo satisfaça os padrões de qualidade da Central e negociar o arrendamento de espaço com as autoridades do aeroporto. Daly reporta-se ao vice-presidente de operações na matriz da Central em Kansas City.

Para a maioria dos assuntos, Daly conta com os serviços do sistema de informações oferecido pelo grupo SIG (Sistema de Informações Gerenciais) da Central Airline. Este grupo tem uma equipe de quase 200 pessoas espalhadas pelo mundo e um orçamento de aquisição e operações que excede US$3 milhões ao ano. O escritório de Daly está equipado com um computador pessoal conectado através de uma rede de valor agregado aos computadores *mainframe* da Central em Kansas City. Ele obtém informações sobre reservas, escalas de vôos e quaisquer outros dados, coletados ou produzidos centralmente por um computador *mainframe*. Daly também desenvolveu algumas planilhas eletrônicas que usa para acompanhar suas operações locais e para ajudá-lo a avaliar alternativas de decisão.

Atualmente, Daly comunica-se pelo telefone e pessoalmente com seus funcionários e colegas em outros aeroportos. Antigamente, os sistemas de correio eletrônico estavam disponíveis no computador *mainframe*, mas foram descontinuados para todos os funcionários, exceto para aqueles da matriz, quando uma crise de orçamento forçou uma redução nas despesas de comunicações. Ele propôs uma rede local para o O'Hare com o objetivo de melhorar as comunicações entre seus administradores e funcionários e ajudá-los a compartilhar dados entre si. Daly estimou em 25.000 dólares o preço para conectar via rede seus funcionários chave. O fio de par trançado necessário à rede já está instalado no O'Hare.

Passo 2: Prepare o caso para discussão em classe.

Passo 3: Responda cada uma das seguintes questões, individualmente ou em pequenos grupos, como orientado pelo seu instrutor.

Diagnóstico

1. Quais você pensa serem as necessidades de informações de Daly?
2. Quais são as necessidades de informações dos funcionários de Daly?
3. Quais são as necessidades de informações do supervisor de Daly, o vice-presidente de operações?

Avaliação

4. Atualmente, quão bem são preenchidas as necessidades de informações de Daly?
5. Quão bem estão sendo preenchidas as necessidades de informações dos funcionários e do supervisor de Daly?
6. De que forma uma rede local pode melhorar a efetividade de Daly e a efetividade de seus funcionários?

Projeto

7. Se você fosse o supervisor de Daly, aprovaria sua proposta? Por que sim ou por que não?
8. Baseado nos seus atuais conhecimentos, uma rede *Ethernet* de 10 Mbps seria apropriada?

Implementação

9. Daly necessitará de um administrador de rede em tempo integral para a operação da rede?
10. Quais questões de rede necessitarão ser tratadas por Daly ou seu administrador de rede depois de esta ser instalada?

Passo 4: Em pequenos grupos, com a classe inteira, ou por escrito, compartilhe suas respostas das questões acima. Depois responda às seguintes questões:

1. Quais são as prováveis necessidades de informações de Daly, seus funcionários e seu supervisor?
2. Quão bem estas necessidades de informações estão sendo satisfeitas atualmente?
3. Uma LAN é a melhor escolha para suprir estas necessidades? Uma largura de banda de 10 Mbps é suficiente?
4. Quais questões de gestão de rede poderão surgir depois da instalação da rede?

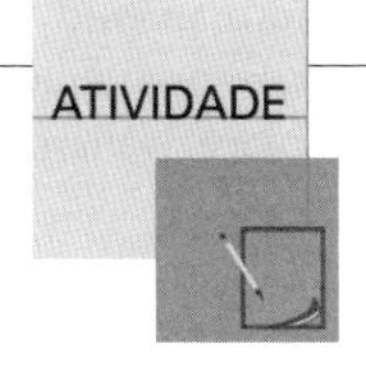

5-2 CALCULANDO O TEMPO DE TRANSMISSÃO

O tempo que leva para transferir um arquivo pode ser calculado com a seguinte fórmula:

Tempo de transmissão (segundos) = Tamanho do arquivo em bytes
Número de bits por byte (8)/
Velocidade de transmissão em bits por segundo.

Então adicione 10% para considerar os erros de transmissão e os caracteres de controle.

Passo 1: Calcule quanto tempo levaria para transmitir um arquivo de 95 megabytes sob cada uma das seguintes situações de rede:

1. Usando um modem de 28,8 kilobytes/segundo via linha discada.
2. Através de uma linha dedicada arrendada T1 a 1,544 megabits/segundo.
3. Através de uma linha dedicada arrendada T3 a 44,376 megabits/segundo.
4. Através de um clássico circuito comutado ISDN a 128 kilobits/segundo.
5. Através de um típico *frame relay* ou circuito de comutação de pacotes ATM a 10 megabits/segundo. Para estes serviços, use um *overhead* de 25% para o pacote em vez do *overhead* de 10% que você usou para os itens 1 até 4.
6. Através de uma LAN 10BaseT Ethernet de 10 megabits/segundo.
7. Através de uma LAN Ethernet Rápida a 100 megabits/segundo.
8. Através de uma LAN Ethernet de 1 Gigabit.

Passo 2: Individualmente, em pequenos grupos ou com a classe inteira, como orientado pelo seu instrutor, responda às questões seguintes. Para cada uma das situações de rede acima, você acha que aceitaria esperar tanto tempo se você precisasse do arquivo para executar as seguintes funções?

1. Começar a rodar um programa de computador.
2. Como médico, obter a imagem durante uma consulta do paciente.
3. Como representante do serviço de atendimento ao cliente, obter informações enquanto fala com o cliente ao telefone.

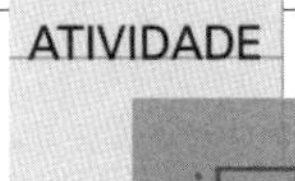

5-3 MONITORANDO OS USUÁRIOS DA REDE

Passo 1: Leia o cenário seguinte.

Alice Markin é a vice-presidente de marketing da Almark Brands, um grande produtor de lanches rápidos. Ela foi contratada para alterar o rumo do departamento de marketing. A parte do departamento no orçamento da companhia tem crescido lentamente nos últimos anos. Mesmo assim, os programas de marketing e as iniciativas da companhia pareciam estar falhando gravemente. O consenso na indústria era de que a Almark estava sempre um passo atrás de seus competidores.

Depois de um mês no trabalho, Markin sentiu que estava começando a entender a natureza do problema. As pessoas que se reportavam diretamente a ela pareciam ser funcionários bem informados e capazes. Sob o vice-presidente de marketing anterior, eles tinham uma grande liberdade, mas não haviam recebido nenhuma diretriz e nem uma avaliação apropriada em relação a como considerar o desempenho. Ela sentiu que sua equipe poderia e iria trabalhar mais e com mais inteligência se lhe fosse dada metas e diretrizes apropriadas.

Enquanto ela pensava em como trazer mais disciplina e direção para seu departamento, o vice-presidente sênior de marketing, vendas e distribuição, Jason Carter, bateu à sua porta. Após uma breve troca de amabilidades, ele foi direto ao assunto. "Alice", disse ele, "na viagem de volta de Washington, na semana passada, eu li sobre um *software* que pode monitorar qualquer computador na rede de uma empresa. Na verdade, você pode ver exatamente o que está na tela de um outro computador como se você mesmo o estivesse operando! Encomendei algumas cópias para nós e gostaria que você usasse o *software* para descobrir por que não estamos conseguindo mais produtividade no seu departamento".

Markin estava perplexa, mas não sabia o que dizer. Ela se perguntou se seu chefe a estava espionando. Finalmente, ela disse: "Primeiro vamos ver o que acontece nas próximas semanas sem o *software*". "É a sua vez de jogar", ele disse, "mas eu espero resultados rapidamente".

Passo 2: Prepare o caso para discussão em classe.

Passo 3: Responda cada uma das seguintes perguntas, individualmente ou em pequenos grupos, como orientado pelo seu instrutor.

1. Quem é beneficiado e quem é prejudicado pelo uso do *software* de monitoramento?
2. Considerando os princípios éticos do menor prejuízo, direitos e deveres, responsabilidades profissionais, interesse próprio e utilitarismo, consistência e respeito, como você avaliaria o uso deste *software*?
3. Que tipo de ação você tomaria se fosse Alice Markin? Por quê?

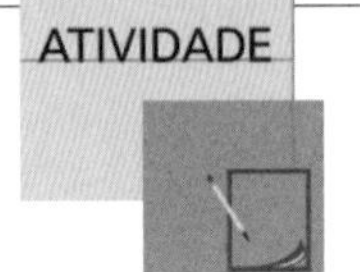

5-4 INTERCONECTANDO-SE NA DEBEVOISE & PLIMPTON

Passo 1: Leia a situação seguinte.

A Debevoise & Plimpton (D&P), uma firma internacional de direito com 500 advogados espalhados pelo mundo, apóia-se em sua rede de telecomunicações para a gestão de documentos, pesquisa, banco de dados de contatos e *software* compartilhado. "Se algum de nossos sistemas de rede der pane, nosso trabalho será seriamente afetado", declara Richard Hampson, diretor dos serviços de informações da D&P. Portanto, quando a empresa mudou-se para um novo prédio em Nova York, foi necessário uma LAN confiável para suportar as transações no interior de seu complexo de escritórios e uma WAN confiável para as comunicações globais.

A D&P projetou sua LAN com um *backbone* de fibra redundante, tendo cada canal uma capacidade de 1,2 gigabits/segundo. O projeto intencionava suportar os mais rápidos padrões ATM e Ethernet, suportar voz e dados e fornecer redundância para resistir a desastres naturais, ataques terroristas ou cortes acidentais de cabos. As rotas redundantes tiveram que ser projetadas criativamente, já que a empresa ocupa 15 andares dispersos pelo prédio de 47 andares. Os cabos do *backbone* progridem através dos 47 andares por meio de um túnel de ar aberto e terminam em um *hub* de comunicação, o qual conecta-se à rede de telefonia pública para os serviços WAN. As redes em cada um dos andares da empresa terminam em dois *hubs*, os quais chegam ao *backbone*. Além do centro de dados principal e do *hub* central de comunicação, a rede suporta uma sofisticada estrutura de suporte a conferências com múltiplas salas de conferência e de mídia.

Passo 2: Prepare o caso para discussão em classe.

Passo 3: Responda cada uma das seguintes questões, individualmente ou em pequenos grupos, como orientado pelo seu instrutor.

Diagnóstico

1. Quais são as necessidades de informações da Debevoise & Plimpton?

Avaliação

2. Por que a D&P considera ser da mais alta importância ter uma rede confiável?

Projeto

3. Por que você pensa que o *backbone* da LAN da D&P está baseado em cabos de fibra ótica?
4. Por que a D&P usou um *backbone* redundante?
5. Quais os desafios que a empresa enfrentou ao projetar a rede?

Implementação

6. Que tipos de informações são trocadas na rede da D&P?
7. O projeto da rede atingiu efetivamente os objetivos da empresa?

Passo 4: Em pequenos grupos, com a classe inteira, ou por escrito, compartilhe suas respostas às questões acima. Então, responda às questões seguintes:

1. Quais são as necessidades de informações dos advogados da D&P?
2. Por que a D&P quis um sistema com redundância?
3. Quais foram os desafios enfrentados pela empresa ao projetar sua rede?
4. Quão bem a solução de rede da D&P satisfaz suas necessidades?

FONTE: Extraído de Carol Everett Oliver e Arlene Franchini, "Redundant Cabling Practice Wins", *Communications News*, março de 2002, 38. Usado com permissão.

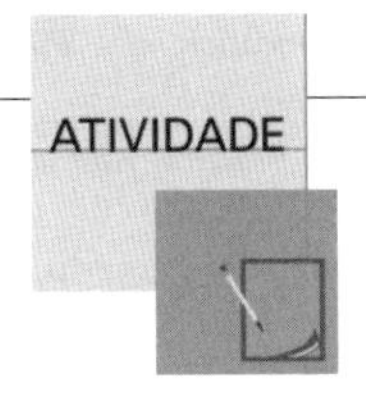

5-5 INTERCONECTANDO-SE SEM FIO NA HARKNESS HARDWARE

Passo 1: Leia o seguinte cenário.

A Harkness Hardware Company, uma distribuidora de 60 milhões de dólares de ferramentas, materiais hidráulicos e suprimentos elétricos para empresas do setor do aço, construtoras e os maiores estabelecimentos de varejo, estoca aproximadamente 10.000 itens em seu depósito de 150.000 metros quadrados. A empresa publica um catálogo na *Web*, onde pequenos clientes podem submeter seus pedidos. Os representantes de venda visitam regulamente os seus maiores clientes para identificar suas necessidades. Estes clientes efetuam pedidos através de seus representantes de vendas, que alimentam os pedidos em seus laptops e os baixam ao final do dia através da VPN da empresa via uma chamada para o telefone 0800 da empresa. No depósito, os pedidos são impressos em um formato chamado lista de separação. Os funcionários selecionam os itens do pedido nas prateleiras do estabelecimento e os trazem para o departamento de embalagem onde eles são acondicionados e expedidos.

O controle de mercadorias no depósito da Harkness, baseado em papéis, tem sido um problema para a empresa. As listas de separação de pedidos são muitas vezes difíceis de ler e são comuns as imprecisões, especialmente ao atender pedidos com várias páginas. Às vezes, páginas inteiras são perdidas. A empresa chamou você para avaliar a possibilidade de instalar uma rede sem fio no depósito. Computadores portáteis nos carrinhos dos separadores conectar-se-iam à rede e propiciariam muitos benefícios.

Passo 2: Estime o custo da rede sem fio. Lembre-se de que cada apanhador irá precisar de computadores portáteis que tenham capacidade para rede sem fio. Suponha que o estabelecimento é quadrado e que aproximadamente 15 apanhadores estão ativos a qualquer momento. Obtenha estimativas de custos para o equipamento que você necessita, pesquisando os preços na Internet. Suponha, também, que o *software* de gerenciamento de pedidos que você usa inclui *software* para gerenciamento dos processos do depósito, de maneira que você não necessite gastar mais nada em *software.*

Passo 3: Identifique os benefícios potenciais da LAN sem fio. Atribua um valor em reais a estes benefícios da melhor forma que puder.

Passo 4: Em pequenos grupos ou com a classe inteira, como orientado pelo seu instrutor, responda às seguintes questões:

1. Quais as diferentes soluções possíveis para a LAN sem fio da Harkness? Quais são os prós e os contras?
2. Qual solução você prefere?
3. Quais são os benefícios potenciais de uma LAN sem fio para as operações do depósito da Harkness?
4. Que recomendações você faria para a equipe de gestão da Harkness considerando a instalação de uma LAN sem fio?

SI NA *WEB*

Exercício 1: O PGP (Pretty Good Privacy) é um produto de criptografia para proteção de *e-mail*, gratuito para uso pessoal. Ele incorpora criptografia de chave pública e *digital hash* para criar assinaturas digitais. Pesquise o PGP na Internet. Se o seu instrutor permitir, baixe o PGP, instale-o em seu computador e use-o. Se seu instrutor preferir, escreva um memorando que abranja as seguintes questões:

1. Qual versão do PGP é mais compatível com seu computador, seu sistema operacional e seu *software* de *e-mail*?
2. Que problemas potenciais poderiam surgir com o uso do PGP em seu sistema?
3. Como você desinstalaria o PGP se o tivesse instalado e deparado com problemas?
4. Que decisões (tais como tamanho de chave) você necessitaria tomar antes de usar o PGP?

Exercício 2: Verifique se sua universidade ou empresa tem uma intranet. Se tiver, faça uma lista das informações incluídas na intranet. Que informações adicionais você gostaria que fossem incluídas? Se não tiver, faça uma lista das informações que ela deveria incluir na sua organização.

LEITURAS RECOMENDADAS

Bates, Regis J. *Broadband Telecommunications Handbook*, 2nd ed. New York: McGraw-Hill, 2002.

Gralla, Preston. *How the Internet Works*, 6th ed. Indianapolis, IN: Que Publishing, 2001.

Kaufman, Charles, Radia Perlman, and Mike Spiciner. *Network Security: Private Communication in a Public World,* 2nd ed. Upper Saddle River, NJ: Prentice Hall PTR, 2002.

Mikalsen, Arne and Per Borgesen. *Local Area Network Management, Design and Security—A Practical Approach.* New York: John Wiley & Sons, 2001.

Mueller, Milton L. *Ruling the Root: Internet Governance and the Taming of Cyberspace.* Cambridge, MA: MIT Press, 2002.

Rappaport, Theodore. *Wireless Communications: Principles and Practice,* 2nd ed. Upper Saddle River, NJ: Prentice Hall PTR, 2001.

Eifert, Rich. The Switch Book: *The Complete Guide to LAN Switching Technology.* New York: John Wiley & Sons, 2000.

Shepard, Steven. *Telecom Crash Course.* New York: McGraw-Hill Professional, 2001.

Os periódicos seguintes também fornecem informações regulares sobre telecomunicações, comunicação de dados e redes:

Business Communications Review, Network Computing, Network Magazine, Network World

NOTAS

1. "Reaping the Benefits of Wireless," *Health Management Technology,* February 2002, 50–51. Nelson, Matthew G., "Doing Business without Wires: Bluetooth and 802.11b," *InformationWeek,* 15 January 2001, 22–24, 28. www.sisunet.org, accessed on 21 June 2002. http://www.miller-dwan.com, accessed on 21 June 2002.
2. Eric Sfiligoj, "Re-Examining 'Chain' Economics," *Croplife,* April 2002, 22.
3. Maggie Biggs, "Simplifying Communication," *Federal Computer Week,* 3 June 2002, 46, 47, 50.
4. Janet Kornblum, "Ameritech Service Gives E-Mail by Telephone E-Listen Targets Mobile Professionals' Need to Stay in Touch," *USA Today,* 17 May 1999, 6B.
5. Betty Lin-Fisher, "Companies Save Money, Avoid Corporate Travel with Videoconference Sessions," *Knight Ridder Tribune Business News,* 10 June 2002, 1.
6. Mike Moralis, "HR's Enterprise-Wide Portal: To Go Where No Intranet Has Gone Before," *Canadian HR Reporter,* 20 May 2002, G8.
7. Judi Hasson, "State Taps Accenture for Intranet Project," *Federal Computer Week,* 4 March 2002, 10.
8. Clark W. Gellings, Adam Serchuk, and Steve Hoffman, "Life in 2020: Imagine Yourself in the Future...," *Electric Perspectives,* May/June 2002, 40–52.
9. http://www.groove.net/solutions/testimonials/nonprofit/stjohns.html, accessed on 8 September 2002.
10. Scott Hamilton, "E-Commerce for the 21st Century," *Computer,* May 1997, 44–47.
11. Christopher M. Kelley, Retail & Media North America: *Consumer Technographics Data Overview.* Cambridge, MA: Forrester Research, 2002.
12. CyberAtlas staff, "B2B E-Commerce Headed for Trillions," accessed at http://cyberatlas.internet.com/markets/b2b/article/0,,10091_986661,00.html on 24 June 2002. Data is attributed to eMarketer, "E-Commerce Trade and B2B Exchanges," March 2002.
13. http://www.rcn.com, accessed on 24 June 2002.
14. Brett Pate, "CTI Communications Testimonial," 5 June 2002, accessed at http://www.cticomm.com/testimonials.htm on 11 July 2002.
15. "News from Europe," *Management Services,* March 2002, 22.
16. "China Telecom Monopoly Ends," *Reuters,* 20 April 2000, accessed at http://www.wired.com/news/business/0,1367,35797,00.html on 26 June 2002.
17. Demetri Tsanacas, "Transborder Data Flows in the Internet Era: Privacy or Control?," *American Business Review,* June 2001, 50–56. Francis Aldhouse, "The Transfer of Personal Data to Third Countries under EU Directive 95/46/ec," *International Review of Law, Computers & Technology,* March 1999, 75–79.
18. Sweden, *Personal Data Act* (1998:204), October 1998, accessed at http://www.datainspektionen.se/in_english/default.asp?content=/in_english/legislation/data.shtml on 26 June 2002.
19. http://www.cisco.com/warp/public/779/edu/build/profiles/vccs.html, accessed on 8 September 2002.
20. David Strom, "Disney Takes a Ride on Ethernet," *Network World,* 2 April 2001, 40–42.
21. Phil Hochmuth, "MANs in Paradise," *Network World,* 15 April 2002, 39–42.
22. Bob Brewin, "Calif. City Plans Wireless LAN for Critical Communications," *Computerworld,* 18 February 2002, 11.
23. Jim Wagner, "Want Broadband with Your Fries?," *Internetnews.com,* 7 May 2002, accessed at http://www.internetnews.com/isp-news/article.php/8_1038961 on 27 June 2002.
24. Janet Rae-Dupree, "Surf the Airwaves; You Can Tap into High-Speed Wireless Service Right Now at Thousands of Wi-Fi 'Hot Spots,'" *U.S. News & World Report,* 24 June 2002, 62–64.
25. Jeff Bennett, "Chrysler Embraces Hands-Free Calling," *Knight Ridder Tribune Business News,* 10 January 2002, 1.
26. Paul Jackson with Erwan de Montigny and Fraser Pearce, *Turning On Broadband Users: Consumer Technographics Europe.* Amsterdam: Forrester Research BV, 2001.
27. Jed Kolko with Tom Rhinelander, Gillian DeMoulin, and Resa Broadbent, *Devices & Access North America: Consumer Technographics Data Overview.* Cambridge, MA: Forrester Research, 2001.
28. Charles S. Golvin with David M. Cooperstein, Gregory J. Scaffidi, and Jennifer Schaeffer, *Sizing US Consumer Telecom.* (Cambridge: MA, Forrester Research, 2002): 11.
29. David Van Winkle, Keith Porterfield, and Charles Nash, "Utility Overhauls Its Communications Backbone," *Transmission & Distribution World,* October 2001, 40–46.
30. Paul Desmond, "Kent State's ATM Network," *ATM Newsletter,* December 2000, 1–4.
31. Bob Brewin, "Now, Even the Plumber May Be Using Wireless," *Computerworld Online,* 15 May 2002, accessed at http://www.computerworld.com/mobiletopics/mobile/story/0,10801,71189,00.html on 9 July 2002.
32. Scott Bradner, "Silly Question: Are the Carriers Smart Enough?," *Network World,* 18 March 2002, 24.
33. Michael Pastore, "At-Home Internet Users Approaching Half Billion," *CyberAtlas,* 6 March 2002, accessed at http://cyberatlas.internet.com/big_picture/geographics/article/0,,5911_986431,00.html on 9 July 2002. The original source for the total number is cited as the "Fourth Quarter 2001 Global Internet Trends Report" by Nielson/NetRatings. The original source for the U.S. percentage is cited as eMarketer.
34. "Internet Users Will Top 1 Billion in 2005. Wireless Internet Users Will Reach 48% in 2005," *Computer Industry Almanac,* Inc., 21 March 2002, accessed at http://www.c-i-a.com/pr032102.htm on 9 July 2002.
35. Michael Pastore, "Small Business Embraces Net, Shuns E-Commerce," *CyberAtlas,* 6 August 2001, accessed at http://cyberatlas.internet.com/markets/smallbiz/article/0,,10098_860861,00.html on 9 July 2002. Original sources are cited as eMarketer and International Data Corporation.
36. Peter Gwin, "Upgrading the Internet and the IPV6 debate," *Europe,* June 2002, 5. Ken Wieland, "Addressing the IPv6 Issue," *Telecommunications International,* May 2002, 27–30.
37. Richard Adhikari, "The Bandwidth Rainbow," *InformationWeek,* 10 April 1995, 45.
38. Steven Gardner, "Catching the Online Bus—Financial Institutions See Potential Profits from Internet Customers," *The Columbian,* 5 February 2002, E1. "Clash of Cryptography and Copyright," *The Hindu,* 13 September 2001.
39. Kelly Jackson Higgins, "Major League Soccer Fields a Deep Line of Defense," *Network Computing,* 16 April 2001, 79–81.
40. Marcia Savage, "Green Bay's Defensive VPN Line," *CRN,* 18 June 2001, 63.

Parte III

Projetando Sistemas Corporativos

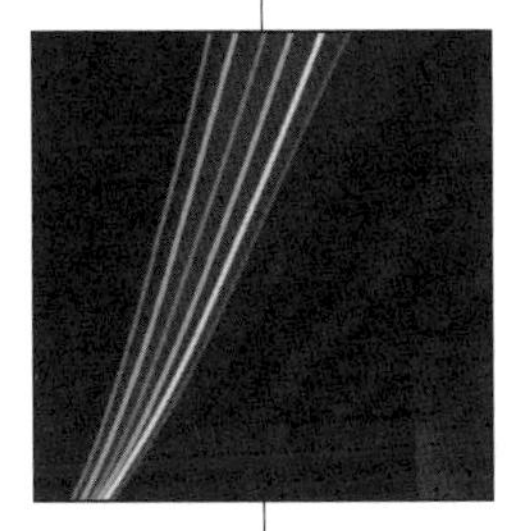

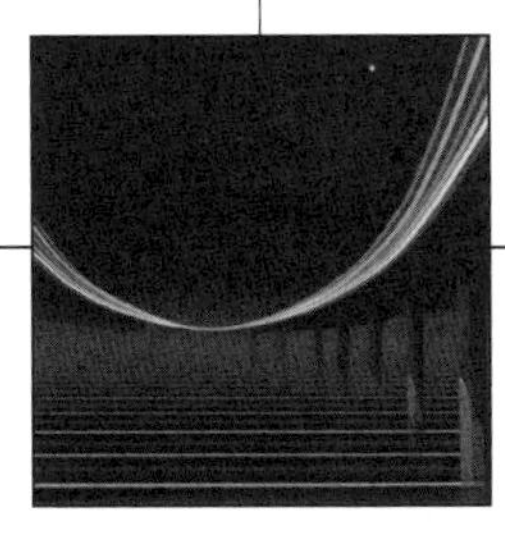

Os sistemas de informação usam a tecnologia da informação para satisfazer às necessidades de informação. A Parte III investiga como a tecnologia da informação satisfaz estas necessidades no contexto dos sistemas corporativos. O Capítulo 6 explora as questões e as práticas do *e-commerce* (comércio eletrônico) e do *e-business* (negócios eletrônicos), abordando os objetivos e dificuldades em fazer negócios eletronicamente e analisando como a tecnologia da informação afeta ou propicia múltiplos modelos de negócios. O Capítulo 7 aprofunda-se nos processos para desenvolvimento dos negócios, mostrando como a tecnologia da informação adiciona valor a um negócio e entre os parceiros de negócio. Ele aborda a gestão do relacionamento com o cliente, a produção, o relacionamento com os fornecedores, a logística, os recursos humanos, a contabilidade e a integração empresarial e interempresarial. O Capítulo 8 mostra como a tecnologia da informação suporta a gestão dos processos de coordenação e tomada de decisão administrativa. Ele aborda negócios e inteligência competitiva, sistemas de suporte à decisão, sistemas de suporte a grupos e sistemas de informações executivas. ■

6 Introdução ao *E-Commerce* e ao *E-Business*

OBJETIVOS DO APRENDIZADO

Após completar o Capítulo 6, você estará apto a:

- Definir a "cadeia de valor", identificar seus componentes e explicar como ela difere da cadeia de valor estendida.
- Explicar como o *e-business* pode ajudar as empresas a reduzir o custo da realização de transações e aumentar a velocidade dos negócios.
- Explicar como o *e-business* ajuda a reduzir erros e melhorar a qualidade.
- Descrever três formas pelas quais o *e-business* ajuda as empresas a trabalhar em parceria com seus fornecedores.
- Identificar as vantagens e desvantagens de uma estratégia de presença exclusiva na *Web* (*pure-play*) *versus* uma estratégia de lojas físicas juntamente com presença na *Web* (*click-and-mortar*).
- Definir "modelo de negócio" e descrever seis destes modelos.
- Descrever os efeitos da desintermediação em produtores e distribuidores.
- Definir "*e-government*" e dar exemplos da sua implementação.
- Identificar e comparar quatro tecnologias para o intercâmbio de informações entre as organizações.
- Explicar como as empresas podem resolver os conflitos de canal causados por vendas diretas pela Internet.
- Identificar as decisões que as empresas necessitam tomar quando fazem negócios internacionais através da Internet.
- Explicar as implicações do *e-commerce* para a política de segurança de uma empresa.

A Enterprise Rent-A-Car Conecta-se com as Seguradoras

A Enterprise Rent-A-Car promete em seus comerciais de TV, "Nós vamos buscar você". Ultimamente ela vem propiciando um enorme "apanhe-me" para talvez seus clientes mais importantes: as companhias seguradoras.

Ocupando um nicho exclusivo na indústria de locações de veículos, a Enterprise, sediada em St. Louis, no estado do Missouri, obtém 95% da sua receita através de locações locais — das quais uma parte significativa é representada pelos pagamentos das locações de reposição efetuadas pelas seguradoras de automóveis enquanto o carro do segurado está na oficina para reparos. Com seu Sistema de Gestão de Locações Automatizado (ARMS – *Automated Rental Management System*), a Enterprise trouxe para o sistema *online* o trabalhoso processo anterior da locação de reposição, racionalizando as operações para as seguradoras e protegendo seu nicho de mercado.

O ARMS é um aplicativo da Internet que permite às empresas de seguro, filiais da Enterprise e oficinas mecânicas administrarem eletronicamente todo o ciclo da locação. Quando alguém se acidenta e registra um pedido de indenização, o recepcionista de seguros pode conectar-se ao *site* do ARMS na Internet e criar uma reserva para o cliente. Enquanto isso, através do aplicativo ARMS Automotive Web, a oficina mecânica pode enviar atualizações eletrônicas diárias do *status* dos reparos dos carros. Se o conserto levar mais tempo do que o esperado, a seguradora é notificada automaticamente através do ARMS. Logo que a oficina mecânica completa o conserto e o cliente devolve o carro locado, o ARMS automaticamente gera uma fatura e a envia à companhia seguradora. Enquanto isso, o ARMS permite às seguradoras acessar um *data warehouse* onde elas podem esmiuçar informações de todas as suas transações, permitindo-lhes analisar e administrar melhor o processo da locação num nível mais abrangente.

Isto é uma significativa melhoria de desempenho sobre o que costumava ser um processo enfadonho, manual e sobrecarregado de papéis. No passado, um recepcionista de seguros poderia ter sido obrigado a ligar para uma filial da Enterprise três ou quatro vezes antes de encontrar alguém que pudesse processar uma reserva. A Enterprise calculou que houve em média uma redução de 8,5 ligações telefônicas para cada transação de locação de veículo e de metade de um dia num típico ciclo de locação, economizando anualmente entre 36 milhões e 107 milhões de dólares para a indústria de seguros. Isto significa que:

- Os empregados da Enterprise são deixados à vontade para prestar o melhor atendimento ao locador (que normalmente está desorientado e angustiado por causa do acidente e perda do carro).
- As oficinas mecânicas podem concentrar-se nos reparos, em vez de atender aborrecidas chamadas telefônicas referentes à situação do conserto.
- As seguradoras podem cortar, em média, meio dia de um ciclo de locação.

A Enterprise tem colhido consideráveis recompensas com o ARMS. A empresa processa transações anuais num valor superior a 1 bilhão de dólares através do sistema. E, de acordo com o COO* e o presidente Don Ross, a Enterprise foi capaz, em grande parte devido ao ARMS, de construir vários "relacionamentos de fornecedor preferencial" com seguradoras como a MetLife e a GMAC. Enquanto isso, 22 das 25 maiores seguradoras do país e mais de 150 empresas, ao todo, usam o sistema. E, como o ARMS torna muito mais fácil às companhias seguradoras fazer negócios com a Enterprise, os negócios da empresa com os maiores clientes do ARMS cresceram dramaticamente mais rápido do que o seu negócio de seguros como um todo, que inclui as seguradoras que ainda conduzem manualmente suas transações de locação. "Nós vimos nossos negócios com certas empresas mais do que dobrar desde que elas adotaram o ARMS", diz Ross.[1]

*COO: *Chief Operating Officer* — Diretor operacional, principal diretor de uma organização, abaixo do pressidente.

Substituir papéis e processos manuais por processos eletrônicos pode economizar para a empresa uma grande quantidade de tempo, esforço e dinheiro. Quando empresas como a Enterprise fazem negócios eletronicamente, elas não somente fazem questão de ter uma postura ganhadora, como também seus parceiros de negócios participam dos benefícios obtidos. Isto ajuda a cimentar as parcerias e construir o negócio.

Neste capítulo, começamos explorando os conceitos de *e-commerce* e *e-business*: O que são e como se relacionam com os processos de negócios de uma empresa? A seguir exploramos os benefícios em fazer negócios eletronicamente — como as empresas devem diagnosticar as necessidades para o comércio eletrônico e avaliar alternativas. Depois examinamos vários modelos de negócios, analisando como o projeto do negócio afeta as oportunidades para o comércio eletrônico e os benefícios deste comércio. Finalmente, abordamos as questões envolvidas na implementação do *e-commerce* e do *e-business.*

CONCEITOS DE *E-COMMERCE* E DE *E-BUSINESS*

O que São *E-commerce* e *E-business*?

Comércio é o intercâmbio, ou a compra e venda, de produtos e serviços.[2] Definimos ***e-commerce*** como o intercâmbio ou a compra e venda de produtos e serviços por meios eletrônicos. São exemplos de *e-commerce* seu companheiro de quarto comprando um jogo através da Internet, sua faculdade enviando uma ordem de compra por *e-mail* para seu fornecedor de papel e a conclusão de um leilão bem-sucedido no eBay.

Negócio é uma atividade comercial ou mercantil empregada como um meio de vida.[3] Definimos ***e-business*** como o uso das tecnologias de informação e comunicação para executar funções de negócios. *E-business* é, portanto, um termo amplo que inclui *e-commerce.* Por exemplo, *e-business* inclui atividades tais como inserir informações sobre um cliente potencial no banco de dados da empresa, trocar informações por *e-mail* sobre o projeto de um novo produto e ler através de um *scanner* o código de barras de uma peça necessária à produção, quando ela for retirada do estoque. Nenhum destes exemplos seria considerado *e-commerce* pela sua definição. Embora tenhamos definido *e-commerce* e *e-business* diferentemente, você deve estar atento ao fato de que muitas pessoas usam os termos de forma intercambiável.

Conceitos da Cadeia de Valor

A **cadeia de valor** é a série de processos pelos quais uma empresa transforma matéria-prima em produtos acabados e serviços. Uma proposição popularizada por Michael Porter em 1980 é que cada um dos processos na cadeia de valor deve adicionar valor para o consumidor final e que uma empresa pode tornar-se mais eficiente ao identificar e eliminar os processos que não adicionem valor.[4] Além do mais, uma empresa pode tornar-se mais eficiente e estrategicamente focada se puder identificar e realçar os valores exclusivos que adiciona. Cada empresa, dependendo da indústria e do nicho, tem sua própria cadeia de valor, mas a Figura 6-1 ilustra uma cadeia de valor genérica, construída a partir dos conceitos de Porter para alinhar-se com este texto. Na Figura 6-1, as setas representam os processos de adição de valor diretos na cadeia de valor. O retângulo mostrado abaixo da cadeia de valor direto ilustra os processos adicionais necessários ao suporte da cadeia de valor, tanto por juntar estes processos e mantê-los unidos como por fornecer a análise e as informações que melhoram o desempenho dos processos. O *e-business* apóia e suporta estes processos e o fluxo de informação entre eles.

Note que o material flui *principalmente* do fornecedor para o cliente. Às vezes, naturalmente, como quando os produtos ou materiais são devolvidos ou serão reprocessados, o material irá fluir na direção contrária. Este fluxo é ditado pelo fato de as aquisições dos clientes dirigirem as operações de uma empresa. Quando um cliente adquire um produto, as informações relativas àquela aquisição são processadas pela logística de distribuição, que engloba os processos associados à retirada do produto do estoque e sua remessa para o cliente. Este processo, por sua vez, gera informações que orientam a produção quanto à necessidade de reposição dos estoques, o que gera informações para retiradas do almoxarifado, o qual também precisa ser reposto.

A **cadeia de valor estendida**, mostrada na Figura 6-2, é a seqüência das atividades de adição de valor que se estendem além dos limites da empresa. Toda empresa deve reconhecer que seus fornecedores estão fundamentalmente envolvidos na criação do valor de seus produtos. Na medida em que sua empresa, seus fornecedores e os fornecedores de seus fornecedores ajam em conjunto para maximizar o valor e

FIGURA 6-1

A cadeia de valor consiste em processos que adicionam valor para o consumidor final. O *e-business* suporta o fluxo de informações entre estes processos, assim como entre as funções que dão apoio à operação da empresa.

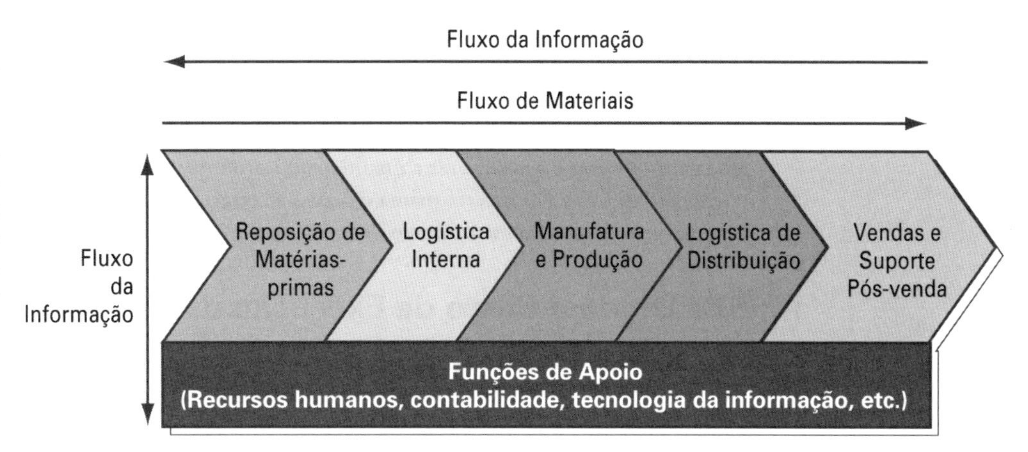

eliminar os processos que não adicionam valor, sua empresa pode tornar-se mais eficiente e focada. A porção da cadeia de valor estendida situada no lado do fornecimento é chamada de **cadeia de suprimentos.**

Alguns de seus clientes podem usar os produtos da sua empresa como componentes de seus próprios produtos; eles podem reembalar seus produtos para revenda ou simplesmente oferecer serviços de distribuição que adicionam valor pela redução da distância ou da dificuldade que os clientes possam ter na obtenção de seus produtos. À medida que os seus clientes ou os clientes de seus clientes adicionam valor ao seu produto, eles são parte da sua cadeia de valor estendida. À medida que você e estes clientes agem de forma coordenada para adicionar valor e eliminar atividades que não adicionam valor, você pode reduzir custos e adicionar valor para o consumidor final. A porção da cadeia de valor estendida situada no lado do cliente chama-se **cadeia de demanda.**

BENEFÍCIOS EM FAZER NEGÓCIOS ELETRONICAMENTE

As organizações podem analisar sua cadeia de valor e sua cadeia de valor estendida nos aspectos do suprimento e da demanda para identificar as oportunidades de melhorar os processos de negócios com a tecnologia da informação. Para avaliar operações de negócios existentes, diagnosticar as necessidades de mudança e avaliar alternativas de *e-business*, os administradores precisam entender os benefícios e custos de fazer negócios eletronicamente. Só então eles podem projetar novos sistemas e implementar mudanças.

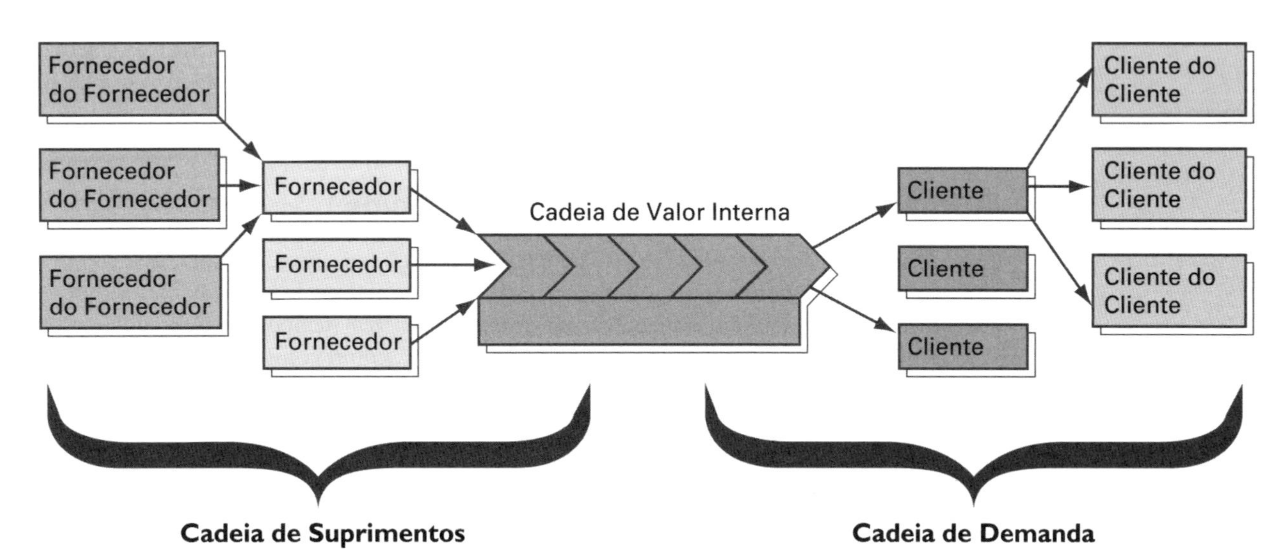

FIGURA 6-2

A cadeia de valor estendida inclui os processos com valor adicionado de seus fornecedores e dos fornecedores destes (a sua cadeia de suprimentos), e os processos com valor adicionado de seus clientes e dos clientes de seus clientes (a sua cadeia de demanda).

Existem várias boas razões para se fazer negócios eletronicamente. O e-*business* reduz o custo e aumenta a velocidade de execução das transações de negócios; permite que negócios sejam feitos vinte e quatro horas por dia, sete dias por semana; ajuda a administrar o fluxo de trabalho, assegurando que as tarefas sejam transferidas às mãos das pessoas indicadas e que estas executem por completo as tarefas recebidas; ajuda a monitorar e a aprimorar a qualidade do produto; e melhora a coordenação entre os negócios na condução do fluxo de matéria-prima e peças necessárias à produção. Nesta seção, exploramos como os benefícios do *e-business* melhoram o desempenho e a eficiência da organização empresarial.

Reduzindo o Custo de Execução das Transações

O *e-business* tem o potencial de reduzir tanto os custos diretos como os indiretos na execução das transações. As organizações podem perceber economia nos custos de correio, papel, manuseio, armazenamento, logística, mão-de-obra e outras áreas.

Uma transação típica de negócio envolve várias comunicações entre as partes envolvidas. Uma ordem de compra inicia a aquisição, um aviso de despacho e fatura são enviadas quando o item é despachado; e o pagamento é enviado quando do recebimento do pedido. Algumas transações requererão, também, cotações de preço, autorizações, notificações de recebimento e refaturamentos. Quando enviadas através do correio, estas comunicações incorrem em custos de postagem. Quando enviadas eletronicamente, o custo pode ser bem menor. A comunicação eletrônica também elimina o custo do papel, especialmente os formulários, que podem ser caros, e o custo dos envelopes. Ela também elimina o manuseio exigido para o envelopamento. Além disto, ela elimina também a mão-de-obra requerida para a conferência cruzada de avisos de remessa contra ordens de compra para certificar-se de que os itens enviados foram os itens encomendados, faturas contra ordens de remessa para certificar-se de que os itens faturados foram os itens enviados e pagamentos contra faturas para certificar-se de que o montante pago equivale ao total faturado.

O *e-business* reduz o custo do armazenamento de papel. Ele substitui arquivos e armários de arquivamento com um armazenamento muito mais barato num espaço muito menor e, potencialmente, com muito mais segurança. Economia de espaço é economia de aluguel. Os registros eletrônicos, também, são muito mais baratos para se duplicar e guardar fora da sede para fins de *backup* em caso de incêndios, terremotos ou outros desastres naturais ou não.

O *e-business* reduz custos ao melhorar a logística. Como as mensagens eletrônicas movem-se com mais rapidez que o correio postal, muito de negligência e conjecturas pode ser eliminado do processo de submissão de pedidos. Os materiais podem ser encomendados apenas um pouco antes de serem necessários, com menos riscos de que haja falta no estoque. Conseqüentemente, o montante em estoque e o custo resultante de armazenar este estoque podem ser reduzidos. O processamento eletrônico pode, também, ajudar a otimizar os embarques, combinando e convertendo carregamentos que estejam abaixo da capacidade de carga padrão em carregamentos de carga plena e providenciando cargas de retorno para a viagem de volta, o que é conhecido como *backhaul*.

Se o produto que está sendo vendido pode ser produzido em forma eletrônica, o *e-business* produz uma economia de custos até maior. Livros, revistas, jornais, música, filmes, televisão, catálogos e muitos outros produtos podem ser facilmente transmitidos eletronicamente, economizando o custo de produção em uma mídia *hardcopy*.

Aumentando a Velocidade dos Negócios

O aumento da velocidade é tão importante quanto a redução de custos. Em mercados competitivos, a primeira empresa a produzir um produto tem uma enorme vantagem de mercado. Por exemplo, em uma indústria, a Hewlett Packard estimou o valor do *time-to-market** (tempo para mercado), em termos de vantagem competitiva, a um milhão de dólares por dia. A empresa foi capaz de reduzir o tempo de lançamento em até duas semanas, através da exibição, na sua intranet, das especificações de manufatura e da codificação de reprogramação das máquinas e linhas de montagem. Desta maneira, os membros das equipes de projeto distribuídos no mundo todo foram capazes de trabalhar 24 horas/dia no projeto do produto e no seu lançamento.[5]

O Netgem, uma empresa líder no mercado de provedores de tecnologia de TV interativa, descobriu que as ferramentas de *e-business* lhe permitiam reduzir de seis para duas semanas o tempo de projeto de

---

* *Time-to-market*: Tempo decorrido entre a concepção de um produto e seu lançamento no mercado. (N.T.)

uma placa de circuito impresso. Isto lhe permitiu colocar no mercado produtos complexos em um período de tempo competitivo.[6] Normalmente, reduzir o tempo para mercado requer não apenas o uso da computação para apoio ao projeto (ver Capítulo 7), mas também ferramentas eletrônicas para gestão de projeto e para atividades de coordenação em projeto, engenharia, marketing, manufatura e vendas para um tranqüilo lançamento de produto.

O valor da velocidade estende-se, também, para o atendimento e a entrega do produto. Os clientes valorizam agilidade e trâmites rápidos. Eles freqüentemente pagarão um adicional para atendimento rápido ou irão a um concorrente se não o conseguirem. A empresa IP Communication (IPC), um provedor de acesso à Internet por banda larga, usou o *e-business* para reduzir de 45 para 15 dias o tempo de atendimento a um novo cliente. O processo envolve três partes externas: o cliente, um escritório de pesquisa de crédito e a SBC, a empresa operadora de comunicações local na área de atuação da IPC. Quando um cliente assina um contrato, o crédito deve ser aprovado, uma linha telefônica deve ser requisitada à SBC e o equipamento deve ser instalado no endereço do cliente. Além disso, processos internos precisam ser ativados para o faturamento e para a gestão de problemas. A IPC usou o *software* de *workflow* para racionalizar seus processos internos e os *softwares* EDI e XML, que são discutidos adiante neste capítulo, para racionalizar seus processos externos.[7]

Fazendo Negócios a Qualquer Hora e em Qualquer Lugar

Um grande benefício do *e-business* é a habilidade de fazer negócios mesmo quando os empregados não estão presentes. Com os sistemas apropriados funcionando, um negócio pode processar pedidos de clientes 24 horas por dia, sete dias por semana. Além disso, os clientes podem examinar as mercadorias, mesmo que não submetam um pedido. Eles, também, podem receber algum nível de suporte ao cliente.

A habilidade de fazer negócio em qualquer lugar é um benefício maravilhoso para um negócio pequeno que, de outra forma, teria problemas em alcançar localidades distantes. Uma empresa com um pequeno número de pontos de venda físicos, ou sem ponto de venda físico, pode vender nacionalmente, ou mesmo internacionalmente, pela Internet. A Vosges Haut Chocolat, por exemplo, uma confeitaria com duas lojas em Chicago, atribui cerca de 30% de seus aproximados 2 milhões de dólares em vendas anuais ao seu *Website.*[8]

Melhorando o *Workflow*

E-business melhora o *workflow* ao substituir papel por documentos e avisos eletrônicos. Os documentos eletrônicos podem ser mais rapidamente acessados e a informação neles registrada mais facilmente usada. A duplicação de papel, a duplicação de entrada de dados e a perda de documentação são todos eliminados. Além disso, o *software* de computador pode rastrear o progresso dos processos, alertando os gestores quando os processos tornam-se lentos, prevendo gargalos potenciais decorrentes de uma inadequada dotação de pessoal e fornecendo rastros para auditoria e controle.

O *software* de *workflow* é construído para ser o mais funcional possível, assim como o *software* empresarial e interempresarial que interliga processos na cadeia de valor interna e estendida (ver Capítulo 7). Entretanto, as organizações podem usar o *software* de *workflow* de forma independente, para automatizar diferentes processos. O *software* de *workflow* opera em três fases: mapeamento, modelagem e implementação. Na fase de mapeamento, o *software* ajuda a registrar, de forma visual, como ilustrado na Figura 6-3, os passos manuais e automáticos envolvidos em um processo de negócios. Na fase de modelagem, o *software* ajuda a identificar ineficiências no processo e possíveis áreas para melhoramento, automação e controle. O *software* constrói um modelo do modo como o processo deve funcionar e gera automaticamente a codificação para automação do processo. Na fase de implementação, o *software* usa a codificação, juntamente com outras ferramentas tais como *e-mail*, para fornecer os benefícios desejados.

A Anova, membro do Grupo Agis, uma das maiores seguradoras da área da saúde na Holanda, possui 600.000 clientes e receita anual acima de 1,3 bilhão de florins (cerca de 600 milhões de dólares). Ela processa aproximadamente 1,2 milhão de registros por mês, consistindo em solicitações de reembolso de pacientes, pareceres de especialistas, médicos, hospitais e correções e modificações de documentos existentes. Para dar conta desta enorme carga de trabalho ela informatizou tanto seus processos quanto seus documentos. Os documentos são digitalizados (escaneados) quando recebidos, armazenados em um banco de dados e direcionados àqueles que necessitam alimentar dados faltantes, obter informações adicionais de pacientes ou médicos ou aprovar pagamentos. O novo sistema teve um impacto fantástico na eficiência da organização. A quantidade de tarefas relativas a trabalhos em andamento pendentes decresceu em

93%, de 60.000 para 4.000, e o número de telefonemas para a central de atendimento decresceu de 18.000 para 10.000 por semana. Além disso, o tempo médio para processar uma solicitação ou pedido de indenização diminuiu de 16 para 2 dias, com 75% dos trabalhos agora processados em um único dia. Os agentes do serviço de atendimento ao cliente estão habilitados a encontrar registros ou reclamações de seus clientes em suas telas de computador em segundos, e assim eles podem melhor responder às ligações dos clientes. Eles podem tomar decisões e alterar documentos enquanto o cliente está ao telefone. O sistema rastreia e audita todas as alterações efetuadas, de modo que os administradores possam revisar e controlar todo o processo. Além disso, os administradores da Anova estão habilitados a melhorar o seu processo de tomada de decisão, porque têm acesso tanto a dados transacionais quanto a dados estatísticos e podem executar análises com respeito às suas operações e estratégias.[9]

Imagine como o ARMS automatizou o *workflow* da Enterprise Rent-A-Car. Os benefícios incluíram não apenas a melhora do relacionamento com suas seguradoras, mas, também, o aumento da velocidade de seus processos e a redução de erros.

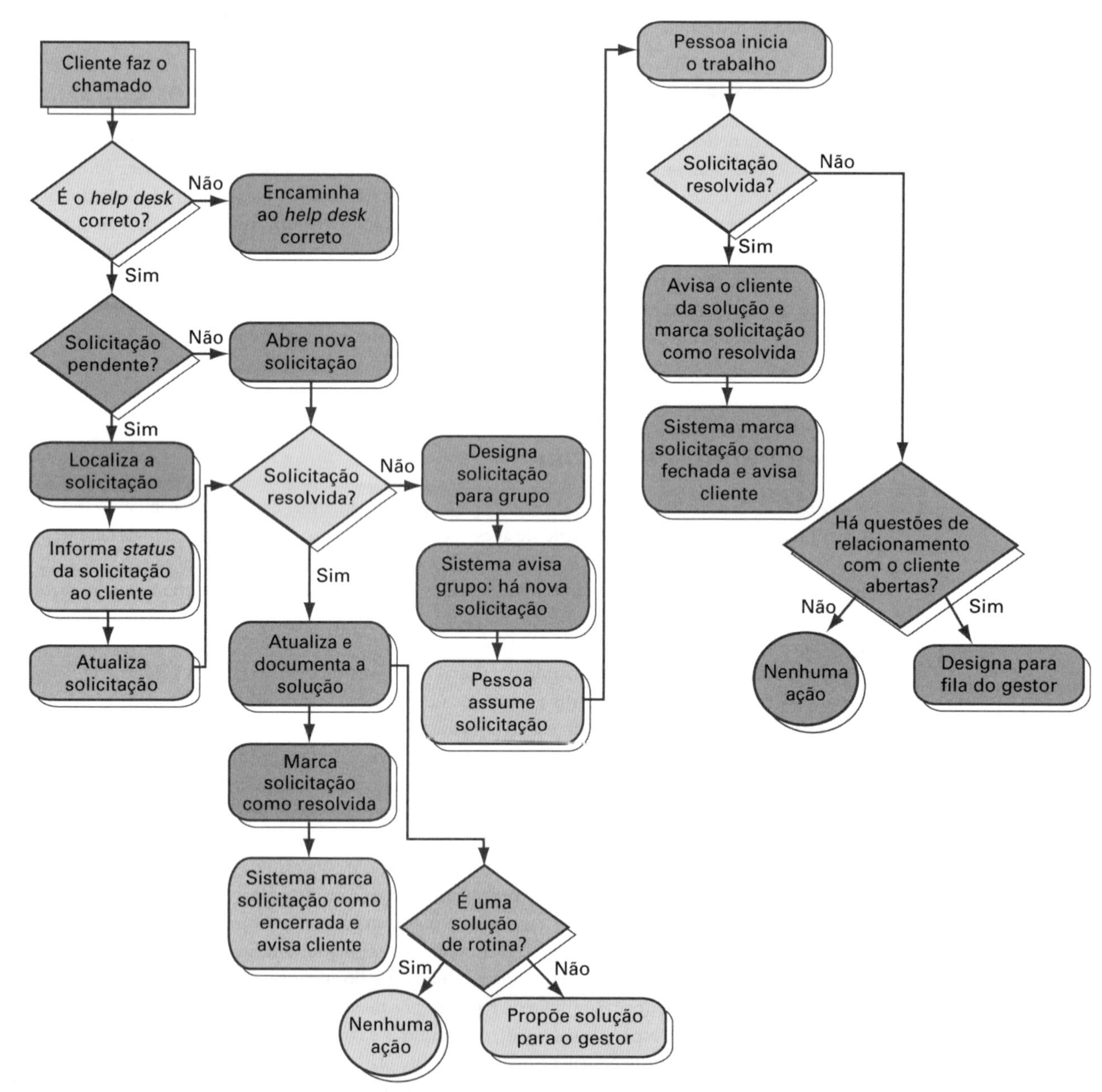

FIGURA 6-3 Mapeamento do *workflow* do *help desk* (teleatendimento ao cliente) do serviço de computação na Universidade da Pensilvânia.

FONTE: http://www.upenn.edu/computing/group/penntips/, acessado em 10 de agosto de 2002. Usado com permissão.

Reduzindo Erros e Melhorando a Qualidade

Fazer negócios eletronicamente propicia muitas oportunidades para reduzir os erros e melhorar a qualidade. Por exemplo, quando uma cliente usa uma interface da Internet para introduzir dados sobre seu endereço ou detalhes de seu pedido para um par de calças, ela pode revisar a informação na tela e ter certeza de que está correta. Se, em vez disso, ela tivesse dado a informação a um tomador de pedidos por telefone, o processo de comunicação entre o cliente e o tomador de pedidos iria propiciar uma probabilidade adicional de erro. Um registro eletrônico, também, oferece uma oportunidade para verificações da qualidade ao longo de quase todas as fases de cada processo. Por exemplo, quando o pedido para o par de calças é atendido, o apanhador da mercadoria pode verificar o item e o endereço da caixa onde a mercadoria é colocada. Se o item errado é colocado na caixa, os sistemas computadorizados podem gerar uma mensagem de erro. Se um sistema baseado em papel fosse usado, a única forma de efetuar uma segunda conferência do processo seria ter um segundo empregado conferindo as atividades do primeiro empregado.

O *e-business*, também, reduz erros ao fornecer uma oportunidade para monitorar automaticamente todos os processos de negócios. A Q-Link Tecnologies, um provedor de sistemas de *workflow* sediado em Tampa, no estado da Flórida, cita o caso de uma empresa não identificada participante da *Fortune 500*, que usou seu *software* para automatizar o processo de determinar discrepâncias de faturas. Quando seu processo era manual, a empresa cancelou milhões de dólares cada ano devido às discrepâncias que os administradores presumiam ser devidas a acordos não documentados feitos pela sua força de vendas. O processo eletrônico revelou, todavia, que 80% do problema eram devidos a erros na entrada de dados. A solução de *e-business* economizou para a empresa mais de 2 milhões de dólares só no primeiro ano.[10]

Colaborando com os Fornecedores

As empresas podem lucrar muito ao colaborar eletronicamente com seus fornecedores. A colaboração pode ocorrer em diversas áreas:

- *Projeto conjunto de produtos.* Uma empresa pode trabalhar com seus fornecedores para melhorar seus projetos e coordenar os projetos de múltiplos fornecedores de peças que são usadas no mesmo produto. Os fornecedores podem rever o projeto do produto de uma empresa para aconselhar como pequenas mudanças no projeto podem produzir grandes economias no custo de suas peças.
- *Sincronização.* Uma empresa pode trabalhar com seus fornecedores para, conjuntamente, prever a necessidade de suprimentos. Os fornecedores podem então otimizar seu planejamento da produção para reduzir custos e compartilhar as economias de custos com a empresa. Os fornecedores, também, economizam por não ter que produzir peças para produtos que estão descontinuados ou sem demanda.
- *Atendimento.* O atendimento é particularmente importante na indústria de serviços. As interfaces da Internet, por exemplo, reduzem em muito o custo em que uma empresa incorreria para relacionar-se com sua seguradora ou com a empresa fornecedora de planos de aposentadoria.

Uma pesquisa recente indica que 62% das grandes empresas já usam a Internet para colaborar com seus fornecedores.[11] Este percentual certamente aumentará à medida que as melhorias na tecnologia da colaboração permitirem às pequenas empresas participar mais facilmente e de forma mais barata.

MODELOS DE NEGÓCIOS ELETRÔNICOS

O *e-business* não é apropriado para todas as organizações. Dependendo do tipo de organização, as oportunidades para fazer negócios eletronicamente podem variar de forma substancial. A Internet e as tecnologias baseadas na *Web* também criaram oportunidades para que os negócios obtenham receitas e operem de maneiras que não eram viáveis anteriormente. Nesta seção, verificamos como os negócios diferem uns dos outros, que implicações essas diferenças têm para as oportunidades de fazer negócios eletronicamente e que ameaças existem para os negócios tradicionais, oriundas dos novos negócios que operam segundo os novos modelos. Começamos por rever alguns conceitos básicos do comércio b2c (*business-to-consumer*) e b2b (*business-to-business*). Definimos então o que significa um "modelo de negócio" e exploramos alguns dos modelos de negócios mais comuns para identificar o impacto da Internet e do *e-business* em geral para as empresas que seguem estes modelos.

Conceitos de B2C e B2B

A imprensa popular dedicou uma grande atenção à distinção entre dois tipos de comércio eletrônico: **empresa-para-consumidor** (**B2C** – *Business-to-Consumer*) e **empresa-para-empresa** (**B2B** – *Business-to-Business*). Como indivíduo e consumidor, provavelmente você já sabe muito sobre o comércio *B2C*. Você provavelmente já comprou produtos pela Internet, recebeu promoções por *e-mail* e enquanto navegava pela Internet e até mesmo deve ter baixado *software* comercial ou produtos musicais da *Web*. A tecnologia por trás do *e-commerce* B2C é muito simples, tanto para as empresas como para os consumidores. Depois que os clientes começaram a confiar na Internet como um canal seguro para comprar, as aquisições por parte dos consumidores explodiram, como mostrado na Figura 6-4, com taxas de crescimento inicial acima de 150% ao ano. Embora o crescimento tenha diminuído em termos percentuais, as vendas do varejo *online* têm crescido consistentemente de ano para ano e ultrapassaram o crescimento total das vendas no varejo desde 1997. Atualmente, quase metade da população adulta dos Estados Unidos acima de 17 anos e mais de 80% dos adultos com acesso à Internet adquiriram alguma coisa *online*.[12]

O *e-commerce business-to-business* (*B2B*) existe em grande volume há muito mais tempo que o *e-commerce B2C*. Já na década de 1960, a indústria de transportes nos Estados Unidos usava uma versão pioneira de uma tecnologia chamada Electronic Data Interchange (EDI), discutida com maior profundidade adiante neste capítulo, para transacionar negócios eletronicamente. Em 1991, cerca de 20.000 empresas no mundo todo estavam usando o EDI.[13] Atualmente, o *e-commerce B2B* é, *grosso modo,* dez vezes o volume do *e-commerce B2C,* considerando-se o valor em dólares. Espera-se que cresça a uma taxa anual próxima de 68% até 2005 nos Estados Unidos e mesmo a taxas mais altas em outros lugares.[14]

*Pure-play** versus Multicanal

A onda inicial de empresas que popularizou o uso da Internet para o *e-commerce B2C* vendeu apenas através do canal da Internet, adotando uma estratégia chamada ***pure-play***. Estas empresas foram as primeiras a reconhecer o poder da Internet para tirar vantagem da oportunidade de fazer negócios a qualquer hora em qualquer lugar e a reduzir os preços ao consumidor e aumentar suas próprias margens de lucro ao eliminar os distribuidores no seu processo comercial. A esta seguiu-se uma segunda onda de iniciativas de *e-commerce B2C*, com as empresas tradicionalmente estabelecidas reagindo à pressão das *pure-play* ao iniciar

**Pure-play*: Na Internet, é uma empresa que somente conduz negócios via Internet e não tem pontos de vendas físicos. O termo provém do mercado americano de ações, onde identifica empresas especializadas em determinada área de produtos/serviços, excluindo as demais, a fim de obter uma grande fatia do mercado e identidade de marca nessa área.

FIGURA 6-4

O crescimento das vendas B2C nos primeiros anos do *e-commerce*.

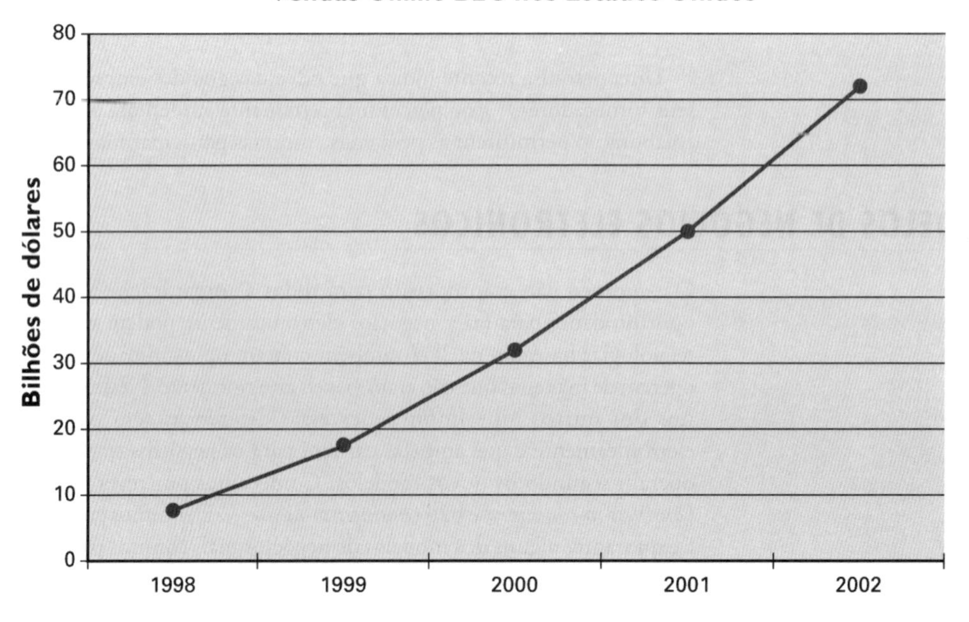

uma estratégia ***click-and-mortar*** (clique e argamassa), ou *clicks-and-bricks* (cliques e tijolos), oferecendo o mesmo canal da Internet que as *pure-play* oferecem (o "clique" significando a presença na *Web*), mas também disponibilizando suas lojas físicas (o "cimento e os tijolos" que as *pure-play* não oferecem), onde os clientes podiam devolver produtos mais facilmente e onde muitos sentiam-se mais confortáveis ao fazer suas compras.

Inicialmente, muitas empresas tradicionais hesitaram em vender através da Internet pelo medo de canibalizar as vendas de varejo nas lojas físicas e porque imaginavam que iriam incorrer em grandes custos para criar uma presença satisfatória na Internet. As empresas que, como os fabricantes de automóveis, vendiam através de canais indiretos, tais como distribuidores, concessionários ou lojas de varejo, freqüentemente não podiam vender através dos canais da Internet sem colocar em risco seus relacionamentos no varejo, uma situação chamada de **conflito de canal**. A Levis, por exemplo, teve que fechar um *site* de sucesso na Internet após reclamações e ameaças de seus parceiros do varejo.

Hoje, é largamente aceito que uma estratégia *click-and-mortar* é mais bem-sucedida do que uma estratégia *pure-play*. Na verdade, nenhuma grande empresa *pure-play*, exceto a eBay, foi capaz de lucrar durante o ano de 2002. Muitas empresas *pure-play* que eram as "queridinhas" de Wall Street faliram ou encerraram suas operações. A EToys, por exemplo, abriu o primeiro dia de comercialização de suas ações na bolsa com o preço de 20 dólares por ação, preço que subiu até 85 dólares antes de o dia terminar, e declarou falência apenas dois anos mais tarde. A MotherNature.com, que vendia vitaminas, suplementos alimentares, minerais e outros produtos naturais e que também fornecia um serviço grátis de informações *online*, começou a operar em dezembro de 1999 com 13 dólares por ação, viu o preço de sua ação aumentar para 14,56 dólares, mas cessou as operações menos de um ano mais tarde, em novembro de 2000.

De qualquer forma, o mercado de varejo *pure-play* continua a crescer, com uma taxa de crescimento em torno de 33% no ano de 2002, alcançando aproximadamente 23 bilhões de dólares em vendas.[15] Há evidências de que muitos dos insucessos do mercado foram devidos a empresas que buscavam taxas de crescimento irracionais para atender às expectativas dos acionistas e às empresas de *venture capital* que financiaram seu crescimento. Estas expectativas basearam-se muito em exageros e vendas potenciais, não em lucros. As empresas que cresceram lentamente, freqüentemente usando seu próprio capital e que prestaram atenção à lucratividade, continuaram a sobreviver e a ter sucesso.

Um exemplo é a FraganceNet.com Inc. Fundada em 1997, a empresa anuncia-se como "a maior loja de descontos exclusivamente Internet do mundo para fragrâncias, oferecendo mais de 3.500 fragrâncias de marcas registradas genuínas pelos mais baixos preços". Ela está listada no mercado *Over The Counter* e tem sido marginalmente lucrativa, apesar de ser uma empresa de capital aberto. A Bellacor.com, uma varejista de decoração *online*, vende produtos de iluminação avançados e produtos para decoração do lar de aproximadamente 700 fabricantes. A empresa tornou-se *online* desde setembro de 2000 e é completamente autofinanciada. Com uma transação de venda média (*ticket* médio) de aproximadamente 400 dólares e sem outros custos de varejo exceto o das remessas, a empresa tem operado com uma margem bruta de 40 a 50%.[16]

O que É um Modelo de Negócios?

Um **modelo de negócios** é um plano amplo de quais produtos ou serviços uma empresa planeja vender e como ela planeja obter sua receita. Por exemplo, o modelo de negócio para a maioria das empresas jornalísticas é comercializar veiculação de jornais e publicidade. A televisão tem dois modelos de negócios. No modelo de televisão independente, uma empresa distribui gratuitamente a programação e a publicidade aos consumidores através da transmissão e obtém receita de seus clientes de publicidade. No modelo de televisão a cabo, uma empresa distribui a programação e, algumas vezes, publicidade, através de cabo e obtém receita da empresa a cabo local, que, por seu turno, recebe a receita dos assinantes da TV a cabo.

Os modelos de negócios aplicam-se tanto aos negócios tradicionais como ao *e-business*. O canal eletrônico oferece vantagens diferenciadas para diferentes modelos de negócios. O canal eletrônico também oferece diferentes sinergias com os canais tradicionais em diferentes modelos de negócios. Nesta seção, focalizaremos quais as vantagens o canal eletrônico oferece e, também, como os canais eletrônicos e canais tradicionais trabalham juntos.

Há milhares de diferentes modelos de negócios, mas muitos têm características em comum. Identificamos vários modelos comuns nesta seção. Ainda assim, muitos modelos de negócios não se encaixam muito bem nas categorias que criamos.

Modelos Produtores

Um **produtor** é um negócio que obtém receita vendendo os produtos que ele constrói, manufatura, planta ou cria, ou os serviços que fornece. Um produtor pode vender através de muitos canais, incluindo vender diretamente ao consumidor final, através de um varejista, através de um distribuidor, ou através de uma empresa OEM *(OEM – Original Equipment Manufacturer)*, uma empresa que incorpora o produto em seu próprio produto. São exemplos de produtores os fazendeiros, os fabricantes de automóveis, encanadores, consultores e a televisão *pay-per-view*. Um negócio que produz placas de circuitos impressos é um produtor, mas também o é a empresa de computadores que inclui as placas de circuitos impressos em seus próprios produtos. Os provedores de logística, como a UPS, também podem ser considerados produtores, pois vendem um serviço bem definido.

A habilidade de um produtor em efetuar a comercialização eletrônica em qualquer lugar dá-lhe a capacidade de dispensar, ou eliminar, atacadistas e/ou varejistas em sua cadeia de demanda, como ilustrado na Figura 6-5. O processo de não usar intermediários como estes na distribuição ou venda de um produto ou serviço é chamado de **desintermediação**. Freqüentemente, o produtor original de um produto vendido através da cadeia de demanda típica recebe somente uma pequena percentagem daquilo que o consumidor final paga. Por exemplo, o autor de um livro normalmente recebe *royalties* de menos de 15% do preço total da venda, talvez somente 8% do preço de varejo. Um plantador de maçãs em Ontário, no Canadá, normalmente recebe cerca de 20 centavos de dólares por libra-peso na fazenda, menos do que um terço dos 90 centavos por libra-peso que o consumidor paga pelas maçãs. Como mostrado na Figura 6-6, a empresa de armazenamento, a empresa que embala, o atacadista e o varejista, cada um obtém uma receita

FIGURA 6-5

O comércio eletrônico faz surgir a desintermediação, a habilidade de um negócio em dispensar intermediários na distribuição e venda de seus produtos ou serviços.

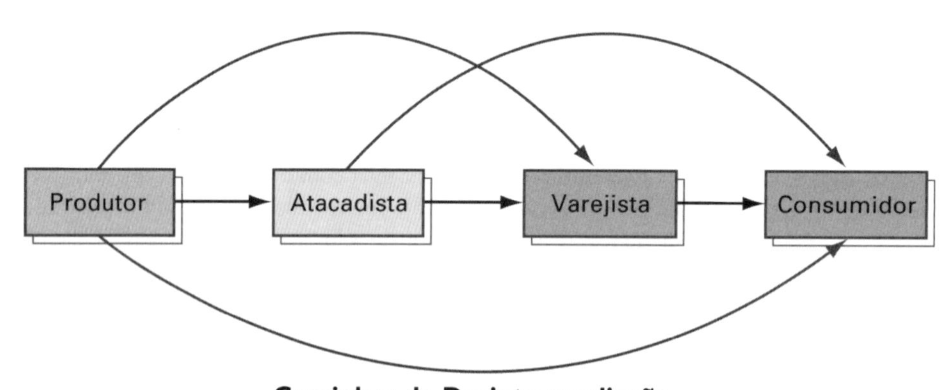

Caminhos da Desintermediação

FIGURA 6-6

O preço da libra-peso de maçãs frescas quando adquiridas de várias empresas na cadeia de valor. O produtor, neste caso o plantador, freqüentemente recebe apenas uma pequena percentagem do preço de venda final.

FONTE: Government of Ontario, Analysis and Review of the Apple Marketing Plan (Ontario, Canada: Queen's Printer for Ontario, 2002): Table 4-1, acessada em http://www. gov.on.ca/OMAFRA/english/farmproducts/apple/section_4.htm em 9 de agosto de 2002. Usado com permissão.

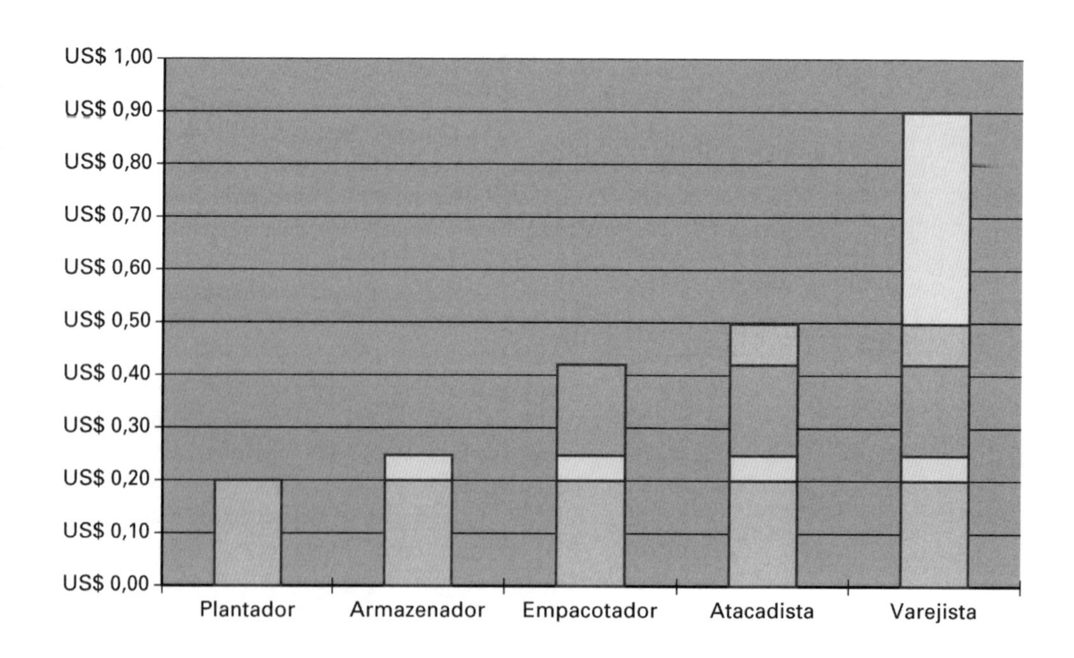

pelo serviço que fornece, aumentando o custo final das maçãs. A desintermediação acontece se o plantador de maçãs vender diretamente ao consumidor, permitindo-lhe talvez colher suas próprias maçãs no pomar.

Ao eliminar os intermediários, os produtores não somente recebem um valor mais alto por suas mercadorias, mas também criam um relacionamento mais próximo com o consumidor final. Este relacionamento permite-lhes sentir melhor o nível de demanda, que pode ajudar a guiar o seu planejamento da produção. Além disso, o contato direto com o consumidor fornece um melhor *feedback* sobre seus produtos ou serviços, o que pode ajudar a melhorar o projeto. A maior desvantagem da desintermediação para o produtor é a necessidade de disponibilizar os serviços que os intermediários de outra forma proveriam. Como, agora, vende em quantidades menores, o produtor pode necessitar aumentar sua equipe de vendas, equipe de suporte e a publicidade, incorrendo em custos adicionais. Como a competência básica de um produtor é normalmente produção e não vendas, a desintermediação pode até mesmo custar mais ao produtor do que o que ele economiza ao evitar os intermediários na cadeia de demanda.

A Dell Computer é um exemplo bem conhecido de uma empresa que usou o comércio eletrônico para eliminar os intermediários e vender diretamente tanto a empresas como a consumidores finais. Ela é altamente eficiente tanto em sua produção quanto em seus canais de distribuição. Os acadêmicos debatem quanto deste sucesso é devido a um modelo de negócio que evita as lojas de varejo e quanto é devido a sua eficiência como produtor e suas habilidades em marketing. Outros fabricantes de computadores que tentaram seguir o modelo de negócios da Dell não se saíram tão bem.

Modelos Distribuidores

Um **distribuidor** é um negócio que compra em grandes quantidades e revende em quantidades menores. Os distribuidores podem ser, por exemplo, concessionárias de veículos, postos de combustíveis e distribuidores de vinhos. Um distribuidor adiciona valor por suas atividades de marketing, vendas e suporte pós-venda.

Conforme nossa definição, atacadistas e varejistas também seguem o modelo do distribuidor, embora muitos mantenham em estoque produtos de diferentes tipos de mercadorias e até mercadorias concorrentes (ver Modelos Agregadores adiante nesta seção). Um **varejista** é uma empresa, como uma mercearia ou uma loja de departamentos, que vende produtos a consumidores. Um **atacadista** é uma empresa que compra de produtores e vende aos varejistas. Um varejista pode comprar diretamente de ambos, produtores e atacadistas.

Os distribuidores são bastante afetados pela ameaça da desintermediação. Como o *e-commerce* torna mais fácil aos produtores vender diretamente aos varejistas e consumidores, os distribuidores precisam agregar um valor claro pelos serviços que executa se quiserem sobreviver. A indústria das viagens aéreas é um exemplo perfeito. As empresas aéreas sempre venderam algumas passagens diretamente aos clientes pelo telefone e nos aeroportos, até que em 1996 a Southwest começou a vender passagens *online*. Outras empresas aéreas seguiram o método, e dentro de poucos anos mais clientes estavam comprando diretamente dos *sites* de empresas aéreas do que das agências de viagem. Em meados de 2001, somente 6% dos viajantes nos Estados Unidos marcavam sua viagem através de uma agência tradicional.[17] Ao mesmo tempo que as empresas aéreas começaram a vender diretamente através da Internet, a indústria das agências de viagens foi atingida pela entrada de novas agências *online* orientadas para uma estratégia pura de *e-commerce*. Muitas agências tradicionais deixaram o negócio, das quais uma delas alegava uma perda de aproximadamente 3.000 negócios somente entre abril de 2001 e abril de 2002.[18] Mesmo assim, muitas agências continuaram tendo sucesso. Seu segredo: em vez de valer-se de comissões das empresas aéreas e dos hotéis, elas cobravam de seus clientes pelos serviços executados, vendiam bem estes serviços e os executavam bem. As agências de sucesso foram aquelas que haviam estabelecido relacionamentos de longo prazo com seus clientes. Estes clientes entendiam que sua agência lhes podia poupar um grande tempo de pesquisa, providenciar acomodações que melhor satisfaziam suas necessidades e tomar a iniciativa de resolver quaisquer problemas que surgissem. Estas agências ganharam dinheiro mais como um agente do que como um distribuidor (ver os Modelos de Agentes Econômicos adiante nesta seção).

Reintermediação ou **cibermediação** são termos aplicados aos negócios que substituíram os distribuidores tipo "tijolo e cimento" por modelos puros de distribuição *e-commerce*. A Travelocity ou a Expedia são exemplos na indústria de viagens.

Modelos Agregadores

Um **agregador** é um negócio que agrega valor ao propiciar o *one stop shopping* — a possibilidade de se fazer todas as compras necessárias em um só local. Ele compra produtos de muitos produtores e distribuidores e os revende no mercado varejista. Os exemplos de agregadores incluem mercearias, lojas de departamentos, ferragens e a maioria das empresas de venda direta por catálogo.

Embora os agregadores de mercadorias físicas possam usar o *e-commerce* no seu lado do suprimento para cortar custos, melhorar os relacionamentos com fornecedores e otimizar o estoque, o *e-commerce* teve um impacto muito pequeno na sua cadeia de demanda. Eles estão sujeitos, entretanto, a algum grau de reintermediação pelos shopping centers da Internet, que oferecem pouca concorrência, particularmente nos mercados de especialidades. A Amazon.com, por exemplo, ameaçou a Borders, a Barnes & Noble e outros agregadores de livros. Entretanto, a maioria dos agregadores descobriu que podiam competir satisfatoriamente com a adoção de um modelo multicanal. As *pure-play* têm alguma vantagem porque não necessitam alugar espaço de lojas e não necessitam pagar balconistas. Estas vantagens, entretanto, são contrabalançadas pelos maiores custos de remessa e com tecnologia. As lojas *click and mortar** também oferecem uma vantagem para o serviço de atendimento ao cliente, propiciando um lugar para a devolução de mercadorias e para receber assistência pessoal no processo de comprar.

Os agregadores de produtos que podem existir na forma eletrônica enfrentaram ameaças de reintermediação. O *software* e a música são dois destes exemplos. Apesar disso, as lojas de *software* e de música continuam a ter sucesso.

Modelos de Receita de Publicidade

Algumas empresas, que chamaremos de "agentes de publicidade", obtêm receita basicamente pela venda de publicidade. A televisão independente e muitos portais da Internet são exemplos de negócios que seguem um modelo puro de receita de publicidade. Muitos agentes de publicidade também obtêm receita de outras fontes, seguindo um modelo misto, em vez de um modelo puro. Por exemplo, os jornais são, tipicamente, tanto produtores quanto agentes de publicidade.

De muitas formas, a Internet é uma mídia ideal para publicidade (ver Tabela 6-1). Um dos maiores benefícios da publicidade na Internet é que ela pode ser facilmente dirigida ao cliente-alvo pela natureza da página na qual ela é exposta. Esta característica foi a origem de muitos planos de negócios que procuraram criar comunidades de interesse e obter receita pela publicidade dirigida a estas comunidades. O Motley Fool (www.fool.com) é um bom exemplo de sucesso com este modelo. A empresa fornece conselhos e informações gratuitas aos investidores e construiu uma comunidade de leais "clientes" que retornam freqüentemente ao seu *site* na Internet. Ela pode garantir, com um grau de certeza próxima da perfeição, que as pessoas que visualizam anúncios no seu *site* estão interessadas em investir. A empresa também vende relatórios de pesquisas e tem algumas outras fontes de receita, mas é basicamente um agente de publicidade.

O modelo de agente de publicidade baseado numa comunidade de interesse não terá sucesso, entretanto, se sua comunidade não usar seu *site* da Internet com freqüência. Em 1999, o antigo Ministro da Saúde dos Estados Unidos, C. Everett Koop, levantou 450 milhões de dólares no mercado de ações através da força do seu modelo de negócio para vender anúncios publicitários no drkoop.com, uma comunidade da Internet interessada em sistemas de saúde.[19] O negócio nunca conseguiu dar lucro, entrou em bancarrota e vendeu seus ativos, em 2002, ao Vitacost Holdings por apenas 300 mil dólares.[20]

A publicidade através de *banners* na Internet(***click-through advertisement)*** opera através da exposição de um *banner* na tela, exposto dentro de um contexto pertinente, normalmente uma figura animada ou não, que direciona o espectador para o *site* do anunciante na Internet se o espectador clicar sobre este *banner*. Os anúncios *click-through* são particularmente potentes porque:

- Identificam os clientes que efetivamente têm um interesse no conteúdo do anúncio.
- Oferecem uma oportunidade de fornecer mais informações ao cliente, de uma maneira interativa. Os clientes tornam-se responsáveis pelo que vêem.
- Oferecem uma oportunidade de obter informações sobre o cliente através de uma solicitação do registro do interessado tipicamente através de um formulário na Internet e de outras maneiras.

Os portais da Internet, como o Yahoo e o Google, tiram vantagem da capacidade de seus mecanismos de busca e pesquisa para se posicionarem como agentes de publicidade, pois conhecem o contexto de

*Lojas "*click and mortar*" são negócios tradicionais que, enquanto continuam operando normalmente com suas lojas físicas, passaram também a usar a Internet como canal de comercialização, pela criação de suas lojas virtuais marcando sua presença na *Web*. (N.T.)

TABELA 6-1

Os prós e contras da Internet como uma mídia publicitária.

Prós	A propaganda pode ser bem dirigida baseada na natureza da página da Internet na qual aparece. Os anúncios podem ser alterados em tempo real para refletir as condições do mercado. As visualizações da propaganda podem ser facilmente medidas. O anúncio *click-through* pode gerar venda imediata ou perspectiva de venda futura. A efetividade da propaganda *click-through* pode ser medida. Os custos da propaganda podem ser associados à sua efetividade. Comparada à mídia impressa, a propaganda pode ser dinâmica.
Contras	O uso exagerado e uma vizualização poluída pode levar o cliente a abandonar o *site*. Comparada à TV, a qualidade é baixa.

interesse do seu usuário pela natureza de suas pesquisas na Internet. Os **portais da Internet** são empresas que atraem um grande volume de tráfego de visitantes que retornam, pois eles oferecem serviços gratuitos de pesquisa na Internet. A habilidade deles de atrair espectadores os faz *sites* ideais para anunciantes. Além disso, um portal pode personalizar sua publicidade baseado nos critérios de pesquisa do usuário e cobrar de seus patrocinadores (uma outra forma de publicidade) por listar seus *sites* no topo da lista de pesquisa retornada ao usuário. Uma pesquisa recente indica que as listas de pesquisa são canais de publicidade extremamente efetivos. Especificamente:

- Há três vezes mais probabilidade de um consumidor lembrar o nome de uma empresa que aparece como resultado de uma pesquisa do que num *banner propaganda.**
- Há duas vezes mais probabilidade de uma pessoa ter uma opinião favorável sobre empresas nas três posições do topo da pesquisa do que sobre aquelas que aparecem nos anúncios.
- De todas as compras *online*, 55% foram feitas em *sites* da Internet encontrados através de listas de pesquisas, comparadas a somente 9% encontradas através de *banners*.[21]

O gasto total em publicidade *online* é estimado entre 2% e 5% do gasto total em mídia.[22] Três quartos dos especialistas em previsões, em um recente estudo patrocinado pela eMarketer, estão projetando que a publicidade eletrônica nos Estados Unidos crescerá a taxas anuais entre 30 e 45%.[23]

Os Modelos de Criação de Mercado

Um **criador de mercado** (*market maker*) é um negócio que ganha receita juntando compradores e vendedores. O criador de mercado normalmente nunca compra ou vende um produto. Ele obtém receita ao cobrar de compradores ou vendedores para que participem do mercado ou ao cobrar uma percentagem ou taxa por cada transação consumada. Os exemplos de criadores de mercado incluem casas de leilão, corretoras de imóveis, centros eletrônicos de negócios entre empresas (*B2B exchanges*) e convenções de negócios. Os agentes econômicos podem ser neutros, como a maioria das casas de leilão o é, ou podem ser agentes para compradores ou vendedores. Um **corretor** é uma empresa ou pessoa que atua no interesse de outra. Um corretor de imóveis, por exemplo, freqüentemente atua em nome de um vendedor a fim de encontrar um comprador para sua propriedade. Agir em benefício de um vendedor não impede que ele aja em nome de outros.

Leilões Eletrônicos

Os leilões eletrônicos são um meio ideal de conectar compradores e vendedores. A empresa de *e-commerce* puro de maior sucesso tem sido, de longe, o leiloeiro eBay. Fundado em 1995, o eBay teve 49,7 milhões de usuários registrados em 2002, com uma capitalização de mercado de mais de 16 bilhões de dólares.[24] Algumas de suas características e serviços básicos estão listados na Tabela 6-2.

Há vários tipos de leilões, e praticamente qualquer um pode ser emulado de maneira eletrônica. Em um *leilão inglês*, mais comumente usado para transações B2C ou C2C (*consumer-to-consumer*), um vendedor declara um preço mínimo para um item a ser leiloado. Os compradores fazem lances cada vez mais altos, até que ninguém mais deseje ir além. O último (mais alto) licitante é solicitado a comprar o produto ou serviço pelo preço ofertado. Em um *leilão holandês*, o leiloeiro inicia com um preço alto e lentamente reduz o preço até que uma oferta seja feita. O primeiro ofertante é obrigado a comprar o produto ou

* *Banner Advertisement*: Anúncio que aparece nas páginas da Internet, freqüentemente com animação gráfica, contendo um *link* para o *site* do anunciante. (N.T.)

TABELA 6-2

Características e serviços disponíveis no leiloeiro eletrônico eBay.

Billpoint/PayPal	Aceita pagamentos com cartão de crédito ou transfere da conta bancária do cliente.
Half.com	O vendedor determina preços fixos para produtos populares de alta qualidade, de segunda mão.
eBay International	Usuários compram e vendem em um mercado global.
eBay Motors	Leilão para produtos automotivos. Fornece serviços adicionais, tais como "financiamento, inspeção, garantia por terceiro, seguro de automóveis, despacho de veículos, certificado e registro e um histórico completo da história do veículo (*lemon check*)".
eBay Stores	Os vendedores podem criar lojas personalizadas, como de vestuário ou de brinquedos para coleção.
Buy It Now	Permite aos compradores comprar um item por um preço especificado, sem ter de esperar pelo fim do leilão.
eBay Professional Services	Atende a profissionais e *freelancers* para projetos tais como Internet design, contabilidade, serviços de redatores, suporte técnico.
eBay Local Trading	Permite aos usuários encontrar itens localizados nas proximidades em 60 mercados locais.
eBay Premier	Um *site* de especialidades onde compradores podem adquirir produtos de valor elevado tais como os de arte, antigüidades, vinhos finos e peças raras de coleção das principais casas de leilão.
eBay Live Auctions	Permite lances *online* em tempo real para itens que estão sendo vendidos nos locais de venda das principais casas de leilão do mundo.

FONTE: http://pages.ebay.com/community/aboutebay/overview/index.html, acessado em 9 de agosto de 2002.

serviço pelo preço do lance. Em um *um leilão de lance lacrado*, todos os concorrentes informam secretamente o preço mais alto que estão dispostos a pagar e o ofertante mais alto vence o leilão. Variantes destes leilões ocorrem quando múltiplos itens idênticos são vendidos.

Um *leilão reverso* ocorre quando um comprador declara o desejo de comprar pelo menor preço oferecido. Neste caso, os vendedores fazem lances uns contra os outros, baixando o preço até que ninguém queira baixar mais. Neste ponto, o último (mais baixo) ofertante é solicitado a vender para o comprador pelo preço ofertado. Uma variante deste modelo é o leilão "diga-seu-preço" popularizado pelo leiloeiro *online* Priceline.com. Neste caso, o comprador compromete-se a comprar mercadorias ou serviços por um preço declarado. Se qualquer vendedor estiver disposto a aceitar o preço, o negócio está consumado.

Um problema com os leilões eletrônicos advém do fato de que, ao contrário dos leilões *brick and mortar*, o leiloeiro eletrônico freqüentemente não tem a posse do produto físico. Os ofertantes, na maioria dos casos, não vêem o produto físico. Assim, eles precisam confiar muito na reputação e honestidade do vendedor, juntamente com quaisquer garantias que o leiloeiro possa oferecer. Para satisfazer esta necessidade, os leiloeiros eletrônicos oferecem aos compradores a oportunidade de classificar os vendedores, e suas avaliações são disponibilizadas, nos leilões subseqüentes, aos ofertantes. Um meio alternativo de garantir a qualidade e a entrega dos produtos comprados é usar um serviço de custódia. Uma terceira parte, por meio de uma taxa, manterá a posse do pagamento do ofertante em custódia até que o ofertante receba e aceite o produto ou serviço. O eBay, por exemplo, usa o escrow.com como seu agente de custódia.

Centros de negócios B2B

Os centros de negócios B2B, ou *marketplaces*, servem a compradores e vendedores em indústrias ou regiões específicas. O ChemConnect, por exemplo, é um *marketplace* para vendedores e compradores de produtos químicos e plásticos. O Paperspace é um *marketplace* para negócios de papel e polpa. O CPGMarket serve à indústria européia de bens de consumo embalados.

Embora alguns *marketplaces* propiciem leilões, a maioria opera num modelo muitos-para-muitos, semelhante à bolsa de valores. Os preços ofertados e pedidos são postados e disponibilizados para visualização. Quando um comprador ou vendedor encontra um lance ou preço pedido que combine com o que ele está disposto a pagar ou receber, o centro de negócios providencia a venda e cobra uma percentagem sobre o preço, como comissão. A maioria dos *marketplaces* requer afiliação, que também lhes rende uma taxa. A fim de fornecer serviços adicionais a seus membros e obter fontes de receita adicionais, muitos centros de negócios oferecem pesquisa de mercado, notícias, suporte logístico e outros atrativos.

Modelos Infomidiários

Uma **infomidiária** é uma empresa que coleta e vende informações. Poderíamos considerá-la como sendo um produtor, pois ela cria um produto ou serviço, mas nós a colocamos numa categoria separada, porque sua cadeia de valor estendido é muito diferente daquela da maioria dos produtores.

As informações sobre consumidores e seus hábitos de compra são particularmente proveitosas às empresas para o projeto e marketing de seus produtos ou serviços e para determinar estratégias. As informações sobre produtores e fornecedores são úteis para que os consumidores façam suas seleções de produtos e serviços. As infomidiárias atendem a uma das funções ou a ambas. Embora elas não sejam criadoras de mercado, são fundamentais à operação de um mercado eficiente.

As empresas de pesquisa de mercado seguem um modelo de negócios infomidiário. Muitas operam na base de contratos, vendendo seus serviços de pesquisa às empresas com questões específicas sobre como posicionar ou apreçar um determinado produto ou serviço. Outras empresas coletam informações, tanto de fontes públicas como privadas e então vendem estas informações na forma de relatórios. A Nielsen Media Research, por exemplo, mede a audiência de rádio e televisão bem como o público leitor de mídia impressa em 40 países. A empresa vende seus relatórios basicamente a provedores de mídia nos mercados em que atua.

A Internet oferece muitas oportunidades para coletar dados sobre os hábitos de compras dos consumidores. Os dados originam-se de várias fontes: as empresas podem analisar os *logs* dos seus servidores para obter dados tais como qual a seqüência de páginas que seus visitantes seguiram, durante quanto tempo olharam cada página, com que freqüência eles retornam e qual *site* da Internet os enviou para as páginas da empresa na Internet. Empresas como a DoubleClick, que alimenta os anúncios *click-through banner* para uma rede de *sites*, coletam informações a respeito da atividade de *click through* e impressões de publicidade. A Nielsen//NetRatings coloca *software* nos computadores das pessoas, no lar e no trabalho, para medir seu comportamento *clique* a *clique* em tempo real. A empresa coleta e fornece a seus clientes dados tais como o número de visitas de Internet a *sites* populares e comportamento em geral, novidades, impressões e investimentos em publicidade *online*, informações sobre o estilo de vida dos usuários da Internet, dados demográficos e aquisições de produtos. As informações estão disponíveis através da assinatura de relatórios publicados periodicamente ou acessos autorizados ao banco de dados da empresa. A Figura 6-7 ilustra os tipos de informações que uma empresa como a Nielsen//NetRatings pode fornecer.

O Governo Eletrônico (*E-Government*)

Os modelos eletrônicos são também aplicáveis aos negócios do governo. Os órgãos do governo, como todos os negócios, compram mercadorias e serviços de fornecedores. Os governos têm empregados. Mas eles têm clientes como os outros negócios? É fácil imaginar o público, incluindo cidadãos e estabelecimentos comerciais como cliente dos governos. Embora o relacionamento entre o governo e o público não seja idêntico aos tradicionais relacionamentos empresa-consumidor, o público financia o governo com suas taxas e impostos e recebe serviços e bens em retorno. O ***e-government*** é o modelo de governo no qual a tecnologia da informação é usada ao máximo possível para facilitar a interação entre o governo e seus fornecedores, o governo e o público incluindo os cidadãos, o governo e seus empregados e entre os departamentos do governo e diferentes organismos governamentais.

Cada vez mais, as entidades governamentais buscam uma estratégia de governo eletrônico para aumentar a eficiência e oferecer melhor atendimento ao público. A submissão eletrônica de transações relativas a impostos é um tipo de atividade que traz os dois benefícios acima. O Estado de Minnesota, por exemplo, calcula que economizou 1,5 milhão de dólares em 2002 porque 40% das pessoas físicas e 97% das organizações submeteram seus pedidos de restituição eletronicamente. O público beneficiou-se porque o Estado emitiu as restituições para os clientes eletrônicos em cinco dias, enquanto levou 90 dias para processar as restituições dos clientes que preencheram seus formulários de retorno em papel.[25]

O *e-government* pode ser implementado em muitos níveis. No nível mais baixo, o governo simplesmente fornece informações eletronicamente. Muitos organismos do governo oferecem recursos mais avançados, incluindo a possibilidade de executar transações bidirecionais. Alguns, como o governo americano no seu *site* da Internet www.firstgov.gov, oferecem portais que simplificam o acesso tanto a *sites* informacionais como a *sites* transacionais para empregados, outros órgãos do governo e o público. Em níveis mais altos estão a habilidade de personalizar o atendimento e a implementação de um modelo empresarial completo, envolvendo a transformação de todos os processos de negócios e a sua integração eletrônica usando *software* semelhante aos *softwares* integrados de gestão de negócios ERP.[26]

Nos Estados Unidos, o Escritório de Gestão e Orçamento (OMB – *Office of Management and Budget*) promoveu 24 amplas iniciativas interdepartamentais de *e-government* para os anos 2002 até 2004 (ver

FIGURA 6-7

Novos boletins da Nielsen// NetRatings durante o mês de julho de 2002 e amostra dos dados do boletim de 16 de julho.

FONTE: http://www.netratings.com/news_corporate.jsp?thetype= date& theyear=2002&themonth=6, acessado em 11 de agosto de 2002. Usado com permissão.

Classificação Nielsen/Net da População *Online* por Raça (Estados Unidos, residências)

Etnia	Junho 2001 Audiência Exclusiva	Junho 2002 Audiência Exclusiva	Crescimento no Ano
Origem Hispânica	6,7 milhões	7,6 milhões	
Composição Percentual	6,60%	7,20%	13%
Asiático ou Ilhas do Pacífico	2,2 milhões	2,4 milhões	
Composição Percentual	2,20%	2,30%	6%
Branco (Caucasiano)	90,8 milhões	94,0 milhões	
Composição Percentual	89,50%	89,60%	4%
Afro-Americano	7,5 milhões	7,8 milhões	
Composição Percentual	7,40%	7,40%	3%

31/07/2002 Os *Websites* governamentais, corporativos e domésticos mais que dobraram o alcance da sua audiência junto aos usuários da *Web* no horário de trabalho na Alemanha

26/07/2002 Vendas Sazonais Impulsionam os Compradores *Online*

25/07/2002 A Netratings Anuncia os Resultados Financeiros do 2.° trimestre de 2002

24/07/2002 Compradores de Casas Britânicos Procuram a Internet (Reino Unido)

19/07/2002 O Tráfego da Internet nos *Websites* de Educação e de Universidades Cresce Vertiginosamente à Medida que o Semestre do Outono se Aproxima.

16/07/2002 Os Hispânicos São o Grupo Étnico de Mais Rápido Crescimento *Online*

16/07/2002 Junho *Online*: Feriados, Futebol e Notícias (Itália)

12/07/2002 O Fandango.com, o Movietickets.com e o Moviefone.com Ultrapassam os Espectadores de Cinema no Feriado de Quatro de Julho

12/07/2002 Résultats Mensuels: Panel Univers Global – Juin 2002 (França)

11/07/2002 A Nielsen//Netratings Lanza la Primera Herramienta de Plantificacion Online en España (Espanha)

07/07/2002 Sites Militares na Internet têm um pico de Tráfego

05/07/2002 A Copa do Mundo Faz Gol *Online* em Hong Kong (Hong Kong)

02/07/2002 Nielsen//Netratings Veröffentlicht erste Internet Nutzerzahlen für Surfen am Arbeitsplatz (Alemanha)

01/07/2002 O Google Ganha Quatro Milhões de Membros de Audiência Exclusiva em Maio.

Tabela 6-3). O OMB também tem, efetivamente, a supervisão de todo o orçamento federal de 52 bilhões de dólares para tecnologia da informação. Ele pode reter o financiamento para a iniciativa de um determinado órgão se achar que a iniciativa não apresentou um bom *business case* e uma arquitetura consistente com os planos federais.

A Europa também está fazendo progressos na direção de um *e-government*. Uma pesquisa recente com 15 países da União Européia mais a Islândia, Noruega e Suíça descobriu que aproximadamente 55% dos 20 serviços públicos pesquisados estão agora disponíveis *online*. No geral, 80% dos provedores de serviços públicos têm alguma presença *online*. Os serviços mais desenvolvidos são os que geram receita, tais como pagamento de impostos, enquanto os serviços menos desenvolvidos relacionam-se à emissão de documentos e licenças, como carteiras de motoristas e passaportes.[27]

Outros países em todo o mundo, tanto desenvolvidos como menos desenvolvidos, estão movendo-se na direção de um modelo de *e-government*. A China, por exemplo, tem tido uma iniciativa de *e-government* bastante ativa desde 1999, focalizando os sistemas *e-service* (atendimento eletrônico) para alfândega, tributação, finanças, segurança pública, previdência social, agricultura e recursos hídricos.[28] O governo do Brasil economizou 20% a 30% nas compras através do seu portal de compras eletrônico Comprasnet.[29] Taiwan, Austrália e Canadá classificaram-se em segundo, terceiro e quarto lugares, respectivamente, pela qualidade de seus serviços de *e-government*.[30]

QUESTÕES NA IMPLEMENTAÇÃO DO *E-COMMERCE*

Então, você decidiu fazer negócios eletronicamente. Com o que você deve preocupar-se agora? Nesta seção, abordaremos quatro questões que as empresas enfrentam ao implantar o comércio eletrônico: esco-

TABELA 6-3

Vinte e quatro iniciativas de *e-government* administradas pelo Ministério da Gestão e Orçamento dos Estados Unidos (Office of Management and Budget).

Iniciativas do Governo para as Empresas

Vendas de Patrimônios Federais: Os clientes poderão encontrar bens independentemente do órgão do governo ao qual pertencem, e poderão dar lances e/ou comprar eletronicamente ativos financeiros, ativos reais e ativos disponíveis.
Informes Simplificados de Impostos e Salários: Diminui o número de formulários de impostos que o empregador precisa enviar, fornece aos empregadores informações de impostos atuais e precisas, aumenta a disponibilidade de preenchimento de guias e submissão eletrônica dos impostos e simplifica as leis trabalhistas relativas a impostos federais e estaduais para os empregadores.
Conformidade e Legalidade dos Negócios: Fornece informações sobre leis e regulamentos, e permite que as licenças sejam preenchidas, submetidas e aprovadas *online*.
Informática na Saúde: Oferece um sistema simplificado e unificado para troca e reuso das informações dos registros médicos entre órgãos governamentais e seus provedores de serviços de saúde privados e seguradoras.
Processo de Comércio Internacional: Cria um único *Website* focado no consumidor através do qual os exportadores podem ser auxiliados através de todo o processo de exportação.
Gestão do Cumprimento de Normas *Online*: Provê acesso ao processo de cumprimento de normas para cidadãos a qualquer hora, em qualquer lugar, através de um sistema eDocket (pauta eletrônica) expandido.

Iniciativas do Governo para o Governo

Assistência a Desastres e Resposta a Crises: Cria um portal completo contendo informações das organizações responsáveis envolvidas em prontidão, resposta e recuperação de desastres.
***E*-subvenções:** Cria um portal de subvenções eletrônicas para órgãos governamentais beneficiários de subvenções e órgãos governamentais criadores de subvenções para agilizar, simplificar e fornecer uma opção eletrônica para a gestão de subsídios pelo governo.
***E*-vital:** Expande os esforços para a troca de dados *online* dos registros vitais entre os órgãos federais e os governos estaduais.
Informações Geoespaciais Completas: Provê acesso aos registros de dados espaciais do governo federal em um só local.
Segurança Pública Sem Fio: Disponibiliza padrões para possibilitar a interoperabilidade entre servidores federais, estaduais e locais durante emergências.

Iniciativas do Governo para os Cidadãos

Preenchimento Fácil de Impostos: Facilita o preenchimento de impostos para as organizações e para o público.
Assistência *Online* para Qualificação: Através de um portal de Internet comum, os cidadãos (com um foco em grupos demográficos com altas necessidades) terão acesso a serviços e programas do governo conjugados com um dispositivo de pré-seleção.
Acesso *Online* a Empréstimos: Permite a cidadãos e organizações encontrar e solicitar programas de empréstimos adequados às suas necessidades.
Recreação: Provê um completo banco de dados, aberto à pesquisa, das áreas de recreação de todo o país, apresentando mapeamento *online* e transações integradas.
Serviços do Governo: Usa as melhores práticas em gestão de relacionamento com o cliente para habilitar cidadãos a obterem rapidamente atendimento *online*, enquanto melhora a capacidade de resposta e consistência através de todos os órgãos do governo.

Eficiência Interna e Efetividade

***E*-folha-de-pagamento:** Consolida os sistemas em mais de 14 centros de processamento do governo.
Gestão de *e*-registros: Estabelece procedimentos uniformes e padrões para os órgãos governamentais converterem os registros em papéis para arquivos eletrônicos.
***E*-treinamento:** Provê um repositório de softwares educativos de propriedade do governo.
Gestão de Casos de Empresas: Centraliza as informações de casos de litígios judiciais.
Aquisição integrada: Os órgãos governamentais começarão a compartilhar os elementos de dados comuns que capacitem outros órgãos a tomar decisões melhor informadas quanto à seleção de fornecedores, compras, logística, pagamentos e avaliação de desempenho.
Recursos Humanos Integrados: Integra os registros de pessoal de todo o governo.
Recrutamento Total: Informações do governo federal automatizadas com respeito a oportunidades de carreira, submissão de currículos, encaminhamento e avaliação. Racionaliza o processo federal de contratação de pessoas e fornece aos candidatos a emprego o *status* atualizado de sua solicitação de emprego.

Iniciativas Cruzadas Interdisciplinares

***E*-autenticação:** Estabelece um núcleo federal de infra-estrutura com chave pública com o qual os funcionários federais e a comunidade federal operariam em conjunto e dariam ao público um método seguro e consistente de comunicação com o governo.

FONTE: U.S. Office of Management and Budget, E-Government Strategy: Simplified Delivery of Services to Citizens, February 27, 2002.

lher a tecnologia certa, resolver possíveis conflitos de canal, projetar seu *site* na Internet para os negócios internacionais e manter seus sistemas e dados protegidos.

Tecnologias de *E-commerce*

Escolher a tecnologia certa para a atividade é, até certo ponto, uma questão técnica, mas há diferenças estratégicas entre as tecnologias mais comumente usadas para trocar dados entre parceiros de negócios. Nesta seção, examinamos quatro tecnologias comumente usadas: EDI, formulários eletrônicos na *Web*, XML e, mais recentemente, serviços *Web*.

EDI

Troca eletrônica de dados (**EDI** – ***Electronic Data Interchange***) é a troca de documentos eletrônicos entre computadores em diferentes empresas. Uma característica essencial da EDI é que ela acontece diretamente entre os computadores, sem intervenção manual. As empresas rotineiramente trocam ordens de compra, faturas, avisos de remessa e dinheiro usando a EDI. Seu uso elimina o custo de entrada de dados, impressão e postagem. Por exemplo, quando uma empresa envia uma fatura a um cliente usando documentação em papel, ela imprime uma cópia da fatura, coloca em um envelope com janela (ou imprime um envelope e o correlaciona à fatura) e o coloca no correio. O cliente, na ponta de recebimento, insere os dados da fatura em seu banco de dados de contas a pagar. Com o EDI, o *software* produz uma versão eletrônica do documento e a envia através dos canais de comunicação numa forma imediatamente entendida pelo programa de contas a receber do cliente. A EDI economiza papel, postagem e trabalho de entrada de dados na ponta do cliente. O fornecedor recebe uma confirmação eletrônica "carimbada" com hora do recebimento (*time-stamp*) da fatura pelo cliente.

Há dois níveis de padrões do EDI:

- Os *padrões gerais de EDI* especificam formatos para múltiplos tipos de documentos e parâmetros que os padrões de cada indústria precisam necessariamente respeitar. O Instituto Americano de Padrões Nacionais (ANSI – *American National Standards Institute*) define os padrões EDI, conhecidos como ANSI-X12, para os Estados Unidos. O Canadá observa os mesmos padrões, mas empresas européias e muitas empresas asiáticas adotaram um padrão chamado *EDIFACT*. As divergências de padrões criam dificuldades para as empresas que fazem negócios, tanto no mercado doméstico quanto internacionalmente.
- Os *padrões da indústria* modificam os padrões gerais, dentro de variações de parâmetros permitidas, para refletir as peculiaridades de cada tipo de indústria na condução de seus negócios. Estes padrões não somente adicionam detalhes aos tipos universais de documentos, mas também introduzem documentos adicionais comuns à indústria. A indústria de seguros, por exemplo, pode ter de criar formulários para que os corretores enviem solicitações de indenização para uma companhia de seguros.

Além disso, os parceiros de negócios podem estabelecer seus próprios formulários de documentos EDI para transações exclusivas do seu relacionamento desde que estes formulários obedeçam aos padrões gerais e da indústria.

Os pacotes de *software* aplicativo de uma empresa devem produzir e aceitar os documentos EDI para que a EDI funcione. As empresas com sistemas que não suportam a EDI podem usar um *software de mapeamento* (*mapping software*) para traduzir as saídas de seus aplicativos para documentos EDI e traduzir os documentos EDI recebidos para uma entrada compatível com o *software* da empresa. A maioria dos fornecedores de VAN fornece utilitários que executam esta tradução no momento em que transmitem um documento através de sua rede.

A resistência inicial ao crescimento da EDI derivou, em parte, do fato de serem necessárias duas empresas para que se transacionem negócios usando a EDI. No final dos anos 1980, as empresas não queriam investir em EDI porque poucos fornecedores ou clientes faziam negócios usando esta tecnologia. Atualmente, a maioria das grandes empresas adotou a EDI. Algumas impõem encargos ao comércio não-EDI para compensar seu custo crescente. A varejista Nordstrom, por exemplo, debita seus fornecedores em 25 dólares para cada fatura não-EDI que recebe.[31] Outras empresas exigem que seus parceiros de negócios usem a EDI. O Mellon Bank, N.A., por exemplo, perdeu a cliente PPG Industries Inc. quando não pôde processar os pagamentos EDI que a PPG recebia da General Motors, o maior cliente da PPG.[32]

As empresas que já estão usando a EDI podem usar a Internet para transacionar negócios EDI com empresas que ainda não investiram no *software* EDI. A General Electric Lighting (GEL), por exemplo, permite que seus fornecedores não-EDI submetam ofertas usando uma interface da Internet. Os fornecedores da GEL primeiramente fazem o *download* de um navegador *plug-in* que lhes permite acessar os formulários EDI da GEL através da Internet, solicitar e receber desenhos dos produtos e submeter ofertas diretamente no sistema EDI da GEL. A EDI na Internet liberou de seis a oito dias mensais para que os agentes de compras efetuem tarefas estratégicas em vez de tarefas administrativas, reduziu os custos de material de 5 a 20%, reduziu o tempo de processamento de mais de sete dias para apenas um dia e reduziu o tempo de ciclo total em mais de 50%. Além disso, reduziu significativamente os custos de papel e postagem e permitiu à GEL angariar mais fornecedores.[33]

Formulários na Internet

Se você já encomendou algo via Internet, provavelmente preencheu um formulário com seu nome, informações para contato e número de cartão de crédito. O formulário podia ter tido menus *pull down* para que você escolhesse o estado, por exemplo, ou a cor do produto que encomendou. Quando você pressiona o botão SUBMIT (ou ENVIAR), o conteúdo do formulário é enviado para o servidor da Internet que apresentou o formulário e seu conteúdo é processado. A tecnologia Secure Socket Layer (SSL – ver Capítulo 5) assegura a confidencialidade das informações que você inseriu, garantindo que sua transação está indo para a empresa com que pensou estar tratando. A combinação dos formulários da Internet e a tecnologia SSL é o método predominante para as transações do comércio B2C (*business to consumer*).

XML

O seu navegador da Internet entende várias linguagens, tais como HTML e javascript, que o instruem como organizar o texto e figuras numa página da Internet e responder ao *clique* do seu *mouse*. A maioria das páginas da Internet tem sentido para você porque você as vê num contexto e é inteligente. Veja, por exemplo, na Figura 6-8, uma página da Internet do fornecedor *online* de lâmpadas Lite-House.com. Você pode facilmente distinguir entre o número do item e o preço, embora ambos apareçam sob a coluna "Item #" (Número do Item). Você provavelmente também reconhece que a palavra seguinte "Mfgr:" é o nome do fabricante e que "120 V" refere-se à tensão indicada na lâmpada. Um programa de computador também poderia entender o sentido destes dados se ele estivesse programado para reconhecer o fato de que o começo de toda linha alterna-se entre um número de item e preço e que o nome do fabricante segue-se às letras "Mfgr:". Entretanto, este programa não funcionaria corretamente se o Lite-House.com alterasse o formato de sua página na Internet ou se você quisesse que o *software* trabalhasse com as páginas da Internet de outras lojas de lâmpadas.

A solução para este problema é uma linguagem chamada **Extended Markup Language** (**XML**). Uma página da Internet projetada em XML inclui *tags* (etiquetas, marcas) que identificam o significado dos dados. Por exemplo, o código para a página da Internet da Figura 6-8 poderia incluir a seguinte notação: <ItemNum>SL14623</ItemNum>. Um par de *tags* correspondentes, neste caso "ItemNum", aparece dentro dos sinais < >, um sem barra iniciando a identificação e um com uma barra encerrando-a. Os navegadores da Internet ignoram estes *tags* quando exibem a página da Internet, mas os programas de computador podem interpretar os dados entre os *tags*, neste exemplo, como um número de item. Para que este esquema funcione, a indústria vendedora das lâmpadas teria que, naturalmente, concordar que toda loja da Internet usaria o *tag* ItemNum para referir-se a números de itens.

A XML tem alguns outros recursos que a fazem muito poderosa. Em primeiro lugar, os *tags* podem ser aninhados, como mostrado na Figura 6-9. A XML inclui também uma linguagem de definição de dados, que define quais *tags* são válidos, como eles podem ser aninhados e que propriedades adicionais eles podem ter. A linguagem de definição de dados torna relativamente fácil criar e usar padrões. A Organização para o Avanço dos Padrões de Informação Estruturada (OASIS – Organization for the Advancement of Structured Information Standards) é uma organização não-lucrativa criada para definir padrões gerais de XML para negócios, tais como padrões para nomes e endereços, bem como padrões para várias indústrias. A organização ostenta um grande número de patrocinadores que são líderes no desenvolvimento de *software*, como Microsoft, IBM, Sun, Hewlett-Packard e a Netscape/AOL, bem como líderes industriais da categoria da Boeing e Airbus.

Recentemente, o gigante financeiro Fidelity, sediado em Boston, converteu seus dados corporativos para o formato XML para facilitar a integração de seus sistemas de informação. Como resultado, a empresa pôde eliminar muitas das traduções que ocorriam entre seu *site* na Internet, computadores mainfra-

FIGURA 6-8

Os dados em uma página da Internet como esta são difíceis de extrair sem o uso de *tags* XML.

FONTE: copyright © 2002 Van O Lite, Inc./Lite-House.com. Acessado em http://www.lite-house.com/catalog_product_list.cfm?un=&pw= &source=Lightbulbs.com&subcat=inc2, em 6 de agosto de 2002. Usado com permissão.

me e servidores de aplicativos, permitindo-lhe desativar 75 dos 85 servidores que haviam sido necessários para coordenar a troca de mensagens e dados entre eles.[34]

Serviços na Internet

Um serviço na Internet é um *software* que aceita comandos pela Internet e, opcionalmente, retorna resultados pela própria Internet. Um comando pode ser emitido para rodar um processo ou para obter alguma informação. Dois serviços na Internet, digamos um serviço de recepção de pedidos em uma empresa e um serviço de submissão de pedidos em outra, podem operar na Internet para realizar negócios eletrônicos sem intervenção manual, integrando processos harmoniosamente através das fronteiras organizacionais. Embora a EDI e a XML permitam às empresas trocar dados, os serviços da Internet são muito mais flexíveis, pois permitem às empresas abrir seus sistemas de informação aos parceiros com muito menos programação e menos estrutura no formato da informação trocada.

O Nordstrom.com, braço *online* das lojas de departamentos Nordstrom, construiu um serviço na Internet para permitir que os clientes comprassem cartões-presente *online* e pelo telefone. Uma abordagem poderia ter sido conectar o *site* de Internet da empresa a um computador mainframe em seu banco de poupança através de *middleware* de maneira que os clientes pudessem consultar os saldos de cartões-presente e o banco pudesse processar os resgates. Em vez disso, a Nordstrom.com construiu uma ferramenta de serviços na Internet que permite ao banco, ao *call center* e aos visitantes de seu *site* na Internet consultar ou atualizar seu saldo de cartão-presente. Um comprador pode, portanto, resgatar um cartão-presente da Nordstrom em uma loja ou descontá-lo no Nordstrom.com.[35]

Resolvendo Conflitos de Canal

As empresas de manufatura que operam através de revendedores e distribuidores muitas vezes enfrentam uma situação de impasse ao organizar seu *site* na Internet. Os consumidores esperam que os fabricantes tenham um *site* onde eles possam obter informações sobre os produtos da empresa. Uma vez no *site* da Internet, os consumidores freqüentemente querem encomendar os produtos diretamente e ficam desapontados quando não podem fazê-lo. Entretanto, os fabricantes têm várias boas razões para evitar a venda diretamente aos consumidores a partir do seu *site* e poucos incentivam os consumidores a fazê-lo. Eles não podem oferecer um preço menor que o de seus distribuidores, revendedores e quaisquer outros par-

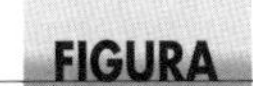 6-9

XML aninhado para nome e endereço.

Como o endereço aparece:

Prof. John Knowitall
Faculdade de Administração
Mustard Hall, Sala 319
Universidade XML
Xanadu, MA 10101

Como o endereço pode ser representado em XML:

```
<Address>
    <NameDetails>
        <Title>Prof.</Title>
        <FirstName>John</FirstName>
        <LastName>Knowitall</LastName>
    </NameDetails>
    <AddressLines>
        <AddressLine>Faculdade de Administração </AddressLine>
        <AddressLine>Mustard Hall, Sala 319</AddressLine>
    </AddressLines>
    <CompanyName>Universidade XML</CompanyName>
    <City>Xanadu</City>
    <State>MA</State>
    <PostalCode>10101</PostalCode>
</Address>
```

ceiros de canal sem arriscar sua perda e fuga para outro fabricante. Os fabricantes, em sua maioria, não querem expedir mercadorias em pequenos volumes, pois esta prática vai contra sua filosofia de distribuição e requer a operação em áreas onde eles não têm competência e nem práticas de negócio estabelecidas. Sua competência principal é a fabricação, não distribuição ou logística.

Há duas soluções para este problema. A primeira é aceitar os pedidos no *site* do fabricante e então retransmiti-los para o distribuidor ou outro parceiro de canal que assuma o pedido. Esta estratégia pode ser operada de duas maneiras. Na primeira, o consumidor é avisado de que um parceiro de canal vai tratar do pedido. Freqüentemente, não é dito ao consumidor quem será o parceiro. Por exemplo, a FTD.com aceita pedidos via Internet para entrega de flores, mas não identifica o parceiro que compra as flores, monta o pedido e o entrega. O *site* simplesmente diz: "Entregue por uma Florista da FTD®". O problema de direcionar o pedido para um afiliado é que os clientes dificilmente gostam de tratar com duas partes em uma transação. Se algo der errado, eles não sabem se contactam o fabricante ou o distribuidor, por exemplo.

Uma estratégia alternativa é o afiliado conduzir o pedido como se fosse o fabricante. O afiliado torna-se transparente, do ponto de vista do consumidor e este sempre se sente mais confiante tratando com uma única fonte. O inconveniente desta estratégia, pela ótica do fabricante, é que este necessita estar apto a dar atendimento ao cliente, realizar *follow-up* de pedidos que não são entregues, tratar devoluções e lidar com dúvidas sobre instalação ou uso. A desvantagem, pela perspectiva do afiliado, é que ele não tem contato com o cliente. Ele pode receber um pequeno ganho com seu atendimento, mas não poderá fazer o acompanhamento do cliente para serviços de atendimento ou futuras vendas.

Uma segunda solução é redirecionar o cliente para o *site* do afiliado antes de aceitar um pedido. A 3Com Corporation, sediada em Santa Clara, na Califórnia, fabricante de produtos de redes, adotou esta estratégia depois de vender diretamente de seu *site* na Internet desde novembro de 1999. Embora seu *site* de pedidos diretos, com o tempo, movimentasse 5% das vendas totais da empresa, a 3Com preferiu vender através de seus distribuidores. Agora, quando você pesquisa o catálogo da 3Com no seu *site* da Internet, encontra um produto do seu gosto e clica "comprar *online*", surge uma janela com uma lista de revendedores *online* para você selecionar. Quando você clica no nome de um revendedor, o *site* do revendedor surge com o produto que você selecionou, pronto para ser adicionado ao seu "carrinho de compras". Como a 3Com tem parceria com um grande número de revendedores e lojas de varejo, ela terceirizou o processo de redirecionamento para o Channel Intelligence, cujo *software* faz a interligação diretamente para as páginas de produtos nos *sites* dos revendedores e cujo serviço mantém os *links* atualizados. Quando inicialmente experimentou este programa, a 3Com deu aos clientes a opção de comprar diretamente ou através de um revendedor autorizado. Entretanto, após um mês, mais de 50% dos clientes que compraram *online* no *site* da 3Com escolhiam um revendedor para completar a venda. Um mês depois, a 3Com eliminou a opção de venda direta. A 3Com não mais precisa dar suporte ao seu próprio aplicativo de "carrinho de compras" e fechou o centro de distribuição que entregava produtos diretamente aos clientes. Seus afiliados também estão felizes, por estarem obtendo mais clientes potenciais. Um revendedor relata ter dobrado suas vendas de produtos 3Com como resultado do redirecionamento dos clientes da 3Com para seu *site*.[36]

Fazendo Negócios Internacionalmente

A capacidade de fazer negócios em qualquer lugar através da Internet oferece uma oportunidade para muitas empresas conduzirem seus negócios internacionalmente, mesmo sem uma presença física internacional. As empresas que tomam este caminho necessitam decidir quais serão seus mercados-alvo, se devem ou não oferecer interfaces de línguas estrangeiras, qual moeda utilizar ao precificar produtos nos mercados estrangeiros e como organizar a logística para a entrega e suporte de seus produtos.

A The Sharper Image, uma vendedora de produtos de consumo *high tech* sediada em San Francisco, estado da Califórnia, vendia seus produtos internacionalmente, através de licenças, no Japão, Austrália e Suíça. Agora, embora sua única licença estrangeira seja na Suíça, ela faz negócios em toda parte do mundo, evitando os custos de um catálogo impresso e suporte local no exterior, através das vendas de seu *site* internacional na Internet. Quando um cliente clica "*International*" no anúncio do *site* da The Sharper Image, o *site* apresenta as bandeiras de onze países (ver Figura 6-10) e texto explicando que os clientes dos demais países podem encomendar a partir da versão doméstica do *site* na Internet. O *site* de negócios eletrônicos da The Sharper Image oferece três línguas — inglês, espanhol e alemão — e apresenta os preços em três moedas — euros para os clientes que os usam na Europa, libras esterlinas para os clientes na Inglaterra e dólares para todos os outros clientes. A The Sharper Image tomou uma decisão importante ao oferecer um *site* em alemão, porque o tamanho e a riqueza da Alemanha fazem com que seu mercado tenha um enorme potencial. Nos seus *sites* europeu e alemão, quando o comprador clica num *link* para o manual de operação de qualquer produto, o manual é apresentado em quatro línguas: inglês, alemão,

FIGURA 6-10

A página de abertura do *site* internacional da The Sharper Image.

FONTE: copyright © 2002 Sharper Image Corporation. Acessado em http://www.sharperimage.com/us/en/intlshopping.jhtml;$sessionid$M4IPZNCRKTXT3QFIA2RSIIQ, em 7 agosto de 2002. Usado com permissão.

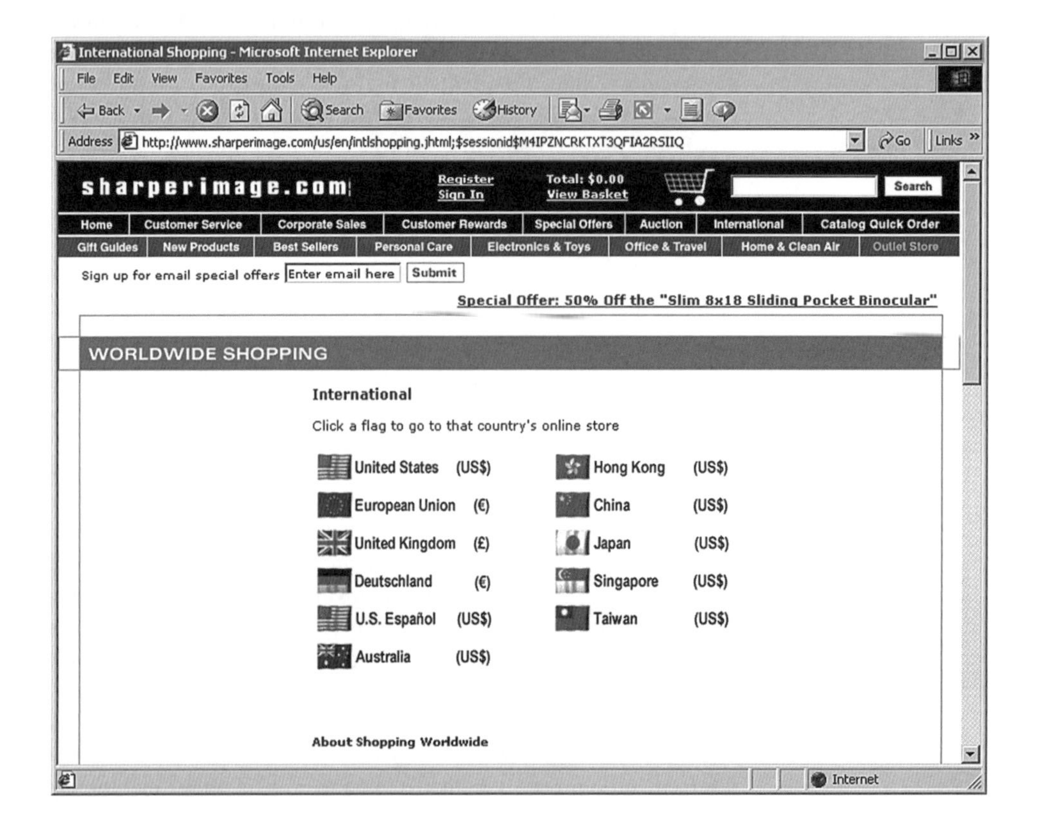

francês e espanhol. Nos *sites* europeus, aparece um menu de múltipla escolha, dando ao usuário opção para os tipos de pinos conforme os diferentes padrões de tomadas elétricas européias. Para enviar produtos por toda a Europa num prazo e preço competitivos, a The Sharper Image mantém um centro de distribuição na Holanda. A empresa envia para a Ásia e a Austrália a partir dos Estados Unidos, mas especifica os preços em dólares, para proteger-se contra perdas por desvalorização das moedas. Entretanto, ela subsidia em parte a expedição, para permanecer competitiva e continuar a construir sua marca internacionalmente.[37]

A Gestão da Segurança

O *e-commerce* exige a transmissão de mensagens por redes, onde elas podem ser interceptadas e modificadas. Os custos da transmissão insegura de mensagens são altos. Um ladrão pode roubar o número do cartão de crédito do seu cliente ou pode modificar o endereço de remessa para receber um produto enviado. Um competidor malicioso pode alterar os preços em seu *site*, fazendo com que você perca dinheiro ou enfrente a raiva de clientes quando tenta explicar que o preço no seu *site* estava incorreto. Os competidores podem tomar conhecimento do preço que você recebe de seus fornecedores, permitindo-lhes precificar seus produtos estrategicamente.

Felizmente, as tecnologias de segurança, como a criptografia de chave pública e a SSL, se adequadamente usadas, podem proteger as trocas de informações confidenciais no *e-commerce*. A maioria das empresas exige o uso de criptografia para suas transações de *e-commerce*. A Staples, uma revendedora de produtos de escritório sediada no estado de Massachusetts, por exemplo, exige que seus parceiros B2B criptografem todas as transmissões pela Internet. Entretanto, a empresa não exige criptografia para transmissões enviadas por redes privadas, porque ela acredita que segurança é o que ela está comprando quando paga por uma transmissão numa rede privada.[38]

Uma preocupação adicional para as empresas que realizam *e-commerce* B2B é que a segurança de seus afiliados pode ser frágil. Para engajar-se no *e-commerce* B2B, as empresas freqüentemente necessitam dar aos seus fornecedores e clientes autorizados acesso a informações e aplicativos selecionados. Se uma pessoa não autorizada penetra nos sistemas computadorizados de seu fornecedor, ela pode ter acesso às suas informações confidenciais, exatamente como se ela fosse um empregado autorizado do fornecedor. Portanto, nenhuma empresa está segura, a menos que seus parceiros de negócios eletrônicos estejam seguros. O Visa, por exemplo, não permite que comerciantes e provedores de serviços aceitem seus cartões de crédito, a menos que possam demonstrar, anualmente, que atendem aos padrões da empresa para segurança no *e-commerce*. Os pequenos negócios precisam passar por uma completa auto-avaliação *online*, e os comerciantes ou provedores de serviço que manipulam grandes volumes de informações dos portadores de cartões precisam ser submetidos a extensas auditorias feitas por terceiros.[39]

RESUMO

A cadeia de valor é a série de processos pelos quais uma empresa transforma matérias-primas em produtos acabados e serviços. A cadeia de valor estendida inclui fornecedores e os fornecedores de seus fornecedores, assim como clientes e seus clientes. As firmas que podem coordenar o planejamento e otimizar as operações numa cadeia de valor estendida têm uma vantagem competitiva sobre aquelas que não podem fazê-lo.

Fazer negócios eletronicamente traz muitos benefícios. As organizações reduzem o custo de execução das suas transações através da eliminação de papel, correio, manipulação, armazenamento, logística e mão-de-obra. Eles também aumentam a velocidade dos negócios porque os registros eletrônicos estão disponíveis a qualquer momento e podem ser encontrados mais rapidamente do que registros em papel. O *e-business* diminui o tempo para efetuar o marketing de novos produtos, racionaliza processos internos e externos e viabiliza serviços de atendimento ao cliente e entregas de produtos mais rápidas. O *e-business* pode ser feito a qualquer hora, em qualquer lugar, reduzindo a necessidade de instalações físicas e empregados e aumenta o alcance de mercado e satisfação do cliente. O *e-business* melhora o fluxo de trabalho, permitindo que as empresas controlem melhor seus processos e façam coleta de informações sobre o desempenho dos processos para a análise de gestão. O *e-business* reduz erros ao reduzir múltiplas inserções de dados, eliminar a perda de papel e controlar o fluxo de trabalho. O *e-business* ajuda as empresas a colaborar com seus fornecedores através de projetos conjuntos de produto, sincronização no reabastecimento do estoque e serviços de atendimento ao cliente.

Diz-se que as empresas que usam *e-commerce* para vender a consumidores se diz que seguem uma estratégia B2C (*Business-to-Consumer*) e que as que vendem para outras empresas seguem uma estratégia B2B (*Business-to-Business*). O *e-commerce* B2B existe há muito mais tempo que o *e-commerce* B2C e excede seu volume. Um modelo de negócio é um plano abrangente para definir qual o produto ou serviço que a empresa planeja vender e como ela planeja obter sua receita. Os produtores vendem os produtos ou serviços que criam e podem preferir evitar os distribuidores com uma estratégia de desintermediação. Os distribuidores, que adicionam valor por comprar em grande volume e vender em poucas unidades, enfrentam a ameaça de desintermediação. Os agregadores ganham dinheiro ao propiciar todas as compras em um só local (*one-stop-shopping*). Eles podem usar o comércio eletrônico para otimizar sua cadeia de suprimentos. Os agentes de publicidade ganham dinheiro pela venda de anúncios. A Internet é um meio ideal para este modelo de negócio, mas muitas empresas perderam dinheiro ao fazê-lo de maneira errada. Os leilões eletrônicos e os centros de negócios eletrônicos, ou *marketplaces*, são criadores de mercado, empresas que obtêm receita ao articular a reunião entre compradores e vendedores. As infomidiárias, empresas que colecionam e vendem informações, têm descoberto que o *e-commerce* abriu novos mercados para elas. O *e-government* usa a tecnologia da informação para melhorar os serviços e a eficiência dos governos.

A implementação do *e-commerce* impõe muitos desafios. Várias tecnologias, como a EDI, os formulários na *Web*, a XML e os serviços *Web*, voltam-se para os aspectos técnicos ajudando as empresas a trocar informações eletronicamente. As empresas podem resolver conflitos de canal lidando com os pedidos em favor de seus parceiros de canal ou direcionando os pedidos para seus parceiros. Fazer negócios internacionalmente exige que se tomem decisões sobre idioma nos *sites* da Internet, mercados-alvo e escolhas de moeda. O *e-commerce* exige que uma empresa considere a segurança de seus parceiros como relevante para as suas próprias políticas de segurança.

TERMOS E EXPRESSÕES IMPORTANTES

agente
agente econômico
agregador
anúncio *click-through banner*
atacadista
cadeia de demanda
cadeia de suprimentos
cadeia de valor
cadeia de valor estendida
conflito de canal
desintermediação
distribuidor
cibermediação
e-business
e-commerce
e-commerce (B2B) *business-to-business*
e-commerce (B2C) *business-to-consumer*
e-government
estratégia *click-and-mortar*
infomidiária
modelos de negócio
portal da Internet
produtor
pure-play
reintermediação
troca eletrônica de dados (EDI)
varejista
XML

QUESTÕES DE REVISÃO

1. O que quer dizer cadeia de valor de uma empresa?
2. Como a cadeia de valor estendida de uma empresa difere de sua cadeia de valor interna?
3. Enumere seis benefícios de se fazer negócios eletronicamente.
4. Como os negócios eletrônicos ajudam as empresas a reduzir o custo de execução das transações?
5. Como os negócios eletrônicos ajudam a aumentar a velocidade dos negócios?
6. Quais são as três fases do *software* de *workflow*?
7. Como o *workflow* dos negócios eletrônicos melhora a eficiência de uma organização?
8. Identifique uma vantagem da estratégia *pure-play* sobre a estratégia *click-and-mortar* e uma desvantagem?
9. O que quer dizer um modelo de negócio?
10. Enumere seis modelos de negócio.
11. O que quer dizer desintermediação?
12. Como a Internet torna mais fácil aos produtores eliminar os distribuidores?
13. Que problemas os produtores têm ao eliminar os distribuidores?
14. O que quer dizer reintermediação?
15. O que é preciso para ser bem-sucedido como um agente de publicidade do tipo *pure-play*?
16. Quais são os prós e os contras de anunciar na Internet, em comparação com outros meios, como rádio, publicações impressas e televisão?

17. Como um criador de mercado obtém sua receita?
18. Como um infomidiário obtém sua receita?
19. Em que níveis existem padrões de EDI?
20. Como a XML resolve o problema de identificar o significado dos dados numa página da Internet?
21. Mencione os dois modos de resolver conflitos de canal.
22. Quais são as preocupações com segurança das empresas que fazem negócios eletrônicos B2B?

A ESTRATÉGIA MULTICANAL DA CIRCUIT CITY

Em 1998, a Circuit City, uma varejista de produtos eletrônicos de consumo, de 12,8 bilhões de dólares, instalou em suas lojas quiosques com acesso à Internet para permitir que os clientes pudessem montar PCs adequados às suas necessidades. Surpreendentemente, 50% das pessoas que compraram PCs através destes quiosques queriam pegá-los na loja, em vez de tê-los entregues em suas casas.

Um ano depois, enquanto a empresa organizava sua estratégia de *e-commerce*, lutava por encontrar um modo de financiar sua visão de varejo através de múltiplos canais. Em vez de arriscar o capital de terceiros, decidiu usar seus próprios ativos para montar sua infra-estrutura de negócios eletrônicos. Se a empresa tivesse desmembrado seu *site* como uma entidade separada (como tantas outras empresas fizeram para financiar suas iniciativas de Internet), a Circuit City, como outras, teria terminado com um *site* que não estaria integrado com seus outros sistemas.

"Consideramos a Internet apenas como outra loja. Nós a organizamos basicamente como um local virtual", diz o diretor de *e-commerce* Steve Duchelle. Esta noção de que a loja de Internet não era diferente de qualquer outra loja levou a Circuit City a adaptar a sua tecnologia patenteada de ponto de venda (POS – *point of sale*) – que já permitia que as lojas vendessem umas às outras – para vender através de canais e oferecer serviços de retirada das mercadorias.

"Já tínhamos uma capacidade existente, chamada 'vendas em locais alternados', onde você pode vender o estoque de uma loja para outra. Deu-nos um estalo de que, quando você compra na Internet, está basicamente fazendo uma venda de local alternado", diz o CIO Bowman.

Mas, havia algumas diferenças que exigiam mudanças complexas de interface de sistemas e o desenvolvimento de processos de negócios inteiramente novos. Se, por exemplo, um cliente solicitasse a retirada de um CD player portátil Sony que tinha um preço de 99,99 dólares na Internet, mas que estava sendo vendido por 89,99 na sua loja local, a equipe de TI tinha que escrever alguma lógica de negócios no sistema de comercialização para que o sistema POS na loja soubesse registrar a venda do CD player pelo preço mais baixo.

Depois que dificuldades básicas como essas foram eliminadas, a Circuit City estava pronta para funcionar. No dia 21 de julho de 1999, a loja *online* foi inaugurada. A empresa logo descobriu, entretanto, que tinha algumas arestas a aparar na interface *front end*. Por exemplo, o processo que a Circuit City usava para assegurar-se de que os clientes *online* realmente recebiam os itens que haviam reservado para retirada na loja nem sempre funcionava a contento. Ken Pacunas, o gerente de tecnologia na loja da Circuit City em Natick, no estado de Massachusetts, disse: "o maior problema era que não havia nenhum limite de quanto tempo o empregado poderia levar para pegar um produto". Se um empregado esperasse muito tempo para retirar um pacote de baterias da prateleira e colocá-lo numa sala dos fundos com o nome do cliente escrito nele, um outro cliente poderia comprá-lo antes de o primeiro cliente ter chegado. Resultado: um cliente irado.

Para prevenir esta situação, a Circuit City instituiu uma regra de 15 minutos. Quando um pedido para retirada pessoal chega à loja, proveniente do CircuitCity.com, o sistema POS imprime um talão de retirada com a identificação do produto e o nome do cliente e inicia uma contagem de tempo. Os profissionais da loja têm 15 minutos para apanhar o item, informar isto ao sistema POS e colocar o produto numa prateleira designada para as retiradas. Se o sistema POS não reconhecer a conclusão da tarefa após 15 minutos da emissão do talão de retirada, soará um alarme e aparecerá uma mensagem na parte inferior de cada terminal POS de loja lembrando aos balconistas que um pedido com retirada necessita ser retirado da prateleira. Se o sistema POS não reconhecer a conclusão da tarefa após 30 minutos, um alerta eletrônico é enviado ao centro de atendimento ao cliente para chamar um gerente, que imediatamente separa o produto para o cliente.

Pacunas diz que as pessoas compram *online* e retiram os itens em sua loja de Natick todos os dias e que 5% dos negócios de sua loja vêm de pessoas que compram *online* e decidem retirar sua mercadoria na loja. "É o fator de conveniência", diz ele. "A maioria das pessoas retira seus itens no mesmo dia em que elas o encomendam *online*. Elas querem aquela satisfação instantânea".

FONTE: Adaptado com permissão de Meridith Levinson, "Your Place or Mine", *CIO*, 1.º de agosto de 2002.

Questões do Caso

Diagnóstico

1. Por que você acha que a Circuit City sentiu que necessitava fazer negócios na Internet?
2. Quais eram as necessidades de informações dos clientes *online* da Circuit City? Que outras necessidades eles tinham?
3. Quais são as necessidades de informação dos empregados na loja da Circuit City para lidar com os clientes multicanal?

Avaliação

4. Quão bem o projeto inicial de Circuit City satisfez as necessidades de seus clientes multicanal?

Projeto

5. Por que a Circuit City decidiu integrar os sistemas de informações para seus clientes *online* com seus sistemas internos das lojas? Você acha que a decisão foi sábia? Por quê?
6. Qual a filosofia ou modo de pensar que simplificou o projeto da Circuit City para seus clientes *online*?
7. Como o projeto de vendas *online* da Circuit City diferia do seu processo de vendas de locais alternados? Como esta diferença afetou o projeto?

Implementação

8. Que ajustes a Circuit City fez em seu processo para conduzir as vendas multicanal logo depois que abriu seu *site* da Internet para negócios?
9. Você acha que a Circuit City considera um êxito a implementação de suas vendas multicanal? Por que sim ou por que não?
10. Você recomendaria que a Circuit City mantivesse a integração entre seus canais *online* e os canais internos das lojas, ou a empresa deveria considerar a separação dos dois? Embase sua recomendação.

ATIVIDADE

6-1 VENDENDO DIRETO

Passo 1: Examine a situação seguinte.

Sua empresa, a BuiltRight Appliance Company, fabrica eletrodomésticos de grande porte, como fogões, geladeiras, máquinas de lavar louça, lavadoras e secadoras. A empresa é a terceira no mercado, apesar das tentativas persistentes para aumentar sua fatia desse mercado. O presidente de empresa, Bill Emalot, promoveu a diretora de vendas, Eileen Ahnem, a assistente do presidente e deu-lhe a tarefa de avaliar as possíveis estratégias de *e-commerce*. Entre as estratégias que ele gostaria de considerar está a possibilidade de venda diretamente aos consumidores. No passado recente, a BuiltRight e todos os outros fabricantes de eletrodomésticos vendiam a grandes revendedores, como a Sears, e às pequenas lojas de serviços de eletrodomésticos que têm reputação consagrada de vendas e serviços de qualidade em suas comunidades. Bill sempre sentiu que estes revendedores não haviam dado a devida atenção à BuiltRight e ele adoraria ensinar-lhes uma lição com a venda direta. Bill não supõe que a BuiltRight vá efetuar a instalação e manutenção dos eletrodomésticos. Em vez disso, a empresa contará com as microempresas de serviços que foram certificadas como representantes autorizadas da BuiltRight para o fornecimento de peças e serviços. A indústria do varejo usa, em muitas áreas, estas microempresas para a manutenção dos eletrodomésticos que ela vende, e os consumidores também encontram esses nomes nas Páginas Amarelas quando algum atendimento é necessário.

Passo 2: Em grupos de três a seis, elabore uma estratégia para vender diretamente ao consumidor. Considere como lidará com seus revendedores tradicionais, com os quais você gostaria de manter boas relações. Estes revendedores atualmente recebem um desconto de 25% a 30%, dependendo de seu volume de vendas. Com o desconto de 30%, você retém uma margem de apenas 5% de lucro. Então, é improvável que você possa oferecer um desconto maior. Naturalmente, com a venda direta, o lucro inteiro seria seu, menos o que você paga aos instaladores se necessitar subsidiar o preço da instalação. Também considere como você organizaria sua presença na Internet, que privilégios você daria a seus revendedores e instaladores em relação ao acesso às suas informações, que informações você esperaria receber deles eletronicamente e que tecnologias você usaria (EDI, formulários na *Web*, extranet, serviços na *Web*, etc.) para implementar a cooperação entre seus associados e a BuiltRight.

Passo 3: Atribua os seguintes papéis às pessoas no seu grupo. Uma pessoa representa Eileen Ahnem. Uma pessoa interpreta o papel de presidente de uma pequena empresa típica de instalação. As pessoas restantes no grupo desempenham o papel de membros de uma equipe de negociações criada pelos revendedores para lidar com a BuiltRight. Seu instrutor lhe concederá um tempo determinado para tentar chegar a um acordo sobre a natureza do relacionamento entre as partes e, caso se consiga esse acordo, detalhes sobre sua colaboração eletrônica. Os revendedores devem avaliar a opção de não representar os produtos de BuiltRight, mas ao fazerem correm o risco de perder aquela fonte de lucro e a possibilidade de que algum de seus competidores represente a BuiltRight.

Passo 4: Com a classe inteira, compartilhe o resultado das negociações simuladas. Então, individualmente, em pequenos grupos, ou com toda a classe, responda às seguintes questões:

1. Quais são os prós e os contras das diferentes estratégias que a BuiltRight pode empregar?
2. Quão suscetíveis os revendedores são à desintermediação? Como eles podem revidar?
3. Deveria a BuiltRight buscar uma estratégia de desintermediação? Quais são as implicações possíveis se o fizer?

ATIVIDADE

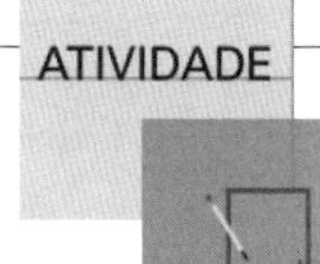

6-2 O *SITE* DA INTERNET DA GATES RUBBER

Passo 1: Leia o seguinte cenário.

A Gates Rubber Company, uma subsidiária integral da Tomkins PLC, sediada em Denver, é um fabricante global de peças de borracha e de fibra e de sistemas para o mercado automotivo e industrial. A empresa de 2,5 bilhões de dólares emprega aproximadamente 23.000 pessoas em 70 fábricas e 20 centros de distribuição em 18 países. A Gates vende seus produtos através de 150.000 distribuidores, intermediários e concessionários, e também diretamente a fabricantes OEM — *original equipment manufactures* — fabricantes que incluem produtos da Gates como componentes nos seus produtos.

A estratégia de *e-commerce* da Gates é combinar marketing com sistemas de processamento de transações. Seu *Website* é projetado para atrair os usuários ao *site* e convertê-los em clientes. As seguintes características do seu *site* na Internet ilustram esta filosofia:

- O Gates Racing Game (Jogo de Corrida da Gates), onde os visitantes aprendem sobre as características das correias transmissoras da Gates enquanto competem um contra o outro.
- Easy Agent, um *software* que recomenda produtos aos clientes com base em suas necessidades.
- Uma calculadora que compara os custos de compra e manutenção do produto *polychain* versus esteira transportadora sobre cadeia de roletes.
- Um catálogo *online* para peças de veículos fabricadas pela Gates.
- Um *software* para engenheiros e distribuidores que ajuda a automatizar o projeto de correias transmissoras.

O *site* também inclui um sistema *online* de aquisição de suprimentos chamado PowerPro, onde os parceiros da Gates podem encomendar produtos e verificar os níveis de estoque, disponibilidade do produto e a situação dos seus pedidos. A implementação do PowerPro gerou alguns conflitos de canal, pois os distribuidores temeram que suas vendas fossem canibalizadas pelas vendas diretas através do sistema.

Passo 2: Prepare o caso para discussão em classe.

Passo 3: Responda cada uma das questões seguintes, individualmente ou em pequenos grupos, como indicado por seu instrutor:

Diagnóstico

1. Por que você acha que a Gates estabeleceu seu *site* na Internet?

2. Como você descreveria as necessidades de marketing da Gates antes da implementação de seu *site* na Internet? Seja tão específico quanto possível sobre como você comercializaria os produtos da Gates sem criar uma presença na Internet.

Avaliação

3. Por que você acha que a Gates decidiu usar seu *site* de negócios eletrônicos como uma ferramenta de marketing?

Projeto

4. Como a Gates atraiu clientes potenciais para seu *site* da Internet?
5. Quais características do *site* da Internet você acha que os clientes existentes mais usavam?
6. Você acha que os clientes experimentavam o Jogo de Corrida da Gates enquanto efetuavam *download* das informações do catálogo? Você acha que é benéfico misturar prazer com negócios desta maneira? Você acha que isso fará com que os clientes desejem retornar ou é mais provável que os aborreça?
7. Por que a apresentação da ferramenta de busca para os clientes levou a um conflito de canal?

Implementação

8. Se você fosse um distribuidor da Gates, como responderia à implementação da ferramenta PowerPro da Gates?
9. Como a Gates deveria minimizar o impacto do conflito de canal causado pelo PowerPro?

Passo 4: Em grupos pequenos, com a classe inteira, ou por escrito, compartilhe suas respostas às questões acima. Depois responda às seguintes questões:

1. Por que a Gates envolveu-se numa iniciativa de *e-commerce*?
2. Quais são os prós e os contras de incluir o Jogo de Corrida no *site* de *e-commerce* da Gates?
3. Como a Gates deveria minimizar o impacto do conflito de canal causado pelo PowerPro?

FONTE: Kate Maddox, "Strange Webfellows", *B to B*, 15 October 2001, 1 and 19. http://www.gates.com acessado no dia 27 de outubro de 2002.

ATIVIDADE

6-3 AS OPORTUNIDADES E AMEAÇAS DO *E-BUSINESS*

Passo 1: Leia o seguinte cenário.

A Secretaries Inc. é uma firma de dez pessoas que fornece serviços de secretariado e projetos gráficos para aproximadamente 50 clientes. Um cliente telefona para a Secretaries Inc. com as especificações de um serviço, o gerente de escritório da firma registra as informações relevantes e a seguir informa ao cliente o custo da tarefa. Supondo que o preço seja aceito, o gerente do escritório então designa a tarefa ao empregado mais bem qualificado ou a um empregado qualificado com a menor carga de trabalho. Os empregados vinculam-se à tarefa e então mantêm um histórico do trabalho, até que a tarefa esteja terminada. Atualmente, todo o registro de informações é feito manualmente.

Passo 2: Individualmente ou em grupos de dois a quatro estudantes, responda às seguintes questões:

1. Como você caracterizaria o modelo de negócio da Secretaries Inc.?
2. Que ameaças, se existe alguma, este negócio enfrenta das novas firmas que se apóiam fortemente em *e-business*?
3. Mapeie o processo de receber e completar a tarefa de um cliente. Para que o *e-business* ajude, o processo necessita ser reformulado? Caso sim, como?
4. Que outros processos no negócio podem beneficiar-se por se tornarem mais eletrônicos? Garanta que considerou como o cliente é cobrado, como o marketing é feito e como os empregados são escalados.
5. Quais são os benefícios de uma iniciativa de *e-business* na Secretaries Inc.?

Passo 3: Em pequenos grupos ou com a classe inteira, revise suas respostas ao Passo 2. Então, responda às seguintes questões:

1. Como você caracterizaria o modelo de negócio da Secretaries Inc.?

2. Como o *e-business* pode ajudar o processo de receber e completar o trabalho de um cliente?
3. Quais são os benefícios potenciais de uma iniciativa de *e-business* na Secretaries Inc.?

ATIVIDADE

6-4 TÁTICAS DE PRESSÃO

Passo 1: Leia o seguinte cenário.

Você é o gerente de compras na Officapplies, uma cadeia de 30 superlojas de materiais de escritório sediada próximo a Chicago. Na última semana, você recebeu um telefonema de Wilbur Ibery, o gerente de vendas na Paperdy Inc., um de seus fornecedores de papel mais importantes. Ele o convidou para assistir a um jogo do Cubs como seu convidado. Como os Cubs são a sua equipe favorita de beisebol, você aceitou o convite, nem um pouco preocupado com a probabilidade de ter de suportar uma abordagem de vendas durante o jogo.

Mas, na hora do jogo, você não recebeu a conversa de vendedor que havia imaginado. Ao contrário, Wilbur pediu-lhe que se tornasse uma conta de referência para uma conexão de extranet que ele pretendia montar com uma loja de materiais de escritório em outra parte do país. Como retorno, a Paperdy daria à Officapplies uma redução de 2% no preço nos próximos seis meses, e, embora não tivesse sido especificamente declarado, Wilbur deu a entender que você poderia ficar com os bilhetes dele para qualquer jogo dos Cubs que você quisesse, no restante do campeonato.

Depois do jogo, você pensou sobre que tipo de referência daria ao cliente da Paperdy. Há cerca de dois anos, você havia dado à Paperdy acesso à extranet da Officapplies, sob a condição de a Paperdy monitorar seu estoque e manter suas prateleiras cheias. Como retorno, a Paperdy deu-lhe um 1% de desconto nos seus preços. O sistema parece estar trabalhando bem agora, mas a Paperdy foi o fornecedor mais difícil com o qual você já tivera de trabalhar antes ou desde que combinara este arranjo. Não somente seus sistemas de informações eram mal administrados, mas ela levou meses para assinar o acordo de não divulgação, e, embora seus gurus da tecnologia nunca pudessem provar, eles achavam que a Paperdy havia tentado burlar seus sistemas de segurança duas vezes no ano anterior. Mesmo assim, você provavelmente poderia dar a eles uma boa recomendação sem mentir, e o negócio era favorável à empresa — e provavelmente favorável a você.

Passo 2: Individualmente ou em pequenos grupos analise a situação usando os princípios básicos da ética.

Passo 3: Baseado na sua análise, decida como responderá à chamada do cliente da Paperdy. Compartilhe seu plano com o restante da classe. Quais são as questões éticas importantes nesta situação? Como elas devem ser tratadas?

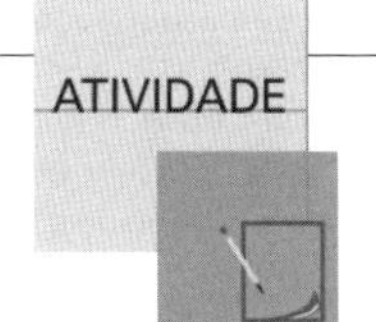
ATIVIDADE

6-5 COMPRANDO UMA BICICLETA

Passo 1: Imagine que você está comprando uma bicicleta e um capacete de ciclista. Visite os *sites* da Internet seguintes tendo em mente a idéia de talvez comprar um destes produtos:

- Dois fabricantes de bicicleta, como a Schwinn (www.schwinn.com) e a Bianchi (www.bianchi.it).
- Duas lojas de descontos, como a Wal-Mart (www.walmart.com) e a Kmart (www.kmart.com).
- Duas lojas de departamento eletrônicas, como a Yahoo!Shopping (shopping.yahoo.com) e a eShop do MSN (eshop.msn.com).
- Duas lojas especializadas em bicicletas, como a Harris Cyclery (www.sheldonbrown.com/harris) e a Aaron Bicycle Repair (www.rideyourbike.com).
- Dois *sites* de leilão, como o eBay (www.ebay.com) e o Yahoo!Auctions (auctions.yahoo.com).

Passo 2: Individualmente, em pequenos grupos ou com a classe inteira, responda às seguintes questões:

1. Quais as características de cada *site*?
2. Em qual *site* foi mais fácil pesquisar as opções?
3. Em qual *site* foi mais fácil fazer uma compra?
4. Onde você iria para encomendar uma bicicleta e um capacete pela Internet? Por quê?

SI NA *WEB*

SI NA *WEB*

Exercício 1: Siga os *links* da Internet do Capítulo 6 para três *sites* de leilões eletrônicos. A seguir compare e indique as diferenças entre os *sites*, com respeito às suas características, aos tipos de leilões que eles suportam e às modalidades de pagamento que eles permitem. Quais as semelhanças entre eles? Em que diferem? Qual *site* você preferiria, como consumidor? Qual *site* de leilão você preferiria como vendedor de produtos de consumo? Qual *site* de leilão você preferiria como vendedor de produtos industriais?

Exercício 2: Siga os *links* da Internet do Capítulo 6 para explorar as opções para trazer negócios para seu *site* da Internet. Quais as diferentes maneiras pelas quais os anunciantes cobram por seus serviços? Como você pode determinar a melhor estratégia de propaganda?

LEITURAS RECOMENDADAS

Frances Cairncross. *The Company of the Future*. Boston, MA: Harvard Business School, 2002.

Coughlan, Anne T., Erin Anderson, Louis W. Stern, and Adele I. El-Ansary. *Marketing Channels*, 6th ed. Upper Saddle River, NJ: Prentice Hall, 2001.

Cunningham, Michael J. *B2B: How to Build a Profitable E-Commerce Strategy*. Cambridge, MA: Perseus Publishing, 2002.

Davis, William S., and John Benamati. *E-Commerce Basics: Technology Foundations and Business Applications*. Boston: Addison-Wesley, 2002.

Poirier, Charles C., and Michael J. Bauer. *E-Supply Chain: Using the Internet to Revolutionize Your Business*. Williston, VT: Berrett-Koehler Publishers, 2000.

Rosen, Anita. *The E-Commerce Question and Answer Book: A Survival Guide for Business Managers*. New York: AMACOM, 2002.

Wong, W.Y. *At the Dawn of E-Government*. New York: Deloitte Research, 2000.

NOTAS

1. Extracted with permission from Eric Berkman, "How to Stay Ahead of the Curve," *CIO*, 1 February 2002, 72–74.
2. *Merriam Webster Collegiate Dictionary* defines commerce as "the exchange or buying and selling of commodities on a large scale involving transportation from place to place." Accessed online at http://www.m-w.com/cgi-bin/dictionary on 5 August 2002.
3. *Merriam Webster Collegiate Dictionary*, accessed online at http://www.m-w.com/cgi-bin/dictionary on 5 August 2002.
4. M. E. Porter, *Competitive Strategy: Techniques for Analyzing Industries and Competitors*. New York: Free Press, 1980.
5. Wally Bock, "Study: Speed to Market," 2001, accessed at http://www.bockinfo.com/docs/speed.htm on 5 August 2002.
6. "Netgem is a Leading Provider of Interactive TV Technology," accessed at http://www.mentor.com/pcb/successes/netgem_success_story.pdf on 5 August 2002.
7. Nucleus Research, "ROI Profile: BEA WebLogic, IP Communications, Dallas, Texas," *Research Note #B32*, accessed at http://www.bea.com/customers/pdf/roi_ip_communications_120301.pdf on 5 August 2002.
8. Margaret Littman, "The State of Small Business/Internet: Stores Weaving Web Strategies," *Crain's Chicago Business*, 10 June 2002, SB9.
9. Staffware, "Anova," accessed at http://www.staffware.com/customers/163.htm on 10 August 2002.
10. Qlink Technologies, "CheMatch Using New Software to Quickly E-Enable Business Processes," *Chemical e-Business News & Networking* (www.eyeforchem.com), 23 May 2001, accessed at http://www.qlinktech.com/news_chematch.html on 10 August 2002.
11. Bruce D. Temkin, with Christopher Mines and Hillary Drohan, *Web Services Boots B2B Collaboration*. Cambridge, MA: Forrester Research, 2002.
12. Jennifer Fan and Maria Bumatay (NetRatings, Inc.) and Suzie Pileggi (BSMG Worldwide), "Nearly Half of All Americans Buy Online, According to Nielsen//Netratings and Harris Interactive," 24 April 2001, accessed at http://www.nielsen-netratings.com/pr/pr_010424.pdf on 6 August 2002.
13. Roger Clarke, "Electronic Data Interchange (EDI): An Introduction," December 1998, accessed at http://www.anu.edu.au/people/Roger.Clarke/EC/EDIIntro.html on 6 August 2002.
14. CyberAtlas staff, "B2B E-Commerce Headed for Trillions," 6 March 2002, accessed at http://cyberatlas.internet.com/markets/b2b/print/0,,10091_986661,00.html on 6 August 2002.
15. Calculated from data supplied in "Most 2001 Top 10 E-Retailers Are Multi-Channel," 1 August 2002, accessed at http://www.emarketer.com/news/article.php?1001447 on 6 August 2002.
16. Michael Mahoney, "Staying Pure in a Multichannel World," *www.EcommerceTimes.com*, 1 June 2001, accessed at http://www.newsfactor.com/perl/story/10000.html on 11 August 2002.
17. Henry H. Harteveldt, with James McQuivey and Gillian DeMoulin, *Travel North America: Consumer Technographics Data Overview*. Cambridge, MA: Forrester Research, 2002.
18. W. Scott Bailey, "Largest S.A. Travel Firm Buys Competitor," *San Antonio Business Journal*, 7 June 2002, accessed at http://www.bizjournals.com/sanantonio/stories/2002/06/10/story5.html on 9 August 2002.
19. Alan Abelson, "Up & Down Wall Street: Oh, Doctor!," *Barron's*, 14 June 1999, 3–4.
20. The Thomson Corporation, "Koop Clients' E-mail Addresses for Sale," *Technology in Practice*, 3 July 2002, accessed at http://www.technology-inpractice.com/html/news/NewsStory.cfm?DI=8776 on 9 August 2002. Fred Charatan, "Executives Fly the koop.com," *British Medical Journal*, 29 July 2000, 257.
21. Keith Boswell, "Digital Marketing vs. Online Advertising: Breaking Waves for Marketers to Catch," *The Marketleap Report*, 19 March 2002, accessed at http://www.marketleap.com/report/ml_report_24.htm on 9 August 2002.
22. http://www.emarketer.com/images/chart_gifs/037001-038000/037073.gif, accessed on 9 August 2002.
23. http://www.emarketer.com/images/chart_gifs/030001-031000/030594.gif, accessed on 9 August 2002.
24. Community size listed at http://pages.ebay.com/community/aboutebay/overview/index.h

tml, accessed on 9 August 2002. Capitalization found at www.quicken.com on 9 August 2002.
25. "A Million Minnesotans Filed Taxes Electronically," *TwinCities.com*, 19 April 2002, accessed at http://www.twincities.com/mld/twincities/news/3097378.htm on 21 September 2002.
26. W. Y. Wong, *At the Dawn of E-Government. New York:* Deloitte Research, Deloitte & Touche, 2000.
27. "Europe Making Progress on Road to E-Government," *Europemedia*, 20 June 2002, 1.
28. "China Seeks to Promote 'E-Government' Services for Higher Efficiency," *BBC Monitoring Asia Pacific*, 20 September 2002, 4.
29. "Govt. Unveils Construction Portal," *Business News Americas*, 20 September 2002, 1.
30. Paul Gosling, "UK Is the Fifth Best at E-Government," *Public Finance*, 26 October 2001, 9.
31. The EDI Connection, "Retailer EDI Announcements," accessed at http://www.edi-connection.com/news05.htm on 9 August 1997.
32. Jim Brown, "Banks Increase Use of EDI," *Network World*, 25 January 1988, 1, 82. James Johnston, "EDI Implementation at PPG Industries," *Journal of Systems Management* 43 (February 1992): 32–34.
33. Julie Bort, "Big Money beyond EDI," *Client/Server Computing*, June 1997, 44–47.
34. Lucas Mearian, "Fidelity Makes Big XML Conversion," *Computerworld*, 1 October 2001, 12.
35. Susannah Patton, "Web Services in the Real World," *CIO*, 1 April 2002, 58–63.
36. Richard Karpinski, "3Com Opts for Channel over Own Online Store," *B to B*, 15 July 2002, 15.
37. Lisa A. Yorgey, "Test the E-Waters," *Target Marketing*, June 2002, 48, 50.
38. Eric Berkman, "How to Practice Safe B2B," *CIO*, 15 June 2002, 1.
39. Eric Berkman, "How to Practice Safe B2B," 1.

7 Sistemas Funcionais e Empresariais

OBJETIVOS DO APRENDIZADO

Após completar o Capítulo 7, você estará apto a:

- Analisar a cadeia de valor de uma empresa e seus processos de apoio, para a identificação dos serviços funcionais que a tecnologia da informação pode suportar.
- Explicar por que a integração da cadeia de valor estendida de uma empresa pode melhorar suas operações e lucratividade.
- Explicar como a gestão do relacionamento com o cliente ajuda a empresa a se tornar mais focada no cliente.
- Descrever os componentes da manufatura integrada por computador.
- Comparar e indicar as diferenças entre os diversos níveis de customização.*
- Descrever as vantagens e desvantagens do estoque *just-in-time*** e do estoque administrado pelo fornecedor, a partir das perspectivas do fornecedor e do usuário do estoque (fabricante, distribuidor, ou varejista).
- Descrever duas tecnologias para redução do custo de estoques.
- Identificar os principais elementos e funções dos sistemas de informações de recursos humanos e dos sistemas de informações contábeis.
- Explicar por que a maioria das empresas necessita tanto do ERP como do *middleware* para integrar suas aplicações de sistemas de informação.
- Descrever como a gestão da cadeia de suprimentos pode ajudar as empresas a otimizar sua logística e seus estoques.

---

* Customização: adaptação de um produto ou serviço às necessidades particulares do cliente. (N.T.)

** *Just-in-time inventory:* "Estoque na hora certa". As mercadorias devem chegar na indústria na hora aprazada, não antes nem depois. Assim, elas não permanecem estocadas, e vão direto para a linha de produção. (N.T.)

O Serviço de Atendimento ao Cliente na Honeywell International

Pruitt Layton, vice-presidente de vendas e marketing do grupo Propulsion Systems Enterprise da Honeywell International, compreende o valor dos serviços de atendimento ao cliente. Antes da incorporação da AlliedSignal Aerospace pela Honeywell Inc. em 1999, formando a Honeywell International, Layton era diretor de suporte de vendas da AlliedSignal.

Ele lembra que na AlliedSignal, que fabricava motores de aeronaves, peças de motor e outros produtos, ouviu diretamente de vários clientes que era difícil fazer negócios com sua empresa. Como uma empresa de 13 bilhões de dólares, com uma mão-de-obra de mais de 85.000 empregados espalhados pelo mundo e 40 linhas de produto independentes, a AlliedSignal tornara-se grande demais para coordenar suas diversas partes. Layton lembra de clientes queixando-se, por exemplo, de terem sido procurados por diferentes representantes de vendas da empresa no mesmo dia, cada um, aparentemente, ignorante acerca das ações dos demais.

Layton compreendeu que os processos de vendas da AlliedSignal necessitavam ser mais centralizados. Parte da solução teria que ser tecnológica. O primeiro passo da AlliedSignal foi providenciar um sistema central, chamado ATLAS, para a administração das relações com o cliente. A parte mais difícil da solução era fazer com que os diferentes administradores das áreas de apoio e de produtos usassem o ATLAS e não os sistemas que tinham usado no passado. Layton criou um departamento para cuidar do programa Gestão do Relacionamento com o Cliente (CRM – Customer Relationship Management), designou-lhe profissionais de negócios e técnicos e deu-lhe a responsabilidade de ajudar os administradores de vendas e de atendimento ao cliente a aprender como eles e a empresa poderiam beneficiar-se da utilização do ATLAS.

O recente processo de fusão tornou o ATLAS mais importante ainda, pois o número de linhas de produto e unidades de negócio cresceu. O ATLAS valeu a pena desde o início, pois viabilizou um processo de negócios único para toda a Honeywell Aerospace e a AlliedSignal. Atualmente, 2.000 empregados da Honeywell International usam o ATLAS, e outros 2.000 passarão a usá-lo à medida que sua funcionalidade for ampliada.

O ATLAS, agora, fornece uma única visão do cliente, desde a venda inicial, passando por gestão de conta, gestão de campanha, atendimento de campo e suporte pós-venda, com até dois anos de histórico do cliente. Para muitas contas, um só empregado desempenha o único ponto de contato, mas qualquer um que trabalhe com a conta trabalha a partir das mesmas informações. O cliente nunca é perturbado com múltiplas chamadas e nunca tem que repetir informações previamente passadas a outro empregado. Os administradores financeiros e de marketing podem avaliar as tendências para as vendas e devoluções de produtos e podem analisar as oportunidades de novas vendas. E o sistema, também, propiciou retorno financeiro. A primeira unidade de negócios que adotou o ATLAS viu suas vendas imediatamente aumentarem em 62 milhões de dólares, dos quais cerca de 20% foram atribuídos ao ATLAS.[1]

Manter os clientes felizes é uma das preocupações básicas de Pruitt Layton, como vice-presidente de vendas e marketing. Mas as informações que seu sistema, o ATLAS, coleta têm muito valor para muitas esferas do negócio. As vendas de produtos que o ATLAS registra afetam a remessa e faturamento. As vendas também afetam o estoque, sendo então uma preocupação para os administradores de estoque, bem como para os fornecedores, que têm de repor o estoque. Para fabricar novos produtos, será necessário adquirir suprimentos; então, os administradores da gestão de compras também devem estar interessados nos dados do ATLAS. A engenharia gostará muito de ver os registros de reparos do ATLAS, para que possa focalizar quais os produtos que necessitam ser reformulados e como reduzir os chamados de atendimento ao consumidor. Mesmo o departamento de recursos humanos beneficiar-se-á por ter acesso às informações de vendas, para que possa recompensar apropriadamente os empregados com melhor desempenho. Layton provavelmente gostaria de compartilhar seus dados com os outros departamentos da Honeywell Aerospace e gostaria, também, de ter acesso aos dados destes.

Lembre os conceitos da cadeia de valor apresentados no Capítulo 6 (ver Figura 7-1). Layton provavelmente gostaria de compartilhar informações através da cadeia de valor de sua empresa. O *software* integrado de gestão ou de **Planejamento de Recursos Empresariais (ERP – *Enterprise Resource Planning*)** faz isto e mais ainda; ele não somente compartilha as informações entre as funções, mas também alimenta informações de uma aplicação para outra, a fim de dar apoio aos processos interfuncionais de maneira integrada. Ele também fornece *links* para integrar a cadeia de valor estendida (ver Figura 7-2). Neste capítulo, o ERP será desdobrado nos seus componentes, que serão examinados um por vez. Você começa com o cliente, cujo pedido, direta ou indiretamente, gera todas as outras atividades de negócio. Ignorando a logística temporariamente, você continua na Figura 7-1, da direita para a esquerda, com a produção e depois o estoque. A seguir, você trata de logística, tanto da logística de suprimentos quanto da logística de distribuição, numa única seção chamada "armazenamento e transporte". Você continua com as funções de apoio, tais como contabilidade e gestão de recursos humanos. Finalmente, você examina as questões envolvidas na implantação do ERP dentro da organização e também entre organizações.

A GESTÃO DO RELACIONAMENTO COM O CLIENTE (CRM)

A **gestão do relacionamento com o cliente** (CRM – *Customer Relationship Management*) é a filosofia que orienta a organização na sua focalização no cliente. O *software* de CRM é um sistema projetado para alcançar este objetivo.

A Tabela 7-1 lista algumas das razões mais freqüentemente citadas que explicam o porquê de as empresas buscarem implementar uma estratégia de CRM. De longe, a razão mais comum é desenvolver uma visão única e consistente do cliente.[2] Porém, cada empresa tem sua própria razão ou razões para agir. Por exemplo, o objetivo fundamental da estratégia de tecnologia CRM da Nationwide Insurance, sediada no estado de Ohio, é manter seus clientes desde a idade de 16 anos até que eles alcancem seus 80.[3]

Pelo que se sabe, as iniciativas de CRM têm uma alta taxa de insucesso, que, de acordo com as estimativas de fontes bem informadas, variam entre 30% e 70%. Há muitas razões para este insucesso, como ilustrado na Tabela 7-2, porém as mais comuns são que o sistema de recompensas é mal dimensionado ou inexistente e que muitas das iniciativas de CRM não tiveram a coordenação adequada.[4] Além disso, muitos pesquisadores atribuem o fracasso das iniciativas de CRM à confusão entre estratégias de CRM e

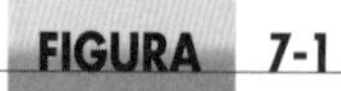
FIGURA 7-1

O *software* ERP destina-se às atividades diretamente responsáveis pelas vendas, assim como às funções que dão apoio à operação da empresa.

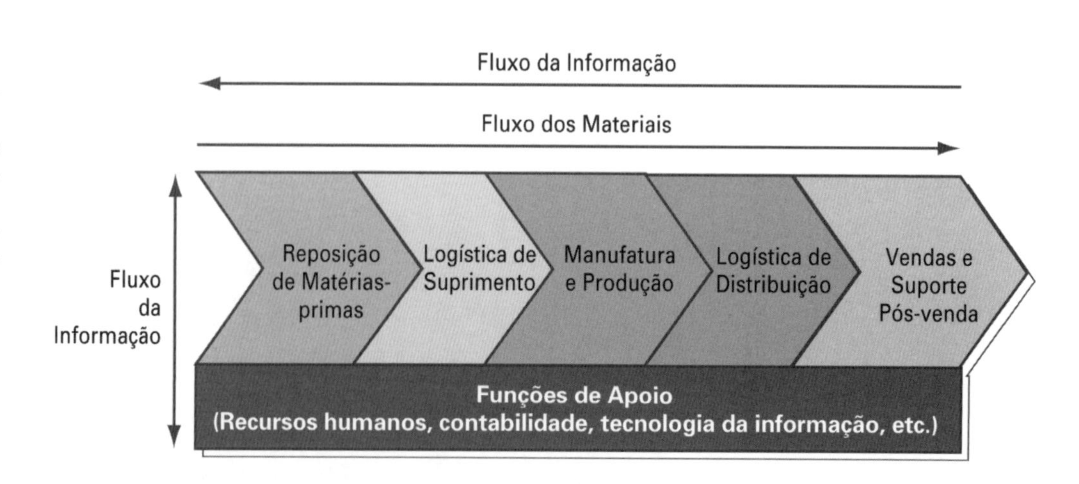

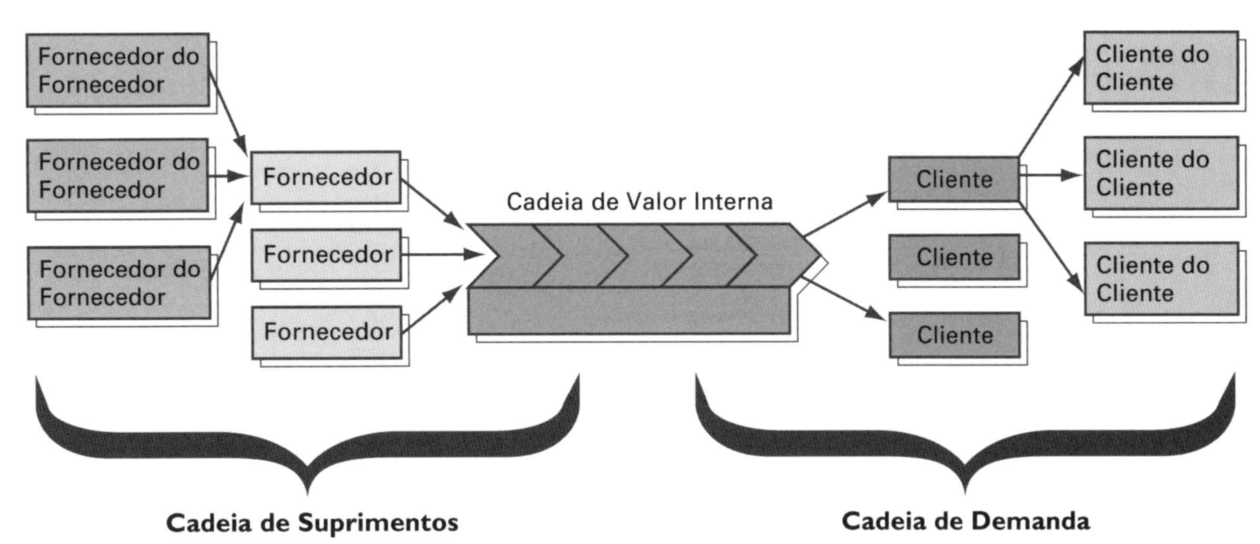

FIGURA 7-2 A cadeia de valor estendida inclui os processos com valor agregado dos seus fornecedores e dos fornecedores destes (sua cadeia de suprimentos) e os processos com valor agregado de seus clientes e dos clientes destes (sua cadeia de demanda).

implementações de tecnologias de CRM.[5] Na verdade, se você examinar as razões pelas quais as empresas implementam o CRM, verificará que a maioria está dirigida para a busca de eficiência organizacional, em vez de estarem focalizadas na busca da satisfação do cliente.

Nesta seção, primeiramente verificamos o que significa estar focado no cliente. A seguir, olhamos como a tecnologia da informação ajuda a melhorar uma diversidade de processos de relacionamento com o cliente, tais como venda, tratamento de pedidos, faturamento eletrônico e suporte pós-venda. Finalmente, examinamos como a tecnologia da informação pode ajudar quando o cliente é um distribuidor, e não um consumidor final.

A Gestão Centrada no Cliente

O primeiro passo na implementação de uma filosofia CRM não é tecnológico. Geralmente, mudanças culturais e organizacionais são necessárias antes que o *software* CRM possa ser utilizado eficientemente. As empresas estruturadas em torno de linhas de produto têm muito mais dificuldade em ver um cliente holisticamente. Freqüentemente, cada divisão de produto tem sua própria visão do cliente, diferentes números de cliente atribuídos ao mesmo cliente, planos de incentivo diferentes para as suas áreas de vendas e um enfoque descoordenado para vender ao cliente, como ilustrado pela AlliedSignal na vinheta de abertura.

É também difícil obter-se uma visão única do cliente quando este efetua suas compras em diversos canais. A área de vendas nas empresas que têm uma presença na Internet, um departamento de vendas diretas (catálogo) e também a gerência de vendas em loja física freqüentemente é incapaz de visualizar as compras anteriores do cliente através da Internet e de catálogo quando se encontram face a face com o cliente em uma de suas lojas. Ter um histórico de vendas pode permitir à área de vendas oferecer um

TABELA 7-1

Razões pelas quais as empresas implementam uma estratégia de CRM

- Desenvolver uma visão única do cliente para vendas, marketing e atendimento bem-sucedidos
- Melhorar a satisfação do cliente
- Melhorar a retenção recompensando a fidelidade
- Aumentar o *up-selling** e o *cross-selling*** de produtos e serviços
- Identificar os mercados de forma mais acurada
- Melhorar a prospecção de clientes-alvo
- Aumentar as taxas de fechamento de vendas
- Aumentar a margem nas mercadorias e serviços
- Aumentar a receita e os lucros
- Reagir à implementação de CRM pelo competidor.

* *Up-selling*: Processo de persuadir o cliente a comprar mais produtos. (N.T.)
** *Cross-selling*: Processo de usar uma base de clientes existente para um produto como possíveis clientes para outros produtos. (N.T.)

TABELA 7-2

Motivos pelos quais muitas iniciativas de CRM não têm sucesso

- Falta de coordenação entre diferentes projetos
- Ênfase na tecnologia, ao invés de nos processos de negócios
- Falta de suporte executivo
- CRM é implementado para a empresa, não para o cliente
- Inabilidade para executar mudanças culturais
- Empregados não são treinados adequadamente ou não são motivados a usar o CRM
- *Business Case** mal definido
- Avaliação inadequada da situação atual
- Arquitetura técnica inadequada
- Pouca integração entre pessoas, processos e tecnologia
- Indicadores e medidas de sucesso ruins ou insuficientes
- Recursos insuficientes alocados à iniciativa

**Business Case*, modelo futuro da implementação. É utilizado para avaliar uma solução ou cenário tecnológico. (N.T.)

melhor atendimento ao cliente em suas dependências e aos administradores de catálogo focalizar melhor seus clientes de mala direta. Uma pesquisa recente descobriu que 43% dos compradores que fazem compras *online* também compram mercadorias da mesma empresa através de catálogo e 59% também adquirem mercadorias nas suas lojas tradicionais. Além disso, os compradores que visitam um site de varejo da Internet e depois compram da loja física, gastam 33% mais, anualmente, que os demais clientes da loja.[6]

A Best Buy, uma revendedora de itens eletrônicos sediada no estado de Minnesota, gostaria de tratar seus clientes como se eles tivessem entrado numa lojinha de bairro. A empresa fez grandes esforços para mudar de um foco centrado no produto para um foco centrado no cliente. Embora o contato da maioria dos seus clientes seja através de um único canal, ela lida com tantas marcas e tem tantos pontos de contato, incluindo interações por telefone, fax, correio eletrônico e pontos de venda, que criar uma visão holística do cliente foi difícil. Ela conseguiu racionalizar seus 25 bancos de dados de clientes independentes para 16 bancos de dados integrados, de modo que todos os empregados, incluindo representantes internos do serviço de atendimento ao cliente na loja, técnicos de reparos em domicílio e operadores de telefone de atendimento, trabalham a partir dos mesmos dados e podem, portanto, oferecer o melhor atendimento possível.[7]

Mas, gestão centrada no cliente é mais do que simplesmente ter um número de cliente comum e mesmo bom acesso ao histórico do cliente e hábitos de compras. Uma filosofia centrada no cliente objetiva entender o cliente, servir bem o cliente e com isso construir lealdade e confiança. Atrair um novo cliente é uma atividade muito cara, exigindo publicidade e uso freqüente de descontos. Servir bem clientes existentes, de modo que você não necessite atraí-los novamente como a um novo cliente, é uma prática rentável. Clientes leais gastam mais que novos clientes e retornam à sua empresa mais freqüentemente. Você também pode servi-los melhor e mais barato se puder conhecer suas preferências e seus gostos.

Automação da Força de Vendas

Assim como muitos empregados de escritório e gerentes ainda utilizam papel para registrar, trocar e armazenar informação, muitas pessoas de vendas usam avisos em *post-it*, fichas de arquivo e blocos de memorando para acompanhar seus clientes. Muitos administradores distritais ou regionais ainda preparam relatórios resumo digitados, para distribuição à sua área de vendas. A **automação da força de vendas** muda radicalmente esta maneira de fazer negócios. Ela substitui os sistemas manuais de acompanhamento de clientes, vendas, solicitações de atendimento e outras informações relacionadas às vendas por sistemas computadorizados, que usam *software* de banco de dados sofisticado e computadores portáteis. Ele dá apoio à área de vendas ao cuidar das atividades rotineiras e lhe fornece as informações necessárias para efetuar novas vendas e atender bem os atuais clientes. A força de vendas de 800 pessoas na Yellow Freight System Inc., uma firma de transporte em caminhões do estado de Kansas, usa um *software* de vendas automatizado que lhe permite recuperar, mesmo estando na estrada, informações sobre o cliente e de toda a rotina administrativa. Além de usar o sistema para resolver outros problemas do cliente quando se encontram na presença dele, os representantes de vendas podem usar o *e-mail* para facilmente obter os planejamentos de transporte destinados a clientes de outros representantes que possam aplicar-se aos seus clientes.[8]

Suporte a Vendas

A automação das vendas exige um conjunto de aplicações de *software*. Em seu centro está um banco de dados de prospecção — a lista de clientes potenciais com informações-chave que permitam a sua classificação por indústria, empresa, tamanho da empresa, histórico das vendas por telefone, histórico de com-

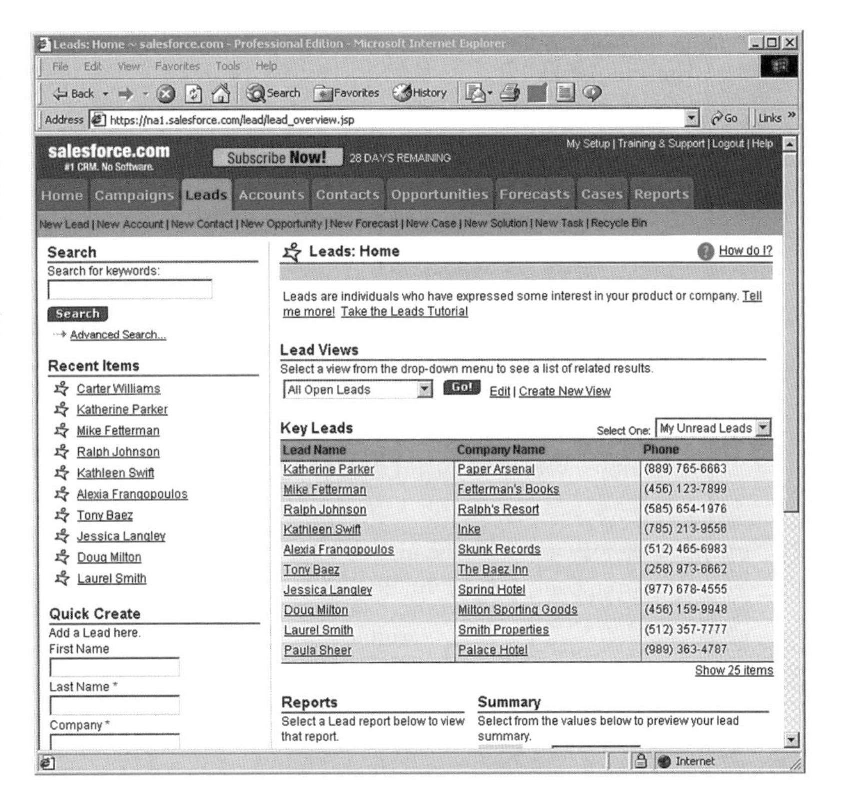

FIGURA 7-3

Esta tela ilustra um banco de dados de prospecção, que inclui informações essenciais sobre clientes potenciais para uso da área de vendas.

FONTE: Acessado em http://www.salesforce.com/us/assets/tour/leads_ss.gif, on 2 August 2002. Usado com permissão.

pras, requisitos dos produtos e outras características. A Figura 7-3 apresenta uma tela deste banco de dados. O processamento de texto, correio eletrônico, gráficos, planilhas eletrônicas e outras aplicações trabalham com o banco de dados de prospecção para fornecer relatórios resumo instantâneos.

A MCI investiu 75 milhões de dólares num sistema automatizado que incluía equipar 5.600 empregados de vendas de campo e técnicos com *laptops* e *links* com o banco de dados de vendas corporativas e do serviço de atendimento ao cliente. O pessoal de vendas pode enviar pedidos e acessar dados sobre o cliente e os produtos. Eles têm até mesmo acesso remoto *online* a outros empregados, que podem responder às questões do cliente imediatamente. Seis meses depois da implementação, a produtividade dos representantes de vendas aumentou em 21% e a receita do setor de vendas aumentou em 23%.[9]

O sistema de automação de vendas da Pfizer Pharmaceutical, o Sherlock, disponibiliza o conhecimento dos 2.700 representantes de vendas da empresa sobre os padrões de prescrição dos médicos e os requisitos das organizações assistenciais por estes administradas e as informações sobre os programas promocionais da empresa. Os representantes de vendas usam o Sherlock para acessar com maior rapidez as informações críticas de maneira a melhor aproveitar seu reduzido tempo de contato pessoal com os médicos. Um ano depois da implementação, as vendas aumentaram em 26%, em parte devido ao impacto do Sherlock.[10]

Tratamento de Pedidos

Sistemas de Ponto de Venda (POS)

Um **sistema de ponto de venda (POS – Point-of-Sale ou PDV – Ponto de Venda)** registra a venda de um produto ou serviço, atualizando os registros relacionados à venda. A Figura 7-4 apresenta uma transação de PDV típica.

Um cliente traz um item ao balcão de vendas ou caixa registradora. O balconista escaneia o código de produto com uma leitora de código de barras, insere manualmente o código do produto no terminal PDV, ou pressiona o botão apropriado para esse produto no terminal PDV. O sistema PDV recupera o preço do item e usa-o para emitir um recibo para o cliente. O sistema registra o tipo de item, o preço de venda, a modalidade de pagamento e, freqüentemente, a hora e a data de compra no banco de dados corporativo.

Se o cliente pagar com cheque, o sistema PDV pode verificar, no seu próprio banco de dados ou num banco de dados externo, se a pessoa não emite cheques sem fundos. Além disso, o sistema recebe o cheque

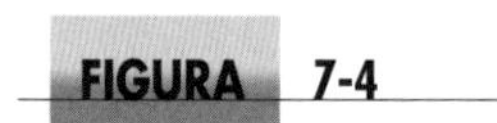

Uma transação de ponto de venda começa com o cliente trazendo mercadorias a uma caixa registradora e termina com o sistema atualizando o estoque da empresa.

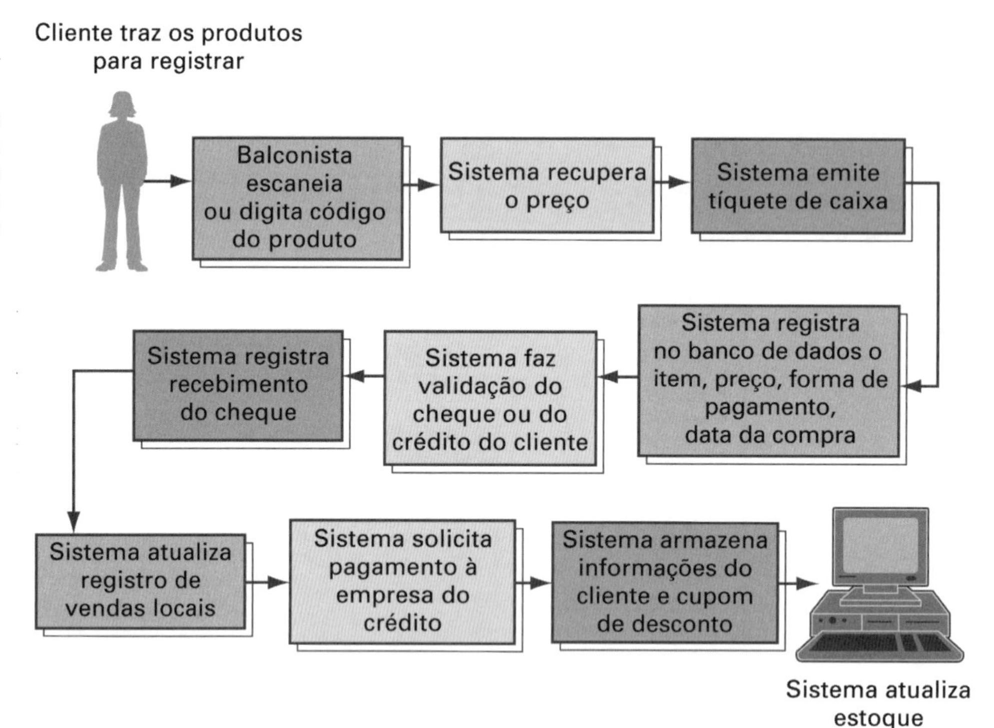

para o processamento bancário. Se o cliente pagar com cartão de crédito, o sistema PDV pode acessar um banco de dados semelhante para verificar o crédito do cliente. Ele também processará a solicitação de pagamento pela empresa de cartão de crédito. Se o cliente usa um cupom de desconto, o sistema também armazenará informações relativas ao cupom. O sistema PDV armazenará os elementos essenciais do pagamento, como o número do cartão de crédito ou do cheque, juntamente com os outros dados da transação.

O sistema PDV pode, também, armazenar dados auxiliares, como o CEP do cliente, inserido pelo balconista, que posteriormente poderá ser usado para pesquisa de mercado. Ele pode manter controle da quantia de dinheiro e cheques na caixa registradora. Alguns sistemas atualizam o estoque, tanto na hora da venda (*online* em tempo real), quanto num processamento em lote após o fechamento da loja. Os sistemas de ponto de venda podem registrar tanto serviços quanto transações de venda. Eles podem, por exemplo, gravar chamados de serviço para reparos de eletrodomésticos ou instalação de telefones. O Estado do Maine projetou um sistema de ponto de venda para as farmácias usarem no controle dos pedidos de reembolso ao Medicaid. Os farmacêuticos, médicos e administradores do Medicaid podem usar um banco de dados *online* que armazena todas as informações de receituários médicos.[11]

Os sistemas de ponto de venda satisfazem a necessidade das empresas de capturar e prover informações no que se refere a contatos com o cliente. Eles melhoram a satisfação do cliente aumentando a velocidade da transação, provendo dados para responder às questões dos clientes, produzindo registros e quaisquer outros recibos para o cliente, permitindo ainda o acompanhamento das transações entre o cliente e a empresa. Eles capturam informações transacionais e administrativas de maneira eficiente, com exatidão e sem demora.

Os sistemas de ponto de venda freqüentemente usam *hardware* especial de entrada para melhorar a velocidade, a facilidade e a conveniência de uma operação de venda. Eles podem incluir leitoras de cartões magnéticos para auxiliar no processamento das transações de cartão de crédito e nas transações bancárias de cartões de débito e dispositivos de escaneamento para processar códigos de barras dos produtos e dos cupons de desconto. A Wesleyan Assurance, por exemplo, entrega *laptops* a seus agentes para que os usem no seu sistema PDV, chamado Faith (*Financial Advice In The Home* – Aconselhamento Financeiro no Lar).[12]

Os terminais PDV operam isoladamente ou são conectados em rede a um computador central. Os terminais independentes normalmente têm uma funcionalidade mais limitada porque têm bancos de dados autônomos. Por exemplo, eles não contêm informações de preços nem informações de crédito do cliente. Os disquetes podem transferir os registros de transações desde estações independentes de PDV localizadas num único local até um computador central, para consolidação e processamento em lote, visando à atualização dos bancos de dados de vendas e de estoque. Os sistemas PDV com estações localizadas em diferentes locais verificam o status dos terminais PDV por telefone ou por uma rede WAN para coletar os registros de transações e fornecem uma alternativa à atualização de estoque em tempo real.[13] A Diamond Shamrock, que opera 1.500 lojas de conveniência, usa o Sistema Inteligente de Informações de Varejo (Iris – *Intelligent Retail Information System*), que administra todas as operações internas da loja, incluindo um sistema de ponto de venda. O sistema cliente/servidor permite carga de dados noturnas das lojas para os bancos de dados corporativos por meio de conexões discadas.[14]

As estações PDV conectadas em rede têm a vantagem da gestão centralizada de banco de dados, maior armazenamento e maior capacidade de processamento. Entretanto, se o processador central ou a rede falham a falha afeta todas as estações de PDV, o que pode tornar significativamente lento o processo de venda, reduzindo o número de vendas. A instalação de uma rede pode ser difícil e cara e resultar em menos flexibilidade para a organização. As LANs sem fio podem ser uma solução para este problema.[15] A Pepsi Cola Allied Bottlers usa o Fast Access, um sistema de recepção de pedidos sem fio. O pessoal de vendas usa computadores portáteis para enviar pedidos e monitorar as entregas aos clientes. Eles informam a quantidade de bebida a ser despachada na próxima entrega. O depósito recebe os pedidos e os coloca em paletes para a entrega do dia seguinte.[16]

As empresas pequenas freqüentemente não possuem o conhecimento para selecionar, comprar, instalar e operar um sistema PDV. Esta dificuldade levou à criação de empresas especializadas em oferecer suporte às necessidades de PDV de empresas pequenas. Por exemplo, a AT&T fornece um serviço que conecta os terminais PDV da empresa cliente a computadores em empresas prestadoras de serviço que executam o processamento das transações para seus clientes.[17] Fornecedores que atuam como terceiros também executam verificação de crédito.

As empresas que querem operar seus sistemas PDV internamente podem comprar sistemas *turnkey* (prontos para o uso) dos fornecedores de PDV. Estes sistemas incluem *hardware* e *software* que foram de tal forma adequados às necessidades da indústria-alvo, que os compradores podem simplesmente conectá-los à tomada e ligá-los. Os compradores também podem selecionar entre uma ampla gama de dispositivos de entrada, monitores e teclados adaptados, todos os quais conectam-se com PCs padrões, que executam quaisquer dos vários pacotes de *software* vertical PDV customizados.

A Wave Riding Vehicles, uma loja varejista de artigos para surfe, com lojas em Virginia Beach, no Estado da Virgínia, e Kitty Hawk, no Estado da Carolina do Norte, usa um PDV que lhe permite acompanhar compras de clientes específicos, auxilia o recebimento de mercadorias registrando as notas fiscais de entrada e permite ainda o controle de estoques. Para executar seu último levantamento físico (inventário) de estoques, por exemplo, os empregados escanearam as mercadorias registrando as informações de quantidades, atualizaram as informações e rodaram os relatórios.[18]

Sistemas de Recepção de Pedidos

Os **sistemas de recepção de pedidos** registram e processam o recebimento de um pedido. Negócios como pizzarias, distribuidores de vendas por correspondência, seguradoras, departamentos de publicidade de jornais e produtores de aço usam estes sistemas para oferecer um atendimento pronto e eficiente ao cliente. Os sistemas de recepção de pedidos também podem ser usados para capturar informações que ajudam a obter futuros pedidos dos clientes. A Bell Atlantic, por exemplo, apresentou seu Sale-Service Negotiation System (Sistema de Negociações de Vendas e Atendimento) para melhorar o relacionamento entre o cliente e representantes de vendas por telefone de empresas de pequeno porte — e seus clientes. O sistema fornece informações abrangentes sobre clientes, vendas e produtos. A Bell Atlantic obteve um aumento de 30% nas vendas de produtos ao consumidor no decorrer de três anos, devido, em parte, a este sistema de recepção de pedidos.[19]

Um sistema de recepção de pedidos normalmente funciona como apresentado na Figura 7-5. Quando um cliente liga para fazer um pedido, o atendente solicita informações de identificação. Por exemplo, um código de cliente pode aparecer no catálogo de mercadorias. Outras empresas usam o número de telefone do cliente, data de nascimento, número do CNPJ, número de seguro social, número de associado de clube ou o nome. Se o sistema de recepção de pedidos identificar que o cliente já faz parte do banco de dados da empresa, exibirá na tela informações de identificação adicionais, tais como o número de telefone e endereço do cliente, para verificação. O sistema de recepção de pedidos pode requerer que o atendente cadastre um cliente não registrado ou incorretamente registrado. Esta transação atualiza o banco de dados de clientes. Alguns sistemas de recepção de pedidos, tais como na indústria de restaurantes, não exigem nem armazenam informações específicas do cliente.

A Private Spring Water Company descobriu que seu sistema de recepção de pedidos era muito limitado, pois não conseguia fazer o acompanhamento do andamento dos pedidos após serem recebidos. A empresa substituiu o sistema por um mais completo, que reduziu o tempo de processamento dos pedidos em 15% e economizou milhares de dólares por mês nos custos de remessas urgentes.[20]

Um sistema de recepção de pedidos deve incluir muitos recursos de um sistema PDV, tais como identificar e registrar o preço e a quantidade dos itens comprados, bem como a modalidade de pagamento. Diferentemente dos sistemas de PDV, entretanto, os sistemas de recepção de pedidos podem também requerer um endereço de remessa, um endereço de cobrança e a capacidade de lidar com pedidos em carteira (*back-orders*)*. Os sistemas de recepção de pedidos devem verificar o estoque das mercadorias encomendadas, de modo que o atendente possa informar ao cliente sobre eventuais atrasos na remessa e o sistema possa gerar pedidos para reposição de estoque de itens que atingiram o ponto de reposição.

A Stanley Hardware, por exemplo, usa um sistema de recepção de pedidos com voz para oferecer atendimento a clientes com pedidos de menor volume e pedidos de materiais. Primeiro, os clientes contatam o serviço de atendimento ao cliente para obter um número de conta e uma senha. Depois, eles podem discar para o sistema usando um número de acesso gratuito. Uma voz gravada pede que informem seu número de cliente e senha, que são verificados pelo sistema. A seguir, o sistema de pedido via voz solicita que o cliente tecle o número do item e a quantidade desejada. O sistema repete os dados informados como confirmação. O cliente então aceita ou muda as especificações. Concluído o pedido, o sistema diz o número do pedido do cliente e informa a data de remessa ao cliente. O sistema, também, pode perguntar aos clientes se desejam uma cópia do pedido em papel, que eles então podem receber via fax. O sistema valida todas as entradas, bem como as informações no banco de dados da Stanley.[21]

Os sistemas de recepção de pedidos diferem notadamente por tipo de indústria e, freqüentemente, necessitam de customização para as empresas dentro de uma mesma indústria. Quais as diferenças entre os dados requeridos por um distribuidor de vendas por correspondência, uma cadeia de *fast food*, ou o departamento de publicidade de um jornal? Um distribuidor de vendas por correspondência usa um código de produto, que exibe na tela a descrição do produto. Uma cadeia de *fast food* usa um nome de alimento e tamanho. Um departamento de publicidade de jornal aceita um texto publicitário, seu tamanho e data de publicação. Os sistemas de recepção de pedidos necessitam ser especialmente projetados para incluir as informações precisas requeridas pelos negócios. Por exemplo, o Brigham and Women's Hospital, em Boston, como muitos outros hospitais, agora tem um sistema de recepção de pedidos médicos que sinaliza pedidos de receitas potencialmente perigosas.[22]

**Back-order:* Pedido em carteira/pendente/em atraso. Encomenda de mercadoria fora de estoque para ser entregue posteriormente. (N.T.)

FIGURA 7-5

Um sistema de recepção de pedidos registra e processa o recebimento de um pedido em um negócio industrial ou de serviços.

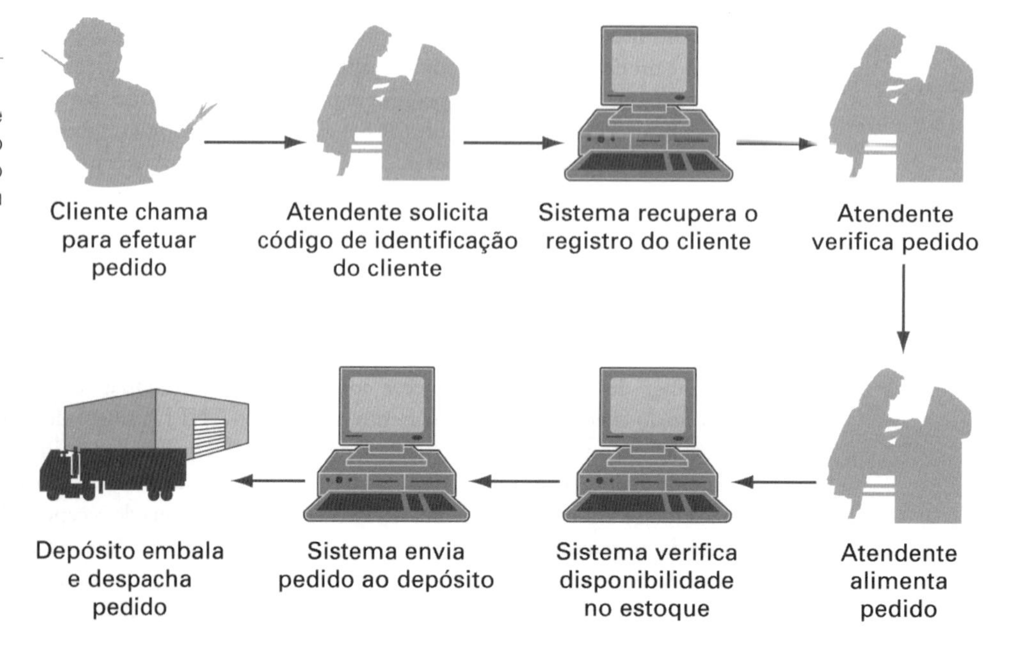

Os comerciantes de armas de fogo na Califórnia usam um sistema de recepção de pedidos especialmente projetado. Anteriormente, os comerciantes enviavam pelo correio um registro da venda ao Departamento de Justiça do Estado, para uma verificação criminal cruzada, um processo que podia levar até 20 dias para ser concluído. Agora, um sistema automatizado de processamento de transações envia o pedido eletronicamente ao Departamento de Justiça para aprovação, reduzindo significativamente o tempo entre a compra e a aprovação. O sistema verifica automaticamente 60 itens na solicitação do comerciante ao Departamento de Justiça em nome do cliente. O MCI, um fornecedor de sistemas computadorizados, acompanha as compras e fatura contra comerciantes, mensalmente, pelas taxas devidas ao Departamento de Justiça.[23]

Apresentação e Pagamento de Fatura Eletrônica (EBPP — *Electronic Bill Presentment and Payment*)

A apresentação e pagamento de fatura eletrônica (EBPP) é o processo de faturar contra os clientes e receber os pagamentos, eletronicamente, através da Internet. As vantagens do EBPP sobre os processos em papel são a redução da papelada e dos custos de postagem. A EMarketer calcula que entre 84% e 98% do faturamento entre empresas envolve processos em papel, o que significa que há grandes oportunidades para as empresas reduzirem custos através do EBPP.[24] Além disso, as duas partes de uma transação EBPP podem identificar a transação mais facilmente, aumentando a quantidade e qualidade dos dados disponíveis para o processo de tomada de decisão.

Em 2001, os consumidores visualizavam *online* somente 2% de todas as faturas das empresas de maior faturamento dos Estados Unidos e pagavam *online* somente 1% de todas as contas. Não obstante, essa percentagem está aumentando rapidamente e muitos consumidores têm preferido efetuar o pagamento *online*.[25]

Há quatro modelo*s* importantes de EBPP:

- A empresa cobra seus clientes através do seu próprio *site* da Internet. Os clientes pagam através da apresentação de um cartão de crédito, autorizando o uso de um arquivo de crédito já existente ou autorizando uma transferência bancária. A AT&T oferece EBPP no seu *site* da Internet como uma maneira de construir a lealdade do cliente, reduzir custos do serviço de atendimento ao cliente e aumentar o uso e as visitas, pelos clientes, de seu *site* da Internet.[26]
- A empresa cobra seu cliente através de um terceiro, ou seja, um intermediário. Muitas empresas pequenas aceitam pagamentos através da PayPal, por exemplo, que apresenta a conta ao cliente e cobra através de cartão de crédito ou pagamento bancário.
- Um consolidador junta o contas a pagar de múltiplas empresas, recebe um único pagamento e efetua o pagamento aos diversos credores. Os benefícios ao consumidor incluem a facilidade de pagamento, informações integradas, categorização e facilidades de gestão financeira. Os bancos acumularam a maior fatia do mercado de consolidadores. O Wells Fargo, por exemplo, tem três milhões de usuários *online* ativos, dos quais quase um terço usa o EBPP.[27]
- A empresa cobra seus clientes através do *Website* EBPP de seus clientes ou via EDI. Esta alternativa é irrelevante para a empresa que fatura e, claramente, não é parte de sua iniciativa de CRM. Entretanto, isto beneficia o cliente. A General Electric fornece incentivos para que seus fornecedores usem o EBPP, oferecendo-lhes pagamento rápido após 15 dias do faturamento com um desconto de 1,5%, em vez de uma espera de 60 dias para serem pagos.[28]

O EBPP entre empresas está se tornando cada vez mais comum. Um estudo recente demonstra que o retorno do investimento em EBPP é positivo, com um reembolso no prazo de um a dois anos, mesmo que somente 12% a 15% dos clientes o adotem. Os benefícios do EBPP que produzem um rápido retorno incluem reduções nas chamadas do serviço de atendimento ao cliente relacionadas a contas, diminuições nos tempos de processamento das contas a receber, oportunidade de comunicar-se de forma consistente e pessoal com os clientes, e pagamentos mais rápidos pelos clientes, pois é mais fácil para eles pagar suas contas e fazer pagamentos parciais dos itens em litígio.[29]

A Mercedes-Benz desenvolveu um sistema EBPP que permite às suas concessionárias de carro na Espanha pagar pela Internet. No caso de a compra ser financiada, a concessionária pode fazer pagamentos *online* à Mercedes-Benz Espaa ou à Mercedes-Benz Credit, 24 horas por dia. É uma transação de três vias, entre a concessionária, o banco e a Mercedes. Após a conclusão da transação, a concessionária recebe do banco uma confirmação *online*.[30]

O Suporte Pós-Venda

O suporte pós-venda é um dos determinantes básicos da lealdade do cliente. Para muitos tipos de produtos, especialmente os complexos, como computadores, os clientes pagam pelo suporte. Quer o cliente pague ou não pelo suporte, a função de suporte é um dos melhores meios pelos quais as empresas podem ficar em contato com seus clientes. O *software* CRM pode oferecer benefícios, como a redução do custo de suporte ao cliente, fornecendo serviço de atendimento ao cliente 24 horas por dia, 7 dias por semana, e criando um banco de dados de interação com o cliente que pode não somente levar a um atendimento superior, mas também à venda dirigida.

O *software* CRM para suporte pós-venda inclui suporte para um *call center*, um serviço móvel de atendimento de campo e serviços da Internet. Além disso, o *software* CRM armazena os dados sobre a transação de atendimento, que ajudam a diagnosticar e resolver questões de atendimentos subseqüentes e que também fornecem oportunidades para vendas cruzadas.

Os *call centers* são o centro de custo mais importante para as empresas e podem ser uma grande dor de cabeça para os seus clientes. Os *softwares* CRM, tais como o "*Call Center*" da Siebel System, apresentado na Figura 7-6, podem ajudar a empresa a reduzir o custo de seu *call center*, fornecer melhor atendimento ao cliente e facilitar o *cross-selling** de seus produtos. O *software* de *call center* para bancos, por exemplo, usa informações das chamadas de atendimento, informações da conta do cliente e dados demográficos para ajudar os agentes a fazer recomendações aos clientes, transformando chamadas de atendimento em oportunidades de vendas.[31] O *software* de *call center* permitiu à Unilever Philippines aumentar o número de chamadas mensais atendidas por seu *call center* de 3.000 para 6.000, sem qualquer aumento de pessoal.[32]

A divisão Automation & Control Solutions da Honeywell, que atende sistemas de prédios, como os de segurança, alarme de incêndio, iluminação e controle de energia, oferece um exemplo de como as iniciativas de atendimento de campo do CRM podem ser eficientes. Como parte de sua iniciativa de Tecnologia de Atendimento de Automação em Campo (FAST – *Field Automation Service Technology*), a Honeywell equipou seus técnicos de atendimento de campo com computadores portáteis que podiam conectar-se com sua intranet WAN. Com uma conexão direta com a expedição, os técnicos podiam colher solicitações de atendimento ao cliente e manter a expedição a par de sua situação sem jamais ter que passar por lá. Além disso, eles automaticamente recebiam nos seus computadores todos os detalhes concernentes ao motivo da chamada de atendimento e a natureza do equipamento a ser verificado. Os clientes também podiam acessar seus registros de atendimento através da Internet. No futuro próximo, a Honeywell planeja fornecer *online* os esquemas e instruções detalhadas de engenharia e atendimento para substituir a enorme quantidade de documentação de equipamentos que os técnicos têm que carregar com eles. A Honeywell informa que, além de melhorar o serviço de atendimento ao cliente, o sistema FAST

**Cross-selling*, venda cruzada. (N.T.)

FIGURA 7-6

Os atendentes do *call center* podem ver uma tela inicial como esta da Siebel Systems, um dos líderes em *software* CRM.

FONTE: Acessado em http://www.siebel.com/products/service/call_center/con_demo.shtm. Usado com permissão.

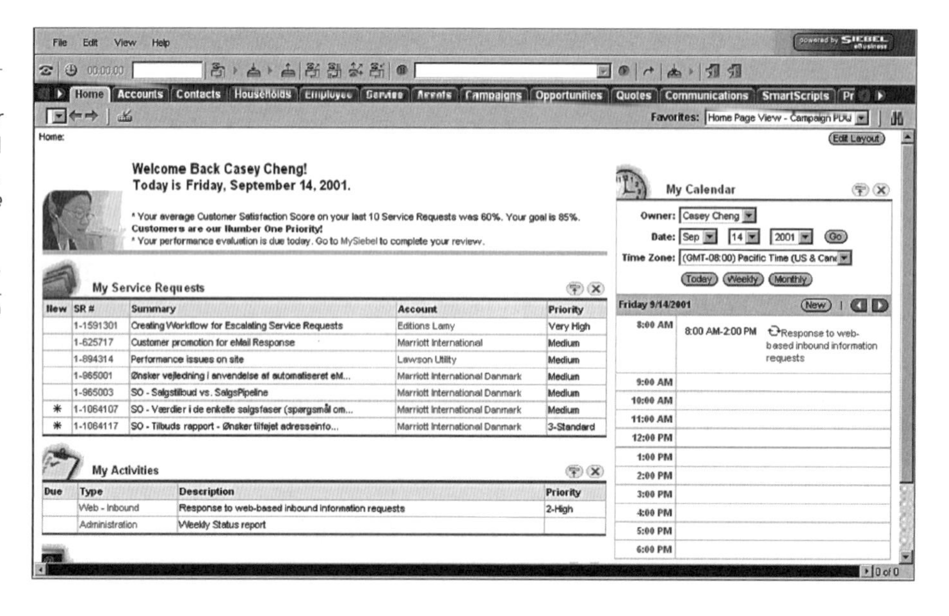

permitiu reduzir de 17 para 3 o número de passos administrativos entre a conclusão do trabalho e o faturamento, e cortou o ciclo de faturamento de semanas para somente alguns dias.[33]

Gerenciando os Distribuidores

A gestão do relacionamento de parcerias (PRM — ***Partner Relationship Management***) é uma filosofia de coordenação dos distribuidores e quaisquer outros parceiros de canal na venda e distribuição de um produto ou serviço. O *software* PRM suporta esta filosofia ao facilitar a comunicação interorganizacional e o compartilhamento de dados na extranet da organização ou na Internet. O *software* CRM freqüentemente inclui recursos PRM.

O *software* PRM ajuda as empresas a avaliar potenciais parceiros de canal, lançar e acompanhar programas de parceria, administrar o financiamento de programas cooperativos, como publicidade conjunta, e fornecer informações de treinamento sobre os novos produtos. A gestão de clientes finais é uma das características mais desejadas do *software* PRM. A gestão de clientes finais automatiza a identificação e alocação dos clientes finais aos distribuidores e outros revendedores, com base em sua localização, competência vertical e especialização no produto.[34] O *software* PRM ajuda as empresas a identificar seus melhores parceiros e customizar o nível de incentivos, tais como descontos, recompensas e clientes finais, para manter a parceria forte.

A Lion Apparel, sediada em Dayton, Ohio, é um fabricante e distribuidor global de vestuário profissional, como, por exemplo, fardamento de bombeiros e polícia. A empresa emprega oito administradores regionais de vendas para supervisionar e acompanhar a atividade de mais de 2.000 distribuidores em toda a América do Norte. A empresa introduziu um sistema PRM baseado na Internet que muniu seus administradores de vendas com uma imagem instantânea e abrangente das vendas diárias e deu a seus distribuidores acesso às informações de vendas e produtos. Além disso, os parceiros podem solicitar à Lion propostas para os trabalhos que eles pretendem orçar. A Lion espera que o *software* PRM lhe permita aumentar a receita de vendas em 40% no decorrer dos próximos dois anos em uma indústria que esteve relativamente estática, sem aumentar a sua força de vendas existente.[35]

Sistemas de Marketing

O marketing é freqüentemente classificado como uma função de apoio e não uma função de geração de valor. Entretanto, nós o incluímos nesta seção porque ele interage diretamente com o cliente e agrega valor quando informa os clientes sobre as características do produto, através das informações incluídas na sua embalagem. Em seu papel de suporte, o marketing reúne informações sobre o cliente, de modo que outras funções, como produção e logística, possam agregar valor.

A Tabela 7-3 lista algumas das funções e objetivos dos sistemas de informação de marketing. Em linhas gerais, eles podem ser classificados em quatro áreas — análise de mercado, gestão de campanha e eventos, gestão de canal e gestão da função de marketing. Na atividade de análise de mercado, a tecnologia da informação ajuda a organização a reunir informações sobre cada interação com o cliente, incluindo pesquisa de produto ou de preço, vendas, chamadas ao cliente pela área de vendas, visitas à Internet, contato em exposições e conferências, chamados de atendimento e devoluções de mercadoria. Combinada com as informações demográficas e sociográficas, a análise de mercado ajuda a empresa a segmentar o mercado e adequar respostas, produtos, determinação de preço, campanhas e eventos para cada segmento ou indivíduo. O Capítulo 8 enfoca com maior profundidade as ferramentas de análise disponíveis neste *software* de gestão.

O *software* de gestão de campanha e eventos ajuda a acompanhar os detalhes envolvidos na execução de uma campanha de marketing ou evento. Ele também ajuda os profissionais de marketing a concentrar os clientes-alvo reunidos através destas campanhas e eventos para a área de vendas ou canais mais apropriados para submetê-los a um *follow-up*. O *software* ajuda os administradores de campanha e eventos a compor um orçamento, encaminhar materiais de marketing para a aprovação através dos canais necessários, e colaborar com os empregados dentro e fora da organização nos detalhes de promoções ou eventos. Além disso, ele pode ajudar os administradores a calcular o retorno dos seus investimentos em marketing e otimizar a alocação dos recursos de marketing entre campanhas alternativas e eventos.

A gestão de canal ajuda os administradores a decidirem se devem usar e como usar diferentes canais para alcançar o cliente final. Os canais possíveis incluem a Internet, mala direta, varejo, e distribuidores. A gestão de canal também ajuda os administradores a integrar as informações coletadas nos diferentes canais de vendas.

TABELA 7-3

Funções e objetivos do *software* para suporte da função de marketing

Análise de mercado	Identificar e reter os clientes mais valiosos Otimizar o direcionamento e melhorar taxas de resposta pela segmentação do mercado baseada em algum dado na empresa
Gestão de campanha e eventos	Executar campanhas multicanal *de* marketing de permissão,* incluindo campanhas multietapa automatizadas, periódicas, desencadeadas por eventos Atrair os clientes em tempo real, através de qualquer canal, com a oferta mais adequada para tornar as interações de retorno, tais como as pesquisas de atendimento, em oportunidades de receita Melhorar as taxas de conversão pela captura de resposta integrada e indicação automatizada de perspectivas de vendas que permitam um rápido *follow-up* por equipes de vendas diretas e indiretas Executar programas de marketing baseados em eventos de alta qualidade
Gestão de canal	Alavancar os canais de mais baixo custo da Internet para adquirir novos clientes e construir lealdade Aumentar a receita e cultivar o valor da vida útil do cliente com *cross-selling* e *up-selling* mais inteligente
Gestão da função de marketing	Melhorar o retorno sobre o investimento (ROI) de marketing usando sucessivos testes e medições em tempo real e recursos de análise Aplicar a automação e as melhores práticas para melhorar a eficácia e velocidade dos programas de marketing

**Permission-based*: É o marketing de permissão. Um sistema de opção pela Internet no qual as pessoas aceitam receber mensagens sobre tipos de produtos específicos de um intermediário. (N.T.)

FONTE: Baseado na literatura de vendas da Siebel Systems para seu produto Siebel Marketing 7. Acessado no http://www.siebel.com/products/marketing/index.shtm em 29 de julho de 2002. Usado com permissão.

Finalmente, o *software* de marketing ajuda os administradores a melhorar a função de marketing pela incorporação das melhores práticas dos profissionais de marketing do mundo todo e pelo monitoramento do resultado das decisões de marketing. Ele auxilia a gestão no desenvolvimento de um plano geral de marketing para a organização e ajuda a controlar se o plano está sendo bem executado.

ADMINISTRANDO PROJETO, ENGENHARIA E PRODUÇÃO

Como diretor de vendas na AlliedSignal, Pruitt Layton valia-se muito de seus departamentos de produção e de projeto. O departamento de vendas necessitava de informações sobre estoques e taxas de produção, para atribuir preços e determinar quão rápido poderiam prometer o produto a seus clientes. Mas as informações tinham que fluir igualmente na outra direção. Os departamentos de projeto e engenharia necessitavam de informações detalhadas da força de vendas sobre as exigências do cliente para projetar as peças sob medida que a AlliedSignal vendia. Estes departamentos também tinham que conhecer as necessidades do cliente ao projetar os produtos fabricados em grande quantidade. Nesta seção, analisaremos como a tecnologia da informação ajuda no projeto, engenharia e manufatura e como ela ajuda a integrar estes processos entre si e com outros processos, tais como vendas. Além disso, revisaremos como a função de produção, juntamente com a distribuição, provê diferentes níveis de customização para o atendimento das demandas do mercado.

Projeto Assistido por Computador (CAD — *Computer-Aided Design*)

Os computadores podem ajudar os projetistas a traduzir suas imagens mentais em esquemas e especificações físicas. Os projetistas criam e desenvolvem tanto produtos como processos:

- O *projeto de produto* refere-se à criação de um conceito e especificações de um bem acabado. Por exemplo, os projetistas determinam as especificações de uma nova câmera de vídeo ou televisor.
- O *projeto de processo* descreve a criação e especificação de equipamentos e procedimentos para fabricar o bem acabado. Os projetistas desenvolvem as especificações para o equipamento que fabricará as câmeras de vídeo ou televisores.

Os Usos do Projeto Assistido por Computador

O **projeto assistido por computador** (CAD) automatiza tanto o projeto do produto como o desenho do seu processo de produção. Embora os computadores recentemente tenham alcançado algum êxito na imitação da criatividade humana,[36] eles contribuíram mais para a melhoria do processo de projeto ao retirar muito de seu trabalho penoso. Hoje, por exemplo, os computadores automaticamente transcrevem a música que os compositores tocam num dispositivo de entrada semelhante a um teclado de piano. O projeto assistido por computador permitiu aos *designers* de tapetes criar projetos mais ousados, tornar mais fáceis os pedidos sob medida e fabricá-los mais rapidamente.[37]

Os projetistas de produtos e de processos podem usar os computadores para transcrever suas idéias em esquemas de engenharia, redesenhar os projetos a partir de diferentes ângulos e avaliar as características técnicas de projetos alternativos. Considere isto. Os projetistas usam computadores para fazer melhores bolas de basquetebol, bolas de beisebol e outros equipamentos esportivos na Spalding Sports Worldwide. Esta empresa usa *software* de tratamento de imagem para melhorar seu processo de desenvolvimento de produto. Os desenvolvedores criam, compartilham, discutem e atualizam *online* as especificações de produtos; eles não mais enviam cópias em papel a escritórios ao redor do mundo. A empresa, agora, manipula duas vezes mais especificações e atualizações do que antes da computadorização do projeto e reduziu o tempo de desenvolvimento de um ano a um ano e meio para alguns meses.[38]

Engenheiros, arquitetos, *designers* gráficos e outros que compõem seus projetos num computador podem visualizá-los de múltiplas perspectivas, analisá-los de uma perspectiva de engenharia, editá-los, documentá-los e dar saída aos mesmos num formato conveniente para aqueles que os fabricam. Eles também podem salvar projetos para subcomponentes e inseri-los como partes de outros projetos. A Boeing usou computadores para projetar cada peça da aeronave 777 e, novamente, usou os computadores para encaixar cada peça no quebra-cabeça tridimensional da aeronave acabada antes que ela alcançasse o chão de fábrica.[39]

Os projetistas também podem levar seus projetos a campo. Os membros do fornecedor de restaurantes Aramark's Design Group trazem *laptops*, projetores e *software* especial às instalações dos clientes. Eles podem alterar um esquema *in loco*, mostrar ao cliente o resultado das mudanças implementadas e então enviar as alterações ao departamento de CAD, em sua sede na Filadélfia.[40]

O *software* CAD para computadores conectados em rede permite que vários projetistas trabalhem juntos no projeto de produtos complicados. O *software* de comunicação da Internet pode suportar o conceito de projeto de produto global ao permitir que os projetistas enviem um modelo em 3-D do produto a qualquer um com acesso à Internet.[41] A BAA PLC, proprietária do Aeroporto Heathrow, em Londres, está usando o *software* CAD para substituir por esquemas eletrônicos o projeto da via férrea de acesso rápido a Londres, que custou 550 milhões de dólares e repousa em papel. Os empreiteiros têm acesso instantâneo às últimas revisões de esquema das equipes remotas do projeto.[42]

O *software* CAD permite ao pessoal de atendimento técnico recuperar modelos CAD dos produtos, tais como o diagrama de linhas mostrado na Figura 7-7. Eles podem então usar as capacidades do CAD para visualizar diferentes ângulos do produto como parte de suas instruções de reparo.[43] Considere como

FIGURA 7-7

O *software* CAD pode produzir um diagrama de linhas para representar o modelo de um novo produto.

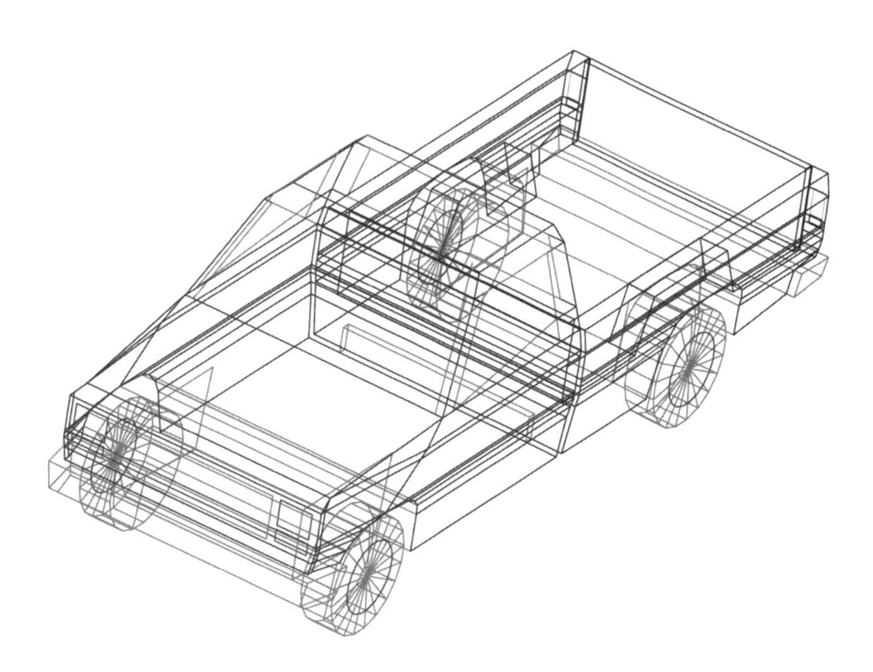

TABELA 7-4

Os sistemas de projeto CAD de alta qualidade ajudam os projetistas na criação, visualização, modelagem, edição, documentação, produção e armazenamento de projetos.

- Constituição. Os produtos CAD devem permitir ao usuário fazer uma varredura em um esboço desenhado a mão; usar uma interface de caneta para traçar diretamente na tela; importar esboços de pacotes gráficos; ou escrever diretamente usando um *mouse*, *trackball* ou teclado. O *software* deve incluir numerosas ferramentas de esboço que suportam o desenho de um projeto tridimensional a partir de uma perspectiva única, como fatias bidimensionais a intervalos selecionados, ou como projeções do projeto a partir de todas as três dimensões.
- Visualização. Os usuários devem poder girar um objeto, visualizá-lo de qualquer ângulo, ou aproximá-lo ou afastá-lo a partir de um determinado ponto no objeto. Os produtos CAD também devem mostrá-lo em três dimensões como apareceriam com luz proveniente de uma ou mais lâmpadas colocadas na direção do usuário, representá-lo como fatias de exposição de um diagrama de linhas, ou fornecer um modelo físico.
- Modelagem. A modelagem permite aos usuários não somente determinar como um projeto parece, mas também quão bom será seu desempenho, isto é, como ele se comporta sob calor ou pressão, se cria arrasto ou ruído ao movimentar-se, se conduz calor, ou se causa resistência a fluidos deslocando-se através ou ao redor dele. Embora a modelagem seja uma característica mais freqüentemente associada com a engenharia auxiliada por computador, os pacotes de CAD cada vez mais oferecem ferramentas CAE.
- Edição. As funções de edição permitem a um usuário de CAD modificar um projeto simples e facilmente, movimentando, girando, dimensionando, colorindo, sombreando e aplicando novas texturas a objetos previamente definidos. O *software* CAD também permite a um usuário apresentar na tela, simultaneamente, várias vistas do projeto ou partes dele, mostrando, através disso, as inferências completas da edição.
- Documentação. A documentação consiste em apor etiquetas, medidas e símbolos num desenho. A maioria dos pacotes CAD tem ferramentas normalizadas que podem girar, ajustar e colorir um texto. O *software* CAD também pode incluir atributos não imprimíveis, tais como um número de peça, fornecedor, preço ou outras informações descritivas a partes ou subpartes do projeto.
- Impressão. O *software* CAD, de forma geral, suporta uma grande variedade de impressoras e *plotters* que deixam o usuário aproximar ou afastar, posicionar e recortar o desenho durante a impressão. A maioria dos *softwares* suporta formatos de armazenamento gráfico padrão, tais como GIF (*Graphics Interchange Format* – Formato compactado de codificação de imagens) e TIFF (*Tagged Image File Format* – Formato de arquivo de imagem etiquetada), assim como o DXF (*Drawing Exchange Format* – Formato para troca de imagem) e IGES (*Initial Graphical Exchange Standard* – Padrão de intercâmbio de gráfico inicial), formatos usados para permutar projetos entre diferentes pacotes de CAD.
- Armazenamento. Os administradores de informações de produto controlam grandes volumes de informações de engenharia; eles armazenam estes metadados sobre projetos e documentos, tais como números de peça, data da última revisão, localização de armazenagem e usuários que podem acessá-los.

FONTE: De Paul Dvorak, "FEA Software Shapes Manufacturing's Future", *Machine Design*, 28 de maio de 1993, 102-114; and Seth B. Hunter, "PIM Systems Manage the Information Morass", *Machine Design*, 28 de maio de 1993, 114-124. Usado com permissão.

uma capacidade do CAD pode ajudar um técnico a revisar um motor de aeronave da Honeywell. A capacidade de obter facilmente muitos ângulos do motor facilita a localização do defeito e o reparo.

O projeto assistido por computador pode acelerar o processo de projeto ao apresentar uma imagem fidedigna do produto acabado. O CAD pode localizar erros potenciais do projeto antes deles ocorrerem na produção. Ele, também, permite que os projetistas possam dedicar-se mais aos aspectos criativos e menos aos aspectos mecânicos dos projetos de produto e de processo.

Características do *Software* CAD

O *software* de projeto assistido por computador (CAD) automatiza muitas etapas do projeto e retira as tarefas não criativas associadas com o projeto. Ao selecionar um *software* CAD, os usuários devem considerar como ele manipula composição, visualização, modelagem, edição, documentação, produção, e armazenamento, como mostrado na Tabela 7-4. Pense durante um instante sobre como projetar uma peça de um motor de avião. Como os projetistas devem usar o *software* CAD para tornar seus trabalhos mais fáceis?

Prototipação Rápida

A **prototipação rápida** refere-se à conversão de um modelo eletrônico de projeto auxiliado por computador em um modelo físico sólido. Imagine projetar um produto, pressionar uma tecla e ter um modelo do produto em plástico, cera, metal ou cerâmica produzido em seu escritório. Várias tecnologias suportam a prototipação rápida a um custo relativamente baixo.[44] Por exemplo, um produto chamado Sculptor, da Visual Impact, cria um modelo físico de um projeto construindo-o em fatias. Ele usa um material para corresponder às partes sólidas do projeto e outro material para corresponder às áreas nulas ou vazias. O processo acaba com o aquecimento do modelo; o material correspondente às áreas vazias derrete e é escoado, deixando um modelo do projeto. Alternativamente, a parte sólida pode desaparecer, deixando um molde para moldar o produto. Em muitos casos, a prototipação rápida pode reduzir o tempo para a colocação de um novo produto no mercado (*time to market*) em 75% ou mais.[45]

Engenharia Assistida por Computador (CAE — *Computer-Aided Engineering*)

A engenharia é a aplicação da matemática e da ciência à invenção, projeto e desenvolvimento de produtos industriais e práticos. Enquanto o CAD focaliza a estética e a facilidade de fabricação de produtos, a **engenharia assistida por computador** (CAE) aplica modelos matemáticos e teoria científica aos projetos para determinar quão bem eles trabalham sob condições variáveis.

Cada vez mais, os fabricantes de CAD estão incluindo capacidades de CAE diretamente nos seus produtos. Entretanto, os tipos de modelos que os engenheiros usam tendem a ser altamente específicos conforme os tipos de produtos com os quais eles lidam. Por exemplo, os engenheiros que projetam um motor de aeronave provavelmente estão preocupados em modelar o fluxo de combustível e ar e, talvez, a dissipação de calor dos materiais do motor, enquanto um engenheiro de pontes estará mais preocupado com a natureza das tensões e esforços na estrutura causados por carga física e vibração eólica. Como resultado, muitos produtos de CAE existem como produtos independentes ou como produtos que podem ser importados para os *softwares* populares de CAD. Por exemplo, a ALGOR, sediada em Pittsburgh, no Estado da Pensilvânia, vende *software* para engenharia mecânica para uso com a popular linha Autodesk de *softwares* CAD.[46]

Manufatura Assistida por Computador (CAM — *Computer-Aided Manufacturing*)

A **manufatura assistida por computador** (CAM) é o uso de computadores para controlar os equipamentos no processo industrial. O CAM oferece vantagens em confiabilidade, controle, treinamento, qualidade, velocidade e flexibilidade, como descrito na Tabela 7-5.

Os administradores devem decidir até que ponto a automação pode substituir o julgamento humano no monitoramento e controle de máquinas. Idealmente, as empresas deveriam usar computadores e seres humanos para que cada um execute o que faz melhor. Por exemplo, os sistemas automatizados variam em sua capacidade de determinar quando fechar as linhas de produção para manutenção, avaliar quais os equipamentos ou peças podem causar problemas de qualidade num produto acabado e programar a ordem e extensão dos lotes de produção de múltiplos produtos compartilhando equipamentos de produção. Algumas atividades, como o reparo de algum equipamento, permanecem por demais complexas para automação; rápidos avanços técnicos continuam a enfocar estas limitações.

Os administradores necessitam avaliar a oportunidade, o custo e a conveniência de automação para as suas próprias operações. Embora um único computador possa substituir diversas pessoas, ele pode custar mais para ser adquirido, operado e mantido do que o trabalho que substitui. As falhas de sistema também podem ter conseqüências desastrosas. Uma avaria em um computador pode afetar muitas máquinas e reduzir a produção durante dias ou semanas, enquanto um grupo de operadores num ambiente de produção manual freqüentemente pode compensar a perda de um operador de máquina.

TABELA 7-5

Os sistemas de manufatura assistida por computador (CAM) automatizam a produção e a montagem, propiciando vantagens em confiabilidade, controle, treinamento, qualidade, velocidade e flexibilidade.

Vantagem	Descrição
Confiabilidade	Computadores não cometem tantos erros, não se esquecem de agir como esperado, não ficam doentes freqüentemente nem cansam.
Controle	Um único computador pode controlar mais máquinas e pode controlá-las com mais freqüência e precisão.
Treinamento	Embora a automação exija treinamento na sua implantação, os trabalhadores podem transferir seu conhecimento mais facilmente para os novos sistemas computadorizados.
Qualidade	Devido a sua consistência e previsibilidade, os sistemas automatizados aumentam a qualidade dos produtos.
Velocidade	Os sistemas automatizados podem produzir mercadoria mais rapidamente, pois executam os processos individuais mais rapidamente e reduzem o tempo requerido para o início das atividades.
Flexibilidade	Os sistemas automatizados podem modificar mais facilmente as linhas de montagem e outras partes do processo industrial para responder às mudanças no produto e nos processos.

FIGURA 7-8

A BMW, a Audi e a DaimlerChrysler usam robôs Stäubli nas suas linhas de montagem de automóveis.

Manufatura Flexível

A **manufatura flexível** exige que o equipamento ou maquinário tenha, potencialmente, múltiplos usos. Esta abordagem contrasta com fábricas projetadas para produzir um único produto, como um modelo de carro ou um tipo de aço. Os computadores tornaram possível a manufatura flexível. A Streparava S.p.a., uma empresa italiana, produz peças de máquinas para a indústria automotiva. Eles usam um equipamento que pode produzir uma série de peças por encomenda, que atendam a requisitos de desempenho, atendimento e ambientais.[47]

Como as mudanças no projeto do produto freqüentemente requeriam mudanças significativas no maquinário industrial e no leiaute da fábrica, os administradores, no passado, tiveram problemas em responder rapidamente a exigências variáveis do cliente. Agora, a manufatura flexível permite uma resposta rápida a mudanças nas demandas do cliente.

Robótica

Um *robô* é uma máquina controlada por computador que tem características semelhantes às humanas, tais como inteligência, movimento e membros, ou apêndices. A General Motors comprou o primeiro robô comercial, chamado Unimate, em 1961. Os robôs pioneiros dos anos 1960 e 1970 eram caros e precários. A segunda geração de robôs desenvolveu-se nos meados de 1980 e beneficiou-se dos avanços técnicos, tanto na mecânica como na eletrônica. Os robôs de hoje, como os apresentados na Figura 7-8, foram enriquecidos pelos avanços na tecnologia da computação, que permite às máquinas executar tarefas anteriormente demasiado complexas para automação. A fábrica da Scania Trucks em Oskarsham, na Suécia, usa um sistema robotizado para cortar painéis interiores para cabinas de caminhão. Os operadores podem customizar o tamanho, a cor e os equipamentos especiais das cabinas.[48] Na indústria farmacêutica, os robôs podem coletar amostras de medicamentos para o controle de qualidade durante os estágios intermediários da produção. Eles também reduzem o risco de contaminação quando comparados com trabalhadores humanos.[49]

Motores pequenos e precisos permitem aos robôs posicionar itens mais precisamente do que as pessoas podem fazê-lo. Câmeras de vídeo e sensores sensíveis a pressão dão visão aos robôs e um sentido de tato, capacitando-os a alinhar um item com outro. O sistema Meta Torch dá "visão" aos robôs soldadores, de modo que eles possam evitar obstáculos e lidar com um ambiente de solda variável.[50] Alguns peritos acreditam que, em 2025, os robôs terão substituído a maioria dos operadores de máquinas, uma classe de trabalho que atualmente responde por aproximadamente oito por cento da força de trabalho.[51]

O *software* permite a um computador identificar e classificar diferentes tipos de objetos, selecionar aqueles requeridos por uma determinada tarefa e mover obstáculos à execução das tarefas. As empresas usam robôs para monitorar e controlar quase todo tipo de equipamento. A divisão de fabricação de televisores da Sony Electronics em San Diego, no Estado da Califórnia, por exemplo, encaminha os aparelhos de TV já prontos para duas estações de embalagem robotizadas. O uso destes robôs aumentou a produção em mais de 30%.[52]

CAD/CAM

As empresas que projetam produtos que podem ser fabricados fácil e eficientemente têm uma vantagem de mercado sobre as empresas cujos produtos são difíceis de fabricar. O CAD/CAM integra os *softwares* CAD e CAM, para que os esquemas de engenharia sejam processados de tal forma que seu projeto possa ser baixado (*downloaded*) diretamente no equipamento industrial que produzirá o produto acabado. O CAD/CAM permite aos engenheiros de projeto antecipar e participar na solução de problemas industriais.

O fabricante britânico Amchem usa *software* CAD/CAM da VX Corporation para produzir sistemas industriais que se posicionam precisamente e perfuram filas de buracos de refrigeração nas lâminas dos motores de turbina de jato.[53] Os fabricantes de produtos menos sofisticados também usam *software* CAD/CAM. A John Yair Designs Ltd. usou o mesmo software da VX para projetar o apito de futebol ACME, e a fabricante Britânica de cortadores de grama Hayter Ltd. usa este *software* para projetar sua linha de cortadores de grama.[54]

Veículos Guiados Automaticamente (AGVs – *Automated Guided Vehicles*)

Os **veículos guiados automaticamente** (AGVs), como ilustrado na Figura 7-9, são veículos controlados por computador que se movem ao longo de um sistema de direção, construído sob o piso de uma fábrica ou depósito. Usados principalmente para a manipulação de materiais, os empregados podem programá-los para encontrar as peças usadas na construção de uma unidade montada. Os modernos AGVs podem até mesmo afastar-se do sistema de direção, por distâncias curtas, contanto que nenhum obstáculo bloqueie seu caminho. A Frymaster, uma grande fabricante de frigideiras para restaurantes, usa AGVs para entregar materiais no chão de fábrica.[55] A Aluminum Company of America (Alcoa) usa AGVs para transportar bobinas com peso de 600 quilos da laminação quente para as estações de fresagem a frio, entalhe, corte na largura e embalagem.[56]

Os AGVs contribuem para um ambiente industrial flexível. Se um fabricante monta esteiras transportadoras de linha de montagem sobre AGVs, ele pode reconfigurar suas linhas de montagem simplesmente movimentando os AGVs. Os trabalhadores e máquinas neste ambiente montam os bens acabados diretamente sobre os veículos.[57]

Manufatura Integrada por Computador (CIM — *Computer Integrated Manufacturing*)

A manufatura integrada por computador (CIM) é a integração do projeto de produto, planejamento da produção, execução da produção e controle do chão de fábrica, bem como a integração destas funções de

FIGURA 7-9

Um AGV de transporte não tripulado, controlado por computador e movido a bateria, da Egemin Automation, melhora a eficiência do chão de fábrica e reduz custos.

produção com as outras funções da organização (ver Figura 7-10). A CIM melhora os processos de negócio ao compartilhar informações através dos departamentos, permitindo às empresas responder mais rapidamente às mudanças e ameaças do ambiente.

Muitas áreas funcionais têm interesse nos projetos de produto. O departamento de marketing, por exemplo, é orientado para o cliente e pode fornecer informações válidas e substanciais quanto ao valor de um novo produto e o preço que ele pode alcançar no mercado. Os engenheiros de produção podem antecipar dificuldades industriais e fazer recomendações que mantêm a qualidade do produto enquanto reduzem os custos de produção. Os planejadores financeiros e *controllers*, com o auxílio dos administradores de marketing, podem avaliar o custo de lançar um novo produto e suas implicações para as finanças da empresa. A gestão superior pode julgar quão bem os projetos refletem o foco estratégico da empresa. Os sistemas CIM ajudam a articular a reunião destes protagonistas durante o processo de projeto de produto.

Os administradores de produção podem programar melhor seu equipamento industrial se tiverem acesso às encomendas do produto. As organizações, também, podem integrar os programas da produção com os sistemas de estoque e de compras, para assegurar a disponibilidade de materiais para a produção. Como os requisitos da produção afetam a dotação de pessoal, os sistemas de informações de recursos humanos beneficiar-se-iam da integração com os sistemas industriais.

Sistemas de Execução da Manufatura (MES — *Manufacturing Execution Systems*)

Um **sistema de execução da manufatura** (MES) é um *software* que monitora e controla os processos no chão de fábrica, permitindo aos administradores e empregados observar as atividades em um centro de trabalho específico ou em uma máquina específica. Um MES é o componente central da manufatura integrada por computador e freqüentemente interfaceia com outros *softwares* da organização que se ocupam com processos que afetam ou são afetados pela manufatura, tais como contabilidade, armazenamento e compras.

A Tabela 7-6 apresenta as funções essenciais de um sistema MES. O objetivo das tarefas de alocação e programação de recursos visa maximizar a produtividade e o desempenho, minimizar o tempo de preparação de máquinas e reduzir o tempo ocioso e o tempo de espera. O componente de programação de um MES também aloca pessoal, maquinário e dispositivos e seqüencia as ordens de fabricação através das etapas de produção requeridas. O objetivo das tarefas de documentação é controlar pessoal, maquinário e produto. Para o pessoal e maquinário, o MES coleta dados tais como uso de máquina, ritmo de produção, desempenho de trabalhadores, habilidades de trabalho, tempo entre reparos e condições do equipa-

FIGURA 7-10

O CIM é formado pelos sistemas de projeto assistido por computador, planejamento da produção, execução da produção e controle do chão de fábrica. O CIM integra-se ao ERP e a outros sistemas funcionais através da intranet corporativa.

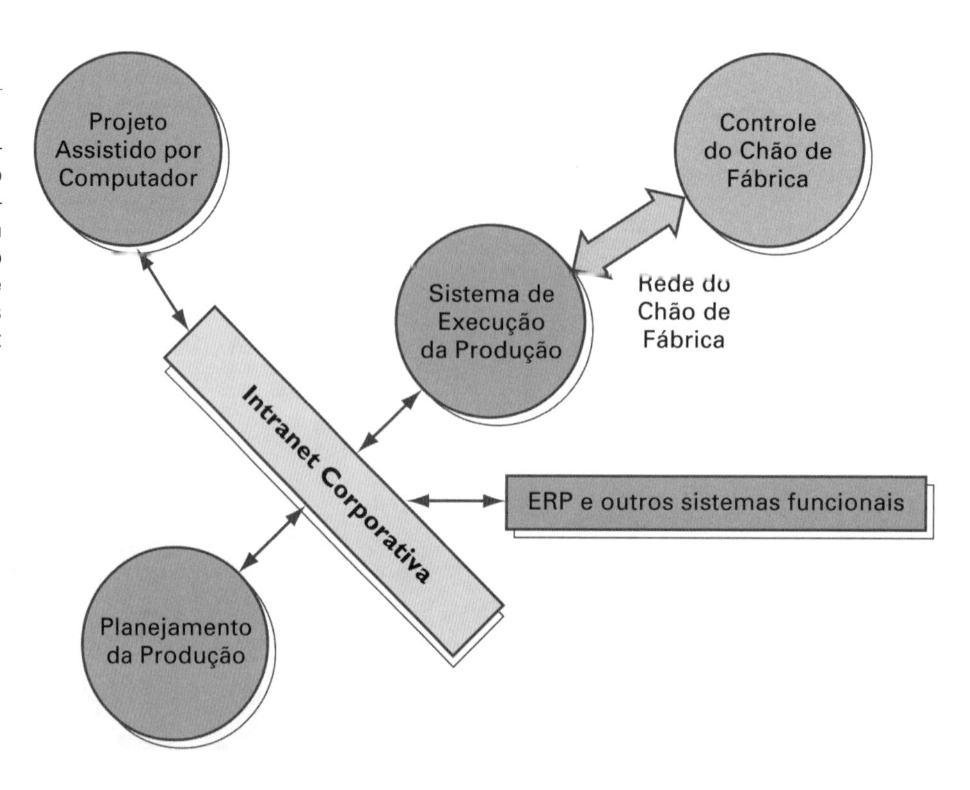

TABELA 7-6

Funções de um sistema de execução da manufatura.

Operações/Programação Detalhada	Seqüenciar e determinar o tempo das atividades para o desempenho otimizado da planta baseado na capacidade finita dos recursos
Alocação e *Status* de Recursos	Orientar o que pessoas, máquinas, ferramentas e materiais devem fazer, e acompanhar o que eles estão fazendo ou o que acabaram de fazer
Despacho de Unidades de Produção	Dar o comando para enviar materiais ou ordens a certas partes das instalações para iniciar um processo ou uma etapa
Controle de Documentos	Administrar e distribuir informações sobre produtos, processos, projetos ou ordens, assim como reunir declarações de certificação do trabalho e suas condições
Rastreamento e Genealogia de Produtos	Monitorar o progresso das unidades, corridas, ou lotes da produção, para criar um histórico completo do produto
Análise de Desempenho	Comparar resultados medidos na planta com as metas e métricas determinadas pela corporação, clientes ou organismos reguladores
Gestão da Força de Trabalho	Acompanhar e orientar o emprego do pessoal de operações durante um turno, baseado em qualificações, padrões de trabalho e necessidades do negócio
Gestão da Manutenção	Planejar e executar atividades apropriadas para manter os equipamentos e outros bens do ativo imobilizado da planta desempenhando dentro do programado
Gestão de Processos	Dirigir o fluxo do trabalho na planta baseado em atividades de produção planejadas e realizadas
Gestão da Qualidade	Registrar, acompanhar e analisar características de produto e processo contra os padrões de engenharia
Coleção/Aquisição de Dados	Monitorar, reunir e organizar dados sobre processos, materiais e operações de pessoas, máquinas, ou controles.

FONTE: MESA International, "White Paper #6: MES Explained: A High Level Vision", setembro de 1997. Acessado no http://www.mesa.org/whitepapers/pap6.pdf em 26 de julho de 2002. Usado com permissão.

mento. No tocante a produto, ele coleta dados tais como quem trabalhou em que; pormenores relativos a componentes, tais como fornecedor, número de lote e número de série, estatística de retrabalho e números de corrida e lote.

A Argent Automotive Systems, sediada no estado de Michigan, fabrica componentes adesivos sob encomenda para a indústria automotiva. Ela emprega 86 operadores de linha, que trabalham em múltiplos turnos em 27 estações diferentes. A empresa instalou um MES, inicialmente, para melhorar a comunicação entre turnos e departamentos e melhorar a produtividade no local de trabalho. Cada processo é agora acompanhado eletronicamente em tempo real. Uma tela de contato em cores, na estação de cada empregado, fornece as informações que os empregados necessitam para fazer seu trabalho e permite-lhes controlar e ajustar o maquinário. Os administradores de produção podem agora ajustar automaticamente os programas da produção se um cliente mudar as quantidades ou as datas de entrega. Entre os benefícios mais óbvios está o fluxo contínuo de dados de qualidade que agora flui do chão de fábrica.[58]

Customização em Massa

Imagine a vantagem competitiva que sua empresa teria se pudesse produzir exatamente o produto desejado por cada cliente tão barato e eficientemente quanto se ele fosse produzido em massa. Este conceito, chamado **customização em massa** permanece um ideal, mas vem chegando cada vez mais próximo da realidade com os avanços na tecnologia da informação.

Os pesquisadores identificaram vários níveis de customização potencial, como ilustrado na Figura 7-11. A padronização segmentada não viabiliza a customização, mas divide o mercado em segmentos e apresenta opções aos clientes, dependendo de suas preferências. Os fabricantes de cosméticos normalmente operam de acordo com uma política de padronização segmentada. A padronização adequada produz produtos a partir de componentes convencionais. O projeto básico é padrão e os componentes são todos produzidos em massa, mas cada cliente pode configurar o produto, pois está limitado somente pela variedade dos componentes disponíveis. Mesmo assim, uma grande quantidade de customização pode ser alcançada desta maneira. A Dell Computer usou esta estratégia, juntamente com uma eficiente tecnologia da informação, para criar produtos sob encomenda altamente customizados ou adequados às necessidades do cliente. A customização sob medida muda a fabricação do produto ao gosto do cliente. Uma camisa sob medida e um bolo decorado exemplificam a customização sob medida. A customização pura envolve o cliente até mesmo no projeto. A reforma de uma casa pode exemplificar esta customização, porque o proprietário trabalha com o arquiteto para criar um projeto que é, então, fabricado conforme as especificações do arquiteto.

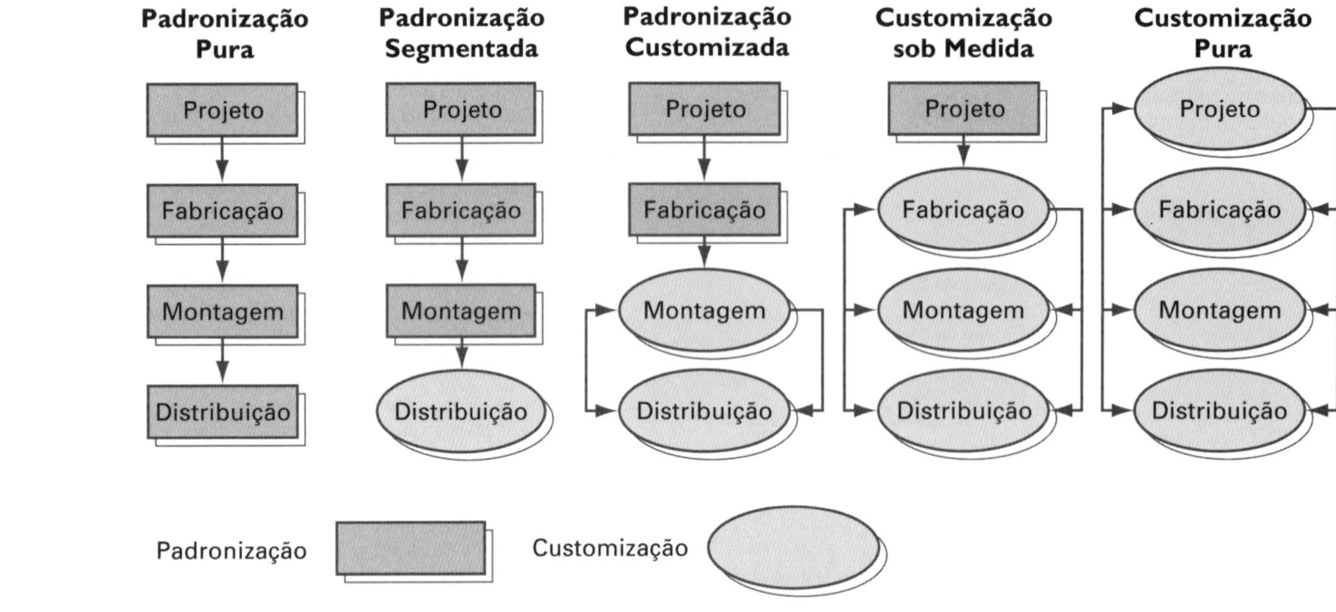

FIGURA 7-11 Há uma série contínua de estratégias de customização entre a padronização e a customização puras.

FONTE: Reimpresso de "Customizing Customization", by Joseph Lampel and Henry Mintzberg, *Sloan Management Review*, Fall 1996, pp. 21-30, com permissão do editor. Direitos autorais em 2002 do Massachusetts Institute of Technology. Todos os direitos reservados.

A Saleen Inc., localizada em Irvine, no Estado da Califórnia, fornece customização sob medida e, às vezes, pura, para transformar Ford Mustangs convencionais em veículos de alta potência, manobrabilidade e estabilidade magníficas, totalmente equipados e com motores afinadíssimos. Usando uma linha de produção para desmontar veículos e remontá-los com as peças da Saleen, a empresa produziu mais de 8.000 veículos customizados a preços próximos aos de um produtor em massa, bem abaixo do que alguém esperaria pagar por uma máquina única e poderosa.[59]

A customização de massa também pode ser aplicada a serviços. A financeira hipotecária Freddie Mac está planejando alterar sua maneira de fazer negócios, de modo que todas as suas hipotecas sejam customizadas em massa. Ela fornecerá uma lista de centenas de características que os agentes financeiros poderão escolher ao criar uma hipoteca para um mutuário.[60]

ADMINISTRANDO OS RELACIONAMENTOS COM O FORNECEDOR

A Garrett Engine Boosting Systems Division da Honeywell International, a principal fornecedora do mundo de turbocompressores para automóveis, barcos e veículos comerciais, queria dominar o seu processo de suprimento. Ela adquire suprimentos de várias empresas, algumas com receita anual de menos de 35 milhões de dólares e outras com receitas de até 1 bilhão de dólares. A empresa implementou um portal na Internet, no qual os fornecedores podem acessar seu sistema interno de âmbito empresarial. O sistema alerta os fornecedores se os níveis de estoque para determinadas peças estão em desacordo com os níveis de consumo. Ele também permite aos fornecedores da Garrett planejar e comprometer uma capacidade para fazer frente à produção projetada para os próximos 12 meses. Quando a Garrett publica no sistema solicitações para novos projetos de peças ou contratos de volume, os fornecedores podem vê-los e responder com projetos, documentação e especificações de preço.[61]

O portal da Garrett não é ideal, pois é, basicamente, um sistema de mão única. Ele oferece aos fornecedores da Garrett visões do uso e planos dos seus produtos e lhes permite um melhor planejamento. Entretanto, o portal não permite que a Garrett veja a situação do estoque e a capacidade de produção de seus fornecedores. Também, ele deixa de oferecer a capacidade de automatizar as transações entre a Garrett e seus fornecedores. Seu benefício, por outro lado, é que esta participação nada custa aos fornecedores, o que é particularmente importante para os pequenos fornecedores que freqüentemente não desejam ou não podem despender recursos para uma conexão mais direta.

Aquisição Eletrônica de Suprimentos (*e-procurement*)

Os sistemas de compras e recebimento documentam as transações entre a empresa e seus fornecedores. A Honeywell Aerospace provavelmente usa este sistema para encomendar e receber mercadorias de seus fornecedores. As transações de compras têm implicações tanto internas quanto externas, como sugerido na Figura 7-12.

Quando a empresa encomenda mercadorias, ela paga pela mercadoria no momento do pedido ou se compromete a pagá-la em data posterior. Em qualquer caso, o pedido reduz o orçamento disponível para mais pedidos de um tipo semelhante. O sistema de compras registra o empenho no orçamento, de modo que outras pessoas, usando o mesmo orçamento, possam determinar se há fundos remanescentes.

Uma encomenda pode produzir um aviso do estoque, para comunicar aos balconistas e administradores que o estoque está sendo reabastecido. Este aviso reduz a probabilidade de outros empregados poderem ou tentarem enviar encomendas duplicadas. O aviso permite, também, que os balconistas da recepção de pedidos possam comunicar aos clientes que os itens de que eles necessitam logo estarão em estoque.

Um pedido também produz e registra uma ordem de compra. Uma *ordem de compra* é um formulário enviado a um fornecedor para documentar um pedido. O pessoal de compras pode consultar o registro da ordem de compra se os fornecedores ligarem com dúvidas sobre o pedido. Em alguns casos, o sistema pode usar o EDI para transferir o pedido eletronicamente ao fornecedor. Uma cópia eletrônica do pedido EDI, enviada ao fornecedor, serve como o registro da ordem de compra.

Quando o fornecedor despacha os itens encomendados, pode enviar um EDI ou registro em papel da remessa, que normalmente chega antes da própria remessa. O sistema cadastra este registro para alertar os empregados e administradores da recepção e do estoque sobre a entrega iminente. Se a entrega não ocorrer quando esperado, os encarregados podem contatar a empresa remetente para verificar o porquê da dificuldade.

A chegada da remessa gera registros de transação adicionais. Um registro do conteúdo da remessa aponta qualquer discrepância entre o conteúdo e o pedido. O cliente pode, então, aceitar ou devolver o pedido. Além disso, o cliente pode executar testes de qualidade na mercadoria recebida. O sistema registra os resultados destes testes, de modo que os administradores responsáveis pela decisão de quais fornecedores usar para futuros pedidos possam basear suas decisões em dados concretos. O sistema então atualiza o estoque com as mercadorias aprovadas nos testes de qualidade. Ele pode, também, gerar um registro de devolução de pedido, notas de embalagem e documentação de qualidade para os itens não aprovados na inspeção de qualidade. Finalmente, se o cliente não pagou o pedido previamente, o sistema faz um registro da quantia devida ao fornecedor e o alimenta como uma conta a pagar. As empresas que geram um registro de contas a pagar no momento da encomenda podem necessitar modificar este registro, para expressar as diferenças entre as mercadorias aceitas e recebidas e o total da encomenda.

As empresas também partiram para o uso da tecnologia na Internet para os seus sistemas de compras. A General Electric, por exemplo, inaugurou um *site* na Internet que permite aos usuários enviar solicitações de orçamentos a milhares de fornecedores que possam responder através da Internet. Em 14 meses,

FIGURA 7-12

A encomenda de mercadorias tem inúmeras conseqüências para as outras partes de um sistema de compras.

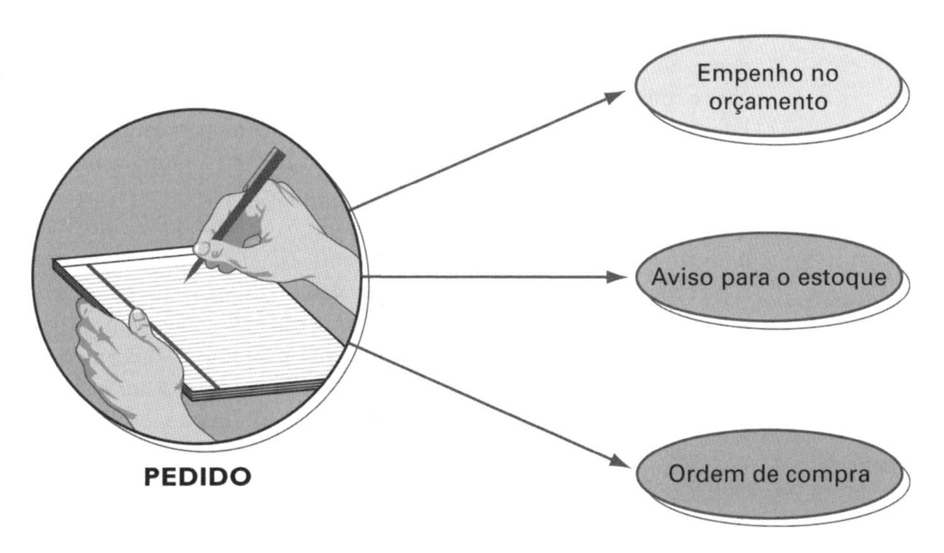

o *site* registrou 350 milhões de dólares em produtos industriais comprados eletronicamente pelas divisões da GE. Agora, a GE vende a tecnologia de compras a outras empresas que desejem negociar suas compras utilizando a Internet.[62]

Estoque *Just-in-Time* (JIT)

O **estoque** ***just-in-time*** (JIT) é a prática de receber o suprimento exatamente quando a empresa o requisita, nem cedo demais, nem tarde demais. O recebimento antecipado do suprimento aumenta os custos por empatar capital e aumentar a demanda de espaço para armazenamento. Ele também aumenta os custos de manter, procurar e retirar o insumo do estoque. O suprimento recebido cedo demais pode tornar-se desatualizado e precisar ser substituído, aumentando os custos. O suprimento recebido tarde demais pode ser até pior, forçando a empresa a interromper ou reprogramar sua produção, gerando pedidos de fabricação urgentes que geram custos mais elevados e atrasos na entrega de pedidos.

O JIT exige um estreito relacionamento e troca de informações em tempo real entre a empresa, seu fornecedor e, freqüentemente, as empresas transportadoras de seus fornecedores. Imagine que você é o fornecedor de raios de roda para um fabricante de bicicletas que pratica o JIT. Se você não conseguir entregar os raios de roda na hora, seu cliente, o fabricante de bicicletas, necessitará parar sua fábrica quando ficar sem as peças que deviam ter sido entregues. Por outro lado, o fabricante não quer receber seus raios antes de necessitar deles. Como você precisa de tempo para fabricar os raios, você necessita de informações bem detalhadas sobre quão rápido o fabricante está usando os seus raios e boas previsões relativas ao uso futuro. O seu cliente não ficaria feliz se a temporada de férias apanhasse sua empresa sem raios suficientes para entregar. O seu programa de produção, então, necessita estar estreitamente amarrado ao programa do seu cliente.

Bons sistemas de informações e relacionamentos com o fornecedor nem sempre são suficientes para manter o JIT funcionando bem. Muitas empresas acham que é importante para os fornecedores estarem localizados perto, para reduzir a variação no prazo das remessas. Também, os fornecedores podem ser forçados a manter um estoque maior do que eles normalmente teriam, de maneira a poderem responder às variações imprevistas na demanda. Por exemplo, a National Packaging Company (NPC), que fabrica caixas, achou que para poder servir seus clientes de JIT necessitava comprar espaço de armazenamento para manter estoque extra nos tipos de embalagens que não podem ser fabricadas rapidamente.[63] Embora os clientes da NPC possam pensar que a política JIT deles tenha reduzido os custos do estoque, é mais provável que eles tenham simplesmente empurrado estes custos para a NPC e seus outros fornecedores, que conseqüentemente terão que lhes cobrar da mesma forma.

Estoque Administrado pelo Fornecedor (VMI — *Vendor Managed Inventory*)

O **estoque administrado pelo fornecedor** (VMI) é o processo pelo qual o fornecedor administra o estoque nas instalações do seu cliente. A Wal-Mart e a Procter & Gamble (P&G) foram pioneiras neste conceito, no início dos anos 1990. A Wal-Mart deu à P&G acesso aos seus sistemas de informação, de forma que a P&G pudesse acompanhar as vendas de seus produtos, tais como fraldas descartáveis e pastas de dente. Sob este acordo, a P&G era responsável por identificar quando o estoque estivesse baixo e despachar e reabastecer as prateleiras atribuídas a seus produtos. Uma vantagem para a P&G é que ela tinha informações sobre as vendas dos produtos suficientes para programar com mais exatidão a própria produção e despachar suas mercadorias em pequenos lotes. Outra vantagem era que ela podia maximizar as vendas ao assegurar-se de que seus produtos nunca faltavam no estoque. A vantagem para a Wal-Mart era que ela não pagava qualquer produto até que fosse vendido. Como resultado, a Wal-Mart mantinha seu dinheiro mais tempo (ganhando rendimentos) e nunca tinha que se preocupar com estoques em excesso. A preocupação da P&G era movimentar seus produtos, assim nunca tentaria estocar em excesso um produto de baixa movimentação, preferindo, ao contrário, usar o espaço para um produto de giro mais rápido. Ambas as empresas reduziram custos com a eliminação dos processos de cobrança e faturamento. As duas empresas agiam em conjunto para fornecer o maior valor para o cliente. A Wal-Mart fornecia os pontos de distribuição, instalações de vendas e informações e a P&G fornecia o produto.

Desde a experiência da Wal-Mart/P&G, o estoque administrado pelo fornecedor tornou-se uma prática comum em muitas indústrias. Embora a natureza da prática varie de acordo com a indústria, a filosofia é sempre otimizar a cadeia de valor estendida. Nas indústrias de transformação, as empresas disponibilizam a seus fornecedores seus programas de encomendas e manufatura, de maneira que os fornecedores possam estar seguros de ter estoques disponíveis antes que eles sejam necessários no processo industrial.

A iniciativa para o VMI pode vir de clientes ou fornecedores. A Allied Fasteners, sediada na cidade de Dallas, uma distribuidora de parafusos, porcas, rebites e outros fixadores, implementou o VMI, inicialmente em resposta às demandas de um de seus clientes. A experiência foi tão positiva que a Allied, agora, procura clientes que poderiam beneficiar-se e que gostem do VMI.[64]

O estoque administrado pelo fornecedor apóia-se muito na tecnologia da informação, particularmente tecnologias de rede e sistemas funcionais. Para que o conceito tenha valor, os fornecedores devem ter informações exatas e na hora certa sobre vendas ou pedidos e todos os fatores que afetem o uso de seus produtos. Algumas empresas usam *softwares* da Internet em suas extranets, para dar a seus fornecedores acesso às mesmas informações que seus empregados internos recebem. A desvantagem desta abordagem é que se torna muito difícil para o fornecedor extrair as informações disponíveis na *Web* sem intervenção manual. Até pouco tempo, o EDI era usado com maior freqüência porque fornecia contato direto computador a computador. Aos poucos, entretanto, o XML vem substituindo o EDI, porque ele permite à empresa prover seus fornecedores com a mesma interface, estejam eles acessando a extranet através de um navegador da Internet ou através de um computador. O XML permite que o computador de um fornecedor processe os dados, numa página da Internet, de forma independente de seu formato.

A GESTÃO DO ARMAZENAMENTO E TRANSPORTE

O armazenamento e o transporte são as funções logísticas mais importantes da organização. A logística de suprimentos inclui a remessa dos materiais pelos fornecedores, o recebimento dos materiais e seu armazenamento de maneira apropriada. A logística de distribuição inclui embalar a mercadoria acabada, carregá-la no transporte de saída e movimentá-la para o cliente. Nesta seção, examinamos alguns dos componentes mais importantes dos sistemas de armazenamento e transporte.

Sistemas de Gestão de Depósito

Os **sistemas de gestão de depósito** suportam as atividades dentro do depósito e nas docas de remessa e recebimento. Abaixo, algumas das características dos sistemas de gestão de depósito:

- *Recebimento.* Os sistemas ajudam a programar as coletas e entregas no depósito. Eles identificam materiais que chegam e fazem a confirmação com os pedidos de compra e avisos de remessa antecipados. Eles designam docas e programam a chegada e partida de veículos nestas docas. Eles também suportam os testes de materiais que chegam para a garantia de qualidade.
- *Remessa.* Os sistemas programam os veículos que deixam as docas. Eles otimizam o processo de coleta, de modo que os produtos que necessitam ser despachados junto possam ser coletados sem movimentos para frente e para trás, no depósito. Eles coordenam a coleta com as remessas que saem. Eles, também, suportam a paletização e a etiquetagem dos paletes para as grandes remessas.
- *Coleta.* Os sistemas de gestão de depósito dão apoio a coleta automatizada (ver AGV antes neste capítulo) e os sistemas de esteira. Eles dão apoio à verificação dos itens selecionados contra as listas de escolha através de código de barras ou outro meio.
- *Armazenamento.* Os sistemas de gestão de depósito ajudam a distribuir o armazenamento, de modo que as restrições de tamanho e peso sejam observadas e os itens freqüentemente usados sejam acessados mais facilmente.
- *Informações.* Os sistemas de gestão de depósito identificam o número e valor dos itens em estoque. As informações dos produtos, tais como código de barras, marca, custo e preço, também são disponibilizadas.
- *Planejamento e monitoramento.* Os sistemas de gestão de depósito programam o pessoal e a capacidade. Eles advertem os administradores sobre os processos que não foram completados a tempo.

A Porsche usa um sistema de gestão de depósito da SAP para administrar sua central de peças sobressalentes em Ludwigsburg. O *software* também cuida das peças sobressalentes em outros locais, como se elas estivessem localizadas em um depósito virtual. Os empregados e os distribuidores podem consultar o sistema para descobrir quais peças estão em estoque e onde estão localizadas. O sistema simplificou e acelerou a obtenção das peças sobressalentes, possibilitando aos distribuidores reduzir seu estoque de segurança e assim reduzir seus custos.[65]

Sistemas *Cross-Docking*

O *cross-docking* é o processo pelo qual as mercadorias recebidas num ponto de distribuição são imediatamente carregadas em caminhões de saída, sem entrar no estoque. Para entender as vantagens do *cross-docking*, você precisa primeiramente entender a operação tradicional de um depósito de distribuição. Os depósitos de distribuição são usados por empresas, como as cadeias de supermercados, que têm muitas lojas numa região. Se uma cadeia de supermercados encomenda sopa enlatada de um de seus fornecedores, ela poupa uma grande quantidade de dinheiro se puder encomendar em grande quantidade e fazer com que o fornecedor despache igualmente em grande quantidade. A cadeia de supermercados receberá a sopa em seu depósito, onde será armazenada até que seja requerida em uma das lojas da cadeia. Então, a cadeia juntará a sopa com os outros produtos de que aquela loja da rede necessite, para entrega numa única carga consolidada. O depósito age como um ponto de reunião, possibilitando à empresa alcançar economia de escala na recepção e distribuição das mercadorias.

Muitos mercados recebem comumente pelo menos uma remessa por dia. Muitas mercadorias, como produtos agrícolas, peixe e carne, são recebidas pelo menos uma vez por dia. Se as mercadorias que chegam puderem ser despachadas diretamente aos caminhões de saída, a cadeia de supermercados poderá reduzir o tamanho de seu depósito, reduzir o custo de armazenamento e aumentar o frescor dos produtos. Os sistemas de *cross-docking* controlam o horário dos veículos que chegam e saem e administram o fluxo de produtos entre docas, a fim de reduzir a necessidade de armazenamento.

A National Retail Systems (NRS) construiu um novo depósito e instalações de *cross-docking* em North Bergen, no Estado de Nova Jersey, que serve seus clientes de varejo de grandes volumes mais importantes, como as lojas de departamentos Kmart e Marshalls. A NRS recebe mercadorias de um centro de distribuição da Kmart próximo e as distribui a 135 lojas no corredor Nova York/Baltimore. A Marshalls despacha produtos de centros de distribuição através do país para entrega a lojas de Nova York e Nova Jersey. Cinco milhas de esteiras e classificadoras, com leitoras de código de barras e computadorizadas, levam apenas alguns minutos para movimentar cada uma das cerca de 45.000 caixas de papelão, por turno, de sua doca de recepção à carreta de destino devida, garantindo a entrega rápida de produtos a aproximadamente 500 diferentes lojas varejistas, com exatidão quase perfeita.[66]

Os Sistemas de Auto-ID (Auto-identificação)

A **auto-ID** é a tecnologia para etiquetagem de mercadorias, caixas, paletes, contêineres e veículos em movimento, de tal maneira que sua localização possa ser rastreada. As tecnologias atuais usam etiquetas que ou respondem a um sinal de rádio emitido a curta distância, ou produzem um sinal de rádio próprio, que pode ser recebido em distâncias mais longas.

As etiquetas de auto-ID eliminam os processos manuais envolvidos no escaneamento de códigos de barras. Uma outra vantagem é que elas são mais confiáveis. Se um funcionário de recepção deixa de escanear uma caixa numa doca de recepção, o inventário de estoque o indicará como perdido. Com a auto-ID, a caixa pode ser imediatamente achada.

Embora o uso básico das tecnologias de auto-ID esteja nas áreas de armazenamento e logística, outras aplicações também são possíveis. Uma possibilidade é fazer promoções em tempo real. Por exemplo, quando um comprador passa pela seção de alimentos fritos de um supermercado, o supermercadista pode, automaticamente, escanear os itens no carrinho do comprador para ver se é provável que o comprador esteja planejando uma festa. Se sim, ele pode fazer piscar um anúncio de preço especial para motivar o cliente a comprar uma certa marca de batatas fritas. Outra aplicação possível é para uma geladeira inteligente, que poderia perceber quando um produto tivesse terminado e, automaticamente, adicioná-lo a uma lista de compras, um processo que poderia ser considerado *reabastecimento de estoque pessoal*.

Atualmente, as grandes barreiras para uma maior utilização dos sistemas auto-ID são a falta de padrões e o alto preço das etiquetas de auto-ID. Entretanto, a oportunidade é tão grande que empresas como Wal-Mart, Procter & Gamble, Gillette, Philip Morris, Johnson & Johnson, Coca-Cola e Target têm patrocinado pesquisas no Auto-ID Center do Massachusetts Institute of Technology, que promete criar um padrão e reduzir o preço da etiqueta de auto-ID de seu preço atual de 1 dólar para, praticamente, o preço da etiqueta de código de barras.

Administrando o Suprimento Eletrônico (*E-Fulfillment*)

A remessa de mercadorias abrange uma parte significativa da logística e dos sistemas de distribuição. Os sistemas de informação suportam particularmente bem a logística de entrega da remessa. A VF Corporation, que distribui vestuário feminino, como jeans e lingerie, usa um sistema de resposta de mercado computadorizado para ajudá-la a reabastecer as prateleiras. Em comparação com o tempo de um mês que pode levar para repor o estoque de jeans da Levis, a VF pode receber jeans Lee e Wrangler após três dias do pedido. Por exemplo, a Wal-Mart envia os dados de vendas dos jeans Wrangler, coletados em seus *scanners* de registro nos terminais PDV, diretamente à VF. Se a VF tem os jeans em estoque, envia as substituições no dia seguinte. Caso contrário, os computadores da VF automaticamente encomendam-nos e os despacham dentro de uma semana. Naturalmente, a VF não é a única empresa com este sistema. A J.C. Penney já tem o seu próprio, de forma que pode reabastecer tão rápido quanto a VF.[67]

Os administradores vêem a redução dos custos de remessa como tendo um importante potencial para a economia de custos. Os sistemas computadorizados podem ajudá-los a identificar as rotas mais rápidas e de mais baixos custos de remessa. Eles, também, podem identificar os melhores tamanhos e combinações de mercadorias para as remessas. Por exemplo, a Trane, fabricante de sistemas de aquecimento e condicionamento de ar residenciais, usa um *software* que produz um diagrama de carga projetado para otimizar o uso do espaço para as suas remessas. Estes sistemas logísticos também melhoram o controle das remessas.[68]

Quando a FMC Resource Management recebeu queixas de clientes de que suas remessas eram muito volumosas, tomou a decisão de manter um estoque maior e enviar as mercadorias aos clientes com maior freqüência. Mas grandes problemas logísticos foram criados com a alteração de 25 carregamentos de saída diários para 500 ou 1.000. Ela resolveu estes problemas através da introdução de um sistema automatizado, que direciona e acompanha os pacotes quase instantaneamente e escolhe entre vários transportadores noturnos, para obter o melhor preço. As vendas pularam de 600 mil dólares para 16 milhões de dólares em cerca de oito anos.[69]

As empresas também podem usar sistemas logísticos para melhorar a gestão da frota própria. A Winston Flowers, uma floricultura que fatura 12 milhões de dólares localizada em Boston, usa um sistema de recepção e acompanhamento de pedidos que vem com mapas eletrônicos e *scanners* de código de barras. Quando uma pessoa encomenda flores, a telefonista alimenta seu nome e endereço. O computador procura através de um banco de dados de mapas para verificar o endereço e designa a entrega a uma das 15 zonas de entrega. O sistema imprime o pedido e uma etiqueta de código de barras da área de destino das flores. O estilista arruma as flores e as etiqueta. Um trabalhador do depósito, então, verifica a zona na etiqueta e carrega as flores no compartimento de carga correto. O motorista escaneia a etiqueta antes de carregar as flores no veículo de entrega, registrando assim a hora em que elas deixaram o prédio. Após a entrega, o motorista fala ao rádio com o expedidor ou retorna ao depósito e atualiza o registro de horário de entrega. O sistema mantém um registro atualizado da comissão dos motoristas, que é aproximadamente 40% da taxa de entrega e pode totalizá-la com um único toque de tecla. O sistema também pode fornecer rotas e mapas para os motoristas inexperientes. A empresa acredita que o novo sistema valeu a pena, particularmente na melhora do atendimento ao cliente.[70]

SISTEMAS DE APOIO

As funções de apoio são aquelas que não agregam valor diretamente aos produtos e serviços da empresa. Elas incluem recursos humanos, tecnologia da informação, contabilidade, gestão das instalações, área jurídica e funções gerais de gestão. Sistemas de apoio são os sistemas de informações que dão apoio a estas funções. Nesta seção, revisaremos os sistemas de gestão de recursos humanos e os sistemas contábeis, como representantes dos sistemas de apoio organizacional.

Sistemas de Gestão de Recursos Humanos (HRM — *Human Resource Management Systems*)

Os **sistemas de gestão de recursos humanos** otimizam os processos relacionados a recrutamento, desenvolvimento, retenção, avaliação e remuneração de empregados. A Tabela 7-7 apresenta as funções mais importantes de um sistema de RH e muitas das funções subsidiárias que um sistema de RH suporta. Manter o controle de empregados e de programas para os empregados é relativamente fácil para empresas pequenas, e a maioria terceiriza sua folha de pagamento e funções de emissão de relatórios para empresas especializadas em folha de pagamento. As empresas maiores, especialmente as que fazem negócios em mais de um estado ou país, podem beneficiar-se bastante dos sistemas HRM.

TABELA 7-7

Um exemplo das funções oferecidas pelos sistemas de gestão de recursos humanos.

Avaliação	Iniciar avaliações de desempenho e definir o fluxo do processo de avaliação Manter e arquivar em mídia removível os documentos de avaliação Acompanhar desempenho versus salários pagos
Administração de Benefícios	Definir provedores, cotações e beneficiários Calcular coberturas e prêmios para empregados Determinar e acompanhar eligibilidade do empregado aos programas de benefício Calcular descontos da folha de pagamento Calcular e acompanhar taxas de benefício/despesa e outras estatísticas de benefícios Permitir aos empregados a atualização de beneficiários e coberturas Administrar os planos de seguro-saúde e planos de benefícios da aposentadoria, incluindo informes aos empregados e aos órgãos pertinentes
Pagamentos	Fornecer histórico de salários pagos para empregados e administradores Administrar a estrutura da folha de pagamentos; avaliar o impacto de mudanças Pesquisar e acompanhar a evolução dos salários no mercado Interfacear com a gestão de vendas para calcular pagamento de comissões e prêmios com base nas vendas
Desenvolvimento	Analisar habilidades e competências requeridas versus oportunidades de aperfeiçoamento Conservar informações sobre certificações obtidas e cursos efetuados Permitir que empregados solicitem treinamento e qualificação Administrar o fluxo de trabalho para solicitações, autorizações e pagamentos de programas de desenvolvimento Efetuar a manutenção dos dados de desempenho da qualificação, tais como notas obtidas
Folha de Pagamento	Controlar tempos aplicados por empregado e projeto Fazer a previsão de alocação de tempos e requisitos de horas extras Efetuar a manutenção da provisão e gozo efetivo de férias e licenças médicas Emitir contracheques de pagamento ou enviar informações necessárias para terceiros efetuarem a emissão dos contracheques Emitir documentação de pagamento para empregados e órgãos pertinentes
Recrutamento	Prever a necessidade de mão-de-obra Recuperação e seleção automática de currículos Suporte às entrevistas e definição do fluxo de trabalho de contratação de empregados
Análise da Força de Trabalho	Acompanhar produtividade do empregado Analisar retenção e *turnover* de empregados

A fabricante de automóveis DaimlerChrysler tem uma força de trabalho internacional de 370.000 empregados com instalações industriais em 37 países. Recrutar para a DaimlerChrysler é um trabalho dos grandes. A empresa usou o módulo eRecruit do produto HRM da PeopleSoft para eliminar muito da papelada e agilizar seu processo de recrutamento. O *software* permite que os candidatos a emprego preencham os formulários de solicitação e enviem e atualizem seus currículos *online*. Os profissionais de recursos humanos e os administradores que recrutam para posições específicas podem visualizar e avaliar os resultados de entrevistas e mantê-los a par da situação do processo de contratação. Não somente o processo de recrutamento tornou-se mais eficiente, mas a empresa também poupou dinheiro e liberou os profissionais de recursos humanos para fazer trabalho analítico em lugar de trabalho administrativo.[71]

Um dos maiores desafios da gestão de recursos humanos em organizações globais é que as regras de trabalho e os requisitos de informações variam substancialmente de país para país. Os sistemas de RH enfocam esta questão criando diferentes produtos, um para cada país, ou um produto principal, com extensões para cada país. A Figura 7-13 apresenta um exemplo de uma tela de entrada de dados para o popular produto HRM da PeopleSoft, mostrando uma área para informações comuns ou centrais e uma área que se abre para informações específicas do país em foco.

Sistemas Contábeis

Toda transação financeira afeta as receitas e o balanço geral da empresa. A Fleete Capital, por exemplo, tem um sistema geral de livro-razão que automatiza os processos financeiros essenciais. Seu banco de dados financeiro integrado fornece à empresa informações que dão apoio ao processo de tomada de decisão.[72] Os sistemas contábeis freqüentemente incluem os seguintes subsistemas:

- *Contas a receber*: controlam o dinheiro devido à empresa relativo a pagamento por bens e serviços fornecidos; o sistema pode gerar relatórios usados para verificar o crédito monitorando débitos duvidosos, buscando contas vencidas e reduzindo os atrasos nos pagamentos.

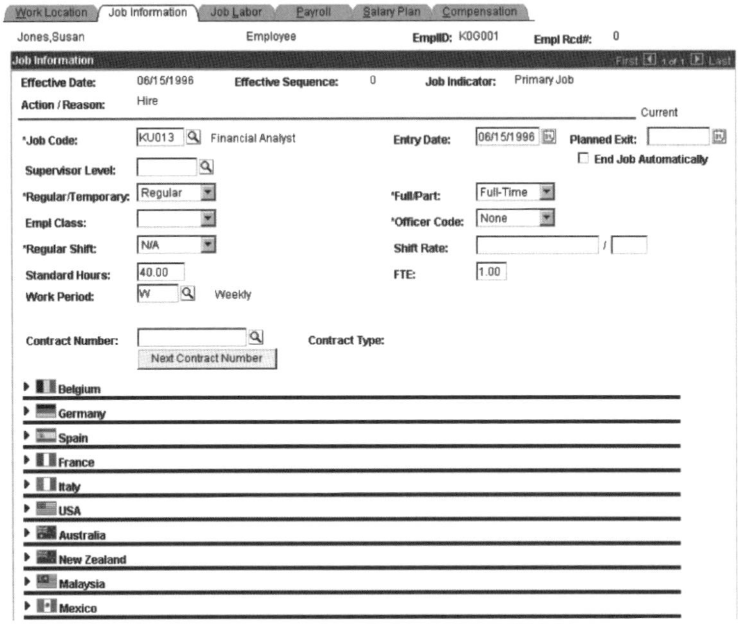

FIGURA 7-13

Work Location | Job Information | Job Labor | Payroll | Salary Plan | Compensation

Jones,Susan Employee EmplID: K0G001 Empl Rcd#: 0

Job Information First 1 of 1 Last

Effective Date: 06/15/1996 Effective Sequence: 0 Job Indicator: Primary Job

Action / Reason: Hire Current

*Job Code: KU013 Financial Analyst Entry Date: 06/15/1996 Planned Exit:

End Job Automatically

Supervisor Level:

*Regular/Temporary: Regular *Full/Part: Full-Time

Empl Class: *Officer Code: None

*Regular Shift: N/A Shift Rate: /

Standard Hours: 40.00 FTE: 1.00

Work Period: W Weekly

Contract Number: Contract Type:

Next Contract Number

Belgium

Germany

Spain

France

Italy

USA

Australia

New Zealand

Malaysia

Mexico

Os sistemas de Gestão de Recursos Humanos da PeopleSoft apresentam uma área na tela para informações comuns e uma área que se abre para informações específicas do país.

FONTE: Acessado em http://www.peoplesoft.com/media/en/pdf/hrms_global_strategy.pdf, on 30 July 2002. Usado com permissão.

- *Contas a pagar*: gera pedidos de compra e emite os cheques para pagamento das contas da organização. O sistema de contas a pagar pode revisar automaticamente os descontos recebidos pela empresa pelo pagamento antecipado de contas, selecionar o período ideal para o pagamento das contas e automaticamente gerar o cheque.
- *Razão geral*: registra todas as transações financeiras e as classifica em contas específicas. Periodicamente, o sistema resume e consolida estas contas, de modo que os administradores e investidores possam avaliar a saúde financeira da empresa.

A Tabela 7-8 identifica alguns módulos adicionais que os sistemas contábeis freqüentemente incluem. Além disso, praticamente quaisquer sistemas funcionais de informações processam transações que afetam o razão geral. Como resultado, a maioria das empresas implementa um sistema contábil como o seu primeiro sistema funcional.

A Barrie Pace, uma vendedora de vestuário feminino por mala direta, substituiu seu sistema contábil por um sistema interno em PC que lhe dá acesso instantâneo a dados e relatórios de produtos no momento desejado. Por exemplo, os administradores podem visualizar o histórico de contas do razão geral e então, facilmente, apresentar os documentos de suporte que deram origem aos lançamentos contábeis.[73]

SISTEMAS EMPRESARIAIS E INTEREMPRESARIAIS

Você já viu como a tecnologia da informação contribui para a operação e eficiência dos processos da cadeia de valor e de apoio de uma organização. Agora, é hora de ver como a TI integra estes processos através da organização e além dos limites da organização.

TABELA 7-8

Os sistemas contábeis freqüentemente incluem módulos, como esses mostrados aqui, para processar muitos tipos de transações que podem afetar os registros contábeis da organização

Módulo de *Software*	Função
Reconciliação bancária	Reconcilia os extratos bancários com a contabilidade interna
Faturamento	Gera os lançamentos contábeis e emite as faturas para os clientes
Gestão do orçamento	Estabelece o orçamento nas contas selecionadas (limites ou expectativas de valores), analisa as variações ocorridas e envia avisos ou aborta transações quando os limites são excedidos
Gestão do fluxo de caixa	Registra e mantém as informações sobre entrada e saída de dinheiro da empresa
Autorização de cartão de crédito	Interfaceia com o processamento de pedidos e o contas a receber
Contabilização do ativo imobilizado	Deprecia e amortiza os bens do ativo imobilizado
Controle de investimentos	Registra as transações de investimento
Produto em processo	Contabiliza os valores de estoque de produtos em processo e semi-elaborados

Sistemas Integrados de Gestão (ERP — *Enterprise Resource Planning*)

O ERP é um *software* que procura abranger todas as necessidades funcionais de uma organização. Ele integra as informações entre funções e até mesmo, às vezes, entre parceiros corporativos.

O ERP é um *software* vertical. Um sistema ERP para uma empresa varejista obviamente necessita ser muito diferente de um projetado para uma empresa industrial. Mesmo entre empresas industriais, as necessidades de informações variam enormemente. Por exemplo, a Honeywell Aerospace precisa acompanhar milhares de peças, mas produz somente uns poucos produtos diferentes para poucos clientes. Como ela produz motores de aeronaves, a garantia de qualidade e o controle dos componentes são extremamente importantes. Um fabricante de calçados, por outro lado, usa relativamente poucas peças diferentes, mas pode ter centenas ou milhares de clientes. Suas áreas industriais são mais compactas e, provavelmente, mais automatizadas. Uma empresa produtora de gás tem necessidades ainda diferentes. Ela não fabrica exatamente gás natural. Na verdade ela tem suprimentos para perfuração e pode, também, precisar integrar-se com suas refinarias. Ela precisa administrar o fluxo em seus dutos de transporte e distribuição de gás, um problema que nem a Honeywell nem o fabricante de calçados precisam enfrentar.

Como nunca duas empresas, mesmo na mesma indústria, usam exatamente os mesmos processos, o *software* ERP é, normalmente, customizado durante a instalação. Os fornecedores do ERP escreveram seu *software* de modo que esta customização seja relativamente fácil. Mesmo assim, uma implementação de ERP é complicada, envolvendo a maioria dos processos da empresa, senão todos. A maioria das empresas usa consultores para ajudá-los a customizar e instalar seu *software* ERP. O custo da implementação é bastante variável, dependendo da indústria, do tamanho da empresa e do número de recursos implementados. O custo médio é mais de 10 milhões de dólares e o prazo médio, quase dois anos, conforme uma recente pesquisa envolvendo 63 empresas com receitas anuais variando de 12 milhões a 63 bilhões de dólares.[74]

Os fornecedores do ERP vendem seu *software* em módulos, para que os clientes não precisem implementar *software* para a empresa inteira de uma só vez e, também, possam substituir algum *software* próprio por módulos ERP. Os clientes podem decidir usar o *software* próprio ou um provido por outro fornecedor, se o *software* ERP não puder acompanhar seus processos próprios ou se o *software* próprio for tão bom que o *software* do fornecedor do ERP seja desnecessário. Por exemplo, é possível licenciar um módulo CRM do fornecedor do ERP sem necessariamente licenciar qualquer dos outros módulos oferecidos pelo fornecedor. Mesmo no interior de um módulo CRM, o fornecedor pode oferecer submódulos, como atendimento de campo, *call center*, e gestão de catálogo, que o cliente pode escolher licenciar ou não. A Figura 7-14 ilustra, por exemplo, os módulos ERP da Waldarf, a SAP da Alemanha, um dos mais importantes fornecedores de ERP.

A Gestão da Cadeia de Suprimentos (SCM — *Supply Chain Management*)

O termo "gestão da cadeia de suprimentos" significa coisas diferentes para diferentes pessoas. Para alguns, gestão da cadeia de suprimentos é sinônimo de ERP. Para outros, a gestão da cadeia de suprimentos opera através da cadeia de valor estendida inteira, abordando questões de planejamento, em paralelo com o foco do ERP na automação e no processamento de transações. Muitos fornecedores de ERP opõem-se a esta definição, pois acreditam que seu *software* incorpora muitas funções de planejamento. Definiremos **gestão da cadeia de suprimentos** (SCM) como a maneira pela qual a empresa e seus parceiros da cadeia de suprimentos analisam, otimizam e controlam a aquisição e entrega de matérias-primas necessárias à criação das mercadorias e serviços que a organização produz.

O *software* de gestão da cadeia de suprimentos propicia muitas funções para automatizar e simplificar o SCM. No nível estratégico, o *software* de SCM permite às empresas simular a relocação de seus depósitos e instalações industriais em relação aos fornecedores e determinar o impacto desta relocação nos custos de transporte, estoques de segurança e disponibilidade de material. As empresas podem usar o SCM para simular a operação de uma determinada fábrica para determinar os melhores níveis de produção e requisitos de estoque.

O *software* SCM normalmente suporta a previsão da demanda, necessária à coordenação com os fornecedores para a redução dos estoques. A Barnes & Noble (B&N), por exemplo, melhorou a exatidão de suas previsões em mais de 85%, usando *software* da i2 Technologies, um dos principais fornecedores de

FIGURA 7-14

A SAP, fornecedora de ERP, oferece uma ampla escolha de módulos, em cinco diferentes áreas, para uma empresa de produtos de consumo que deseja implementar um sistema ERP.

FONTE: Acessado no http://www.sap.com/global/scripts jump_frame.asp?content=/businessmaps69F0899F40f311D397980000E83B54CE.htm&CloseLabel=, on 28 July 2002. Usado com permissão.

Enterprise Management	Strategic Enterprise Management	Business Analytics	Business Intelligence & Decision Support	Accounting	Workforce Planning & Alignment	
Customer Relationship Management	Sales Force Management	Sales Cycle Management	Customer Service	Key Account Management	Trade Promotions	Category Management
Marketing & Innovation	Market Research & Analysis	Product Development	Brand Management	Marketing Program Management	Advertising & Consumer Promotion	
Supply Chain Management	Strategic Planning & Coordination	Demand & Supply Planning	Procurement	Manufacturing	Distribution	
Business Support	Human Resources Operations Sourcing & Deployment	Procurement	Financial Supply Chain Management	Treasury/ Corporate Finance Management	Fixed Asset Management	

software SCM. Como uma loja normal da B&N estoca 160.000 livros, a previsão manual é impossível. A B&N estima que as previsões melhoradas reduziram seu estoque em 30% a 40%, proporcionando à empresa 4 milhões de dólares anualmente em rendimentos e criando espaço para outros livros, o que aumenta a receita.[75]

O *software* SCM também inclui ferramentas que permitem aos parceiros da cadeia de suprimentos compartilhar previsões e informações sobre uso de material. A Dell Computer, um líder no uso de SCM, usa o *software* para agregar seus pedidos a cada 20 segundos, calcular as peças e outros materiais necessários ao preenchimento destes pedidos, comparar estes requisitos com seu estoque e então transmitir os pedidos para quaisquer suprimentos adicionais de que necessite. A Dell combinou com seus fornecedores que os pedidos enviados deste modo serão entregues em suas instalações de montagem após 90 minutos do recebimento do pedido. Então, uma vez mais usando o *software* SCM, a Dell descarrega a mercadoria diretamente na linha de montagem, na ordem exata em que ela será usada, tudo no intervalo de 30 minutos após a chegada dos suprimentos. Para a Dell, o *software* SCM reduziu o estoque de 13 horas para 7 horas e diminuiu a papelada em 90%.[76]

A gestão da cadeia de suprimentos pode ser mais difícil para as empresas menores, que não podem controlar a atenção e a resposta de seus fornecedores como a Dell pode. Para implementar a gestão da cadeia de suprimentos, a maioria das empresas precisa obter a cooperação de muitos fornecedores diferentes, que usam *softwares* diferentes para as suas próprias operações internas. Nestas circunstâncias, interfaces padronizadas, como EDI, XML e os serviços da Internet, são necessários para se alcançar o grau de integração necessário.

Gestão Integrada das Aplicações (EAI — *Enterprise Application Integration*)

As empresas têm muitas razões para não implementar todos os módulos de um único fornecedor de sistemas ERP ou SCM. Algumas empresas, por exemplo, seguem uma estratégia "o melhor do gênero", selecionando o melhor *software* para o seu jeito particular de fazer negócios, em cada uma das áreas funcionais. Outras acham que não têm os recursos para implementar todos os módulos de que necessitam ou que seus próprios sistemas são muito superiores ao que eles podem achar no mercado para o seu jeito de fazer negócios. O processo de fazer diferentes pacotes de *software* trabalhar juntos, como um todo integrado, é chamado **Gestão Integrada das Aplicações (EAI)**. De acordo com estimativas, a EAI consome em média 24% do orçamento de tecnologia da informação de uma organização.[77]

Há duas estratégias importantes para integrar produtos de *software* que não foram projetados para trabalhar em conjunto. Quando um número pequeno de produtos necessita ser integrado, os profissionais de TI podem construir interfaces entre eles. No nível mais simples, os dados podem ser extraídos de uma fonte e introduzidos em outra. Mesmo assim, alguma programação freqüentemente é exigida, porque os dados extraídos necessitam ser formatados adequadamente para entrada no pacote de *software* de destino. Também, há que estabelecer procedimentos, para assegurar-se de que os dados são transferidos entre os pacotes com a freqüência suficiente e, provavelmente, automatizar-se a transferência. A troca de dados pode ser feita de forma mais sofisticada, programando-se cada pacote para enviar automaticamente dados aos outros pacotes sempre que uma interação ocorra. Por exemplo, quando um *software* logístico registra a remessa de mercadoria a um cliente, ele pode enviar uma mensagem ao *software* contábil, avisando-o para fazer as entradas contábeis que se façam necessárias, e ao *software* de faturamento, para que o cliente seja faturado. Entretanto, a programação da transferência de dados desta forma, em tempo real, pode ser extremamente cara e sua codificação pode precisar ser refeita cada vez que qualquer um dos pacotes de *software* passe por um *upgrade*.

À medida que o número de pacotes de *software* cooperativo aumenta, a construção de interfaces entre eles torna-se impraticável. Com seis pacotes, há 15 combinações diferentes ou pares de pacotes, e com dez pacotes o número de pares cresce para 45. Pode haver até mais combinações se uma cooperação de três vias for necessária. A solução é usar o *software* chamado ***middleware***, que faz a interface com cada um dos pacotes cooperativos (ver Figura 7-15). Quando algum pacote necessita comunicar-se com outros, simplesmente envia uma mensagem com dados ao *middleware*, que determina quais outros pacotes necessitam dos dados, formata-os apropriadamente e os envia ao destino. Os pacotes de *middleware* comercial têm conexões pré-construídas para os pacotes dos fornecedores de ERP mais conhecidos, eliminando-se, então, a necessidade de programação de interfaces. Algum trabalho é exigido para identificar quais dados são enviados para onde, mas o custo de gerar a integração com o *middleware* é muito menor do que se a empresa tentasse construir estas interfaces por conta própria. As empresas necessitam, também, construir interfaces para conectar seu *software* proprietário com sua solução de *middleware*.

A Steelcase, uma empresa de móveis que integra a lista da *Fortune 500*, sediada em Grand Rapids, no Estado de Michigan, depende do *software* da Hedberg Data Systems para dar atendimento a seus 800 concessionários globais de móveis e automatizar muitos de seus próprios processos de negócio. Mas, para determinar seus preços, ela usa o software ERP da SAP alemã. A Steelcase usa o *middleware* da Hewlett-Packard (HP) para conectar suas aplicações, de modo que os concessionários possam receber uma fixação de preços exata e em tempo real, para repassar a seus clientes através da Internet. O *middleware* da HP também é usado para conectar outras aplicações, porque a Steelcase opera num ambiente complexo, com muitos sistemas diferentes usados internamente e por seus concessionários.[78]

FIGURA 7-15

Uma aplicação *middleware* pode substituir as interfaces entre as aplicações por interfaces mais padronizadas e em menor número.

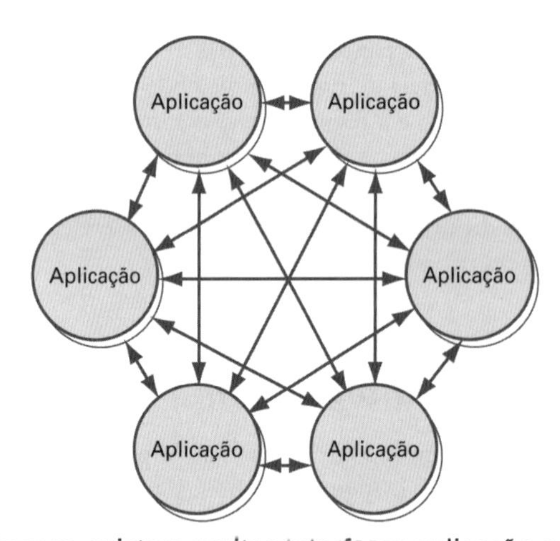

Sem o *middleware*, existem muitas interfaces aplicação-para aplicação

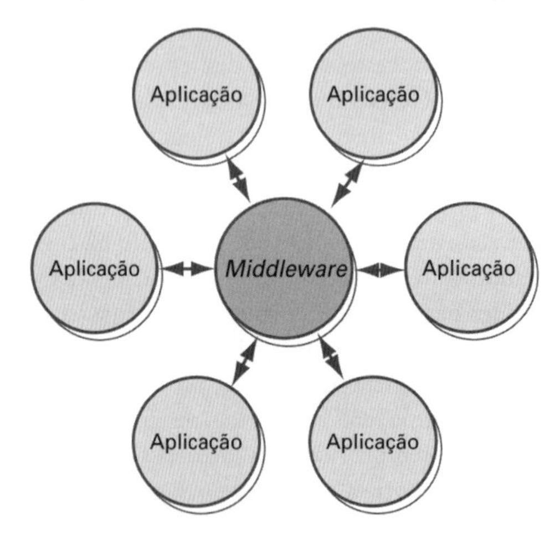

As empresas estão cada vez mais empregando os serviços da Internet como uma tecnologia EAI. Embora os serviços da Internet tenham sido, originalmente, vislumbrados como uma ferramenta para simplificar a cooperação entre as organizações (ver Capítulo 6), eles podem também ser usados como *middleware*.

A IMP é uma fabricante de alta tecnologia, sediada em San Jose, no Estado da Califórnia. Ela usa o produto MESA, da Camstar, para seu MES e o produto Great Plains, da Microsoft, para seus sistemas financeiros. O problema é que os dois produtos não são integrados. Por exemplo, os pedidos têm que ser simultaneamente inseridos nos sistemas financeiros e no MES e, uma vez produzidos e liberados da manufatura, têm que ser manualmente inseridos no sistema financeiro. Também, o Great Plains não considera o trabalho em processamento, a transformação de matérias-primas em produtos intermediários. Para resolver estes problemas, a IMP e sua contratada, a InSync Information Services, usaram o produto CapeStudio, da Cape Clear, para construir serviços da Internet que tranqüilamente conectam os dois produtos fornecendo integração automatizada desde a recepção de pedidos até o recebimento do pagamento.[79]

Integração Interempresarial (*Cross-Enterprise Integration*)

De acordo com um estudo recente, mais de 85% dos executivos dizem que sua firma considera o desempenho de sua cadeia de valor estendida como uma de suas maiores prioridades, e no entanto menos de 7% armazenam as informações de que necessitam para acompanhar esse desempenho.[80] A integração da cadeia de valor estendida é comprovadamente difícil por uma série de razões. Em primeiro lugar, muitas empresas demoram a reconhecer que sua cadeia de valor estendida é uma fonte potencial de vantagem competitiva.[81] Por exemplo, só 5% das empresas estendem a gestão do relacionamento de parcerias a seus fornecedores, considerando compras como um centro de custo, em vez de uma potencial arma competitiva. Ainda, a integração além dos limites da empresa é tecnicamente complexa. As empresas operam em plataformas de computação diferentes e têm *softwares* ERP incompatíveis. Para aumentar a complexidade, há o fato de que pequenos fornecedores e clientes podem ter capacidade e recursos limitados para integrar-se, enquanto fornecedores e clientes poderosos podem tentar orientar a integração na direção de seus próprios sistemas.

Não obstante, a integração interempresarial pode ser amplamente compensada. Por exemplo, um estudo recente descobriu que as empresas líderes no seu ramo (as 20% do topo), comparadas às empresas medianas, giraram seu estoque em 35 dias *versus* 74 dias, tiveram um ciclo de retorno financeiro de 36 dias *versus* 84 dias e foram capazes de responder a um aumento de 20% na demanda em 9 dias *versus* 20 dias.[82]

RESUMO

O *software* do sistema de gestão integrada coordena os processos através da cadeia de valor. Ele compreende módulos para a gestão do relacionamento com o cliente, produção, compras, logística, gestão de recursos humanos, contabilidade e outras funções de apoio.

A gestão do relacionamento com o cliente é a filosofia de que a organização deve ter foco em seus clientes. A automação da força de vendas ajuda a empresa a interagir com seus clientes de maneira eficiente e efetiva. Os sistemas de recepção de pedidos e apresentação e pagamento de faturas eletrônicas aplainam os processos de contato com o cliente no ciclo de vendas, levando a clientes mais felizes e dinheiro entrando mais rápido no caixa. A excelência no suporte pós-venda, um dos determinantes básicos da lealdade do cliente, pode ser alcançada com as tecnologias que suportam *call centers*, atendimentos móveis de campo e serviços da Internet. Os sistemas de gestão do relacionamento de parcerias ajudam no suporte e integração com os distribuidores. Os sistemas de marketing ajudam os administradores a segmentar o mercado, determinar preços, executar campanhas promocionais e desenvolver uma melhor sensibilidade das necessidades do mercado.

O projeto assistido por computador ajuda os projetistas a traduzir suas imagens mentais em esquemas físicos e especificações. A engenharia assistida por computador aplica modelos matemáticos e teoria científica aos projetos para determinar quão bem eles trabalham sob condições variáveis. Os sistemas de execução da manufatura monitoram e controlam os processos no chão de fábrica. A manufatura integrada por computador integra o projeto de produto, planejamento da produção, execução da produção e controle do chão de fábrica com outros processos de negócios, permitindo às empresas operar mais eficientemente e responder mais rapidamente às mudanças no ambiente. A customização em massa produz exatamente o que cada cliente quer quase tão barato quanto se fosse produzido em massa.

A aquisição eletrônica de suprimentos, o estoque *just-in-time* e o estoque administrado pelo fornecedor permitem à empresa reduzir o custo das compras e do inventário dos suprimentos em estoque. As empresas podem alcançar eficiência na cadeia de suprimentos através da cooperação com os fornecedores, vendo-os como parceiros, e não como fornecedores, com a ajuda do *software* de gestão de parcerias.

Os sistemas de suporte logístico, incluindo gestão de depósito, *cross-docking*, auto-ID e sistemas de suprimento eletrônico, ajudam a rastrear as matérias-primas do fornecedor e produtos acabados para o cliente. Estes sistemas também ajudam a reduzir o tempo gasto em estocagem e remessa, levando os materiais mais rápido à manufatura e por fim o produto ao cliente.

Os sistemas de gestão de recursos humanos fornecem suporte para avaliação dos empregados, administração de benefícios, remuneração, desenvolvimento, folha de pagamento, recrutamento e análise da força de trabalho. Os sistemas contábeis interagem com praticamente quaisquer sistemas funcionais para acompanhar o impacto financeiro de transações, avaliar a lucratividade de produtos e serviços e gerar orçamentos.

A gestão integrada das aplicações empresariais é o processo de integrar sistemas próprios e pacotes não-ERP de diferentes fornecedores, freqüentemente usando *middleware*, de modo que fiquem coordenados entre si. A coordenação além dos limites da empresa é mais difícil, mas pode gerar benefícios substanciais.

TERMOS E EXPRESSÕES IMPORTANTES

apresentação e pagamento de faturas eletrônicas (EBPP)
auto-ID
automação da força de vendas
cross-docking
customização em massa
engenharia assistida por computador (CAE)
estoque administrado pelo fornecedor (VMI)
estoque *just-in-time* (JIT)
gestão da cadeia de suprimentos (SCM)
gestão do relacionamento com o cliente (CRM)
gestão do relacionamento de parcerias (PRM)
gestão integrada das aplicações (EAI)
manufatura assistida por computador (CAM)
manufatura flexível
manufatura integrada por computador (CIM)
middleware
projeto assistido por computador (CAD)
prototipação rápida
sistema de execução da manufatura (MES)
sistema de gestão de depósito
sistema de gestão de recursos humanos (HRM)
sistema de ponto de venda (POS ou PDV)
sistema de recepção de pedidos
sistema integrado de gestão – ERP
veículos guiados automaticamente (AGVs)

QUESTÕES DE REVISÃO

1. O que é sistema integrado de gestão?
2. O que é gestão do relacionamento com o cliente?
3. Por que uma percentagem tão grande das implementações do *software* CRM fracassa?
4. O que é automação da força de vendas?
5. Como os sistemas de ponto de venda diferem dos sistemas de recepção de pedidos?
6. Quais são as vantagens do EBPP sobre os sistemas em papel para a empresa e seus clientes?
7. De que funções um sistema CRM necessita para poder habilitar o suporte pós-venda?
8. Quais são as vantagens do *software* PRM para a empresa e seus distribuidores?
9. Quais são as funções e objetivos dos sistemas de informações de marketing?
10. Quais os usos mais importantes do projeto assistido por computador?
11. Como a prototipação rápida melhora o processo de projeto e de desenvolvimento?
12. Como a engenharia assistida por computador difere do projeto assistido por computador?
13. Quais são os componentes da manufatura integrada por computador?
14. Quais são os quatro diferentes níveis de customização?
15. Quais são as vantagens e desvantagens do estoque *just-in-time* e do estoque administrado pelo fornecedor a partir das perspectivas do fornecedor e do usuário do estoque (fabricante, distribuidor, ou varejista)?
16. Como trabalha o *cross-docking*?
17. Quais são as vantagens dos sistemas de auto-ID em relação aos sistemas de códigos de barras?
18. Quais são as principais funções dos sistemas de informações de recursos humanos?
19. Como a gestão da cadeia de suprimentos (SCM) difere dos sistemas integrados de gestão (ERP)?
20. Quais são as opções existentes para integrar os sistemas de informações funcionais de uma organização?

MINICASO

BUSCANDO CADA GOTA DE VALOR

O posto de serviço Love Lane Chevron, na rua Love Lane, 145, em Danville, no Estado da Califórnia, é o verdadeiro modelo de um moderno posto de abastecimento, com todas as amenidades que os residentes deste rico subúrbio de São Francisco esperam: oito corredores com bombas onde se abastece e se paga, uma loja de conveniência 24 horas e até mesmo lavagem de carros. Subterrâneo e muito moderno. O tanque de 14.250 galões para gasolina super, sem chumbo, e o tanque de 19.000 galões para gasolina normal (o combustível intermediário é uma mistura dos dois) são maiores do que a norma de 10.000 galões. Cada tanque é equipado com um monitor de nível eletrônico, que transmite através de um cabo informações em tempo real sobre sua situação, ao sistema de gestão do posto e daí, via satélite, ao sistema central de gestão de estoques da ChevronTexaco. Desde que abriu, em agosto de 2001, o Love Lane Chevron nunca ficou sem gasolina.

Durante os últimos 10 anos, a ChevronTexaco, oitava maior empresa dos Estados Unidos, com receita de 104 bilhões de dólares, tem usado dados detalhados sobre a demanda do consumidor e praticamente eliminou os casos de faltas e retenções (o termo usado na indústria para uma entrega abortada porque o tanque está cheio demais). Estes dados e o trabalho de integração que permitiu que eles fossem compartilhados através da empresa melhoraram o processo de tomada de decisão em todos os pontos no que a indústria chama *downstream*,* ou próximo do cliente na cadeia de abastecimento, que começa quando o petróleo é separado para a refinaria (ao contrário da cadeia *upstream*, que inclui a procura, perfuração e bombeamento do petróleo). Em 1997, a confiança da Chevron na precisão de seus dados de demanda alcançou o ponto onde a empresa, pela primeira vez, usou a previsão de demanda para determinar quanto petróleo ela refinaria mensalmente, com verificações semanais e diárias, passando assim, de uma empresa guiada pelo suprimento para uma empresa orientada pela demanda. Naquele primeiro ano, os lucros *downstream* da Chevron saltaram de 290 milhões para 662 milhões de dólares com a mesma capacidade de refino e mesmo número de postos de varejo.

Louie Ehrlich, CIO da ChevronTexaco para o *downstream* global, diz que, embora seja difícil calcular a percentagem exata desse salto e atribuí-lo à mudança do modelo de negócio — em vez de atribuí-lo a uma economia em expansão e à capacidade crescente de se substituir trabalhadores humanos com tecnologia —, a mudança revolucionou o negócio. "Foi uma guinada fundamental, ter a visão do cliente", diz. "[Antes da guinada] agíamos como uma empresa industrial, tentando somente fazer produtos, quando, realmente, o mercado era acionado pelo cliente."

Porém em 1997, o ano em que a Chevron decidiu deixar a demanda, e somente a demanda, dirigir a produção, os sistemas da empresa — gestão de postos, gestão de terminal, coordenação do transporte, programação da refinaria e assim por diante — ainda eram isolados entre si. Os planejadores nos vários pontos da cadeia de suprimentos tinham que compartilhar os dados manualmente ou procurar entre as aplicações, introduzindo custos elevados. Desde então, a empresa investe aproximadamente 15 milhões de dólares anuais em tecnologia da cadeia de abastecimento, somente nos Estados Unidos, uma cifra que não inclui um projeto SAP de 200 milhões de dólares, sistemas próprios que captam dados em tempo real e até mesmo sistemas de planejamento mais avançados.

A cadeia de abastecimento *downstream* começa num escritório em San Ramon e outro em Houston, onde *traders*** de gasolina e óleo estão observando um plano integrado de vendas e produção para marketing e refino para decidir quanto petróleo bruto e quanta gasolina comprar no mercado aberto, ou *spot*. Os *traders* eram vistos como vaqueiros que confiavam tanto no instinto quanto na informação. Agora, eles usam dados atualizados da demanda do cliente.

Equipes de coordenação regional compostas de representantes do refino, marketing e logística usam os mesmos dados — as informações coletadas por todos os postos de abastecimento integrados da ChevronTexaco e mais outros pontos de venda, como linhas aéreas e empresas de transporte rodoviário — para planejar uma carga da refinaria: por exemplo, 50% de gasolina, 30% de diesel e 20% de combustível de jato. A ChevronTexaco, entretanto, vende mais do que as sete refinarias domésticas da empresa podem produzir. A maior parte da diferença é completada por acordos de longo prazo com outras empresas de petróleo. Mas esses acordos não levam em conta as mudanças na demanda de um

---

**Downstream*: rio abaixo, a jusante, cadeia abaixo, posterior (na cadeia produtiva), ou seja, mais próximo do ponto de venda do que do ponto de produção. Opõe-se a *upstream*, ou rio acima, ou a montante, ou mais próximo do ponto de produção. Termo amplamente utilizado na indústria petrolífera. (N.T.)

***Traders*, negociantes ou agentes que atuam na negociação e compra de insumos. (N.T.)

mês para outro, diz Doug Gleason, administrador da regional leste de fornecimento de produto da ChevronTexaco.

Para enfrentar essas mudanças, a ChevronTexaco é obrigada a comprar gasolina no mercado *spot*. Em certos meses, a empresa pode comprar até 30% de sua gasolina desse modo. A guinada para um modelo dirigido pela demanda e o refinamento continuado da tecnologia de previsão da demanda permitiram aos compradores no *spot* cortar custos radicalmente. Antes, os compradores reagiam aos déficits de estoque, comprando a gasolina de que necessitavam *quando* necessitavam, sem consideração de preço. Como em qualquer mercado, quando a demanda salta, elevam-se os preços também. Uma previsão exata no começo do mês significa que os compradores sabem exatamente quanto necessitam comprar e podem passar o mês procurando por bons negócios. No decurso de um mês, diz Gleason, os compradores podem obter, em média, uma economia entre um quarto a um terço de centavo por galão. Isso pode chegar a 400.000 dólares por mês. "Boas informações de demanda permitem à pessoa regular suas aquisições muito mais inteligentemente", diz ele.

Esta noite, o Love Lane Chevron está programado para receber 3.150 galões de gasolina super e 5.950 galões de gasolina normal (os tanques dos caminhões de gasolina têm três compartimentos e levam um total de 10.000 galões). As informações dos monitores da Love Lane são enviadas, via satélite, ao Centro de Recepção e Despachos dos Pedidos de Clientes da ChevronTexaco na cidade de Concord, Estado da Califórnia, onde o *software* de planejamento de carga minimiza o número de entregas necessárias para manter o posto de serviço funcionando sem incorrer em falta de combustível ou retenção. O sistema de previsão e programação da demanda planejou, temporariamente, as próximas cinco entregas do mesmo modo, embora elas ainda venham a ser atualizadas com novas informações. Pouco depois das 11 da noite, um caminhão apanha a gasolina destinada ao Love Lane no terminal da Chevron em Avon, distante cerca de meia hora. O terminal de Avon tem oito tanques, dois corredores para abastecimento dos caminhões e um prédio de escritório de um andar com telhado de folha-de-flandres sobre um terreno de aproximadamente 10 acres. O Tanque 108, um dos maiores do terminal, contém 2,5 milhões de galões de gasolina sem chumbo. Nesse instante, está com 70% de sua capacidade. Os caminhões entram e partem, carregando 9.100 galões de uma só vez. Como no posto de serviço, o estoque do terminal é controlado em tempo real. O estoque do terminal, combinado com os dados de demanda dos postos de serviço que serve, ajuda a ChevronTexaco a determinar com que freqüência o Tanque 108 necessita ser abastecido.

Evitar que os terminais se esgotem não é simplesmente uma questão de esperar até que um tanque esteja dois terços esvaziado e então enchê-lo totalmente. O Tanque 108 sozinho toma dois dias e meio para encher. Se o tanque estiver baixo quando um salto repentino na demanda for causado por um dia excepcionalmente quente, uma baixa repentina de preços, ou um evento especial como as Olimpíadas, ele poderá ficar sem gasolina e forçar os caminhões de entrega a serem desviados de terminais muito distantes, agregando custos acima e abaixo na cadeia de suprimentos. Um problema maior é a programação exigente dos oleodutos. Há somente um número limitado de oleodutos de cada refinaria, que são reconfigurados com base no terminal-alvo. E eles estão constantemente em uso. Quando o Tanque 108 não está recebendo gasolina, outro tanque — ou outro terminal — está. Os programadores usam os dados de demanda e o estoque do terminal para criar um plano de reabastecimento dos tanques que otimiza o uso do oleoduto para todos os terminais que uma refinaria serve.

FONTE: Extraído com permissão de Ben Worthen, "Drilling for Every Drop of Value," CIO, 1 June 2002, 68-73.

Questões do Caso

Diagnóstico

1. Que problemas existiam antes de 1997, quando a ChevronTexaco decidiu fazer com que a demanda dirigisse a produção e os sistemas da empresa?
2. Como você acha que estes problemas afetavam o desempenho da ChevronTexaco?

Avaliação

3. De que informações os administradores da ChevronTexaco necessitam para programar e despachar adequadamente os caminhões de gasolina?
4. De que informações os administradores da ChevronTexaco necessitam para alocar a capacidade dos oleodutos?
5. Por que os compradores de gasolina e administradores de refinaria da ChevronTexaco precisam ser capazes de reagir rapidamente às mudanças da demanda pelos seus produtos?

Projeto

6. Que sistemas funcionais a ChevronTexaco construiu para adquirir e processar as informações de que seus administradores necessitam?
7. Como os sistemas são integrados?

Implementação

8. De que maneiras o foco da ChevronTexaco na demanda e seu novo sistema de informações ajudaram a aumentar seus lucros?
9. Você vê alguma razão para estender os sistemas da ChevronTexaco para a sua cadeia de abastecimento estendida ou para a sua cadeia de demanda? Por quê?

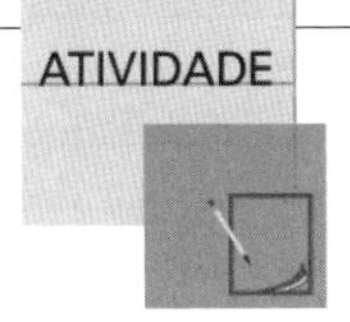

7-1 CUSTOMIZAÇÃO EM MASSA NA FABULOUS CANDY

Passo 1: Leia o seguinte cenário.

A Fabulous Candy empregou-o recentemente como consultor para aconselhá-la num problema que ela tem com alguns de seus clientes. A Fabulous Candy Company começou na cozinha do proprietário em 1980. A empresa logo abriu uma fábrica maior com dez empregados que guiavam o processo industrial. Todos os doces eram feitos a mão até o final dos anos 1980, quando o proprietário instalou algum equipamento de linha de montagem para apressar o processo. Nos anos 1990, a empresa introduziu vários novos produtos, que elevaram as vendas às alturas. A empresa tinha dificuldade em acompanhar a demanda por chocolates na fábrica original e logo abriu diversas novas fábricas que produziam mais barras de chocolate normal e outras novidades. O desempenho da empresa permaneceu forte a maior parte dos anos 1990. Recentemente, alguns clientes maiores ameaçaram desertar para os concorrentes, pois a Fabulous Candy mostrava-se incapaz de disponibilizar recursos desejados por estes clientes para customizar seus doces e embalagens sem ter de negociar, cada vez, com o departamento de vendas da empresa.

Passo 2: Individualmente ou em grupos pequenos, decida como responder às solicitações dos clientes.

Passo 3: Compartilhe seus planos com a classe inteira.

Passo 4: Em pequenos grupos ou com a classe inteira, responda às seguintes questões:

1. Que nível de customização, se algum for considerado necessário, deveria ser oferecido?
2. Que informações os clientes necessitarão fornecer, e em que formulário, para permitir que a customização prossiga?
3. Que *hardware* e *software* serão necessários para implementar as mudanças recomendadas?

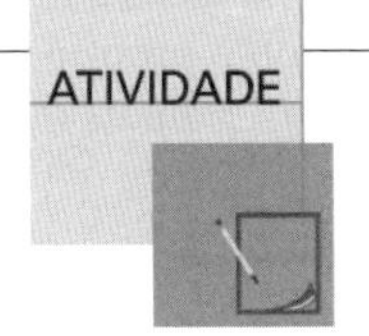

7-2 OS SISTEMAS FUNCIONAIS NA TACO CITY

Passo 1: Leia a seguinte situação.

A Taco City é uma cadeia nacional de franquias de *fast food* que vende comida mexicana nos Estados Unidos. A Taco City recentemente fez uma oferta pública de ações e planeja expandir-se de 150 pontos de venda para 400 pontos de venda nos próximos dois anos. Atualmente, a Taco City oferece aos franqueados um sistema de ponto de venda que registra as vendas e as envia à matriz da empresa uma vez ao dia. Os concessionários têm que usar este sistema. Eles também têm que comprar da Taco City pelo menos 80% de seus alimentos.

Passo 2: Individualmente ou em grupos pequenos, diagnostique as necessidades de informações dos concessionários e administradores executivos da Taco City. Decida que sistemas funcionais são necessários para apoiar essas necessidades.

Passo 3: Compartilhe suas conclusões com o restante da classe.

Passo 4: Em pequenos grupos ou com a classe inteira, responda às seguintes questões:

1. Quais são as necessidades de informação dos franqueados da Taco City?
2. Quais são as necessidades de informação dos administradores executivos da Taco City?
3. Que sistemas funcionais a Taco City deve implementar?

ATIVIDADE

7-3 UMA QUESTÃO DE CONFIANÇA

Passo 1: Leia o seguinte cenário.

Há seis meses, como vice-presidente de vendas e marketing da Fun Board Games, você negociou um acordo com Aaron Tyu Trusting na eNormous Toy Stores para obter acesso à sua extranet. Ficou acordado que sua empresa cobraria da eNormous Toy Stores dois por cento menos do que qualquer outra loja de brinquedos, por todos os seus produtos. Como retorno, a eNormous Toy ofereceria acesso a seus sistemas de informação, que indicam o número de seus brinquedos em estoque e nas suas prateleiras. Você calculou que estas informações o habilitarão a melhor programar sua produção e melhorar suas previsões, reduzindo as mercadorias não vendidas e poupando muito mais dinheiro que dois por cento das vendas. Foram necessárias apenas algumas semanas para preparar seus sistemas computadorizados para processar as novas informações.

Ontem você soube que Dee V. Us, um dos empregados mais capazes do seu departamento de sistemas de informações, havia descoberto como ter acesso às informações do estoque e materiais de todos os produtos da eNormous Toy, incluindo informações sobre seus concorrentes. O acompanhamento das informações de estoque permitiriam que você rapidamente determinasse o nível de vendas dos produtos de seus concorrentes. A eNormous Toy, obviamente, não pretendia que você visualizasse estas informações. Você não está preocupado somente com as questões éticas envolvidas, mas também que seus concorrentes podem ter descoberto como visualizar as informações sobre os *seus* produtos. Suas negociações anteriores com o encarregado do departamento de sistemas de informações da eNormous Toy, Lee Vus Alone, foram cordiais, mas o Sr. Alone nunca mostrou-se aberto a sugestões nem críticas.

Passo 2: Identifique suas alternativas para lidar com esta situação.

Passo 3: Responda às seguintes questões, individualmente ou em pequenos grupos, como indicado pelo seu instrutor.

1. Para cada alternativa, quem se beneficia e quem é prejudicado?
2. Pelos princípios éticos do menor dano, direitos e deveres, responsabilidades profissionais, interesse pessoal e utilitarismo, consistência e respeito, como você avaliaria cada alternativa?
3. Que tipo de atitude você tomaria? Por quê?

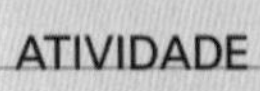

ATIVIDADE

7-4 ERP OU *MIDDLEWARE*?

Passo 1: Leia o seguinte cenário:

Sua empresa, um importante fabricante de alimentos de cereais para o café da manhã, unificou-se recentemente com o segundo maior fabricante de pães e bolachas. A lógica por trás da incorporação é que a empresa combinada teria mais poder para comprar trigo, centeio e outros grãos e que, também, teria mais poder sobre supermercadistas para negociar preços e espaço de prateleiras. Não há nenhum interesse no momento de unificar as marcas, portanto, cada um continuará a operar sob o próprio nome. Entretanto, espera-se economia em *overhead* e logística. Você foi posto como encarregado de unificar os dois departamentos de tecnologia da informação.

Infelizmente, ninguém pensou, antes da incorporação, na dificuldade de unificar os sistemas de informações. Sua empresa roda um sistema ERP da SAP, mas o sistema ERP da empresa de pães e bolachas é licenciado pela Oracle. Você tem vários sistemas próprios que são conectados ao seu sistema ERP via *middleware*. A empresa de pães e bolachas, também. Em pouco tempo, você terá de tomar a decisão sobre se deve operar as empresas combinadas sob um único sistema ERP ou se deve conectar os dois sistemas, onde necessário, usando *middleware*.

Passo 2: Faça uma lista das informações que necessitam ser compartilhadas entre as duas empresas.

Passo 3: Seu instrutor o designará para uma equipe que discutirá sobre se é mais adequado combinar as operações das empresas sob um único sistema ERP ou unificar os dois sistemas através de *middleware*. Cada equipe terá dez minutos para preparar seu caso, cinco minutos para apresentá-lo e três minutos para refutar o caso da outra equipe.

Passo 4: Em pequenos grupos ou com a classe inteira, respondam às seguintes questões:

1. Que problemas poderiam surgir com a conversão para um sistema ERP único?
2. Que problemas poderiam surgir com a utilização de *middleware* para integrar os dois sistemas ERP?

3. Quais são as vantagens de unificar as duas empresas sob um único sistema ERP?
4. Quais são as vantagens de, em vez disso, usar o *middleware*?

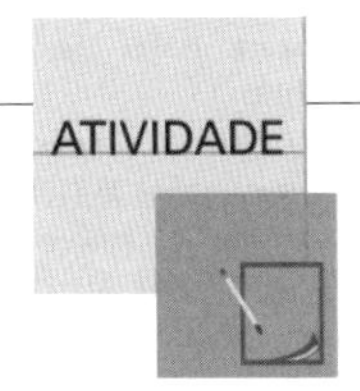

7-5 AUTOMATIZANDO A FORÇA DE VENDAS NA RIGHT-TIME INSURANCE

Passo 1: Leia o cenário abaixo.

Você foi recentemente contratado como administrador regional de vendas da Right-Time Insurance. Esta empresa familiar de tamanho médio vende todos os tipos de seguros a clientes numa cidade do Meio-Oeste americano. A empresa começou a informatizar alguns dos procedimentos administrativos, mas toda a área de vendas usa sistemas manuais para registrar clientes-alvo, obter informações sobre produtos e fornecê-las a clientes, acompanhar as necessidades de seguros e apólices dos clientes e, freqüentemente, conduzir e completar a venda.

Você acredita que já é hora de a empresa informatizar suas atividades de vendas e de marketing. Você sabe que há *software* para lidar com a maioria das funções da empresa, mas você necessita passar algum tempo com a área de vendas, identificando suas necessidades de informações específicas.

Passo 2: Individualmente, ou em pequenos grupos, diagnostiquem as necessidades de informações do quadro de vendas da Right-Time e ofereçam um plano para propiciar o suporte de um sistema de informações à força de vendas da Right-Time Insurance.

Passo 3: Compartilhe seus planos com o restante da classe.

Passo 4: Em pequenos grupos ou com a classe inteira, respondam o seguinte:

1. Que tipos de processos os sistemas de informações devem suportar na Right-Time Insurance?
2. Que sistemas funcionais são exigidos para suportar estes processos?
3. Neste momento, que *hardware*, equipamento de rede e *software* você recomendaria para a Right-Time Insurance?

SI NA WEB

Exercício 1: Siga os *links* da Internet do Capítulo 7 para fornecedores de *software* CRM. Visite os sites da Internet de três destes fornecedores e examine as características de seus *softwares*. Então, compare e aponte as diferenças entre os seus produtos de *software*. De que maneiras eles são semelhantes? Em que eles diferem?

Exercício 2: Os *links* da Internet do Capítulo 7 o dirigirão à página das informações do produto AutoCAD, da Autodesk. Conforme as instruções do seu instrutor, rode a Sinopse Interativa, ou baixe e experimente a versão de teste do AutoCAD.

LEITURAS RECOMENDADAS

Anderegg, Travis. *ERP: A-Z Implementer's Guide for Success*, vol. 1. San Jose, CA: Resource Publishing, 2000.

Bergeron, Bryan P. *Essentials of CRM: A Guide to Customer Relationship Management*. New York: John Wiley & Sons, 2002.

Coyle, John Joseph, Edward J. Bardi, and C. John Langley. *Management of Business Logistics: A Supply Chain Perspective*, 7th ed. Mason, Ohio: South-Western/Thomson Learning, 2002.

Petty, D. J. *Systems for Planning and Control in Manufacturing*. Oxford, UK: Butterworth-Heinemann, 2002.

Pine, B. Joseph, II, and James H. Gilmore. *Markets of One: Creating Customer-Unique Value through Mass Customization*. Cambridge, MA: Harvard Business School, 2000.

NOTAS

1. Meridith Levinson, "Cleared for Takeoff," *CIO*, 1 April 2002, 64–68. Jeff Morris, "Doing it Right," Customer Support Management, August 2001, accessed at http://www.quiq.com/docs/lo/176/SUPP/187790.pdf on 23 July 2002. Honeywell, "AlliedSignal: A Strong Local Commitment from a Global Player," accessed at http://www.asplastics.com/news/earchive/ aspr035e.html on 23 July 2002. Honeywell, "Aerospace Solutions," accessed at http://www.honeywell.com/about/page6_1.html on 23 July 2002.
2. Sharon L. Botwinik, with Bobby Cameron, Emily Jastrzembski, and Elizabeth Schneider, *Organizing to Get CRM Right*. Cambridge, MA:

Forrester Research, May 2001. Of the 50 companies responding to the survey, 58 percent listed a single view as the driving reason to implement a CRM initiative. The next highest reason garnered only 28 percent.

3. Katherine Burger, "Strategies for Putting the Customer First," *Insurance & Technology Online*, 31 May 2002, accessed at http://www.insurancetech.com/story/specialReport/IST20020531S0006 on 24 July 2002.
4. Botwinik, *Organizing to Get CRM Right*.
5. See, for example, Mitch Betts, "How to Run a CRM Project during a Recession," *Computerworld Online*, 18 February 2002, accessed at http://www.computerworld.com/softwaretopics/crm/story/0,10801,68262,00.html on 24 July 2002. Linda Hershey, "Why CRM Implementations Fail: A Business Survival Memo to the CEO/President," 7 August 2001, accessed at http://www.realmarket.com/required/lghcons1.pdf on 24 July 2002. Don Peppers, "Why CRM Initiatives Fail and What You Can Do about It," Inc.com, 1 November 2001, accessed at http://www.inc.com/articles/marketing/market_research/market_research_basics/23649.html on 24 July 2002.
6. J.C. Williams Group, "Joint National Retail Federation/J.C. Williams Group/BizRate.com Channel Surfing Study Validates Cross-Channel Influence," Press release on 25 September 2000, accessed at http://www.jcwg.com/channel-surfing-news.htm on 28 October 2002.
7. Meg Mitchell Moore, "Special Report: The Customer Agenda. Thinking Small," *Darwin*, May 2001, accessed at http://www.darwinmag.com/read/050101/thinking.html on 1 August 2002.
8. Julia King, "Trucking Firm Nets Automation Payback," *Computerworld*, 17 July 1995, 43.
9. Steve Alexander, "Sales Force Automation," *Computerworld Client/Server Journal*, October 1995, 41–50. Mindy Blodgett, Virtual Office Prototype Puts Field Service Reps to Work at 'Hearth' of MCI," *Computerworld*, 26 February 1996, 73–76.
10. Jill Gambon, "Sales Sleuths Find Solutions," *IW*, 22 July 1996, 51–52.
11. Thomas Hoffman, "Maine Drives Medicaid Reform with Decision-Support System," *Computerworld*, 20 January 1997, 67–68.
12. "How Laptops Helped Transform the Wesleyan," *Insurance Systems Bulletin*, July 1996, 3–4.
13 For example, Mrs. Fields Cookies operates in this fashion; see Jack Schember, "Mrs. Fields' Secret Weapon," *Personnel Journal* 70, no. 9 (1991): 56–58.
14. Rosemary Cafasso, "Diamond Shamrock, Inc.," *Computerworld Client/Server Journal Supplement*, August 1996, 26.
15 Judy Murrah, "Service Maximized in the Wireless Store," Chain Store Age Executive 69 (April, 1993): 76.
16. "Wireless Unclogs Pepsi's Distribution Bottleneck, Improves Merchandising," *Systems Management*, March 1996, 22–23.
17. Bob Wallace, "AT&T Rolls Out New Transaction Service," *Network World*, 29 March 1993, 25–26.
18. "Spotlight—Wave Riding Vehicles," http://www.retailpro.com/spotlights/wrvspot.html, accessed on 8 July 1997.
19. Tom Field, "A Good Connection," CIO, 1 February 1997, 70–74.
20. Wayne Seel, "Integrated Order Processing Helps Supplier Save Money and Keep Better Track of Jobs," *Marketing News*, 6 January 1997, 10.
21. "Application review: Order Entry at Stanley Hardware," http://www.midrangecomputing.com/tradeshow/link/hardware.htm, accessed on 10 July 1997.
22. Peter Fabris, "A Speedy Recovery," *CIO*, 1 February 1996, 34–36.
23. Kim Girard, "Gun Dealers Get a Shot in the Arm," *Computerworld*, 20 January 1997, 49, 51.
24. Julie Bort, "Build Tomorrow's Great Site Today," *Network World*, 18 February 2002, 62–68.
25. Paul Gores, "Wisconsin Data Services Firm Metavante Tries to Coax Customers to Pay Online," *Knight Ridder Tribune Business News*, 14 February 2002, 1.
26. IBM, *AT&T EBPP—Meeting Small Business Needs Via E-Business: A Hurwitz Group E-Business Case Study*, accessed at http://www-3.ibm.com/software/success/cssdb.nsf/CS/AWOD-4TR65W?OpenDocument&Site=default on 24 July 2002.
27. Paul Doocey, "Wells Fargo Inks Online Banking and EBPP Pact with CheckFree," *Bank Systems & Technology Online*, 27 June 2002, accessed at http://www.banktech.com/story/ebpp/BNK20020627S0006 on 24 July 2002.
28. A. Litan, "Management Update: GE Brings B2B Internet Invoicing and Payments to Life," *InSide Gartner Group*, 20 June 2001.
29. "Giga's Total Economic Impact Research Shows Electronic Invoice Presentment and Payment Improves Profitability Even with Only 12% Customer Adoption," Business Wire, 23 July 2002, accessed at http://www.manufacturing.net/index.asp?layout=articlePrint&articleID=LN46BV-WCP0-010G-02G7-00000-00 on 26 July 2002.
30. "Mercedes-Benz Sets Up Online Dealer Payments," *Europemedia*, 19 February 2002.
31. "Cross-Selling Drives CRM Growth in Banking," *Call Center Magazine*, June 2002, 10.
32. Tao Ai Lei, "Unilever Gets Productivity Boost with mySAP CRM," *Asia Computer Weekly*, 15 July 2002, 1.
33. Erika Morphy, "Honeywell Embraces Field Service Automation," *CRMDaily.com*, 7 December 2001.
34. Eric Hills, "A Case for Gambling on PRM," *Online Magazine*, January 2001, accessed at http://www.saleslobby.com/Mag/0101/CMEH.asp on 25 July 2002. Hills cites August 2000 online survey conducted by Frontline Solutions as the original source for the most desired feature of PRM.
35. Partnerware, "Lion Apparel—Manufacturing Success Story," accessed at http://www.partnerware.com/customers/success.html on 25 July 2002. Jennifer Maselli, "Tools Track Customers, Boost Sales," *InformationWeek.com*, 26 November 2001, accessed at http://www.informationweek.com/story/IWK20011120S0017 on 25 July 2002.
36. See, for example, Kyle Heger, "Whiz...Bang...Eureka! The Automation of Creativity," Communication World, November 1991, 18–21. Patricia D. Prince, "A Showcase for Computer Art," *Personal Computing* 13 (October 1989): 132–134.
37. "With CAD, Carpet Goes High Tech," *Facilities Design and Management* 15 (October 1996): 50–52.
38. Tim Ouellette, "Spalding Sports' Imaging, Workflow System on Tap," *Computerworld*, 23 October 1995, 57, 62.
39. Rochelle Garner, "Flight Crew," *Computerworld*, 5 February 1996, 66–67.
40. "Road warriors: Aramark Brings Design Company to Its Clients," *Nation's Restaurant News*, 18 November 1996, 19.
41. Brian Kuttner and Dan Deitz, "Reviewing Designs in Cyberspace," *Mechanical Engineering* 118 (December 1996): 56–58. Uri Klement, "A Global Network for Plant Design," Mechanical Engineering 118 (December 1996): 52–54.
42. "CAD Network Helps Rail Link," *ENR*, 23 December 1996, 13.
43. Sidney Hill, "CAD Vendors Saying 'Ole!,'" *Manufacturing Systems* 13 (July 1995): 8.
44. See Dan Rasmus, "Conceptually Speaking," *Manufacturing Systems*, March 1993, 14–18, for examples of concept modeling.
45. Philip Balsmeier and Wendell J. Voisin, "Rapid Prototyping: State-of-the-Art Manufacturing," *Industrial Management* 39 (January/February 1997): 1–4.
46. http://www.feaincad.com/products/InCADD1505/default.asp, accessed on 25 July 2002.
47. "Italina Machine Builders Target Lean Production," *Manufacturing Engineering* 118 (January 1997): 22–24.
48. "Robots on the Cutting Edge," *Robotics Today* 9 (fourth quarter 1996): 6–7.
49. Dennis Melamed, "Robots on Drugs," *Robotics World* 14 (spring 1996): 21–23.
50. "Sensing a Better Robotic Weld," *Robotics Today* 9 (fourth quarter 1996): 6.
51. Robert K. Robinson, Ross L. Fink, and William B. Rose, Jr., "Attitude Survey on Robot Workers," *Robotics Today* 5 (third quarter, 1992): 5–6.
52. "Robots Tune in to Sony TVs Packing," *Packaging Digest* 34 (January 1997): 76.
53. http://www.vx.com/content/us/customer_spotlight/amchem.pdf, accessed on 25 July 2002.
54. http://www.vx.com/customer_spotlight/index.cfm?LangID=US, accessed on 25 July 2002.
55. "When It's Hot, It Sizzles," *Automatic ID News* 12 (September 1996): 18, 41.
56. John Schriefer, "Automated Coil Handling to Improve Efficiency and Quality," *Iron Age New Steel* 11 (August 1995): 60–62.
57. Guy Castleberry, "AGVs Critical to Development of Factories of the Future," *Robotics World* 10 (September, 1992): 10, 12.
58. "Paperless ERP System Overcomes Language Barriers and Enhances Data Collection and Communication," *Modern Machine Shop*, June 2002, 138–141.
59. Kermit Whitfield, "Saleen's Mass Customization Approach," *Automotive Design & Production*, January 2002, 52–54.
60. "Freddie Aims to Allow 'Mass Customization' of Home Loan Products," *National Mortgage News*, 15 April 2002, 7.
61. Peter A. Buxbaum, "Honeywell Unit Looks to Transform Itself through Partner Relations," *searchEBusiness.com*, 29 October 2001, accessed at http://searchebusiness.techtarget.com/originalContent/0,289142,sid19_gci778356,00.html on 23 July 2002. "Garrett Engine Boosting Systems," http://www.egarrett.com/index.jsp, accessed on 23 July 2002.
62. Scott Woolley, "Double Click for Resin," *Forbes*, 10 March 1997, 132–134.
63. "NPC Expands Warehouse," *Official Board Markets*, 20 April 2002, 33.
64. Bridget Mccrea, "Partners Going Forward," *Industrial Distribution*, March 2002, F7–F10.
65. SAP, "SAP Enables Porsche Dealers to Reduce Inventory and Meet Real-Time Demand for Parts," accessed at http://www.sap.com/solutions/industry/automotive/news/index.asp?pressid=981 on 2 August 2002.

66. David Maloney, "Crossdoc-King," *Modern Materials Handling,* January 2002, 23–27.
67. Joseph Weber, "Just Get It to the Stores on Time," *Business Week,* 6 March 1995, 66–67.
68. Tom Andel, "Load Plans Make Room for Profit," *Transportation and Distribution,* March 1996, 58–62.
69. Joshua Macht, "Delivering the Goods," *Inc. Technology,* No. 4 (1996): 34–41.
70. Ibid.
71. http://www.peoplesoft.com/corp/en/ent_strat/articles/daimlerchrysler.asp, accessed on 1 August 2002.
72. Holly Sraeel, "Fleet Capital Tackles Complex General Ledger Reporting Requirements," *Bank Systems and Technology,* September 1996, 61.
73. Linda Perri, "Barrie Pace Instant Accounting," *Apparel Industry Magazine,* September 1996, 124–128.
74. Elisabeth J. Umble and M. Michael Umble, "Avoiding ERP Implementation Failure," *Industrial Management,* January/February 2002, 4, 5, 26–33.
75. http://www.i2.com/web505/media/3A53A0D0-BA98-4F80-B0F76E4F0123F6B3.pdf, accessed on 22 September 2002.
76. http://www.i2.com/web505/media/D8610BF3-D7F1-432D-B9AA6EFBC8727186.pdf, accessed on 22 September 2002.
77. Tom Yeager, "The Future of Application Integration," *InfoWorld Online,* 25 February 2002, 1, 42–43.
78. HP, "Steelcase Embraces Web Services with Solutions from HP," accessed at http://www.hp.com/large/success_stories/pdfs/SteelcaseE.pdf on 31 July 2002.
79. Cape Clear and Insync Information Services, "Application Integration with Web Services: 'Partner-in-Action' Case Study," accessed at http://www.capeclear.com/customers/Case-IMP_Inc.pdf on 1 August 2002.
80. Miles Cook, *Why Companies Flunk Supply Chain 101.* Boston, MA: Bain & Company, accessed at http://www.bain.com/bainweb/pdf/hottopics/82-1.pdf on 1 August 2002.
81. Queenie Ng, "Supplier Collaboration: Still a Long Way to Go," *Asia Computer Weekly,* 29 July 2002, 1.
82. Ben Worthen, "Drilling for Every Drop of Value," *CIO,* 1 June 2002, 68–73.

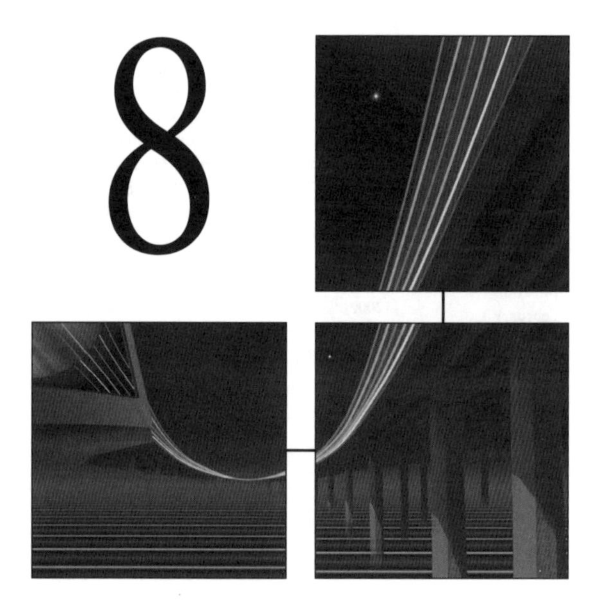

Sistemas para Suporte e Coordenação da Gestão

OBJETIVOS DO APRENDIZADO

Após completar o Capítulo 8, você estará apto a:

- Descrever os processos que as organizações usam para construir seu BI (*Business Intelligence*) ou Inteligência de Negócio.
- Identificar e descrever três práticas que compõem a gestão do conhecimento.
- Explicar a importância da memória institucional e descrever as ferramentas que suportam seu desenvolvimento.
- Listar três tipos de relatórios de gestão e descrever as informações que eles fornecem.
- Descrever programações alternativas para a produção de relatórios.
- Discutir os componentes e os usos de um sistema de apoio à decisão.
- Identificar e descrever sete ferramentas analíticas encontradas freqüentemente nos sistemas de apoio à decisão.
- Comparar e estabelecer as diferenças entre o OLAP e o *software* de planilhas eletrônicas.
- Explicar como os sistemas de apoio à decisão podem suportar o processo da tomada de decisão em grupo.
- Identificar os elementos e os usos mais importantes do *groupware*.
- Descrever os recursos e os usos normais de um sistema de informações executivas.

Business Intelligence na Ace Hardware

Mike Cripe costumava determinar preços em suas três lojas da Ace Hardware, localizadas próximo a Chicago, baseando-se em sua experiência e intuição respeitáveis. Ele vendia carrinhos de mão, por exemplo, a 80 dólares cada, com uma margem de mais de 100% sobre seu custo no atacado de 39 dólares. Recentemente, a matriz corporativa da Ace começou a enviar recomendações de preços aos proprietários de lojas. Entre estas recomendações, havia uma sugestão para baixar o preço dos carrinhos de mão para 50 dólares. Nos quatro meses após o lançamento do novo plano de preços sugeridos, Cripe vendeu oito carrinhos de mão, em comparação com os dois dos 12 meses precedentes. "Eu fiz neste produto, em quatro meses, tanto quanto fizera nos doze meses anteriores", maravilha-se Cripe.

Qual foi a chave para este *insight*? A Ace Hardware usa sistemas computadorizados para analisar dados de preços e de vendas de suas próprias lojas e dos concorrentes. O objetivo: Calcular preços que manterão os clientes entrando nos pontos de venda da Ace e comprando de tudo, de martelos a lâmpadas, ao mesmo tempo que maximizam os lucros dos proprietários de lojas locais. Para Cripe, o resultado foi margens globais melhores — de 32% para 39%. "Com os dados que estamos coletando, podemos voltar às lojas e dizer: 'Aqui está o dinheiro que você está aplicando no negócio'", diz Mark Cothron, administrador de tecnologia da informação na matriz de Oak Brook, no estado de Illinois.[1]

Administradores, tais como Mike Cripe, usam informações para tomar decisões. Administradores que operam numa economia globalizada enfrentam eventos e problemas complexos e imprevisíveis, que exigem uma resposta administrativa eficaz. Eles precisam primeiro diagnosticar e então processar as informações requeridas para o tratamento destas situações. Os sistemas de informação computadorizados podem apoiá-los para tomar decisões inteligentes.

Os sistemas de processamento de transações funcionais e interfuncionais que você conheceu no Capítulo 7 geram e recolhem uma quantidade enorme de dados sobre o funcionamento de uma empresa. Neste capítulo, verificamos como os administradores usam estas informações, juntamente com as informações sobre a concorrência e o ambiente que afeta seus negócios, para criar os planos e estratégias para operações futuras e resolver os problemas mais imediatos. Começamos com a inteligência competitiva e de negócios, que está focada em decidir quais informações são importantes e como obtê-las e retê-las. Depois examinamos os sistemas de apoio à decisão, que permitem aos administradores analisar seus dados. Reconhecendo que o processo da tomada de decisão não é uma atividade isolada e que ele freqüentemente requer consenso e cooperação para ser realizado corretamente, faremos a seguir a revisão dos sistemas de coordenação e suporte a grupos. Finalmente, nos voltaremos para os sistemas de informações executivas, os sistemas que dão suporte aos executivos no nível mais elevado de uma organização.

CRIANDO E USANDO BUSINESS INTELLIGENCE

Business intelligence (BI), ou inteligência de negócios, é uma combinação de processos e ferramentas para aumentar a vantagem competitiva de um negócio usando os dados de forma inteligente para tomar decisões melhores e com mais rapidez. Nesta seção, nos concentraremos na criação e uso do BI. Primeiramente examinaremos os processos que os administradores necessitam estabelecer para que *business intelligence* seja uma realidade. Em seguida focalizaremos dois dos processos-chave — gestão do conhecimento e inteligência competitiva. Finalmente, exploraremos como os administradores normalmente usam a inteligência de negócios.

Processos para a Construção do BI

Para usar inteligentemente a informação, os administradores de negócios necessitam, inicialmente, criar um plano de BI (ver Figura 8-1). Este plano estabelece o BI como um objetivo, identifica os componentes que necessitam estar presentes, cria um orçamento para *software*, *hardware* e treinamento que podem ser necessários e estabelece indicadores para medir o sucesso da iniciativa. A implementação do plano requererá diversos processos. Muitos destes enquadram-se no conceito de gestão do conhecimento. Eles incluem identificar qual informação é importante para o processo da tomada de decisão, promover uma cultura de intercâmbio de informações e conhecimento, projetar e implementar sistemas para automatizar a retenção das informações importantes e projetar e implementar sistemas para simplificar o acesso à informação por aqueles que necessitam dela. Além das práticas de gestão do conhecimento, o BI requer a identificação e armazenamento das informações competitivas importantes.

Gestão do Conhecimento (*Knowledge Management*)

Muitos executivos garantem que os ativos mais importantes de suas organizações são as pessoas. Naturalmente, eles não se referem literalmente a seus corpos — afinal, os corpos podem ser substituídos. É o conhecimento e o *know-how* que estes empregados e outros membros da organização possuem é que são tão valiosos. Que tal se esse conhecimento pudesse ser engarrafado, armazenado em algum lugar e desgastado sempre que necessário ou útil? Tal capacidade, que é o objetivo da prática conhecida como **gestão do conhecimento** (**KM** — ***knowledge management***), seria inestimável para qualquer organização.

A gestão do conhecimento consiste em práticas para a aquisição e criação de conhecimento, memória institucional e resgate e transferência do conhecimento. Como ilustrado na Figura 8-2, ela requer uma cultura, um ambiente e uma estrutura de recompensas que promovam o compartilhamento do conhecimento. Os resultados da gestão do conhecimento são uma melhoria considerável no processo de tomada de decisão e no aprendizado organizacional.

Você provavelmente recorda, do Capítulo 1, que conhecimento é um entendimento, ou modelo, sobre pessoas, objetos ou eventos, derivado de informações sobre eles. As organizações adquirem dados e transformam esses dados em informações com uma certa facilidade. Mas como pode uma organização adquirir conhecimento? O que significa para uma organização ter conhecimento? Não parece possível

FIGURA 8-1

Os processos para a construção da inteligência de negócios.

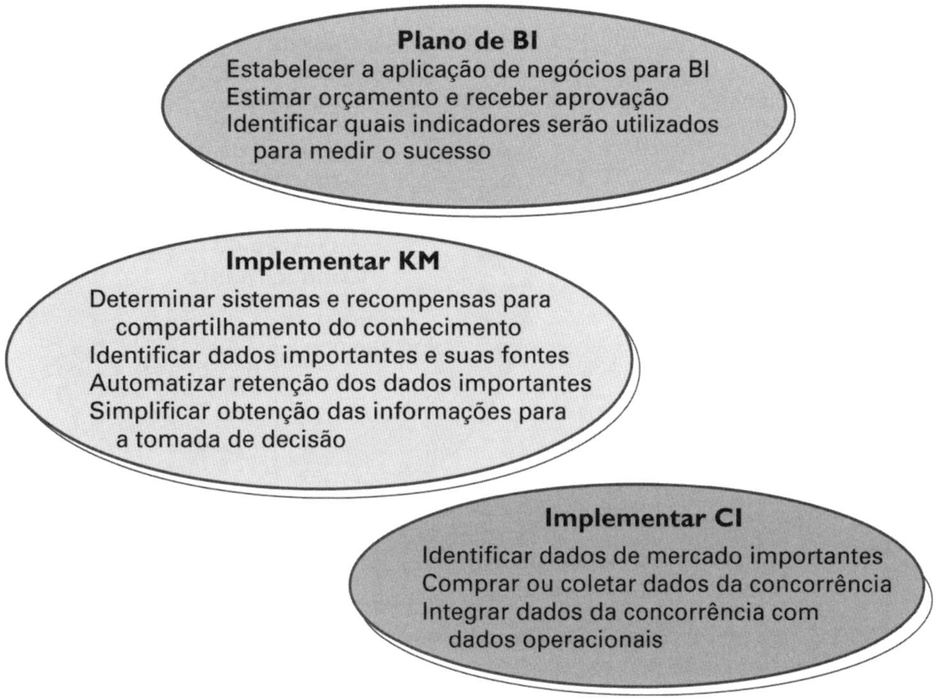

Plano de BI
Estabelecer a aplicação de negócios para BI
Estimar orçamento e receber aprovação
Identificar quais indicadores serão utilizados para medir o sucesso

Implementar KM
Determinar sistemas e recompensas para compartilhamento do conhecimento
Identificar dados importantes e suas fontes
Automatizar retenção dos dados importantes
Simplificar obtenção das informações para a tomada de decisão

Implementar CI
Identificar dados de mercado importantes
Comprar ou coletar dados da concorrência
Integrar dados da concorrência com dados operacionais

que uma organização possa compreender algo. Mas, naturalmente, uma organização pode comportar-se como se compreendesse. O que entendemos por uma organização que detém conhecimento é que ela pode oferecer aos seus membros quaisquer recursos de que estes necessitem para entender os dados que a organização coleta e as informações que ela provê, viabilizando que seus membros ajam com pleno domínio sobre seus significados.

Aquisição e Criação de Conhecimento

Como uma organização adquire ou cria conhecimento? Ela deve, primeiramente, certificar-se de que adquire os dados apropriados nos quais o conhecimento é baseado. Normalmente os sistemas de informações são bons em coletar dados transacionais. Outros dados, tais como a intenção expressa ou promessa de alguém de comprar um produto ou que tipo de produtos alguém gosta, residem nas mentes dos empregados e são mais difíceis de coletar. Uma grande quantidade de dados permanece escondida em documentos, não prontamente traduzível em informações para uso geral. Os documentos na forma de formulários podem ser escaneados para a extração das informações importantes. O Chase Manhattan Mortgage, um dos maiores geradores de hipotecas e prestador de serviços nos Estados Unidos, rastreia mais de 2,5 milhões de documentos por mês, para extrair dados de documentos de hipoteca padronizados para um formato mais utilizável.[2]

As organizações podem usar produtos de *software* chamados mineração de texto (*text mining*) ou mineração de documentos (*document mining*), para extrair informações de outros documentos, como cartas, *e-mails*, relatórios e noticiário da imprensa. Em seu nível mais simples, as ferramentas de mineração de texto indexam os documentos por palavras ou frases relativos à organização ou ao seu trabalho. Em um nível mais elevado, estas ferramentas podem extrair significado dos documentos usando a inteligência artificial (ver Capítulo 3). Em particular, as sentenças e parágrafos contendo determinadas palavras ou frases, tais como "comprado", podem ser analisados para a busca de informações relacionadas, tais como o que foi comprado, de quem, por quem, quando e por quanto. Além disso, os temas baseados no uso repetido de determinados conjuntos de palavras são relativamente fáceis de identificar. Por exemplo, se um documento contivesse palavras tais como "freio", "direção" e "amortecedor", o *software* poderia supor que é sobre um automóvel. Isto torna a mineração de texto particularmente útil, se a aquisição de conhecimento for bem focalizada. Os Centros para Controle e Prevenção de Doenças (Centers for Desease Control and Prevention — CDC) de Atlanta, no Estado da Georgia, usaram a mineração de texto eficazmente para recolher dados sobre a implementação de testes de intervenções biomédicas e ensaios da eficiência de vacinas relacionadas ao HIV.[3]

FIGURA 8-2

A gestão do conhecimento consiste em práticas para aquisição e criação de conhecimento, memória institucional, e acesso e transferência de conhecimento num ambiente que promova o compartilhamento do conhecimento. Seus resultados são uma melhor tomada de decisão e aprendizado organizacional.

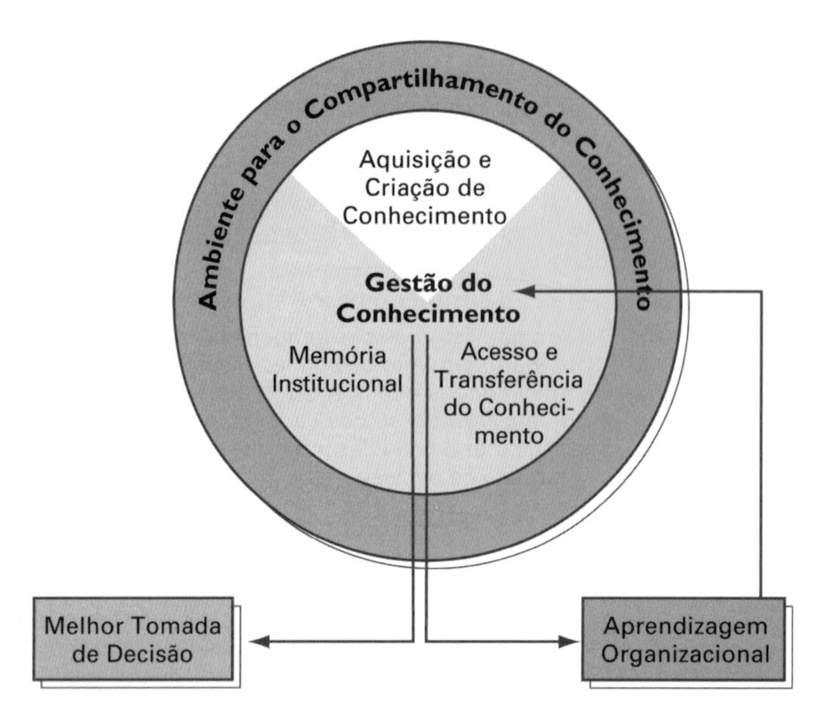

A extração de informações não escritas dos empregados é mais difícil. Imagine que um mecânico de automóveis acabou de resolver um problema particularmente difícil relativo a uma falha intermitente no sistema elétrico de um carro. Que processo ele usou para diagnosticar a causa do defeito onde outros haviam falhado? Se outros tiverem que aprender a partir de seu sucesso, ele necessitará documentar seu processo de pensamento, as etapas que cumpriu e as decisões que tomou durante o trabalho. Para que a gestão do conhecimento tenha sucesso neste caso, o empregado necessitará ser treinado em como inserir estas informações num sistema computadorizado e necessitará ser recompensado por fazê-lo deste modo. A oficina terá que decidir se o tempo do empregado usado para atualizar o banco de dados com os processos de reparo vale mais do que seu tempo no piso, consertando carros.

O serviço de atendimento ao consumidor é uma das funções para as quais é freqüentemente fácil montar um *business case** para a gestão do conhecimento. A Boeing Commercial Airplanes, em Seattle, no estado de Washington, fornece informações de serviço a respeito de todos os aviões que a empresa já fabricou, mesmo seus DC3, já com 50 anos. Os engenheiros de atendimento da empresa descobriram que metade das questões que lhes eram trazidas já havia sido respondida a outros clientes, às vezes diversas vezes. Infelizmente, como eles respondem tantas perguntas sobre tantos aviões diferentes, os engenheiros de atendimento freqüentemente não podiam recordar as respostas ou, mesmo que recordassem, não poderiam estar certos de que suas respostas anteriores não tinham sido desatualizadas por uma mudança de engenharia ou um memorando de serviço. Em conseqüência, teriam que efetuar uma nova pesquisa. A Boeing calculou que se pudesse reduzir em apenas 2% o número das consultas que os engenheiros de atendimento recebiam, um sistema de gestão do conhecimento pagar-se-ia em 18 meses. O sistema de aquisição de conhecimentos da Boeing rastreia e monitora as pesquisas, telas e desenhos de engenharia consultados por engenheiros de atendimento à medida que eles estão trabalhando, de modo que é necessário pouquíssimo tempo adicional para entrada de dados. O sistema de gestão do conhecimento é disponibilizado diretamente à equipe do serviço de campo da empresa, reduzindo de modo acentuado a carga sobre os engenheiros de atendimento.[4]

A Memória Institucional

A **memória institucional** é a memória coletiva compartilhada por uma organização. Imagine como seria fácil para você aprender se você pudesse apenas suplementar sua memória com as memórias de todos os estudantes de sua classe e todos os estudantes que fizeram este curso antes de você. Imagine como os em-

*Trata-se de um caso de negócios, real ou não, que pode ser utilizado como ferramenta de educação ou de treinamento. (N.T.)

pregados poderiam ser produtivos se pudessem aumentar sua memória com as memórias de seus colegas de trabalho, atuais e passados. Um dos objetivos básicos da gestão do conhecimento é construir esta memória institucional. A memória institucional melhora a eficácia e a produtividade do empregado e cria um clima para a aprendizagem organizacional.

A ausência da memória institucional pode ser um grande problema quando empregados importantes deixam a organização. De repente, as pessoas têm que reinventar processos e refazer contatos que eram vinculados ao empregado que se foi. Um estudo recente de 105 aquisições de empresas descobriu que as empresas controladoras que mantinham os executivos com longa permanência no cargo tinham quatro vezes mais probabilidade de ser financeiramente bem-sucedidas do que aquelas que demitiam estes empregados em favor de administradores mais novos nas empresas adquiridas.[5] Os clubes universitários, grêmios estudantis e outras organizações estudantis sentem que a falta de memória institucional é particularmente problemática, porque os estudantes têm pouco tempo para desenvolver experiência antes que se graduem e pouco incentivo para organizar seu conhecimento para aqueles que vêm depois.[6]

A memória institucional envolve mais do que apenas coletar e arquivar informações. As informações têm que ser organizadas de maneira que sejam facilmente recuperáveis. Além disso, o contexto da informação tem que ser considerado. Por exemplo, as memórias de um ex-estudante podem ser mais prejudiciais do que úteis se o curso mudou de modo acentuado no passado recente. Assim, para ser mais eficaz, a memória institucional necessita ser dinâmica, com as memórias recentes modificando as mais antigas.

Os sistemas de gestão de bancos de dados, especialmente aqueles projetados para gestão de textos e documento, são ferramentas populares para organizar a memória institucional. A Organização Pan-Americana de Saúde (OPAS), que atua como o escritório regional para as Américas da Organização Mundial da Saúde das Nações Unidas, usa esta ferramenta para disponibilizar o que ela chama "O Banco de Dados da Memória Institucional da OPAS". O banco de dados, acessível aos empregados e ao público através da Internet, contém mais de 30.000 itens bibliográficos, 4.000 em texto completo, que documentam e apresentam a produção intelectual da organização desde seus primórdios em 1902.[7]

Muitas empresas usam o *software* de gestão de conteúdos (ver Capítulo 4) para organizar a memória institucional. A Sandia National Labs, que projeta todos os componentes não nucleares para as armas nucleares dos Estados Unidos, está usando o *software* de gestão de conteúdos para indexar, organizar e tornar disponível em sua intranet as conversas gravadas em videoteipe com muitos de seus engenheiros de atendimento aposentados e em vias de se aposentarem. A Sandia vem criando estes videoclipes há vários anos, sabendo que muitos dos sistemas de armas que foram criados por esses projetistas necessitarão receber manutenção por muito tempo após a aposentadoria deles.[8]

Acesso e Transferência do Conhecimento

A transferência do conhecimento ocorre informalmente através da interação social.[9] Os empregados aprendem com os outros, vendo-os trabalhar. O acompanhamento, ou *mentoring* (quando profissionais mais experientes atuam como mentores de empregados mais jovens ou menos experientes ou recém-admitidos), uma prática comum em muitas organizações, objetiva transferir o conhecimento desta maneira. Entretanto, a transferência informal do conhecimento é menos eficaz quando os empregados com necessidades de informação estão fisicamente longe ou fora do contato cotidiano com os empregados que poderiam ter as soluções. A transferência informal do conhecimento é, também, menos aplicável nos casos onde se requer conhecimento especializado, porque é freqüentemente difícil encontrar pessoas que tenham o conhecimento específico necessitado. Nestes casos, a gestão do conhecimento pode ajudar.

Muitas organizações usam portais *Web* na intranet, que oferecem uma ampla quantidade de conteúdos e serviços para seus visitantes, para disseminar informações e conhecimento para seus membros. Normalmente, uma empresa inclui em seu portal materiais como informações de recursos humanos, formulários usados com freqüência, calendário de eventos, listas telefônicas e quaisquer outros materiais que os empregados provavelmente possam considerar úteis. A idéia é ter um lugar único onde os empregados possam encontrar quaisquer informações de que necessitarem. Depois que os empregados se acostumam a usar o portal, é muito provável que retornem freqüentemente. Os portais projetados para a disseminação do conhecimento são organizados de modo que os empregados possam navegar rapidamente até às informações de que necessitam. Além disso, eles têm mecanismos de pesquisa que lhes permitem encontrar as informações mesmo que não saibam como estão organizadas. A IBM usa um portal de intranet chamado w3, que a empresa acredita oferecer um enorme potencial para o aumento da produtividade. O portal permite que os empregados da IBM acessem tudo a partir de um único *site*.[10] O *site* de intranet da Procter & Gamble, disponível para seus aproximadamente 18.000 empregados, é projetado para incentivar uma maior colaboração e inovação.[11]

Inteligência Competitiva

A **inteligência competitiva (CI – competitive intelligence)** é a coleta, gestão e uso das informações sobre as organizações concorrentes. Ela é especialmente importante para a publicidade, fixação de preços, projeto de produto e outras atividades de marketing. Entretanto, ela pode ser usada em todas as áreas de negócios para obter uma vantagem competitiva e evitar que outros obtenham esta vantagem. As vantagens diretas podem ser conseguidas nas áreas de compras, logística e de atendimento ao cliente. Mesmo processos internos, como manufatura, manipulação de materiais e armazenamento, podem ser aperfeiçoados através da observação das melhores práticas das outras empresas.

As fontes da inteligência competitiva incluem:

- *Sites* dos concorrentes na Internet
- Documentos legais
- Jornais *online*, revistas e artigos de jornal
- Arquivos de patentes e marcas registradas
- Organizações de comércio
- Empresas *benchmarking*

Uma boa parte da inteligência competitiva pode ser adquirida das empresas de pesquisa de mercado. Aproximadamente 15.000 supermercados, 14.000 drogarias e 3.000 grandes lojas de comércio nos Estados Unidos fornecem à Information Resources Inc. (IRI), de Chicago, dados semanais dos produtos que passaram nos terminais de venda de suas lojas. Esta empresa processa estes dados e outros coletados de consumidores para fornecer relatórios sobre mais de 1,3 milhão de itens de consumo, oferecendo detalhes sobre características como vendas em dólares, canais de distribuição, promoções e política de preços.[12] Os clientes da IRI podem consultar estes dados e obter relatórios por produto, localidade e cadeia de lojas, por exemplo.

Usando o Conhecimento Organizacional

Os sistemas de processamento de transações das organizações geram uma grande quantidade de dados que os administradores podem usar de várias maneiras. Para fazer frente a problemas complexos, não estruturados, ou incomuns, os administradores podem utilizar um sistema de apoio à decisão (veja a seção seguinte). O mais comum é que os administradores usem as informações extraídas dos dados transacionais para decisões cotidianas típicas: De que fornecedor devo comprar? O que aconteceu com o pedido do cliente que acabou de ligar? Deve o banco emprestar dinheiro ao cliente que está sentado à minha mesa? Os **sistemas de relatórios de gestão** (*Management Reporting Systems — MRS*) fornecem as informações de que os administradores necessitam para responder a questões como estas.

Os sistemas de relatórios de gestão fornecem saídas de tipos e periodicidade diferentes, como mostrado na Tabela 8-1. Na maioria dos casos, os administradores acessam as saídas dos sistemas de relatórios de gestão diretamente em suas telas de computador; em outros casos, os relatórios são preparados centralmente e distribuídos em cópias em papel aos administradores de acordo com uma lista de distribuição.

Tipos de Relatórios

Os administradores freqüentemente usam relatórios detalhados, relatórios resumo e relatórios de exceções para monitorar o desempenho organizacional e identificar problemas. Os administradores normalmente acessam os relatórios resumo periodicamente, os relatórios detalhados quando necessitam efetuar um acompanhamento de problemas específicos e relatórios de exceção para identificar problemas.

Os **relatórios detalhados** fornecem aos administradores informações úteis na supervisão das operações cotidianas de um departamento ou grupo de trabalho. Por exemplo, um encarregado da recepção num hotel pode usar um relatório detalhado das reservas para resolver conflitos entre o que o funcionário

TABELA 8-1

Características das saídas do sistema de relatórios de gestão.

Tipos de Relatórios	Relatórios detalhados Relatórios resumo Relatórios de exceção
Programações de Emissão	Periódicos Deflagrados por evento Por requisição

FIGURA 8-3

Um relatório detalhado como este pode apresentar os itens vendidos na Ace Hardware durante a semana.

Número do Produto	Descrição	Quantidade
533	Escada de fibra de vidro 6"	13
625	Serra Stanley	12
699	Fita métrica Stanley	25
821	Lâmina para serra Marathon de 7,25"	8
822	Suporte para ferramenta CLC	5
827	Luvas de coletor ACE	34
902	Sacos para grama e folhas ACE	21
903	Ventoinha mestre circular	2

da recepção vê na tela de seu computador e o que consta do formulário de confirmação de reserva trazido por um hóspede. Os analistas de mercado na Ace Hardware podem querer informações detalhadas acerca das vendas de produtos, como mostrado na Figura 8-3, de modo que possam ajustar preços, promoções, ou produtos sob sua responsabilidade.

Usado basicamente por administradores de nível mais baixo na pirâmide organizacional, os relatórios detalhados fornecem dados sobre transações individuais, tais como pagamentos feitos por clientes, peças fabricadas e débitos e créditos no razão geral. Os relatórios detalhados podem, também, oferecer aos administradores a inteligência competitiva recolhida fora da organização, tal como o poder de compra dos consumidores organizada por CEP. Os sistemas de gestão devem fornecer relatórios detalhados com a freqüência necessária para que os administradores possam prontamente usar as informações que eles contêm.

Relatórios detalhados diferentes contêm informações obtidas a partir dos mesmos dados transacionais, arranjados em ordens diferentes ou contendo diferentes partes da transação. Por exemplo, um relatório de dados de pagamentos de clientes pode mostrar somente o nome do cliente e valor do pagamento, classificados por cliente. Um outro relatório, referenciando as mesmas transações, pode mostrar o saldo anterior, o código do cliente, o valor do pagamento, o número do cheque (ou um indicador de "pago em dinheiro") e o saldo final, classificado por número de fatura.

Os **relatórios resumo**, ou estatísticos, mostram totais, médias, máximos, mínimos, ou outros dados estatísticos agregados num determinado período, relativos a pessoal, produtos ou alguma outra quantidade. Cada linha de um relatório estatístico resume grandes quantidades de dados transacionais que o administrador pode examinar num relatório detalhado. A Figura 8-4 ilustra um relatório resumo que Mike Cripe pode receber da Ace Hardware. Como os dados podem ser agregados em muitos níveis, cada relatório detalhado pode originar diversos relatórios estatísticos. À medida que os administradores sobem na escada organizacional, lidam com relatórios cujos dados são também agregados e resumidos em graus crescentes.

Os administradores de níveis mais altos na organização podem valer-se de relatórios detalhados quando os dados resumidos não são suficientes para a resolução de um determinado problema. Por exemplo, uma administradora responsável pelo controle de qualidade em um processo de manufatura pode observar que os defeitos de produto surgem mais freqüentemente após a substituição de uma determinada peça. Ela pode rever os relatórios detalhados de diversos meses anteriores para testar essa observação. Então, pode recomendar as ações corretivas apropriadas. Ou um administrador nacional de vendas, que observa

FIGURA 8-4

Um relatório resumo apresenta dados agregados que administradores, como Mike Cripe, podem usar para detectar tendências.

Resumo das Estatísticas de Operações
Loja Número 6
Semana de 15/03/04

	Sua Loja	Média das Lojas
Clientes	135	165
Clientes/Dia	27	33
vendas da loja ($)	67.445	83.442
vendas/cliente	499,59	505,70
vendas especiais	10.435	9.015
devoluções de mercadorias com defeito	–	–
devoluções de pedidos incorretos	–	–

FIGURA 8-5

Um relatório de exceção como este ajuda os administradores na Ace Hardware a identificar problemas potenciais ou situações inesperadas.

Relatório de Exceções de Vendas
Mês Terminando em 31/03/04
Loja Número 5

Número de Produto	Descrição	Código
533	Escada de fibra de vidro 6"	A, M
821	Serra Marathon de 7,25"	M

Códigos

A: As vendas deste item estão pelo menos 10% abaixo da média das vendas da loja conforme ajuste para o volume total de vendas.

M: As vendas deste item estão pelo menos 5% abaixo das do mês anterior, conforme ajuste para o volume total de vendas.

uma queda geral nas vendas de uma determinada região, pode consultar os relatórios detalhados das vendas de determinados itens naquela região para tentar identificar causas mais específicas para o declínio das vendas.

Os **relatórios de exceções** alertam os administradores para problemas potenciais, mostrando somente os dados que ficam fora de um intervalo aceito ou previsto. Por exemplo, um relatório de exceções de contas a receber na Ace Hardware pode mostrar somente contas vencidas há muito ou contas com pagamentos pendentes há mais tempo do que o usual indicado pelo histórico do cliente. Um relatório de exceções da manufatura pode citar todas as peças cuja incidência de defeitos excede os padrões da empresa ou a taxa histórica de defeitos para aquelas peças.

Os relatórios de exceção mostram dados tanto no nível de transação quanto no nível de resumo. Ao contrário dos relatórios de transações e de resumo, eles não mostram todos os dados. Em conseqüência, eles permitem que os administradores rapidamente localizem os problemas, sem necessidade de examinar um oceano de dados. A Figura 8-5 mostra um trecho de um relatório de exceções de vendas, semelhante a um que Mike Cripe poderia receber; ele destaca os artigos cujas vendas recentes foram menores do que o previsto. Cripe pode usar estas informações para reexaminar os esforços do pessoal de vendas para vender os produtos, alterar seus preços ou retirá-los do estoque. O administrador de compras da Ace Hardware pode receber um relatório indicando os fornecedores que não oferecem descontos para pagamento antecipado, de modo que a Ace possa tentar renegociar os contratos com eles ou substituí-los por fornecedores diferentes.

Os *sistemas de notificação*, que ocorrem como resultado de um evento específico, podem substituir os relatórios de exceção em algumas situações. Por exemplo, um sistema de notificação pode, automaticamente, notificar Cripe quando certos itens alcançarem um nível previamente especificado, de modo que ele possa encomendar mais. Ele pode, automaticamente, notificar os administradores de vendas quando a venda de um produto diferente, mas igualmente bom, atingiria melhor determinados objetivos de vendas. Os sistemas de notificação usam alertas em vez de relatórios para destacar exceções. Eles reduzem o número de relatórios que os administradores necessitam examinar. Eles também podem aumentar o valor de um único relatório, e enfatizando determinadas informações em vez de requerer que o administrador veja todo o relatório.[13]

Planejamento da Emissão dos Relatórios

A maioria das organizações produz uma grande parte de seus relatórios de maneira programada e os distribui a uma lista predeterminada de destinatários. Os sistemas de relatórios de gestão podem, também, produzir relatórios por solicitação ou gerá-los em resposta a eventos especificados. A Tabela 8-2 compara relatórios periódicos, iniciados por eventos e por solicitação.

Os sistemas de relatórios de gestão produzem a maioria dos **relatórios periódicos** de acordo com o evento ou momento específico e os envia a uma lista especificada de empregados. Por exemplo, uma empresa imprime um relatório das vendas por região a cada final de semana, de modo que todos os administradores seniores recebam o relatório na manhã de segunda-feira, antes de sua reunião de planejamento semanal. Uma linha aérea produz, diariamente, um relatório das reservas por categoria de preço para cada vôo, de modo que os administradores possam determinar o número de assentos livres para tarifas especiais. A maioria das empresas produz indicadores financeiros a cada mês ou a cada trimestre. Que tipos de relatórios poderia a Ace gerar diariamente? Semanalmente? Mensalmente? Os relatórios periódicos devem fornecer informações essenciais para a tomada de decisão e ações administrativas, sem sobrecarregar o administrador com detalhes em excesso.

Os sistemas de relatórios de gestão podem, também, gerar **relatórios iniciados por eventos** na ocorrência de um evento especificado, normalmente um marco relevante ou um problema esperado. Por exemplo, um empreiteiro do governo produz um relatório de *status* do contrato cada vez que termina uma etapa de seu contrato e cada vez que um prazo final é atingido sem que haja a conclusão do trabalho contratado. Uma empresa de catálogo produz um relatório de pedidos pendentes quando um cliente solicita um produto que esteja em falta no estoque e outra vez quando repõe o estoque. Estes relatórios iniciados por eventos freqüentemente são encaminhados para os destinatários de uma lista pré-especificada.

Os sistemas de relatórios de gestão fornecem **relatórios por solicitação** para administradores autorizados quando estes solicitam determinadas informações. Na maioria dos casos, o sistema já inclui programas para gerar os relatórios, e os administradores podem ativá-los quando desejado. Em alguns casos, administradores tecnicamente preparados usam uma linguagem de alto nível, geradora de relatórios, para preparar relatórios numa grande variedade de formatos. Mike Cripe pode querer um relatório especial a ser emitido uma única vez dos gastos recentes em publicidade, das contratações de empregados ou das queixas de clientes.

SAD – SISTEMAS DE APOIO À DECISÃO (*DSS – DECISION SUPPORT SYSTEMS*)

Deve uma máquina mais nova, mais poderosa, substituir duas máquinas mais antigas do parque de equipamentos? Deve sua empresa vender diretamente ao mercado varejista, continuar a vender através dos distribuidores, ou ambos? Deve sua empresa encomendar as peças com maior freqüência e em lotes menores? Será que uma contenção nas despesas de marketing e de vendas poderá compensar a perda de receita decorrente de uma diminuição de preço? Os **SAD – sistemas de apoio à decisão** – ajudam os administradores a tomar decisões mais eficazes ao responder a questões complexas como estas. Por exemplo, a South African Petroleum Refineries Ltd., uma *joint venture* da Royal Dutch/Shell e da BP, situada em Durban, na África do Sul, usa um sistema de apoio à decisão para identificar o melhor momento para fechar suas unidades de processamento e avaliar oportunidades alternativas de comercialização e de negócios. Estes sistemas computadorizados fornecem as informações necessárias para o planejamento e organização eficazes.

Os administradores dos escalões médios e superiores usam os SAD para chegar às decisões em ambientes ambíguos e complexos. Diferentemente dos sistemas de relatórios de gestão, que apresentam aos administradores, basicamente, dados atuais para serem usados na análise de problemas, os SAD oferecem previsões sobre circunstâncias futuras. Eles também dão aos administradores a capacidade de analisar, de maneira quantitativa, caminhos alternativos para uma decisão. Essencialmente, eles modelam um conjunto complexo de circunstâncias. O responsável pelas decisões pode manipular múltiplos parâmetros do modelo para avaliar o impacto de circunstâncias diversas.

Os sistemas de apoio à decisão ajudam os administradores a usar melhor seu conhecimento e propiciam a criação de novos conhecimentos. Eles são componentes essenciais de um sistema de gestão do conhecimento.

Os benefícios dos SAD incluem:

- Um processo da tomada de decisão melhorado, através de um melhor entendimento do negócio
- O exame de maior número de alternativas para uma decisão
- A capacidade de implementar análises *ad hoc* ou aleatórias
- Resposta mais rápida às situações previstas
- Uma comunicação aprimorada
- Trabalho de equipe mais eficaz

TABELA 8-2

Os administradores podem preparar ou requisitar relatórios num esquema periódico, pela ocorrência de um evento ou por solicitação.

Relatório	Freqüência	Entrega	Exemplo
Periódico	Periodicamente — diário, semanal, mensal	Para a lista de pessoas especificada	Relatório financeiro
Deflagrado por evento	Após a ocorrência de evento especificado	Para a lista de pessoas especificada	Relatório de progresso de contrato
Por solicitação	Por solicitação do administrador	Para a lista de pessoas solicitada	Relatório de novos clientes

- Melhor controle
- Economia de tempo e de custos

Até que ponto os SAD podem ajudar os administradores a tomar decisões mais eficazes depende, em alto grau, da familiaridade e perícia do usuário com o instrumento de suporte à decisão, do conhecimento do usuário sobre o problema a ser resolvido e da interação do estilo cognitivo do usuário com o SAD.[14]

Arquitetura dos Sistemas de Apoio à Decisão

Um sistema de apoio à decisão completo consiste em quatro componentes principais, como mostrado na Figura 8-6: (1) Um banco de dados, (2) uma base de conhecimentos, (3) uma base de modelos e (4) uma interface com o usuário.

Um banco de dados fornece o acesso aos dados internos ou externos relativos às decisões. Os dados de um banco de dados formam um comparativo básico que os modelos matemáticos usam na extrapolação de circunstâncias passadas a condições futuras. Os dados podem ajudar na aferição e validação dos parâmetros de modelos usados para previsão. Por exemplo, ao avaliar um corte de preços proposto, o SAD deve ter a capacidade para analisar como mudanças de preço anteriores afetaram as vendas.

A **base de conhecimentos** fornece informações sobre relacionamentos altamente complexos entre dados que um banco de dados tem dificuldades em representar. Ela consiste em princípios básicos, conhecidos como heurística, que define soluções e métodos aceitáveis para sua avaliação. Por exemplo, ao analisar o impacto de uma redução de preço, o SAD deve sinalizar se o volume previsto das atividades excede o volume que a equipe de funcionários projetada pode atender. Esta sinalização requereria que o SAD incorporasse alguns princípios básicos sobre uma relação apropriada entre uma equipe de funcionários e o volume de vendas.

Uma **base de modelos** inclui uma série de ferramentas analíticas para a construção de modelos de processos e atividades de um negócio. Ela deve, também, incluir os modelos desenvolvidos anteriormente para que os administradores possam usar novamente. Por exemplo, um SAD que assista os administradores de fundos mútuos a decidir sobre quais ações comprar inclui diversos modelos matemáticos que analisam múltiplos aspectos da compra potencial.

Finalmente, o SAD deve incluir uma *interface de usuário* sofisticada, que permita aos usuários controlar quais dados, modelos e ferramentas incluir em suas análises. O projeto de interfaces de usuário é uma área de especialização que combina conceitos de informações e tecnologia com os ricos domínios dos fatores humanos e da psicologia.[15] Um SAD deve ser projetado para suportar a maior liberdade que os usuários experimentam manipulando dados e processando informações. A flexibilidade da interface com o usuário do SAD contrasta com a rigidez dos sistemas de processamento de transações e dos sistemas de relatórios de gestão operacional, onde o usuário é mais passivo, recebendo os dados em formatos limitados ou inserindo dados em telas ou formulários cuidadosamente produzidos.

FIGURA 8-6

Os sistemas de apoio à decisão incluem um banco de dados, uma base de conhecimentos, uma base de modelos e uma interface de usuário.

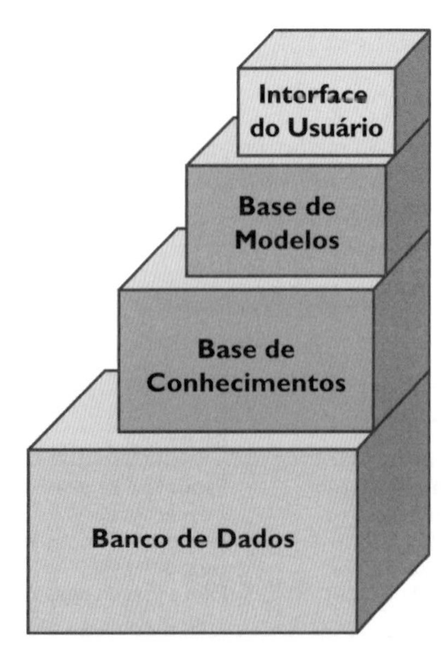

Um SAD que esteja no estado-da-arte deve facilitar a montagem dos dados e do conhecimento a partir de diversas fontes. Ele deve suportar o uso destas fontes como entradas para modelos anteriormente desenvolvidos ou para modelos em desenvolvimento. Como os SAD suportam processos complexos de tomada de decisão e os usuários normalmente analisam muitas alternativas e dados extensos sobre cada alternativa, um SAD de qualidade deve comparar, verificar as diferenças e agregar dados numa ampla gama de formatos gráficos e de tabelas.

Um sistema de apoio à decisão deve dar aos administradores a oportunidade de avaliar o impacto de decisões alternativas, tais como onde localizar um novo restaurante numa cidade ou no subúrbio de uma grande área metropolitana. Como o impacto de uma decisão não será sentido por um certo tempo, o SAD deve incluir a capacidade de prever o efeito. Além disso, o impacto das decisões depende muitas vezes de numerosos fatores fora do controle do administrador, tais como as condições econômicas gerais, a introdução de novas tecnologias, ou mudanças nos requisitos do cliente. Um SAD deve oferecer oportunidades para que os administradores variem os pressupostos inerentes ao processo de previsão para levar em conta tais fatores. Por exemplo, os compradores na Deere & Co., a fabricante de implementos agrícolas sediada na cidade de Illinois, ao prever os preços das fontes de suprimentos da Deere, pode incorporar o impacto de mudanças de projeto previstas e pode variar projeções de custo de materiais e flutuações da taxa de câmbio.[16] Um SAD desta natureza pode dar suporte para que o administrador compare, verifique as diferenças, resuma e avalie as situações alternativas que surgem do esforço de previsão. A Ace Hardware pode usar um SAD para ajudá-la a decidir se deve oferecer uma nova linha de grelhas a gás ou abrir uma outra loja.

Os elementos analíticos de um SAD variam de modo significativo entre organizações, dependendo da indústria, da sofisticação dos usuários do SAD e dos recursos computacionais disponíveis na organização. Um administrador deve avaliar se o produto atende a suas necessidades específicas. A Tabela 8-3 lista uma série de elementos que o SAD pode incorporar. Nesta seção, discutimos as ferramentas mais usualmente disponíveis num SAD que esteja no estado-da-arte: mineração de dados, processamento analítico *online* (OLAP), linguagens de simulação, *software* de otimização de objetivos (*goal-seeking*), pacotes estatísticos, sistemas geográficos e sistemas especialistas.

Mineração de Dados *(Data Mining)*

Data Mining é o uso de *software* para extrair informações anteriormente desconhecidas, inesperadas e potencialmente úteis a partir dos dados. Imagine-se entrando numa grande loja que estoca todos os tipos de produtos, mas tudo está tão desorganizado que você não consegue encontrar rapidamente aquilo de que necessita. As empresas que têm grandes quantidades de dados podem sofrer do mesmo problema. A mineração de dados ajuda a organizar as informações através da análise de enormes quantidades de dados, procurando padrões, tendências, associações, irregularidades, exceções e mudanças nos dados que são demasiado complicadas para a detecção humana normal. A mineração de dados usa diversas ferramentas, tais como inteligência artificial e ferramentas estatísticas e de visualização, para analisar os dados num banco de dados ou num *data warehouse*. A descoberta de que Mike Cripe estava cobrando muito caro por seus carrinhos de mão foi provavelmente feita pela varredura do *software* de *data mining* nos milhões de transações e milhares de preços para cada um dos produtos e lojas da Ace Hardware.

O The First Bank of Puerto Rico usa o *software* de *data mining* para identificar as oportunidades de vendas cruzadas (*cross-selling*) e problemas potenciais com seus clientes. Por exemplo, o software de mineração de dados do banco identificou um grupo de médicos cujo saldo no banco estava diminuindo rapidamente, indicando que, embora tivessem sido clientes por 20 anos, era provável que estivessem se transferindo para outro banco. Uma ligação para o grupo indicou que uma mudança na política do banco em aceitar determinados tipos de cheques causara o problema. O banco mudou rapidamente a política. A vice-presidente para qualidade e relacionamento com o cliente, Maria Christina Oruna, estima que o uso do *software* de mineração de dados juntamente com reforço oportuno do atendimento ao cliente aumentará o lucro do banco aproximadamente em 1,4 milhão de dólares anualmente.[17]

Os trabalhadores do conhecimento na indústria da saúde também usam *data mining* eficazmente. O Florida Hospital, em Orlando, no Estado da Flórida, Estados Unidos, usa a mineração de dados para identificar as melhores práticas para o tratamento de diferentes doenças. Os trabalhadores lá apreenderam, por exemplo, que o tempo decorrido entre o atendimento a um paciente de pneumonia e a administração da medicação afeta a velocidade da recuperação. Descobriram, também, que os pacientes de algumas áreas da cidade eram atendidos com a mesma cepa de pneumonia e que outras áreas da cidade geravam diagnósticos gastrointestinais específicos.[18]

TABELA 8-3

Um SAD pode incorporar muitas ferramentas, algumas específicas de uma indústria ou de uma função profissional.

• Linguagens de simulação • Modelo de otimização • *Software* estatístico • Sistemas geográficos	• Modelos para previsão • Ferramentas de *data mining* • Ferramentas de análise gráfica • Integração de processadores de texto	• Avaliação de riscos e modelos de avaliação • Suporte à modelagem estocástica • Modelos de decisão multicritério • Modelos de financiamento de capital
• Interfaces de sistemas especialistas	• Modelos de processos de Markov	• Pert/CPM e outros modelos de gestão de projetos
• Suporte para modelagem contábil	• Modelos de árvore de decisão	• Análise conjugada

Processamento Analítico *Online* (*OLAP*)

O *software* de **processamento analítico *online (OLAP – Online analytical processing)*** permite que os usuários analisem dados multidimensionais fácil e rapidamente. Imagine que um analista de marketing tem apenas uma hora para analisar o impacto de um aumento recente de preços aplicado a 40 dos 150 produtos de sua empresa. Ele decide comparar as vendas deste ano com as vendas do ano passado para os produtos cujos preços aumentaram e para os produtos cujos preços permaneceram os mesmos. Rapidamente, ele cria um agrupamento para os produtos cujos preços se alteraram e um para aqueles cujos preços permaneceram constantes; então, ele calcula simplesmente a relação entre as vendas totais deste ano e as vendas totais do ano passado, para cada grupo. Com o uso do *OLAP*, a criação de cada grupo é simples, porque os grupos podem ser definidos pelo valor de um atributo de um elemento de dado — a data da última mudança de preço. Depois que o grupo é criado, os dados, tais como o valor das vendas, são agregados automaticamente. Assim, calcular a relação entre as vendas deste ano e as vendas do ano passado, para o grupo, é tão simples quanto calculá-lo para qualquer produto individualmente. Outros elementos do banco de dados, tais como devoluções ou unidades vendidas, podem ser analisados com a mesma facilidade. Também é fácil analisar em detalhe os resultados por canal de vendas, por região do país, por vendedor, ou por qualquer outra dimensão em que os dados tenham sido agregados.

O *software OLAP*, como as planilhas eletrônicas, apresenta os dados em linhas e colunas ou no formato gráfico. Ele difere das planilhas eletrônicas porque se sobressai nas funções de agrupar e decompor dados. Qualquer tipo de análise que puder ser aplicada a um único item de dados pode ser aplicado a um grupo. As características dos dados sobre as quais os grupos podem ser criados, como o canal de vendas ou a região geográfica, são chamadas *dimensões*. Uma planilha eletrônica tem somente duas dimensões: linhas e colunas. Um "cubo de dados" *OLAP*, como é chamado, tem dimensões múltiplas, freqüentemente centenas. Normalmente um analista de *OLAP* vê os dados em somente duas dimensões, selecionando a que aparece como linha e a que aparece como coluna. As outras dimensões estão agregadas, ou comprimidas. O usuário pode, também, facilmente obter amostras dentre as dimensões comprimidas. O analista que examinou o impacto dos aumentos de preços começou provavelmente com duas colunas, uma para cada ano, e duas linhas, uma para cada grupo de produtos. Ele provavelmente exibiu o valor das vendas em cada célula. Estes valores de vendas representam o total para o grupo no decorrer do ano. Entretanto, ele poderia ter restringido, na região nordeste, a quantidade mostrada relativa a vendas somente para as lojas de departamentos. Ou ele poderia ter restringido os produtos analisados a um tipo determinado de produto, para resultados mais comparáveis. O processo de esmiuçar os dados desta maneira é típico numa análise *OLAP*.

A Figura 8-7 mostra um exemplo de uma tela de uma aplicação *OLAP*. O cubo de dados para este exemplo foi construído com dados do National Center on Health Statistics a respeito dos dados demográficos sobre novas mães. Os dados mostram um gráfico da incidência média de nascimentos ao longo das dimensões "anos de instrução" e "idade da mãe no nascimento". Mas é fácil alterar o quadro para apresentar os dados por raça, em lugar de anos de instrução, ou fatiar os dados recém-mostrados, de modo que apareçam para uma raça selecionada, como você pode ver examinando as escolhas na parte superior do gráfico.

Os produtos *OLAP* diferem em seu público-alvo e em sua estrutura. Eles foram endereçados, originalmente, a usuários de produtos de aplicação específicos. Em particular, os fornecedores de aplicações financeiras e de marketing ofereciam o *OLAP* como um recurso opcional para os usuários que queriam executar análises nos dados coletados pela aplicação, em vez de simplesmente basear-se nos relatórios fixos que o *software* gerava. Enquanto estes produtos permanecem populares, outras empresas voltaram-se para um público que gostaria de analisar dados provenientes de qualquer fonte ou banco de dados. Estes fornecedores oferecem produtos *OLAP* independentes.

FIGURA 8-7

O produto *OLAP*, da Databeacon, exibe dados demográficos de mães, com base em dados do National Center on Health Statistics.

FONTE: Acessado em http://www.storydata.com/rele/user53/storydata/index.html?cube= mothersday.html, em 30 de outubro de 2002. Usado com permissão.

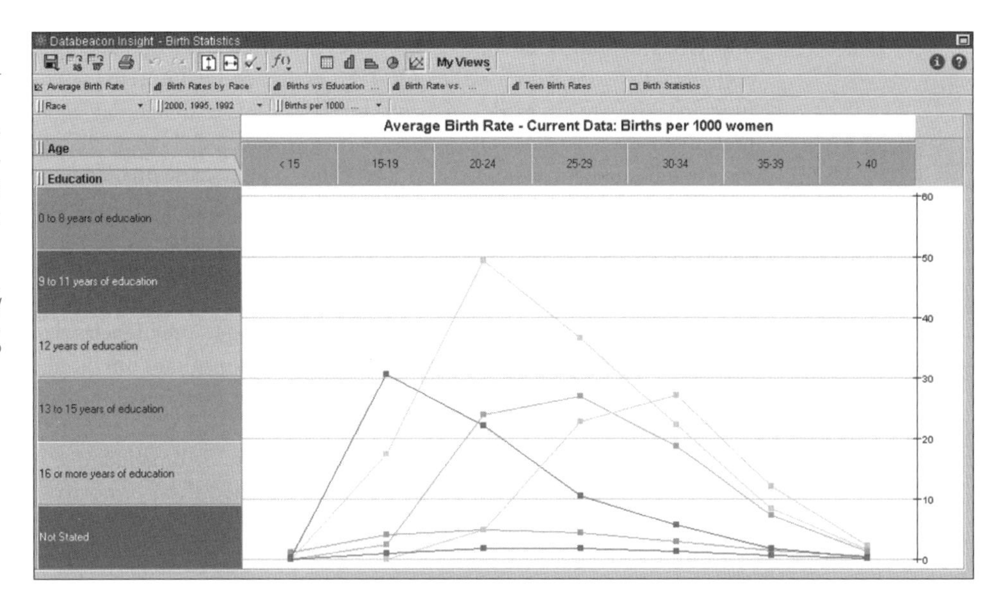

A principal diferença estrutural entre os produtos *OLAP* é o modo como eles fazem interface com as fontes dos dados. O *OLAP* relacional (ROLAP) processa dados diretamente de um banco de dados relacional. Outros produtos *OLAP* extraem dados de bancos de dados relacionais ou de outros bancos de dados num formato que seja mais apropriado para a agregação e o processo analítico. A vantagem principal do ROLAP é que os dados ficam disponíveis para uso imediato, sem a necessidade de construir, primeiro, um cubo de dados. Este processo de uma só etapa é atrativo para os administradores, que podem usar alguns ou todos os dados de um *data warehouse*, por exemplo, para alimentar suas análises. A desvantagem do ROLAP é que o processamento, particularmente de grandes arquivos, pode ser muito lento. Por esta razão, os produtos ROLAP não obtiveram uma grande fatia do mercado de *OLAP*. Para facilitar aos administradores a manipulação dos produtos não ROLAP, a maioria das organizações automatiza a criação de um cubo de dados *OLAP* e o preenche, durante a noite, com dados extraídos de seus bancos de dados ou *data warehouse*. Esta abordagem geralmente limita os tipos de análises que podem ser feitas porque é impossível antecipar todas as dimensões e os pontos de quebra nestas dimensões que são as mais apropriadas para cada tipo de análise. Por exemplo, na Figura 8-7, se um analista quisesse diferentes agrupamentos das taxas de nascimento das mães ou anos de instrução, isto não seria possível com um cubo predefinido.

As principais aplicações de *OLAP* continuam no marketing e nas finanças. Os negócios coletam uma tremenda quantidade de informações de seus sistemas de ponto de venda sobre os tipos de produtos comprados, como também informações de clientes, particularmente quando são usados cartões de crédito ou cartões de fidelidade. Em algumas indústrias, particularmente a farmacêutica e a de mantimentos, os dados de mercado e da concorrência podem ser facilmente comprados e intercalados com os dados internos. Os produtos *OLAP* ajudam os administradores a filtrar dados nestes grandes bancos de dados para responder questões tais como se produtos novos estão conseguindo a desejada penetração, se a publicidade e os descontos são ou não eficazes e quais lojas e vendedores estão obtendo resultados acima ou abaixo do normal. As ferramentas *OLAP* podem, também, ser usadas para analisar os históricos de *clickstream**, para determinar a eficácia do projeto do *site* da Internet de uma organização. O *OLAP* é particularmente bom para consolidação financeira e análise financeira. A capacidade de agregar contas, períodos de tempo e unidades de negócios ou de se aprofundar para aumentar o detalhamento em qualquer nível a fim de examinar a causa de resultados inesperados ajuda os analistas a tomar decisões financeiras e impor o controle financeiro.

O Departamento de Educação do Oregon usa ferramentas *OLAP* para analisar dados financeiros de seus 16 distritos de escolas K-12*. Seu cubo *OLAP* de 220 MB extrai dados de um banco de dados de

---

* *Clickstream* é, na publicidade pela Internet, a seqüência de "cliques" ou páginas solicitadas enquanto um visitante explora um *site*. (N.T.)

* *K-12 school:* Escola para alunos desde o maternal (*kindergarten*) até o segundo grau (12.ª série). (N.T.)

900 MB, atualizado com mais de 5 milhões de linhas de novos dados a cada ano. Após as implementações do banco de dados e do produto *OLAP*, o estado conseguiu remanejar uma boa parte de sua equipe de funcionários para atividades mais produtivas. "Em vez de tabular dados, nossa equipe de funcionários pode melhor analisá-los", diz a superintendente associada Nancy Heiligman. O departamento está agora mais habilitado para analisar dados financeiros e métrica de qualidade para conduzir a melhoria e o controle das escolas. Ele consegue, também, fechar seu balanço seis meses antes do que poderia fazê-lo anteriormente.[19]

A Pep Boys, sediada no Estado da Filadélfia, uma cadeia de serviços e peças para automóveis com 6.500 boxes de serviços e 629 lojas, usa *OLAP* amplamente para analisar produtos, orçamentos, desempenho de lojas, produtividade e retenção de empregados, estoques, tendências das vendas e muitos outros processos de negócios. Aproximadamente 1.000 usuários consultam um ou mais dos 20 cubos de dados da empresa numa média de aproximadamente 10.000 consultas diárias. Greg Russ, diretor de serviços operacionais da empresa, diz que "em vez de perder tempo tentando descobrir qual loja necessitamos focalizar, podemos identificar áreas fortes e fracas de imediato. Se uma loja que normalmente executa 50 alinhamentos por semana vendeu somente 7, podemos identificar o motivo por trás deste declínio e tratá-lo imediatamente".[20]

Sistemas de Informações Geográficas (*Geographic Information Systems* — GIS)

Determinadas decisões requerem a capacidade de examinar e manipular informações geográficas, tais como as representadas por mapas, listas telefônicas e outros localizadores. Indústrias como serviços públicos, transporte, marketing varejista e gestão ambiental estão promovendo um aumento impressionante no uso dos sistemas de informações geográficas, aumento que pode melhorar os serviços ao cliente e cortar custos.

Um **sistema de informações geográficas** (GIS) é um *software* que simplifica a análise e visualização das informações acerca das entidades cuja localização física é importante. O GIS combina mapeamento digital com bancos de dados para permitir representações gráficas, acesso e armazenamento sofisticado de dados geográficos e ferramentas analíticas que tratam localização e distância. A maioria dos GIS de alta qualidade pode controlar informações geográficas, fazer análises geográficas e fornecer capacidades geográficas e de mapeamento para aplicações feitas sob encomenda.

A Western Exterminator, uma empresa de controle de pragas sediada em Irvine, no Estado da Califórnia, usa um GIS para apoiar o gerenciamento de seus 650 empregados e 33 centros de serviço. Antes que a empresa adquirisse sua ferramenta GIS, os administradores gastavam uma grande quantidade de energia atualizando mapas e documentos relacionados, sempre que necessitavam abrir uma nova área de serviço. Agora, os clientes da empresa e as áreas de serviço podem ser administrados com a assistência de seu GIS (ver Figura 8-8). De acordo com Mike Lawton, vice-presidente de vendas e de marketing, leva-se 80% menos tempo para criar um centro de serviço novo, o trabalho pode ser feito por uma pessoa em vez de várias, e os erros foram virtualmente eliminados, economizando milhares de dólares. A empresa usa o GIS também para identificar novas oportunidades de serviços e para segmentar seu mercado com base em dados demográficos.[21]

Além dos administradores, os trabalhadores do conhecimento, particularmente em áreas científicas, usam amplamente o GIS. A Research Systems International, uma subsidiária da Kodak, por exemplo, criou o GIS RiverTools para visualizar e analisar bacias hidrográficas e redes de rios. O *software* auxilia os cientistas e engenheiros a medir as extensões de canais e a altura de quedas d'água, delinear os limites de represas e calcular os parâmetros de bacias e sub-bacias.[22] Estas ferramentas são importantes para tarefas tais como avaliar o impacto ambiental de um novo projeto de desenvolvimento ou rastrear fontes de poluição.

Muitas organizações, particularmente órgãos do governo, usam o GIS para comunicar-se melhor com seus clientes. A Figura 8-9 apresenta um exemplo de um mapa mostrando o volume de tráfego criado com um GIS pelo Departamento de Transporte do Estado de Washington. O mapa, atualizado a cada minuto, 24 horas por dia, 365 dias por ano, está disponível aos viajantes pela Internet, para ajudá-los a planejar seus deslocamentos na área do Estreito de Puget.[23]

Simulação

A **simulação** refere-se à representação de processos reais utilizando-se modelos analíticos. As organizações podem economizar dinheiro e tempo, reduzir prejuízos e aumentar a qualidade simulando mudanças em seus processos e projetos de produto, antes de experimentá-los no mundo real.

FIGURA 8-8

Esta imagem de tela, obtida do *software* de GIS da Western Exterminator, apresenta uma plotagem de seus clientes de controle de pragas. Os pontos assinalados com o ícone ⬟ mostram a localização dos centros de serviço da Western Exterminator.

FONTE: Acessado em http://www.esri.com/news/arcnews/winter0102articles/winter0102gifs/p27p2-lg.gif, em 15 de julho de 2002. Usado com permissão.

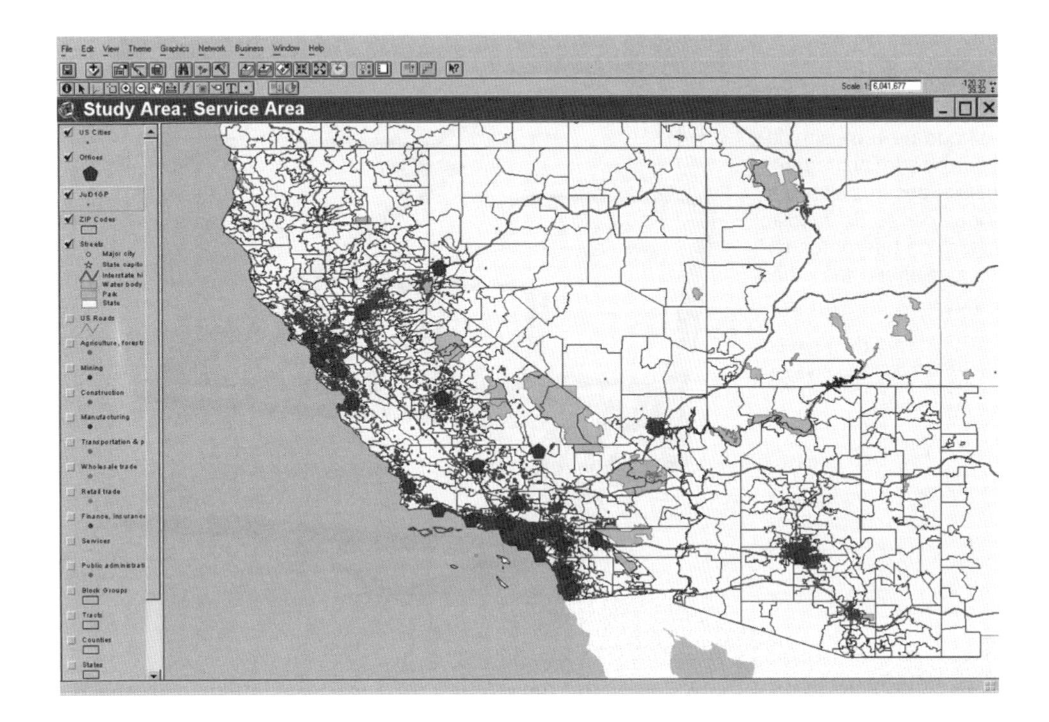

A maioria dos SAD oferece diversas linguagens e ambientes de computação para assistência no desenvolvimento das simulações. O *software* das planilhas eletrônicas, a ferramenta mais comum para simulação, proporciona uma maneira simples mono ou bidimensional ou, ocasionalmente, multidimensional de inter-relacionar dados usando fórmulas. A maioria das linguagens de simulação, incluindo as planilhas eletrônicas, oferece uma maneira de representar ocorrências aleatórias na natureza ou nos negócios, tais como mudanças inesperadas no produto interno bruto, na taxa de inflação, ou na taxa de desemprego. Algumas linguagens de simulação, como o SIMSCRIPT e o GPSS, são particularmente indicadas para executar processos aleatórios repetidas vezes e automaticamente calcular e armazenar informações estatísticas sobre os resultados. Linguagens desta natureza representam de maneira eficaz os processos que executam operações seqüenciais ou numa variedade de seqüências no decorrer de um período de tempo, como ocorre num chão de fábrica.

FIGURA 8-9

O GIS do Estado de Washington, presente na *Web*, oferece um mapa do tráfego para os motoristas da área de Puget Sound.

FONTE: Acessado em http://www.wsdot.wa.gov/PugetSoundTraffic/, em 15 de julho de 2002. Usado com permissão.

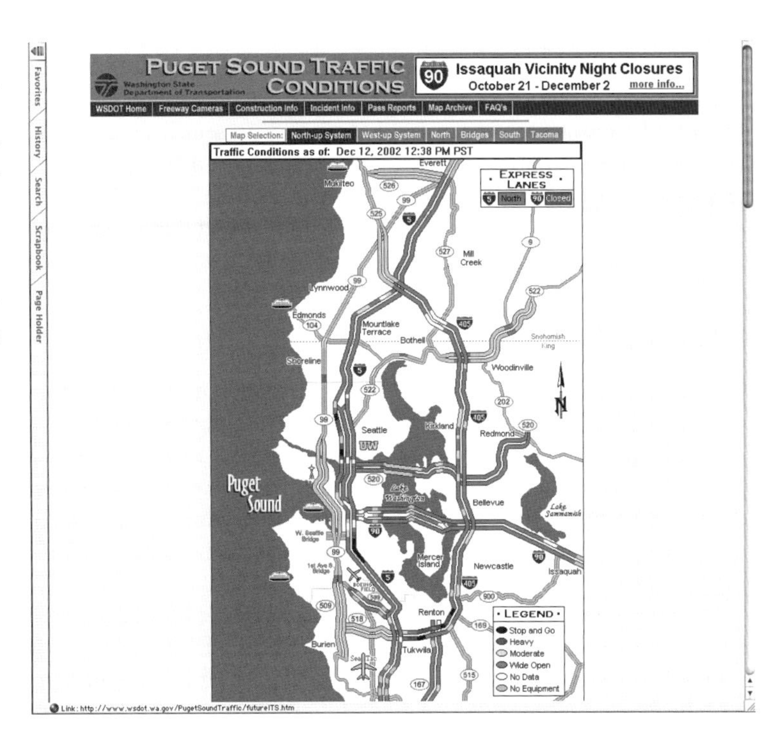

FIGURA 8-10

O resultado de uma simulação ajuda os administradores a visualizar designs alternativos. Aqui, caixas de sacolas de viagem de diferentes cores vão para diferentes linhas de produção.

FONTE: Simulação logística, acessada em http://www.logsim.co.uk/cs_elkp2.htm, em 16 de julho de 2002. Usado com permissão.

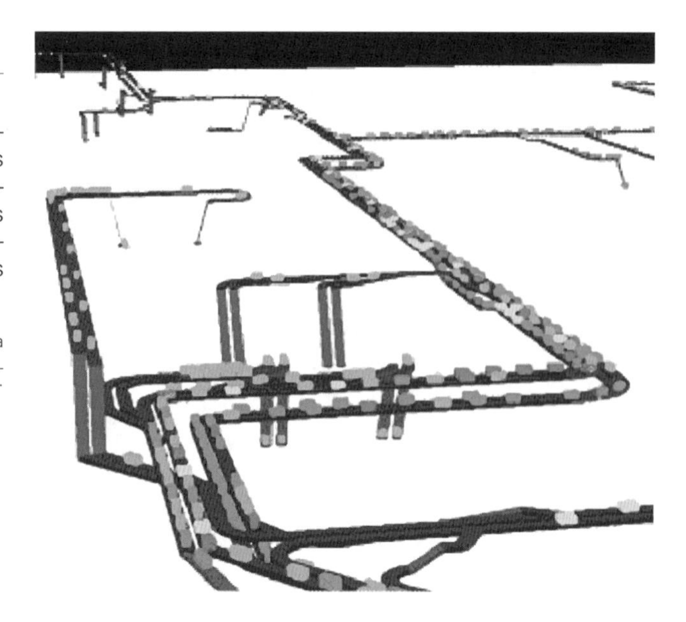

A simulação é uma técnica particularmente útil para o projeto de produtos, tornando mais fácil aos engenheiros estimar o custo e a qualidade de planos e técnicas de manufatura alternativas. A Whirlpool, por exemplo, usa a simulação para projetar os moldes das peças usadas em seus eletrodomésticos, tais como os refrigeradores.[24] A Nissan usa a simulação para posicionar os robôs em sua linha de montagem automotiva.[25] A ABC-NACO, uma fábrica de 97 milhões de dólares que desenvolve produtos avançados para a indústria ferroviária, usa a simulação para o projeto dos moldes para suas peças de aço.[26]

Muitas empresas usam a simulação para simplificar e melhorar sua logística. A Elkes Biscuits, uma subsidiária da Northern Foods em Uttoxeter, na Inglaterra, que emprega mais de 1.400 pessoas, usou a simulação para projetar um sistema de correias transportadoras para as instalações de sua fábrica. As correias transportam caixas paletes com embalagens parcialmente completas, através de oito linhas de fabricação. A simulação ajudou a determinar a melhor taxa de produção para as transportadoras, os sistemas de carga e as máquinas de empacotamento, de modo que os paletes nunca sobrecarregassem os *buffers* da máquina de embalagem e as máquinas de embalagem nunca ficassem sem paletes. Esta simulação, como muitas outras, produziu saída gráfica para ajudar os administradores a decidir entre soluções alternativas visualmente (ver Figura 8-10).[27]

A simulação é muito usada para treinamento. Os pilotos de linhas aéreas, por exemplo, treinam em simuladores para expor-se, num ambiente seguro, a todos os tipos de situações que eles podem encontrar em vôo. Os administradores usam a simulação por razões semelhantes. A Lufthansa, uma empresa aérea alemã, usa o seu General Airline Management Simulation para treinar seus administradores, expondo-os a diferentes processos de negócios e a situações alternativas.[28] Embora a simulação não seja usada diretamente para suporte a decisão em aplicações de treinamento, ela, em última análise, auxilia os administradores na tomada de decisões, ao explorar a fundo sua capacidade de tomada de decisão num ambiente seguro.

Otimização

Os modelos de simulação distinguem-se ao analisar o impacto de algumas escolhas de decisão. Quando o número de escolhas torna-se grande ou tende ao infinito, o ***software* de otimização** pode rapidamente reduzir as melhores escolhas para uma ou algumas. O *software* de otimização requer que o usuário especifique, previamente, os critérios (por exemplo, custo, velocidade, ou receita) para avaliar os resultados de decisões diferentes. O inconveniente principal da otimização como uma ferramenta de análise é que, freqüentemente, é difícil ou mesmo impossível representar o objetivo ou os objetivos de uma decisão por uma fórmula.

Como os diferentes tipos de problemas requerem técnicas diferentes de otimização, a maioria dos *softwares* de otimização suporta diversas técnicas, incluindo programação linear, programação integral, programação de objetivo, programação quadrática e a otimização sem restrições. Os construtores de modelos treinados em otimização, e alguns administradores, sabem que ferramentas usar para quais tipos de problemas. Depois que os modelos são construídos, os administradores sem treinamento podem usar os modelos repetidamente para resolução de problemas e tomar decisões. Por exemplo, os planejadores de horários de empresas aéreas usam técnicas de otimização para alocar aviões e tripulações para os horários publicados pelo custo mais baixo, levando em conta a capacidade requerida, regras e restrições de vôo para pilotos e tripulações de cabine e os requisitos de manutenção dos aviões.

A Fairchild Semiconductor, empresa de 1,5 bilhão de dólares e fabricante de componentes eletrônicos de alta tecnologia, usa o *software* de otimização para ajudá-la a fazer o ajuste fino de seus preços. O modelo da Fairchild calcula o preço para cada produto de maneira a maximizar o lucro. O modelo pondera as respostas dos consumidores às mudanças de preço devido a fatores como preço e a possibilidade de substituição de produtos concorrentes e condições do mercado externo. A capacidade de incluir tais fatores no cálculo do preço ótimo pode aumentar as margens de lucro de 3% a 5%, resultando em aumentos de lucro de 25% a 100% em indústrias de margens estreitas.[29]

A Columbia Gas Transmission Company, no Estado da Virgínia, opera 12.750 milhas de gasodutos, 130 estações compressoras e 3.500 poços de armazenamento de gás natural para distribuir 1,3 trilhão de pés cúbicos de gás por ano a 72 empresas distribuidoras locais e a centenas de usuários finais de gás em 11 estados do Nordeste, do Meio-Oeste e do Meio-Atlântico dos Estados Unidos.[30] A empresa usa o *software* de otimização para minimizar a quantidade de combustível usada em suas estações compressoras e de bombeamento. O software responsabiliza-se pelo estado e limites de desempenho dos compressores, limites máximos e mínimos de pressão e fluxo e demandas de entrega de gás. A empresa estima que o *software* de otimização economiza aproximadamente 6 milhões de dólares por ano em custos de combustível.[31]

Inferência Estatística

Os pacotes estatísticos ajudam os administradores na extração de inferências acerca dos relacionamentos entre elementos de dados. A construção de modelos eficazes requer o desenvolvimento destes relacionamentos e a certeza de que eles refletem processos fundamentados, e não ocorrências aleatórias. Por exemplo, suponha que um aumento de 8% nas vendas, historicamente, acompanhou cada 10% de diminuição no preço. Mas este relacionamento não era perfeito. Às vezes, as vendas aumentavam numa quantidade maior e às vezes numa quantidade menor, dada a mesma mudança de preço, refletindo diferenças em circunstâncias econômicas, tipo de produto ou época do ano. Os pacotes estatísticos determinariam o grau de confiança que um administrador pode ter na fórmula 10/8 e sua probabilidade de aplicação a futuros cortes ou aumentos de preço.

A inferência estatística, juntamente com a mineração de dados, permite que os analistas construam sofisticados modelos do comportamento humano, que são, freqüentemente, importantes na fixação de preços e outras atividades de marketing. Por exemplo, o Banco de Montreal analisou seu banco de dados de 8 terabytes para construir um modelo de pontuação de previsão, que classifica os clientes com base na sua rentabilidade, identifica suas prováveis preferências por determinados produtos financeiros e estima sua probabilidade de trocar de banco. O departamento de marketing do banco pode usar estas informações para atender às necessidades de seus clientes antes que a concorrência possa seduzi-los e pode, também, identificar bons clientes potenciais com base nos dados demográficos.[32]

Sistemas Especialistas (*ES – Expert Systems*)

Os **sistemas especialistas** (ES), um tipo de inteligência artificial (ver Capítulo 3), capturam e aplicam a sabedoria coletiva dos peritos num determinado campo para ajudar no processo de tomada de decisão. A Ace Hardware pode usar um sistema especialista, por exemplo, para apoio na determinação de preços, dotação de pessoal, publicidade, ou decisões de expansão. A Escobois, um dos maiores produtores de madeiras da França, usa um sistema especialista para obter a melhor lucratividade da madeira de alta qualidade e o mínimo desperdício das árvores curvadas, de rápido desenvolvimento, que crescem na região da Aquitânia francesa.[33] Os sistemas especialistas agregam poder aos SAD ao melhorar as análises quando os dados são duvidosos, contraditórios ou de validade limitada.[34]

Um sistema especialista, freqüentemente, leva muitos anos para ser desenvolvido e finamente regulado. Em conseqüência disso e também porque ele tende a dirigir-se a um único problema, em vez de ser uma ferramenta de múltiplas finalidades (*multi-purpose*), é mais provável que um sistema especialista seja um sistema autônomo (*stand-alone*), em vez de ser um componente de um SAD. Muitas empresas, entretanto, incluem ambas as ferramentas para o desenvolvimento de ES e para os modelos de ES em suas arquiteturas de SAD.

FIGURA 8-11 Um sistema especialista inclui uma base de conhecimentos, um mecanismo de inferência, um módulo de explicação e uma interface de usuário.

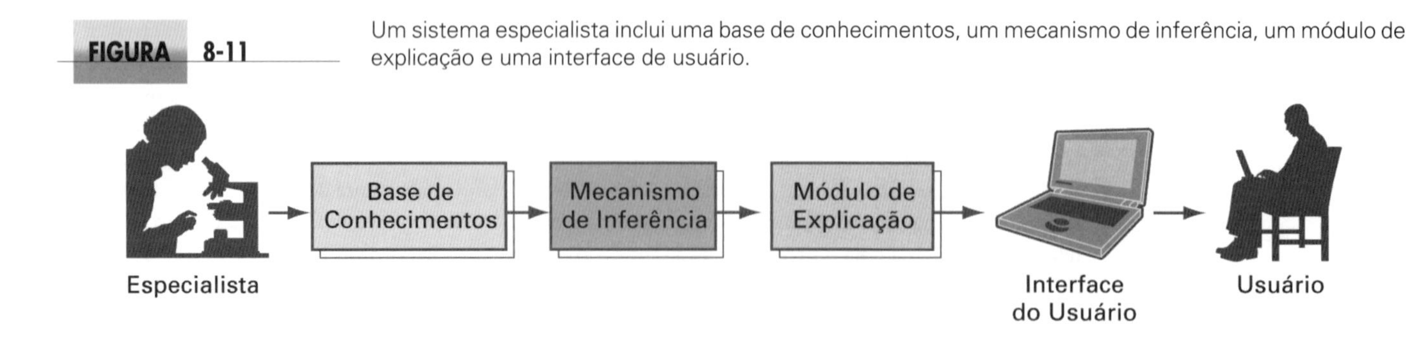

Um ES consiste em quatro componentes, como mostrado na Figura 8-11: (1) uma base de conhecimentos, (2) um mecanismo de inferência, (3) um módulo de explicação e (4) uma interface de usuário. Cada sistema especialista tem uma base de conhecimento exclusiva; as outras partes do ES funcionam em qualquer sistema especialista e são vendidas, na forma de pacotes de *software*, como **interfaces de sistemas especialistas.**

Uma *base de conhecimentos* consiste em fatos específicos, princípios básicos, exemplos e relacionamentos que um perito conhece e pode usar para a resolução de problemas numa área ou domínio determinados. Os *softwares* de sistemas especialistas podem tratar fatos e regras como tipos de informações iguais ou diferentes. Quando eles são tratados igualmente, o *software* simplesmente vê regras e/ou relacionamentos como um dentre múltiplos tipos de fatos e não faz distinção alguma entre as partes de fatos e regras da base de conhecimento. Os sistemas especialistas que tratam fatos e regras diferentemente extraem seus fatos de bancos de dados cujas informações podem alterar-se continuamente. As regras que eles usam, entretanto, são armazenadas numa **base de regras** especial pelo desenvolvedor de sistemas especialistas, que raramente as muda. Um sistema especialista contratado pelo Secretariado do Mekong (Sudeste da Ásia) para avaliar o impacto ambiental de múltiplos projetos na bacia baixa do rio Mekong (no Vietnã) usou uma base de regras com mais de 1.000 regras.[35]

O **mecanismo de inferência** aplica a base de conhecimentos a um determinado problema. Por exemplo, suponha que a base de conhecimento afirme o seguinte: A e B são irmãos; C é filha de A; e uma sobrinha é definida como a filha do irmão ou irmã de alguém. Se um usuário pedir ao ES que identifique as sobrinhas de B, o mecanismo de inferência aplica as regras e os dados para determinar que C é sobrinha de B. O **módulo de explicação** então diz ao usuário como o mecanismo de inferência aplicou as regras e fatos para chegar à sua conclusão. Neste caso, ele vai dizer que C é sobrinha de B porque C é a filha do irmão A de B.

Os mecanismos de inferência trabalham não somente com fatos sabidos, mas, também, com fatos suspeitos, ou fatos que são provavelmente verdadeiros. A maioria dos mecanismos de inferência pode compreender e processar fatos expressos em termos de probabilidades — em termos de possibilidades ou em termos ordinais — exatamente como peritos humanos o fariam. Por exemplo, se um ES médico souber que John tem 70 anos de idade e que pessoas mais velhas têm maior probabilidade de sofrer de doenças cardíacas, seu mecanismo de inferência concluirá que John sofre possivelmente de doença cardíaca enquanto executa seus outros diagnósticos.

A interface com o usuário adquire e modifica as regras e o conhecimento na base de conhecimentos, aceita uma descrição do problema do usuário, pede ao usuário informações adicionais se necessário ou desejável para lidar com o problema e apresenta suas conclusões, recomendações e explicações de uma maneira compreensível. As interfaces de usuário dos *softwares* de sistemas especialistas podem ser textuais ou gráficas, dependendo da natureza dos problemas a serem resolvidos. A Figura 8-12 ilustra a apresentação do módulo de explicação do ES para o impacto ambiental da bacia baixa do rio Mekong, mencionado acima.

GROUPWARE

O ***groupware***, também conhecido como **trabalho cooperativo assistido por computador** (CSCW – **Computer-Supported Cooperative Work**) e **sistemas de suporte a grupo** (**GSS – Group Support Systems**) é o *software* que fornece um mecanismo eletrônico para incrementar a comunicação entre membros do grupo e portanto aprimorar a coordenação, discussões, resolução de problemas e reuniões do grupo. O *groupware* suporta as atividades de grupo dos administradores e outros trabalhadores. Como os administradores participam dos grupos como supervisores e como membros que trabalham em tarefas comuns, o groupware lhes dá assistência no intercâmbio de informações, nas atividades de coordenação e na admi-

FIGURA 8-12

A interface de usuário de sistema especialista propicia acesso ao módulo de explicação, como mostrado aqui, e também pode ser usado para adicionar regras ou obter fatos sobre o problema a ser resolvido.

FONTE: Acessado nos Serviços e Softwares Ambientais, GmbH, http:/www.ess.co.at/EIA/mx7.html, em 16 de julho de 2002. Usado com permissão.

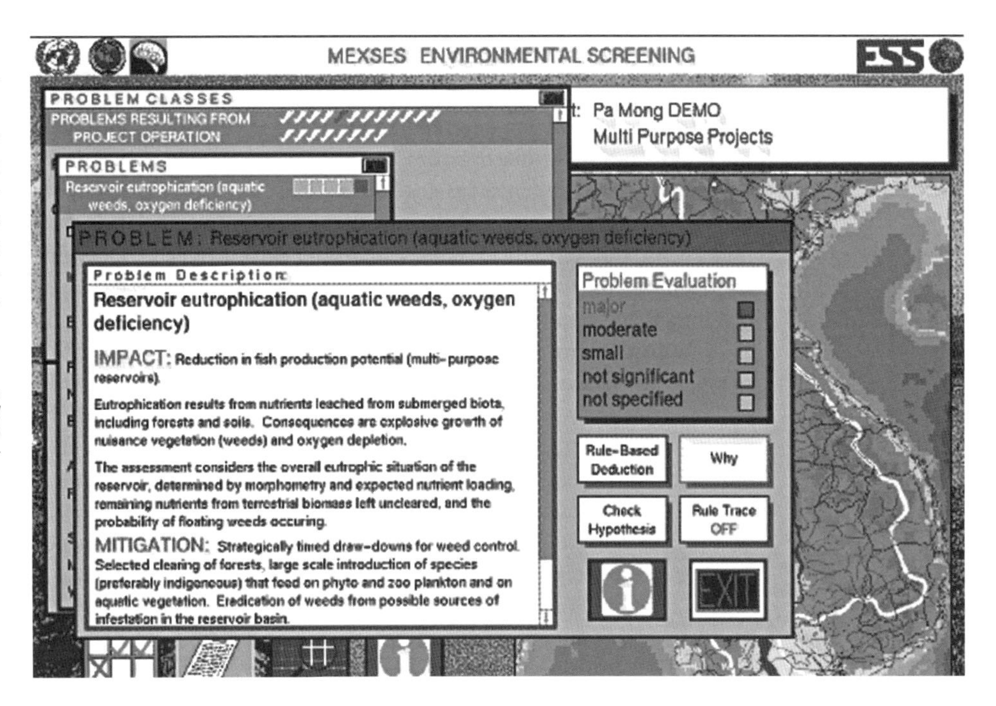

nistração do *workflow*. A Tabela 8-4 ilustra como o *groupware* reduz o impacto da separação entre membros do grupo no tempo e no espaço.

A Nabisco, uma organização de 8,27 bilhões de dólares fabricante de biscoitos, petiscos e outros alimentos especiais, usa o Microsoft Exchange Server, um produto de *groupware*, para viabilizar a colaboração de suas equipes de projeto e de lançamento de produtos. Os administradores de projeto podem acompanhar questões, montar equipes virtuais e controlar cronogramas de projeto. Eles podem criar agendas de grupo para suas equipes de trabalho e usar um recurso chamado "diretórios públicos" (*public folders*) para manter listas compartilhadas de contatos e de tarefas. Os membros da equipe, oriundos de múltiplos departamentos e localizados em diferentes escritórios, podem trabalhar juntos eficientemente, podendo acessar todas as informações do grupo via Internet quando estão ausentes de seus escritórios.[36]

Nas organizações globais, o *groupware* pode reduzir os custos de juntar numa única sala de reunião os membros de equipe provenientes de diversas partes do globo, simulando esta reunião eletronicamente. A agência de publicidade Grey Worldwide usa videoconferência para juntar as equipes de criação nos escritórios da empresa em Hong Kong, Pequim e Xangai. As equipes revêem os *storyboards* de publicidade em tempo real. A videoconferência torna mais fácil aos participantes compartilhar idéias visualmente e avaliar as reações dos membros das outras equipes.[37] O *groupware*, também, assiste os administradores e outros membros do grupo na resolução de problemas e respostas às questões conforme elas vão ocorrendo, em vez de esperar que uma reunião aconteça.

Elementos de *Groupware*

As tecnologias de *groupware* incluem sistemas de mensagens, editores multiusuário, conferência por computador, sistemas de coordenação e sistemas de apoio à decisão do grupo. Muitas empresas escolhem rodar suas aplicações de *groupware* na sua intranet corporativa.

TABELA 8-4

O *groupware* ajuda a eliminar as barreiras de tempo e espaço entre os membros de um grupo, estabelecendo meios de comunicação e coordenação.

Local \ Tempo	Mesmo Tempo	Tempos Diferentes
Mesmo Local	Salas de reunião eletrônica GDSS	Gestão de dados Sistemas de mensagens
Locais Diferentes	Sistemas de mensagens Conferência por computador	Sistemas de mensagens Sistemas de *workflow*

Sistemas de Mensagens

O correio eletrônico, as listas eletrônicas, os quadros de avisos, o *instant messaging* e os sistemas de pesquisa enriquecem o trabalho de grupo através de uma comunicação aprimorada. O **correio eletrônico** permite aos membros de uma organização enviar mensagens às pessoas dentro e fora da organização. As mensagens eletrônicas são enviadas aos endereços de *e-mail* dos destinatários, onde são mantidas até que o receptor decida-se a lê-las. Administradores e empregados podem enviar informações, de texto ou multimídia, a usuários específicos, cujos endereços eletrônicos eles conhecem. Os sistemas de correio eletrônico permitem que os usuários mantenham uma lista de endereços e os agrupem num catálogo, de modo que uma mensagem possa ser enviada a todos os membros do catálogo.

As **listas eletrônicas** permitem às pessoas interessadas num determinado tópico compartilhar correspondência eletrônica. Quando as pessoas se inscrevem numa lista, elas recebem qualquer correspondência enviada à lista. Dependendo da natureza do servidor da lista, elas podem determinar parâmetros, tais como tornar seu endereço de *e-mail* disponível aos outros membros da lista ou receber mensagens à medida que são enviadas à lista, ou receber uma só mensagem diária, que inclua todas as mensagens recebidas nesse dia. As listas eletrônicas podem ser não-monitoradas ou monitoradas; neste último caso, um censor deve aprovar as mensagens antes que elas sejam reconhecidas pela lista.

Os **quadros de avisos eletrônicos** assemelham-se a listas eletrônicas, exceto que as mensagens recebidas são simplesmente armazenadas, não enviadas. As pessoas interessadas nos assuntos do quadro de avisos podem ler as mensagens depois que se inscrevem. As mensagens são organizadas no que é conhecido como uma **discussão encadeada**. Uma discussão encadeada organiza as mensagens por tópico, subtópico, subsubtópico, etc. Freqüentemente, uma mensagem será considerada um tópico, e todas as respostas a essa mensagem serão organizadas dentro dela como subtópicos. As respostas às respostas serão subsubtópicos.

O ***instant messaging (IM)*** permite que você crie e mantenha uma lista de amigos ou contatos conhecidos como "amigos". Quando você usa o IM, você é notificado se quaisquer de seus amigos estiverem conectados à Internet ou a uma intranet organizacional. Você e seus amigos podem, então, enviar mensagens uns aos outros. Quando qualquer das partes envia uma mensagem, abre-se uma pequena janela na sua tela e na de seu amigo, onde você pode digitar as mensagens que ambos podem ver. Se você desejar, pode criar uma sala de *chat* (bate-papo), que permite a diversos amigos juntar-se numa conversação IM.

A *pesquisa eletrônica* (*electronic polling*) assiste os grupos no processo de tomada de decisão. Ela incentiva os grupos a expressar suas preferências com freqüência, através da criação de uma mentalidade "vote cedo, vote sempre". Uma empresa que passava por um déficit importante no orçamento usou a votação eletrônica para decidir se devia fazer cortes em cada uma das divisões ou eliminar uma única divisão, que era ineficaz. O voto eletrônico permitiu que os responsáveis pelas decisões fizessem a melhor escolha — eliminar a divisão, uma escolha que eles não haviam conseguido fazer porque temiam ofender o responsável pela divisão.[38]

Editores Multiusuário

A tecnologia do *groupware* inclui um *software* que permite a múltiplos usuários acessar e modificar um documento comum. Cada usuário pode ver na tela uma cópia do documento-mestre. Conforme cada usuário edita esta cópia, o programa altera a cópia-mestra, para indicar as alterações feitas pelos membros do grupo. Os usuários podem tanto ver as alterações efetuadas pelos demais, à medida que trabalham em suas próprias alterações, como vê-las depois que salvaram sua cópia. Os **editores multiusuário** normalmente permitem a edição assíncrona, fornecendo controles de acesso para limitar quem pode alterar quais partes de um documento e permitir que as atualizações sejam combinadas e sincronizadas mais tarde. Os grupos cujos membros efetuam a manutenção em diferentes partes da documentação podem beneficiar-se muito da edição multiusuário.

Conferência por Computador

A tecnologia da telecomunicação criou quatro maneiras de realizar conferências: conferência em tempo real, teleconferência, conferência via *desktop* e *Webcasting*.

A **conferência em tempo real** permite às pessoas, no mesmo local ou em locais diferentes, realizar reuniões eletronicamente. Usando computadores conectados em rede, os participantes digitam suas contribuições em seus computadores. O texto de seu discurso aparece, simultaneamente, em todos os computadores em conferência. Há protocolos que permitem aos participantes interromper e usar da palavra, como em reuniões tradicionais.

A **teleconferência**, que engloba conferência de áudio e vídeo, permite que pessoas em locais diferentes realizem uma conferência como se estivessem numa única sala. Ela supera a velocidade lenta do digitar *versus* o falar e a ausência da imagem para captar a linguagem corporal, que limitam a eficácia da conferência em tempo real via computador. Ela requer salas especiais para manter o *hardware* necessário para capturar e enviar vídeo e áudio, bem como técnicos para operar eficazmente o equipamento.

A **conferência via desktop** oferece um meio-termo entre a conferência em tempo real por computador e a teleconferência. Sofisticadas estações de trabalho, que incluem uma câmera de vídeo, conectadas em rede ou numa linha de conferência de alta capacidade, podem transmitir texto, gráficos, voz e imagem. Os participantes vêem os outros em janelas de seu computador e os ouvem na saída de voz do computador. Entretanto, ela funciona melhor para até três pessoas. À medida que a qualidade de vídeo e de voz melhora, as vantagens da conferência via *desktop* aproximam-se daquelas da teleconferência. Ela custa mais que a conferência via computador em tempo real, mas menos do que a teleconferência.

O Deutsche Bank adquiriu equipamento e *software* para conferência via *desktop* para 2.000 de seus empregados. O sistema cortou pela metade as despesas de viagens do banco. Administradores sênior, principalmente, gostam do sistema, porque ele os apóia no controle e gestão direta de suas equipes em diferentes localidades ao redor do mundo. Por exemplo, Paul Spillane, diretor e administrador global da gestão de relacionamentos, observa: "É muito mais fácil usar isto [tecnologia de vídeo] para falar com uma pessoa da minha equipe do que pegar o telefone, porque eu posso olhá-la nos olhos e elas podem saber se estou de bom humor ou de mau humor, e posso ter uma idéia de quem elas são e o que estão pensando sobre o que estamos tratando".[39]

O ***Webcasting**** é a maneira mais eficiente, do ponto de vista da relação custo/benefício, para alcançar um grande número de pessoas, se a interação em dois sentidos não é necessária. Um *Webcast* transmite áudio ou vídeo, ao vivo ou gravado, de modo que os receptores possam recebê-lo usando um navegador da Internet. As empresas podem usar o *Webcasting* para fazer uma apresentação de *slides*, uma discussão de classe, ou um videoteipe de uma reunião, disponível aos membros da empresa que não puderam estar presentes à mesma.

Sistemas de Coordenação

Os sistemas de coordenação melhoram a gestão de projetos, fornecendo aos administradores as informações necessárias para coordenar a programação das atividades do projeto e a participação dos membros da equipe. Os sistemas de coordenação apóiam todas as fases da gestão de projeto.

No estágio de planejamento, o *software* de gestão de projetos pode determinar a ordem das tarefas, estimar o tempo restante para sua conclusão e identificar as tarefas com mais premência de tempo. Ele pode alocar os empregados eficientemente, de modo que trabalhem nas tarefas mais apropriadas e tenham uma carga de trabalho razoável. Os sistemas de coordenação, também, podem avaliar os *trade-offs* entre horas extras e custo. Os recursos de grupo do *software* de gestão de projetos assistem particularmente no planejamento, quando o projeto abrange diversos departamentos. Embora os administradores funcionais possam planejar de modo independente, os recursos de *groupware* do *software* de gestão de projeto os auxiliam na identificação e resolução de conflitos potenciais em interações interdepartamentais, tais como o *timing* das tarefas ou o uso dos recursos de mão-de-obra. Durante o funcionamento do projeto, o *software* de gestão de projetos pode comparar o desempenho real com o desempenho planejado.

Os sistemas de coordenação também suportam a criação e manipulação de calendários e cronogramas conjuntos. Por exemplo, os administradores e encarregados de departamentos do Allegheny College usam um *groupware* de agendamento chamado WebEvent para programar salas de aula, laboratórios e até mesmo equipamentos, tais como *laptops* e câmeras digitais. O distrito da escola pública Inter-Lakes, que serve Meredith, Center Harbor e Sandwich, no estado de New Hampshire, usa o *software* para evitar conflitos na programação de eventos e atividades em suas três escolas. Além de fornecer a coordenação interna, o uso deste *software* pelo distrito permite que os pais e a comunidade encontrem *online*, facilmente, os eventos programados.[40]

Usando o SAD para o Processo da Tomada de Decisão em Grupo

O crescente uso de equipes no local de trabalho alertou para a necessidade de sistemas de apoio à decisão para suportar o processo da tomada de decisão cooperativa. Os **SADG – sistemas de apoio à**

**Webcasting*: Uso da Internet para transmitir informações (transmissão em rede, transmissões de rádio ou vídeo). (N.T.)

FIGURA 8-13

As salas para conferência por computador podem ser organizadas de várias maneiras, uma das quais é mostrada aqui.

FONTE: Cortesia da Andrullis Corporation.

decisão em grupo (*GDSS – group decision support systems*) destinam-se a alguns ou a todos os seguintes aspectos do processo da tomada de decisão conjunta: geração de idéias, análise de alternativa, avaliação de alternativa e construção do consenso.[41] As empresas usam os SADG para tarefas tais como planejamento de longo prazo, determinação de padrões, processos de replanejamento e ajustes de prioridades orçamentárias.

Além dos elementos encontrados num SAD padrão, os SADG incluem ferramentas analíticas e operacionais para melhorar os processos de tomada de decisão em grupo. Por exemplo, o *software* de pesquisa permite aos membros do grupo votar em alternativas, com ou sem anonimato. Outros *softwares* implementam várias técnicas de *brainstorming*, guiando os membros do grupo para reagir de várias maneiras às idéias dos membros de outros grupos. Os SADG incluem, freqüentemente, um *software* para ajudar membros do grupo a identificar temas de convergência e temas de divergência. Eles podem incluir um *software* para ajudar a extrair e explicar o raciocínio e as preferências fundamentais de membros do grupo à medida que eles procuram por pontos em comum ao tomar decisões difíceis.

Muitos SADG requerem **salas de reunião eletrônica.** Os participantes trabalham em seus próprios computadores, numa mesa em formato de U e voltados para um computador compartilhado na parte dianteira da sala, que pode ser visto por todos os participantes, como mostrado na Figura 8-13. Qualquer participante pode controlar o computador compartilhado. O computador pode também meramente assimilar as entradas dos participantes numa única e grande tela. Esta abordagem permite que os participantes contribuam anonimamente para o esforço de resolução do problema. Este anonimato permite que os SADG melhorem a gestão do conflito e estimulem a coesão dos grupos.[42] Os grupos que se concentram numa tela pública tendem a assimilar as idéias apresentadas como "nossas" idéias, em vez de "minha" idéia ou "sua" idéia. Esta perspectiva tende a reduzir a posse emocional das idéias e permite que as decisões sejam tomadas com menos conflito.

Problemas na Gestão do *Groupware*

O *groupware* não resolve todos os problemas de desempenho do grupo.

- *Troca Informação Inapropriada.* Algumas pessoas não compartilham informações, apesar das possibilidades tecnológicas. A cultura corporativa pode também não estimular a troca eletrônica da informação. Por outro lado, eles podem facilmente compartilhar informações irrelevantes ou desnecessárias, fazendo com que seja difícil manter o foco. O *groupware* incentiva também a socialização, que pode interferir no desempenho do trabalho.
- *Sobrecarga de informações.* Quando diante de um dilúvio de informações, os administradores, freqüentemente, não conseguem diferenciar as informações importantes das informações sem importância. Os editores de grupo de trabalho que selecionam, editam e consolidam mensa-

gens, especialmente os que têm listas eletrônicas, oferecem uma solução ao problema da sobrecarga.

- *Reuniões em demasia ou inapropriadas.* O *groupware* pode aumentar o número das reuniões, porque ele reduz o tempo necessário para prepará-las. As reuniões *online* não funcionam para todos os tipos de comunicação. Os administradores precisam diagnosticar quando os contatos pessoais beneficiam os membros da equipe. Eles precisam diagnosticar tanto as informações requeridas como o melhor contexto para a entrega.

SIE – SISTEMAS DE INFORMAÇÕES EXECUTIVAS (*EIS – EXECUTIVE INFORMATION SYSTEMS)*

Os executivos requerem informações diferentes dos administradores do nível médio e do baixo escalão. Normalmente, eles necessitam de informações com um maior nível de síntese. Eles tendem, também, a concentrar-se mais em fatores externos, como os mercados financeiros, a satisfação dos clientes, a percepção que o público tem de sua empresa e o ambiente competitivo. Os executivos também usam as informações de modo diferente. Eles são constantemente interrompidos e estão sempre apressados. Conseqüentemente, necessitam acessar as informações rapidamente. Seu foco é freqüentemente mais amplo. Eles necessitam mudar rapidamente a atenção entre regiões geográficas diferentes, funções operacionais diferentes e até mesmo diferentes unidades de negócio. Eles precisam ter acesso a informações de toda a organização; contudo, as informações de que eles necessitam para lidar com qualquer tipo de questão precisa ser fácil de encontrar. Além do mais, os executivos preferem, freqüentemente, gastar menos tempo em suas mesas e mais em conversas pessoais. Conseqüentemente, quando eles se detêm para efetuar qualquer tipo de análise, ela precisa ser rápida e fácil.

Os **sistemas de informações executivas** (**EIS – executive information system**), também chamados **sistemas de suporte executivo** (**ESS – executive support systems**) ou ainda **SIG – sistemas de informações gerenciais** (**MIS – management information systems**), assemelham-se a sistemas de apoio à decisão, mas correspondem aos requisitos específicos dos administradores do alto escalão. Ao contrário dos SAD, que lidam com problemas específicos, os EIS são caracterizados por dados de alcance organizacional e externos. Eles se concentram menos em dados de modelagem e mais em compilações de dados e sua exibição, reconhecendo tendências, determinando causas encobertas ou obscuras e comunicando conhecimento.

Os executivos usam um EIS para responder a questões específicas ou monitorar o desempenho, o que requer uma eficiência maior no exame das informações. Alguns executivos fazem uma leitura dinâmica das informações num EIS sem ter em mente questões específicas. Para eles, um EIS ajuda na ampliação de sua perspectiva, desafia as suas premissas e propicia maior *insight* em seus negócios.[43]

A maioria dos EIS inclui principalmente informações estruturadas sobre os resultados, como dados financeiros, vendas, remessas e outras informações históricas. Cada vez mais, eles incluem também informações não estruturadas e de tendências, como prescrições, opiniões, explanações e estimativas. A Tabela 8-5 compara estes dois tipos de informações.

As pressões externas, tais como o ambiente cada vez mais competitivo e dinâmico, e as pressões internas, tais como uma necessidade de informações em tempo hábil, comunicação aprimorada e o acesso aos dados, conduzem ao desenvolvimento de um EIS. Normalmente o diretor executivo ou o presidente de uma organização patrocina o desenvolvimento de um EIS, mas com o tempo seu uso estende-se para os empregados de níveis intermediários, quando estes se dão conta de que podem acessar informações relevantes, disponíveis aos líderes da organização.[44]

Recursos Típicos de um Sistema de Informações Executivas

Como a maioria dos executivos usa os sistemas de informações executivas sem a ajuda de intermediários técnicos, os EIS devem ter uma interface de usuário amigável. Além disso, um EIS deve fornecer acesso a dados da empresa, correio eletrônico, bancos de dados e notícias externas, editor de texto, planilhas eletrônicas e arquivamento automatizado.

Interface de Usuário

Muitos executivos não são bons digitadores e não gostam de usar um teclado para acessar as informações. Por isso, os EIS normalmente incluem uma interface de usuário gráfica que limita a necessidade do uso do teclado. A maioria dos sistemas apresenta dados numéricos em múltiplos formatos de tabelas e gráfi-

TABELA 8-5

Os sistemas de informações executivas podem incluir tanto informações padronizadas formais como informações não padronizadas.

Características das Informações		Informações Padronizadas	Informações Não-Padronizadas
Utilidade	Exatidão percebida	Alta	Discutível
	Valor percebido	Baixa	Alta
	Interpretação	Geralmente aceita	Avaliada individualmente
	Riqueza	Baixa	Alta
	Aplicação	Operacional	Estratégica
Fonte	Contexto organizacional	Geralmente interna	Geralmente externa
	Propriedade	Geralmente disponível	Geralmente bem guardada
	Canal de comunicação	Formal	Informal
Período de tempo	Atualidade	Histórica	Atual/Futura
	Duração	Longa	Curta
Acessibilidade	Freqüência	Normal	Específica
	Existência conhecida	Geralmente sim	Geralmente não
Formato	Informatizado	Geralmente sim	Geralmente não
	Padronizado	Alta	Baixa

cos. O usuário pode selecionar dentre os formatos apresentados, com o mouse ou uma tela de toque. Os sistemas usam intensamente cores e gráficos para tornar as informações claras para o usuário. Por exemplo, o vermelho pode destacar qualquer número além de um limite previsto, e o vermelho piscando pode destacar um item que requer atenção imediata. Freqüentemente, a tela mostra o nome e os números de telefone das pessoas responsáveis pelos dados apresentados na tela.

A maioria dos EIS fornece, também, uma capacidade de refinamento para buscar maior detalhamento das informações. Inicialmente eles apresentam os dados em seus níveis mais globais. O executivo pode então selecionar uma linha e requisitar os detalhes por detrás dela. O executivo pode mergulhar através de níveis cada vez maiores de detalhe ou retornar aos níveis mais elevados de agregação, como desejado. Estudos recentes, entretanto, mostram que os executivos tendem a não usar os recursos de detalhamento de seus EIS. Em vez disso, eles usam o EIS para identificar as questões e então contatar diretamente as pessoas mais envolvidas ou afetadas para discutir alternativas ou soluções.[45]

Comunicação com Empregados

A maioria dos EIS contém diversos recursos de *groupware*, incluindo sistemas de agendamento, correio eletrônico e quadros de avisos eletrônicos. Os EIS bem projetados ligam muitos destes recursos à exibição das informações. Quando um executivo identifica um problema ou uma questão que necessita ser mais explorada, um clique na tela propicia a oportunidade de enviar um *e-mail* aos administradores responsáveis pelos dados, verificar sua agenda para identificar um horário oportuno para tratar do assunto e acessar todas as discussões eletrônicas sobre o tópico.

Atualizações do Noticiário

Embora os executivos leiam muito jornais e revistas para conhecer os eventos que possam ter impacto nas operações de sua organização, procurar artigos relevantes nas fontes de notícia consome muito tempo e é relativamente improdutivo. Muitas organizações agora contratam serviços de notícias que pesquisam a mídia em busca de artigos relevantes. Em seus EIS, os executivos especificam os tipos de artigos e assuntos que consideram relevantes. O EIS conecta-se ao serviço de notícias e produz resumos dos artigos que preenchem os critérios do executivo. O executivo pode obter o artigo completo clicando no resumo. Muitos sistemas permitem que o executivo classifique cada artigo quanto à sua relevância. O EIS usa este *feedback* para ser mais preciso na seleção de artigos futuros.

Recursos de Consultas

Os sistemas EIS podem ter acesso e operar através dos produtos *OLAP* e de bancos de dados para dar ao executivo experiente em informática a opção de executar análises mais detalhadas. A maioria dos EIS também fornece consultas padronizadas comuns a partir do sistema de menus do EIS.

Suporte Funcional

Cada vez mais os EIS suportam aplicações funcionais. Por exemplo, eles podem fornecer *software* voltado a funções corporativas, como vendas, orçamento e marketing. Eles também podem incluir *software* que suporta as necessidades de indústrias verticais, como serviços financeiros, seguros, ou varejo.[46]

Desenvolvimento e Implementação dos Sistemas de Informações Executivas

O desenvolvimento dos sistemas de informações executivas era popular no início dos anos 1990, mas ficou um tanto fora de moda à medida que as intranets corporativas na Internet tornaram-se cada vez mais disponíveis. Os executivos estão acostumados a navegar na Internet em suas vidas pessoais e parecem cada vez mais capazes de usar portais de intranets corporativas para obter as informações de que necessitam. Além disso, os sistemas de informações executivas têm sido caros para desenvolver, porque eles necessitam ser projetados para contemplar os interesses e as preferências de um determinado executivo. Quando ocorrem mudanças nos níveis executivos, os sistemas que serviam ao antigo executivo tornam-se freqüentemente sem valor. O elevado custo e a vida curta dos sistemas de informações executivas tornaram seu desenvolvimento difícil de ser justificado.

Uma alternativa ao desenvolvimento dos sistemas de informações executivas a partir do zero é usar um pacote comercial projetado para fazer interface com uma intranet corporativa e cubos OLAP. A Figura 8-14 ilustra o produto ExecDash da iDashes. Os desenvolvedores podem personalizar os painéis do produto para exibir qualquer medida acessível a partir da intranet da empresa. Ao clicar em alguns dos gráficos, o executivo pode selecionar entre opções tais como aumentar o detalhamento, mostrar tendências e identificar o proprietário dos dados e a data da atualização. Muitos produtos comerciais, como este, são configurados de modo que sua saída esteja disponível na Internet aos usuários autorizados, permitindo que seus dados sejam acessados a qualquer hora e a partir de qualquer lugar.

A aplicação e uso em cada organização dos sistemas de informações executivas depende das necessidades de informações e estilo de atuação do executivo. Como os executivos raramente compreendem o valor de um EIS, os profissionais de sistemas de informações devem, usualmente, diagnosticar

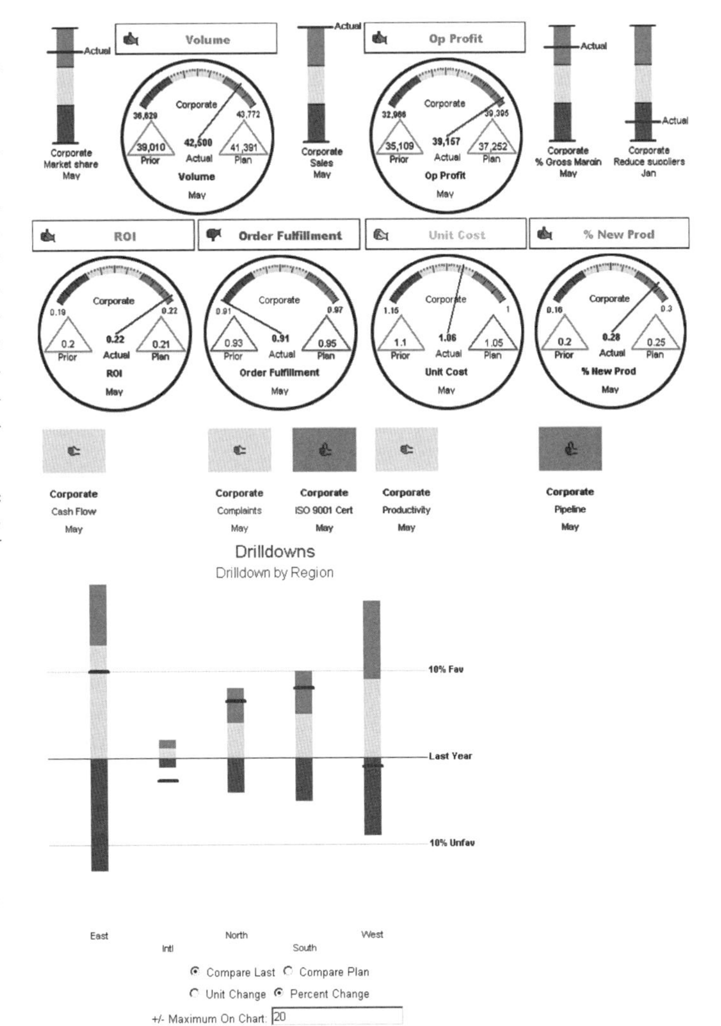

FIGURA 8-14

Produtos comerciais, como este da iDashes.net, facilitam o desenvolvimento de um EIS. O painel deste produto pode ser facilmente modificado para mostrar métricas de qualquer empresa, e as tendências e possibilidades de refinamento dos dados (*drill-down*) estão disponíveis com um simples clique do *mouse* sobre qualquer um dos gráficos.

FONTE: A iDashes demonstra o Exec Dash™ em http://www.idashes.net. Copyright © 2002 iDashes, Inc. Usado com permissão.

a necessidade e analisar alternativas. Então, projetos específicos podem ser prototipados, de modo que o executivo possa tomar uma decisão bem informada e embasada sobre aprovar ou não a implementação.

RESUMO

A inteligência de negócios aumenta a vantagem competitiva de um negócio através do uso inteligente dos dados para tomar decisões melhores e mais rápidas. Para construir a inteligência de negócios, as empresas devem criar um plano de BI e implementar a gestão do conhecimento e a inteligência competitiva. A gestão do conhecimento requer a aquisição de conhecimento, memória institucional e acesso e transferência do conhecimento. Isto resulta num melhor processo para a tomada de decisão e aprendizado organizacional.

Os sistemas de relatórios de gestão empregam *business intelligence* para lidar com os problemas operacionais cotidianos. Eles fornecem relatórios detalhados, relatórios sumarizados e relatórios de exceção, que são produzidos periodicamente, iniciados por um evento determinado, ou emitidos a pedido. Os sistemas de relatórios de gestão em muitas organizações incluem os relatórios de um sistema de processamento de transações.

Os sistemas de apoio à decisão (SAD) auxiliam na criação do conhecimento usando um banco de dados, uma base de conhecimentos, uma base de modelos e uma interface de usuário. Os SAD podem responder a questões imprevistas, suportando consultas aleatórias ou *ad hoc* e fornecendo capacidades analíticas. Um SAD normalmente obtém seu banco de dados a partir do sistema de processamento de transações da organização. Os elementos analíticos de um SAD podem incluir mineração de dados, OLAP, sistemas de informações geográficas, *software* para simulação, otimização e inferência estatística, bem como sistemas especialistas.

O *groupware*, o trabalho cooperativo assistido por computador, ou os sistemas de suporte a grupo, suportam a interação de um grupo na execução de uma tarefa ou no acesso a um objetivo. O *groupware* pode incluir sistemas de apoio à decisão em grupo, sistemas de mensagens, editores multiusuário, conferência por computador e sistemas de coordenação. As organizações podem enfrentar desafios com o compartilhamento de informações apropriado e com a programação de reuniões sobre a gestão de *groupware*.

Os sistemas de informações executivas (EIS) lidam com as necessidades de informações especiais dos executivos e as diferentes maneiras como eles trabalham. O EIS típico inclui uma interface de usuário amigável, meios para comunicar-se com os empregados e opções para rastrear notícias atualizadas. Os EIS saíram de moda devido a seus custos elevados e à crescente familiaridade e facilidade dos executivos com a Internet; entretanto, novos produtos comerciais têm diminuído o custo de desenvolvimento de um EIS.

TERMOS E EXPRESSÕES IMPORTANTES

base de conhecimentos
base de modelos
base de regras
conferência em tempo real
conferência via desktop
correio eletrônico
discussão encadeada
editor multiusuário
gestão do conhecimento (KM)
groupware
instant messaging (IM)
inteligência competitiva (CI)
inteligência de negócios (BI)
interfaces de sistemas especialistas
lista eletrônica
mecanismo de inferência
memória institucional
mineração de dados *(data mining)*
módulo de explicação
processamento analítico *online* (OLAP)
quadro de avisos eletrônico
relatório detalhado
relatório iniciado por evento
relatório periódico
relatório por solicitação
relatório resumo
relatórios de exceção
sala de reuniões eletrônica
simulação
sistema de apoio à decisão (SAD)
sistema de apoio à decisão em grupo (SADG ou GDSS)
sistema de informações executivas (EIS)
sistema de informações geográficas (GIS)
sistema de relatórios de gestão (*management reporting systems* – MRS)
sistema de suporte a grupo (GSS)
sistema de suporte executivo (ESS)
sistemas especialistas (ES)
software de otimização
teleconferência
trabalho cooperativo assistido por computador (CSCW)
videoconferência
Webcasting

QUESTÕES DE REVISÃO

1. O que é inteligência de negócios (*business intelligence*)?
2. Como a gestão do conhecimento contribui para a inteligência de negócios?
3. O que é inteligência competitiva e como as empresas a utilizam?
4. O que é um sistema de relatórios de gestão?
5. Qual a diferença entre relatórios detalhados, relatórios resumo e relatórios de exceções?
6. Qual a diferença entre relatórios periódicos, relatórios iniciados por eventos e relatórios por solicitação?
7. Qual é o relacionamento entre um sistema de relatórios de gestão e um sistema de processamento de transações?
8. Quais são os benefícios de um sistema de apoio à decisão?
9. Quais são os componentes de um SAD?
10. Como um SAD responde a questões imprevistas e questões *ad hoc*?
11. Que tipos de potencialidades analíticas fornecem os SAD?
12. Qual é a finalidade da mineração de dados?
13. Como o *software OLAP* difere do *software* de planilhas eletrônicas?
14. Por que as empresas usam sistemas de informações geográficas?
15. Nomeie algumas aplicações de simulação. Por que as ferramentas de simulação devem ser incluídas num SAD?
16. Como funciona um sistema especialista?
17. Quais são os elementos principais do *groupware*?
18. Quais são as vantagens e desvantagens dos sistemas de apoio à decisão em grupo?
19. Quais as três maneiras pelas quais os administradores podem manter conferências eletronicamente?
20. Como os sistemas de informações executivas diferem dos sistemas de apoio da decisão?
21. Quais são os recursos típicos de um EIS?

MINICASO

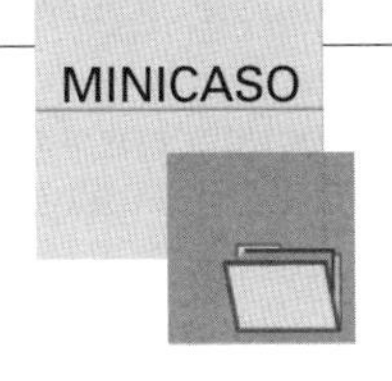

EIS E OLAP NA WEGMANS

Danny Wegman rearranjou seus móveis de escritório e instalou uma TV de tela bem grande. O presidente da Wegmans, que opera 59 Wegmans Food Markets e 17 Chase Pitkin Home Centers em Nova York, na Pensilvânia e em Nova Jersey, não está se preparando para uma temporada de Buffalo Bills, que se realizará em quatro meses. Não, suas preocupações estão voltadas para negócios. Wegman quer ver os números de sua empresa ao final do mês, com sua equipe de gestão presente, e simplesmente não precisarão folhear relatórios impressos.

"Eles todos giram suas cadeiras para a tela, passam um *mouse* por uma mesa e consultam 'o cubo de Essbase [OLAP]' *online*", disse o administrador de negócios do sistema financeiro Paul Wawrzyniak, referindo-se ao *data mart* que agora mantém uma cópia de todas as informações do razão geral da empresa. "'Como estão indo os produtos agrícolas comparando com o mês passado?' Eles consultam o 'cubo' e fazem considerações. E não há nenhum pedaço de papel sobre aquela mesa."

A análise dos resultados do fim de mês da Wegmans é um processo muito diferente do que era apenas sete meses atrás. "Cortamos uma semana inteira do tempo que levava para passar os números do fim de mês às mãos dos executivos", disse Wawrzyniak. "No ano passado, eles recebiam os relatórios em papel uma semana após o fato. Utilizávamos mais de 2.000 planilhas eletrônicas para os relatórios financeiros. Agora, todos os que podem beneficiar-se com essas informações as vizualizam por meio da Internet. Não Queremos pessoas debruçando-se sobre relatórios em papel. Nós queremos vê-las olhar telas ágeis e tomar decisões com base em informações."

Os responsáveis pelas decisões da Wegmans não estão acessando *online* relatórios eletrônicos padronizados. Muito pelo contrário, eles estão consultando ativamente o *data mart*. "As telas são geradas dinamicamente a partir dos dados à medida que os usuários consultam o cubo de Essbase. Os *layouts* de tela são intuitivos, para que as pessoas não tenham grandes dificuldades em criá-los."

A confiabilidade das informações nas quais os executivos baseiam suas decisões é simplesmente tão importante quanto a velocidade com que as acessam. "O nosso pessoal pode ter fé nas informações com que estão trabalhando, porque elas vêm do razão geral, não de diferentes sistemas transacionais", disse Wawrzyniak. "Elas estão na mesma página".

A informação, entretanto, começa exatamente com os sistemas transacionais da Wegmans. A Wegmans roda numerosas aplicações financeiras Lawson além do razão geral, bem como aplicativos próprios e sistemas de outros fornecedores. Os dados fazem seu caminho através daqueles sistemas até o razão geral e depois direto para o *data mart* da Hyperion Essbase.

Poder para o povo: Apenas seis meses depois que o *data mart* entrou em ação, uma média de 360 pessoas o acessam diariamente. Diferentemente das empresas varejistas, que dão a analistas financeiros trituradores de números a primeira oportunidade na consulta de um novo *data warehouse*, a Wegmans seguiu uma estratégia muito mais democrática. Os executivos, como Danny Wegman e seu pai, o *chairman* Robert Wegman, estão acessando o *data mart*, bem como um grande número de administradores de loja, diretores de *merchandising* e o pessoal das operações de loja.

"Com o tempo, 1.800 pessoas acessarão o banco de dados a cada dia", disse Wawrzyniak, acrescentando que a Wegmans espera em breve alimentar as informações do razão geral no *data mart* semanalmente — uma decisão que dará aos responsáveis pelas decisões a vantagem de serem muito mais proativos.

Os analistas financeiros, apesar de não constituírem a base dos usuários do *data mart*, estão fazendo um uso muito melhor de seu tempo, agora que o cubo de Essbase está pronto e rodando. O sistema, de acordo com Wawrzyniak, alterou significativamente a maneira como os 15 analistas financeiros da Wegmans interagem com os administradores de lojas. "Digamos que as vendas de produtos agrícolas baixassem 3% para uma loja num dado mês", disse. "Os administradores da loja 'quebravam a cabeça' tentando descobrir por que aquilo aconteceu. Agora, um administrador de loja pode comparar o desempenho de seu departamento de produtos agrícolas com os departamentos de produtos agrícolas de todas as lojas Wegmans. O poder do cubo de Essbase é que as informações de todas as lojas estão acumuladas no banco de dados."

Antes de a Wegmans começar a enviar todas as suas cifras mensais ao *data mart*, os administradores de lojas contactavam os analistas financeiros na corporação para compreender resultados preocupantes. "Você quer saber o que os analistas financeiros costumavam fazer?", perguntou Wawrzyniak. "Basicamente, eles mastigavam os números e enviavam um monte de relatórios em papel. Então, eles esperavam que os telefones soassem. Administradores de loja e administradores regionais telefonavam, dizendo, 'O que significa isto?' ou 'Como podemos retomar o assunto?"

"Agora que todas as cifras estão disponíveis *online*, os analistas podem passar seu tempo nas lojas, revendo os resultados com os administradores das lojas pessoalmente", continuou ele. "Queremos os analistas financeiros em campo, onde eles podem ser muito mais eficientes".

Há muitas questões, entretanto, que os administradores de loja podem responder por si mesmos, graças ao trabalho de bastidores de Wawrzyniak e de sua equipe. "Demos uma olhada em todos os relatórios que enviávamos aos administradores de loja e os transformamos em apresentações gráficas na tela", disse. "Os administradores de loja podem ver as cifras variando de ano para ano em valores reais e de orçamentos, através de um PC e de um browser. E as potencialidades de treinamento do sistema reduziram o tempo gasto para fazer perguntas e obter respostas".

FONTE: Fragmentos obtidos, com permissão, de Matt Nannery, "Wegmans Informed Decisions", *Chain Store Age*, May 2000, 258-260.

Questões do Caso

Diagnóstico

1. Quais são as necessidades de informações da equipe executiva de Danny Wegman?
2. Quais são as necessidades de informações de seus analistas financeiros?
3. Quais são as necessidades de informações de seus administradores de loja?

Avaliação

4. Antes do uso dos sistemas de informações executivas e do *OLAP* na Wegmans, que problemas existiam para se suprir as necessidades dos administradores e analistas da Wegmans?

Projeto

5. Como o OLAP supre as deficiências dos sistemas de informações preexistentes?
6. Que recursos de sistemas de informações executivas estão embutidos no software que os administradores e analistas da Wegmans usam?
7. Como os sistemas asseguram que todos os administradores estão trabalhando a partir dos mesmos dados? Por que isto é importante?

Implementação

8. Qual você acha que é a causa para o uso tão difundido na Wegmans dos sistemas descritos neste caso?
9. Como os sistemas descritos neste caso promovem a inteligência de negócios na Wegmans?
10. Atualmente, o *data mart* e a ferramenta *OLAP* da Wegmans parecem estar carregados apenas com dados financeiros. Quais você acha que são os problemas e os benefícios de se adicionar dados operacionais e da concorrência? Você acha que seria oportuno de parte da Wegmans agregar estes dados no futuro?

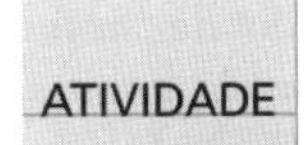

8-1 JOALHERIA REQUINTADA NAS LOJAS DE DEPARTAMENTO DA HAMPSTEAD

Passo 1: Leia o seguinte cenário.

Carl Elkins controla a divisão de jóias finas da Hampstead Department Stores, uma importante cadeia varejista com 19 lojas no sudoeste dos Estados Unidos. Ao contrário dos administradores em outros departamentos da Hampstead, Carl controla todos os empregados que trabalham nos departamentos de jóias finas em todas as lojas da cadeia, um total de 3 compradores, 5 compradores assistentes e 70 vendedores através do país. Carl tem a responsabilidade completa pela divisão de jóias finas. Ele necessita ter uma boa compreensão das vendas em seus departamentos, de modo que possa estocá-los apropriadamente e manter sempre a melhor equipe.

Passo 2: Individualmente, ou em pequenos grupos, como indicado por seu instrutor, projete um conjunto de relatórios que forneçam as informações que Carl necessita para dirigir a divisão de jóias finas. Seu projeto deve indicar que informação cada coluna do relatório apresenta, quais totais (se algum) devem aparecer e qual deveria ser a programação para emissão do relatório.

Passo 3: Troque seus projetos de relatório com um outro estudante ou grupo de estudantes. Compare os projetos que você recebeu com seus próprios projetos. Então, responda às seguintes questões:

1. Quantos relatórios são necessários para dar a Carl as informações de que ele necessita?
2. Quais tipos de relatórios são úteis para fornecer estas informações: detalhados, resumo, ou de exceções?
3. Que programação de emissão dos relatórios é a melhor para fornecer estas informações?
4. Seria um sistema de apoio à decisão mais apropriado do que um sistema de relatórios de gestão para fornecer as informações requeridas?

8-2 L&A SCALE COMPANY

A L&A Scale Company fabrica balanças industriais digitais. A empresa expandiu-se bastante em seus 20 anos, passando de uma pequena empresa de produção por encomenda de 5 empregados com vendas de 500.000 dólares a um fabricante confiável com 100 empregados e vendas anuais de 30 milhões de dólares.

Donald Jenner, o presidente, instalou uma série de sistemas computadorizados no decorrer dos anos. Eles suportam principalmente o processamento das transações de encomendas, remessas e folha de pagamento. O sistema fornece múltiplos relatórios de gestão, mas os administradores de Jenner acham que não conseguem facilmente respostas a perguntas tais como: Como os padrões de compra dos clientes se alteraram com o tempo? A oferta de descontos para pagamentos antecipados reduz com sucesso o saldo de contas a receber de clientes? Os sistemas de estímulos de pagamento por produção levam a uma melhor produtividade dos trabalhadores do que o pagamento de um salário fixo?

Passo 1: Individualmente ou em pequenos grupos, como indicado por seu instrutor, escreva cinco questões que Jenner provavelmente gostaria que fossem respondidas.

Passo 2: Liste as características de um sistema de apoio à decisão que poderia responder a estas questões. Seja tão específico quanto possível em identificar o tipo de informações que o sistema deveria incluir, as consultas que deveria abranger e as telas que deveria produzir.

Passo 3: Compartilhe suas listas com o restante da classe. Que tipos de informações um SAD pode oferecer? Quais os custos e benefícios que estariam associados ao desenvolvimento de um SAD para os administradores de Jenner? Quais as questões que Jenner deve abordar ao integrar um SAD com o restante dos sistemas de informações da empresa?

ATIVIDADE

8-3 A TELA OFENSIVA

Passo 1: Leia o seguinte cenário.

Iris Blair é a administradora de aplicações na Tolliver Investments, uma corretora com três anos de existência. Duas noites atrás, depois que a maioria das pessoas havia saído, Iris estava na sala de Arthur Amanita e Ronald Conway, dois dos corretores mais respeitados na Tolliver. Seu trabalho seria instalar um novo programa de proteção contra vírus. Ela observou que os cartuchos do 88-meg system de Art e de Ron estavam em seus estojos protetores, numa estante, corretamente afastados do *hardware*. Art e Ron haviam encerrado o dia. Ela inseriu o cartucho de Art e inicializou o sistema. A tela iluminou-se e, em vez da usual tela inicial de rosto sorridente, a tela mostrou uma mulher vestida de biquíni, numa pose provocativa. Depois de 15 segundos aproximadamente a tela piscou, mostrado então a área de trabalho usual. Iris instalou o *software* de proteção contra vírus, desligou o computador de Art e repetiu o processo num dos computadores de Ron. A tela inicial era exatamente a mesma que a de Art.

FONTE: Fragmento obtido e adaptado, com permissão, de "The New Job", in Ernest A. Kallman and John P. Grillo, *Ethical Decision Making and Information Technology: An lntroduction with Cases* (New York: McGraw-Hill, 1993).

Passo 2: Individualmente ou em pequenos grupos, analise a situação, usando os critérios éticos básicos.

Passo 3: Baseado em sua análise, desenvolva um plano de ação para Iris. Compartilhe seu plano de ação com o restante da classe. Quais são as principais questões éticas desta situação? Como devem ser tratadas?

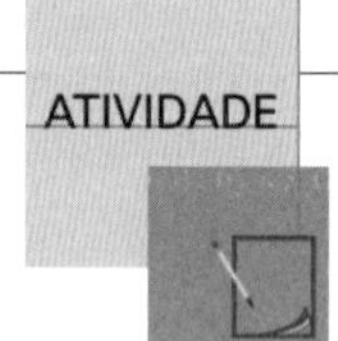

8-4 PROJETANDO UM SISTEMA EXECUTIVO DE INFORMAÇÕES

Passo 1: Leia o seguinte cenário.

A John Campbell Brewing cresceu de uma microcervejaria a uma empresa que produz 15 tipos de cerveja e as distribui no mundo todo. A empresa tem sistemas de informações para suportar sua gestão financeira, gestão de recursos humanos, produção e marketing. A maioria destes sistemas, entretanto, fornece informações operacionais num nível detalhado demais. Thomas Patton, seu atual presidente, quer usar os sistemas de informações para ajudá-lo a obter o "panorama da empresa". Ele tem lido sobre sistemas de informações executivas e acredita que um EIS poderia ajudá-lo num controle mais eficiente do negócio.

Passo 2: Individualmente ou em pequenos grupos, como indicado por seu instrutor, identifique as necessidades de informações de Patton.

Passo 3: Liste as telas que um sistema de informações executivas deveria incluir para atender a estas necessidades.

Passo 4: Escolha uma tela e projete-a, especificando as informações que ela contém, a apresentação gráfica e suas ligações com outras telas.

Passo 5: Compartilhe seus projetos com a classe inteira. Discuta então as vantagens e desvantagens de um sistema de informações executivas para a John Campbell Brewing.

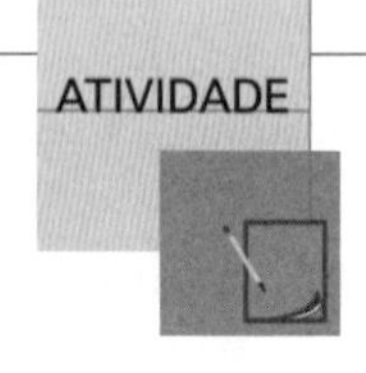

8-5 O PROCESSO DE TOMADA DE DECISÃO USANDO *GROUPWARE*

Passo 1: Seu instrutor os organizará em pequenos grupos e lhes fornecerá um problema de decisão para resolver.

Passo 2: Agora seu instrutor solicitará que você use o *groupware* para resolver um problema de decisão similar.

Passo 3: Individualmente, em pequenos grupos, ou com a classe inteira, indique as diferenças entre suas experiências. A seguir, responda às seguintes questões:

1. Quais são as vantagens de usar o *groupware* para tomar decisões?
2. Quais são os inconvenientes de usar o *groupware* para tomar decisões?
3. Que tipos de processos de tomada de decisão o *groupware* poderia ajudar?
4. Que tipos de processos de tomada de decisão o *groupware* poderia atrapalhar?
5. Como o produto *groupware* que você está usando afeta sua capacidade de fazer com que suas opiniões sejam conhecidas?
6. Como o produto *groupware* afeta sua opinião acerca dos pontos de vista dos outros membros do grupo?

SI NA *WEB*

SI NA *WEB*

Exercício 1: Encontre e visite os *sites* da Internet de uma empresa que forneça uma interface Internet para uma ferramenta *OLAP*. Na época da publicação deste livro, www.storydata.com era este *site*. Aprenda a usar a ferramenta utilizando-a sobre uma ou mais das amostras de dados fornecidas no *site*. Escreva então uma análise de uma página comparando a ferramenta *OLAP* com o Microsoft Excel ou qualquer outro *software* de planilha eletrônica com que você esteja familiarizado. Analise as diferenças quanto à facilidade de utilização e funcionalidade.

Exercício 2: Encontre e visite os *sites* de duas empresas que produzem sistemas de videoconferência. Em que seus sistemas são semelhantes? Em que diferem?

LEITURAS RECOMENDADAS

Conway, Susan, and Char Sligar. *Unlocking Knowledge Assets*. Seattle, WA: Microsoft Press, 2002.

Fayyad, Usama, Georges G. Grinstein, and Andreas Wierse. *Information Visualization in Data Mining and Knowledge Discovery*. San Francisco: Morgan Kaufmann Publishers, 2001.

Kluge, Jurgen, Wolfram Stein, and Thomas Licht. *Knowledge Unplugged: The McKinsey and Company Global Survey on Knowledge Management*. New York: Palgrave Global Publishing, 2001.

Kostner, Jaclyn. *BIONIC eTeamwork*. Chicago: Dearborn Trade, 2001.

Rumizen, Melissie Clemmons. *The Complete Idiot's Guide to Knowledge Management*. Indianapolis: Alpha Books, 2001.

Sterman, John D. *Business Dynamics: Systems Thinking and Modeling for a Complex World with CD-ROM*. Burr Hill, IL: Irwin/McGraw-Hill, 2000.

Thomsen, Erik. *OLAP Solutions: Building Multidimensional Information Systems*. New York: John Wiley & Sons, 2002.

Os seguintes periódicos também fornecem informações atualizadas a respeito de tópicos tratados neste capítulo:

Data Mining and Knowledge Discovery

KMWorld Magazine

NOTAS

1. Jim Kerstetter, "Information Is Power," *Business Week*, 24 June 2002, 94–96.
2. Kim Ann Zimmerman, "KM Helps Ease Home Mortgage Marathon," *KMWorld Magazine*, July/August 2002, accessed at http://www.kmworld.com/publications/magazine/index.cfm?action=readarticle&Article_ID=1317&Publication_ID=74 on 17 July 2002.
3. Megaputer, "TextAnalyst Simplifies Data Analysis at CDC," http://www.megaputer.com/company/cases/cdcp.php3, accessed on 17 July 2002.
4. Pimm Fox, "Making Support Pay," *Computerworld*, 11 March 2002, 28.
5. Donald D. Bergh, "Executive Retention and Acquisition Outcomes: A Test of Opposing Views on the Influence of Organizational Tenure," *Journal of Management* 27, no. 5 (2001): 603–622.
6. Aaron Kass, "Lack of Institutional Memory Dooms Clubs to Repeating Past," *The Hoya*, 13 November 2001, accessed at http://www.thehoya.com/viewpoint/111301/view4.cfm on 18 July 2002. Alan Kalish, "Institutional Memory and Changing Membership: How Can We Learn from What We Don't Recall," *Workplace*, February 1998, accessed at http://www.workplacegsc.com/features1/kalish2.html on 18 July 2002.
7. http://www.paho.org/English/DBI/DBL/IMdatabase.htm, accessed on 18 July 2002.
8. Beth Cox, "Case Study: Bringing Nuclear Science into the Digital Age," *Datamation*, 13 August 2001, accessed at http://itmanagement.earthweb.com/entdev/article/0,,11979_865071,00.html on 18 July 2002.
9. W. Tsai, "Social Capital, Strategic Relatedness and the Formation of Intraorganizational Linkages," *Strategic Management Journal*, 2000, 925–939.
10. "One Access, Many Functions," *Computer Times*, 10 July 2002.

11 Igor Kotylar and Alan M. Saks, "Using Technology for Knowledge and Skill Transfer," *Canadian HR Reporter*, 22 October 2001, G9.

12. http://www.knowledgegroup.com/index.html and http://www.knowledgegroup.com/resources/resources.pli?pageid=methodology, accessed on 18 July 2002.
13. Stewart McKie, "Notification Systems," *DBMS*, February 1997, 55–56, 71.
14. Jane Mackay, Steve Barr, and Marilyn Kletke, "An Empirical Investigation of the Effects of Decision Aids on Problem-Solving Processes," *Decision Sciences* 23 (1992): 648–672.
15. Ben Schneiderman, *Designing the User Interface*, 2d ed. Reading, MA: Addison-Wesley, 1992.
16. Doug Smock, "Deere's New Web System Tracks and Forecasts Product Costs," *Purchasing*, 7 February 2002, 12–13.
17. Peter Fuller and Kenneth Hein, "A Two-Way Conversation," *Brandweek*, 25 February 2002, 20–22, 24–26, 28.
18. Harry R. Kolar, "Caring for Healthcare," *Health Management Technology*, April 2001, 46–47.

19. Microsoft, "Web-Based Solution Enables Better Decision-Making Productivity for the Oregon Department of Education," http://www.microsoft.com/business/casestudies/bi/kpmg_ode.asp, accessed on 15 July 2002.
20. IBM, "Pep Boys Tunes into Its Data, Driving Sharper Decision-Making with DB2," http://www-3.ibm.com/software/success/cssdb.nsf/CS/NAVO-4YM2L9?OpenDocument, accessed on 15 July 2002.
21. ESRI, "Western Exterminator Boosts Business with ArcView Business Analyst: Leading Pest Control Company Redefines Marketing and Sales Efforts with GIS," *ArcNews Online*, winter 2001/2002, accessed at http://www.esri.com/news/arcnews/winter0102articles/leading-pest.html on 15 July 2002.
22. Research Systems International, http://www.rsinc.com/rivertools/, accessed on 15 July 2002.
23. Washington State Department of Transportation, "Puget Sound Traffic Webpage Questions," accessed at http://www.wsdot.wa.gov/PugetSoundTraffic/faq/ on 15 July 2002.
24. Charmaine Jones, "From Simulation to Solution," *Appliance Manufacturer*, June 2001, 46–50.
25. Tristan Honeywill, "Car Sparks," *Professional Engineering*, 13 February 2002, 43–44.
26. "Conference Showcases: Steel Casting Technology," *Foundry Management & Technology*, February 2002, 20–23.
27. Logistics Simulation, http://www.logsim.co.uk/cs_elkes.htm, accessed on 16 July 2002.
28. Lufthansa Consulting, http://www.lhgams.com/, accessed on 16 July 2002.
29. Malcolm Wheatley, "Programmed for Profit," *MSI*, March 2002, 58–66.
30. Columbia Gas Transmission Corp., http://www.columbiagastrans.com/tco_overview.html, accessed on 16 July 2002.
31. Richard Carter, Mary Goodreau, and Henry Rachford, "Optimizing Pipeline Operations through Mathematical Advances," *Pipeline & Gas Journal*, October 2001, 51–53.
32. Jim Middlemiss, "Bank of Montreal Aims to Score with Clients with Data Mining Product," *Bank Systems & Technology*, December 2001, 37, 42.
33. Ted Blackman, "The Mission: Saw Crooked Logs into High-Quality Lumber," *Wood Technology*, March 1999, 34–36, 38.
34. Alfs T. Berztiss, "Software Methodologies for Decision Support," *Information & Management* 18, no. 5 (May, 1990): 221–229.
35. Environmental Software and Services Gmbh, "EIAxpert: Rule-Based Screening-Level EIA," http://www.ess.co.at/eia/, accessed on 16 July 2002.
36. Microsoft, "Nabisco Expects 72% IRR from Enhanced Product Development and Sales Collaboration Using Microsoft Exchange 2000 Server," March 23, 2001, accessed at http://www.microsoft.com/business/casestudies/nabisco-exc.asp on 21 July 2002.
37. Yasmin Ghahremani, "Techsavvy E-Business: Not Being There," *Asiaweek*, 23 November 2001, 1.
38. Jay F. Nunamaker, Jr., Robert O. Briggs, Daniel D. Mittleman, Douglas R. Vogel, and Pierre A. Balthazard, "Lessons from a Dozen Years of Group Support Systems Research: A Discussion of Lab and Field Findings," *Journal of Management Information Systems* 13 (winter 1996/1997): 163–207.
39. Robert Sales, "Deutsche Bank Sees Future in Desktop-Video Software," *Wall Street & Technology*, May 2002, 23.
40. http://www.webevent.com/about/quotes.html, accessed on 9 September 2002.
41. Kenneth R. MacCrimmon and Christian Wagner, "The Architecture of an Information System for the Support of Alternative Generation," *Journal of Management Information Systems* 8, no. 3 (1991/1992): 49–67.
42. Laku Chidambaram, Robert P. Bostrom, and Bayard E. Wynne, "A Longitudinal Study of the Impact of Group Decision Support Systems on Group Development," *Journal of Management Information Systems* 7, no. 3 (1991): 7–25.
43. Betty Vandenbosch and Sid L. Huff, "Searching and Scanning: How Executives Obtain Information from Executive Information Systems," *MIS Quarterly* 21, no. 1 (1997): 81–105.
44. Hugh Watson, R. K. Rainer, Jr., and Chang Koh, "Executive Information Systems: A Framework for Development and a Survey of Current Practices," *MIS Quarterly* 15, no. 1 (1991): 13–30. C. Barrow, "Implementing an Executive Information System: Seven Steps for Success," *Journal of Information Systems Management* 7, no. 2 (1990): 41–46.
45. Choton Basu, Sandra Poindexter, James Drosen, and Theo Addo, "Diffusion of Executive Information Systems in Organizations and the Shift to Web Technologies," *Industrial Management & Data Systems* 100, no. 6 (2000): 271–276.
46. Eckerson, "Drilling for Data."

Parte IV

Administrando os Recursos de Informação

As organizações enfrentam o permanente desafio de projetar, implementar e manter sistemas de informações e distribuir eficazmente os serviços de sistemas de informação. A Parte IV conclui este texto examinando as questões associadas com o planejamento, o desenvolvimento, a implementação e a distribuição de sistemas. O Capítulo 9 investiga os principais conceitos sobre desenvolvimento de sistemas, incluindo os estágios do ciclo de vida no desenvolvimento de sistemas, o desenvolvimento e gestão de *websites* e as razões pelas quais os projetos de desenvolvimento são bem-sucedidos ou falham. O Capítulo 10 aborda diversas formas de estruturar e administrar a função sistemas de informação, bem como a gestão das mudanças em sistemas de informação e na tecnologia da informação. ■

9

Planejamento, Desenvolvimento e Implementação de Sistemas

OBJETIVOS DO APRENDIZADO

Após completar o Capítulo 9, você estará apto a:

- Identificar e descrever os estágios do ciclo de vida no desenvolvimento de sistemas.
- Descrever quatro caminhos alternativos para o desenvolvimento de novos sistemas e identificar os prós e os contras de cada um.
- Discutir o papel dos dados, processos e modelos de objetos no projeto e desenvolvimento de novos sistemas.
- Explicar como as ferramentas CASE simplificam e dão suporte às atividades do SDLC – *System Development Life Cycle* (ciclo de vida do desenvolvimento de sistemas).
- Especificar seis formas de coletar informações para uma avaliação de requisitos.
- Descrever os elementos-chave do projeto de interfaces, projeto de dados, projeto de processos, projeto de objetos, projeto físico e projeto de testes.
- Especificar as decisões e as atividades-chave no estágio de desenvolvimento do ciclo de vida do desenvolvimento de sistemas.
- Citar as vantagens e desvantagens de quatro estratégias de implementação.
- Descrever como as aplicações não-*Web* e os *websites* diferem em seu desenvolvimento e gestão.
- Descrever por que os projetos de sistemas são bem-sucedidos ou falham.

Desenvolvendo uma Solução de CRM no Royal Bank

Como administradora sênior de marketing de relacionamento com o cliente no Royal Bank, uma das maiores instituições financeiras do Canadá, Cathy Burrows necessitava compreender os clientes do banco, antecipar suas necessidades e avaliar seu valor. O banco já havia implementado um grande *data warehouse*, que capturava milhões de transações diariamente, mantinha um registro histórico das atividades dos clientes e os segmentava de acordo com a lucratividade que estes rendiam ao banco. Entretanto, o banco não tinha como usar as informações coletadas para analisar produtos, serviços ou processos alternativos que pudessem ser instituídos de forma a atender de maneira superior as expectativas dos clientes.

Os administradores seniores compreendiam que precisavam responder melhor às necessidades dos seus clientes. Como Burrows disse, "Nossos clientes nos disseram, muito claramente, que uma estratégia integrada de relacionamento com o cliente é o diferencial". Assim, ela iniciou a implementação desta estratégia.

Seu primeiro passo foi identificar quais sistemas e quais dados eram adequados e qual desenvolvimento adicional era necessário. Ela decidiu que os sistemas do banco necessitavam concentrar-se no comportamento do cliente e suas necessidades percebidas, capazes de fornecer informações úteis e relevantes para dar apoio ao processo da tomada de decisão, escalonável à medida que o banco evoluísse e seu ambiente mudasse e ficasse flexível o bastante para servir a cada uma das cinco unidades de negócios do banco. Estas unidades de negócios variavam de operações bancárias voltadas ao atendimento de pessoas físicas e atividades de banco comercial, de seguros, até a gestão de fortunas.

O passo seguinte foi desenvolver um claro conjunto de especificações e selecionar um fornecedor para implementá-las. Era importante que a solução se integrasse facilmente com o *data warehouse* do banco, que fosse alinhada com sua estratégia geral e que Burrows tivesse um elevado grau de confiança no fornecedor e na solução proposta.[1]

Parece provável que Cathy Burrows assumirá um papel importante no projeto e desenvolvimento dos novos sistemas para o Royal Bank. Sua situação não é incomum. Se você imaginar que não necessita compreender o processo de desenvolvimento de sistemas porque pode delegá-lo à sua equipe técnica, provavelmente será surpreendido. A maioria das empresas não empreenderá um projeto de sistemas importante sem a participação ativa das unidades de negócios que financiam o projeto. Muitas empresas requerem que um administrador de negócios seja o líder ou um dos líderes do projeto. Os executivos das áreas funcionais (ex. finanças, marketing, RH, etc.) e os administradores em geral devem esperar participar ao menos de um projeto importante de sistemas de informações a cada um ou dois anos.

CONCEITOS PRINCIPAIS DO DESENVOLVIMENTO DE SISTEMAS

Os administradores envolvidos no desenvolvimento ou atualização de sistemas de informações devem conhecer o ciclo de vida do desenvolvimento de sistemas, os caminhos do desenvolvimento e a importância dos modelos de sistemas e das ferramentas de projeto assistido por computador. Devem, também, aprender a tratar o desenvolvimento de sistemas como um processo de negócios, e não tratá-lo como uma série de projetos independentes.

O Ciclo de Vida do Desenvolvimento de Sistemas

O **ciclo de vida do desenvolvimento de sistemas** (SDLC – *Systems Development Life Cycle*), conhecido, também, como "o ciclo de vida do *software*" ou "o ciclo de vida da aplicação", refere-se aos estágios de concepção, projeto, criação e implementação de um sistema de informações, como mostrado na Figura 9-1. Nosso modelo de SDLC consiste nos seis estágios seguintes: **levantamento das necessidades, análise de alternativas, projeto, desenvolvimento, implementação, manutenção.**

- O *levantamento das necessidades* descreve um processo formal, integrado e, normalmente, de tempo limitado, relacionado à coleta de dados sobre as necessidades e oportunidades dos usuários finais e seus administradores, à avaliação e categorização da importância destas necessidades, e à consideração sobre a possibilidade de que eles possam não ser satisfeitos pela melhoria incremental dos sistemas existentes.
- A *análise de alternativas* considera um ou mais projetos alternativos e analisa suas vantagens e desvantagens. A análise de alternativas encerra-se quando os desenvolvedores selecionam um projeto preliminar para análise mais detalhada.
- O *projeto* refere-se à criação de especificações detalhadas para o sistema proposto. Assim como um empreiteiro não começaria a construir uma casa sem saber o tamanho e a localização dos quartos,

O ciclo de vida do desenvolvimento de sistemas descreve os estágios da concepção, desenvolvimento e maturidade de um sistema de informação.

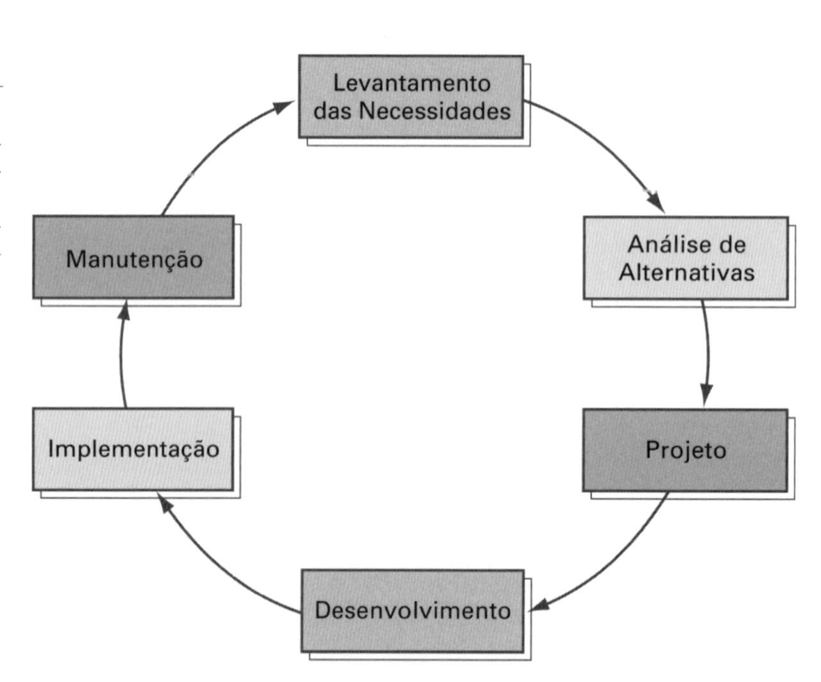

a disposição do encanamento e das instalações elétricas, os desenvolvedores de sistemas necessitam trabalhar com especificações detalhadas para produzir os resultados desejados. Se a organização planejar contratar externamente o desenvolvimento do sistema, as especificações detalhadas permitirão aos futuros contratados estimar custos e apresentar propostas.

- O ***desenvolvimento*** refere-se à criação ou aquisição do *hardware* e do *software* necessários à implementação do projeto. Ele inclui também os testes exigidos para a garantia de que o sistema preenche as especificações do projeto.
- A ***implementação*** consiste em desativar o sistema antigo e ativar o novo. A implementação inclui a conversão de dados do antigo para o novo sistema, o treinamento de empregados para o uso do novo sistema e a execução de testes piloto ou testes modulares no novo sistema.
- A ***manutenção*** diz respeito à correção de erros, ou ***bugs***, de maneira que o sistema opere a contento. Ela também engloba modificações no sistema para inclusão de novas características ou melhorias de desempenho além daquelas incluídas no projeto e, possivelmente, até além do que fora visualizado durante o levantamento das necessidades.

Não há modelo de SDLC uniformemente aceito. Alguns modelos combinam desenvolvimento e implementação em uma única etapa. Outros combinam o levantamento e a análise das necessidades também em uma única estapa. Outros, ainda, oferecem mais detalhes, dividindo cada uma das etapas em diversas partes. Um modelo, por exemplo, divide a etapa de projeto em projeto lógico e projeto físico.

O conceito de ciclo de vida indica que as empresas substituem ou renovam sistemas à medida que eles envelhecem. Os administradores de negócios, como os do Royal Bank, examinam novas oportunidades, avaliam as necessidades de informações e verificam, regularmente, os pontos fracos dos sistemas existentes. À medida que as demandas por manutenção tornam-se mais freqüentes e difíceis de implementar, a organização provavelmente desejará empreender uma avaliação formal das necessidades, começando o ciclo novamente. O levantamento das necessidades e a análise de alternativas podem ocorrer diversas vezes antes que a organização realmente decida-se a ir além destas etapas e substituir o sistema existente.

Os sistemas de grande porte requerem, usualmente, vários anos para que alcancem estabilidade e maturidade. Durante esse tempo, a organização pode crescer ou encolher, atingir novos mercados ou adquirir novos negócios. A tecnologia também mudará. O *hardware* que satisfez às necessidades iniciais pode permanecer adequado, mas incapaz de incorporar uma tecnologia mais recente e mais avançada em seus sistemas, podendo deixar a organização numa situação de desvantagem competitiva. Por exemplo, uma empresa que desenvolveu seus sistemas de estoque antes que os leitores de código de barras se tornassem amplamente disponíveis terá menos informações do que as empresas que usam tecnologias mais recentes. Da mesma forma, os sistemas que incorporam dispositivos de entrada por voz e multimídia vão ultrapassar as potencialidades de sistemas anteriores que não têm estas tecnologias. A tecnologia de *software* também melhora e se torna mais eficiente com o tempo. Os desenvolvedores de sistemas que efetuam a manutenção das aplicações existentes devem usar uma tecnologia mais antiga, menos eficiente e não podem modificar suas aplicações para satisfazer às novas demandas tão rapidamente quanto os concorrentes que usam tecnologias mais novas. Estes sistemas antigos, difíceis de manter, são chamados de **sistemas legados** (***legacy systems***).

A decisão de substituir em vez de modificar um sistema antigo é difícil. Os sistemas legados representam, freqüentemente, um investimento de muitos anos e de milhares ou milhões dos dólares. Os administradores, usuários e a equipe de sistemas de informações sentem-se confortáveis e seguros em usá-los; eles sabem que, apesar de suas limitações, funcionam. Um novo sistema apresenta riscos potenciais. Ele deve funcionar melhor do que o sistema antigo que substitui, mas pode falhar em aspectos inesperados. A organização deve novamente treinar sua equipe de desenvolvimento de sistemas nas novas tecnologias e treinar os usuários finais no novo sistema. Os administradores normalmente não têm nenhuma maneira segura de quantificar os benefícios de um novo sistema e enfrentam alguma incerteza ao estimar os custos e o tempo de desenvolvimento do sistema.

O administrador típico que enfrenta estas preocupações tentará, freqüentemente, manter os sistemas atuais operando. À medida que os custos de manutenção aumentam e novos produtos dos concorrentes apresentam recursos mais avançados e vistosos, os administradores passam a considerar a substituição dos sistemas mais antigos. Às vezes, as mudanças tecnológicas que tornam difícil ou impossível a manutenção de um sistema legado forçarão os administradores a desfazer-se dele antes de estarem prontos para fazê-lo. Mais freqüentemente, entretanto, a iniciativa para substituir um sistema legado vem dos líderes de negócios ao lidarem com os sistemas existentes que são incapazes de dar suporte às necessidades da organização.

Desenvolvimento de Sistemas como um Processo

Muitas organizações vêem cada iniciativa de desenvolvimento de sistemas como um projeto. As organizações mais sofisticadas, entretanto, tratam o desenvolvimento de sistemas como um processo. Elas reconhecem que, embora os sistemas possam diferir substancialmente uns dos outros, seu desenvolvimento segue um roteiro previsível, bem definido e manejável. Estas organizações aprendem com seus sucessos e erros. Elas criam manuais de instruções sobre temas que auxiliam os administradores e os desenvolvedores a repetir o êxito obtido em atividades bem-sucedidas e a evitar as malsucedidas ou desperdiçadas. Eles gradualmente acumulam um conjunto de ferramentas que auxiliam a institucionalizar, automatizar e auditar as atividades associadas com o desenvolvimento de sistemas. Eles podem medir o sucesso de suas iniciativas de desenvolvimento de sistemas usando métricas e indicadores, tais como o tempo para a conclusão, a mão-de-obra necessária e as falhas no produto final relacionadas com as características, ou complexidade do novo sistema.

As organizações podem usar ferramentas de *software* de gestão de processos comerciais para auxiliá-las na padronização e melhoria dos seus processos de desenvolvimento de sistemas. A maioria dos produtos de *software* de gestão de processos enfatiza uma metodologia de desenvolvimento específica. Uma **metodologia** é um conjunto prescrito e documentado de práticas, ferramentas, documentos, relatórios, e, freqüentemente, anotações. Os pacotes comerciais de *software* de gestão de processos fornecem suporte para dúzias de metodologias populares, tais como o Método Dinâmico para Desenvolvimento de Sistemas[2] (*Dynamic System Development Method*) e o Processo Unificado Racional[3] (*Rational Unified Process*). Este *software* normalmente inclui gabaritos ou modelos para guiar os desenvolvedores na criação de produtos intermediários, tais como esboços, especificações e quaisquer outras saídas finais associadas com a metodologia que ele suporta. A ferramenta pode incluir tutoriais* para auxiliar os usuários a aplicar diversas ferramentas associadas com suas tarefas, bem como a métrica e os indicadores que os administradores podem usar para medir e avaliar o desempenho, além de listas de tarefas que podem ser exportadas para um pacote de gestão de projetos, como o Microsoft Project.

A Southwest Airlines obteve muitos benefícios quando abandonou a prática de tratar os esforços de desenvolvimento de *software* como projetos independentes, cada um com sua própria metodologia, e estabeleceu o Processo Unificado Racional como metodologia padrão suportada pelo conjunto de ferramentas de processo e desenvolvimento de *software* da Rational Software. Comparando os projetos antes, depois e durante a transição, a Southwest descobriu que os projetos que usavam a metodologia eram mais serenos, a equipe de desenvolvimento era mais focada e sabia melhor o que precisava fazer e os prazos eram mais freqüentemente cumpridos sem muito atraso. Além disso, era mais fácil compartilhar as melhores práticas das equipes de desenvolvimento mais experientes e levá-las a novos desenvolvedores.[4]

Alguns pacotes comerciais suportam o desenvolvimento das melhores práticas oriundas da própria organização. Estes produtos vêm com biblioteca de processos customizável que, freqüentemente, inclui, como ponto de partida, diversas das metodologias extensamente aceitas.[5] Os desenvolvedores podem selecionar uma metodologia baseada em fatores como tamanho do projeto, quão arriscado e estratégico ele é, quão rápido precisa ser terminado e até que ponto é recomendável que seu desenvolvimento seja interno ou terceirizado.

As organizações às vezes designam um **administrador de processos** ou **bibliotecário de processos** para customizar *templates* ou modelos e tutoriais conforme os padrões da organização e para reunir as métricas e as melhores práticas para a customização da biblioteca de processos. O administrador de processos pode, também, ter responsabilidades de treinamento e educação dos gestores, tais como Cathy Burrows, que estão envolvidos há pouco tempo nos projetos e podem não estar familiarizados com as metodologias de desenvolvimento de sistemas da empresa.

As organizações que tratam o desenvolvimento de sistemas como um processo freqüentemente esforçam-se para aplicar aos seus métodos os princípios da gestão de qualidade total e da melhoria de processos. O Software Engineering Institute (SEI) desenvolveu e popularizou um modelo chamado CMM – *Capability Maturity Model* (ver Figura 9-2), que auxilia estas organizações a medir quão bem elas alcançam estes objetivos e as guia na melhoria de seus processos de desenvolvimento de sistemas. Muitas empresas usam a assessoria de terceiros para confirmar a qualidade de seus processos de desenvolvimento. Geralmente as organizações ficam satisfeitas ao serem certificadas no nível 2, entre cinco níveis possíveis;

---

*Tutorial: Um texto, ou um programa de fácil utilização, para ensinar novos usuários sobre a operação de um pacote específico de *software*. (N.T.)

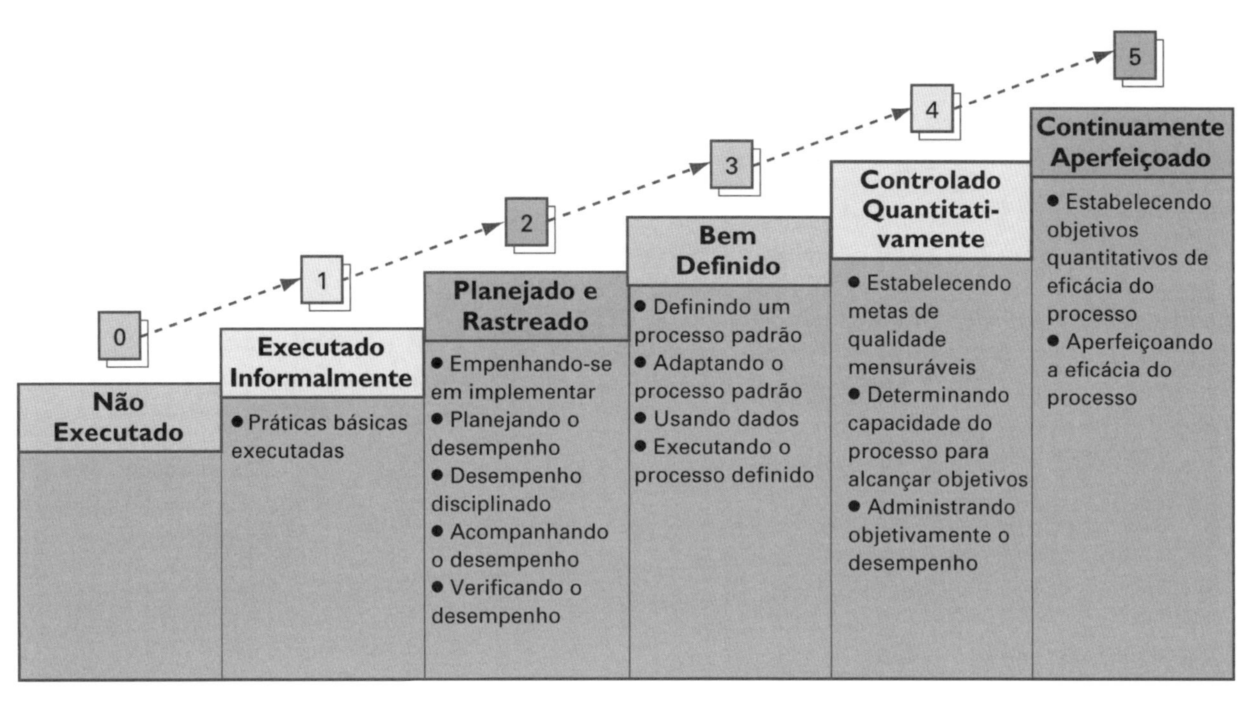

FIGURA 9-2 O CMM (*Capability Maturity Model*) do Software Engineering Institute descreve a sofisticação de uma organização no que concerne ao estabelecimento e desenvolvimento das melhores práticas para o desenvolvimento de sistemas.

FONTE: Software Engineering Institute, *A Systems Engineering Capability Maturity Model, Version 1.1, SECMM-95-01, CMU/SEI-95-MM-003* (Pittsburgh, PA: Software Engineering Institute, 1995): 2-28.

por exemplo, a RCG Information Technology, líder nacional em serviços profissionais de TI, tendo entre seus clientes 45 das 100 maiores empresas constantes da revista *Fortune*, distribuiu um comunicado à imprensa quando recebeu sua certificação de nível 2.[6] De acordo com dados recentes, somente 42 empresas no mundo todo conseguiram o nível mais elevado.[7] A Telecordia Technologies, de Nova Jersey, líder global em telecomunicações, conseguiu uma certificação de nível 5 depois de uma complexa revisão das práticas de desenvolvimento de *software* de seus 3.500 engenheiros de *software* distribuídos em oito divisões da empresa.[8]

O *software* de gestão de projetos complementa o *software* de gestão de processos com ferramentas que os líderes de projetos podem usar como auxílio na administração de um projeto de desenvolvimento de *software* complexo. O Project, da Microsoft, e outros pacotes como este auxiliam os administradores a atribuir responsabilidades a indivíduos ou grupos, identificar tarefas no caminho crítico,* estimar o tempo para a conclusão de tarefas e acompanhar o percentual completado. Quando um projeto sofre atraso, o *software* de gestão de projetos pode notificar os administradores envolvidos e auxiliá-los a ajustar recursos e prioridades para colocá-lo novamente em dia.

Caminhos no Desenvolvimento de Sistemas

O SDLC pode parecer sugerir que os novos sistemas sempre progridem de modo regular e seqüencial de um estágio para o seguinte. Na prática, os sistemas nem sempre seguem esta progressão. Os administradores e os profissionais de computação podem mover-se através do SDLC usando o modelo em cascata, a abordagem em espiral, a prototipagem ou a programação ágil.

O Modelo em Cascata

O **modelo em cascata** segue o SDLC em seqüência (ver Figura 9-3). Como a água que flui numa cascata, o desenvolvimento movimenta-se somente num sentido, de modo que as etapas não podem ser repetidas.

*Caminho crítico – *critical path*: roteiro das atividades que devem ser completadas em datas determinadas, a fim de que um projeto seja concluído na data programada. (N.T.)

FIGURA 9-3

O modelo em cascata de desenvolvimento de sistemas exige que os estágios no ciclo de vida sejam executados em seqüência, sem possibilidade de repetição ou retorno a passos já executados. A água não flui montanha acima.

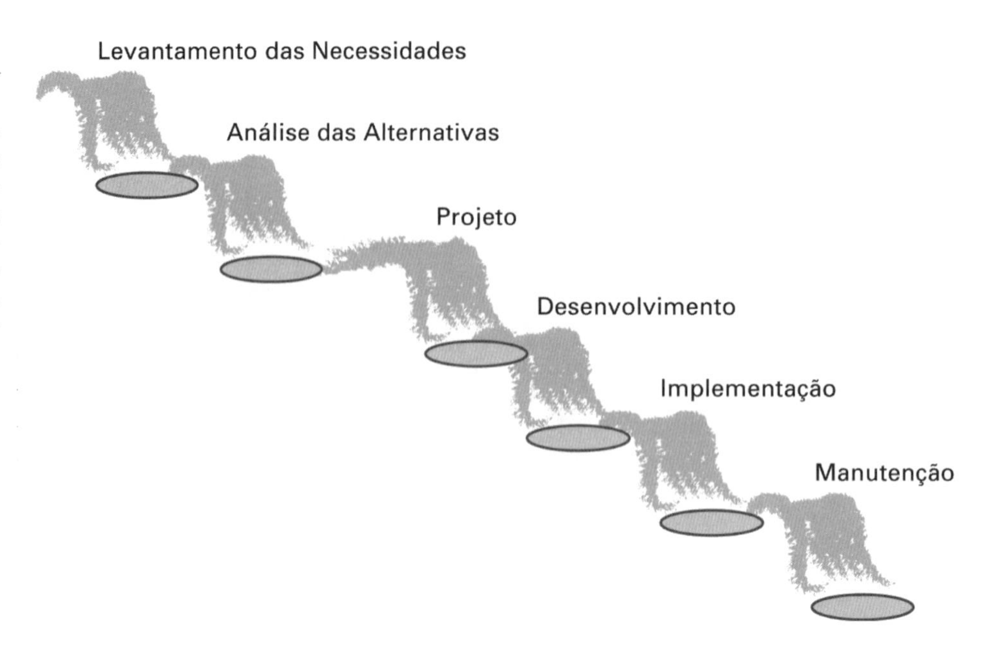

O levantamento das necessidades, por exemplo, ocorre somente uma vez. Após ter terminado cada etapa, a equipe do projeto cria produtos e relatórios que documentam os resultados desta etapa. Os patrocinadores do projeto aprovam estas saídas, que se transformam em entrada para a etapa seguinte do processo. A estrutura linear da abordagem em cascata e a ausência de revisão a tornam relativamente fácil de administrar. O administrador do projeto pode determinar prazos finais e monitorar o progresso na direção destes prazos.

Ao mesmo tempo, o modelo em cascata é altamente inflexível. Se, por exemplo, as necessidades do usuário mudarem durante o projeto, não existe nenhum mecanismo formal para ajustar o processo de desenvolvimento. Se o administrador do projeto seguir estritamente o modelo em cascata, ele preserva, em um banco de dados, todas as mudanças propostas e as examina na conclusão do projeto, para ver se um outro projeto deveria ser iniciado para satisfazer estas necessidades.

O uso do modelo em cascata significa, também, que nenhum componente do sistema será entregue até a proximidade do final do projeto. Freqüentemente, esta demora na entrega conduz a tensões entre usuários e desenvolvedores, especialmente se os prazos finais são ultrapassados. Os patrocinadores perguntam-se por que gastam milhões de dólares e, contudo, não vêem nenhum resultado. O produto final pode também surpreender os patrocinadores. Apesar da massa de documentação que acompanha o modelo em cascata, os patrocinadores raramente compreendem exatamente o que adquiriram, até que o produto seja entregue. Nesse ponto, eles não podem mais fazer mudanças sem incorrer em grandes custos e atrasos.

Apesar destas desvantagens, o Royal Bank provavelmente usará o modelo em cascata para seu sistema de CRM. O sistema tem um alcance que abrange toda a organização, com implicações em muitos dos aplicativos de *software* nela existentes. O Royal Bank vai querer assegurar-se de que o novo sistema satisfaça todas as necessidades dos usuários e que o objetivo do projeto não mude à medida que o desenvolvimento prossiga.

A Abordagem em Espiral

A **abordagem em espiral** implementa os sistemas baseada no conceito da maior necessidade. Como ilustrado na Figura 9-4, a abordagem em espiral entrega um sistema em versões. Cada versão passa por todas as etapas do SDLC, exceto a implementação, que pode ser adotada para algumas versões, e a manutenção, que se aplica somente à última versão.[9]

A "regra 80/20" dirige a abordagem em espiral: 80% das necessidades dos usuários podem ser satisfeitos com somente 20% das funções que eles desejam. Produzir um sistema básico para satisfazer 80% das necessidades torna-se então simples se você puder acreditar nesta regra. A primeira versão tenta obter um sistema básico que satisfaça a maioria das necessidades do usuário. A adição dos "penduricalhos" toma a maior parte do tempo.

Os partidários da abordagem em espiral freqüentemente usam um conceito de *time-box* (caixa de tempo) para regular o desenvolvimento. Uma ***time-box*** é um período determinado, freqüentemente, de três meses, dentro do qual os desenvolvedores devem completar cada versão. Não há especificações de produtos, porque satisfazer a estas especificações pode ser impossível dentro do tempo permitido. Em vez disso, os desenvolvedores agregam características pela ordem de prioridade até que o tempo se esgote. Então, eles liberam a nova versão. A Caterpillar Financial Services e seu contratado, ThoughtWorks, usaram uma abordagem de *time-box* para desenvolver um sistema financeiro e de aprovação de crédito para os concessionários de produtos da Caterpillar, tais como tratores e veículos de terraplenagem. A cada três ou quatro meses, a empresa contratada entregava partes do sistema, tais como aprovação de crédito, política de preços e documentação. O sistema inteiro levou três anos para ser desenvolvido e custou vários milhões de dólares, mas os usuários apreciavam utilizar as características implementadas tão logo se tornavam disponíveis.[10]

Uma alternativa para o *time-box* envolve o planejamento de cada versão, tanto quanto possível, no começo do projeto. De fato, isto divide o projeto em subprojetos menores, cada um administrado mais facilmente do que o projeto principal e cada um fornecendo um produto em funcionamento e pronto para entrega. Ao final de cada projeto, os subprojetos restantes são redefinidos considerando o *feedback* do usuário.

A abordagem em espiral entrega o produto rapidamente. Não há a documentação trabalhosa das especificações, porque os usuários podem revisar o produto em versões posteriores. Os usuários podem ver o progresso e julgar quanto tempo passará até que o sistema em desenvolvimento satisfaça suficientemente suas necessidades para que possa substituir o sistema existente.

A abordagem em espiral significa também revisão constante das versões existentes. Embora as empresas possam reusar algumas partes de antigas versões, elas devem descartar e reescrever as outras. Esta recodificação freqüentemente aumenta o custo do projeto. O produto pode não ser utilizável até que versões posteriores estejam completas.

Prototipagem

A **prototipagem** descreve uma abordagem que tenta satisfazer as necessidades do usuário focalizando a interface de usuário. Os estágios de projeto e de desenvolvimento, no que concerne à interface de usuário, repetem-se até que o usuário esteja satisfeito, como ilustrado na Figura 9-5. Ocasionalmente, os desenvolvedores descobrem novas necessidades do usuário no processo e podem necessitar fazer análises adicionais.

Uma variação de prototipagem chamada **desenvolvimento conjunto de aplicações** (JAD – ***Joint Application Development***) funciona, essencialmente, como segue. Os usuários encontram-se com os desenvolvedores periodicamente, normalmente a cada dia, no início do projeto. Os usuários descrevem

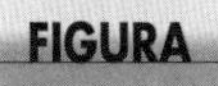

FIGURA 9-4

O modelo em espiral de desenvolvimento de sistemas cria novos sistemas em versões, com as necessidades mais importantes sendo atendidas em primeiro lugar. Cada versão subseqüente passa por múltiplos estágios do ciclo de vida.

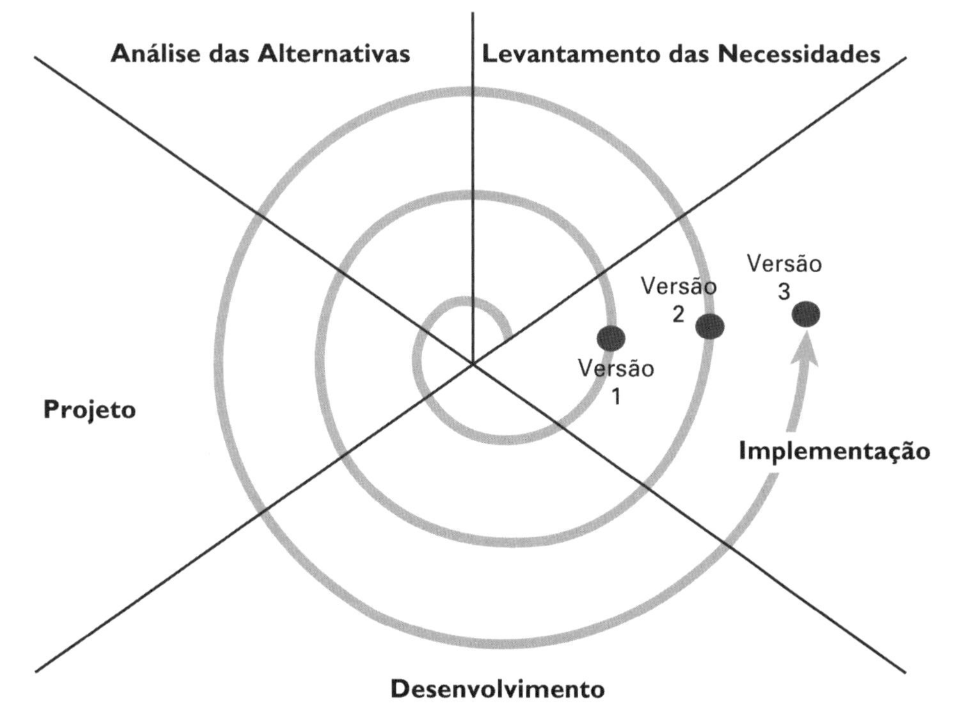

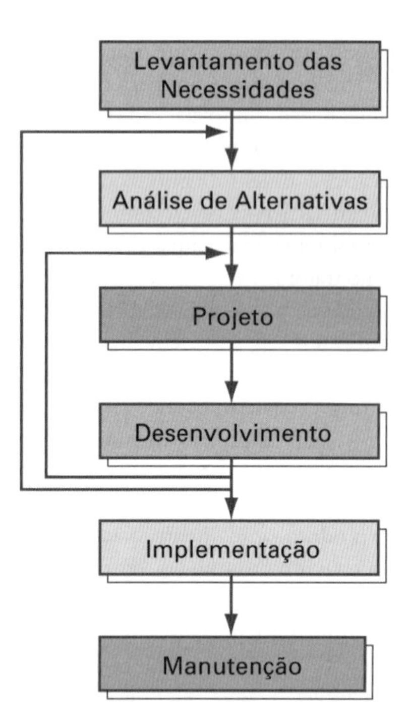

FIGURA 9-5

A prototipação exige ciclos de interação entre as fases de projeto, desenvolvimento e, ocasionalmente, de análise. As ferramentas de *software* são usadas para desenvolver a interface rapidamente e manter os modelos de dados e processos atualizados.

suas necessidades durante as reuniões iniciais. Os desenvolvedores de *software* usam *softwares* de prototipagem para criar um protótipo de um sistema que pareça satisfazer estas necessidades antes da próxima reunião conjunta. O protótipo que eles criam pode incluir telas de entrada de dados, relatórios, telas de consulta e outras partes da interface de usuário, mas raramente executa o processamento. Os desenvolvedores às vezes criam dados fictícios para dar a impressão de um sistema em funcionamento. Na reunião seguinte, os desenvolvedores apresentam seu protótipo aos usuários para sua revisão.

As reuniões de discussão alternam-se com tempo de desenvolvimento para os desenvolvedores de sistemas. Estas discussões permanentes entre usuários e desenvolvedores permitem que os usuários comuniquem suas necessidades ao desenvolvedor com maior exatidão do que ocorreria pela construção de uma declaração formal de especificação durante a fase de projeto do SDLC. À medida que o sistema se desenvolve e as necessidades não satisfeitas diminuem, a freqüência das reuniões entre usuários e desenvolvedores diminui. Os desenvolvedores podem então gastar seu tempo prioritariamente nas questões da implementação, otimizando o uso dos recursos do sistema, tais como armazenamento e computação e completando o código para processamento.

A prototipagem oferece diversas vantagens sobre a abordagem em cascata:

- Diminui o tempo decorrido entre a análise e a implementação.
- Assegura que o novo sistema satisfaça as necessidades do usuário.
- Mostra os benefícios de um novo sistema antes que o esforço e os custos se tornem excessivos.
- Explora as potencialidades que os usuários têm em articular mais facilmente aquilo de que não gostam em um sistema do que aquilo que apreciam nele.

A prototipagem tem também desvantagens em relação ao modelo em cascata:

- Ela tende a elevar as expectativas dos usuários a níveis que os desenvolvedores não podem atender dentro de seu orçamento. Quando os usuários vêem a rapidez com que os desenvolvedores produzem um protótipo, acreditam que o esforço inteiro de desenvolvimento do sistema será igualmente rápido e fácil. Os usuários pedem recursos adicionais continuamente à medida que experimentam cada protótipo. A prototipagem rápida esconde o risco e o custo de aumentar a abrangência, porque nenhuma análise completa ocorre após cada ciclo de prototipagem.
- Os programas de *software* que permitem aos desenvolvedores de *software* desenvolver rapidamente a interface de um novo sistema e de customizá-la rapidamente em atendimento às solicitações do usuário, atualmente, custam caro. Embora o código que muitos deles produzem possa reduzir o custo final do desenvolvimento num valor maior do que o custo da ferramenta, estas economias não são garantidas.

- Ela atrasa a demonstração da funcionalidade do sistema. Metade da funcionalidade pode não aparecer até que se atinjam os 10% finais do cronograma de desenvolvimento.[11]
- Os benefícios da prototipagem diminuem se a empresa adquirir *software* existente, em vez de desenvolver o seu próprio. Como o Royal Bank, por exemplo, planejou adquirir e adaptar o *software* de um fornecedor de CRM, ele provavelmente não seguiria uma abordagem de prototipagem.

Programação Ágil

Programação ágil é um nome dado às diversas metodologias que se concentram na reação rápida às mudanças nos requisitos do usuário e que visam a pequenos grupos de desenvolvimento e projetos que requeiram um mínimo de documentação. Um exemplo de programação ágil que recentemente tornou-se popular é a programação extrema (XP – *Extreme Programming*), uma metodologia que junta dois programadores com um dos clientes para os quais o *software* está sendo desenvolvido. Apesar de contradizer antigas crenças sobre o desenvolvimento de *software*, a experiência mostra que a XP pode reduzir o tempo de desenvolvimento e os defeitos de *software*, ao mesmo tempo que aumenta a satisfação entre desenvolvedores e usuários. O fabricante de automóveis DaimlerChrysler AG usa a XP para alguns de seus projetos de desenvolvimento de sistemas tanto nos Estados Unidos como na Alemanha.[12] A programação extrema, apesar de ser ágil no que diz respeito às necessidades do cliente e à velocidade de desenvolvimento, tem sido criticada como sendo muito prescritiva em sua metodologia.

Outras metodologias ágeis, como o Crystal, permitem à equipe de desenvolvimento preparar e refinar o seu próprio processo.[13] O Crystal está provavelmente mais próximo de uma filosofia e de um menu de metodologias do que propriamente de uma metodologia. Por exemplo, ele adota o princípio de que cada projeto necessita de uma metodologia ligeiramente diferente, dependendo de fatores tais como o tamanho e a experiência e as personalidades da equipe de projeto. Quando o partidário do Crystal, Jens Coldewey, foi chamado para salvar do fracasso o projeto de desenvolvimento de um complexo e abrangente sistema bancário, ele levou a equipe de desenvolvimento para fora do ambiente de trabalho. O objetivo era auxiliar seus membros a afastar-se, mesmo que momentaneamente, das pressões cotidianas de levar adiante o trabalho e concentrar-se em como estavam fazendo o trabalho. Ele pediu que os desenvolvedores escrevessem em um conjunto de cartões quais os processos e atividades que melhoravam a velocidade do desenvolvimento, e em outro conjunto quais os processos que retardavam o desenvolvimento. Depois que os membros da equipe analisaram os dados e refinaram sua metodologia de desenvolvimento, foram capazes de terminar a primeira fase do trabalho em poucas semanas, cumprindo um prazo que parecera impossível poucos dias antes.[14]

A Seleção de um Caminho

A Tabela 9-1 resume as diferenças entre os quatro caminhos. A melhor abordagem para um determinado projeto depende, em grande parte, da natureza do projeto e da natureza da organização. A abordagem em cascata funciona melhor com projetos de grande porte, complexos, que têm numerosos interessados, afetam a empresa toda e não podem ser facilmente divididos em subprojetos. Ela também funciona bem com organizações que têm uma cultura formal e uma estrutura hierárquica.

A abordagem em espiral e a programação ágil funcionam bem nas organizações dinâmicas, que podem tolerar a ambigüidade e necessitam obter resultados rapidamente. O caminho em espiral pode apresentar melhores resultados quando adotado para projetos que se dividem facilmente em subprojetos e para projetos mais simples, em especial o desenvolvimento de sistemas de usuário único ou que afetam um pequeno departamento. A programação ágil é bem-sucedida em ambientes onde as necessidades do usuário são difíceis de especificar ou mudam rapidamente.

A prototipagem funciona melhor para projetos de pequeno a médio portes. Ela funciona bem onde a cultura suporta equipes funcionalmente mistas. A prototipagem pode ser combinada com a abordagem em espiral e ser usada para um ou mais dos subprojetos em um desenvolvimento em espiral.

Modelagem de Sistemas

Os desenvolvedores de sistemas usam dados, processos e modelos de objeto para compreender os sistemas existentes e projetar os novos. Estes modelos fornecem uma linguagem que os analistas, os projetistas e os desenvolvedores podem usar para comunicar-se eficientemente. Os administradores de equipes de desenvolvimento de sistemas se beneficiarão da compreensão destes modelos de modo que possam melhor comunicar suas necessidades.

TABELA 9-1 Os desenvolvedores de sistemas podem escolher entre quatro caminhos.

Modelo	Descrição	Usos	Vantagens	Desvantagens
Cascata	Segue ordenadamente os estágios do ciclo de vida do desenvolvimento de sistemas	Projetos de grande porte e complexos, com muitas pessoas e áreas envolvidas	Sem retrabalho Fácil de administrar	Altamente inflexível Não há entregas provisórias
Espiral	Entrega o sistema em versões conforme a regra 80/20 de acordo com a necessidade	Organizações dinâmicas que podem tolerar ambigüidades e necessitam obter resultados com rapidez	Rápida entrega do produto Progresso fácil de ver	Retrabalhos constantes Custos elevados
Prototipagem	Concentra-se na interface do usuário numa interação cíclica dos estágios de projeto e desenvolvimento	Projetos de porte pequeno a médio onde os requisitos são vagos ou obscuros	Curto período entre análise e implementação O sistema satisfaz melhor as necessidades Evita custos desnecessários Ampliada comunicação e interação entre usuários e desenvolvedores	Aumenta as expectativas do usuário Não garante redução de custos Atrasa a funcionalidade do sistema
Programação ágil	Avalia necessidades e desenvolve especificações durante o desenvolvimento	Pequenos projetos conduzidos por desenvolvedores experientes e competentes e usuários que desejam tomar parte no processo de desenvolvimento	Rápida entrega do produto Pronto atendimento às necessidades do usuário	Mais difícil de aplicar conceitos de qualidade tais como medição de desempenho e melhoria de processos Pode decair acentuadamente com desenvolvedores fracos

Os produtos de *software* que geram programas de computador diretamente dos modelos de sistemas podem acelerar, de maneira acentuada, o desenvolvimento de *software*. Os *softwares* que geram modelos de sistema a partir dos programas existentes podem auxiliar os desenvolvedores a compreender e manter estes programas. Muitos produtos suportam, também, a tradução entre modelos do mesmo tipo, por exemplo, de um modelo de dados para outro.

Modelos de Dados

Os modelos de dados descrevem os relacionamentos entre os elementos de dados que uma organização usa. O modelo entidade-relacionamento (ver Capítulo 4) é um dos modelos de dados mais extensamente usados (ver Figura 9-6 para um exemplo). O American National Standards Institute suporta um padrão diferente, o modelo de dados IDEF1X. Este modelo assemelha-se ao modelo entidade-relacionamento, mas se converte mais diretamente para uma implementação de banco de dados relacional. Os produtos tais como o Visible Analyst, da Visible Systems, e o System Architect, da Popkin Software, suportam ambos os modelos, bem como diversos outros.

Modelos de Processos

Os modelos de processos dividem um processo em suas partes, mostram como estas partes se relacionam entre si e indicam quais saídas de um processo são entrada para outros processos. Os modelos de processos mais populares incluem **diagramas de estrutura, quadros de funções** e **diagramas de fluxo de dados** (DFDs).

- Os ***diagramas de estrutura*** mostram o relacionamento entre os programas e subprogramas que compreenderão o sistema acabado. A Figura 9-7, um diagrama de estrutura para um sistema de folha de pagamento, enfatiza o projeto modular do sistema. A execução de uma determinada tarefa, como o cálculo do pagamento líquido, requer a terminação de todas as tarefas abaixo (p.ex., cálculo de impostos e cálculo de deduções).
- Os ***quadros de funções***, ilustrados na Figura 9-8, implementam o modelo IDEF0 do American National Standards Institute. Cada quadro de função corresponde a uma caixa num diagrama de estrutura. As linhas entre as caixas mostram os relacionamentos entre as entradas e saídas dos procedimentos. Os documentos que suportam a metodologia IDEF0 mostram um único quadro de função juntamente com a divisão dessa caixa em suas subtarefas em cada página, como ilustrado na Figura 9-9.

FIGURA 9-6

Este diagrama E-R mostra o relacionamento entre representantes de vendas e seus clientes.

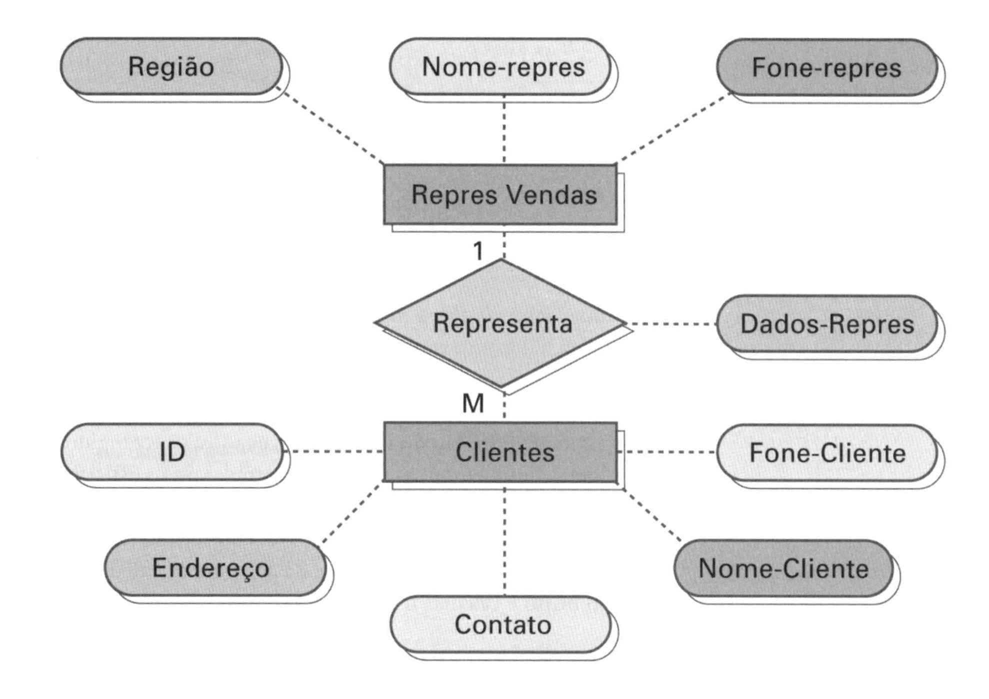

FIGURA 9-7

Um diagrama de estrutura de um sistema de folha de pagamento divide os processos da folha de pagamento em três subprocessos. Os subprocessos sofrem novas divisões.

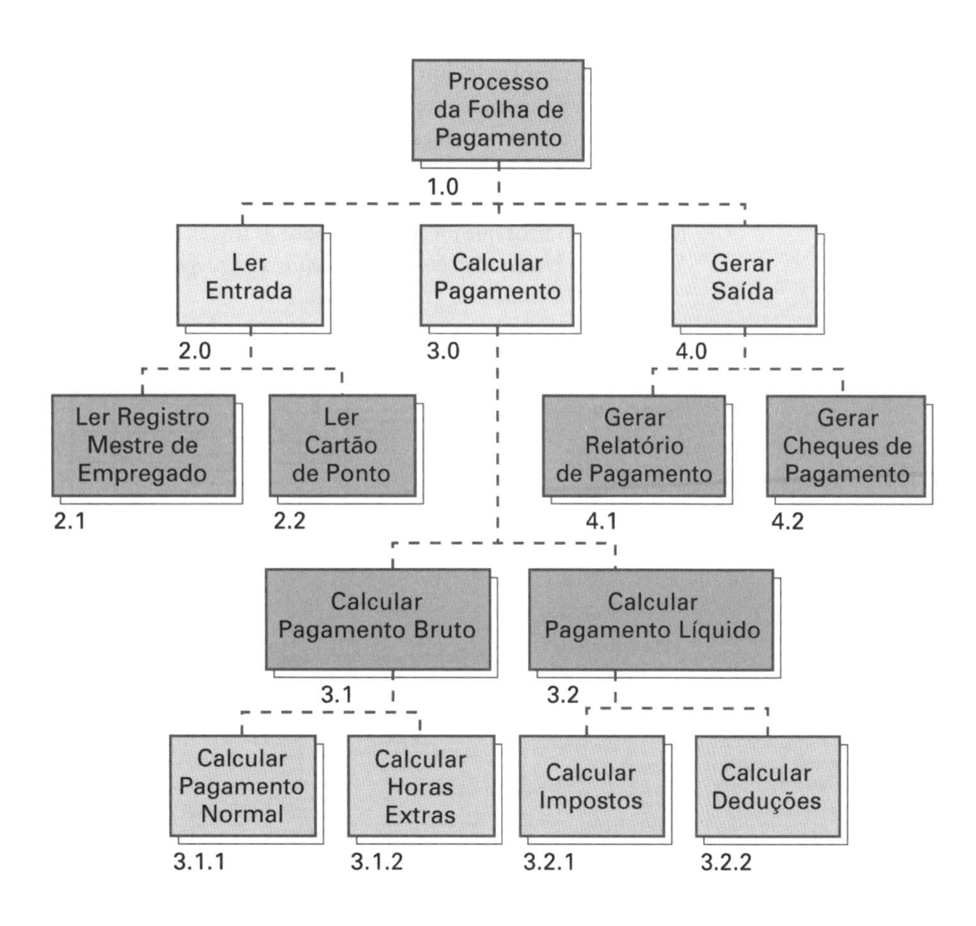

FIGURA 9-8

O quadro de funções IDEF0 mostra como um processo se conecta com outros processos. Os quadros de funções são rotulados por níveis, correspondendo a um nível de uma hierarquia de diagrama estrutural.

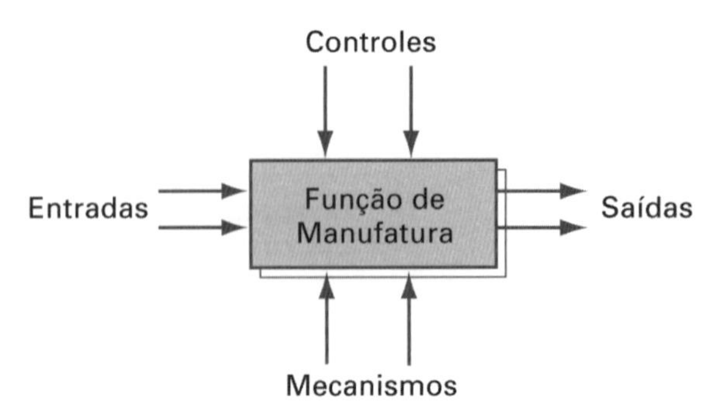

- Os ***diagramas de fluxo de dados*** (**DFDs**) modelam o fluxo dos dados entre processos. Eles não modelam a decomposição dos processos em subprocessos ou a ordem em que as tarefas são executadas para realizar um processo. A Figura 9-10 ilustra um diagrama de fluxo de dados para um sistema simplificado de folha de pagamento. As setas indicam o fluxo dos dados; os retângulos abertos lateralmente representam dados armazenados; os retângulos arredondados indicam processos; e os quadrados representam as fontes das entradas ou os usuários das saídas. Este exemplo mostra o empregado tanto como uma fonte da entrada (cartão de ponto) como um usuário da saída (contracheque de pagamento). Um arquivo de empregados mantém dados armazenados sobre a classe de pagamento do empregado, o nível de pagamento e deduções; os processos para determinar o pagamento bruto e calcular o pagamento líquido usam estes dados armazenados.

Modelos de Objeto

Os modelos de objeto descrevem as propriedades dos objetos, seus relacionamentos entre si e as funções que executam (veja os Capítulos 3 e 4). Os modelos de objeto incluem, normalmente, os diagramas de herança, que mostram como os objetos herdam suas propriedades de outros objetos. Os modelos de objeto podem também incluir diagramas de estado para mostrar como as características de objeto mudam à medida que os eventos externos afetam um objeto e como o objeto responde diferentemente às mensagens, dependendo do seu estado.

Você deve recordar que os objetos incorporam tanto os dados quanto as operações que podem ser executadas sobre os dados. Os relacionamentos entre objetos, dados e processos motivaram o desenvolvimento de modelos que incorporam todos os três elementos. Entre os mais populares está a Linguagem de Modelagem Unificada (*Unified Modeling Language*), conhecida como UML.[15]

FIGURA 9-9

A página inferior mostra um modelo IDEF0 com quadros de funções. A página superior apresenta o modelo IDEF0 de um processo pai, permitindo que o modelador visualize o processo atual em seu contexto adequado.

FONTE: *Federal Information Processing Standards Publication 183: Integration Definition for Function Modeling (IDEF0)* (Knowledge Based Systems, Inc. and U.S. Department of Commerce National Technical Information Service, 1993): 55, acessado em http://www.idef.com/idef0.html em 2 de abril de 2002.

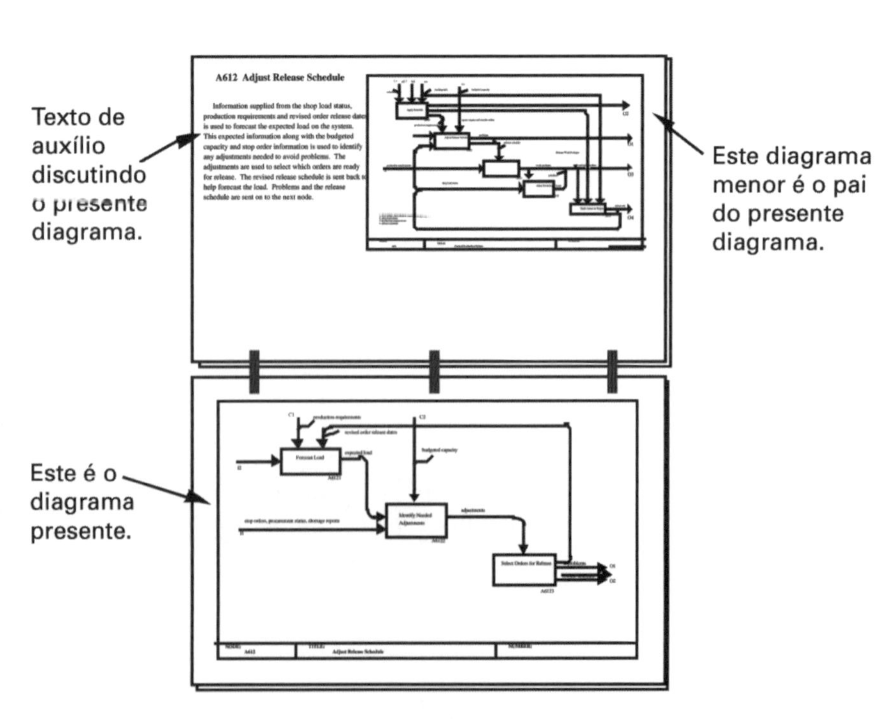

FIGURA 9-10

Um diagrama de fluxo de dados de um sistema de folha de pagamento mostra as entradas e saídas de cada procedimento e as fontes e usos dos dados que estão fora dos limites do sistema. O diagrama de fluxo de dados também mostra arquivos e saídas intermediárias.

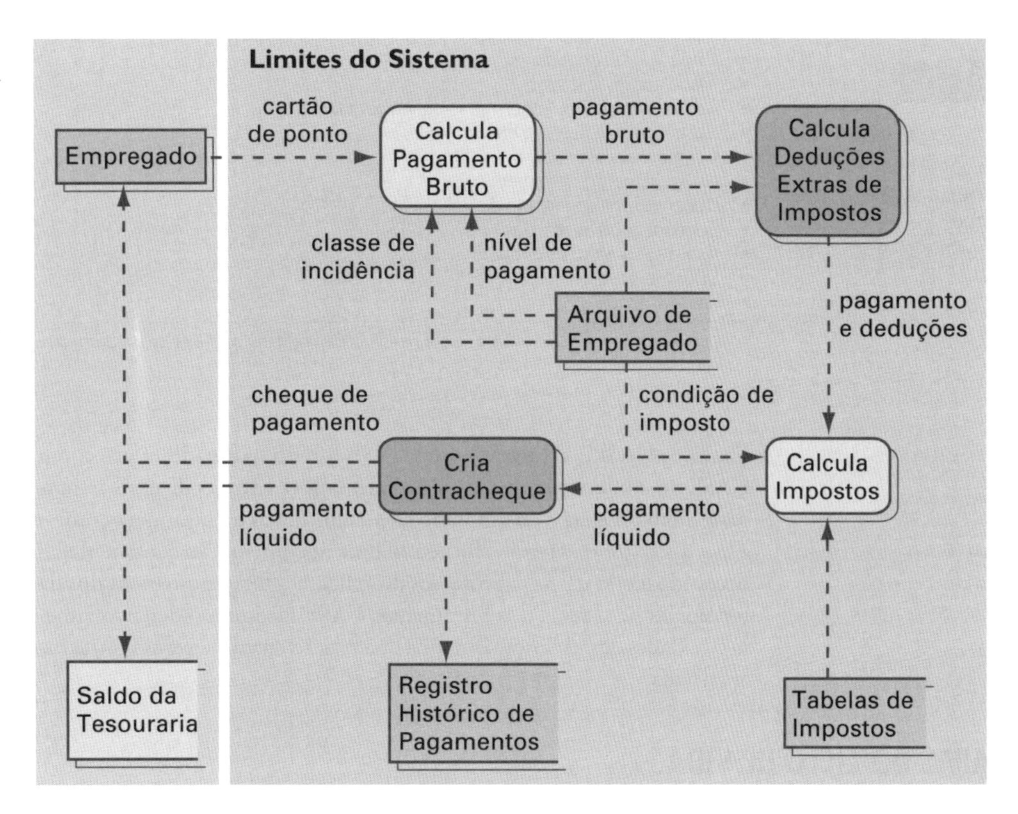

Engenharia de *Software* Assistida por Computador (CASE – *Computer-Aided Software Engineering*)

A **engenharia de *software* assistida por computador** (CASE) descreve o uso de *software* para automatizar as atividades executadas no levantamento das necessidades, na análise de sistemas, no projeto, no desenvolvimento e na manutenção de sistemas informatizados. As **ferramentas CASE**, como mostrado na Tabela 9-2, referem-se a estes produtos de *software*. Os administradores e os desenvolvedores podem usar as ferramentas CASE para desenvolver uma etapa ou elemento do SDLC isolado, como o desenvolvimento de um diagrama ER, ou para praticamente quaisquer atividades durante o ciclo. A Tabela 9-3 mostra uma lista de recursos típicos de ferramentas CASE.

Um conjunto de ferramentas CASE que suportam e integram as atividades executadas durante o ciclo de vida é chamado de **CASE *toolset*** ("estojo" de ferramentas CASE, conjunto CASE) ou **CASE *workbench***

TABELA 9-2

Os administradores podem escolher dentre uma variedade de ferramentas CASE.

Empresa	Produto	Aplicação
+1 Software Engineering (www.plus-one.com)	+1 suite	Métrica, teste, reuso e reengenharia
Aonix (www.aonix.com)	Select	Conjunto completo Soluções para negócios
Computer Associates (www.ca.com)	AllFusion Modeling Suite	Conjunto completo
IBM	WebSphere Studio	Desenvolvimento de aplicações
KBSI (www.kbsi.com)	AI0 Win 6.0	Modelagem de processos
Merant (www.merant.com)	PVCS	Gestão de mudança
Microsoft (www.microsoft.com) application development	Visual Studio .Net	Modelagem de dados e objetos
Popkin Software (www.popkin.com)	System Architect	Conjunto completo
Rational Software (www.rational.com)	Rational Rose	Conjunto completo
TogetherSoft	TogetherSoft	Modelagem de objetos, desenvolvimento de aplicações
Visible Systems (www.esti.com)	Visible Analyst	Conjunto completo

TABELA 9-3

Os produtos CASE têm recursos, incluindo os listados nesta tabela, que suportam o desenvolvimento de *software*.

- *Depurador (Debugger*)*
- Modelagem de dados
- Construtor de GUI – Interface Gráfica com o Usuário
- Rastreamento de problemas
- Gestão de processos
- Gerenciamento de projetos
- Desenvolvimento rápido de aplicações
- Engenharia reversa
- Análise e projeto estruturado
- Documentação técnica
- Testes

**Debugger*: programa que localiza e auxilia na eliminação de defeitos (*bugs*) de programação. (N.T.)

(bancada CASE). Os *workbenches* CASE fornecem uma interface compatível entre as várias ferramentas CASE no conjunto, uma transição harmoniosa entre as diversas ferramentas — quer elas sigam uma ou mais metodologias — e um banco de dados único de informações sobre o projeto em desenvolvimento. Além disso, os *workbenches* fornecem uma documentação consistente, incluindo referências cruzadas, das necessidades do usuário, processos de aplicação, fluxo e estrutura dos dados e projeto de *software*. As metodologias de sistema e as ferramentas CASE facilitam o desenvolvimento de sistemas que satisfaçam as necessidades dos usuários com uma boa relação custo/benefício — de forma oportuna e tecnologicamente atualizada.

AS ETAPAS DO CICLO DE VIDA

O papel dos administradores no desenvolvimento de novos sistemas varia dependendo da etapa do ciclo de vida. A fim de participar apropriadamente das atividades de desenvolvimento, os administradores necessitam compreender o que ocorre em cada etapa. Esta seção fornece uma visão geral das atividades associadas a cada etapa do SDLC.

Levantamento das Necessidades

O levantamento das necessidades, também chamado **análise de requisitos**, identifica as necessidades de informações da organização. Como parte deste esforço, os analistas comparam as necessidades identificadas às especificações e ao desempenho do sistema de informações existente para determinar quais necessidades permanecem não satisfeitas. Em estágios posteriores do SDLC, os administradores avaliam os custos e benefícios de desenvolvimento de novos sistemas, para atender estas necessidades não satisfeitas.

Os administradores de negócios analisam periodicamente os sistemas atuais e as necessidades existentes. Algumas organizações não têm nenhum processo formal de revisão. Elas têm usuários que raramente reclamam ou que, de maneira constante, exijem alterações que forçam os administradores de SI a conduzir revisões específicas para o caso. Outras organizações têm sistemas formais para examinar os sistemas existentes e priorizar e programar as alterações.

A documentação de todas as necessidades de informações da organização apresenta um grande desafio, porque estas necessidades mudam constantemente. As pesquisas mostram que, quando os desenvolvedores de sistemas identificam as necessidades no início do ciclo de desenvolvimento, a probabilidade de sucesso do desenvolvimento aumenta e declinam os custos das correções em estágios posteriores do ciclo.[16]

A Coleta de Informações para Avaliação das Necessidades

Os analistas que definem as necessidades de informações de organizações ou de usuários concentram-se normalmente em três tipos de necessidades: saídas, entradas e processamento.

A **análise das saídas** descreve a identificação sistemática das maneiras como as pessoas numa organização usam as informações: Que tipo de relatórios as pessoas recebem? Quão freqüentemente elas obtêm os relatórios? Que informações elas acessam nos arquivos manuais? Que informações elas obtêm nas consultas *online*? Que informações elas gostariam de obter e em que formato?

Os analistas podem facilmente identificar os usos formais das informações olhando os relatórios e as telas de consulta que os sistemas de informação existentes geram e perguntando aos empregados como eles usam os arquivos impressos armazenados em fichários. Os analistas podem, também, auxiliar os usuários a compor as listas das informações que os auxiliariam a melhor executar seus trabalhos. Sem a assistência dos analistas, os usuários finais incluem nestas listas, freqüentemente, somente as informações que eles acreditam que podem obter. Normalmente, eles não sabem a extensão das informações que a organização pode conseguir.

Os administradores de negócios, juntamente com os profissionais de SI, podem expandir uma tradicional análise das saídas levando a efeito uma comparação seletiva com as aplicações similares desenvolvidas em outras empresas e em outras indústrias. Por exemplo, ao avaliar as necessidades do Royal Bank, Cathy Burrows pôde beneficiar-se com o estudo das telas e relatórios produzidos pelos programas da gestão do relacionamento com o cliente utilizados por imobiliárias, empresas de contabilidade, ou mesmo empresas de manufatura, como empresas de computadores e fabricantes de produtos químicos.

A **análise das entradas** refere-se ao método formal de catalogar e revisar as informações que a organização coleta, armazena e usa. Ela também inclui uma análise do processo de obtenção dos dados. Normalmente, a análise das entradas segue-se à análise das saídas, de modo que os analistas possam identificar fontes de informações — necessárias à produção das saídas desejadas — faltantes ou em duplicata. A análise das entradas também focaliza a entrada em potencial de informações que a organização coleta, mas, no momento, não alimenta em seus sistemas de informações. A maioria das organizações coleta informalmente imensas quantidades de dados, tais como as opiniões boca a boca, que não residem nos sistemas de informações formais. Por exemplo, os agentes de vendas raramente alimentam nos sistemas de informações manuais ou informatizados mais do que uma pequena percentagem dos dados que obtêm a partir dos diálogos com os clientes existentes ou futuros. Como os dados informais podem fornecer informações úteis, os projetistas de produto, os estrategistas executivos e os administradores de marketing teriam em alta conta um sistema que os capturasse. Pode ser difícil educar os usuários a identificar as informações que coletam, porque, em sua maioria, carecem da conscientização de como, eles e outros, usam e coletam as informações.

A *análise de procedimentos* tenta determinar se a organização coleta as informações de que necessita, se usa eficazmente as informações que coleta e se tem processos eficientes para satisfazer as necessidades de informações da organização. A análise de procedimentos deve examinar todos os sistemas, informatizados e manuais. Os diagramas de fluxo de dados e os diagramas de estrutura devem documentar os processos existentes e compará-los com as práticas desejadas. Os projetistas podem simplesmente montar uma referência cruzada entre processos e dados, mostrando os dados que cada processo cria, lê, atualiza ou suprime (ver Figura 9-11).

Dados		**Processo**			
		Manter arquivo de empregados	**Calcular pagamento do empregado**	**Preparar pagamento por relatório de classe de cargo**	**Manter tabelas de impostos**
Empregado	Nome	CRUD	R		
	Nível salarial	CRUD	R		
	Classe de	CRUD	R		
	serviço		U		U
	Pagamentos		R		
	acumulados		R		
	no ano		R		
	(YTD* pay)		R		
Percentuais	Estado		U	R	
de Impostos	Percentual		U	R	
Cartões de	Empregado				
Ponto	Horas				
Dados	Horas				
Resumidos	Pagamento				

FIGURA 9-11 Esta parte de um diagrama CRUD** mostra quais processos Create, Read, Update e Delete especificaram dados num sistema de folha de pagamento.

* YTD: *Year-to-date* – Período iniciando em 1.º de janeiro do ano corrente e terminando na data atual. (N.T.)
Diagrama CRUD: **Create (criar), **R**ead (ler), **U**pdate (atualizar), **D**elete (eliminar ou excluir). (N.T.)

O Papel da Análise de Sistemas

Os usuários dos sistemas de informações freqüentemente não conseguem entender o jargão que os profissionais de computação usam, e os profissionais de computação geralmente não conhecem o bastante sobre processos de negócios específicos para compreender as necessidades e a linguagem de seus usuários. Esta defasagem de comunicação pode reduzir a qualidade da análise dos requisitos da empresa. Um **analista de sistemas**, a pessoa que fornece uma interface entre os usuários dos sistemas de informações e os desenvolvedores de sistemas de informações, pode preencher esta lacuna. Um analista de sistemas bem-sucedido compreende os aspectos técnicos de um sistema e pode avaliar suas implicações para os usuários.[17]

Os analistas de sistemas devem ter fortes habilidades interpessoais: eles devem saber escutar e perguntar sobre aspectos cruciais do negócio de uma maneira não agressiva. A complexidade dos processos de negócios freqüentemente motiva os analistas de sistemas a trabalhar numa única área de aplicações por muito tempo, a fim de maximizar seu conhecimento da especialidade do negócio e seus requisitos. Os administradores de linha* confiam nestes especialistas para interfacear com os administradores de SI. Em muitas organizações de grande porte, os analistas de sistemas reportam-se diretamente a um administrador de linha, em vez do administrador de sistema de informação.

Metodologias e Ferramentas para o Levantamento de Necessidades

Os analistas de sistemas usam técnicas e fontes de dados variados para executar o levantamento das necessidades. Isto inclui entrevistas, observações no local, questionários, análise estruturada, dicionário de dados e engenharia reversa.[18]

Os analistas de sistemas normalmente obtêm informações sobre os sistemas e necessidades existentes entrevistando os usuários e seus gerentes. Os usuários e os gerentes conhecem melhor os sistemas que usam, embora executem muitas atividades de forma quase subconsciente. Como freqüentemente os usuários relatam somente as práticas operacionais padrões, esquecendo-se das exceções que ocorrem ocasionalmente, os analistas devem trazer à luz estas exceções, para que o novo sistema opere eficaz e eficientemente. Os usuários podem resistir a relatar como fazem para contornar os sistemas rigidamente padronizados ou regras formais de forma a executar mais eficientemente seu trabalho. Eles podem temer ser demitidos ou rebaixados se disserem o que fazem realmente, em vez de relatar sobre o que deveriam fazer. Um analista de sistemas pode ter necessidade de efetuar diversas entrevistas com as mesmas pessoas para verificar sua compreensão dos processos executados, fornecer *feedback* sobre o uso das informações coletadas e construir a confiança necessária para revelar processos excepcionais e atípicos.

Os analistas de sistemas podem observar os usuários fazendo seus trabalhos ou trabalhar ao seu lado.[19] A esta abordagem, chamada **investigação contextual**, falta eficiência, porque ela pode exigir diversos dias ou semanas para obter as informações que um analista poderia obter numa entrevista de uma hora. Mas ela pode revelar, com mais freqüência e de forma mais completa, processos excepcionais e atípicos.

Os analistas de sistemas, como os do Royal Bank, podem usar questionários para coletar informações quando muitas pessoas ou trabalhadores se encontram geograficamente dispersos e precisam fornecer informações sobre os processos afetados pelo novo sistema. Os analistas podem, também, usar questionários confidenciais para obter informações sobre processos ocultos. Os questionários podem não produzir dados de qualidade, porque os empregados muitas vezes não os preenchem, e aqueles que o fazem oferecem freqüentemente respostas incompletas. As empresas pequenas têm poucos empregados em cada área para justificar o uso de questionários para o levantamento de dados. Os analistas preferem as técnicas que envolvem os usuários e criam um sentido de participação e co-propriedade no sistema proposto; os questionários podem falhar em desenvolver este sentimento nos usuários.

A **análise estruturada** usa ferramentas de modelagem de processos para diagramar os sistemas existentes e os propostos, de modo que os usuários possam compreender e fazer uma análise crítica da percepção do analista sobre os relacionamentos entre as informações. Os analistas do Royal Bank usarão, provavelmente, a análise estruturada para compartilhar com Cathy Burrows seu entendimento sobre os processos de gestão do relacionamento com o cliente. Burrows necessitará compreender estes modelos para assegurar-se de que o sistema proposto satisfaz suas necessidades e de sua equipe.

Um **dicionário de dados** é um banco de dados que contém descrições de todos os itens de dados informatizados mantidos pela organização (ver Capítulo 4). Os usuários podem acessar o dicionário de dados para validar suas percepções sobre os dados de que a organização coleta e usa e identificar lacunas

**Line managers*: Administradores de linha, isto é, aqueles que se encontram próximos das atividades de produção nas organizações. (N.T.)

nos dados de que eles necessitam para suas funções de negócios. Os analistas de sistemas usam um dicionário de dados para especificar e esclarecer os termos usados por usuários finais na descrição de suas atividades de negócios. Por exemplo, quando um usuário se refere à receita de vendas, o analista que trabalha com esse usuário pode consultar o dicionário de dados para saber exatamente a que este usuário está se referindo: se o termo significa o preço sem desconto dos itens vendidos, o dinheiro que muda de mãos no momento da venda, ou a receita deduzida de eventuais devoluções ocorridas após a venda.

A **engenharia reversa** descreve o processo de análise do *software* existente para entender como ele funciona. Os sistemas legados consistem, normalmente, em milhares de programas escritos e modificados durante períodos que podem chegar a mais de dez ou vinte anos. Freqüentemente, estes programas — e os processos que eles implementam — têm inter-relacionamentos tão complexos que ninguém na organização conhece exatamente como eles funcionam. Por exemplo, os programadores que não mais pertencem aos quadros da empresa podem ter feito alterações significativas no código da programação há dez anos. Mesmo que estes programadores tenham documentado as mudanças efetuadas, podem não ter documentado o porquê da necessidade das alterações. O tamanho dos sistemas legados complica o problema de identificar o que eles fazem. A menos que os sistemas legados tenham usado técnicas e ferramentas estruturadas e tenha sido efetuada uma boa documentação, sua análise manual é uma tarefa cara e demorada. O *software* de engenharia reversa automatiza muito este processo através da execução, pelo menos, das seguintes funções:

- Identificar e organizar os nomes das variáveis usadas pelo código para representar os dados.
- Identificar onde o código executa entradas e saídas.
- Identificar, organizar e diagramar a seqüência das operações executadas.
- Determinar sob que circunstâncias as operações são executadas.
- Monitorar a freqüência de uso das diversas partes do software.
- Traduzir o *software* para linguagens que forneçam um código mais claro ou mais conciso — mais em conformidade com os padrões atuais de *software*.

A Figura 9-12 ilustra duas telas de uma ferramenta de engenharia reversa mostrando a estrutura de uma aplicação escrita em C^{++}.

FIGURA 9-12

O produto de engenharia reversa Imagix 4D revela a estrutura de uma aplicação mais antiga (um sistema legado) escrita em C11.

FONTE: Acessado em http://www.imagix.com/, em de 1.º de abril de 2002. Usado com permissão.

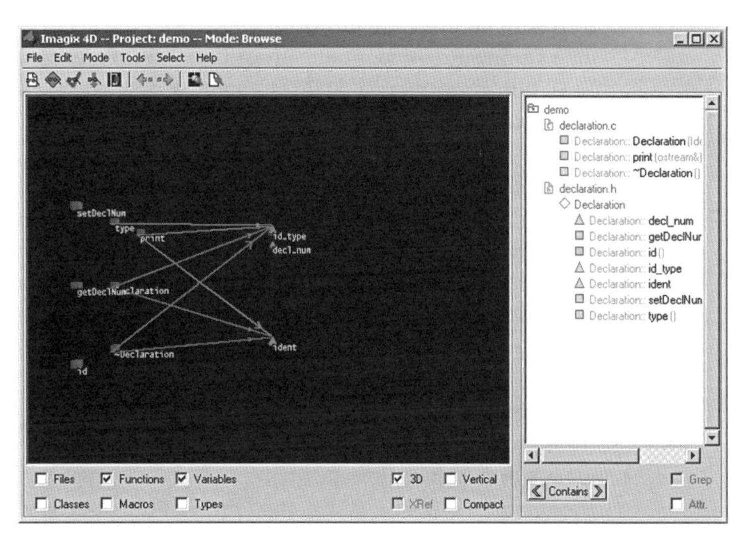

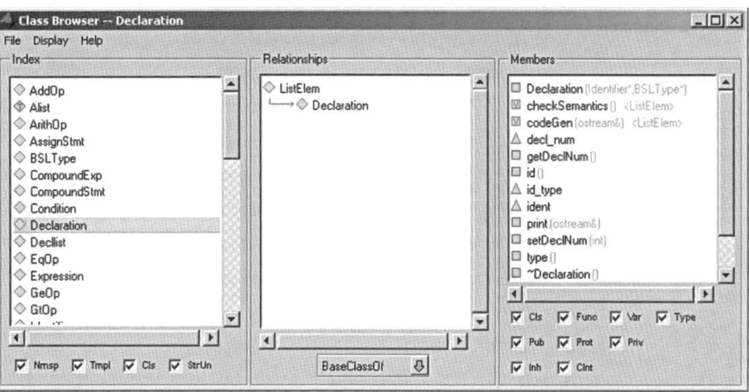

A engenharia reversa freqüentemente requer que os especialistas interpretem a saída dos programas de engenharia reversa e que tomem decisões sobre a maneira como o sistema atual opera quando este *software* não consegue especificar o funcionamento do sistema. Embora os avanços na inteligência artificial permitam que o *software* de engenharia reversa tome muitas decisões sobre o código, ela ainda permanece mais uma arte do que uma ciência.

Análise de Alternativas

O segundo estágio do ciclo de vida do desenvolvimento do sistema SDLC inclui a identificação e avaliação de sistemas alternativos ao final focalizando mais amplamente um único projeto. Freqüentemente, o gerente de sistemas ou os executivos seniores estabelecerão um comitê constituído pelos administradores dos departamentos usuários e pelos especialistas da área de sistemas para tomar as decisões exigidas neste estágio. Burrows pode formar um comitê composto basicamente por representantes dos setores de primeira linha, com alguns representantes da equipe, incluindo profissionais de sistemas e outros profissionais. As decisões sobre a natureza do sistema tomadas neste estágio freqüentemente comprometem recursos suficientes para justificar a revisão pelos executivos seniores. Abandonar o projeto após esta etapa representará grande perda de esforço e dinheiro.

A seleção de uma alternativa de sistema envolve fazer *trade-offs*, ou uma análise custo-benefício, entre projetos que satisfazem poucas necessidades do usuário, mas têm baixo custo, e projetos que satisfazem muitas necessidades, mas são mais onerosos. Além disso, alguns projetos têm mais probabilidades do que outros de, com sucesso, serem terminados, instalados e usados. Os executivos analisam o retorno sobre o investimento — (*return on investment* -ROI) e o risco, na avaliação dos custos, benefícios e riscos relativos das alternativas de solução. Uma decisão fundamental diz respeito à oportunidade de promover renovação de um sistema antigo ou a construção de um novo. A renovação de um sistema requer um significativo dispêndio de energia na avaliação e melhoria da qualidade do código, na verificação e melhoria da documentação e na execução de outras melhorias funcionais e técnicas.

As Análises ROI

O **retorno do investimento (ROI — *return on investment*)** é a relação entre os benefícios (retorno) de um investimento e o montante investido. Quanto maior a relação, maior o benefício por dólar investido. Para a tomada de decisão de investimento, no caso de igualdade de outras variáveis relevantes, as organizações procuram investir em projetos que ofereçam o maior retorno. As organizações que usam a análise ROI consideram o investimento em sistemas de informação uma das muitas possibilidades onde podem investir seus recursos. Eles vão classificar todos os projetos que estão considerando, não apenas aqueles para novos sistemas de informação, e aprovarão somente aqueles com os retornos mais elevados. A Tellabs Inc., provedora de equipamentos e serviços de telecomunicações listada entre as 500 maiores empresas da revista *Fortune*, vincula as gratificações de seus administradores ao ROI dos investimentos pelos quais eles são responsáveis.[20] Esta prática assegura que os administradores façam um trabalho tão bom quanto possível na previsão do retorno dos investimentos que aprovam. Não obstante, uma pesquisa recente revelou que mais de dois terços das empresas raramente examinam seu ROI real seis meses após o término de um projeto.[21]

Os projetos alternativos satisfazem necessidades diferentes e requerem investimentos diferentes. Considere, por exemplo, um expedidor que deseje acompanhar a posição de um pacote em sua rota sem esperar o relatório diário de transporte. Uma solução poderia localizar o pacote em uma hora, uma outra em cinco minutos e uma terceira em segundos. Cada solução satisfaz a necessidade com um benefício relativo e um investimento requerido diferentes. Uma análise ROI pesa os benefícios de satisfazer a necessidade *versus* o investimento projetado para cada uma das alternativas, de uma maneira formal e documentada.

Estimar o custo de um projeto e o investimento necessário associado pode ser difícil no estágio preliminar da concepção. Há várias técnicas para estimar os custos de desenvolvimento de *software* com base no número dos pontos de função que o *software* propiciará.[22] Entretanto, saber o número de funções é difícil mesmo para um projeto inteiramente especificado. As estimativas neste estágio podem estar erradas em 50% ou mais. É também necessário considerar os custos permanentes. Na Delta Airlines, por exemplo, os cálculos de ROI para investimentos em sistemas de informação incluem os custos de *hardware*, *software*, manutenção e suporte por quatro anos após o término do projeto.[23]

Estimar os benefícios de um sistema pode ser ainda mais problemático. Por exemplo, como pode um administrador avaliar o valor de responder aos clientes com mais rapidez? Embora uma resposta rápida deva conduzir a vendas maiores, os cálculos do impacto nas vendas e lucros podem conter erros significativos. Os benefícios intangíveis, como a melhora do moral através da alteração da natureza do trabalho de um empregado, podem ser quase impossíveis de quantificar de forma exata.

As técnicas de análise ROI abordam as diferenças no *timing* dos investimentos e dos benefícios. A maioria dos custos dos novos sistemas ocorre durante o seu desenvolvimento e quando da obtenção do *hardware*. Os benefícios vêm com o tempo e podem declinar à medida que os concorrentes desenvolvem sistemas similares. As análises ROI podem usar técnicas de análise econômica e de portfólio, como fluxo de caixa descontado, taxa de retorno interno e período de retorno financeiro, para comparar investimentos e benefícios em uma base atual.

A Análise de Risco

Todo projeto de SI envolve tanto riscos como benefícios. Um sistema proposto pode fornecer mais benefícios do que outro, com o mesmo investimento ou até mais baixo, mas ele pode requerer o uso de tecnologia ainda não comprovada ou o domínio de nova tecnologia pela equipe de SI. Os riscos existem tanto com tecnologias quanto com pessoas. Alguns projetos podem automatizar um trabalho antes executado manualmente, fazendo com que a empresa tenha que efetuar algumas demissões. Enquanto os benefícios advêm da redução dos custos de mão-de-obra, os riscos surgem da possível intranqüilidade ou perda do moral da mão-de-obra. A **análise de risco** requer que os administradores identifiquem onde os riscos podem surgir e negociar o risco frente a custos e benefícios.[24] Em geral, as empresas exigem que os projetos de maior risco produzam um ROI maior do que os projetos de menor risco. Algumas empresas tratam os investimentos em sistemas de informação como um portfólio de investimentos. Eles podem confrontar alguns poucos investimentos de risco que tenham altos ROIs projetados com vários investimentos de menor risco que tenham ROIs mais baixos, de maneira a administrar seu risco e retorno globais.[25]

O Questionário de Risco McFarlan (ver Figura 9-13), um dos instrumentos mais amplamente aceitos para medir a avaliação do risco, estima o risco como uma função do tamanho do projeto, da tecnologia pretendida e da estrutura do relacionamento entre o projeto, seus usuários e outros projetos. Por exemplo, a divisão de um projeto em componentes menores pode reduzir o risco associado ao tamanho em um projeto de grande porte. Outras técnicas de evitar riscos incluem o uso de pequenas equipes de profissionais altamente qualificados e experientes, minimizando as dependências entre os projetos e reduzindo o tempo decorrido entre as entregas e os pontos de revisão.

Projeto

O terceiro estágio do ciclo de desenvolvimento de sistema, ou SDLC, aborda a construção de especificações detalhadas para o projeto selecionado. Estas especificações incluem os projetos da interface de usuário, banco de dados, processos e procedimentos e objetos. No estágio de projeto do SDLC, os projetistas determinarão também as características físicas do sistema, tais como número, tipos e localizações das estações de trabalho, *hardware* de processamento e o cabeamento e dispositivos de rede. Eles devem, também, especificar os procedimentos para testar o sistema completo antes da instalação. Durante o projeto, nenhuma programação é efetuada. Os projetistas devem fornecer informações suficientes aos desenvolvedores para permitir a eles a transformação do projeto em código de *software* durante o estágio de desenvolvimento do SDLC.

Alguns profissionais sobrepõem os estágios de projeto e de seleção de alternativas. Por exemplo, eles podem selecionar duas ou três alternativas para projeto adicionais, prosseguir parcialmente através do estágio de projeto e depois retornar ao estágio de seleção de alternativas para tomar uma decisão final. A prototipagem rápida sobrepõe o projeto e o desenvolvimento da interface de usuário. O projeto e o desenvolvimento podem, também, ser interativos, porque um desempenho inaceitável do sistema pode não ser observável até que o desenvolvimento esteja quase completo.

Os elementos do projeto compreendem projeto da interface, projeto de processo, projeto de dados, projeto físico e projeto de teste. O estágio de projeto resulta num conjunto de especificações que podem dirigir os desenvolvedores se um novo sistema for desenvolvido ou comparar a proposta com produtos alternativos se o novo sistema for adquirido.

Projeto de Interface

O **projeto de interface** diz respeito à especificação das mídias, conteúdos e formatos das entradas e saídas. As mídias de saída podem incluir uma tela de computador, um relatório em papel, uma microficha ou

FIGURA 9-13 O Questionário de Risco McFarlan é popular por avaliar o risco de um projeto de desenvolvimento de sistemas. Vêem-se aqui algumas questões selecionadas deste questionário.

CATEGORIA/QUESTÃO	GRAU DE RISCO	PESO
Tamanho		
Total de sistemas e dias-homem de programação por sistema:		5
( ) 12 a 375	Baixo = 1	
( ) 376 a 1875	Médio = 2	
( ) 1876 a 3750	Médio = 3	
( ) Acima de 3750	Alto = 4	
Qual é a estimativa de tempo para concluir o projeto?		4
( ) 12 meses ou menos	Baixo = 1	
( ) 13 a 24 meses	Médio = 2	
( ) Acima de 24 meses	Alto = 3	
Com quantos sistemas existentes o novo sistema deve fazer interface?		3
( ) Nenhum ou um	Baixo = 1	
( ) Dois	Médio = 2	
( ) Três ou mais	Alto = 3	
Estrutura		
O sistema é mais bem descrito como:		1
( ) Totalmente novo	Alto = 3	
( ) Substituição de um sistema manual existente	Médio = 2	
( ) Substituição de um sistema automatizado	Baixo = 1	
Foi estabelecida uma equipe conjunta TI/usuário?		5
( ) Não	Alto = 3	
( ) Envolvimento do usuário em tempo parcial	Médio = 2	
( ) Sim, envolvimento do usuário em tempo integral	Baixo = 1	
Tecnologia		
É necessário hardware adicional?		1
( ) Nenhum	Baixo = 0	
( ) Mudança do tipo de processador central	Baixo = 1	
( ) Mudanças em periféricos e dispositivos de armazenagem	Baixo = 1	
( ) Terminais	Médio = 2	
( ) Mudança de plataforma	Alto = 3	
Qual o grau de conhecimento da equipe de sistemas de informação na área de aplicação proposta?		5
( ) Limitado	Alto = 3	
( ) Conhece conceitos mas não tem experiência	Médio = 2	
( ) Já executou sistemas similares	Baixo = 1	

FONTE: Extraído de Graham McLeod and Derek Smith, *Managing Information Technology Projects* (Danvers: Boyd & Fraser Publishing Company, 1996): 143-148. Usado com permissão.

um microfilme. Os projetistas podem, também, considerar a transferência de alguns elementos de saída diretamente numa planilha eletrônica ou banco de dados no computador pessoal de um usuário. As mídias de entrada podem incluir entrada através de teclado, de *scanner*, ou de código de barras.

O projeto de interface especifica também conteúdo, os elementos de dados que aparecem num relatório ou tela de saída. Os projetistas devem separar as informações importantes das informações desnecessárias. As informações não essenciais abarrotam e poluem uma tela ou relatório, tornando mais difíceis de encontrar as informações necessárias. O projetista pode, também, fornecer opções para a obtenção de informações relacionadas, como clicar um botão na tela para selecionar um relatório mais detalhado sobre determinados aspectos da saída.

Quanto à entrada, os projetistas devem determinar se os usuários introduzirão os dados na modalidade *batch* ou *online*, as características das telas de entrada, a natureza da verificação de erros durante a introdução dos dados e os padrões aplicáveis entre telas de entrada de dados. Por exemplo, eles podem decidir que a tecla de função F1 no teclado deve sempre solicitar a ajuda sobre a função que o digitador da entrada de dados está executando, e que a tecla F2 ou um clique do *mouse* sobre um botão de rolagem apresentará uma lista de opções.

Durante o projeto de interface, os projetistas determinam o formato da saída — a maneira como as informações são apresentadas. Eles determinam se os dados devem aparecer no formato de tabela ou gráfico. Projetar a exibição dos dados em tabelas inclui determinar o leiaute, a quantidade de espaço em branco, margens da página, comprimento da página, a freqüência das quebras e a posição dos subtotais nos dados, entre outras características. Projetar exibições gráficas envolve a decisão sobre estas questões, bem como sobre o formato gráfico a ser usado — gráfico em pizza, gráfico de barras, ou gráfico de linhas — e opções para a troca entre os formatos. O projeto de interface considera também a escolha de cores. Alguns sistemas dão a cada cor um significado diferente: por exemplo, o vermelho pode sempre significar dados fora da faixa de normalidade ou identificar os itens que exigem a atenção do usuário.

Projeto de Dados

O **projeto de dados** diz respeito à criação do modelo dos dados que suporta o sistema. Os modelos de dados que os analistas usaram para descrever os sistemas existentes servem de modelo para o novo sistema. Os especialistas em banco de dados auxiliam os usuários dos dados e os administradores a formalizar os relacionamentos entre os elementos de dados para criar um projeto lógico. Em última análise, os usuários dos dados e os administradores, como Burrows no Royal Bank, são os responsáveis pela exatidão do projeto.

Os especialistas em banco de dados geram um projeto físico, estruturando os dados para que o acesso seja fácil e rápido, visando manter os requisitos de armazenamento tão baixos quanto possível e para promover a integridade dos dados (ver Capítulo 4). Eles também especificarão o modelo do banco de dados (relacional, por exemplo) a ser utilizado. O modelo do banco de dados limita o projeto físico de dados e forma a base para o modo como os projetistas visualizam e processam os dados. Os projetistas, neste momento, podem também selecionar o fornecedor do sistema gerenciador de banco de dados, embora esta seleção, mais freqüentemente, ocorra no estágio de desenvolvimento. Os projetistas de dados trabalham com o administrador de dados da organização para coordenar o armazenamento e uso dos dados de maneira que os sistemas de informações desenvolvidos de modo independente possam compartilhá-los.

Projeto de Processo

O **projeto de processo** refere-se ao projeto de ambos os processos, computacionais e lógicos, fundamentais ao sistema. O cálculo do pagamento para empregados horistas ilustra um processo computacional. Os projetistas de processo para um sistema de folha de pagamento identificarão o procedimento para calcular a folha de pagamento dos empregados que recebem pagamento de horas extras. Os usuários e os administradores de negócios mais familiarizados com os processos do negócio formam o núcleo da equipe de projeto de processo.

A remoção de um item do estoque ilustra um processo lógico. O sistema deve verificar se um item caiu abaixo de um nível pré-especificado (estoque mínimo). Quando o estoque de certos tipos de itens alcança o nível pré-especificado, o sistema deve alertar os administradores afetados emitindo um relatório, enviando uma mensagem de correio eletrônico ou iniciando uma transação EDI para encomendar automaticamente o item. Este exemplo demonstra o computador iniciando um ou mais passos de procedimentos em resposta a uma transação. Os projetistas de processo devem especificar com precisão os passos que o sistema deve tomar em resposta a qualquer transação que possa ocorrer. Eles precisam também especificar que passos o computador precisa realizar para processar entradas e saídas. Embora os especialistas de sistema possam gerar o código do computador, os gestores de negócios, como Burrows, estarão pesadamente envolvidos em escrever as especificações de processos.

Projeto de Objeto

O **projeto de objeto** refere-se à geração de um modelo de objeto. As técnicas de programação orientada a objeto traduzirão o modelo de objeto quase diretamente em código de *software*. O projeto de objeto identifica e isola as características e comportamento de objetos para programação, testes, e depois integração num sistema em funcionamento.

O desenvolvimento orientado a objeto requer que um objeto de *software* represente um objeto de negócios. O objeto pode ser usado e reusado, não somente no projeto para o qual foi projetado, mas em todos os projetos futuros. Atingindo-se este objetivo, o objeto de *software* deve modelar as características e os comportamentos do modelo de negócios da forma mais completa possível.

Projeto Físico

O **projeto físico** refere-se às decisões sobre o *hardware* usado para colocar o sistema em operação. O projeto físico freqüentemente ocorre após os projetos de dados e de processos, porque eles determinam a quantidade requerida de armazenamento de dados, o volume de processamento de transações, a quantidade de atividades de comunicação de dados e a complexidade do processamento. Os projetistas usam estas informações para determinar se o *hardware* existente comportará o novo sistema ou se a organização deve adquirir novo *hardware*. Por exemplo, os projetistas que recomendam novas aquisições de *hardware* devem determinar em que medida o desenvolvimento e a entrega do sistema devem ser centralizados ou descentralizados. Embora os analistas possam abordar estas questões durante a fase de seleção de alternativas do ciclo de vida, eles não podem desenvolver estimativas exatas de custo e de tempo de resposta até que tenham completado os projetos de dados e de processos. Os custos e os tempos de resposta que caiam fora dos limites previstos durante a análise de alternativas podem requerer uma revisita ao segundo estágio do ciclo de vida.

Projeto de Teste

O **projeto de teste** refere-se à criação dos testes que assegurem a operação apropriada dos sistemas desenvolvidos. O projeto de teste inclui a geração de um conjunto de dados de amostragem e de uma seqüência de processos, transações ou atividades que simulem o uso futuro do sistema. O projeto de teste especifica também critérios de desempenho aceitáveis. O projeto de teste torna-se particularmente importante para os sistemas adquiridos, porque ele indicará se deve ser feito o pagamento ao fornecedor.

Especificações do Projeto

As **especificações do projeto** referem-se aos meios utilizados para comunicar o projeto aos programadores que o desenvolverão. A prototipagem comunica mais de imediato o projeto de interface. As ferramentas disponíveis para projetar telas de entrada e saída, relatórios de amostragem e interfaces GUI facilitam a prototipagem destas interfaces e, conseqüentemente, seu projeto. Padrões de interface comuns podem ser especificados em *hard copy* como um guia padrão de interface. Um dicionário de dados ou um diagrama entidade-relacionamento podem também comunicar o projeto de dados. Além disso, uma diversidade de *softwares* pode implementar o projeto de dados, assim como armazenar e imprimir o resultado.

Desenvolvimento

O estágio de desenvolvimento inclui o desenvolvimento ou a aquisição do *software*, a provável obtenção do *hardware* e o teste do novo sistema. Os profissionais de SI colocam em funcionamento um sistema que satisfaça as especificações formuladas no estágio de projeto. Os usuários testam o novo sistema durante a fase de desenvolvimento, mas não o usarão até o estágio de implementação do SDLC. A menos que o desenvolvimento seja por protótipos, os profissionais de sistemas trabalham de forma mais independente dos usuários finais e de seus gerentes do que em qualquer outro estágio do SDLC.

A Decisão entre Desenvolver ou Adquirir

A escolha entre desenvolver ou adquirir um novo sistema é uma das decisões mais difíceis que os administradores seniores de sistemas de informações e quaisquer outros executivos do alto escalão precisam tomar. Organizações de médio a grande porte usualmente acham que os pacotes de *software* de aplicação vertical não satisfarão inteiramente suas complexas necessidades de informações. Os requisitos de organizações como o Royal Bank para fazer a interface do novo sistema com outros sistemas, como o *data warehouse* do banco, podem impedi-las de adquirir *software* em pacotes, a menos que possam customizá-lo para que propicie as interfaces que elas necessitam.

A capacidade da empresa de modificar o *software* adquirido depende dos acordos de licenciamento do fornecedor. Alguns proíbem qualquer modificação de *software*, exceto as realizadas pelo próprio fornecedor. Alguns autorizam os revendedores de valor agregado (VAR — *Value Added Resellers*) a modificar seu *software*. Alguns fornecem seu código de computador, no todo ou em parcelas para a empresa adquirente, de modo que a equipe desta última possa modificar o *software*.

Uma alternativa à alteração do *software* adquirido é a modificação do *software* existente, para fazer interface com o produto adquirido. A maioria dos fornecedores que restringem a modificação de seu próprio código fornece uma interface para programas aplicativos (API — *Application Program Interface*), que facilita o intercâmbio de dados com programas externos e permite que os programas externos executem processos selecionados no *software* adquirido.

As empresas que não têm os recursos e as competências para desenvolver *software* próprio, mas necessitam de alguma funcionalidade não fornecida pelos produtos do tipo pacote, podem contratar uma outra empresa para desenvolver o *software*.

Ferramentas de Desenvolvimento

Existem diversos produtos, incluindo **geradores de telas**, **de relatórios** e **de código**, para simplificar e acelerar o desenvolvimento de sistemas de informações. O **desenvolvimento rápido de aplicações (RAD — *Rapid Application Development*)** descreve o uso destas ferramentas, em conjunção com a prototipagem rápida, para acelerar o desenvolvimento final de novos sistemas.

- Os ***geradores de telas*** criam e editam uma tela e geram programas para entrada de dados ou consultas via tela (ver Figura 9-14). Por exemplo, o projetista cria o leiaute de texto e de dados usando ferramentas de texto padrões e de desenho e especifica onde os dados devem aparecer ou ser introduzidos.
- Os ***geradores de relatório*** ajudam a examinar as opções de projeto, criar o leiaute de relatórios usando ferramentas de texto padrões e de desenho, testar o relatório e gerar um programa de computador para criá-lo. Por exemplo, eles identificam a colocação dos títulos e determinam o que origina as quebras ou subtotais. Eles identificam as fontes dos dados para as colunas, especificam a ordem de classificação das linhas e identificam quais critérios determinarão a exibição das linhas.
- Os ***geradores de código*** criam programas completos e funcionais, baseados nas especificações do projetista. Este código é derivado diretamente dos dados, processos ou modelos de objeto que os desenvolvedores criaram. Eles usam como entrada as saídas dos geradores de telas e relatórios.

Selecionando e Adquirindo *Hardware*

O estágio de projeto do ciclo de vida do desenvolvimento de sistemas requer muitas decisões de *hardware*, particularmente aquelas relacionadas à seleção dos equipamentos de processamento, periféricos e de telecomunicações. Por exemplo, quando a Carlson Hospitality, proprietária, administradora e franqueadora de cerca de 750 hotéis, projetou uma aplicação que permitiria a seus 2.000 usuários acessar, num banco de dados centralizado, as reservas e informações sobre os níveis de ocupação, a empresa determinou que seria melhor apresentar estas informações em computadores portáteis, sincronizados com redes locais sem fio, em muitas das propriedades do hotel. A empresa então tinha que selecionar fornecedores para fornecer o equipamento da LAN sem fio e para os computadores portáteis.[26] Para tomar decisões como esta, os projetistas examinam as análises críticas de produtos na imprensa especializada, pedem orçamentos aos fornecedores, trocam idéias com grupos da indústria sobre suas experiências e contactam os *websites* de referência indicados pelos fornecedores. Dependendo da natureza da aquisição, a escolha dos fornecedores pode ser limitada àqueles que a empresa já aprovou para aquisições similares. Em grandes aquisições,

FIGURA 9-14

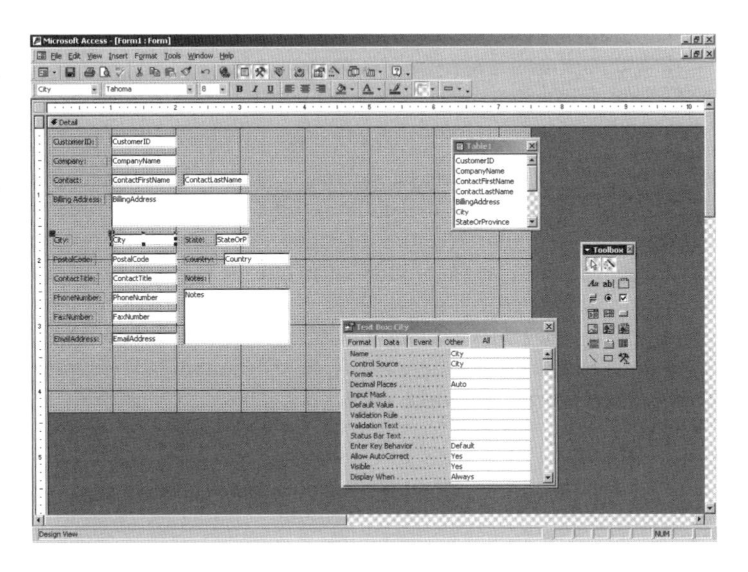

Um usuário projeta uma tela de entrada de dados usando o gerador de telas do Microsoft Access.

a empresa adquirente pode, freqüentemente, barganhar com fornecedores potenciais para conseguir o melhor negócio a longo prazo.

Se, em vez de desenvolver seu *software*, uma empresa escolher adquirir outro, ela pode fazer negócios com os fabricantes de *software* que vendem **soluções prontas** (***turn-key* solutions***). As organizações que adquirem um sistema *turn-key* podem conectá-lo à tomada, ligá-lo — historicamente com uma "chave" ("key") — e executá-lo. O *software* já estará carregado no computador e o sistema otimiza a combinação *hardware/software* para as necessidades do comprador. O ABN AMRO Mortgage, o quinto maior fornecedor de empréstimos nos Estados Unidos, adquiriu uma solução *turn-key* da NetByTel para automatizar o processamento telefônico da suas novas aplicações de empréstimo. A NetByTel, líder em sistemas de reconhecimento de voz, tinha uma solução empacotada que necessitava de muito pouca modificação para produzir a solução que os gestores da empresa procuravam. Garth Graham, o vice-presidente da empresa para a gestão de relações com o cliente, declara que o sistema permitiu à empresa gerar uma receita adicional de 2,5 milhões de dólares em seus primeiros seis meses de operação.[27]

Selecionando uma Linguagem Apropriada

A escolha de linguagens para o desenvolvimento de sistemas depende de diversos fatores. A empresa pode ter padrões que limitem a escolha da linguagem de programação. Nas empresas pequenas, mesmo sem padrões formais, a especialização do quadro de pessoal é limitada, freqüentemente, a no máximo uma ou duas linguagens. O sistema gerenciador de banco de dados selecionado pode restringir as linguagens a um pequeno número que ele suporte. A customização de *software* de terceiros pode requerer uma linguagem que permita a interface com aquela utilizada pelo terceiro fornecedor.

O Capítulo 3 discute algumas questões comuns à seleção de linguagens, incluindo a escolha entre interpretada *versus* compilada, entre procedural *versus* não-procedural, e orientada a comando/dados *versus* linguagem orientada a objeto. Embora a seleção de linguagens de computador para o desenvolvimento de *software* seja uma decisão técnica na maioria das organizações, os gerentes da área de negócio devem verificar o impacto que a escolha da linguagem tem em suas funções, incluindo sua potencialidade, por exemplo, de fazer alterações, ou de tê-las feitas pelos profissionais de sistemas, em tempo satisfatório.

Os Testes

Testar descreve o processo de assegurar que o sistema funciona como projetado. Um plano de testes, criado normalmente no estágio de projeto do ciclo de vida, formula precisamente como os usuários poderão reconhecer se um sistema entregue satisfaz suas necessidades e expectativas.

A fase de desenvolvimento inclui os quatro níveis de teste seguintes, para a garantia de qualidade: **unidade, componente, integração** e **teste de sistema**.

- O ***teste de unidade*** refere-se ao teste de cada pequeno componente do sistema para garantir sua correta operação.
- O ***teste de componentes*** examina a interação entre uma série de programas dentro do sistema que serão provavelmente usados em conjunto, como aqueles que processam uma transação.
- O ***teste de integração*** trata a interação entre os grandes componentes do novo sistema, desenvolvidos de modo independente e que foram verificados internamente nos níveis de teste de unidade e de componente.
- O ***teste de sistema***, conhecido também como ***alpha testing***, refere-se ao teste do sistema inteiro sob condições reais.

No primeiro estágio de teste de sistema, o **teste de desempenho**, os desenvolvedores identificam e corrigem os problemas que poderiam levar o sistema a falhar ou operar com excessiva lentidão quando sobrecarregado com muitos usuários ou dados. Para simular um nível de atividades reais em um laboratório, os desenvolvedores usam produtos para teste de carga de *software*. Estes produtos podem gerar transações a partir de um perfil de transação, fornecer dados estatísticos sobre a velocidade com que o sistema responde e comparar saídas e valores finais de elementos de dados com os resultados previstos.

O segundo estágio do teste de sistemas, **teste de usabilidade** (***usability test***), compara o sistema desenvolvido com as expectativas e necessidades dos usuários. Os usuários testam o sistema, idealmente, num

* *Turn-key.* Um termo que descreve um sistema (*hardware* e *software*) que pode ser usado para uma aplicação específica sem necessidade de programação adicional ou instalação de software. O usuário pode simplesmente "ligar a chave" (*turn the key*) e usá-lo. (N.T.)

laboratório de usabilidade, um lugar onde os desenvolvedores podem observar e registrar suas reações ao sistema para análise posterior. Um laboratório típico para estes testes de adequação ao uso inclui duas salas conectadas por um espelho que permite a visão somente num único sentido, como mostrado na Figura 9-15. As câmeras de vídeo gravam e armazenam as reações dos usuários ao sistema. Equipamentos de computação, incluindo *software* para registrar os toques de teclas do usuário, testam a aplicação. Um sistema de áudio permite que os usuários se comuniquem com os desenvolvedores de aplicação e os profissionais de ergonomia. Os profissionais buscam conhecer o tempo necessário para completar tarefas específicas, os tipos de erros cometidos, o modo como os erros são corrigidos, se os erros são repetidos, a velocidade do aprendizado, as frustrações que os usuários sentem e assim por diante. As organizações muito pequenas para terem seus próprios laboratórios de usabilidade podem contratar os serviços de consultoria em usabilidade de *software* e usar os laboratórios da consultoria para testar seu *software*.[28] Outras técnicas de usabilidade incluem a realização de grupos de foco (*focus groups*) e condução de pesquisas de opinião com os usuários. A Staples.com, por exemplo, usou estas técnicas para determinar que o recurso "*Favorite Aisles*" (Corredores favoritos) lançado em seu *site* inicial da Internet confundia e distraía as pessoas, em vez de ajudá-las. Sem testar sua usabilidade, eles nunca teriam sido capazes de determinar que este recurso, solicitado por seus projetistas, não funcionava como esperado.[29]

Quando a Visa terminou uma revisão importante do seu sistema de compensação de cartões de crédito, ela precisava estar certa de que o sistema operava corretamente antes de colocá-lo em produção. Devido à importância e complexidade do produto, a Visa alocou quase 40% do orçamento do projeto e quase um ano inteiro para o processo de teste. Um grupo de testadores selecionou e testou 60.000 transações oriundas de dados de produção anteriores, certificando-se de que cada um dos cinqüenta tipos de serviços estava representado em quantidade suficiente. Um outro grupo rodou 350.000 transações, representando uma quantidade de dados de cinco dias completos, comparando os resultados com os resultados reais daqueles dias. Os bancos associados também foram chamados para testar complexas transações multiempresas, para verificar sua exatidão e usabilidade. Em conseqüência, o produto foi lançado sem nenhum tempo de paralisação significativo no processamento das transações de cartão de crédito.[30]

Implementação

Depois que um novo sistema passa satisfatoriamente por testes de aceitação, pode ser transferido do ambiente de desenvolvimento para o ambiente de produção. Os profissionais de SI ou outros membros da organização devem administrar a transição do sistema antigo para o novo sistema. Burrows provavelmente administrará esta transição no Royal Bank; por outro lado, ela pode contratar um consultor ou designar um empregado para supervisionar a transição e a implementação.

As empresas usam geralmente alguma combinação das quatro estratégias de implementação resumidas na Tabela 9-4. A estratégia ou combinação apropriada de estratégias para uma dada organização de-

FIGURA 9-15

O desenvolvedor monitora e observa usuários testando um novo sistema num laboratório de usabilidade de *software*.

FONTE: Acessado em http://www.theuegroup.com/usability.htm, em 1.º de abril de 2002.

TABELA 9-4 As quatro estratégias de implementação diferem em seus custos e riscos.

Estratégia	Descrição	Tempo Necessário	Custo	Risco
Corte direto (*direct cut-over*)	Substitui sistema antigo pelo novo sistema da noite para o dia	Mínimo	Baixo	Alto
Implementação piloto	Usa o novo sistema em uma ou mais partes da organização e, mais tarde, na empresa inteira	Moderado	Moderado	Moderado
Implementação por fases	Introduz os componentes do novo sistema um de cada vez	Alto	Moderado para alto	Baixo
Implementação em paralelo	Usa tanto o velho sistema como o novo, simultaneamente por um certo tempo	Alto	Alto	Baixo

pende do projeto, da dimensão do risco aceitável para a organização, do orçamento e das características dos usuários-alvo e da cultura da organização.

Corte Direto

A **estratégia de corte direto** (*direct cut-over*) descreve a substituição do antigo sistema pelo novo sistema durante a noite, durante um fim de semana, ou em algum outro período em que a empresa não opere. É um processo de substituição do sistema antigo pelo novo sem a ocorrência de um período de transição ou do processamento em paralelo entre o sistema novo e o antigo que está sendo substituído. Teoricamente, um corte direto de um sistema para outro pode ocorrer quase instantaneamente. Um *cut-over* direto requer que o novo sistema tenha os dados de que necessita para funcionar. A transferência dos dados do antigo para o novo sistema constitui-se num dos maiores desafios da abordagem do corte direto. Os programadores devem criar programas utilitários durante o estágio de desenvolvimento para transferir os dados do sistema antigo para o novo. Eles devem testar estes programas bem antes da implementação, para assegurar-se de que funcionem corretamente. O período de corte, quando nenhum dos sistemas está em uso, envolve a transferência automática dos dados do antigo sistema para o novo. Implementar esta transferência de dados num sistema de grande porte usualmente toma muitas horas, mas pode, freqüentemente, ser terminada em um fim de semana.

As empresas que precisam operar continuamente experimentam dificuldades em usar a abordagem de corte direto. Um ou dois dias antes da implementação ocorre uma transferência de dados de uma cópia de *backup* do sistema antigo para o novo sistema. Então, os registros das transações do sistema antigo são introduzidos no novo sistema. O novo sistema deve processar estes registros das transações tão ou mais rapidamente do que o sistema antigo processou originalmente as transações. Quando o novo sistema processou todos estes registros, pode ocorrer a alteração quase instantânea de processamento do antigo para o novo sistema. Uma abordagem alternativa mantém os arquivos antigos *online* e os acessa conforme a necessidade. Este enfoque requer o desenvolvimento de código extra, que não será usado depois que o corte esteja completo.

A abordagem de corte direto apresenta o custo mais baixo, porém os mais elevados riscos dentre as estratégias de implementação. As organizações podem usar esta abordagem se estiverem dispostas a negociar custo reduzido versus elevado risco. Este risco pode ser reduzido se o novo sistema mantiver um registro das suas transações, para uma possível atualização do sistema antigo e seu retorno à ação. O uso deste *backup* não elimina completamente o risco, porque um processamento impróprio poderia não aparecer até que tivesse afetado as transações de negócios numa intensidade tal que trouxesse prejuízos ao negócio. Por exemplo, se o novo sistema deixar de gerar faturas para produtos ou serviços específicos, a empresa pode não observar este defeito até que seu fluxo de caixa se deteriore.

A estratégia de corte direto pode também resultar em treinamento insuficiente dos empregados para o uso correto do novo sistema. Mesmo que os empregados recebam treinamento no novo sistema antes da data de corte, nenhum empregado terá usado o sistema por um período prolongado e ninguém poderá agir como um perito para auxiliar os usuários que tenham problemas com o novo sistema. Para piorar, seu descontentamento pode não aparecer imediatamente. A dificuldade em acessar informações sobre os clientes pode afetar o negócio somente após um uso mais prolongado do sistema. O retorno ao sistema antigo, então, poderá ser difícil ou mesmo impossível.

Implementação Piloto

Uma **estratégia de implementação piloto**, freqüentemente chamada ***beta testing***, requer que um ou mais segmentos da empresa, ou talvez mesmo uns poucos empregados, usem o novo sistema antes que a empresa inteira o faça. O Concentra Health Services, provedor privado de saúde ocupacional de um bilhão de dólares, sediado em Addison, no estado do Texas, empregou uma estratégia de implementação piloto para o lançamento de uma aplicação de terapia física projetada para computadores portáteis sem fio. A empresa descobriu que seus fisioterapeutas e médicos estavam irritados pelos três a quatro segundos de retardo entre as mudanças nas telas do sistema. O problema foi corrigido com a eliminação de uma boa parte do *software* dos dispositivos portáteis, que passou a ser executada nos servidores da empresa. Após um outro teste piloto, eles lançaram, com sucesso, o *software* para 1.000 médicos e terapeutas físicos e ocupacionais, em 250 clínicas espalhadas pelo país.[31]

A implementação piloto reduz o risco ao limitar a exposição do novo sistema a uma pequena fração do negócio. Esta implementação limitada não elimina o risco, porque mesmo alguns poucos erros — porém caros — em uma pequena filial da organização podem prejudicar seu desempenho. Mesmo que um novo sistema funcione corretamente numa parte da organização, pode não funcionar corretamente quando usado na organização inteira. A crescente carga do sistema, por exemplo, pode retardar o tempo de resposta a um nível inaceitável.

A implementação de um sistema piloto aumenta o custo de uma alteração. Surgem dificuldades específicas para lidar com transações que cruzam o limite entre os sistemas antigo e novo. Considere os problemas de uma empresa que efetua uma implantação piloto do novo sistema de recepção de pedidos em seu escritório de Los Angeles enquanto roda o sistema existente em seu escritório de Nova York. O que acontece se o escritório de Los Angeles quiser atender a um de seus clientes a partir do estoque de Nova York? Os desenvolvedores de sistemas devem abordar questões como estas antes da implementação, construindo programas freqüentemente caros que permitem que o novo sistema acesse os dados do antigo e vice-versa.

Implementação por Fases

Uma **estratégia de implementação por fases** introduz os componentes do novo sistema um de cada vez. Por exemplo, a organização implementa o módulo de contas a pagar de um sistema de contabilidade antes do restante do sistema. Ela reduz o risco limitando a exposição ao novo sistema. Os usuários podem lentamente acostumar-se ao novo sistema. O custo de construir interfaces para tratar das transações que intercruzam limites entre os sistemas novo e antigo torna-se um problema, particularmente à medida que aumenta o número de fases. Os profissionais podem reduzir o custo da estratégia por fases combinando-a com a implementação em paralelo.

Implementação em Paralelo

Uma **estratégia de implementação em paralelo** refere-se ao uso de ambos os sistemas, o novo e o antigo, por um certo tempo. A implementação em paralelo essencialmente elimina o risco de falha, porque as contínuas comparações entre os resultados dos dois sistemas identificam as imperfeições. A implementação em paralelo torna-se impraticável quando os empregados não têm tempo de usar ambos os sistemas ou quando o custo de mão-de-obra para o empregado usar os dois sistemas torna-se excessivo.

Administrando o Risco na Implementação de Sistemas

O emprego das medidas de qualidade através dos estágios precedentes do ciclo de vida e uma constante preocupação com o treinamento podem reduzir os principais riscos da implementação. Para obter qualidade, os usuários e seus gerentes devem envolver-se no projeto do sistema desde o início, exigir que os projetos satisfaçam suas necessidades e assegurar-se de que tenham um foro para comunicar sua *expertise* sobre processos que executam. A qualidade requer, também, um rigoroso programa de testes que detecte com antecedência os erros de concepção ou de desenvolvimento, impedindo, desse modo, que um sistema defeituoso alcance o estágio de implementação.

O treinamento assegura que os empregados tenham as habilidades apropriadas para fazer o novo sistema funcionar. Mesmo os melhores sistemas podem falhar se os empregados não puderem utilizá-los correta e eficientemente. O treinamento deve ocorrer antes e depois da implementação. O treinamento pré-implementação prepara os empregados para usar os recursos de que necessitam e para lidar com circunstâncias excepcionais. O treinamento pós-implementação focaliza o uso eficiente do sistema.

Manutenção

A manutenção refere-se a todas as atividades relacionadas a um sistema depois que ele é implementado e antes de uma avaliação completa e qualificada das necessidades. Ela deve incluir atividades tais como a correção de *software* que não funcione corretamente, a adição de novos recursos aos sistemas em resposta às novas demandas dos usuários e execução de **revisões pós-implementação** periódicas. As revisões pós-implementação avaliam quão bem o sistema satisfaz as necessidades do usuário, designam as prioridades para um novo desenvolvimento e determinam quando começar um novo levantamento de necessidades. Uma pesquisa recente realizada com 1000 empresas da *Fortune* descobriu que 97% de todos os programadores estão envolvidos em atividades de manutenção em vez de estarem envolvidos no desenvolvimento de novos sistemas.[32]

Durante o estágio de manutenção, os sistemas são submetidos a melhoria contínua, inicialmente para corrigir erros do sistema e para assegurar que ele continuará a operar tal como implementado. Os erros quase sempre existem e podem aparecer mesmo depois de um sistema estar em operação por diversos anos, porque os testadores não podem prever todas as contingências e situações que podem surgir ao longo do uso do sistema.

Os usuários também tendem a descobrir novas necessidades depois de usar um sistema por vários meses. Estas necessidades podem surgir de mudanças na natureza do negócio ou do ambiente. Por exemplo, a empresa pode desenvolver um novo produto que tenha necessidades de dados de vendas ou de pós-vendas que sejam diferentes dos de outros produtos. Ou um concorrente pode lançar um novo programa, como um programa de descontos para compradores freqüentes ou um programa de garantia prolongada que a empresa deve implementar, mas que requer dados não capturados pelo sistema existente, relatórios não gerados atualmente, ou mesmo procedimentos operacionais novos. Assegurar-se de que o sistema de informações responde a tais necessidades freqüentemente não requer uma redefinição ou reconstrução completa do sistema.

Uma vez que os usuários assimilaram as melhorias dos processos suportados pelo novo sistema, eles começam a dar-se conta de que expressaram muito poucos desejos na fase de análise de necessidades. Eles agora propõem mudanças para fazer o sistema mais fácil de usar; para permitir que os gerentes tomem decisões melhores, mais rápidas e mais bem informadas; ou para melhorar o *workflow* dos empregados usando o sistema. Estes usuários, juntamente com os profissionais de sistemas, devem avaliar cada alteração com base em seus custos e benefícios. Aqueles considerados compensadores vão requerer o redesenho e reprogramação como parte da manutenção do sistema.

O que distingue as atividades que ocorrem na fase de manutenção do ciclo de vida daquelas da fase de levantamento das necessidades? As atividades na fase de manutenção assemelham-se àquelas da fase de levantamento das necessidades, mas a manutenção é menos rigorosa, mais informal, menos abrangente e mais reativa. Enquanto o levantamento das necessidades focaliza a possibilidade de redesenhar e reconstruir completamente os sistemas de informação existentes, a manutenção implica melhoria contínua destes sistemas.

Modificar um sistema sem criar novos erros é um significativo desafio. Todas as mudanças em sistemas complexos apresentam muita probabilidade de apresentar efeitos colaterais. Agir em conformidade com o SDLC permite minimizar e documentar as interações entre as diferentes partes do sistema, reduzindo, desse modo, a probabilidade e a amplitude dos efeitos colaterais. A manutenção permanece problemática, porque algumas interações são inevitáveis e a documentação pode não estar sempre completa. Quanto mais manutenção é efetuada num sistema, mais aumenta a probabilidade de surgimento de novos erros e a exatidão da documentação do sistema diminui.

Os gerentes de negócios devem entender as pressões políticas a que as equipes de sistemas estão sujeitas durante a fase de manutenção. Como os gerentes de sistemas vêem os usuários finais como seus clientes, eles freqüentemente acham difícil recusar seus pedidos. A limitação de recursos da área de sistemas significa que aceitar um número muito grande de projetos resulta na alocação de poucos recursos para cada um, tendo como resultado entregas com atraso, uma equipe sobrecarregada e desmotivada e baixa qualidade de produto. A formação de comitês orientadores compostos de gerentes representantes dos usuários finais e de profissionais de SI que priorizam os projetos e alocam recursos adicionais à equipe de SI podem ajudar a superar os dilemas de escolher quais projetos atender em caso de conflitos de prioridades. Na ausência destes comitês, os gerentes devem justificar internamente seus pedidos de manutenção antes de solicitá-la.

A Life Time Fitness, operadora de 27 *resorts* de esportes e preparação física, sediada no estado de Minnesota, possui 400.000 membros e usa um comitê orientador formado pelo CEO da empresa, o CFO, o CIO e cinco vice-presidentes executivos corporativos para alinhar os projetos de TI com os objetivos corporativos. Antes de o comitê ser estabelecido, os vice-presidentes executivos de cada divisão lutavam duramente para ter suas necessidades individuais satisfeitas, exercendo muita pressão sobre um grupo de TI com limitados recursos. Agora, em reuniões semanais, estes executivos estão adquirindo uma visão organizacional global, tomando decisões de acordo com os melhores interesses de longo prazo da empresa como um todo e comunicando-as claramente à equipe de TI.[33]

Revisão Pós-implementação

A primeira revisão pós-implementação deve ocorrer alguns meses após a liberação do novo sistema. Esta primeira revisão deve auditar o produto e o processo do ciclo de vida do desenvolvimento de sistemas. O *staff* da área de sistemas e os usuários envolvidos nos estágios de avaliação de necessidades e projeto devem reunir-se novamente para examinar quaisquer falhas no produto final, determinar suas causas e modificar o processo de desenvolvimento de sistemas para impedir estes erros no futuro. Este comitê deve, também, identificar quaisquer outras mudanças remanescentes necessárias à retificação dos principais problemas.

As revisões subseqüentes do sistema devem concentrar-se no estabelecimento de prioridades para a manutenção e na determinação de quando o ciclo deve ser reiniciado com um completo levantamento das necessidades. Uma estratégia eficaz de reestruturação é a antecipação, que tenta implementar as mudanças antes que o sistema chegue ao limite ou experimente maiores problemas. A revisão pós-implementação, assim como a manutenção do sistema, envolve tanto os profissionais de sistemas como os usuários finais, em um processo permanente.

DESENVOLVIMENTO E MANUTENÇÃO DE *WEBSITES*

O desenvolvimento e a gestão de *websites* não são essencialmente diferentes de qualquer outro tipo de aplicação de negócios. A diferença principal entre as aplicações da Internet e a maioria das outras aplicações é que é muito mais provável que o usuário final de uma aplicação da Internet seja um cliente da empresa e não um empregado. O desenvolvimento de aplicações na Internet para empregados e outros clientes internos segue praticamente o mesmo ciclo de vida, caminhos, metodologias e estágios que a maioria dos outros sistemas. Esta seção focaliza, portanto, os *websites* destinados ao público em geral ou outros clientes externos. Ela aborda as questões essenciais da gestão de marca, segurança e gestão de conteúdo.

O *website* de uma organização apresenta uma visão pública da organização que, como qualquer outra peça de marketing ou material de relações públicas, e diferentemente da maioria dos sistemas de aplicação, precisa ser cuidadosamente administrado, para assegurar-se de que ele suporta e está de acordo com a imagem que a organização espera transmitir. O conteúdo, a estrutura, o projeto e o desempenho do *site* da organização contribuem para esta imagem. As organizações devem ver seu *website* como uma extensão de sua marca. De fato, em muitas organizações a responsabilidade da gestão do *website* fica com o departamento de marketing ou de relações públicas, mesmo para aplicações como suporte ao cliente ou aprovação de hipotecas, que não são tradicionalmente assumidas pela área de marketing. Se as áreas de marketing ou de relações públicas não controlarem o *website*, elas podem determinar políticas para o *site*, a fim de assegurar a proteção da imagem da empresa. A Tabela 9-5 lista algumas das políticas que as organizações podem aplicar a seus *sites* na Internet.

Como o *website* da organização está disponível ao público, a segurança das aplicações na Internet é uma preocupação principal dos desenvolvedores do *site*. Especialmente as seguintes proteções necessitam ser estabelecidas:

- ***Proteção dos dados dos clientes.*** Para obter a confiança de seus clientes e freqüentemente para cumprir suas obrigações legais, as organizações devem proteger os dados fornecidos pelos clientes. Por exemplo, se uma organização obtiver os números de cartão de crédito dos clientes, seus endereços, dados médicos ou outros dados confidenciais, estes dados devem não somente ser protegidos da vista de estranhos, mas também ser criptografados de modo que, se a proteção pretendida falhar, aqueles que roubarem as informações não possam compreendê-las.
- ***Proteção de dados operacionais.*** Os concorrentes inescrupulosos podem tirar uma empresa dos negócios se tiverem a capacidade de alterar ou suprimir pedidos, alterar as informações de remessa ou interferir de outra forma qualquer nos dados operacionais da empresa.
- ***Proteção dos segredos comerciais.*** Os segredos comerciais da empresa não devem ser vulneráveis a roubo nas conexões de Internet.

TABELA 9-5

As políticas organizacionais são aplicadas no desenvolvimento e gestão de seus *sites* na Internet.

Categoria de Política	Elementos da Categoria
Projeto	Leiaute
	Gabaritos de estilo *(Stylesheets** ou *templates* ou gabaritos)
	Tipografia
	Conjunto de cores
	Logotipos
	Cor ou quadro de fundo
	Metadados
	Navegação (p.ex. profundidade máxima)
Desempenho	Tempo de resposta (para apresentar página)
	Tamanho de página (em bytes, determina resposta de transmissão)
	Compatibilidade do navegador (tipo e versão do navegador)
	Compatibilidade da plataforma (computador, telefone, PDA)
Processo	Linguagem(ns) de desenvolvimento
	Processo de aprovação para atualizações do *site*
	Processos de atração
	Freqüência de revisão
Conteúdo	Freqüência de atualização
	Propriedade
	Fontes de conteúdo
Privacidade	Uso de *cookies*
	Uso de dados coletados
	Transparência

**Stylesheet*: Um arquivo que define o leiaute de um documento, com parâmetros tais como tamanho de página, margens e fontes. Pode-se usar o mesmo *stylesheet* para muitos documentos: define-se um *stylesheet* para cartas pessoas, um outro para cartas oficiais, etc. (N.T.)

- ***Proteção de acesso.*** Os *hackers* podem causar danos irreparáveis se temporariamente tirarem do ar ou diminuírem a velocidade de um *website* de modo que ele fique indisponível para usuários com necessidades legítimas, como a submissão de pedidos.

O Capítulo 5 aborda as tecnologias disponíveis para administrar a segurança dos serviços da Internet, e o Capítulo 10 aborda as questões organizacionais que abrangem a gestão da segurança.

A maioria das aplicações não-Internet é projetada para um ambiente de grande estabilidade. Espera-se que estas aplicações raramente sejam alteradas; os desenvolvedores colocam apropriadamente ênfase em conseguir um *design* que minimize a necessidade de manutenção. Por outro lado, os desenvolvedores de *sites* da Internet esperam que seus *sites* se alterem freqüentemente. Esta alteração mantém os clientes interessados e promove o seu retorno ao *site*. Como os desenvolvedores antecipam a necessidade para contínua manutenção, eles se concentram menos no projeto inicial e mais em assegurar que a manutenção será fácil e barata. Na medida do possível, as organizações automatizam a manutenção de seus *sites* usando produtos poderosos chamados ***softwares* de gestão de conteúdo** (ver Capítulo 4). Estes produtos catalogam as informações num *website* de modo que elas possam ser facilmente acompanhadas, modificadas e usadas em diferentes contextos. Eles permitem que empregados que têm pouca ou nenhuma experiência no uso da Internet criem material para o *site* da organização. Tudo o que eles precisam fazer é alimentar o material em um formulário que indica seu tipo e relevância. Com base nas informações que o empregado fornece, o *software* de gestão de conteúdo prepara-as no estilo e estrutura do *website* e as torna disponíveis onde e quando apropriado. O *software* de gestão de conteúdo também auxilia os visitantes freqüentes do *site* a customizar o que eles vêem cada vez que retornam a uma página do *website* da organização.

O PORQUÊ DO SUCESSO OU FRACASSO DOS PROJETOS DE DESENVOLVIMENTO DE SISTEMAS

Burrows e gerentes como ela podem aprender bastante estudando os sucessos e fracassos do desenvolvimento de sistemas. O desenvolvimento de sistemas em larga escala apresenta grandes desafios às organizações, mesmo àquelas com extensa experiência em sistema de informação. As estatísticas indicam que somente cerca de 26% de todos os projetos de TI são terminados no prazo, dentro do orçamento e com a funcionalidade originalmente proposta. Aproximadamente 28% dos projetos de TI são cancelados antes mesmo que sejam entregues ao usuário.[34] Um outro estudo afirma que os *softwares* defeituosos custam às empresas 78 bilhões de dólares por ano.[35]

Muitas pesquisas têm abordado a questão do porquê de os projetos de sistemas serem bem-sucedidos ou falharem. As razões variam de projeto para projeto, mas a maioria encaixa-se em cinco categorias:

grau de risco do projeto, definição da abrangência do projeto, qualidade da gestão do projeto, qualidade do projeto de processo e adequação de recursos.

Risco

Todo projeto envolve algum elemento de risco. Já examinamos como as empresas podem avaliar e administrar o risco. Vimos também que se o retorno potencial é grande o bastante, a maioria das empresas aceitará mesmo um projeto de alto risco e se exporá a uma elevada probabilidade de falha.

Abrangência

Os projetos bem-sucedidos têm uma abrangência ou escopo claramente definida. Infelizmente, uma diversidade de forças tende a exercer pressão sobre a abrangência de um projeto. Freqüentemente, novos produtos ou serviços de concorrentes criam a necessidade de uma reação imediata que não havia sido prevista quando o projeto iniciou. Mesmo sem estas pressões competitivas, as necessidades dos usuários mudarão e eles descobrirão características adicionais que sentem que, sem dúvida, precisam ser incorporadas ao sistema. Os avanços da tecnologia também oferecerão a oportunidade para incorporar funcionalidades adicionais das quais é muito difícil abrir mão. Os requisitos variáveis, conhecidos como movimento gradual de escopo, podem fazer com que um projeto nunca seja terminado e é uma das causas que lideram os motivos de fracasso de projetos.[36]

Gestão

Os projetos são bem-sucedidos na maioria das vezes em que são administrados por gestores experientes e eficazes. Os gerentes de projetos necessitam saber como planejar, organizar equipes, atribuir responsabilidades, determinar etapas e prazos finais, buscar e obter recursos e resolver crises. Os gerentes de negócios, mesmo aqueles não participantes da equipe de projeto, podem afetar o sucesso de um projeto. Os gerentes que não dão apoio a um projeto podem miná-lo ou sabotá-lo. O suporte da alta administração pode auxiliar os empregados afetados pelo projeto a aceitar as mudanças. A falta de participação e suporte da gestão superior pode resultar no desenvolvimento de sistemas que não conseguem prever as necessidades da organização a longo prazo e conflitam com os objetivos organizacionais estratégicos.[37]

Processo

Como você viu, o desenvolvimento de sistemas é um processo complicado, com muitos caminhos alternativos. Aqueles familiarizados e experientes com o processo podem mais prontamente dirigir o desenvolvimento através dos obstáculos que este pode encontrar. O processo de desenvolvimento de sistemas foi extensamente pesquisado. Diversas publicações acadêmicas e de negócios e muitos livros e estudos lhe são devotados. Além disso, há uma variedade de ferramentas de *software* para orientar os administradores de projeto através das tarefas que eles necessitam executar para maximizar suas possibilidades de sucesso. Executivos, como Burrows, devem familiarizar-se com estas ferramentas e com o pensamento atual sobre o processo antes de participar dele ativamente. Aqueles não familiarizados com o processo cometerão muitos erros, a menos que sigam diretrizes claras.

Recursos

O desenvolvimento de sistemas requer tempo, dinheiro e pessoas. Estudamos maneiras de estimar os recursos necessários. As organizações que alocam os recursos necessários geralmente são bem-sucedidas. As organizações que não podem dispor de — ou não empenham — recursos necessários para o sucesso, têm grande probabilidade de fracassar.

RESUMO

O ciclo de vida do desenvolvimento de sistemas (SDLC) refere-se a uma seqüência de estágios envolvendo concepção, projeto, criação e implementação dos sistemas de informação. Ele inclui levantamento das necessidades, análise de alternativas, projeto, desenvolvimento, implementação e manutenção. As organizações sofisticadas vêem o desenvolvimento de sistemas não como uma série de projetos independentes, mas sim como um processo, sujeito a melhoria contínua e que segue metodologias específicas. Os caminhos através do ciclo de vida do desenvolvimento de sistemas incluem o modelo em cascata, a abordagem em espiral, a prototipagem rápida e a programação ágil.

Os desenvolvedores de sistemas usam modelos de dados, modelos de processos e modelos de objeto para compreender os sistemas existentes e projetar os novos. As ferramentas de gestão de processos auxiliam a padronizar e assegurar a qualidade por todo o ciclo de vida. As ferramentas CASE podem auxiliar na automatização das atividades do ciclo de vida.

O levantamento das necessidades inicia o ciclo. Os usuários finais, seus gerentes e os profissionais de sistemas de informação analisam os sistemas atuais e documentam as necessidades dos usuários tão completa e exatamente quanto possível. Os analistas de sistemas freqüentemente servem de ligação entre o departamento de sistemas e os usuários para facilitar a identificação completa das necessidades. Eles usam entrevistas, observação local, questionários, análise estruturada, dicionários de dados e engenharia reversa para coletar informações sobre entradas, saídas e procedimentos.

O estágio da análise de alternativas do ciclo de vida do desenvolvimento de sistemas se concentra em especificar e avaliar várias opções para o sistema numa tentativa de identificar e selecionar um único sistema. Esta seleção envolve as análises de custo/benefício e de risco. O estágio de projeto fornece especificação detalhada para o sistema selecionado. Os elementos do projeto incluem as interfaces, dados, processos, objetos, o projeto físico e um projeto para os testes.

O desenvolvimento, quarto estágio do ciclo de vida, focaliza a obtenção do *hardware*, a aquisição ou desenvolvimento do *software*, e os testes do sistema. Os profissionais de sistemas e os usuários do sistema devem definir-se pela aquisição ou desenvolvimento do novo sistema. As ferramentas de desenvolvimento incluem geradores de telas, geradores de relatórios e geradores de código. Os desenvolvedores testam o sistema quanto ao desempenho e à usabilidade.

As organizações então implementam o novo sistema, usando uma de quatro estratégias. O corte direto envolve a substituição de um sistema pelo outro, da noite para o dia. A implementação piloto refere-se a substituir o sistema para uma população-alvo inicial dentro da organização e progressivamente aumentar esta população-alvo com o passar do tempo. A implementação por fases refere-se à introdução de cada componente do sistema, individual e seqüencialmente. A implementação em paralelo refere-se à introdução do novo sistema sem desativar o sistema antigo.

A revisão da manutenção e da pós-implementação conclui o ciclo de vida do desenvolvimento de sistemas. Estas atividades envolvem a identificação e correção dos erros do sistema e a introdução de melhorias de processo requeridas.

O desenvolvimento de *websites* difere de outros desenvolvimentos de sistemas quanto ao conteúdo do *site*, que muda freqüentemente, e quanto à segurança, que está acima de tudo. Os desenvolvedores usam o *software* de gestão de conteúdo para controlar o conteúdo da Internet, ao mesmo tempo que asseguram a consistência com o formato e a marca da organização.

Os projetos de desenvolvimento de sistemas são bem-sucedidos ou fracassam devido a seu risco, definição da abrangência ou escopo, gestão, projeto de processo e recursos. Os administradores que compreendem e observam os processos e as ferramentas para o desenvolvimento de novos sistemas podem reduzir a probabilidade de fracasso.

TERMOS E EXPRESSÕES IMPORTANTES

abordagem em espiral
administrador de processos
alfa teste
análise das entradas
análise das saídas
análise de alternativas
análise de requisitos
análise de risco
análise estruturada
analista de sistemas
bancada CASE
beta teste programação ágil
bibliotecário de processos
ciclo de vida do desenvolvimento de sistemas (SDLC)
desenvolvimento
desenvolvimento conjunto de aplicação (JAD)
desenvolvimento rápido de aplicação (RAD)
diagrama de fluxo de dados (DFD)
diagrama estrutural
dicionário de dados
engenharia de software assistida por computador (CASE)
engenharia reversa
erro
especificação de projeto
estojo de ferramentas CASE
estratégia de corte direto
estratégia de implementação em paralelo
estratégia de implementação piloto
estratégia de implementação por fase
ferramentas CASE
gerador de código
gerador de relatórios
implementação
investigação contextual
laboratório de usabilidade
levantamento das necessidades
manutenção
metodologia
modelo em cascata
projeto
projeto de dados
projeto de interface
projeto de objeto
projeto de processo
projeto de testes
projeto físico
prototipagem
quadro de função
retorno sobre o investimento (ROI)
revisão pós-implementação
sistema antigo
software de gestão de conteúdo

soluções *turn-key*
teste da praticidade de uso
teste de componentes
teste de desempenho
teste de integração
teste de sistema
teste de unidade
teste de usabilidade
time-box

QUESTÕES DE REVISÃO

1. Quais são os seis estágios do ciclo de vida do desenvolvimento de sistemas?
2. Como a manutenção difere do levantamento das necessidades?
3. Indique as diferenças entre as abordagens em cascata e em espiral para a implementação do ciclo de vida do desenvolvimento de sistemas.
4. Quais são as vantagens da prototipagem rápida em relação à abordagem em cascata?
5. Por que os gerentes e os desenvolvedores de sistemas usam modelos para descrever os dados, processos e objetos de uma organização?
6. Indique dois tipos de modelos de dados.
7. Indique quais são os três tipos de modelos de processo.
8. Como os administradores podem usar o CMM — *Capability Maturity Model* — para aprimorar o desenvolvimento de sistemas em sua empresa?
9. Quais são os três tipos de necessidades que os analistas focalizam durante o estágio de avaliação das necessidades do ciclo de vida do desenvolvimento de sistemas?
10. Como os administradores podem avaliar e reduzir o risco no desenvolvimento de novos sistemas?
11. Quais são os elementos essenciais do projeto de interface, projeto de dados, projeto de processo, projeto de objeto, projeto físico e projeto de teste?
12. Como os projetos de conteúdo e de formato se complementam no projeto de interface?
13. Que opções têm os gerentes na decisão entre desenvolver ou adquirir?
14. Quais são os quatro tipos de teste e como eles diferem?
15. Como é feito o teste de usabilidade?
16. Quais são as vantagens e desvantagens das quatro estratégias de implementação?
17. Por que os erros freqüentemente existem mesmo após os testes?
18. Por que devem os administradores executar uma revisão pós-implementação?
19. Por que os projetos de sistemas às vezes falham?
20. Como o desenvolvimento e a manutenção de aplicações da Internet diferem dos de outras aplicações de sistema de informação utilizadas na empresa?

MINICASO

COMO A HYGEIA TRAVEL HEALTH SELECIONA QUAIS PROJETOS FINANCIAR

A Hygeia Travel Health, com sede em Toronto, Canadá, fornece seguro de saúde para turistas estrangeiros nos Estados Unidos e Canadá. Digamos que um excursionista espanhol caia e necessite de uma cirurgia de recolocação do quadril. A Hygeia trabalha com o provedor do seguro de saúde do país de origem do viajante, encontrando um médico local e providenciando a documentação.

A Hygeia é basicamente um intermediário entre um plano de saúde estrangeiro e uma rede de médicos e de hospitais americanos. Todo plano de saúde tem uma rede de médicos que, como retorno para uma clientela garantida, dá ao plano de saúde preços com desconto. A Hygeia faz basicamente o mesmo. Ela tem uma rede de médicos americanos aos quais garante uma clientela de viajantes doentes — uma clientela lucrativa, porque a maioria requer somente tratamentos simples e nunca retorna para consultas de acompanhamento. A Hygeia repassa então a diferença de valor ou economia para o plano de saúde estrangeiro, que seria forçado, de outra maneira, a pagar o preço total a um médico fora de seu plano.

O mercado da saúde de viajantes cresceu vertiginosamente nos últimos anos e a Hygeia cresceu junto com ele. Em 2000, a Hygeia teve uma relativa facilidade para processar manualmente as mais de 20.000 solicitações. Mas em 2001 esse número cresceu em 300%, e dentro de cinco anos, diz o CIO Rod Hamilton, deverá atingir milhões.

Com a empresa crescendo tão rapidamente, cada projeto de negócios tem que ser bem-sucedido tanto em elevar a receita, cortar custos, como em elevar substancialmente o prestígio da Hygeia junto a seus clientes, diz o CEO da Hygeia Virgil Bretz. No verão passado, a Hygeia desenvolveu um processo através do qual cada projeto — seja um novo sistema de comércio eletrônico ou simplesmente uma alteração no *website* — é avaliado.

O processo em si é relativamente direto. O comitê de avaliação de projetos, é composto por seis executivos sênior, que se divide em dois grupos. Um grupo inclui o CIO Hamilton e os encarregados de operações e os de pesquisa e desenvolvimento; ele analisa os custos de cada projeto. O outro grupo é composto por dois encarregados principais de marketing (para provedores de seguro e pagadores) e o encarregado de desenvolvimento de negócios; este grupo analisa os benefícios previstos, incluindo o impacto sobre a receita, o impacto sobre a lucratividade no primeiro ano e a retenção do cliente. Os grupos são permanentes, e para permanecerem objetivos eles não discutem um projeto até que os dois grupos o tenham avaliado. Os resultados são então compartilhados, tanto em uma planilha eletrônica como em conversas. Os projetos são então aprovados, rejeitados ou adiados para consideração futura.

Bretz diz que o processo funciona por duas razões. Primeiramente, ele considera somente medições objetivas, tais como possibilidades de receita e custos. Desta forma, a Hygeia evita favorecer projetos apadrinhados e outros perigos potenciais. "O processo é muito dedutivo", diz Bretz. "Nós vemos todas as opções e então descobrimos os vencedores".

O processo promove, também, uma comunicação entre os departamentos. O comitê reúne-se todas as segundas-feiras para discutir e avaliar novas propostas. É um comprometimento grande de tempo, mas Bretz sente que ele constrói o entendimento e o consenso dentro da organização.

O seguinte exemplo mostra como o processo foi usado numa aplicação típica.

A Proposta do Projeto de Automatização de Pequenas Solicitações

No início de 2001, a equipe de marketing da área de contas a pagar propôs um projeto para automatizar o sistema para processamento das solicitações de menor valor enviadas por médicos, integrando o processamento com o *website* da Hygeia.

A proposta surgiu de uma observação importante: A maior parte da receita da empresa vem das solicitações para hospitalizações de pacientes, exames laboratoriais e assemelhados, que podem chegar a mais de 100.000 dólares. Estas solicitações representam aproximadamente 20% do negócio da Hygeia e 80% de suas receitas. Os restantes 80% do negócio consistem em solicitações de médicos, cuja maioria é de menos de 1.000 dólares e, freqüentemente, menos de 100. Em muitos casos, o custo de pagar alguém para processar estas solicitações e assim obter o desconto prometido aos planos de saúde dos clientes é realmente maior do que o custo de processamento da Hygeia. Às vezes, diz Hamilton, a Hygeia processa estas solicitações para clientes maiores e absorve os prejuízos financeiros. Muitas vezes, a Hygeia simplesmente paga as contas pelo total. Os proponentes do projeto raciocinaram que, se os formulários de solicitações dos médicos pudessem ser movimentados *online*, permitindo que os médicos mesmos os preenchessem, então eles eliminariam destes custos de processamento os custos de sua equipe para estas solicitações pequenas.

A equipe de benefícios estimou que o projeto auxiliaria a empresa a recuperar uma receita de 840.000 dólares. Baseada em avaliações de negócios passados e em projeções para o crescimento futuro, a equipe estimou, também, que o projeto propiciaria um aumento de 5% no lucro e uma elevação de 10% na retenção de clientes.

A equipe de custos, nesse ínterim, concluiu que a construção de uma aplicação inteiramente automatizada que pudesse tratar as solicitações custaria 266.000 dólares (valor aproximado de 104 semanas do tempo de um desenvolvedor de aplicação, a 1.600 dólares por semana, mais a contingência da necessidade de consultoria e dois administradores de dados em tempo integral).

Neste caso, as equipes de avaliação perceberam que os custos não ultrapassavam os benefícios. Entretanto, o projeto dependia de dois aplicativos: o processamento automatizado e a entrada *online* das solicitações. Cada um teria que ser construído, e a seguir os dois teriam que ser integrados. Assim, quando as duas equipes retornaram à mesa, chegaram a um acordo: Para acelerar o desenvolvimento e limitar o custo, as aplicações seriam construídas, mas não integradas.

Coletar os dados *online* mas processá-los depois que tivessem sido verificados pelos administradores de dados representava uma melhoria substancial em relação ao sistema atual e ainda permitia à Hygeia garantir o processamento em 24 horas. Não é *real-time*, mas ainda assim é rápido. E a Hygeia poderia ter o sistema pronto em menos tempo.

Após a Luz Verde

Uma vez aprovado um projeto, ele é adicionado a uma de duas listas, dependendo de seu tamanho. Normalmente, a linha que divide grandes e pequenos projetos é um custo de 100.000 dólares. A Hygeia trabalha freqüentemente três projetos de grande porte ao mesmo tempo, diz Hamilton, contanto que a carga de trabalho básico caia em áreas de negócios diferentes. Os projetos pequenos são espalhados de forma semelhante, embora, diga Hamilton, "usualmente oito em cada 10 são projetos de TI".

A Hygeia pesa dois fatores ao determinar a ordem na qual empreende os projetos. O primeiro é a razão fundamental: Quanto dinheiro o projeto retornará? Neste caso, a Hygeia apóia-se nas estimativas do comitê e dá continuidade ao projeto que prometeu o maior retorno financeiro. Para muitos dos projetos menores, tais como revisar o *website* da empresa, o benefício em dólares é difícil de calcular. Nestes casos, o comitê analisa o benefício para os clientes, o produto não quantificado resultante das deliberações da equipe de benefícios. Hamilton reconhece que isto é menos objetivo do que as estimativas financeiras usadas para avaliar os projetos de grande porte. Mas, como estes são projetos pequenos, tendem a tomar menos tempo, e a Hygeia pode trabalhar vários deles de uma só vez.

Dos 27 projetos que passaram pelo processo até o momento, 14 foram aprovados. "Tenho um elevado grau de confiança [no processo]", diz Bretz. "Eu estou apostando o futuro da empresa nele".

FONTE: Adaptado de Ben Worthen, "Two Teams are Better than One", *CIO Magazine,* 15 de julho de 2001, 74-77. Reimpresso por cortesia da CIO.

Questões do Caso

Diagnóstico

1. Quais eram as necessidades de informações da Hygeia no que tange ao processamento das pequenas solicitações?

Avaliação

2. Quão bem estavam sendo satisfeitas aquelas necessidades?

Projeto

3. Como a Hygeia avaliou a proposta para automatizar o processamento das pequenas solicitações?
4. Por que a Hygeia modificou a proposta?

Implementação

5. Como a Hygeia determinou se a automatização do processamento das solicitações proposta era mais ou menos merecedora de ser financiada do que os outros projetos?
6. Como a Hygeia reduziu os riscos associados ao projeto?
7. Como a Hygeia medirá o sucesso do projeto?
8. Quais são os benefícios e os custos do processo que a Hygeia implantou para avaliar propostas de projetos?
9. Você acha que o processo da Hygeia poderia ser melhorado? Como?

9-1 A TEDDY BEAR COMPANY TENTA OUTRA VEZ

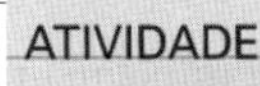
ATIVIDADE

Passo 1: Leia o seguinte caso.

Depois de uma saga de três anos que incluiu uma perda financeira de 10,3 milhões de dólares decorrente da fracassada instalação de *software* do tipo pacote, a fabricante de ursinhos de pelúcia Russ Berrie and Co. está tentando aposentar seus sistemas legados. O distribuidor de brinquedos e presentes sediado em Oakland, no estado de Nova Jersey, finalizou na última semana os planos para lançar o conjunto composto por um sistema de gestão integrada (ERP), sistema de gestão do relacionamento com o cliente (CRM) e aplicações financeiras da J. D. Edwards & Company. A empresa programou o projeto multimilionário para ser implementado em fases, no decorrer de um período de 18 meses.

O CIO da Russ Berrie, Michael Saunders, disse que a empresa, que teve vendas de 225 milhões de dólares durante os primeiros nove meses do ano passado, espera que o sistema ERP a auxilie a alcançar 1 bilhão de dólares de receita anual nos próximos anos.

Dentro dos 12 meses seguintes, disse ele, a Russ Berrie planeja começar a instalar as aplicações em um departamento de cada vez, começando com uma implementação autônoma em compras. "Criaremos um *big bang*", disse Saunders. "Estamos diminuindo os riscos da implementação, adotando uma abordagem de implementação por fases".

A empresa tem razão em ser cautelosa. Há três anos, ela tentou migrar seus sistemas de distribuição, financeiros e de serviço de atendimento ao cliente — todos desenvolvidos internamente — para uma aplicação ERP em pacote, porque os sistemas legados, programados para datas de dois dígitos, não poderiam conduzir apropriadamente os cálculos para o ano 2000 e subseqüentes, nem armazenar datas de quatro dígitos. Em 1999, a migração para o pacote de ERP empacou. Saunders disse que os problemas eram graves o bastante para a Russ Berrie tirar do ar muitas das novas aplicações. Isso forçou a empresa a ressuscitar e modificar seus velhos sistemas VAX da Digital Equipment Corp., de modo que eles pudessem processar as datas de quatro dígitos. "Não foi um processo divertido", disse Saunders, adicionando que ele criou tensão tanto no departamento de TI como nas unidades de negócios.

Saunders não identificou os fornecedores de *software* envolvidos na implementação fracassada, mas algumas fontes disseram que aplicações da SAP AG eram parte do projeto de 1999. Um porta-voz na SAP confirmou que a Russ Berrie era um de seus clientes, mas negou-se a oferecer maiores detalhes, devido a litígio pendente entre as duas empresas.

Joshua Greenbaum, um analista da Enterprise Applications Consulting na cidade de Daly City, no Estado da Califórnia, disse que parece que a Russ Berrie "abocanhou mais do que poderia engolir" no projeto de 1999. As implementações abrangendo toda a organização são especialmente arriscadas para as empresas de tamanho médio, disse Greenbaum.

Em uma tentativa de proteger-se na segunda vez, disse Saunders, a Russ Berrie contratou um escritório de advocacia com experiência no mercado de TI. A Shaw Pittman LLP, sediada em Washington, auxiliou a empresa durante o processo de seleção do *software.* Saunders não divulgou o custo exato do projeto da J. D. Edwards. Será necessário algum trabalho limitado de customização de *software,* disse ele.

FONTE: Extraído e adaptado de Marc L. Songini, "Teddy Bear Maker Prepares for Second Attempt at ERP Rollout", *Computerworld,* 4 de fevereiro de 2002, 16.

Passo 2: Prepare o caso para discussão em classe.

Passo 3: Responda a cada uma das seguintes questões, individualmente ou em pequenos grupos, como indicado por seu instrutor.

Diagnóstico

1. Que necessidades de informações a Russ Berrie tinha em 1999?

Avaliação

2. Quão bem o sistema antigo satisfazia estas necessidades?

Projeto

3. Que vantagens o novo sistema devia oferecer?
4. Que alternativa foi selecionada para o novo sistema? Esta alternativa era apropriada?
5. Quais elementos do ciclo de vida do desenvolvimento de sistemas não foram executados em 1999?
6. Como a Russ Berrie modificou sua abordagem de ciclo de vida para o projeto de ERP atual?

Implementação

7. Por que você acha que a Russ Berrie decidiu-se por uma abordagem de implementação por fases para o projeto atual?
8. O que a Russ Berrie necessita fazer para assegurar o sucesso do projeto atual?

Passo 4: Em pequenos grupos, com a classe inteira, ou por escrito, compartilhe suas respostas às questões acima. Depois, responda às seguintes questões:

1. Quais as necessidades de informações que a Russ Berrie and Company tinham?
2. Quão bem o sistema antigo satisfazia aquelas necessidades?
3. Por que a primeira implementação falhou?
4. O que a Russ Berrie deveria fazer para assegurar o sucesso do projeto atual?

ATIVIDADE

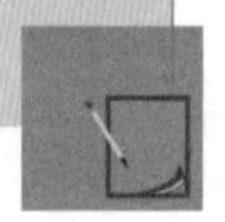

9-2 MINORIA MORAL

Passo 1: Leia o seguinte cenário.

"O que mudou?", perguntou Janice Devin. "Sou só eu, ou alguém mais sente-se assim?" Devin refletiu sobre sua decisão tomada quatro meses atrás de juntar-se à equipe de desenvolvimento para o novo sistema de tratamento de imagem e *workflow* do Liberty Hospital.

Seu gerente, Robert Harding, não soube como responder à pergunta. Ele começou a dar-se conta de que Devin havia subestimado o impacto que o projeto teria nas pessoas do departamento de contas a pagar e, por extensão, em seus próprios sentimentos sobre seu trabalho no hospital.

Nos 12 meses anteriores, a situação financeira do hospital havia melhorado significativamente. Muito do crédito havia ido para a equipe de gestão e finanças, que, dois anos antes, havia iniciado um esforço agressivo para examinar cada processo de negócios crítico no hospital-escola.

Um ano antes a equipe de gestão começara a traduzir os resultados de sua análise em um plano de ação. Entretanto, enquanto os esforços haviam melhorado o lucro líquido do hospital, também haviam causado estresse no quadro de funcionários em diferentes departamentos. Houvera rumores de que o sindicato que representa o pessoal de manutenção estava considerando realizar uma greve em protesto contra mudanças propostas nas regras de trabalho e diversos profissionais do quadro médico sênior do hospital haviam enviado um protesto sobre o que eles descreviam como "interferência" de pessoal não-médico.

Até Janice Devin juntar-se à equipe do novo projeto, sua interação com o pessoal fora de seu próprio departamento havia sido limitada. Em conseqüência de mais uma das mudanças de processo propostas pela nova gestão, a maioria dos membros do departamento de sistemas havia atuado, em sua maior parte, isolada dos grupos a que serviam.

Harding havia sido uma defensora interna da nova abordagem de trabalhar com os "clientes internos" do departamento de sistemas e havia encorajado Devin a participar da equipe de projeto. Harding mostrou aquela oportunidade como bastante atraente. Além de deixar Devin trabalhar com uma tecnologia nova e atraente, isto lhe daria visibilidade fora de seu próprio grupo. Depois de algum incentivo amigável, ofereceu-se para integrar a equipe.

Mas assim que ela juntou-se à equipe, as coisas começaram a lhe parecer diferentes do quadro que Harding havia pintado. Devin achou Robin Groaci, o membro de gestão e finanças da equipe de projeto, uma pessoa difícil de se trabalhar em conjunto. Robin viera para o Liberty direto de um programa de gestão do sistema de saúde três meses depois que a equipe de gestão sênior modificara a direção. Este era o primeiro trabalho dela. Mary Trayte, a encarregada do departamento de contas a pagar, era bastante agradável, mas parecia intimidada por Groaci. Devin gostara dos outros dois membros da equipe, mas eles eram mais focados na arquitetura técnica da aplicação, enquanto ela tinha que se preocupar sobre como as funções da aplicação combinavam com as especificações do sistema.

As coisas ficaram piores quando Devin descobriu — relativamente tarde no ciclo de vida do projeto — que, uma vez que a aplicação estivesse terminada e ativada, mais de 20 membros do departamento de contas a pagar corriam o risco de perder seus empregos. Quando ela perguntou sobre o assunto, Groaci disse a Devin que esta questão não era de sua responsabilidade e que ela devia concentrar-se em ter a aplicação completada a tempo.

Percebendo que tinha de falar com alguém sobre como se sentira, Devin abordou Harding e pediu uma reunião confidencial. Durante a reunião, ela expressou seu desconforto com o trabalho que fazia e pediu um conselho a Harding sobre como proceder.

FONTE: Damian Rinaldi, "Moral Minority", *Client/Server Computing*, abril de 1994, 33. Usado com permissão.

Passo 2: Prepare o caso para discussão em classe.

Passo 3: Responda a cada uma das seguintes questões, individualmente ou em pequenos grupos, como indicado por seu instrutor.

1. Como Harding poderia responder a Devin?
2. Para cada alternativa, quem se beneficia e quem é prejudicado?
3. A partir dos princípios éticos de menor dano, direitos e deveres, responsabilidades profissionais, interesse próprio e utilitarismo, consistência e respeito, como você avaliaria cada alternativa?
4. Como Harding deveria responder a Devin? Por quê?

ATIVIDADE

9-3 USANDO UMA FERRAMENTA CASE

Passo 1: Leia o seguinte cenário.

O Benson College é uma faculdade de administração com um corpo discente de aproximadamente 2.000 alunos de graduação, 300 estudantes de MBA em tempo integral e 1.500 estudantes de MBA em tempo parcial. Os estudantes do MBA em tempo parcial freqüentam as aulas durante a noite, e os do

MBA em tempo integral freqüentam a maioria de seus cursos eletivos, também, à noite e 90% dos alunos de graduação moram no campus.

Atualmente, a faculdade envia material de registro aos estudantes, listando as disciplinas disponíveis e os horários em que são oferecidas. Os estudantes registram-se para as disciplinas preenchendo e devolvendo formulários de registro. Os formulários são processados pela secretaria e inseridos à noite no sistema de registro. Os estudantes podem verificar a situação de seu registro via telefones com discagem de tom conectados a unidades de resposta audível. Embora o secretário atualize a disponibilidade de disciplinas diariamente, os estudantes, mesmo assim, necessitam verificar, para certificar-se de que não ficaram de fora das disciplinas nas quais tinham se registrado.

O secretário da faculdade patrocinou um projeto para reformular o processo de registro de estudantes de modo que o mesmo não necessite de papel nem auxílio humano. O incentivo para este projeto inclui a necessidade de reduzir o custo de funcionamento da secretaria e para responder à pressão competitiva no mercado de MBA noturno, tornando o registro mais fácil e agradável para os estudantes *part time.*

Uma equipe inicial — secretário, assistente do secretário, diretor de graduação, diretor de pós-graduação, superintendente de informática e um membro do escritório de qualidade do Benson — reuniu-se algumas vezes e, antes de formar uma equipe de projeto, estabeleceu os seguintes parâmetros para o projeto.

Os estudantes poderão registrar-se pelo telefone ou pela Internet. Se pagarem adiantado, o registro será considerado válido imediatamente. Se não, o registro será provisório, pendente do recibo de pagamento (por cheque) e permanecerá efetivo por uma semana. Uma equipe de projeto será formada em breve, consistindo na atual equipe inicial, um desenvolvedor de *software* e, possivelmente, membros voluntários do corpo docente e do corpo de alunos de graduação e pós-graduação.

O sistema atual de registro, construído em *software* proprietário usando um banco de dados proprietário, será substituído em vez de modificado. Embora funcional, ele é considerado demasiado rígido para ser alterado e demasiado caro para ser mantido. O Benson não tem o pessoal ou recursos para desenvolver este sistema a partir do zero. O sistema terá que ser adquirido. Terá que fazer interface com o sistema de contabilidade existente, que mantém as informações contábeis dos estudantes. Ele também terá que fazer interface com o sistema de programação de salas e espaços e do corpo docente da faculdade. A equipe de projeto pode identificar a necessidade de outras interfaces. O sistema terá que verificar os pré-requisitos e conflitos de horários. A equipe de projeto vai, provavelmente, identificar outros requisitos de sistema e necessidades de informações. Um orçamento de 50.000 dólares foi alocado para a análise e projeto preliminares.

A faculdade padronizou uma infra-estrutura de rede TCP/IP executando servidores Windows NT, estações de trabalho desktop com Windows 95, Microsoft Outlook para correio eletrônico, Microsoft SQL-Server para a gestão do banco de dados da organização e Visual Basic para o desenvolvimento da GUI (Interface Gráfica com o Usuário). Ela está usando tanto o Lotus Workflow como o Microsoft Exchange para a gestão de *workflow.*

Passo 2: Seu instrutor mostrar-lhe-á como usar uma ferramenta CASE disponível dentro do seu ambiente na faculdade. Se nenhuma ferramenta como esta estiver disponível, seu instrutor o instruirá para baixar da Internet uma cópia de demonstração desta ferramenta.

Passo 3: Usando a ferramenta CASE, desenvolva um diagrama ER, um DFD, um diagrama estrutural, um modelo de IDEF1X, um modelo de quadro de função, ou um modelo de UML dos dados, processos, ou objetos sugeridos por este caso, tal como indicado por seu instrutor.

9-4 A HINDENBERG GAS COMPANY

ATIVIDADE

Passo 1: Leia o seguinte cenário.

Você é Pete Bogg, gerente de sistemas da Hindenberg Gas Company, uma concessionária regional que oferece serviços a mais de 10 milhões de imóveis. Tal como em muitos monopólios de grande porte, sua empresa sofre de uma reputação de mau atendimento ao cliente e fracas relações com a comunidade. Um antigo sistema de faturamento, no qual as faturas do cliente estão freqüentemente atrasadas, erradas, ou incompletas, contribui para a sua má reputação. Há pouca informação disponível para os encarregados do serviço de atendimento ao cliente sobre as contas atuais e nenhuma informação histórica de qualquer natureza.

A boa notícia é que seu departamento está sendo financiado para substituir o sistema do departamento de faturamento e todos estão muito animados. A má notícia é que cada um quer do projeto algo muito diferente. Capp deFumes, seu gerente de sistemas e programação, vê a oportunidade de expandir seu departamento, com muitos dos técnicos do grupo dando o tão esperado passo em direção a cargos de supervisão. Os usuários têm uma longa lista dos tradicionais requisitos detalhados, e, tendo esperado durante anos, não estão preparados para aceitar nenhum acordo. A muito influente vice-presidente de relações públicas, Shirley U. Jest e o presidente, Dick Tator, querem algo em pouco tempo para acabar com as queixas de clientes e as conseqüentes faltas de pagamento. Eles acham que pode até ser provisório, contanto que seja rápido, e não há necessidade de que seja perfeito. A vice-presidente de finanças, Amanda B. Reconwith (a provável próxima presidente, mas não diretamente encarregada do faturamento), por outro lado, acredita que um sistema de alta tecnologia — sofisticado, estado da arte — é o caminho a tomar. Ele iria não somente gerar relações positivas com os clientes e reações favoráveis da imprensa, mas também teria um longo tempo de vida. Qualquer um sabe, baseado na experiência, que este sistema terá que durar por muito tempo.

Você precisa decidir que caminho de desenvolvimento tomar. Você sabe que uma decisão da direção necessita ser tomada e que o projeto deve ser iniciado.

FONTE: Trecho obtido de Robert K. Wysocki e James Young, "Situation 10-1: The Hindenberg Gas Company", *Information Systems: Management Practices in Action* (John Wiley & Sons, 1990): 70-71. Usado com permissão.

Passo 2: Individualmente ou em pequenos grupos, esboce três planos para desenvolver o novo sistema, cada um usando uma das seguintes abordagens: cascata, espiral e prototipagem.

Passo 3: Compartilhe seus planos. Avalie então os riscos associados com cada uma das abordagens de desenvolvimento. Quão preparada está a empresa para assumir estes riscos? No geral, a qual abordagem você é favorável? Por quê?

ATIVIDADE

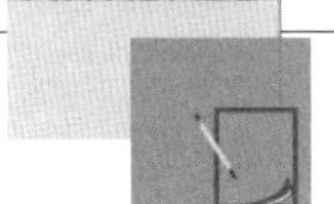

9-5 CONTRATAÇÃO DE UM ANALISTA DE SISTEMAS NO VAILTON COLLEGE

Passo 1: Seu instrutor os dividirá em cinco grupos. Um grupo representará o Comitê de Reestruturação de Registro (RRC – *Registration Redesign Commitee*) no Vailton College e os outros grupos representarão os candidatos analistas de sistemas concorrentes.

Passo 2: Leia o seguinte cenário.

O Vailton College é uma faculdade de administração pequena, mas bem conceituada, situada no sudeste dos Estados Unidos. Seis anos atrás, a faculdade informatizou seu processo de registro de classe. Não obstante, muito do processo permanece manual e problemático. Os estudantes têm-se queixado, ano após ano, por terem de esperar na fila para o registro, terem que registrar-se novamente se ficarem de fora após o encerramento de suas disciplinas selecionadas e terem que fazer idas freqüentes à secretaria durante o período de cancelamento/substituição de disciplina. Os membros do corpo docente têm-se queixado sobre o tempo decorrido antes que recebam as listas finais de horários das classes.

O sistema informatizado, também, permite que os estudantes se registrem para disciplinas para as quais não têm os pré-requisitos necessários. Embora os estudantes devam ter seus planos de registro previamente aprovados pelo seu conselheiro do corpo docente e o corpo docente deva verificar os pré-requisitos, este processo não eliminou este e quaisquer outros problemas associados com os estudantes que não completaram seus requisitos.

O presidente da faculdade encarregou um comitê de membros do corpo docente, pessoal da secretaria e da divisão de sistemas de informações (o grupo técnico que roda os sistemas informatizados da faculdade) para reestruturar o processo de registro e os sistemas de informações que o suportam. O comitê desenvolveu um esboço abrangente de um novo sistema de registro por telefone e deve agora projetar os sistemas de informações para dar suporte. Sua tarefa atual é contratar um analista de sistemas para coordenar o projeto. Após uma seleção inicial, o comitê limitou a busca aos seguintes quatro candidatos:

- *Gene/Jean Smith*: Um gerente de sistemas de 54 anos de idade que foi recentemente dispensado da Digital Equipment Corporation (DEC) quando a divisão em que ele trabalhava foi fechada. A formação de Smith inclui mais de 30 anos de trabalho de desenvolvimento de sistemas na DEC, exclusivamente no ambiente DEC. Smith lidou com muitos produtos diferentes da DEC, clientes e suas necessidades. Embora Smith nunca tenha estado anteriormente no Vailton, ele tem um completo conhecimento do atual equipamento DEC de computação do Vailton.

- *Bobbie/Bobby Jones*: Um graduado do Vailton de 23 anos de idade, com um MBA recente, aluno de graduação com especialização em gestão de sistemas de infomação no Vailton e limitada experiência de trabalho. Jones é atualmente um consultor autônomo em sistema de informação, mas está procurando um emprego mais permanente numa empresa pequena. Tendo passado pelo processo de registro no Vailton, Jones é familiarizado com ele e concorda fortemente com a necessidade de revisá-lo.
- *Pat McDonald*: Um(a) antigo(a) empregado(a) de 32 anos de idade da Pacific Bell, que mudou-se para as proximidades de Vailton. Na Pacific Bell, McDonald trabalhou no departamento de relações com o cliente e tem experiência no trato com os clientes e no uso de sistemas informatizados. Ele(a) registrou-se no programa de MBA *part time* do Vailton após retornar à área e foi uma das pessoas afetadas por problemas com o atual sistema de registro. Ele(a) tem algumas idéias maravilhosas para aprimorar o sistema.
- *Terry Wilson*: Um(a) programador(a) de 38 anos de idade do Shawton Bank, o maior banco no estado. Ele(ela) aprendeu as técnicas de computador no Georgia Tech no final dos anos 1980 e foi, desde então, um(a) funcionário(a) de muita confiança do Shawton, estimado(a) por todos e de fácil relacionamento. O banco passou recentemente por uma reestruturação e parece destinado à reestruturação adicional, se a recessão persistir; Wilson está procurando um ambiente mais estável. Suas habilidades em programação são excelentes em quatro linguagens: FORTRAN, COBOL, BASIC e C. Ele(ela) acha que uma comunidade universitária permitiria um maior aperfeiçoamento de suas habilidades e uma oportunidade valiosa para complementar seus estudos.

Passo 3: Se for atribuído a seu grupo o papel de um dos candidatos, selecione um dos membros do seu grupo para representar seu candidato em uma entrevista. Prepare uma rápida apresentação para explicar por que ele(ela) é a melhor pessoa para o trabalho. Também antecipe as questões que o comitê questionará e prepare seu candidato para responder-lhes da maneira mais favorável. Se seu grupo receber o papel do RRC, prepare uma descrição de trabalho para o analista de sistemas e um conjunto de questões para perguntar a cada candidato.

Passo 4: O instrutor chamará o representante de cada equipe para apresentar seu caso. Os membros do RRC sentar-se-ão na frente da classe e indagarão sobre as questões preparadas e sobre quaisquer dúvidas adicionais que puderem ter depois que cada candidato apresentou o seu caso. Fique avisado, por favor, de que é ilegal perguntar aos candidatos sobre suas vidas pessoais e familiares.

Passo 5: O RRC discutirá os méritos dos candidatos em sessão executiva aberta. Ele então votará nos quatro candidatos.

Passo 6: Com a classe inteira, responda às seguintes questões:

1. Quais são os atributos mais desejáveis de um candidato ao cargo de analista de sistemas?
2. Ao selecionar um analista para um projeto, o que é mais importante: familiaridade com o processo do negócio ou familiaridade com as atividades de análise de sistemas? Quais são os prós e os contras de cada um?
3. O RRC usou critérios apropriados na seleção do candidato?

SI NA *WEB*

SI NA *WEB*

Exercício 1: A página de SI na Internet do Capítulo 9 o dirigirá para uma história sobre a implementação, bem-sucedida ou malsucedida, de um novo sistema de informações em uma empresa. Usando os princípios deste capítulo, identifique as características do projeto, o modo como foi administrado e o processo de desenvolvimento da empresa que contribuiu mais para o sucesso ou falha do novo sistema.

Exercício 2: Vá ao site da Internet de duas empresas de consultoria que fornecem assistência para o desenvolvimento de sistemas. Que tipos de serviços elas oferecem? Em um rápido relatório, indique as diferenças entre as duas empresas.

Exercício 3: Baixe da Internet e demonstre uma ferramenta CASE. Aprenda como usá-la. Apresente rapidamente uma aplicação da mesma.

LEITURAS RECOMENDADAS

Ambler, Scott W. *Agile Modeling: Effective Practices for Extreme Programming and the Unified Process*. New York: John Wiley & Sons, 2002.

Kaner, Cem, James Bach, and Bret Pettichord. *Lessons Learned in Software Testing*. New York: John Wiley & Sons, 2001.

Murch, Richard. *Project Management: Best Practices for IT Professionals*. Upper Saddle River, NJ: Prentice Hall, 2000.

Niederst, Jennifer. *Web Design in a Nutshell*, 2nd ed. Sebastopol, CA: O'Reilly & Associates, 2001.

Vredenburg, Karel, Scott Isensee, and Carol Righi. *User-Centered Design: An Integrated Approach*. Upper Saddle River, NJ: Prentice Hall, 2001.

Whitten, Jeffrey L., Lonnie D. Bentley, and Kevin C. Dittman. *Systems Analysis and Design Methods*, 5th ed. Boston: Richard D. Irwin/McGraw Hill, 2000.

NOTAS

1. Extracted and adapted from Len Ptak, "Measuring Client Value," *CMA Management* 75 (June 2001): 38–40.
2. http://www.dsdm.org, accessed on 18 March 2002.
3. Philippe Kruchten, *The Rational Unified Process: An Introduction*, 2nd ed. Boston: Addison Wesley Longman, 2000.
4. http://programs.rational.com/success/Success_ VideoDetail.cfm?ID=225, accessed on 13 September 2002.
5. http://ca.com/products/alm/process_continum/processware.htm.http://catarina.usc.edu/danzig/cs402/prog3/doc/internal/section3_3.html. http://www.mitre.org/resources/centers/sepo/docs_guidance.html, accessed on 18 March 2002.
6. http://www.rcgit.com/news/Current/seilevel2.cfm, accessed on 13 September 2002.
7. Gary H. Anthes and Jaikumar Vijayan, "Lessons from India Inc.," *Computerworld*, 2 April 2001, 40–42.
8. http://www.telcordia.com/aboutus/background. html, accessed on 13 September 2002.
9. Barry Boehm, "A Spiral Model of Software Development and Enhancement," *IEEE Computer* 21 (May 1988): 61–72.
10. Lee Copeland, "Caterpillar Digs into Agile Development," *Computerworld*, 7 January 2002, 14.
11. John G. Voltmer, "Selling Management on the Prototyping Approach," *Journal of Systems Management* 40 (July 1989): 24–25.
12. Lee Copeland, "Developers Approach Extreme Programming with Caution," *Computerworld*, 22 October 2001, 7.
13. Alistair Cockburn, *Agile Software Development through People* (Boston: Addison Wesley Longman, 2001).
14. Alan Radding, "Extremely Agile Programming," *Computerworld*, 4 February 2002, 42, 44.
15. Object Management Group, "OMG Unified Modeling Language Specification, Version 1.4." Needham, MA: Object Management Group, 2001.
16. Hubert F. Hofmann and Franz Lehner, "Requirements Engineering as a Success Factor in Software Projects," *IEEE Software*, July/August 2001, 58–66.
17. "Firm Size & Experience Drive Pay for Business Systems Analysts," *Ioma's Report on Salary Survey I* (November 2001): 4, 5.
18. For a more complete list and description, see Terry A. Byrd, Kathy L. Cossick, and Robert W. Zmud, "A Synthesis of Research on Requirements Analysis and Knowledge Acquisition Techniques," *MIS Quarterly*, March 1992, 117–138. See also Suzanne Robertson and James Robertson, *Mastering the Requirements Process*. Boston: Addison-Wesley, 2000.
19. See H. Beyer and K. Holtzblatt, *Contextual Design: Defining Customer-Centered Systems*. San Francisco: Morgan Kaufmann, 1998.
20. Thomas Hoffman, "ROI on IT Projects Difficult to Measure," *Computerworld*, 11 March 2002, 6.
21. Ibid.
22. See, for example, Capers Jones, *Software Assessments, Benchmarks, and Best Practices*. Boston: Addison-Wesley, 2000.
23. Melissa Solomon, "ROI: It's About People, Not Numbers," *Computerworld*, 14 January 2002, 26.
24. ohn R. Schuyler, *Risk and Decision Analysis in Projects*. Newtown Square, PA: Project Management Institute, 2001.
25. Robert L. Scheier, "Stabilizing Your Risk," *Computerworld ROI*, May/June 2001, 16.
26. Danielle Dunne, "Wireless That Works," *CIO*, 15 February 2002, 60–66.
27. Caitlin Mollison, "ABN AMRO Mortgage Turns to Speech-Recognition Technology," *Internet World*, February 2002, 40–41.
28. Kim Halskov Madsen, "The Diversity of Usability Practices," *Communications of the ACM* 42 (May 1999): 60–62.
29. Mark Leon, "How to Make Sure the Customer Comes First," *InfoWorld*, 29 October 2001, S26–S27.
30. Gary H. Anthes, "When Five 9s Aren't Enough," *Computerworld*, 8 October 2001, 48- 49.
31. Kelly Jackson Higgins, "Concentra Health Finds a Cure for Wireless Growth," *Network Computing*, 22 July 2002, 51–53.
32. Nina Lytton, "Maintenance Dollars at Work," *Computerworld*, 16 July 2001, 14.
33. David Joachim, "Where the Gloves Come Off," *Network Computing*, 8 July 2002, 54–58. http://www.xtime.com/press/archives/aug142001.html, accessed on 13 September 2002. http://www.averisoft.com/press_020708_1.php, accessed on 13 September 2002.
34. H. Jeff Smith, Mark Keil, and Gordon Depledge, "Keeping Mum as the Project Goes Under: Toward an Explanatory Model," *Journal of Management Information Systems* 18 (fall 2001): 189–227. Original source: Standish Group International Inc., CHAOS: A Recipe for Success, 1999.
35. Meridith Levinson, "Let's Stop Wasting $78 Billion a Year," *CIO*, 15 October 2001, 78–83.
36. "India: Making IT Projects Tick: Five Simple Rules Can Make All the Difference to an IT Project's Success, Says Brian Katzen," *Businessline*, 24 September 2001, 1. David Raths, "Managing Your Three-Ring Circus," *InfoWorld*, 13 March 2000, 93–94.
37. W. J. Doll, "Avenues for Top Management Involvement in Successful MIS Development,' *MIS Quarterly*, spring 1985, 17–35. M. I. Markus, "Power, Politics, and MIS Implementation," *Communications of the ACM* 26 (June, 1983): 430–444. K. B. White and R. Leifer, "Information Systems Development Success: Perspectives from Project Team Participants," *MIS Quarterly* (1986): 214–223. Robert A. Rademacher, "Critical Factors for Systems Success," *Journal of Systems Management* 40 (June, 1989): 15–17.

10

Administrando os Serviços de Informação nas Organizações

OBJETIVOS DO APRENDIZADO

Após completar o Capítulo 10, você estará apto a:

- Descrever três maneiras de organizar a função sistemas de informação.
- Discutir as vantagens e desvantagens da terceirização.
- Indicar as diferenças entre os conceitos de centro de custos não alocado, de centro de custos alocado e de centro de lucros.
- Discutir os papéis e as posições dos empregados que fornecem serviços de informações.
- Descrever a finalidade de um acordo de nível de serviço (*service level agreement*) e listar seus componentes típicos.
- Discutir as vantagens e desvantagens de determinar padrões para investimentos em sistemas e tecnologia da informação.
- Explicar por que o planejamento de catástrofes é desejável e descrever os elementos de um plano de contingência.
- Explicar por que as organizações estabelecem políticas de segurança e descrever as práticas comuns de negócios que comprometem a segurança na ausência destas políticas.
- Explicar por que as organizações estabelecem políticas de uso e descrever como elas as põem em vigor.
- Descrever duas maneiras pelas quais os administradores de SI podem alinhar as prioridades dos sistemas de informação e de negócios.
- Discutir por que as empresas desenvolvem uma arquitetura de tecnologia da informação.
- Oferecer duas estratégias para manter a equipe técnica atualizada.

Distribuindo a Tecnologia da Informação na Nestlé

A Nestlé é a maior empresa de alimentos e bebidas do mundo. Um gigante globalizado com uma força de trabalho de aproximadamente de 225.000 pessoas, a Nestlé opera quase 500 fábricas e tem escritórios em mais de 75 países. A linha de produtos da empresa, com 8.000 itens, inclui barras de chocolate, o café instantâneo Nescafé, a água engarrafada Perrier e o cereal matinal Cheerios.

Prover a tecnologia da informação na escala das operações da empresa é uma tarefa assustadora. A tarefa é complicada pela estrutura organizacional da empresa. Enquanto seus negócios de águas e produtos farmacêuticos são administrados globalmente, seus negócios de alimentos são administrados através de três zonas geográficas, com muitas empresas nacionais. As empresas nacionais têm bastante autonomia, incluindo a responsabilidade de prover seus próprios serviços de infra-estrutura e suporte. Uma subsidiária integral da Nestlé, a Nestec, está disponível para suportar serviços corporativos, incluindo as tecnologias de informação e comunicação, mas as empresas nacionais têm muita liberdade para providenciar seus próprios serviços de tecnologia que satisfaçam suas necessidades locais.

Na última década, a empresa trabalhou duro para racionalizar e padronizar a tecnologia para tornar as operações mais eficientes e para promover o intercâmbio de informações. Por exemplo, no final dos anos 1980, as empresas da Nestlé operavam muitos sistemas diferentes de correio eletrônico. No início dos anos 1990, eles integraram estes sistemas usando gateways e switches de ligação X400. Entretanto, a falta de uma diretriz global continuou a atrapalhar as comunicações. Finalmente, a empresa optou pelo padrão Microsoft Exchange. Mesmo assim, levou de dois a três anos para que todos os usuários concordassem em ser integrados na rede, para que a transição plena ocorresse e para que os benefícios totais do sistema integrado de *e-mails* pudessem ser percebidos. Dez anos atrás, a empresa operava múltiplas planilhas eletrônicas e processadores de texto. Hoje, o uso comum do Microsoft Office torna o intercâmbio de informações muito mais fácil.

Em 1991, a Nestlé começou a padronizar seus sistemas empresariais de operações e de planejamento utilizando o SAP. Contudo, desde junho de 2001, somente dois terços da empresa rodam nessa plataforma. Algumas subsidiárias continuam a operar com sistemas autônomos baseados em PC ou com AS/400. Na Síria, por exemplo, onde as leis requerem que as faturas sejam impressas em árabe, a empresa usa um produto ERP diferente, porque o SAP não suporta o conjunto de caracteres árabes.[1]

Organizações como a Nestlé, quer operem numa modalidade descentralizada ou centralizada, avaliam periodicamente sua **infra-estrutura** de tecnologia da informação — seus investimentos em *hardware*, *software*, sistemas e pessoal — para assegurar-se de que ela tira vantagem de novos desenvolvimentos tecnológicos e responde eficientemente às necessidades de informações da organização e à posição competitiva em permanente mudança. Essas organizações devem desenvolver uma **arquitetura** — um plano ou estrutura para moldar o futuro de sua infra-estrutura técnica. Elas devem, também, revisitar a **estrutura organizacional** de seu sistema de distribuição das informações. Esta estrutura define as responsabilidades de prestação de contas e identifica quem administra e controla os recursos-chave.

Neste capítulo, focalizamos a gestão da distribuição dos serviços de sistemas de informação. Começamos examinando as decisões que dão forma e restringem a gestão de sistemas em nível empresarial, como aquelas relacionadas à organização e ao controle. Investigamos então as questões associadas às operações do dia-a-dia para a distribuição dos sistemas de informação. Finalmente, exploramos como planejar e administrar a mudança.

ESTRUTURANDO A FUNÇÃO SISTEMAS DE INFORMAÇÃO

A Nestlé usa uma combinação de controle centralizado e descentralizado para administrar eficazmente seus sistemas de informação, apesar da estrutura organizacional descentralizada da empresa. Além da localização e controle de recursos, o tipo e a extensão da terceirização e o método de contabilização dos custos de tecnologia da informação também afetam a distribuição dos sistemas de informação em organizações como a Nestlé.

Localizando o Controle e os Recursos

Organizar a função de sistema de informação (SI) envolve decidir quanto controle centralizar na equipe corporativa de SI e quanto distribuir através da organização. Algumas organizações têm estruturas nas quais um departamento corporativo de SI executa todas as atividades de SI, como mostrado na Figura 10-1. As vantagens da centralização incluem a facilidade de criar e implementar uma visão consistente, economias de escala nas compras, redução nos custos associados com esforços duplicados na busca e no desenvolvimento de sistemas e facilidades de padronização para o intercâmbio de informações.

A Dow Jones & Co., editora do *Wall Street Journal*, recentemente centralizou novamente seu grupo de sistemas de informação quando descobriu que as várias partes da empresa haviam desenvolvido seus próprios padrões e práticas e que a empresa era incapaz de compartilhar dados entre suas unidades de negócios. Embora a reestruturação custasse à empresa quase 40 milhões de dólares, o diretor de tecnologia Bill Godfrey sentiu que era necessário satisfazer as necessidades de negócios da empresa, incluindo agregar seus dados de mercado, fornecendo um consistente sistema de gestão do relacionamento com o cliente e tornando-se mais eficiente globalmente.[2]

Muitas organizações colocam a maior parte das atividades de sistema de informação sob o controle de unidades de negócios separadas e têm somente alguns empregados num departamento corporativo de SI, como mostrado na Figura 10-2. As tecnologias de Internet e o uso difundido das intranets corporativas facilitaram a mudança das funções de sistemas de informação para as unidades de negócios. As vantagens da descentralização incluem o deslocamento do processo da tomada de decisão para mais perto daqueles afetados pelas decisões, melhorando a velocidade de resposta às mudanças externas ou locais e sendo mais flexíveis às necessidades e demandas de cada unidade de negócios. O ataque ao World Trade Center (WTC) em Nova York em 11 de setembro de 2001 alertou, também, muitas empresas para a importância da descentralização das operações e armazenamento de dados e do aumento da redundância, de modo que um único desastre não possa inviabilizar suas operações. Por exemplo, o escritório de advocacia Harris Beach & Wilcox perdeu todos os seus arquivos em papel, *e-mails* e *hardware* de computação quando as torres do WTC desmoronaram. Agora, a empresa escaneia os principais documentos em papel e mantém cópias eletrônicas destes documentos e quaisquer outros arquivos importantes em outros escritórios em Nova York e Rochester.[3]

A Mitre Corporation, uma contratada do governo sediada em Bedford, no Estado de Massachusetts, é um exemplo de empresa que adotou uma estrutura descentralizada. Seu CIO, Dolly Greenwood, tem um orçamento de quase 1 milhão de dólares, mas nenhum funcionário de TI de tempo integral. O *staff* de tecnologia da informação reporta-se a cada unidade de negócios e pode utilizar os recursos do orça-

FIGURA 10-1 Algumas organizações centralizam suas funções de SI em um único grupo corporativo.

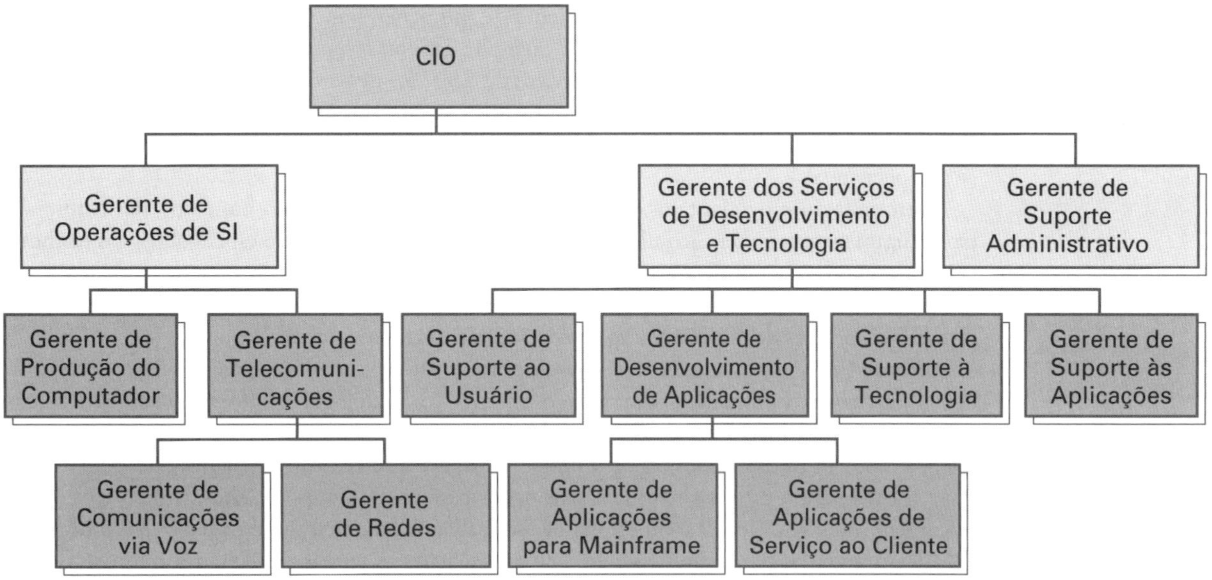

CIO

Gerente de Operações de SI
Gerente dos Serviços de Desenvolvimento e Tecnologia
Gerente de Suporte Administrativo

Gerente de Produção do Computador
Gerente de Telecomunicações
Gerente de Suporte ao Usuário
Gerente de Desenvolvimento de Aplicações
Gerente de Suporte à Tecnologia
Gerente de Suporte às Aplicações

Gerente de Comunicações via Voz
Gerente de Redes
Gerente de Aplicações para Mainframe
Gerente de Aplicações de Serviço ao Cliente

FIGURA 10-2 Algumas organizações descentralizam a sua equipe de SI para as unidades de negócios.

Presidente

Vice-presidente Sênior de Produtos para Segurança Doméstica
Vice-presidente Sênior de Produtos de Segurança Industrial
Vice-presidente Sênior de Alarmes e Instalações

Gerente de Sistemas de Informação
Gerente de Sistemas de Informação
Gerente de Sistemas de Informação

Equipe de Sistemas de Informação
Equipe de Sistemas de Informação
Equipe de Sistemas de Informação

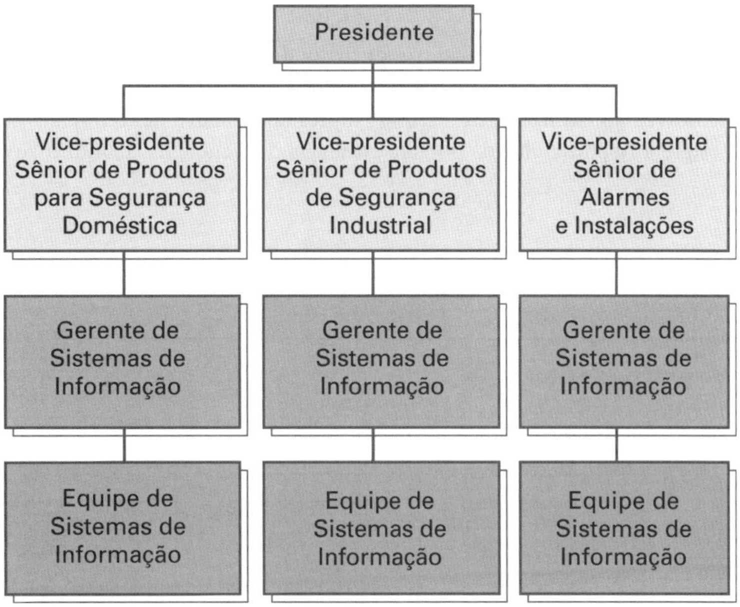

mento de TI. Nos projetos que afetam todas as unidades, Greenwood precisa utilizar os recursos do orçamento da equipe técnica de cada unidade de negócios.[4]

Muitas empresas adotam uma estrutura mista. Uma estratégia, por exemplo, pode descentralizar o desenvolvimento de aplicações e centralizar as operações, como mostrado na Figura 10-3. Uma outra estratégia pode centralizar todas as funções para algumas unidades de negócios e não para outras. A Federal Express, por exemplo, após ter adquirido uma série de empresas, tais como a RPS Ground Services, descobriu que seus serviços de TI estavam altamente descentralizados em suas múltiplas unidades de negócios. Para melhorar a cooperação entre suas unidades e para operar mais eficientemente, ela reorganizou a maioria dos seus serviços de tecnologia da informação em um departamento de TI centralizado. Entretanto, alguns grupos, como seus sistemas na Ásia, não foram assimilados facilmente. Por causa da necessidade de suportar outras línguas que não o inglês e das diferenças alfandegárias e regulatórias, a FedEx achou melhor manter os sistemas da Ásia independentes.[5]

Terceirização

A **terceirização**, ou *outsourcing*, o emprego de uma organização externa para executar serviços como processamento de informações e desenvolvimento de aplicações, pode reduzir ou eliminar a infra-estrutura de informações da empresa. A Nestlé, por exemplo, assinou recentemente um contrato de 500 milhões de dólares com a IBM para operar seus serviços de *hardware* de servidores, *software* e tecnologia da informação. O contrato permite que a Nestlé substitua mais de 100 de seus centros de operações de TI por cinco centros de dados regionais, o que não somente economiza dinheiro, mas também aumenta a eficiência operacional.[6]

A terceirização movimenta os investimentos, tanto de capital como humanos, das empresas que se especializam no serviço terceirizado. A empresa que adere à terceirização espera obter um melhor serviço pelo mesmo preço ou um serviço similar por um preço mais baixo. O provedor de serviços alavanca suas competências e seus investimentos por meio da prestação de serviço a muitas empresas, podendo obter e fornecer economias de escala que uma empresa individual não obteria.

Antes de 1989, poucas empresas de grande porte consideravam viável terceirizar parcelas significativas de seus serviços de informações. Elas viam os sistemas e a tecnologia da informação como recursos estratégicos, e suas informações como demasiado importantes e confidenciais para confiá-las a outros. Em 1989, a Eastman Kodak assombrou o mundo dos negócios ao vender seus mainframes para a IBM e contratar a IBM para o processamento de seus dados para os próximos dez anos.[7] Embora os especialistas discordem sobre se a Kodak tomou uma decisão sábia ou cometeu um erro terrível, seu negócio com a IBM legitimou a terceirização de serviços de informações. A terceirização transformou-se, desde então, em uma alternativa popular à internalização da infra-estrutura de informações. Os especialistas prevêem que o mercado da terceirização alcançará 160 bilhões de dólares no ano 2005.[8]

A Tabela 10-1 exibe uma amostra de contratos recentes de terceirização para indicar seu tamanho e abrangência. O enorme negócio de 4 bilhões de dólares entre a American Express (Amex) e a IBM cobre a operação dos principais centros de dados da Amex, que processam aproximadamente 1 bilhão de transações ao dia e outras partes da infra-estrutura de operações da Amex. Como parte da transação, a IBM absorveu aproximadamente 2.000 empregados da área de tecnologia da informação da Amex. A Amex reteve a responsabilidade por sua estratégia de tecnologia de informação, suas redes de voz e de dados,

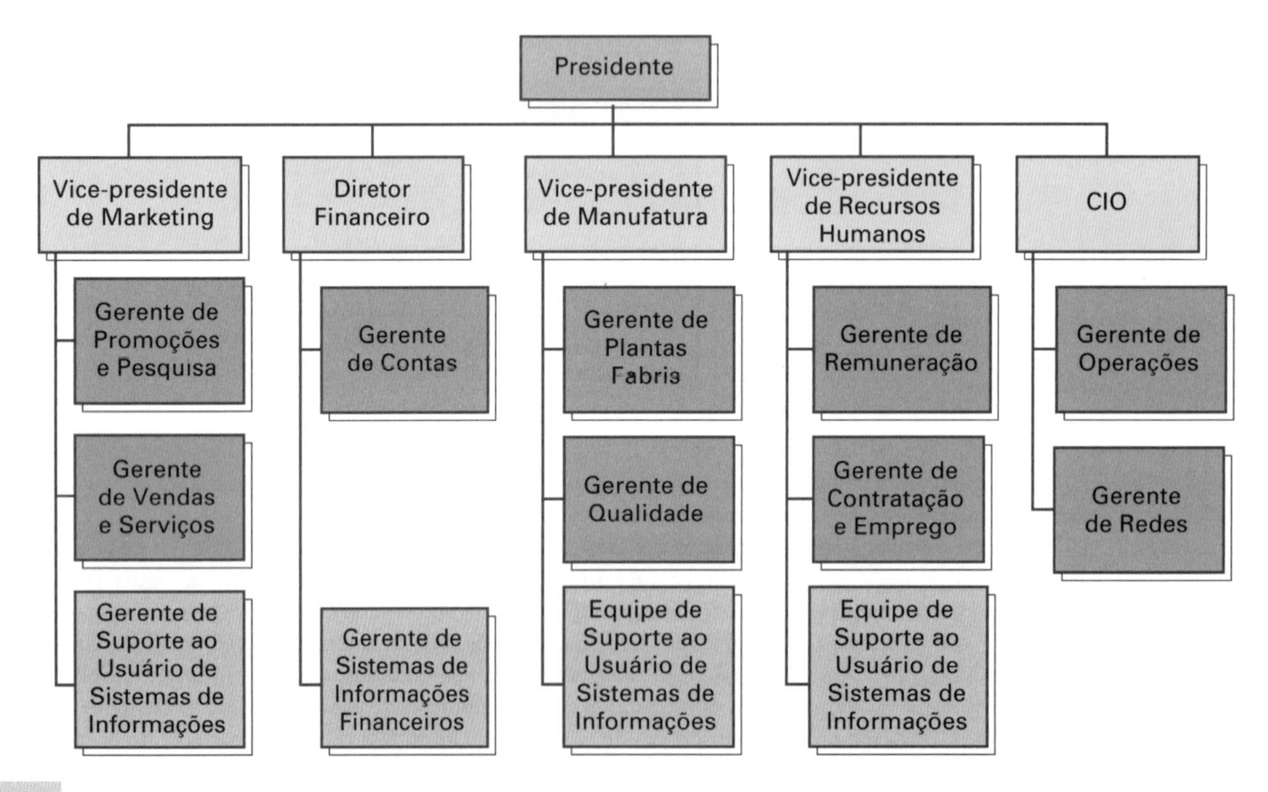

FIGURA 10-3 Algumas organizações têm uma estrutura híbrida, com as operações centralizadas e as aplicações descentralizadas.

TABELA 10-1

Estes contratos de terceirização variam de cinco a dez anos e de 160 milhões a 4 bilhões de dólares. Os especialistas prevêem que o mercado total exceda a US$160 bilhões em 2005.

Terceirizador ou contratante	Contratado	Ano Início	Anos	Valor (Dólares)
American Express	IBM	2002	7	4 bilhões
PacifiCare Health Systems	IBM e Keane	2002	10	1,2 bilhão
National Bank of Canada	IBM Canada	2001	10	700 milhões
Scotiabank	IBM Canada	2001	7	578 milhões
Gulfstream Aerospace	CSC	2002	10	510 milhões
Nestlé	IBM	2002	5	500 milhões
Fireman's Fund Insurance	CGI Group	2001	10	380 milhões
Nextel Communications	EDS	2002	5	234 milhões
7-Eleven	EDS	2002	7	175 milhões
Estado do Kansas	EDS	2002	6	160 milhões

desenvolvimento de aplicações e bancos de dados.[9] Uma negociação de menos vulto foi a que permitiu à EDS administrar a operação e a gestão do programa Medicaid do Estado de Kansas.[10]

A terceirização da operação e manutenção e, muitas vezes, da customização de aplicações específicas de *software* está se tornando cada vez mais comum. As empresas que fornecem estes serviços são conhecidas como **Provedores de Serviço de Aplicações (ASPs — Application Service Providers)**. Por exemplo, a Robinson Nugent Inc., empresa que fatura 80 milhões de dólares por ano, projetista e fabricante de conectores eletrônicos, tomadas e montagens de cabos customizados de alta tecnologia, usa um conjunto de *software* de finanças, distribuição e manufatura desenvolvido e comercializado pela PeopleSoft, fornecedora de ERP. Entretanto, a empresa não usa nenhum de seus próprios computadores para rodar o *software*. Ela paga uma taxa mensal à Surebridge, uma ASP sediada em Lexington, no estado de Massachusetts, para acessar o *software* via Internet. A Surebridge também ajudou a Robinson Nugent a configurar o *software* para o modo como a empresa faz negócios e converteu os dados da empresa a partir de seu sistema anterior.[11]

A Tabela 10-2 lista algumas das vantagens e desvantagens de terceirizar os serviços e a tecnologia da informação. Há controvérsias sobre se a terceirização reduz ou não custos. A terceirização, pelo menos, torna os custos mais explícitos, levando a melhores decisões sobre onde gastar o dinheiro da empresa. Além disso, os provedores de serviços, como a IBM e a EDS, podem alcançar economias de escala que podem ser compartilhadas com seus clientes.

A terceirização pode, também, facilitar o gerenciamento dos problemas de equipe e de quaisquer outros recursos mobilizados nos esforços de desenvolvimento de *software*. Considere uma empresa que necessita desenvolver rapidamente uma aplicação de grande porte. Esta organização muitas vezes não pode aumentar sua equipe simplesmente para esse trabalho, porque ficaria com excesso de pessoal ao final do projeto. Em vez disso, a empresa pode contratar externamente uma quantidade fixa de desenvolvimento de *software* concentrada em blocos ou distribuída num longo período. O provedor de serviço pode movimentar mais facilmente sua equipe do projeto de uma empresa para outra. Esta flexibilidade aplica-se a todos os recursos de sistema de informação, não somente para pessoal.

A terceirização cria uma grande desvantagem ao aprisionar a empresa contratante a um contrato de longo prazo. A empresa pode ter dificuldades para dispensar um provedor que não cumpre prazos, desenvolve programas de menor qualidade, entrega uma capacidade de processamento insuficiente, ou age de modo irresponsável. Embora o contrato possa especificar penalidades de desempenho e cláusulas de rom-

TABELA 10-2

A terceirização traz vantagens e desvantagens. Alguns atributos da terceirização, como seu custo, se enquadra em ambas as categorias devido à variação dos custos da tecnologia com o passar do tempo.

Vantagens	Desvantagens
Pode reduzir o custo	Pode aumentar o custo
Reduz o custo das flutuações no tamanho da equipe de desenvolvimento de sistemas.	Aprisiona a empresa a um provedor
Tira vantagem das economias de escala em *hardware* onde elas existam	Não garante a rapidez de resposta
Torna explícitos os *tradeoffs* custo/serviço; melhora as decisões	Reduz o controle
Permite um desenvolvimento mais rápido ou oportuno	Retira da empresa o conhecimento sobre os processos
Consolida as operações	Diminui a habilidade de usar estrategicamente a tecnologia da informação
Libera a gestão para focalizar o negócio	
Oferece uma aprimorada confiabilidade e estabilidade	
Propicia oportunidade de aprender com o contratado	

FIGURA 10-4

O data center domina os gastos com a terceirização da tecnologia da informação; entretanto, a terceirização para a administração de redes e desenvolvimento de aplicações está crescendo mais rapidamente.

FONTE: Christine Spivey Overby com John C. McCarthy e Emily H. Boynton, *US Outsourcing Decelerates* (Cambridge, MA: Forrester Research, 2002). Usado com permissão.

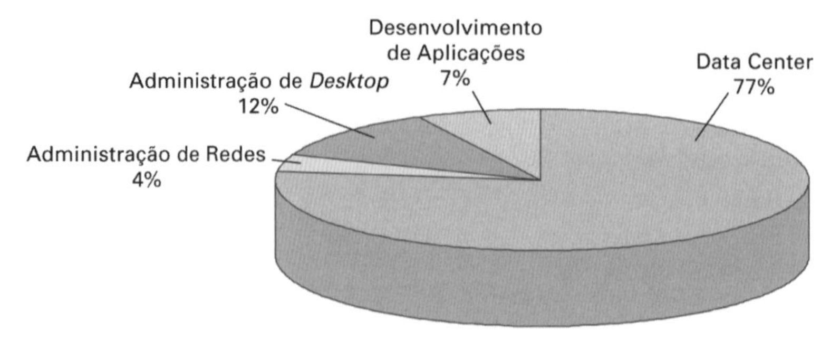

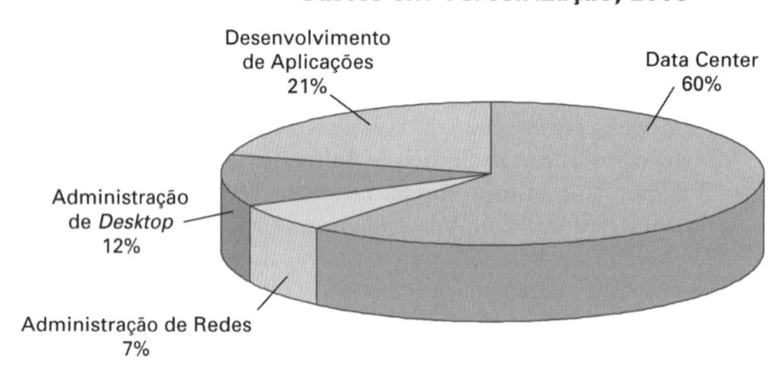

pimento contratual, um contratante insatisfeito pode ter que processar seu provedor de serviços para encerrar o contrato. Os contratos de longo prazo também não significam necessariamente mudanças rápidas no custo da tecnologia, que pode penalizar qualquer das partes. Uma pesquisa recente descobriu que a maioria dos entrevistados estava frustrada com o seu provedor terceirizado;[12] entretanto, somente aproximadamente 15% das empresas estão dispostas a trocar seu provedor terceirizado quando seu contrato está próximo da renovação.[13]

A terceirização requer também que as organizações abram mão do controle numa área de vantagem estratégica potencial. Embora a empresa dirija seu contratado, ela perde *expertise* em TI e pode sentir dificuldade em retomar as funções terceirizadas. Por esta razão, as organizações freqüentemente terceirizam somente funções selecionadas. A Figura 10-4 mostra a distribuição dos gastos na terceirização.

Mesmo considerando uma função determinada, a terceirização não necessita ser completa. Por exemplo, um contrato para manutenção de PC pode cobrir somente os computadores compatíveis com Intel e excluir os computadores Macintosh. Da mesma forma, as organizações podem limitar a terceirização do desenvolvimento de sistemas aos projetos principais e manter os projetos menores em casa.

A terceirização bem-sucedida ocorre quando as empresas conseguem dividir suas atividades de SI em segmentos significativos para a terceirização, identificar segmentos apropriados para terceirizar com base em uma sólida análise de negócios e tratar o provedor da terceirização como um sócio. A empresa deve considerar a terceirização se os sistemas de informação tiverem pouca capacidade de fornecer uma vantagem competitiva, se suas potencialidades tecnológicas forem limitadas, ou se ela não tiver os recursos financeiros para adquirir a capacidade tecnológica de que necessita.

Contabilizando os Custos de Tecnologia da Informação

O modo como uma organização contabiliza seus sistemas de informações tem implicações tanto para a aquisição como para a aplicação da tecnologia da informação e dos recursos de sistemas de informação e a estrutura da função sistema de informação. Uma empresa como a Nestlé deve determinar se seu departamento corporativo de sistemas de informação deve existir como (1) um centro de custos não alocados, (2) um centro de custos alocados, ou (3) um centro de lucros. A Tabela 10-3 resume as vantagens e desvantagens destas opções.

TABELA 10-3

As empresas podem alocar contabilmente os custos de TI de três formas. Cada uma tem vantagens e desvantagens.

Método de Alocação	Descrição	Vantagens	Desvantagens
Centro de custos não alocado	Todos os custos de SI são considerados uma despesa organizacional.	Podem ocorrer experiências com tecnologia. Os usuários podem requerer o desenvolvimento de novos sistemas. O SI pode desenvolver sistemas sem preocupar-se com o benefício econômico.	Os custos podem fugir ao controle. Os profissionais de SI não conseguem alocar facilmente seu orçamento entre pedidos conflitantes.
Centro de custos alocado	O departamento de SI aloca os custos aos departamentos que usam seus serviços.	Os usuários requerem somente serviços proveitosos. Funciona bem numa organização onde as despesas são regularmente contabilizadas a todos os clientes internos.	O SI pode ter problemas para determinar a alocação de custos. Podem ocorrer atritos entre os departamentos usuários ou entre eles e o SI. O SI não tem nenhuma razão para operar eficientemente.
Centro de lucros	O departamento de SI cobra o mesmo de usuários internos e externos e se esforça em obter os dois tipos de negócios.	Os usuários podem escolher quem vai executar seus serviços de TI. O departamento de SI tem incentivos para operar eficientemente.	A terceirização pode se tornar mais comum. Os encargos podem ser mais altos do que com outros métodos.

Centro de Custos Não Alocados

Os usuários finais e seus gerentes que vêem os serviços e a tecnologia de informação como recursos de uso gratuito do departamento de sistemas de informação estabelecem um **centro de custos não alocados**. Esta configuração considera todos os custos de operação do departamento de sistemas e dos serviços de sistemas de informação relacionados como uma despesa da organização, em vez de atribuir custos aos orçamentos dos departamentos. A Nestlé, por exemplo, pode debitar todos os custos de SI para o departamento central de SI, em lugar de debitá-los separadamente aos orçamentos da manufatura ou do marketing. A visualização do departamento de SI como um centro de custos não alocado beneficia as organizações que estão com sua arquitetura de informação em desenvolvimento, porque isto incentiva os usuários a experimentar e conhecer a tecnologia e, assim, construir a infra-estrutura. Isto também incentiva os usuários a solicitar o desenvolvimento de novos sistemas.

A abordagem do centro de custos não alocados permite o desenvolvimento de sistemas sem considerações quanto ao seu retorno econômico. Em conseqüência, os custos de tecnologia da informação podem rapidamente fugir ao controle. As empresas, então, comprimem os seus orçamentos para desenvolvimento e aquisição de recursos de sistemas para controlar os custos. Como não há nenhuma base econômica para a escolha de um determinado nível ou tamanho de orçamento, os executivos financeiros determinam, freqüentemente, o orçamento para sistemas e tecnologia da informação como um percentual sobre as vendas, conforme a experiência de empresas similares em mercados similares. Esta abordagem não considera a situação atual da empresa, se ela necessita construir sua infra-estrutura para alcançar sua concorrência, ou se pode "colocar na banguela" e esperar que sua concorrência a alcance. Ainda mais, a determinação do orçamento através da utilização de um *benchmark* da indústria provavelmente elimina qualquer oportunidade de obter uma vantagem competitiva através de um gasto extra em iniciativas inovadoras da tecnologia de informação.

A abordagem do centro de custos não alocados não permite que profissionais de sistemas de informação aloquem e distribuam da melhor maneira um orçamento fixo entre as conflitantes requisições de recursos. Quando a equipe de SI ou outros executivos decidem não financiar ou atrasar certos projetos, a comunidade de usuários pode irritar-se com a ausência de resposta e longos tempos de espera por seus projetos. O departamento de sistemas de informação torna-se, então, um antagonista e não um parceiro no desenvolvimento de sistemas. Permitir que a equipe de SI determine o custo dos serviços solicitados e que o departamento usuário identifique e quantifique os benefícios previstos de sua solicitação pode aliviar alguns problemas com um centro de custos não alocados. Esta abordagem auxilia o departamento de SI a determinar quais projetos podem ter o maior benefício líquido e lhe permite justificar suas decisões para os usuários finais.

Centro de Custos Alocados

Como um **centro de custos alocados**, o departamento de SI aloca e debita seus custos aos departamentos que usam seus serviços. A Nestlé, por exemplo, poderia alocar os custos de uso de SI às suas unidades de negócios individuais e, dentro delas, aos departamentos de desenvolvimento de produto, de manufatura e de marketing. Ao contrário da abordagem de centro de custos não alocados, a abordagem do centro de custos alocados evita o uso e pedidos de serviços que não trazem um claro benefício. Os administradores transformam-se em consumidores inteligentes quando suas unidades de negócios têm que pagar pelos serviços utilizados.[14] Este enfoque funciona particularmente bem nos ambientes onde os departamentos debitam outros serviços a seus clientes internos.

Alocar os custos de um centro de custos alocados pode apresentar problemas. Idealmente, um centro de custos deve debitar aos departamentos usuários de seus recursos na proporção do uso e dos custos destes recursos. Os valores lançados devem reembolsar inteiramente o centro de custo pelas suas despesas. O cálculo de custos efetuado desta maneira usa informações sobre fatores técnicos, tais como unidades de utilização do computador, uso de memória interna, uso de entrada e saída e requisitos de armazenamento dos dados, que os usuários podem achar ininteligíveis e que, provavelmente, mudam de tempos em tempos. Por exemplo, a cobrança da unidade de tempo de computador é baixa num período de elevado uso, ao passo que a cobrança por unidade deve ser mais elevada num período de baixo uso, para recuperar os custos fixos de possuir e rodar um sistema informatizado. Esta variação nas cobranças motiva uma utilização adicional durante os períodos de pico do ano.

O custo médio na abordagem de centro de custos alocado não expressa o custo marginal — a maneira econômica de alocar recursos. Por exemplo, uma empresa que efetua um *upgrade* em seu equipamento para atender a uma nova aplicação distribui o custo do novo equipamento entre todas as aplicações. Os compradores da aplicação vêem seus próprios custos unitários. Eles não sentem mudanças nos custos unitários de outras aplicações, os quais, embora normalmente sejam pequenos, quando somados podem ter tornado a aplicação antieconômica. Além disso, outros usuários vêem as flutuações em seus custos sem nenhuma alteração em sua atividade. Este estranho comportamento quanto a custos pode conduzir a atritos entre os departamentos usuários e de sistemas de informação.

Finalmente, um centro de custos alocado não tem nenhuma razão para operar eficientemente. Considerando que ele recebe reembolso de todos os custos, não tem nenhum incentivo para manter estes custos baixos. Se alguns usuários tentarem contornar as altas cobranças através da terceirização, o centro de custos simplesmente debita mais a cada um dos usuários restantes. Isto conduz a investimento excessivo em recursos de SI e de TI e resulta em usuários descontentes.

Centro de Lucros

Um departamento de SI que opera como um **centro de lucros** torna-se uma opção interna à terceirização dos serviços de SI. Ele apresenta ofertas para os trabalhos de usuários internos, cobra-lhes o mesmo que cobraria aos usuários externos e procura, de modo freqüente e ativo, usuários externos. Por exemplo, o Fairmont Hotels and Resorts Inc. opera como seu próprio ISP, operando e mantendo os links de banda larga necessários para conectar as salas de seus hóspedes com a Internet. A cadeia de hotéis também trouxe suas aplicações para "dentro de casa" e opera agora como seu próprio ASP. Ela planeja auferir lucro com as taxas da Internet e os serviços de telefonia via Internet que oferece a seus hóspedes.[15] O Maimonides Hospital, no Brooklyn, Nova York, usou o *know-how* tecnológico para criar um ASP, que ele chama 4 Healthcare LLC. A unidade de negócios oferecerá, entre outros serviços, programação de pacientes, serviços de arquivamento de imagem e comunicações e serviços de registro eletrônico de pacientes, não somente para o Maimonides, mas também para outros hospitais em Nova York, Nova Jersey e Connecticut. O Maimonides espera gerar receitas de até 80 milhões de dólares em quatro anos.[16]

Normalmente, os usuários internos dos serviços de TI nas empresas que seguem o modelo de centro de lucro não são obrigados a usar os serviços do seu departamento de SI, embora sejam fortemente incentivados a fazê-lo. A TI é parte do orçamento operacional de uma unidade, e seus administradores adquirem os serviços de que necessitam. A empresa pode limitar as taxas que o centro de lucro pode debitar aos usuários internos, para tornar mais atrativa a aquisição interna dos serviços. Este tipo de política de preços evita preços de monopólio para os projetos que compartilham dados com outras aplicações e para as quais os usuários não têm nenhuma outra opção de fornecedor de SI.

A abordagem de centro de lucro propicia incentivos ao departamento de SI para operar eficientemente. Ela motiva os usuários a pedir somente os serviços economicamente viáveis. Mas ela pode incentivar a terceirização, porque os preços e serviços internos provavelmente assemelham-se àqueles dos provedores terceirizados. Também, como o centro de lucro tenta auferir um retorno de seus investimentos, freqüentemente ele cobra de seus usuários mais do que o faria como um centro de custos não alocado ou como um centro de custos alocado (supondo que estes centros operassem com igual eficiência). Estes custos mais elevados tendem a desencorajar o uso de sistemas e tecnologia da informação para a resolução de problemas de negócios.

ADMINISTRANDO A FUNÇÃO SISTEMAS DE INFORMAÇÕES

Muitas atividades contribuem para a operação eficiente e eficaz dos serviços de informações. Esta seção é dedicada às pessoas que fazem o trabalho de SI, suas interações com os que recebem seus serviços e as tarefas envolvidas na medição e melhoria do processo de prestação dos serviços. Aqui também examinamos três funções de gestão de bastidores, normalmente delegadas aos grupos de sistemas de informação — determinação de padrões, planejamento de contingência e gestão da segurança. Por fim, examinamos as questões legais e sociais que os administradores de sistemas de informação normalmente enfrentam.

O Preenchimento de Cargos nas Funções Técnicas

Ter as pessoas certas em cargos bem definidos é crítico para instituir uma organização eficaz de sistemas de informações. A infra-estrutura humana que suporta os serviços de informações inclui um amplo conjunto de cargos.

A maioria das posições de SI requer uma boa capacidade de comunicação e de resolução de problemas. Algumas requerem também elevadas habilidades de gestão. As qualificações técnicas, embora normalmente necessárias, geralmente têm uma prioridade mais baixa. Os pretendentes a um cargo inicial em SI devem ter conhecimentos de computação e saber programar em pelo menos uma linguagem de programação ou ter experiência com ferramentas de desenvolvimento de *software* na *Web* ou de interfaces gráficas com o usuário (GUI). Embora algumas empresas, ao recrutar profissionais, procurem experiência em determinado equipamento, linguagens de programação, ou ferramentas de desenvolvimento de *software*, outras treinarão os pretendentes em seus equipamentos e *softwares* que usam no trabalho.

Os cargos descritos aqui e mostrados na Figura 10-5 em relação às suas capacitações e remunerações usuais, apresentam uma amostragem dos cargos encontrados em muitas organizações.

CIO (*Chief Information Officer*)

O **executivo de informática** (CIO) de uma organização administra seus recursos e atividades relacionadas com informação. O CIO pode também ser chamado de superintendente, gerente, diretor, ou vice-

FIGURA 10-5

Os sistemas de informação variam de apoio administrativo até técnicos e de gestão. A figura apresenta uma amostra de títulos de cargos e suas responsabilidades e pagamentos associados, dentro de cada classe de cargo.

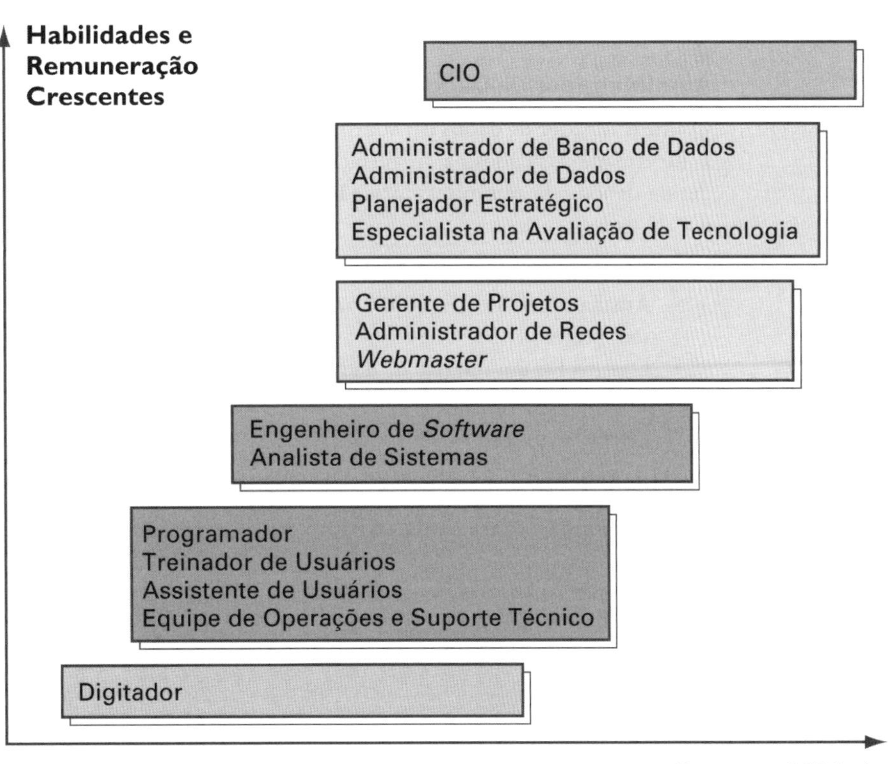

presidente de processamento de dados, de informática, dos serviços de informação, ou dos sistemas de informações gerenciais. O CIO reporta-se normalmente ao diretor financeiro, ao diretor de operações ou ao presidente da empresa. As organizações que não têm um CIO em tempo integral freqüentemente delegam as funções e responsabilidades do CIO ao diretor financeiro. As empresas com múltiplas unidades de negócios muitas vezes empregam CIOs dentro de cada unidade para dirigir os serviços de tecnologia dessa unidade. O CIO deve:

- Ser um líder.
- Ter uma visão para a arquitetura de SI.
- Possuir a compreensão administrativa e o poder político para implementar esta visão.
- Atuar como consultor de tecnologia para as grandes reestruturações e reformulações organizacionais.
- Educar a alta gestão sobre as aplicações e o valor da tecnologia da informação para obter vantagem estratégica.
- Assegurar os recursos financeiros para modelar apropriadamente a infra-estrutura de sistemas.

A maioria dos CIO tem significativa experiência técnica. À medida que a tecnologia da informação se torna mais estratégica, entretanto, a experiência de gestão e de negócios torna-se cada vez mais importante. Por exemplo, Greg Volan, o CIO da Bloomington, é advogado por formação. Ele não só praticou o direito, mas foi, também, o CEO da BlueMarble Telecom, onde adquiriu parte de seu *know-how* técnico antes de chegar ao cargo de CIO.[17]

Especialista em Planejamento Estratégico e Avaliação de Tecnologia

A maioria das empresas de grande porte tem ao menos um colaborador em tempo integral que monitora os avanços na tecnologia da informação, instrui os gestores-chave sobre estes avanços e planeja como a empresa pode tirar vantagem deles. Muitas vezes, estes especialistas, freqüentemente chamados de gerentes de tecnologia (*Chief Technology Officers* — CTO), têm uma equipe e orçamento para testar novas tecnologias em aplicações reais ou hipotéticas. As organizações de grande porte podem ter cargos separados em áreas específicas de especialidades técnicas, tais como comunicações, sistemas especialistas e tecnologia orientada a objetos. Estes especialistas tendem a ser altamente técnicos, embora aqueles que supervisionam uma equipe e têm responsabilidades de planejamento a longo prazo devam ter formação não só técnica como administrativa.

Administrador de Dados e Administrador de Banco de Dados

O **administrador de dados** e o **administrador de banco de dados** organizam, administram e garantem a integridade dos dados da organização. A maioria das organizações combina a função de administrador de dados e de administrador de banco de dados num único cargo. De outra forma, o administrador de dados:

- Mantém o dicionário de dados.
- Auxilia os gerentes de projeto na definição e coordenação das necessidades de dados associadas com seus projetos.
- Desenvolve um modelo de dados com abrangência corporativa.
- Prepara e implementa as políticas da empresa a respeito da segurança de dados e do acesso a dados.
- Especifica as regras para a integridade dos dados.

O administrador de banco de dados tem responsabilidades mais técnicas:

- Determina os parâmetros do banco de dados que afetam o desempenho e efetua a sintonia fina dos mesmos.
- Executa *backups* do banco de dados.
- Administra a recuperação do banco de dados nas eventualidades de queda de sistema.
- Instala ferramentas de *software* e de atualizações do sistema gerenciador de banco de dados.

Administrador de Redes

O **administrador de redes** supervisiona a rede corporativa, incluindo LANs e WANs. Esta responsabilidade inclui não somente operações e manutenção, mas também planejamento e supervisão de uma equipe de suporte de redes. Devido às graves conseqüências de uma falha na rede, os administradores de redes com comprovada competência recebem salários bem acima daqueles da maioria dos outros gerentes técnicos. Algumas organizações ampliam o papel do administrador de redes para administrador de comunicações, passando-lhe a responsabilidade das redes de voz e de dados.

Web Master — Administrador de *Sites* da Internet

Um **web master** é responsável pela gestão, evolução e, às vezes, desenvolvimento do *website* de uma organização. Originalmente uma posição técnica, tornou-se muito mais administrativa à medida que os serviços da Internet aumentaram em importância e abrangência. Em muitas organizações, o administrador de *sites* da Internet efetua a manutenção e resolve os defeitos dos servidores da Internet, determina a interface visual e de operações do *site*, determina a política de atualizações e seleciona as tecnologias que suportam as interfaces entre os sistemas organizacionais e a Internet.

Gerente de Projetos

Um **gerente de projetos** dirige um projeto de desenvolvimento de *software* e assegura que o projeto satisfaça os requisitos do usuário dentro de um orçamento e tempo especificados. Ele tem grandes responsabilidades de supervisão das decisões técnicas e de pessoal e, conseqüentemente, tem, normalmente, tanto a especialidade ou habilidade técnica quanto fortes capacidades de gestão. Os gerentes de projeto podem ter experiência prévia como analistas ou programadores. Por outro lado, os gerentes de projeto agem mais como especialistas de negócios que se reportam aos gerentes de linha, em vez de, ou além de, gerentes de SI. O cargo de gerente de projetos pode ser provisório, durando somente enquanto existir o projeto. Em algumas organizações, entretanto, os administradores de projeto têm cargos permanentes, movendo-se de um projeto para outro ou supervisionando diversos projetos ao mesmo tempo.

Gerente de Desenvolvimento de Aplicações

Algumas empresas têm uma pessoa que monitora e coordena o desenvolvimento de todas as aplicações de *software*. Este profissional auxilia no cumprimento dos padrões de *software*. Ele pode aconselhar os gerentes e os profissionais de computação sobre a terceirização de projetos de desenvolvimento, a seleção de *software* e o intercâmbio de aplicações na empresa. Esta função é particularmente útil quando ocorre o desenvolvimento descentralizado.

Análise de Sistemas e Engenharia de *Software*

Analista de sistemas diz respeito a uma função técnica associada com todos os aspectos do ciclo de vida do desenvolvimento de sistemas (ver Capítulo 9), exceto programação, e focada mais diretamente na análise das necessidades. As empresas recrutam analistas de sistemas muitas vezes entre os graduandos das faculdades, especialmente aquelas que oferecem formação em negócios ou sistemas de informação. Elas requerem, às vezes, analistas que demostrem domínio de uma ou mais linguagens de programação. Muitas combinam as funções do analista e de programador num único cargo. Outras focalizam mais as ligações com negócios e denominam este profissional de *analista de negócios*. À medida que a capacidade das ferramentas CASE aumenta, mais empresas treinam seus analistas de sistemas para usar tais ferramentas. Freqüentemente, elas chamam os analistas com conhecimentos em CASE de **engenheiros de *software***. Alguns analistas de sistemas e engenheiros de *software* que trabalham numa aplicação ou numa área de aplicação por muitos anos adquirem conhecimento nessa aplicação através do processo de projetar e implementar software. Devido a seu *expertise*, eles podem juntar-se à função de linha onde podem assumir responsabilidades de gestão de projetos.

Programador

Programador descreve uma posição altamente técnica associada com a produção de *software* feito sob encomenda (*custom software)*. As empresas normalmente exigem que os pretendentes a estas posições tenham um diploma universitário com ênfase em computação ou um certificado de uma escola de treinamento técnico e prática de, pelo menos, uma linguagem de programação. Os programadores não necessitam ter uma formação ou experiência em negócios.

Instrutor de Usuário e Assistente de Usuário

Os empregados que treinam os usuários de *hardware* e *software* de computador e ajudam os usuários a diagnosticar e resolver problemas com seu equipamento e *software* necessitam de capacidades técnicas e interpessoais. Algumas empresas empregam instrutores em tempo integral, embora muitas organizações prefiram usar consultores como instrutores ou enviar seus empregados a cursos externos de treinamento intensivo. Quase todas as empresas de médio a grande porte empregam pessoas que somente dão assistência a usuários finais da tecnologia da informação. Estes empregados geralmente trabalham a partir de um *help desk*, discutido adiante neste capítulo.

Equipe de Operações e Suporte Técnico

O pessoal de operações e suporte técnico instala, mantém e opera os computadores e o equipamento de comunicações. Em uma organização típica, a equipe de operações e suporte técnico executa estas tarefas, bem como monitora e mantêm os servidores da organização, executando o *backup* e a recuperação do sistema, recarregando papel e tôner nas impressoras *laser*, instalando *upgrades* de *software* e reparando o equipamento de computação dos usuários. A equipe pode, também, executar alguns *upgrades* de *hardware*, tais como a instalação de novos cartões de rede nos computadores dos usuários, aumentar a quantidade de RAM ou a capacidade de disco nas estações de trabalho dos usuários e configurar ou reconfigurar os equipamentos de comunicação, tais como roteadores.

Embora os empregados de operações e suporte técnico devam ter uma formação técnica geral, eles normalmente requerem ainda treinamento interno ou externo logo após a admissão, porque lhes falta experiência abrangente com o equipamento específico de *hardware* ou comunicações que seu empregador usa. Além disso, eles devem receber treinamento adicional à medida que a infra-estrutura de TI muda.

Entrada de dados

Os **digitadores*** de dados têm uma função relativamente pouco especializada e com um baixo salário na hierarquia de SI e trabalham para empresas que processam um grande número de transações em papel. Uma empresa de seguro, por exemplo, muitas vezes emprega digitadores de dados para processar suas solicitações de clientes em papel. As organizações que usam entrada de dados *online* geralmente não têm cargos de digitadores. As lojas de departamento ou as empresas de *fast food* podem usar os empregados treinados para outras funções, como vendas, para executar a entrada de dados como parte de seu trabalho.

Interagindo com os Usuários da Tecnologia da Informação

Usuário final descreve um consumidor de serviços de SI. Ele usa um computador para tarefas como processamento de texto, correio eletrônico, análise estatística e geração de relatórios. Os usuários finais na Nestlé incluem trabalhadores do depósito, gerentes de fábrica, gerentes de marketing, projetistas de embalagens, agentes de compras e profissionais de vendas, entre outros.

À medida que os usuários finais se tornam mais alfabetizados no uso de computador, executam cada vez mais seu próprio desenvolvimento de sistemas. Apesar de não serem oficialmente parte da infra-estrutura humana de SI, eles contribuem para a construção da infra-estrutura técnica através do desenvolvimento de sistemas e da criação e armazenamento de dados. Cada vez mais, estes usuários desempenham um papel mais formal no desenvolvimento de sistemas, ao atuar nas forças-tarefa de desenvolvimento, participando nas atividades de prototipagem rápida, ou envolvendo-se em sofisticadas avaliações de necessidades. A equipe de SI pode dar suporte aos usuários finais informalmente ou pelo uso de um help desk.

Help Desk

O **help desk** refere-se à equipe de SI e sistemas associados que auxilia os usuários finais na resolução de problemas imediatos em seu equipamento ou *software*. A equipe do help desk aborda problemas tão diversos quanto ligar o computador, substituir o cartucho numa impressora *laser*, lidar com uma exceção numa aplicação de entrada de dados normalmente rotineira e criar um relatório customizado do banco de dados corporativo. Em algumas organizações, a equipe de treinamento de usuários também recorre ao help desk. Em organizações pequenas, normalmente uma ou duas pessoas, reconhecidas pela sua qualificação técnica, executam informalmente a função de help desk.

---

*Com a progressiva informatização dos processos de negócios das organizações, esta é uma atividade em rápido desaparecimento, pois o próprio executante dos processos registra suas operações no sistema informatizado que suporta o processo, eliminando tarefas posteriores de digitação das operações realizadas. (N.T.)

A organização do help desk varia. Muitas empresas de grande porte mantêm diversos help desks especializados distribuídos geograficamente ou organizados por especialidade. Um help desk centralizado pode reduzir custos com a economia de escala e aprimorar o serviço com a criação de um único ponto de contato.

Os help desks operam de diferentes maneiras. Algumas empresas usam operadores de help desk com grande experiência no *hardware* e *software* da empresa que, com a assistência de sistemas especialistas, podem lidar com a maioria dos problemas de modo independente. Outras empresas pedem que os operadores do help desk somente identifiquem o problema e o encaminhem a uma pessoa ou função técnica apropriadas na empresa. Esta abordagem distribui a função de help desk através de toda a organização. Ainda, outras empresas terceirizam os serviços de help desk. Por exemplo, a IBM fornece os serviços de help desk de TI para os 29.000 usuários de computadores *desktop* em 400 locais da Invensys, fabricante global de sistemas de automatização e controle sediado em Londres.[18]

Um help desk pode identificar falhas do sistema ou necessidades de treinamento do usuário através da monitoração dos problemas e tabulação da velocidade de sua resolução. Recentemente, muitos help desks focalizaram intensamente seu papel como registradores de problemas, em vez de solucionadores de problemas. Esta alteração de papel resulta normalmente no descontentamento do usuário final porque ele se vê compelido a resolver seus próprios problemas em vez de usar o help desk. O tipo e a qualidade dos serviços oferecidos, as expectativas dos usuários sobre o centro de informações, o ambiente tecnológico em que o centro de informações trabalha e o compromisso da organização com o centro de informações influenciam seu sucesso.[19] Além disso, o centro de informações deve ter uma equipe competente e proporcionar um treinamento eficaz do usuário final.[20]

Medindo e Aprimorando o Desempenho

Os gerentes podem monitorar o desempenho dos serviços de informações e compará-lo com outras empresas. Eles podem contratar um consultor externo para executar um estudo de *benchmarking* ou podem conduzi-lo eles mesmos. Por exemplo, a Prudential Financial, a gigantesca seguradora de 27 bilhões de dólares, anualmente utiliza uma das grandes empresas de consultoria para auxiliá-la em seu *benchmarking*. As consultorias podem comparar os gastos da Prudential, em várias iniciativas de tecnologia, com os gastos de outras empresas da indústria em iniciativas semelhantes. Os gerentes de TI da Prudential usam estes dados comparativos para ajustar seus orçamentos de tecnologia.[21]

A Tabela 10-4 identifica múltiplas estatísticas e medidas que os administradores podem usar para avaliar a qualidade dos seus serviços de informação. Estas estatísticas medem não somente a eficiência e resposta dos sistemas de informação da organização, mas também a satisfação do cliente com os sistemas e serviços e seu custo e qualidade. Manter-se a par destas medidas pode ser útil aos administradores de sistemas de informação na identificação e reparo das fraquezas em sua operação e processos.

Os **acordos de nível de serviço (SLAs —** ***Service Level Agreements*****)** ajudam os gerentes de negócios a escolher a relação adequada de custo *versus* nível do serviço que eles desejam de sua equipe de suporte de tecnologia. Um SLA especifica em detalhes um nível de desempenho garantido numa diversidade de dimensões. Um SLA pode incluir o seguinte:

- *Objetivos do serviço.* Uma declaração dos objetivos do acordo.
- *Partes envolvidas.* O departamento, clientes e fornecedores envolvidos.
- *Pontos de contato.* As pessoas que servem de ligação entre as partes envolvidas.
- *Responsabilidades.* As responsabilidades específicas de cada profissional envolvido em oferecer o serviço.
- *Medidas do desempenho.* A métrica que expressa se os objetivos foram alcançados, incluindo etapas ou expectativas de desempenho e o desempenho observado.
- *Diretrizes de aumento.* Os procedimentos para alterar o contrato ou agilizar múltiplos processos.
- *Renegociação.* As cláusulas para renegociar o acordo de nível de serviço.[22]

Dentro de uma determinada categoria, um SLA pode, também, especificar diferentes níveis de serviço, dependendo de quão crítica é a tarefa. Por exemplo, pode ser necessária uma resposta em 15 minutos para algumas circunstâncias e uma resposta em 24 horas para outras. O SLA especifica também penalidades se os serviços de informação não puderem oferecer o nível de serviço garantido. A Figura 10-6 mostra um exemplo de um acordo de nível de serviço entre a Network Appliance Inc., fornecedora de sistemas de armazenamento empresarial, e seus clientes.

Os SLAs funcionam particularmente bem quando o setor de serviços de informação opera como um centro de lucros. Os gerentes de serviços de informação têm, então, o maior incentivo para forne-

TABELA 10-4

A qualidade do serviço de informações pode ser avaliada por diversos meios.

Satisfação do Cliente
Satisfação geral dos usuários/gerentes com os serviços de informações
Satisfação do usuário com os contatos com a organização de SI
Satisfação do usuário com a resposta aos problemas
Satisfação do gerente com o custo e velocidade do desenvolvimento

Operações
Disponibilidade (% do tempo)
Tempo médio entre falhas
Uso da CPU (% da capacidade)
Uso de disco (% da capacidade)
MIPS médio
Número de jobs processados

Garantia de Qualidade
Erros encontrados por 1000 linhas de código
Percentual de toques errados na entrada de dados

Financeiro
Percentual da despesa de TI sobre a receita
Percentual do investimento de TI sobre o ativo
Custo total do sistema
Custo médio por job
Custo médio por tela de entrada
Custo médio por relatório produzido

Quadro de Pessoal
Percentual do quadro profissional com curso superior
Percentual do orçamento de SI em relação à folha de pagamento
Percentual do quadro com formação superior em nível avançado

Desenvolvimento de Sistemas
Projetos completados no período
Média de pontos de função por empregado por período
Linhas de código por empregado por período
Fração de projetos terminados de acordo com o cronograma e dentro do orçamento

Tecnologia
Percentual da despesa de SI em pesquisa e desenvolvimento
Percentual de empregados que têm uma estação de trabalho

Treinamento
Cursos assistidos por empregado de SI por ano
Média de cursos assistidos por empregados de SI
Média de cursos de SI assistidos por empregados não-SI

Comunicações
Percentual do custo destinado a telecomunicações
Desempenho da rede local nos horários de pico
Custo de WAN por pacote, por byte e por mensagem

Help Desk
Percentual de problemas resolvidos no primeiro contato
Tempo médio para a solução de problemas
Número de problemas tratados por turno
Número de problemas tratados

FONTE: Steve R. Gordon, Working Paper Series 94-08: *Benchmarking the Information Systems Function* (Boston: Babson College, Center for Information Management Studies, 1994).

cer bons serviços, e o gerente de negócios tem a opção de obter um serviço semelhante de contratados terceirizados. Muitas organizações usam também SLAs para garantir níveis de serviço adequados de seus terceirizadores.

Selecionando Padrões e Garantindo seu Cumprimento

Um **padrão** diz respeito às regras que governam os tipos de investimentos que uma organização pode fazer em tecnologia da informação e sistemas de informação. Os padrões perseguem o objetivo de impor controle empresarial sobre as decisões de TI, sem direcionar estas decisões. Os padrões podem ser determinados de modo abrangente ou explícito e podem referir-se a alguns ou a todos os tipos de produtos e serviços.

A Tabela 10-5 identifica alguns tipos de produtos para os quais a empresa pode determinar padrões. Muitas empresas, por exemplo, padronizam seus computadores pessoais para equipamentos compatíveis com o Windows. Um empregado que queira usar um Apple Macintosh pode ter dificuldades em obter um neste ambiente. Dependendo do rigor com que o padrão é aplicado, a empresa pode: proibir o empregado de usar um Macintosh no trabalho, permitir que o empregado use um se pagar por ele, adquirir um para o empregado com o entendimento de que ele não receberá nenhum suporte para lidar com os problemas de *hardware* ou *software*, ou recusar conectar o Macintosh na rede de computadores do escritório. Os fabricantes de *hardware* e *software* muitas vezes padronizam através das normas ISO 9000 um conjunto de cinco padrões de processos de gestão da qualidade, que asseguram uma documentação completa e um rigoroso cumprimento das práticas de negócios na manufatura.

A Tabela 10-6 identifica alguns benefícios e desvantagens da utilização de políticas de padronização. Muitos dos benefícios ilustram como os padrões podem auxiliar a reduzir custos, às vezes significativamente. Por exemplo, a padronização pode reduzir os custos ao minimizar a duplicidade no desenvolvimento de *software*. Se cada divisão da empresa desenvolver seu próprio sistema de controle de estoque, esta provavelmente gastará muito mais dinheiro em desenvolvimento do que se a empresa padronizar um

FIGURA 10-6

O acordo de nível de serviços mostra a resposta que um cliente pode esperar do Centro de Suporte Global da Network Appliance, Inc.

FONTE: https://now.netapp.com/public/gscsla.shtml, acessado em 25 de abril de 2002. Usado com permissão.

Definições de Prioridades e Objetivos de Resposta

Os problemas em que um usuário não consegue acessar seus dados sempre recebem prioridade sobre outros tipos de casos. Eles serão imediatamente atendidos por um engenheiro certificado que se concentrará na rápida restauração do acesso aos dados. Pedimos aos clientes que sempre nos contactem por telefone para este tipo de problema, a fim de assegurar que o problema possa ser imediatamente tratado por um engenheiro experiente e certificado que se concentrará em restaurar o acesso aos dados tão rápido quanto possível. Outros problemas, se recebidos por telefone, NOW, ou Autosupport, receberão uma avaliação inicial programada para ser atendida como segue.

Nível de Prioridade	Descrição	Objetivo da Estimativa Inicial
1	Dispositivo que não permite acesso aos dados	Imediato
2	Defeito sério ou repetitivo ou péssimo desempenho	Em 1 hora
3	Defeito ou problema ocasional	Em 1 hora
4	Outras questões ou assuntos	Em 1 hora

Diretrizes sobre a Restauração do Acesso a Dados

Este processo recebe a prioridade mais elevada e tem por finalidade restaurar o acesso aos dados o mais rápido possível. A análise da causa básica do problema oculto e sua resolução podem tomar mais tempo. O envolvimento de outras partes pode ocorrer mais cedo se for reconhecido que recursos ou experiência adicionais são necessários. O engajamento de outras áreas pode ser adiado quando um plano de ação combinado está em execução, por exemplo, aguardando a chegada de peças de reposição ou coletando informações para diagnóstico.

Tempo Decorrido sem Plano de Ação Definido	Função
0 a 1 hora	Atendido pelo Suporte Técnico
1 a 3 horas	Direcionado para a Equipe de Suporte ao Produto
3 ou + horas	Direcionado para a Engenharia de Produto

Notificação à Gestão

Todos os casos em aberto estão sujeitos a notificação à gestão interna através do Dispositivo de Rede para assegurar a conscientização de problemas críticos dos clientes e para assegurar que os recursos apropriados estão sendo aplicados à resolução do problema. Os clientes descontentes com o progresso de qualquer problema podem ligar, a qualquer momento, para o Gerente Responsável.

TABELA 10-5

As empresas podem determinar padrões para diversos produtos nas categorias fornecedor, tipo de produto, ou de compatibilidade.

Computadores
- Configurações especiais (p. ex., Compaq com disco de 40 GB, memória de 256 MB, etc.)
- Fornecedores específicos (p. ex., Compaq)
- Nível de compatibilidade (p. ex., compatível com WinTel)

Equipamentos de Comunicações
- Cartões de interface de rede
- Compatibilidade entre protocolo de rede
- Mídia LAN
- Modelos de roteador e *hub*

***Software* de Automação de Escritório**
- Conjuntos de *software* para escritório (*Office suites*)
- Processadores de texto
- Planilhas eletrônicas
- Sistema gerenciador de banco de dados pessoal
- Gráficos de apresentação

Ferramentas de Desenvolvimento de *Software*
- Linguagens
- Ferramentas CASE
- Metodologias

Sistemas Gerenciadores de Banco de Dados
- Fornecedores específicos (p. ex., Oracle)
- Compatibilidade (p. ex., SQL, Corba)
- Tipo (p. ex., relacional, objeto)

***Software* de Sistemas**
- Sistemas operacionais
- Sistemas operacionais de redes
- Antivírus

Outros
- Navegadores (browsers)
- *Software* ERP (p. ex., SAP)
- Correio eletrônico

único sistema de gestão de estoques que possa atender às necessidades de todas as divisões. Outros exemplos de diminuição de custo incluem a economia de escala em compras e a melhoria da posição da empresa nas negociações para obter melhores preços. Uma empresa que compra 1.000 PCs pode esperar pagar um menor custo unitário se o adquirir de um único fornecedor do que se adquirir apenas 100 PCs de dez marcas diferentes de computadores de dez ou mais fornecedores.

Muitos dos benefícios mostrados na Tabela 10-6 referem-se à eficiência e não ao custo. Por exemplo, a padronização melhora a eficiência administrativa e operacional através do aumento da integração dos sistemas e da facilitação do intercâmbio de informações entre estes sistemas. Uma equipe que monta uma proposta com um prazo bastante limitado sair-se-á melhor se cada membro da equipe preparar sua parte da proposta com o mesmo processador de texto. A padronização de um só processador de texto garante que a equipe possa facilmente integrar as partes da proposta em um documento. A ausência desta integração impediria o uso de referências cruzadas, e as alterações numa parte do documento, como a supressão de uma figura, requereriam a revisão de outras partes do documento para se conseguir um produto coerente.

Os padrões podem aumentar a eficiência através do aumento da flexibilidade no uso do pessoal de SI. Se a empresa padronizar em um único DBMS, seus gerentes podem escalar os programadores para diferentes projetos conforme a necessidade. Os gerentes num ambiente menos padronizado poderiam escalar somente os programadores que fossem competentes no DBMS usado pelo projeto. A maioria das organizações também acha que deve exercer algum controle sobre a diversidade de computadores que seus empregados adquirem. De outra forma, eles não podem conseguir eficazmente uma massa crítica de experiência para fornecer o *know-how* e o suporte de que os usuários necessitam.

A padronização também aumenta a eficácia administrativa. Gerentes que podem obter facilmente os dados necessários às suas decisões provavelmente recorrerão aos dados e farão opções mais qualificadas do que aqueles que encontram dificuldades no acesso aos dados. Os padrões, particularmente na interface de usuário, nos sistemas de gestão de banco de dados e nos sistemas de dicionário de dados, aumentam a probabilidade de os gerentes poderem encontrar, rápida e facilmente, os dados que desejam.

Os padrões não aumentam automaticamente a facilidade de integração dos sistemas e o intercâmbio de dados. Por exemplo, nos anos 1970 e 1980, o intercâmbio de informações entre diversos computadores pessoais e minicomputadores era mais fácil do que o intercâmbio de informações entre tipos diferentes de computadores IBM. As empresas que padronizaram com IBM tiveram dificuldades no intercâmbio de dados entre seus mainframes, minicomputadores e PCs, porque estes produtos usavam sistemas operacionais incompatíveis e suportavam diferentes sistemas de gestão de bancos de dados. Estas empresas podiam, em vez disso, ter padronizado um DBMS como o Oracle, que rodava em mainframes, minicomputadores e computadores pessoais e que facilmente compartilhava informações entre seus bancos de dados sob diferentes sistemas.

TABELA 10-6

As empresas devem considerar os benefícios e os inconvenientes da padronização ao decidir a natureza e o grau de sua política de padrões.

Benefícios	Inconvenientes
Melhora a qualidade do *software* desenvolvido	Reduz a flexibilidade nas aplicações
Reduz o número de interfaces construídas especialmente	Asfixia a inovação e a criatividade
Minimiza a duplicação do desenvolvimento de *software*	Interfere nos outros requisitos das aplicações
Aumenta a integração dos sistemas para um aumento da eficiência	Reduz a capacidade de ter a solução de menor custo em cada caso
Aumenta a capacidade de permutar dados entre os sistemas	Requer mais revisões e consenso para a seleção de *software/hardware*
Alcança economias de escala na aquisição e manutenção	Aumenta a freqüência de revisões e instalações de *upgrade*
Melhora a posição de negociação para melhorar preços	Diminui o bem-estar dos usuários sobre oportunidades para satisfazer suas necessidades imediatas
Promove e facilita coerência entre estratégia e missão	Aumenta o custo de aquisição devido a reduzidas opções de fornecedores
Reduz o custo e o tempo de treinamento	Aumenta o impacto de todas as alterações importantes
Reduz projetos externos com custos descontrolados	Diminui a capacidade de fazer alterações importantes
Aumenta a flexibilidade no uso da equipe de SI	Acaba com a boa vontade política
Reduz o custo e aumenta a qualidade do suporte	Aumenta o impacto de decisões erradas
Reduz o tempo e o custo do desenvolvimento de aplicações	Impede a aquisição de novas tecnologias
Retira do usuário o ônus da pesquisa por produtos	

FONTE: Steven R. Gordon, "Standardization of Information Systems and Technology at Multinational Companies", *Journal of Global Information Management*, verão de 1996, 6.

A padronização pode conflitar com o objetivo de permitir que as necessidades do negócio determinem o desenvolvimento de sistemas e as prioridades de aquisição. Em particular, os padrões reduzem a flexibilidade da empresa para selecionar seu *software* de aplicação e diminuem o conforto dos usuários sobre se novos sistemas podem satisfazer suas necessidades. Por exemplo, um tipo de computador pode funcionar melhor para aplicações de contabilidade, enquanto um tipo diferente pode funcionar melhor para aplicações laboratoriais. Um sistema de gestão de estoques pode funcionar melhor para itens discretos, como cadeiras, que existem em quantidades inteiras, enquanto outro pode funcionar melhor para itens contínuos, como os produtos químicos, que podem ser armazenados em qualquer volume. A maioria das organizações responde à inflexibilidade dos padrões através da especificação de um padrão que permita diferentes alternativas. Por exemplo, a empresa pode especificar um tipo de computador para suas necessidades de computação pessoal, um segundo para aplicações de negócios, um terceiro para os servidores da rede, um quarto para o trabalho científico ou de laboratório e um quinto tipo de computadores de seu chão de fábrica. A empresa deve rever seus padrões freqüentemente, para que possa responder às suas necessidades variáveis num ambiente de negócios dinâmico.

A padronização pode também requerer um grande esforço organizacional para suportar sua implementação. Os executivos de SI e outros altos administradores devem admitir que os empregados ressentem-se por ter escolhas limitadas. Um empregado que usa um Macintosh em casa, por exemplo, pode ressentir-se de ter que aprender a usar um novo sistema no trabalho, especialmente um de que ele nem mesmo gosta. O significado político da padronização aumenta quando afeta uma divisão ou unidade de negócios. Os administradores de uma subsidiária podem objetar quanto a alterar seu sistema de gestão de estoques devido à padronização, quando seus empregados estão treinados para usar o sistema existente e este funciona perfeitamente bem. Em particular, é mais provável que os administradores objetem se o sistema padronizado não oferecer recursos que eles usavam e valorizavam no sistema antigo.

O custo organizacional dos padrões inclui o tempo e os esforços exigidos para estabelecê-los e revisá-los. Determinar um padrão que afete a organização inteira envolve colher opiniões de muitas pessoas para avaliar corretamente o impacto do padrão. Os administradores de alto nível com algum interesse no resultado devem e freqüentemente irão agir muito a favor de sua escolha. O ajuste de padrões, portanto, usa um tempo que eles poderiam gastar melhor em questões mais urgentes do negócio.

Ironicamente, os padrões podem aumentar os custos se resultarem em decisões erradas. Por exemplo, muitas empresas que definiram o computador pessoal DEC-Mate da Digital Equipment Corporation como o pradrão no início dos anos 1980, jogaram fora todo o seu investimento em PCs quando o PC IBM e seus compatíveis tornaram-se o padrão da indústria. Enquanto os fornecedores de *software* produziam numerosos produtos para os compatíveis com o IBM-PC, os usuários do DEC-Mate tinham pouca ou nenhuma escolha de processadores de texto, planilhas eletrônicas e outros *softwares* de produtividade. Com o tempo, até a Digital abandonou o seu computador pessoal. Há muitas histórias semelhantes para equipamentos de terminais, produtos de redes e *software*.

Os padrões podem também aumentar os custos ao requerer atualizações mais freqüentes de *hardware* e *software*. As empresas que requerem uma configuração única para seus computadores pessoais para obter manutenção e intercâmbio mais fáceis precisam efetuar *upgrade* de todos os computadores quando um usuário necessitar de mais recursos. Da mesma forma, muitas organizações requerem que todas as estações de trabalho usem a mesma versão do *software* de processamento de texto. Quando uma ou duas pessoas necessitam dos recursos de uma versão mais nova, a organização precisa adquirir a nova versão para todos. Se a empresa não tivesse padrões ou não os tivesse aplicado, pagaria somente pelo *upgrade* daqueles que requerem a nova versão. Estes usuários, entretanto, não poderiam intercambiar facilmente seus documentos com os outros que usassem o *software* mais antigo.

Planejamento de Catástrofe

Um **plano de contingência**, chamado às vezes de **plano de continuidade do negócio**, refere-se ao processo de antecipar catástrofes e providenciar respostas apropriadas para manter o negócio operando após um sinistro. Um sinistro é qualquer evento que abale gravemente as operações. Alguns sinistros são naturais, como furacões, terremotos ou inundações, e outros são causados pelo homem, como os ataques terroristas no World Trade Center de Nova York e no Pentágono, em 11 de setembro de 2001.

Uma das maneiras mais eficazes de uma empresa fazer frente à possibilidade de catástrofes num único local é construir redundância de local em seus sistemas. Com redundância de local, quando os computadores da empresa deixam de operar num local, seus sistemas, dados e processos estão disponíveis nos computadores de outro local. Estes computadores assumem automaticamente as funções do local atingido. A redundância de local é particularmente cara de se conseguir para os sistemas de processamento de transações, porque cada transação, presumivelmente, altera dados em múltiplos locais. Também, a redundância de local requer que se tenha pelo menos duas vezes mais poder de computação do que a empresa necessitaria de outra forma, bem como redes de alta capacidade para assegurar o rápido intercâmbio de informações entre os locais. Também seria requerido pessoal adicional.

A maioria das empresas adota a abordagem menos rigorosa de efetuar *backups* de seus dados periodicamente. A cópia *backup* é armazenada em algum lugar distante de onde os dados originais são mantidos. Na ocorrência de um sinistro, o *backup* dos dados pode ser recarregado em computadores num outro local, de modo que a empresa possa continuar a operar. Como os *backups* não são efetuados em tempo real, alguns dados podem ser perdidos. A estratégia de *backup* requer que a empresa tenha excedentes, capacidade de computação excedente, armazenamento, largura de banda e pessoal em locais designados como de recuperação de desastre. As empresas que não têm múltiplos locais ou capacidade excedente podem contratar empresas que fornecem serviços de recuperação. A New York Board of Trade, por exemplo, pagava 300.000 dólares por ano à Comdisco Inc. por espaço e sistemas computacionais no bairro de Queens, em Nova York. Quando seus sistemas foram destruídos no ataque de 11 de setembro de 2001 ao World Trade Center, em Manhattan, eles estavam de volta e funcionando um dia depois, nas instalações da Comdisco.[23]

Um componente importante do planejamento de contingência é o treinamento. Se você tiver um plano de contingência, é importante executar periodicamente um exercício de recuperação de catástrofe. A finalidade deste exercício é certificar-se de que o plano está atualizado, de que os empregados estão cientes dele e que estão capacitados a executá-lo.

Administrando a Segurança

Nos Capítulos 4, 5 e 7, você aprendeu acerca das tecnologias disponíveis para proteger a informação, a comunicação e os sistemas de informação. Infelizmente, nenhuma tecnologia compensará práticas inadequadas de gestão de segurança. Nenhuma tecnologia impedirá que um empregado suprima, maldosamente, registros da empresa, se esse empregado tiver a autoridade para deletar aqueles registros no curso normal dos negócios. Nenhuma tecnologia impedirá acesso desautorizado a registros acessíveis por seus fornecedores, se esses fornecedores permitirem que seus sistemas sejam invadidos. Nenhuma tecnologia impedirá que seus empregados dêem a seus conhecidos e mesmo desconhecidos as senhas para o seu sistema. E nenhuma tecnologia forçará seus administradores de tecnologia a eliminar furos na segurança quando eles são descobertos.

A segurança eficaz começa com sistemas de controle organizacional que tratem as informações como um ativo valioso, semelhante a dinheiro. A segurança eficaz exige, também, uma **política de segurança** que satisfaça as práticas apropriadas de segurança e os métodos de colocar em vigor aquelas práticas. A difusão das políticas de segurança é vaga. Uma pesquisa recente revela que 97% das empresas reconhecem a importância da gestão da segurança e têm uma política de segurança em vigor,[24] enquanto outra pesquisa, feita mais ou menos na mesma época, relata que somente 54% das empresas têm esta política e somente 32% avaliam e controlam regularmente suas medidas de segurança.[25]

A Tabela 10-7 identifica práticas organizacionais comuns que comprometem a segurança no curso normal dos negócios. Uma política de segurança aborda as atividades que necessitam ser empreendidas para corrigir as práticas identificadas na tabela e quaisquer outras que possam afetar a segurança. A política de segurança começa com a identificação de quais ativos de informações são os mais importantes para a organização. Ela prossegue com uma avaliação da vulnerabilidade de cada um destes ativos e o desenvolvimento de um plano, ou conjunto de práticas, que traga um nível apropriado de segurança relativo ao valor e vulnerabilidade dos ativos.

A Cardinal Health Inc., uma empresa de 20 bilhões de dólares fabricante e distribuidora de artefatos médicos, emprega uma Equipe de Proteção das Informações composta por 15 especialistas em segurança para proteger seus dados. O chefe da equipe, John Hartmann, um ex-agente especial do FBI, defende uma abordagem holística para a segurança. Isto porque, segundo ele, numa organização descentralizada interligada por redes, como a Cardinal, relaxar a segurança numa unidade de negócios que tem ativos de baixo risco pode afetar de modo desfavorável a segurança dos ativos numa outra unidade de negócios que requer um grau maior de proteção. A abordagem holística de Hartmann reconhece, também, o relacionamento entre a segurança de ativos físicos e digitais. Em 2000, a Cardinal combinou as funções de segurança física e digital numa única unidade. Este grupo de segurança age como uma consultoria para as outras unidades de negócios da Cardinal, mas a implementação das medidas de segurança fica a cargo de cada unidade de negócios.[26]

Questões Legais e Sociais

Os gerentes de sistemas e tecnologia da informação necessitam estar bem cientes das implicações legais e sociais de suas decisões a respeito dos usos da tecnologia da informação em suas organizações e os usos possíveis dos sistemas desenvolvidos sob sua supervisão.

Uso da Tecnologia do Local de Trabalho

Muitas organizações confiam em seu departamento de sistemas de informações para controlar as atividades executadas em computadores que violem a lei ou tenham conseqüências sociais negativas. Os exemplos destas atividades incluem empregados produzindo documentos que contenham textos ou imagens baixadas da Internet protegidas por direito de propriedade intelectual, enviando *e-mails* obscenos ou desagradáveis para outros empregados ou pessoas fora da organização, rodando *software* pirateado em computadores da empresa e usando computadores ou redes corporativas para lançar um vírus ou um ataque para prejudicar os serviços.

Para minimizar a probabilidade de empregados inadvertidamente fazerem mau uso dos computadores, muitas empresas criam uma **política de uso aceitável** ou um **código de ética da computação**. Esta política ou código esclarece e deixa explícito aos empregados quais são os usos aceitáveis das instalações de computação e redes corporativas. A Tabela 10-8 apresenta exemplos dos tipos de tópicos encontrados numa típica política de uso aceitável. Em muitas empresas, as políticas de uso aceitável são tão extensas que são entregues aos empregados em forma de livro. Os empregados podem ser solicitados a assinar uma declaração dizendo que leram a política, conhecem bem seu conteúdo e concordam em cumpri-la. Uma boa prática é manter as políticas de uso aceitável *online* para que os empregados possam acessá-las sempre que surgir alguma dúvida. Algumas organizações exibem trechos de sua política de uso aceitável sempre que um usuário se loga na sua rede.

Na maioria dos casos, a única maneira de fazer cumprir as políticas de uso aceitável é monitorar o conteúdo de *e-mails* dos empregados, o conteúdo e a fonte do tráfego de Internet e, mesmo, o conteúdo de arquivos mantidos nos computadores dos empregados. Estudos recentes concluíram que as empresas nos Estados Unidos monitoram continuamente a atividade da Internet e o uso de *e-mail* de mais de um terço de seus empregados em funções ligadas à Internet que estejam conectados[27] e que mais de três quartos das empresas nos Estados Unidos gravam as atividades e comunicações dos seus empregados e sujeitam-nos a verificações por amostragem.[28] Obviamente esta monitoração invade a privacidade dos empregados de uma organização. Não obstante, ela quase sempre foi considerada legal quando levada à justiça, uma vez que os empregados tivessem sido notificados sobre a natureza da monitoração e informados de que a organização tem obrigação legal de pôr em prática políticas de uso aceitável. As organizações podem entrar em conflito com a lei se coletarem informações sobre empregados que não são necessárias para pôr em vigor políticas razoáveis, se não protegerem as infor-

TABELA 10-7

Maneiras pelas quais as organizações facilmente comprometem sua segurança.

Falhas de Políticas	Deixar de criar uma política de segurança Manter contas de e-mail e login de empregados desligados Deixar de avaliar a importância dos ativos de informação e o custo de seu comprometimento Deixar de requerer a criptografia de dados e mensagens Deixar de educar os empregados sobre práticas de segurança apropriadas Deixar de instalar e usar o *hardware* e *software* de *firewall* Deixar de testar periodicamente a capacidade de intrusos romperem sua segurança Ignorar ou subestimar a existência e a importância de ameaças à segurança
Práticas Operacionais Imperfeitas	Deixar de instituir práticas de segurança Deixar de efetuar *backups* regulares Deixar de proteger fisicamente os servidores e redes Deixar de atualizar regularmente o *software* de proteção contra vírus Deixar de instalar regularmente as correções de *software* Usar senhas fáceis de adivinhar e deixar as senhas em locais fáceis de encontrar Manter as senhas padrões (*default*, predeterminadas) nos sistemas recentemente instalados em vez de trocar por senha definitiva e de conhecimento restrito. Deixar as estações de trabalho ligadas durante ausências

TABELA 10-8

Tópicos de uma típica política de uso aceitável

- Segurança física
- Segurança eletrônica
- Uso pessoal dos serviços *online* da Internet
- Uso pessoal do computador para processamento de texto, etc.
- Carga de *software* estranho à organização
- *Download* de *software* a partir de serviços *online* da Internet
- Pornografia
- Usos das informações
- Níveis de acesso
- Usos permissíveis de acesso
- Propriedade de *software*, dados, etc.
- Segurança de dados e informações
- Segredos comerciais
- Confidencialidade dos registros da organização
- *Banners* de logon
- Uso de *e-mail*
- O direito da organização de inspecionar computadores
- O direito da organização de acessar *e-mails*
- Programações de retenção de documentos
- Correio de voz
- *Telecommuting*

FONTE: Rehman Technology Services, Inc., "A Guide for Drafting Comprehensive and Effective Computer Policies", acessado em http://www.computerpolicy.com/ em 24 de abril de 2002. Usado com permissão.

mações que coletam, ou se usarem as informações para finalidades estranhas ao pretendido. Da mesma forma, as organizações não podem coletar informações sobre a saúde ou finanças dos empregados.[29]

Responsabilidade por Sistemas Defeituosos

Quem é responsável quando um *software* defeituoso faz com que o piloto automático de um avião funcione mal, resultando num acidente e perda de vidas? Quem é responsável quando sistemas defeituosos fazem com que os sistemas médicos de imagem funcionem mal, tendo por resultado uma dose mortal de radiação sobre um paciente? Felizmente, desastres desta magnitude ocorrem raramente. Entretanto, como você viu, o desenvolvimento de *software* é passível de erro. Quem é responsável quando decisões baseadas em dados imperfeitos resultam na perda de dinheiro para a empresa? Quem é responsável quando um banco nega crédito a um cliente em potencial merecedor de crédito porque um computador determinou que este cliente não satisfazia aos critérios especificados?

Uma pane no computador do Barclays Bank PLC deixou 20.000 clientes sem acesso aos fundos, tais como os cheques de pagamento, depositados eletronicamente em suas contas no fim de semana da Páscoa de 2002. Se um cliente necessitasse desse dinheiro para pagar contas, o Barclays teria sido responsabilizado.[30] A United Airlines vendeu 142 bilhetes do trajeto San Francisco/Paris pelo preço acidentalmente baixo de 24,98 dólares quando um problema de *software* fez com que o preço aparecesse errado no seu *site* da Internet. A linha aérea decidiu honrar os bilhetes, embora acreditasse que poderia tê-los cancelado legalmente.[31]

Geralmente, o desenvolvedor de sistemas pode ser considerado responsável por suas falhas, quer os sistemas sejam usados internamente ou vendidos a uma outra parte. Cada vez mais, as empresas estão processando seus fornecedores de sistemas não apenas visando à recuperação do preço de aquisição do *software*, mas também pelos danos causados pelo seu uso. Em um caso recente, a FoxMeyer processou a SAP e a Accenture em 1 bilhão de dólares sob a alegação de que o *software* da SAP e a implementação da Accenture foram tão imperfeitos que a empresa foi levada à bancarrota. Em agosto de 2000, um júri concedeu uma indenização ao estado de Mississippi no valor de 475 milhões de dólares pela falha de um sistema automatizado de cobrança de impostos adquirido da American Management Systems. Embora a maioria dos casos seja resolvida por acordo extrajudicial, o impacto financeiro dos processos contra os desenvolvedores de *software* pode ser significativo.[32]

GESTÃO DA MUDANÇA

As alterações nos negócios e na tecnologia afetam constantemente os sistemas de informação. Administrar esta alteração é uma das principais responsabilidades do CIO. Nesta seção, você começa verificando como os gerentes de tecnologia avaliam as prioridades variáveis dos negócios e alinham seus planos com estas prioridades. Em seguida, você examina o papel da arquitetura da tecnologia da informação, o esquema de alteração da infra-estrutura para refletir as necessidades da nova tecnologia e dos novos negócios. Finalmente, você enfoca a necessidade de desenvolver o *staff*, a infra-estrutura humana, que deve mudar, também, a fim de implementar a mudança.

O Alinhamento com o Negócio

Pesquisas realizadas por gerentes de SI mostram que o alinhamento entre os sistemas de informação e os objetivos corporativos é sempre uma alta prioridade.[33] As empresas podem conseguir este alinhamento dando a cada unidade de negócios o controle sobre a sua função de SI. Cada unidade teria um CIO e uma equipe de sistemas de informações, uma alternativa que examinamos no contexto da estrutura da função de SI. Mesmo com esta estrutura, as necessidades de arquitetura e outras ultrapassam os limites da unidade de negócios, de maneira que os gerentes de sistemas necessitam de um meio de coordenar os sistemas de informação e os planos e estratégias empresariais. Os comitês orientadores compostos pelos altos executivos da organização ajudam a alcançar este objetivo.

Comitês Orientadores

Um **comitê orientador** de SI inclui os principais gestores de negócios, usuários selecionados, gerentes de sistemas e especialistas técnicos que determinam a direção e a visão sobre o uso e o desenvolvimento da infra-estrutura de SI. Este comitê orientador aumenta a probabilidade de que os investimentos e atividades de SI alinhem-se com os objetivos organizacionais e aumenta a participação e compromisso dos principais administradores no desenvolvimento da arquitetura de SI. Um comitê orientador, entretanto, pode ter limitações:

- Ele pode levar muito tempo para tomar as decisões.
- As reuniões podem tomar um tempo valioso dos administradores do alto escalão.
- Os debates no comitê podem dividir, ao invés de unificar o enfoque para os SI.
- Os participantes do comitê podem não ter a qualificação para ajudar no processo de tomada de boas decisões.

Os comitês orientadores funcionam melhor quando a área de SI está engajada no cumprimento dos objetivos organizacionais e a cultura organizacional suporta um estilo de gestão participativa.[34] Os gerentes de sistemas de informação em culturas menos participativas podem ressentir-se com comitês que ultrapassam suas prerrogativas gerenciais.

A organização e a composição de um comitê orientador influenciam sua eficácia. O comitê deve incluir gerentes usuários atuais e potenciais com alguma exposição à tecnologia da informação. Muitos profissionais acreditam que trazer um administrador usuário à direção do comitê melhora a cooperação pela redução da probabilidade de o pessoal de SI ditar a agenda. As empresas nas quais os SI têm valor estratégico devem incluir no comitê gerente de alto nível, tais como o vice-presidente, o presidente, ou o CEO. As empresas para as quais o SI desempenha um papel menos estratégico podem incluir somente administradores do nível intermediário, se os de alto nível sentirem que o comitê requer demasiado tempo.

Desenvolvendo uma Arquitetura de Tecnologia da Informação

A arquitetura da tecnologia da informação descreve um plano estrutural de longo prazo, abrangendo toda a organização, que define investimentos e trata da organização da tecnologia da informação. A arquitetura para uma firma de publicidade com 30 empregados, por exemplo, pode envolver PCs interligados em rede, cada um carregado com *software* de processamento de texto, apresentação e correio eletrônico, com a adição, a longo prazo, do *groupware* e de algum *software* de CAD. Embora cada uma das empresas da Nestlé nos diferentes países tenha sua própria arquitetura, o grupo corporativo de TI da Nestlé tem, também, uma visão de como a empresa pode melhor operar. Esta arquitetura enfoca a rede que mantém juntas as empresas, sistemas de correio eletrônico, pacotes de processamento de texto e plataformas de ERP.

A arquitetura de uma organização determina os tipos de equipamentos que ela deve adquirir, os tipos de *software* que ela deve usar e a tecnologia de telecomunicações que ela deve comprar. As decisões sobre a arquitetura envolvem, também, decisões sobre padronização e desempenho global. A arquitetura pode especificar o estado atual e futuro da infra-estrutura, assim como um plano de transição para alcançar o estado desejado.

Nem todas as organizações desenvolvem uma arquitetura de tecnologia da informação. Muitas empresas, ao contrário, tomam suas decisões de investimento projeto a projeto. Embora uma arquitetura aumente a probabilidade de que a organização tome decisões coordenadas que expressem sua estratégia de longo prazo, o desenvolvimento de uma arquitetura custa tempo, esforço e dinheiro. Como uma arquitetura tem benefícios difusos e a longo prazo, as organizações muitas vezes não conseguem encontrar alguém disposto a patrocinar seu desenvolvimento. A menos que a gestão superior aja como um patrocinador, a empresa provavelmente permanecerá sem uma arquitetura de SI.

A arquitetura pode reduzir a flexibilidade da organização para responder às mudanças tecnológicas. Depois que a organização implementa planos de arquitetura e adquire a tecnologia que a arquitetura prescreve, os gerentes de tecnologia e outros resistem a investimentos em tecnologia em desacordo com os padrões. Esta resistência pode ser contraproducente em períodos de rápida alteração tecnológica. Algumas empresas com uma arquitetura mantêm a flexibilidade procurando tecnologias menos rígidas e formalizando uma abordagem estruturada para tentar, avaliar, e por fim adotar avanços tecnológicos apropriados.

Arquitetura de Aplicações

A arquitetura de aplicações de uma organização trata de seu portfólio de *software*. A arquitetura de aplicações identifica os sistemas existentes, suas forças, fraquezas e interdependências. Ela especifica a política corporativa sobre se o desenvolvimento de aplicações deve ser centralizado, descentralizado ou terceirizado. Ela pode especificar as metodologias a serem usadas no desenvolvimento de novas aplicações. Ela deve, também, abordar como as decisões são tomadas a respeito de qual *software* rodar internamente e qual terceirizar aos ASPs. A arquitetura de aplicações deve identificar as prioridades para o desenvolvimento de novas aplicações. Ela pode especificar uma preferência ou requisito para limitar a aquisição de novos produtos de *software* àqueles compatíveis com um determinado sistema gerenciador de banco de dados ou produto de *middleware* ou com interfaces de usuário específicas, tais como o GUI ou interfaces baseadas na Internet.

A Home Depot, uma cadeia de 40 bilhões de dólares de artigos para construção de casas, tem uma arquitetura de aplicações que controla rigidamente o desenvolvimento de seus novos sistemas. A empresa usa pacotes comerciais sempre que possível. Para os sistemas desenvolvidos *in-house*, os programadores devem adequar seu código a uma arquitetura baseada na capacidade de reutilização do código. O CIO e arquiteto principal, Ron Griffin, diz: "funções como verificação de erros, tratamento de erros, comparações de datas e suspender programa/reiniciar são escritas uma só vez". Isto permitiu à empresa manter seus sistemas compactos, alterar o *software* existente de modo rápido e barato e desenvolver novos sistemas rapidamente através da união de pedaços de código existente.[35]

Arquitetura de Redes

A arquitetura de redes de uma organização abrange as estratégias tanto de redes locais quanto de longa distância. Ela pode abordar somente redes de dados ou redes de voz e dados e deve enfocar a decisão de combinar ou não dados e voz numa única rede digital. A arquitetura de redes deve, também, incluir um plano para assegurar a segurança das comunicações digitais. Ela incluirá, usualmente, um plano de pessoal, atribuindo papéis e responsabilidades na operação, gestão e supervisão da rede, especialmente num ambiente distribuído. Ela inclui, usualmente, representações ilustradas da rede desejada, às vezes específica em nível de leiaute e às vezes mais conceitual, como ilustrado na Figura 10-7.

A arquitetura de redes deve também abranger os servidores que suportam a estratégia de transmissão de dados. Em particular, o uso e a capacidade dos servidores de Internet, a natureza dos servidores *proxy* e os tipos e configurações dos *firewalls*, tanto *hardware* quanto *software*, são, muitas vezes, incluídos. Muitas organizações consideram que o equilíbrio da carga dos servidores é uma questão da arquitetura de rede.

A arquitetura de redes de longa distância (WANs) da organização deve abordar não somente a conectividade da intranet entre seus locais físicos mas também a estratégia de sua extranet para a conexão com os fornecedores e clientes. A arquitetura pode especificar se a organização usa rede discada, conexões de banda larga, como DSL ou cabo através de um ISP, ou conexões diretas à Internet. As grandes organizações podem rodar suas próprias redes por microondas ou satélite. A arquitetura de longa distância

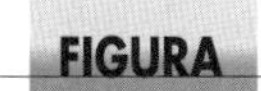

10-7

Exemplos de leiaute e representação conceitual de uma arquitetura de rede.

FONTE: Cisco Systems referenciando seu cliente NuSkin Enterprises, Inc., uma empresa de marketing direto. Acessado em http://www.cisco.com/warp/public/cc/pd/rt/3600/profiles/nuskn_ss.htm em 26 de abril de 2002. MTG Consulting acessado em http://www.mtgconsulting.com/consulting/reference_models/network_architecture.shtml em 26 de abril de 2002. Usado com permissão.

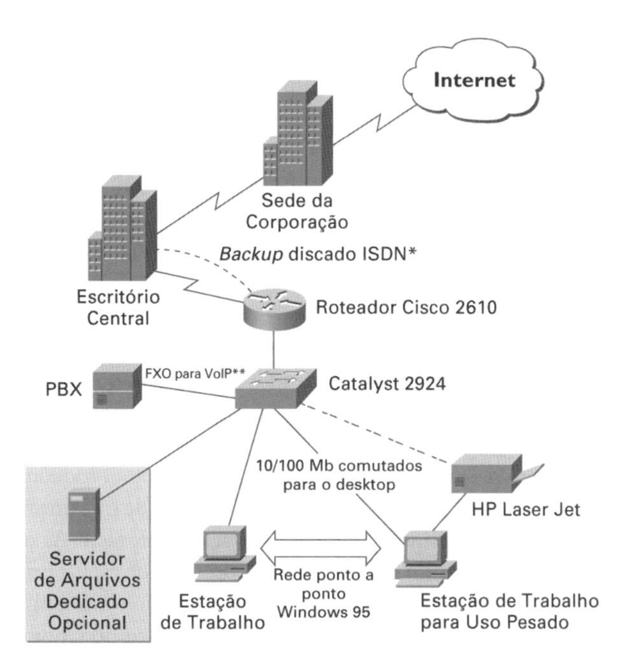

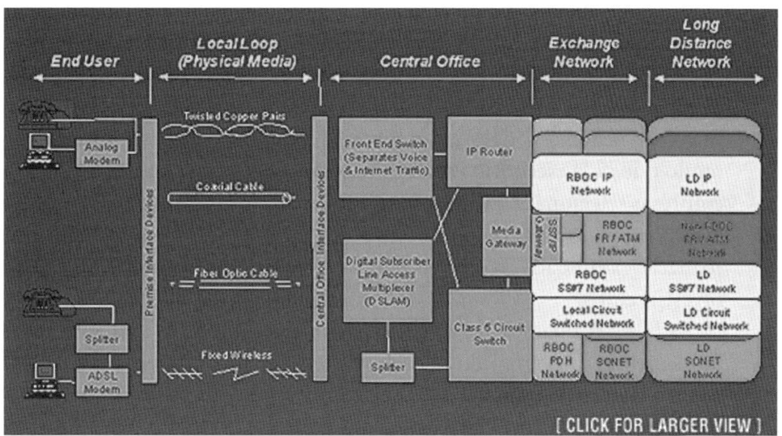

*Rede Digital de Serviços Integrados, padrão ISDN, padrão usado em linhas telefônicas digitais que tornam a transferência de dados mais rápida: 56 a 64 kbits em linha telefônica e até 128 kbits em linhas normais. (N.T.)
**VoIP: Voice over Internet Protocol. Protocolo de transferência de voz em forma digital, na Internet, sem o uso de linhas telefônicas comuns. (N.T.)

deve também enfocar o uso da largura de banda atual e as necessidades previstas, bem como a necessidade de *backup* ou conectividade redundante.

A arquitetura de redes locais (LANs) aborda a topologia de redes, o tipo e capacidade dos *switches* e roteadores usados, a natureza do *backbone* da LAN, a extensão da redundância, a segurança física do *hardware* e cabeamento de redes, a estratégia de manutenção da rede, os protocolos que a organização suporta e quais protocolos são usados em cada rede e sub-rede. Muitas organizações estão agora considerando como incorporar as tecnologias sem fio à sua infra-estrutura existente. As organizações localizadas em múltiplos locais podem centralizar sua arquitetura de redes locais, especificar padrões que se aplicar às arquiteturas definidas localmente, ou deixar a especificação das arquiteturas de LANs para as equipes locais.

Arquitetura de *Hardware* e de Plataforma

A arquitetura de *hardware* e de plataforma diz respeito ao planejamento dos sistemas informatizados e do *software* de sistemas operacionais. Ela aborda tanto os sistemas pessoais como os empresariais. Por exemplo, ela pode enfocar quem na organização deve ter um computador, se eles devem ter *desktop*, *laptop*, ou computadores de mão (*palmtops*), quão freqüentemente seus computadores devem receber *upgrades*, quanto de RAM e de disco eles devem ter, quem deve ter CD-ROM ou unidades de DVD, que tamanho de monitor deve ser usado e se a manutenção será fornecida *in-house* ou por terceiros. A maioria das organizações de médio e grande porte aceita uma arquitetura multiplataforma com o entendimento de que os desvios da plataforma principal devem ser suportados por uma forte documentação de sua necessidade.

No nível empresarial, a arquitetura de *hardware* e de plataforma volta-se para os tipos e tamanhos dos sistemas necessários para atender as aplicações de larga escala, tais como o ERP. A arquitetura enfoca quais sistemas operacionais são suportados e que produtos de DBMS são usados.

Questões Globais

As empresas que operam internacionalmente, como a Nestlé, têm problemas sem paralelo na arquitetura e na construção de uma infra-estrutura coordenada. A padronização e as interconexões atenuaram as diferenças globais em algumas organizações. Os padrões fornecem uma infra-estrutura única para o intercâmbio de dados, mas eles devem ser construídos de maneira que permitam uma autonomia local para responder às diferenças de cultura, regulamentos e questões locais de público e cidadania.[36]

A língua é a barreira mais óbvia para se coordenar a infra-estrutura de *software*. Há ferramentas de *software* que auxiliam os desenvolvedores a criar *software* para ser rodado em múltiplas línguas. Estas ferramentas funcionam pela separação dos textos de solicitação de informações da tela e textos de cabeçalhos do restante do *software*, permitindo uma customização mais fácil. As dificuldades ainda permanecem, porque algumas línguas são muito mais compactas do que outras. Os programadores muitas vezes projetam as telas de maneira diferente, ajustam colunas de relatório e mudam a exibição de datas e moeda para cada país. A exibição e impressão de caracteres para línguas como japonês, chinês, coreano e árabe pode requerer *hardware* especial.

A arquitetura global deve considerar o suporte internacional que os fornecedores de *hardware* e *software* disponibilizam. As empresas podem ter dificuldade na padronização tanto de *hardware* como de *software* se os fornecedores não suportarem o produto selecionado em todos os países em que a empresa faz negócios. Algumas empresas fornecem padrões múltiplos para lidar com este problema de modo que cada escritório estrangeiro possa encontrar suporte local para, ao menos, um padrão. Outras empresas selecionam padrões somente dos produtos que recebem suporte globalizado. A aceitação de múltiplos padrões aumenta o custo de suporte e de integração. A limitação da seleção dos produtos reduz a flexibilidade da empresa para satisfazer suas necessidades e geralmente aumenta o custo de seus investimentos.

As leis e regulamentos de países estrangeiros podem, também, perturbar a tentativa da empresa de implementar uma arquitetura consistente. Os países diferem em suas leis a respeito de práticas contábeis, documentação de transações de negócios e requisitos de prestação de contas. Embora alguns fornecedores forneçam *softwares* em pacotes que se ocupam das leis em muitos países, estes *softwares* são caros e requerem atualizações freqüentes. A maioria das empresas customiza seus sistemas para os países em que fazem negócios ou permite que a filial da organização em cada país tome suas próprias decisões de SI. Alguns países até insistem para que as empresas adquiram todo — ou uma porcentagem do — seu investimento em SI das empresas locais.

A organização de uma empresa global afeta sua possibilidade de implementar uma arquitetura global. As empresas organizadas centralmente, normalmente empresas domésticas que fazem negócios internacionais, têm usualmente um trabalho mais fácil no projeto e gestão da infra-estrutura. Estas organizações têm um departamento central de SI que pode fazer e implementar planos. Em sua maioria, as empresas organizadas em torno de fronteiras geográficas, mesmo que não sejam controladas centralmente, valem-se de uma equipe central de SI para coordenar sua infra-estrutura. As divisões geográficas individuais raramente têm a massa crítica para desenvolver seu próprio *know-how* de planejamento de SI. As empresas globais organizadas em torno de linhas de produtos têm mais probabilidade de estabelecer suas próprias qualificações de planejamento de SI.[37] Esta capacidade existe porque, normalmente, as divisões de produtos diferentes têm necessidades de negócios muito diferentes. Também, estas organizações muitas vezes evoluem de fusões entre empresas que já haviam desenvolvido suas próprias capacidades de SI. A coordenação da infra-estrutura neste ambiente apresenta significativos desafios políticos, a menos que fortes necessidades de negócios possam superar as perspectivas paroquiais de visão dos administradores locais.

Desenvolvendo as Equipes

Para lidar com as mudanças tecnológicas, os administradores de SI necessitam de uma estratégia concreta de recursos humanos para contratar, desenvolver e remunerar suas equipes. A substituição de pessoal envolve a contratação de novos empregados e a simultânea movimentação de empregados existentes para outras posições ou sua demissão. A maioria das empresas prefere manter seu investimento em capital humano e assegurar o moral através da manutenção de seu *staff*. Esta estratégia requer programas de treinamento eficazes e uma cultura que valorize e recompense o desenvolvimento.

A Nestlé desenvolve e educa seus membros do quadro de SI transferindo-os entre suas empresas operacionais e a matriz. Desta maneira, a Nestlé dá aos indivíduos de grande potencial tanto uma perspectiva global como uma compreensão das diferentes necessidades das unidades operacionais locais. Jeri Dunn, por exemplo, a CIO da Nestlé nos Estados Unidos, trabalhou por diversos anos neste país, primeiro como diretora associada de desenvolvimento na unidade de negócios da Stouffer, do grupo Nestlé, e depois num projeto para implementar globalmente uma metodologia de ciclo de vida e uma ferramenta CASE. Depois, ela passou três anos na matriz da empresa em Vevey, na Suíça, como vice-presidente assistente para tecnologia global e decisões sobre padrões, antes de retornar aos Estados Unidos no cargo de CIO.[38]

O treinamento técnico é um componente importante do desenvolvimento e satisfação da equipe. Os cursos de certificação asseguram que os profissionais sejam treinados e alcancem nível padrão de competência. Uma pesquisa recente com 18.000 administradores de TI descobriu que 34% dos empregados de TI que receberam alguma certificação foram recompensados por aumentos de salários, promoções e novas responsabilidades.[39] Muitos fornecedores de *hardware* e *software*, como a Microsoft e a Cisco, oferecem certificados para os profissionais que fizeram seus cursos de treinamento e demonstraram competência com seus produtos. Muitas empresas desenvolvem seus próprios programas de treinamento de modo que possam customizá-los às suas necessidades imediatas e reduzir o custo de seus programas de treinamento. A empresa IDC de pesquisa de mercado estima que as empresas de sociedade anônima na América do Norte gastaram 12,9 bilhões de dólares para treinamento de TI em 2002.[40]

Para maximizar a eficácia do treinamento técnico, os especialistas sugerem o seguinte:[41]

- *Fazer o treinamento just-in-time*. Planeje as sessões de treinamento de modo que os treinandos possam imediatamente usar suas novas potencialidades em um projeto especificado. Por exemplo, na United Stationers, distribuidora de produtos para negócios, computadores e gestão de instalações, sediada em Des Moines, no estado de Illinois, 75% dos profissionais de TI que recentemente concluíram uma capacitação são designados para projetos que têm relação com o que eles acabaram de aprender.[42]
- *Usar o treinamento por computador (computer based training) para ensinar assuntos técnicos ou fornecer cursos de revisão*. Use turmas conduzidas por professores principalmente para treinamento conceitual e desenvolvimento de habilidades interpessoais, como gestão de projetos. O treinamento por computador pode ser significativamente menos caro do que o treinamento conduzido por professores, mais flexível quanto à ocasião oportuna e mais diretamente responsivo às necessidades individuais. A IDC estima que o mercado de ensino a distância alcance 15 bilhões de dólares em 2005.[43]
- *Incluir o treinamento nos contratos de compras*. O treinamento do fornecedor é, muitas vezes, o mais eficaz para a educação do tipo "treinar o instrutor".
- *Treine no horário de trabalho*. Treinamento no horário de trabalho envia a mensagem de que a empresa importa-se com seus empregados e espera que eles se mantenham atualizados, não como uma opção, mas como uma responsabilidade do trabalho.
- *Use instrutores do help desk*. Treine seu pessoal do help desk para fornecer treinamento *just-in-time* enquanto eles resolvem os problemas dos usuários.

RESUMO

A organização da função de SI envolve a decisão sobre quanto controle centralizar na equipe de sistema de informação corporativa e quanto distribuir através de toda a organização. Algumas organizações criam estruturas nas quais um departamento corporativo de SI proporciona todas as atividades de SI para simplificar o controle e a segurança e para reduzir o custo. Outras colocam a maior parte da atividade de SI sob o controle de unidades de negócios separadas para aumentar a capacidade de resposta dos sistemas de informação às necessidades de negócios. A terceirização atribui a responsabilidade das operações e desenvolvimento a um contratado. A função de SI pode operar como um centro de custos não alocado, um centro de custos alocado, ou um centro de lucros.

A infra-estrutura humana inclui os cargos de SI que as pessoas desempenham. Estes incluem as posições de CIO, CTO, planejador estratégico, administrador de dados e do banco de dados, administrador de redes, administrador de *websites*, gerente de projetos, analista de sistemas, engenheiro de *software*, programador, instrutor de usuário, assistente de usuário, equipe de operações e suporte técnico e digitador. Estes cargos requerem uma combinação de capacidades técnicas, de gestão e interpessoais, para a consecução de um bom desempenho. A computação para o usuário final concentra-se nos consumidores dos serviços de SI. Cada vez mais, os usuários finais contribuem para o desenvolvimento de sistemas. A maioria das organizações estabelece um help desk para auxiliar os usuários finais a resolver seus problemas de sistemas de informação.

Os gerentes ou administradores de sistemas de informação podem acompanhar o desempenho dos serviços de informação no decorrer do tempo e compará-lo com o de outras empresas. Os gerentes de negócios podem usar os acordos de nível de serviço para garantir níveis adequados de serviços de informações. Os administradores podem determinar padrões que melhorem a eficiência e a flexibilidade do pessoal de SI, criem oportunidades de exercitar o poder nas compras e melhorem a coordenação entre as aplicações. Os padrões podem restringir a capacidade da organização de satisfazer as necessidades de seus usuários finais e podem asfixiar a criatividade e a inovação.

As organizações devem desenvolver um plano para preparar-se para operar plenamente na contingência de um sinistro e recuperar-se após o mesmo. Elas devem, também, criar uma política de uso aceitável. A aplicação de políticas de uso aceitável deve equilibrar a necessidade da empresa de evitar processos judiciais com a necessidade de privacidade dos empregados.

Os gerentes de SI controlam as mudanças alinhando suas prioridades com as necessidades do negócio, desenvolvendo uma arquitetura e treinando o quadro de funcionários. Os comitês orientadores podem ajudar a assegurar o alinhamento entre os SI e as prioridades de negócios. Uma arquitetura esquematiza os planos para mudar a tecnologia da informação e a infra-estrutura de sistemas. As organizações globais necessitam considerar, no desenvolvimento de uma arquitetura, as diferenças entre legislações nacionais, práticas contábeis e infra-estrutura de comunicações. O treinamento das equipes assegura que os empregados da organização possam adaptar-se às mudanças.

TERMOS E EXPRESSÕES IMPORTANTES

acordo de nível de serviço (SLA)
administrador de banco de dados
administrador de dados
administrador de redes
administrador de *sites* da Internet
analista de sistemas
arquitetura
centro de custos alocado
centro de custos não alocado
centro de lucro
código de ética da computação
comitê orientador
digitador
engenheiros de *software*
estrutura organizacional
executivo de informática (CIO)
executivo de tecnologia (CTO)
gerente de projetos
help desk
infra-estrutura
padrão
plano de contingência
plano de continuidade do negócio
política de segurança
política de uso aceitável
programador
Provedor de Serviço de Aplicações (ASP)
terceirização
usuário final

QUESTÕES DE REVISÃO

1. Quais são as vantagens de uma estrutura distribuída onde cada unidade de negócios controla seus próprios serviços de informação?
2. Como um administrador deve usar a terceirização para simplificar os problemas encontrados no provimento de pessoal para o desenvolvimento de *software*?
3. Qual seria a causa de os gerentes terceirizarem somente serviços de informação selecionados?
4. Que é a vantagem de um centro de custos não alocado para empresas com sistemas de informação primitivos?
5. Que problemas são associados com os centros de custo não alocados?
6. Que problemas surgem na distribuição dos custos de um centro de custos alocado?
7. Qual é a vantagem básica de se operar os serviços de informação como um centro de lucros?
8. Como um administrador de dados se diferencia de um administrador de banco de dados?
9. Como se diferenciam um programador e um engenheiro de *software*?
10. Por que uma empresa deveria centralizar seu help desk?
11. Por que os gerentes de negócios devem procurar efetuar acordos de nível de serviço (SLAs) com os seus provedores de serviços de informação?

12. Por que os gerentes de serviços de informação impõem padrões de tecnologia na organização?
13. Você pode citar algumas desvantagens do estabelecimento de padrões?
14. Em quais tecnologias os gerentes de serviços de informação deveriam aplicar padrões?
15. Por que a redundância de local é tão cara para as empresas que usam sistemas de processamento de transações?
16. Por que as empresas devem desenvolver uma política de segurança?
17. Como podem as empresas evitar que seus empregados usem os computadores e redes corporativas de maneiras impróprias?
18. Como os gestores de SI alinham as prioridades de SI e de negócios?
19. Por que as empresas desenvolvem arquiteturas de tecnologia da informação?
20. Quais as questões que os gerentes devem considerar no desenvolvimento de uma arquitetura de SI para uma empresa globalizada e que eles não necessitam considerar para as empresas domésticas?
21. Quais regras as empresas devem seguir para treinar eficiente e eficazmente o pessoal técnico?

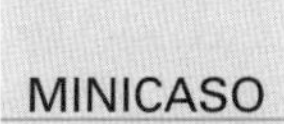

ADMINISTRANDO OS SERVIÇOS DE TECNOLOGIA DA INFORMAÇÃO NA DOMINION

Para agilizar sua fusão com a Consolidated Natural Gas (CNG) de Pittsburgh, a Dominion, uma empresa de energia de 10 bilhões de dólares sediada em Richmond, no Estado da Virgínia, centralizou a área de TI. Lyn McDermid, CIO e vice-presidente sênior de TI, colocou um gerente de clientes de TI em nível de diretor em cada uma das cinco principais unidades de negócios da empresa, para manter-se a par das necessidades de TI. Então, ela agrupou os empregados por especialidades, tais como mainframe, desenvolvimento de aplicações e servidores.

Um ano mais tarde, esse esquema melhorou a qualidade dos serviços de TI, diz McDermid. "Estamos apenas começando a aproveitar esta estrutura, mas temos a vantagem da 'interpolinização' interna e da intercomunicação e não estamos reinventando a roda para cada projeto nem para cada questão", diz ela. "Temos extensas verificações e comparações onde as pessoas [que resolveram problemas específicos de TI] darão assistência técnica ou irão fazer parte de processos de qualidade em outras áreas."

McDermid teve que lutar com questões culturais, particularmente entre as pessoas não pertencentes à área de TI em diferentes unidades de negócios. "A centralização põe as unidades de negócios nervosas, porque imaginam estar perdendo o controle sobre os seus recursos de TI", diz ela, porque o processo da tomada de decisão em TI não está mais distribuído. "Assim, tivemos que sempre ter certeza de que os clientes estão cientes do que estamos fazendo e de que projeto se trata". Esse é o porquê de os gerentes de clientes reunirem-se com os representantes dos interesses em cada unidade. "Estas ligações de TI ajudam a criar objetivos e expectativas comuns e auxiliam na construção do alinhamento entre negócios e TI, o que é crítico para a entrega de um produto aceitável", diz McDermid.

Por exemplo, a Dominion era usuária do SAP para o sistema de gestão integrada (ERP) e a CNG era cliente da Oracle/PeopleSoft. Após a fusão, McDermid queria converter a CNG para o SAP em seis meses. Ela teve sucesso, acredita, em grande parte porque os gerentes de clientes de SI da Dominion que foram colocados na CNG treinaram os antigos usuários de Oracle/PeopleSoft no SAP e certificaram-se de que o SAP fora configurado para satisfazer as necessidades dos novos usuários. Em conseqüência, a Dominion tem agora políticas consistentes de RH, um processo único de cadeia de suprimentos e um processo de suprimento mais estratégico, porque há uma fonte de informações sobre todas as ordens de compra e fornecedores. McDermid diz que para atingir o mesmo resultado numa organização descentralizada isto teria tomado muitos meses a mais, porque ela estaria lidando com uma equipe de SI separada na nova unidade de negócios sem condições de eliminar a distância entre ela e o restante da empresa.

A nova organização de McDermid segue um modelo chamado "Centros de Excelência", que tem suas raízes nas consultorias que se organizaram dessa maneira para criar rapidamente equipes ágeis, a partir dos vários grupos de trabalhadores de TI agrupados por especialidade. A abordagem disseminou-se nas organizações de TI inicialmente no final dos anos 1980 e início dos 1990, mas saiu de moda logo, diz V. Sambamurthy, um professor adjunto da Robert H. Smith School of Business da Universidade de Maryland. Os centros de excelência falharam, em grande parte, porque foram implantados para toda a organização de TI, em vez de apenas para o desenvolvimento de aplicações e a distribuição de soluções, para as quais Sambamurthy diz que eles são mais indicados.

O ressentimento do lado dos negócios à medida que este perde um meio de controle sobre a área de TI é um risco natural de implantar, em toda a organização de TI, Centros de Excelência baseados em qualificação, porque a área negócios é tradicionalmente acostumada a ter sua equipe de projetos. "É um afastamento do modelo passado de descentralização, porque com os centros você está novamente centralizando as pessoas técnicas ao reuni-las num grupo corporativo", diz Sambamurthy. "É um perigo", adiciona ele, "porque TI pode tornar-se uma ilha que inventa soluções irrelevantes para as unidades de negócios".

Um outro problema potencial com esse modelo é o tempo ocioso. Os empregados sentam-se no banco de reservas com outros especialistas e deixam a reserva para juntar-se a um projeto. Quando o projeto termina, eles voltam para o banco de reservas e esperam pelo seguinte. "O perigo aqui é a ansiedade humana, especialmente num mau momento econômico", Sambamurthy diz. "A preocupação é '*Estou vulnerável, porque não tenho um projeto em que trabalhar. Serei eu o primeiro alvo de um corte?*'".

A designação de gestores de carreira com foco exclusivamente nos empregados de SI pode auxiliar, assegurando-lhes que o tempo no banco de reservas não é motivo para preocupação. McDermid também usa este tempo para treinamento, bem como para desenvolvimento de novas tecnologias e aplicações. Isto mantém o grupo afiado e mantém distante a pressão de prever qual a quantidade de pessoal necessária por níveis de capacidade individual.

McDermid acentua que, como nas últimas décadas, a centralização falhará se a cultura de sua companhia ainda não enfatiza o alinhamento negócios-TI. "Quando as unidades de negócios inicialmente receberam TI de volta, isto aconteceu porque não estávamos respondendo às suas necessidades", diz ela. "Estávamos fazendo um péssimo trabalho, vítimas da antiga síndrome da redoma de vidro. A terceirização e as ameaças das novas tecnologias têm-nos mostrado que a única maneira de sobreviver é entender para onde o negócio está indo".

FONTE: Adaptado de Eric Berkman, "Next Stop: Centralization", *CIO Magazine,* 15 de setembro de 2001, acessado em http://www.cio.com/archive/091501/centralization.html em 26 de abril de 2002. Reimpresso por cortesia do CIO. ©2002, CXO Media Inc. Todos os direitos reservados.

Questões do Caso

Diagnóstico

1. Quais são as necessidades de informação na Dominion?

Avaliação

2. Quão bem a antiga estrutura organizacional suportou aquelas necessidades?

Projeto

3. Quais características da estrutura organizacional e da infra-estrutura técnica McDermid mudou?
4. Quais melhorias McDermid viu após a mudança?

Implementação

5. Que problemas potenciais McDermid enfrentou na implementação da mudança organizacional na Dominion?
6. Como ela abordou estes problemas?
7. Será mais fácil ou mais difícil para McDermid manter um alinhamento entre TI e as unidades de negócios agora que a TI foi centralizada?
8. Quais são os prós e os contras do modelo de Centros de Excelência para a empresa? Quais são os prós e os contras para os empregados?
9. Como McDermid abordou as questões de pessoal levantadas pelo modelo de Centros de Excelência?
10. A solução de McDermid funcionará para a Dominion no longo prazo?

ATIVIDADE

10-1 ESTÁ FALTANDO UMA ARQUITETURA NA DLA

Passo 1: Leia o seguinte cenário.

A Defense Logistics Agency (DLA — Agência de Logística da Defesa) é uma agência do Departamento de Defesa dos Estados Unidos que fornece suporte logístico global para as missões das forças armadas do país. Em 1988, a DLA, que emprega 28.000 trabalhadores civis e militares em 500 locais nos Estados Unidos e no exterior, determinou que necessitava substituir seus sistemas legados dos anos 1960, baseados em mainframes, para que pudesse usar a Internet para conduzir suas transações. Os ensaios iniciais de alguns produtos *off-the-shelf* em 1999 funcionaram bem e o pessoal da DLA ficou animado sobre a possibilidade de substituir os sistemas antigos. Em 2000, a agência outorgou um contrato à Accenture para implementar o *software* empresarial SAP e o *software* de cadeia de suprimentos Manugistics, a partir de 2003. Os novos sistemas prometiam melhorar enormemente ambos os processos de *workflow* e gestão de aprovisionamento e logística.

O problema: O U.S. General Accounting Office — GAO (Escritório de Contabilidade Geral), o braço investigativo do Congresso que zela pelo uso de fundos públicos, criticou a agência por começar o programa de modernização sem primeiro criar uma arquitetura de empresa. A abordagem da DLA não somente violava a política do Departamento de Defesa, de acordo com o GAO, mas, sem uma arquitetura, a DLA corria o risco de melhorar alguns sistemas mas não melhorar, ou até piorar, a maneira como os seus sistemas trabalhavam em conjunto.

A DLA, entretanto, não acredita que sua abordagem é arriscada. Seu gerente de programas, David Falvey, argumentou que a agência seguiu a mesma orientação dos negócios do setor privado. Ele sustenta que a agência pode implementar um sistema ERP ao mesmo tempo em que constrói uma arquitetura nova e que construir primeiro a arquitetura retardará os esforços de modernização da agência.

FONTE: Dawn S. Onley, "FAA's DLA Takes an Industry Approach to Modernize, Handle Business on Web", *Government Computer News, GCN.com,* 20 de agosto de 2001, acessado em 27 de abril de 2002 em http://www.gcn.com/20_24/news/16878-1.html. Bill Murray, "DLA Modernization Plan Called Flawed", *Federal Computer Week, FCW.com,* 16 de julho de 2001, acessado em 27 de abril de 2002 em http://www.fcw.com/fcw/articles/2001/0716/pol-dla-07-16-01.asp. Nick Wakeman, "GAO Urges DLA Modernization", *Washington Technology,* 16 julho 2001, acessado em 27 de abril de 2002 em http://www.washingtontechnology.com/news/16_8/federal/16843-3.html.

Passo 2: Prepare o caso para discussão em classe.

Passo 3: Responda a cada uma das seguintes questões, individualmente ou em pequenos grupos, como indicado por seu instrutor:

Diagnóstico

1. Por que a DLA acredita que seus sistemas atuais estão operando ineficientemente?

Avaliação

2. É provável que os novos sistemas satisfaçam as necessidades da DLA?
3. Por que o GAO criticou os processos da DLA?

Projeto:

4. Como uma arquitetura satisfaria as necessidades das equipes que administram a modernização?

Implementação

5. Por que o desenvolvimento de uma arquitetura formal é difícil para a DLA?
6. O que deveria a direção da DLA fazer agora?

Passo 4: Em pequenos grupos ou com a classe inteira, compartilhem suas respostas às questões do Passo 3. Depois, responda às seguintes questões:

1. Por que a DLA acredita que seus sistemas atuais estão operando ineficientemente?
2. É provável que os novos sistemas satisfaçam as necessidades da DLA?
3. Como uma arquitetura satisfaria as necessidades das equipes que administram a modernização?
4. O que deve fazer agora a direção da DLA?

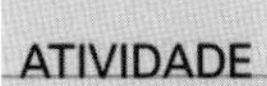

10-2 ENTREVISTA DE EMPREGO NA ÁREA DE SISTEMAS DE INFORMAÇÃO

Passo 1: Entreviste três profissionais de sistemas de informação acerca das responsabilidades do cargo, os caminhos da carreira esperados e realizados e as interações com outros profissionais de SI e demais

trabalhadores na organização. (Seu instrutor pode dirigi-los para conduzir suas entrevistas fora da classe ou pode reunir um painel de profissionais de SI para que vocês os entrevistem.)

Passo 2: Prepare uma descrição de cargo para cada função.

Passo 3: Em pequenos grupos ou com a classe inteira, compartilhe as descrições de trabalho.

Passo 4: Em pequenos grupos ou com a classe inteira, responda às seguintes questões:

1. Que tipos de cargos existem na área de sistemas de informação?
2. Quais são as carreiras existentes na área de sistemas de informação?
3. Como os profissionais de SI se relacionam com outros membros da organização?

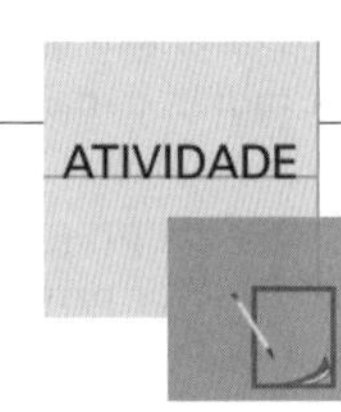

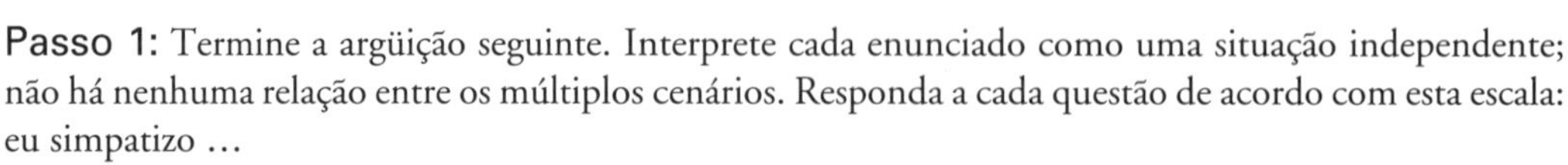

10-3 ARGÜIÇÃO COM O USUÁRIO FINAL

Passo 1: Termine a argüição seguinte. Interprete cada enunciado como uma situação independente; não há nenhuma relação entre os múltiplos cenários. Responda a cada questão de acordo com esta escala: eu simpatizo ...

1. com o usuário.
2. com SI.
3. com ambos.
4. com nenhum dos dois.

Indique, então, o principal problema que existe em cada situação.

Cenário 1:

Gerente usuário: O departamento de marketing pagou uma quantia exorbitante por serviços de tecnologia no último trimestre e a cada trimestre seu preço aumenta. Você nos deu um desconto em nossa utilização e despesas, mas não vejo nada que possamos fazer para baixá-las no futuro. Não temos escolha, a não ser pagar o que você cobra — é como chantagem.

Gerente de sistemas de informação: Estamos realmente tentando manter nossos custos baixos, mas você não tem idéia de como a tecnologia é cara. Temos que efetuar upgrades em nossos sistemas constantemente, para satisfazer as necessidades de seu departamento e de outros, e os salários do pessoal técnico têm aumentado muito mais rapidamente do que o índice de inflação.

Cenário 2:

Gerente usuário: Os laptops que adotamos usam um *trackpoint* para mover o cursor. Pessoalmente, eu não os suporto. Consultei outras pessoas do departamento e descobri que a grande maioria prefere os *touchpads* aos *trackpoints*. Verifiquei, também, os preços e descobri um computador com a mesma capacidade que os nossos, com um *touchpad* e a um preço mais baixo. Quase sempre visto a camisa da empresa e sou um jogador do time, mas vou contra o time neste assunto e vamos adquirir nossos próprios computadores, a despeito do padrão.

Gerente de sistemas de informação: A razão de termos um padrão é para nos certificarmos de que podemos dar suporte ao equipamento e proporcionar um elevado nível de uniformidade. Também conseguimos um preço e suporte melhores de nosso fornecedor. O seu departamento havia concordado com o padrão. Vocês podem adquirir seus próprios sistemas, mas não venham correndo para nós quando eles quebrarem, o *software* não funcionar, ou necessitarem de assistência de qualquer tipo.

Cenário 3:

Gerente usuário: Quando projetamos o novo sistema de compras, você nos disse que ele estaria pronto no fim do mês passado. Agora você está dizendo que serão mais três meses. O que está acontecendo? Por que você não pode manter seus prazos?

Gerente de sistemas de informação: Não nos responsabilize. Cada vez que lhe mostramos um protótipo, você muda os requisitos. As alterações que você pediu podem parecer pequenas para você, mas elas põem uma chave-inglesa na nossa programação de desenvolvimento. Se você tivesse mais cuidado, especificando suas necessidades corretamente desde o início, teríamos terminado no prazo.

Cenário 4:

Gerente usuário: Um de nossos principais clientes está se queixando de que eles não conseguem nos enviar *e-mails*. Dizem que não podem atravessar nosso *firewall*.

Gerente de sistemas de informação: Estou ciente do problema. Identificamos muitos anexos com vírus e cavalos de Tróia provenientes do site deles. Pedimos a eles que melhorassem sua segurança, mas eles parecem incapazes ou despreocupados em fazê-lo. Nosso plano de segurança requer que coloquemos em quarentena os sites que nos atacam além de certa freqüência e eles passaram esse limite. Minhas mãos estão amarradas.

Passo 2: Seu instrutor fornecerá instruções para vocês pontuarem suas respostas.

Passo 3: Em pequenos grupos ou com a classe inteira, respondam às seguintes questões:

1. Que questão cada cenário descreve?
2. Qual parte apresenta uma melhor análise e perspectiva da situação?
3. Quais ações melhorariam a situação descrita?

FONTE: A idéia de uma argüição contrapondo o administrador usuário e o administrador de SI foi extraída de Dennis Vanvick, "Getting to Know U(sers)", *Computerworld*, 27 de janeiro de 1992, 103-104,107.

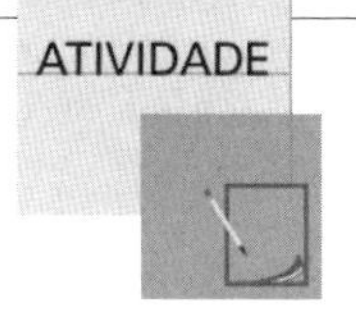

10-4 POLÍTICA DE USO ACEITÁVEL

Passo 1: Leia a política de uso aceitável em sua escola e em alguma outra organização. (Seu instrutor pode dirigi-lo para a outra organização ou para seu site na Internet.)

Passo 2: Individualmente ou em pequenos grupos, indique as diferenças entre as duas políticas.

Passo 3: Em pequenos grupos ou com a classe inteira, compartilhe sua análise. Identifique os elementos comuns em cada plano. Então, responda às seguintes questões:

1. Quais elementos são comuns aos dois planos?
2. Como os planos diferem entre si?
3. Em que organização você preferiria trabalhar?
4. Que riscos legais e de segurança os planos abordam?
5. Que riscos legais e de segurança permanecem em cada organização?
6. Como as diferenças em seus planos expressam as diferenças de exposição ao risco das organizações?

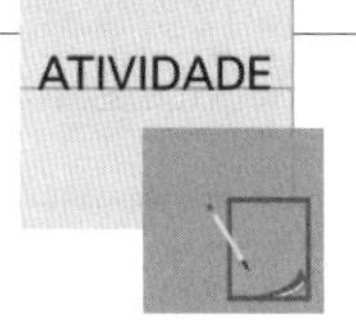

10-5 TERCEIRIZAÇÃO NO SETOR PÚBLICO

Passo 1: Leia o seguinte cenário.

O representante do condado de Halverton, Andrew McLumis, outorgou recentemente um contrato de sete anos à JBM para terceirizar todos os seus serviços de tecnologia da informação. A maioria dos 112 empregados de SI do condado recebeu ofertas de trabalho na JBM. Alguns dos que receberam oferta de trabalho da JBM escolheram lutar contra a mudança. O sindicato dos empregados ingressou com uma reclamação legal na justiça estadual, mas o resultado não foi decidido ainda.

Passo 2: Prepare o caso para discussão em classe. Considere os pontos de vista da JBM, do condado, dos empregados que deram boas-vindas à mudança e dos empregados que iniciaram o processo judicial.

Passo 3: Da perspectiva de cada uma das partes na disputa, responda a cada uma das seguintes questões, individualmente ou em pequenos grupos, como indicado por seu instrutor.

1. Que alternativas existem agora? Que acordos você poderia propor?
2. Para cada alternativa, quem se beneficia e quem é prejudicado?
3. A partir dos princípios éticos do menor dano, direitos e deveres, responsabilidades profissionais, interesse próprio e utilitarismo, consistência e respeito, como você avaliaria cada alternativa?
4. Se você fosse McLumis, que tipo de ação tomaria? Por quê?

SI NA *WEB*

Exercício 1: Faça uma pesquisa na Internet da expressão "política de privacidade e segurança". Examine a política de segurança de duas organizações, uma governamental e uma privada, identificadas na pesquisa da Internet. Indique as diferenças entre estas políticas de segurança.

Exercício 2: Visite o *site* da Internet de um terceirizador mostrado na Tabela 10-1. Prepare um breve resumo dos tipos de projetos que ele empreende.

LEITURAS RECOMENDADAS

Aalders, Rob. *The IT Outsourcing Guide.* New York: John Wiley & Sons, 2001.

Applegate, Lynda M., F. Warren McFarlan, and James L. McKenney. *Corporate Information Systems Management: Text and Cases,* 5th ed. Chicago: Richard D. Irwin, 1999.

Boar, Bernard H. *The Art of Strategic Planning for Information Technology,* 2nd ed. New York: John Wiley & Sons, 2000.

Clarkson, Mary. *Developing IT Staff: A Practical Approach.* New York: Springer-Verlag, 2001.

Hiatt, Charlotte J. *A Primer for Disaster Recovery Planning in an IT Environment.* Hershey, PA: Idea Group Publishing, 2000.

Martin, Wainright/ed., Carol V. Brown, Daniel W. Dehayes, Jeffrey A. Hoffer, and William C. Perkins. *Managing Information Technology: What Managers Need to Know,* 4th ed. Upper Saddle River, NJ: Prentice Hall, 2002.

Tipton, Harold F. and Micki Krause. *Information Security Management Handbook,* 4th ed. Boca Raton, FL: CRC Press, 2001.

NOTAS

1. www.nestle.com, accessed on 18 April 2002. Malcolm Wheatley, "Nestlé's Worldwide Squeeze," CIO, 1 June 2001, 52–56. Stephen McClelland, "Nestlé: Global Customers," *Telecommunications,* April 2000, S2–S3.
2. Tony Kontzer, "Centralization Redux for IT," *Informationweek,* 17 September 2001, 179–182.
3. Jaikumar Vijayan, "Sept. 11 Attacks Prompt Decentralization Moves," *Computerworld,* 17 December 2001, 10.
4. Diane Rezendes Khirallah, "The Changing Face of IT," *Informationweek,* 31 July 2000, 42–54.
5. Ibid.
6. Todd R. Weiss, "Nestlé shifts from HP to IBM in Data Center Pact," *Computerworld,* 11 March 2002, 5.
7. David Kirkpatrick, "Why Not Farm Out Your Computing?," *Fortune,* 23 September 1991, 103–112.
8. Jaikumar Vijayan, "The Outsourcing Boom," *Computerworld,* 18 March 2002, 42–43.
9. Todd R. Weiss, "American Express Signs $4B IT Services Deal with IBM," *Computerworld,* 4 March 2002, 20.
10. Steven Burke and Marie Lingblom, "EDS Bullish on Outsourcing," *CRN,* 18 February 2002, 74.
11. http://www.surebridge.com/customers/cus_case2/0,1147,,00.html, accessed on 17 April 2002.
12. Christine Spivey Overby with John C. McCarthy and Emily H. Boynton, US *Outsourcing Decelerates.* Cambridge, MA: Forrester Research, 2002.
13. Geoffrey Downey, "Outsourcers Facing Uneasy Clients," *Computing Canada,* 24 November 2000, 1–2.
14. Barb Gomolski, "Get Rid of IT Burnout," *InfoWorld,* 11 June 2001, 72.
15. Bob Brewin, "Hotel Chain Becomes Its Own Service Provider," *Computerworld,* 15 October 2001, 10.
16. Julekha Dash, "Hospital Moves into ASP Niche," *Computerworld,* 23 April 2001, 1, 16.
17. Tom Field, "Former CEO Takes CIO Post in Bloomington," *CIO,* 1 February 2002, 32.
18. Jaikumar Vijayan, "Invensys Outsources IT to IBM in $1B Deal," *Computerworld,* 1 April 2002, 14.
19. Simha R. Magal and Dennis D. Strouble, "A Users' Perspective of the Critical Success Factors Applicable to Information Centers," *Information Resources Management Journal,* Spring 1991, 22–34.
20. Robert L. Leitheiser and James C. Wetherbe, "A Comparison of Perceptions about Information Center Success," *Information & Management* 21 (August 1991): 7–17.
21. Lucas Mearian, "IT Benchmarking Is Aid in Measuring Investments," *Computerworld,* 18 March 2002, 10.
22. These are drawn from the CES Service Level Agreement, Draft 10/23/96, accessed at www.his.ucsf.edu/~gif/stddsktp.html, on 12 December 1997.
23. Carol Sliwa, "New York Board of Trade Gets Back to Business," *Computerworld,* 24 September 2001, 8.
24. Mandy Andress, "Effective Security Starts with Policies," *InfoWorld,* 19 November 2001, 56–57.
25. Matt Hicks, "Survey: Even after Sept. 11, Security Lags," *Eweek,* 3 December 2001, 49.
26. Tracy Mayor, "Someone to Watch Over You," *CIO,* 1 March 2001, 82–88.
27. Andrew Schulman, *The Extent of Systematic Monitoring of Employee E-Mail and Internet Use.* Denver, CO: The Privacy Foundation, 2001.
28. American Management Association, *2001 AMA Survey: Workplace Monitoring and Surveillance, Summary of Key Findings,* http://www.amanet.org/research/pdfs/ems_short2001.pdf, accessed on 25 April 2002.
29. Dan Verton, "IT Shops Balance Security, Privacy," *Computerworld,* 25 February 2002, 1, 16.
30. Brian Sullivan, "Computer Glitch Disrupts Deposits at Barclays," *Computerworld Online,* 28 March 2002, http://www.computerworld.com/storyba/0,4125,NAV47_STO69645,00.html, accessed on 25 April 2002.
31. Linda Rosencrance, "United to Honor Dirt-Cheap Online Ticket Fares," *Computerworld Online,* 20 February 2001, http://www.computerworld.com/cwi/story/0,1199,NAV47_STO57853,00.html, accessed on 25 April 2002.
32. Ann Bednarz, "IT Malpractice," *Network World,* 8 April 2002, 54.
33. Eric Berkman, "Why We're Still Talking about Alignment," *CIO,* 15 December 2000, 68–76.
34. Harish C. Bahl and Mohammad Dadashzadeh, "A Framework for Improving Effectiveness of MIS Steering Committees," *Information Resources Management Journal,* Summer 1992, 33–44.
35. Matt Nannery, "Home Improvement," *Chain Store Age,* June 2000, 78–84.
36. Lori Chordas, "Solving the Global Disconnect," *Best's Review,* January 2002, 75–79.
37. Steven R. Gordon, "Standardization of Information Systems and Technology at Multinational Companies," *Journal of Global Information Management,* Summer 1993, 5–14.
38. Elizabeth Heichler, "A Head for the Business," *CIO,* 15 June 2000, 172–184.
39. Joel Schettler, "To the Certified Go the Spoils," *Training,* March 2002, 14.

40. Lisa Vaas, "Companies Cut Spending on IT Training," *eWeek*, 18 April 2002, accessed at http://www.eweek.com/article/0,3658,s=25210&a=25696,00.asp on 26 April 2002.

41. Based on Joseph Maglitta, "Train in Vain: Training Tips," *Computerworld*, 25 August 1997, 81.

42. Julekha Dash, "The ROI of Training," *Computerworld*, 18 March 2002, 58.

43. Kathleen Melymuka, "Executive Education on a Shoestring," *Computerworld*, 11 March 2002, 24–25.

GLOSSÁRIO

A

abordagem em espiral Uma abordagem de desenvolvimento de *software* que entrega um novo sistema em versões. Cada versão passa por todas as etapas do SDLC, exceto a implementação, que pode ser aplicada a algumas versões, e a manutenção, que se aplica somente à última versão.

acordo de nível de serviço (SLA — *service level agreement*) Um acordo entre provedores de tecnologia da informação e usuários que especifica em detalhes um nível mínimo de desempenho numa diversidade de dimensões.

adaptador Também conhecido como controlador, reside dentro do computador e converte comandos e dados do barramento de dados em sinais que os dispositivos periféricos conseguem usar.

administrador de banco de dados (DBA — *data base administrator*) Uma pessoa com responsabilidades de garantir o desempenho geral e a integridade de um DBMS em um ou mais bancos de dados.

administrador de dados Uma pessoa cuja responsabilidade é assegurar a integridade do recurso dado. O administrador de dados precisa saber que dados a organização coleta, onde ela armazena os dados e como ela nomeia os itens de dados.

administrador de processos Também chamado bibliotecário de processos, uma pessoa designada pela organização para customizar gabaritos e tutoriais conforme os padrões da organização e reunir a métrica e melhores práticas para a customização da biblioteca de processos.

administrador de redes Pessoa responsável pela supervisão da rede corporativa, incluindo LANs e WANs.

administrador de sites da Internet (*web master*) A função responsável pela gestão, evolução e, às vezes, o desenvolvimento do website de uma organização.

agente Uma empresa ou pessoa que age em nome de outras.

agregador Um negócio que agrega valor propiciando o *one stop shopping* ao comprar produtos de muitos produtores e distribuidores, integrá-los, e revendê-los no mercado varejista.

aliança Uma parceria de trabalho oficial com outra organização.

alpha testing Ver teste do sistema.

ameaça Um fator externo ou ambiental que pode impedir uma organização de atingir seus objetivos estratégicos.

analisador de rede Dispositivo que, conectado a uma rede, analisa o tráfego que passa por ela ou através dela.

análise das entradas A catalogação e revisão formais das informações que a organização coleta, armazena e usa.

análise das saídas A identificação sistemática das maneiras de como as pessoas numa organização usam as informações.

análise de alternativas Considera um ou mais projetos alternativos e analisa suas vantagens e desvantagens.

análise de requisitos Também chamada levantamento das necessidades, identifica as necessidades de informações da organização.

análise de risco O processo de identificar onde os riscos podem surgir e analisar o balanceamento entre o risco e os custos e benefícios.

análise estruturada Uma técnica de análise que usa ferramentas de modelagem de processos para diagramar os sistemas existente e proposto, de modo que os usuários possam compreender e criticar a percepção do analista sobre os relacionamentos das informações.

análise situacional O processo de coletar e de analisar informações sobre forças, fraquezas, oportunidades e ameaças de uma empresa.

analista de sistemas Uma pessoa que fornece a interface entre o usuário dos sistemas de informação e o desenvolvedor de sistemas de informação.

apresentação e pagamento de fatura eletrônica (EBPP — *electronic bill presentment and payment*) O processo de faturar contra clientes e receber pagamentos eletronicamente pela Internet.

armazenamento não-volátil Armazenamento de computador que retém seus dados mesmo na ausência de energia elétrica.

armazenamento primário Dispositivo ou dispositivos elétricos que armazenam dados, residem no barramento de dados e são diretamente acessíveis pelo processador.

armazenamento secundário Armazenamento de dados, usualmente, magnético ou ótico, a partir do qual os dados devem primeiro ser transferidos para o armazenamento primário antes que possam ser acessados pelo processador.

armazenamento volátil Armazenamento temporário que requer energia elétrica para reter seus dados.

arquitetura O plano estrutural a longo prazo para investimentos e organização da tecnologia da informação na organização; ela serve como um guia que ordena a infra-estrutura de tecnologia e sistemas de informações da organização.

arquitetura cliente/servidor Concepção que divide o processamento entre clientes e servidores; arquitetura que divide o processamento do DBMS entre computadores interligados em rede enquanto centraliza o armazenamento permanente num servidor do banco de dados.

arquitetura de distribuição Plano que especifica como os dados e o processamento dos dados são distribuídos fisicamente entre os computadores numa organização.

arquivo Um grupo ou conjunto de dados sobre coisas similares.

assinatura digital Código criptografado anexado a uma mensagem que confirma a identidade do remetente.

atacadista Uma empresa que compra dos produtores e vende aos varejistas.

atomicidade A propriedade de uma transação que impede sua divisão em partes.

atributo Uma característica de uma entidade, como número de telefone, cor de cabelo, altura, ou peso da entidade "pessoa"; a coluna de uma relação no modelo relacional.

autenticação A capacidade de um receptor de mensagem certificar-se da identidade do remetente da mensagem.

auto-ID Tecnologia para etiquetar mercadorias, caixas, paletes, recipientes, veículos em movimento, ou quaisquer objetos tangíveis de tal maneira que sua posição possa ser rastreada.

automação da força de vendas Sistema informatizado utilizado para acompanhar clientes alvo, vendas, solicitações de atendimento e outras informações relacionadas às vendas.

autoridade certificadora (CA) Uma autoridade confiável que autentica documentos eletrônicos, semelhante àquela fornecida por um cartório público ou por um banco para um documento físico.

B

backbone Uma rede para conexão com outras redes. É a espinha dorsal, como sugere o nome, que integra outras redes.

banco de dados Uma coleção organizada de dados relacionados.

barramento de dados Uma conexão elétrica entre diferentes partes do computador que administra o fluxo dos dados entre o *hardware* de processamento e o restante do computador.

base de conhecimentos Um banco de dados de fatos e regras que um sistema especialista usa em seu raciocínio.

base de modelos A parte analítica de um sistema de suporte à decisão que inclui ferramentas como planilhas eletrônicas, pacotes de simulação, ferramentas para previsão e pacotes estatísticos.

base de regras O componente de um sistema especialista que expressa regras que são raramente alteradas.

beta teste Ver estratégia de implementação piloto.

bibliotecário de processos Ver administrador de processos.

bit A menor quantidade de dados que pode ser armazenada; contém zero ou um, correspondente a bit desligado ou ligado.

bug Um erro na maneira em que um sistema opera.

***business intelligence* (BI) ou inteligência de negócios (BI)** Uma combinação de processos e ferramentas para aumentar a vantagem competitiva de um negócio, através da utilização inteligente dos dados para tomar decisões melhores e mais rápidas.

***business-to-business* (B2B)** Comércio eletrônico entre duas ou mais organizações.

***business-to-consumer* (B2C)** Comércio eletrônico entre uma organização e consumidores.

byte Um byte é igual a oito bits. A maior parte dos fabricantes mede a capacidade de armazenamento em bytes.

C

cabo coaxial Meio de transmissão usado por empresas de televisão a cabo para trazer os sinais de televisão aos lares.

cabo de fibra ótica Meio de transmissão de dados que transporta mensagens num feixe de luz, em vez de usar um sinal elétrico.

cadeia de demanda Uma porção da cadeia de valor estendida na direção do cliente.

cadeia de suprimentos A porção da cadeia de valor estendida de uma empresa pelo lado do suprimento.

cadeia de valor A série de processos pelos quais uma empresa transforma matérias-primas em bens acabados e serviços.

cadeia de valor estendida A seqüência das atividades agregadoras de valor que se estendem além dos limites da empresa, iniciando com aquelas necessárias para desenvolver um produto a partir das matérias-primas básicas de que consistem seus componentes até sua distribuição ao consumidor final.

caixa de tempo (*time box*) Um período fixo, freqüentemente três meses, dentro do qual os desenvolvedores devem completar cada versão do *software* desenvolvido sob a abordagem em espiral.

campo Dados sobre uma das características ou atributos de um registro; é o elemento de dados mais elementar dotado de significado.

cartão de interface de rede (NIC — *network interface card*) Também chamado adaptador, fornece uma conexão direta entre um computador ou terminal e uma rede.

CASE *toolset* (estojo de ferramentas) Também chamado CASE *workbench*, é um conjunto de ferramentas CASE que suportam e integram as atividades executadas durante todo o ciclo de vida no desenvolvimento de *software*.

CASE *workbench* (bancada CASE) Ver CASE *toolset*.

centro de custo alocado Um esquema de contabilização no qual o departamento de SI aloca e debita seus custos aos departamentos que usam seus serviços. Normalmente o critério de rateio é o grau de utilização dos recursos de SI pelos departamentos usuários, mas outros critérios também são usados.

centro de custo não alocado Uma maneira de contabilizar os serviços de informações que considera todos os custos de operar o departamento de SI e os serviços de SI relacionados como uma despesa organizacional, em vez de atribuir os custos a determinados orçamentos ou em proporção direta ao seu uso por seus usuários.

centro de lucros A forma de organização de um departamento de SI em que o departamento desenvolve propostas para realizar os trabalhos de usuários internos, cobra-lhes o mesmo que cobraria aos usuários externos e procura, de modo freqüente e ativo, usuários externos à organização como clientes de seus serviços.

chamada de sistema O *software* aplicativo chama o núcleo do sistema operacional para requerer recursos computacionais tais como memória, armazenamento, rede ou unidade de vídeo.

chave Um código secreto usado para embaralhar uma mensagem ou documento, de modo que se torne ilegível para pessoas não autorizadas.

chave primária O atributo ou atributos de uma tabela que identificam uma linha única nessa tabela.

cibermediação Ver reintermediação.

ciclo de vida no desenvolvimento de sistemas (SDLC — *system development life cycle*) A seqüência dos estágios na concepção, projeto, criação e implementação de sistemas de informações.

código de ética do computador Ver política de uso aceitável.

código-fonte Um programa escrito em uma determinada linguagem de programação, por exemplo, COBOL ou C++.

comércio eletrônico (*e-commerce*) Transações eletrônicas relacionadas à aquisição e distribuição de bens e serviços.

compilador *Software* que traduz o código-fonte de um programa para módulos objeto.

computador pessoal (PC) Um computador projetado e comercializado para ser usado por uma pessoa ou um pequeno número de pessoas e cuja propriedade e controle é individual.

comunicação O intercâmbio de informações entre duas partes.

comutador ou *switch* Dispositivo que conecta dois ou mais computadores, *hubs*, sub-redes ou redes que têm padrões compatíveis para enviar sinais pelos meios e *hardwares* de transmissão e criar e assegurar a ordem correta das sessões.

concessionária Operadora de telecomunicações privada que vende serviços de comunicações ao público.

conferência em tempo real Conferência em que as informações são trocadas eletronicamente. Os participantes não têm que estar no mesmo local.

conferência via *desktop* Um método de conferência caracterizado pelo uso de estações de trabalho sofisticadas, que incorporam uma videocâmera conectada numa rede ou numa linha de conferência de alta capacidade que transmite texto, gráficos, voz e vídeo.

conflito de canal Conflito causado quando uma empresa que vende através de canais indiretos, tais como distribuidores ou lojas varejistas, ao mesmo tempo vende diretamente aos consumidores, através de canais da Internet.

conhecimento Uma compreensão ou modelo sobre pessoas, objetos ou eventos, derivada de informações sobre eles.

controle de concorrência Uma gestão apropriada de atualizações de dados simultâneas quando ocorrem múltiplos usuários ou múltiplas tarefas.

correio eletrônico Uma mensagem enviada eletronicamente entre dois usuários num sistema informatizado ou em computadores conectados em rede; também, o *software* que suporta o envio de mensagens eletrônicas.

criador de mercado (*market maker*) Um negócio, tal como um leiloeiro, que obtém receita aproximando compradores e vendedores.

criptografia Uso de um código para transformar (codificar ou criptografar) uma mensagem, tornando-a ilegível para todos que não seus destinatários.

criptografia de chave pública Técnica para fornecer segurança na telecomunicação que requer dois códigos — um código secreto chamado chave pessoal e outro que não é secreto chamado chave pública. As mensagens criptografadas com uma chave podem ser decifradas somente com a outra.

cross-docking O processo pelo qual as mercadorias recebidas num ponto de distribuição são carregadas imediatamente em veículos que estão de partida, sem entrar em estoque.

customização em massa O conceito de produzir o produto exato que cada cliente quer, barato e eficientemente, como se ele fosse produzido em massa.

D

dados Fatos em estado bruto, cujos usos e aplicações são indefinidos.

data mart Fornece dados de resumo e dados históricos para o processo da tomada de decisão para um departamento ou divisão isoladamente.

***data warehouse* ou depósito de dados** Um banco de dados de abrangência empresarial projetado para apoiar a gestão no processo da tomada de decisão.

densidade O número de pontos por polegada horizontal e verticalmente produzidos por um dispositivo de saída.

desenvolvimento A criação ou aquisição do *hardware* e *software* necessários para implementar o projeto de um sistema. Também inclui os testes necessários para garantir que o sistema satisfaz as especificações do projeto.

desenvolvimento conjunto de aplicações (JAD — *joint application development*) Uma variação da prototipagem.

desenvolvimento rápido de aplicações (RAD — *rapid application development*) O uso de ferramentas, em conjunto com a prototipagem rápida, para acelerar o desenvolvimento final de novos sistemas.

desintermediação O processo de contornar ou eliminar intermediários, tais como atacadistas e varejistas, na distribuição e venda de produtos ou serviços.

diagrama de fluxo de dados (DFD) Um diagrama que ilustra graficamente a criação e o uso de dados por processos de sistema e fornece um retrato completo do relacionamento entre entradas e saídas.

diagrama estrutural Um diagrama que mostra o relacionamento entre os programas e subprogramas que compreenderão o sistema completo.

dicionário de dados Uma parte de um banco de dados que contém seus metadados e atua como uma ferramenta CASE para automatizar a programação.

diferenciação Estratégia que procura distinguir os produtos e os serviços de uma unidade de negócios daqueles de seus concorrentes por meio de fatores que os tornam diferenciados ou exclusivos, como projeto, recursos, qualidade ou outros fatores.

digitador Um cargo de relativamente pouca habilidade e salário baixo responsável por inserir dados num sistema informatizado.

diretor de informática (CIO — *chief information officer*) Pessoa que administra os recursos e atividades relacionadas com informações de uma organização.

discussão encadeada Uma série de mensagens que respondem a uma mensagem original ou a uma resposta a esta mensagem.

distribuidor Um negócio que compra em grandes volumes e revende em quantidades menores.

docking station Porta especial nos computadores *desktop* que podem transferir dados entre unidades móveis de computação e os *desktops*.

E

***e-business* (negócios eletrônicos)** O uso das tecnologias de informações e de comunicações para executar funções de negócios. O *e-business* inclui o *e-commerce*.

***e-commerce* (comércio eletrônico)** Ver comércio eletrônico.

editor multiusuário *Software* que permite a múltiplos usuários acessar e modificar um documento único.

***e-government* (governo eletrônico)** Um modelo de uso de tecnologia em apoio às funções de governo em que a tecnologia da informação é usada ao máximo possível para facilitar a interação entre o governo e seus fornecedores, governo e o cidadão, governo e seus empregados e entre as agências do governo e diferentes órgãos governamentais.

engenharia assistida por computador (CAE — *computer-aided engineering*) Uma aplicação de modelos matemáticos e teoria científica ao projeto, para determinar como o produto projetado funcionará sob diversas condições.

engenharia de *software* assistida por computador (CASE — *computer-aided software engineering*) O uso de *software* para automatizar as atividades executadas no ciclo de vida dos sistemas, nas suas etapas como levantamento das necessidades, análise de sistemas, projeto, desenvolvimento e manutenção de *software*.

engenharia reversa O processo de análise do *software* que compreende um sistema legado.

engenheiro de *software* Analista com qualificações em CASE.

equipe autogerenciada Uma equipe cujos membros compartilham as responsabilidades pelo gerenciamento do grupo, sem um líder oficialmente indicado.

equipe multifuncional Também conhecida como equipe interdisciplinar, aquela que inclui empregados de diversas áreas funcionais da empresa.

equipe permanente Uma equipe que trabalha junto por longos períodos de tempo, freqüentemente um ano, pelo menos, num conjunto repetitivo de tarefas.

equipe temporária Uma equipe formada por períodos de tempo curtos, previamente especificados, para completar uma série especial de tarefas ou projetos.

equipe tradicionalmente gerenciada Uma equipe que tem uma pessoa designada que atua como o líder ou gerente oficial.

especificações de projeto Os meios para comunicar o projeto de um sistema aos programadores que o implementarão.

esquema Uma vista integrada e de abrangência organizacional de como os dados de uma organização relacionam-se entre si.

estoque administrado pelo fornecedor (VMI — *vendor managed inventory*) O processo pelo qual um fornecedor administra o estoque nas instalações do seu cliente.

estoque *just-in-time* (JIT) A prática de receber o estoque exatamente quando necessitado, justo no tempo certo, nem mais cedo, nem mais tarde.

estratégia Um plano de longo prazo ou um conjunto de atividades concebidas para atingir seus objetivos.

estratégia *click-and-mortar* Uma estratégia de negócios em que a empresa vende seus produtos e serviços tanto pela Internet como através de lojas ou estabelecimentos tradicionais; uma empresa que segue a estratégia *click-and-mortar*. É sinônimo de *click-and-brick*.

estratégia de corte direto (*direct cut-over*) A substituição de um sistema antigo por um novo sistema feita de uma só vez, durante a noite, fim de semana ou algum outro período de tempo em que a empresa não estava em operação.

estratégia de implementação em paralelo O uso simultâneo dos sistemas novo e antigo por um certo tempo.

estratégia de implementação piloto Muitas vezes chamada *beta testing*, requer que um ou mais segmentos da empresa usem o novo sistema antes que a empresa inteira o use.

estratégia de implementação por fases Uma abordagem para a implementação de novos sistemas que introduz os componentes do novo sistema um de cada vez.

estratégia em nível corporativo Estratégia que aborda quais as linhas de negócios a empresa deve perseguir.

estratégia em nível de negócio Estratégia que combina as forças e fraquezas de cada unidade de negócios ou linha de produto ao ambiente externo, para determinar como cada unidade pode melhor competir por clientes.

estratégia funcional Diretivas para que departamentos individuais executem suas tarefas de maneira a realizar os objetivos organizacionais.

estrutura modular Uma estrutura organizacional que divide uma organização em processos-chave e permite que subcontratados individuais executem estes processos-chave.

estrutura organizacional Uma estrutura que define as responsabilidades de prestação de contas numa organização e identifica quem administra e controla os recursos essenciais.

ethernet Um grupo de padrões largamente utilizado que abrange meios físicos, conectores e protocolos de comunicação em uma rede local.

ética O estudo de como aplicar um determinado conjunto de padrões morais a situações específicas.

executivo de tecnologia (CTO — *chief technology officer*) Especialista que freqüentemente tem uma equipe e um orçamento para testar novas tecnologias em aplicações reais ou hipotéticas.

extended markup language Ver XML.

extranet Uma rede interna que a empresa abre a fornecedores e a clientes selecionados para reduzir o custo de transações e criar laços interorganizacionais que se podem tornar estrategicamente vantajosos.

F

ferramenta CASE *Software* que ajuda a automatizar o processo de desenvolvimento de *software*.

fio de par trançado Conecta um telefone à sua tomada apropriada, na maioria dos lares.

firewall *Hardware* ou *software* que atua como um bloqueador seletivo de segurança entre uma rede interna e uma rede externa, como a Internet.

foco Estratégia que obtém vantagem competitiva ao concentrar os recursos da organização num segmento de mercado único, permitindo que esta se torne um grande protagonista num mercado pequeno, em vez de um protagonista pequeno num grande mercado.

força Uma característica interna da organização que acentua sua capacidade de competir.

fraqueza Uma característica interna de uma organização que limita sua capacidade para competir. Ter custos acima da média da indústria caracteriza uma fraqueza.

G

gateway Sistema que movimenta dados entre duas redes que usam *data link* e padrões de rede diferentes.

gerador de código *Software* que cria programas completos e funcionais com base em especificações do projetista.

gerador de relatório *Software* que automatiza a criação dos programas que produzem relatórios.

gerador de telas *Software* que cria e edita uma tela e gera programas para consultas ou entrada de dados via tela.

gerente de projetos Uma pessoa responsável por um ou mais dos projetos de desenvolvimento. Os gerentes de projeto supervisionam, normalmente, equipes de trabalhadores que, juntos, devem realizar um objetivo específico.

gestão O processo de realizar objetivos organizacionais com planejamento, organização, liderança e controle dos recursos organizacionais.

gestão da cadeia de suprimentos (SCM — *supply-chain management*) A maneira pela qual a empresa e seus parceiros da cadeia de suprimentos analisam, otimizam e controlam a aquisição e entrega de matérias-primas necessárias à criação das mercadorias e serviços que a organização produz. Normalmente esta gestão é apoiada por um software construído especialmente para a gestão da cadeia de suprimentos.

gestão da qualidade total (TQM — *total quality management*) Uma filosofia de gestão que tenta alcançar zero defeitos e enfatiza a resposta às necessidades dos clientes, dá aos trabalhadores mais responsabilidade para tomar decisões, promove a melhoria contínua dos produtos da organização e dos processos para sua criação e usa técnicas de controle estatístico para melhorar seus produtos e processos.

gestão da segurança Políticas e procedimentos que reduzem a probabilidade de uma ruptura da segurança e aumentam a probabilidade de se detectarem as brechas que ocorram nesta segurança.

gestão do conhecimento (*knowledge management*) A identificação, captura, sistematização e disseminação do conhecimento de modo que ele possa ser usado para melhorar a operação e eficiência de uma organização.

gestão do relacionamento com o cliente (CRM — *customer relationship management*) A filosofia, normalmente apoiada por práticas e *software* apropriados, de que uma organização deve focalizar-se no cliente.

gestão do relacionamento de parcerias (PRM — *partner relationship management*) A filosofia e a prática de coordenar distribuidores e quaisquer outros sócios de canal na venda e distribuição de um produto ou serviço.

gestão integrada das aplicações (EAI — *enterprise application integration*) O processo de fazer diferentes pacotes de *software* funcionar juntos como um todo integrado.

groupware Também conhecido como trabalho cooperativo assistido por computador (CSCW — *computer supported cooperative work*) e sistema de suporte a grupos (GSS — *group supported system*), é uma tecnologia da informação que facilita o intercâmbio ou a comunicação das informações entre os membros de um grupo e ajuda o grupo a executar tarefas comuns e atingir seus objetivos, incluindo produtos tais como correio eletrônico, notas eletrônicas, sistemas de quadros de avisos e sistemas de reunião eletrônica.

H

hardcopy Saída num meio, papel, por exemplo, que pode ser removido do computador.

hard disk O tipo mais comum de dispositivo de mídia de armazenamento fixo. Ele consiste em pratos magnéticos revestidos de metal, arranjados ao longo de um eixo, encerrados numa câmara de vácuo e acondicionados com um motor, circuitos eletrônicos e sensores magnéticos.

hardware Ver *hardware* de computador.

***hardware* de computador** Equipamento usado no processamento eletrônico de dados.

***hardware* de processamento** Microcircuitos integrados de computador e outros dispositivos que manipulam informações de acordo com instruções codificadas em um *software.*

help desk A equipe de SI e os sistemas associados que auxiliam os usuários finais na resolução de problemas urgentes com o seu equipamento ou *software.*

hub Dispositivo que conecta os computadores e as seções de uma rede entre si.

I

implementação Desativar um sistema de informações antigo e ativar um novo.

infomidiária Uma empresa que coleta e vende informações.

informações Dados processados — dados que foram organizados e interpretados e, possivelmente, formatados, filtrados, analisados e resumidos.

infra-estrutura O investimento de uma organização em hardware, *software*, sistemas e pessoas.

***instant messaging* (IM)** Protocolo para comunicação em tempo real através do intercâmbio instantâneo de mensagens pela Internet.

integradora Empresa que acondiciona *hardware* e *software* para atender a especificação de um cliente.

integridade Uma das propriedades de um protocolo de transmissão de mensagens seguro, que garante o fato de que a mensagem não pode ser alterada depois de enviada.

inteligência artificial (IA) O ramo da informática que emula o comportamento e pensamento humanos utilizando *hardware* e *software* de computador.

inteligência competitiva (CI) Busca, armazenamento, gestão e uso de informações sobre organizações concorrentes.

interface para programas aplicativos (API) Interface construída em um programa para permitir que outros programas comuniquem-se com ele.

interfaces de sistemas especialistas Pacotes de *software* de sistemas especialistas que fornecem todos os componentes de um sistema especialista exceto a base de conhecimento.

Internet Uma rede global de redes de computadores.

interpretador *Software* que traduz comandos da linguagem para código de computador, uma instrução por vez, e então executa cada instrução antes de traduzir a instrução seguinte.

intranet Rede interna que recorre à hipermídia para tornar as informações disponíveis e aos browsers para acessar as mídias.

investigação contextual Uma maneira de coletar informações sobre como os usuários executam seu trabalho, observando-os trabalhar ou trabalhando junto a eles.

J

joint venture Acordo entre duas ou mais empresas para, em conjunto, desenvolver ou introduzir no mercado produtos ou serviços específicos.

L

laboratório de usabilidade Um local onde os desenvolvedores podem observar e registrar as reações dos usuários a um novo sistema.

largura de banda Capacidade teórica de um canal de telecomunicações.

lei de Moore A observação de que a quantidade de informações armazenável numa polegada quadrada de silício dobra a cada 18 meses.

levantamento das necessidades Processo formal, integrado e, usualmente, com tempo limitado, de recolher dados sobre as necessidades e possibilidades dos usuários finais e seus administradores; avaliar e classificar a importância destas necessidades; e abordar a possibilidade de que elas não possam ser satisfeitas pela melhoria contínua dos sistemas existentes.

liderança em custo Uma estratégia que procura obter vantagem competitiva que permita a uma unidade de negócios, mantendo seus custos baixos, obter mais lucro do que seus concorrentes pelo mesmo preço.

liderança em informações A estratégia de aumentar o valor de um produto ou serviço incorporando conhecimentos e informações.

linguagem de máquina A linguagem binária de zeros e uns que instrui o processador de um computador.

linguagem de programação orientada a comandos/dados Uma linguagem de computador, como FORTRAN, COBOL e Pascal, que separa o armazenamento dos dados das partes procedurais de um programa.

linguagem não-procedural Linguagem de computador como o SQL e muitas interfaces de sistemas especialistas que podem operar sem instruções passo a passo.

linguagem orientada a objeto Intercala procedimentos e dados numa estrutura chamada objeto. Exemplos de linguagens orientadas a objeto incluem C_{++}, Java e Smalltalk.

linguagem procedural Uma linguagem de computador, tal como C, COBOL e FORTRAN, que requer que o desenvolvedor do *software* passe as instruções passo a passo para o computador.

linha dedicada arrendada Uma linha de comunicação de conexão direta entre dois pontos, cujos circuitos foram conectados diretamente e desconectados da central telefônica.

link-loader *Software* que liga módulos objeto resultando num programa completo.

lista eletrônica Um recurso de alguns sistemas de correio eletrônico que permite às pessoas interessadas num determinado tópico trocar mensagens eletrônicas no contexto deste grupo de interesse.

lógica difusa (*fuzzy logic*) O raciocínio de um sistema especialista que inclui regras para tratar ambigüidades, em vez de somente escolhas "ou um/ou outro".

M

mainframe Um computador projetado e comercializado para manipular as maiores tarefas de processamento de uma organização, normalmente custando pelo menos várias centenas de milhares de dólares e usualmente requerendo uma sala especializada com ar condicionado e uma equipe de profissionais treinados para dar suporte ao seu uso.

manufatura assistida por computador (CAM — *computer-aided manufacturing*) Sistema que automatiza o monitoramento e controle de máquinas através do uso da manufatura flexível, da robótica e de veículos guiados automaticamente.

manufatura flexível Uma filosofia de indústria que requer múltiplos usos potenciais para o maquinário.

manufatura integrada por computador (CIM — *computer integrated manufacturing*) Coordenação dos sistemas de automatização CAD e CAM entre si e com os sistemas de informação que estão dedicados e projeto e manufatura.

manutenção Conserto de *software* que não opera apropriadamente e adição de recursos aos sistemas em resposta às novas demandas de seus usuários.

mecanismo de inferência O componente da interface de um sistema especialista que processa a base de conhecimentos fornecida pelos usuários para chegar a conclusões, responder questões e dar conselhos.

memória *cache* Uma pequena quantidade de memória de armazenamento primário que é mais rápida que o restante do armazenamento primário num computador.

memória de acesso aleatório (RAM — *random access memory*) Armazenamento básico volátil.

memória *flash* Um dispositivo de armazenamento eletromagnético que armazena dados em microcircuito integrado de computador de forma permanente.

memória institucional A memória coletiva compartilhada da organização.

memória somente para leitura (ROM — *read-only memory*) Armazenamento primário não-volátil; a ROM mantém inalteradas as instruções que o computador usa quando é inicialmente ligado.

mensagem Um elemento básico de comunicação que conduz de uma parte para outra uma idéia, ou uma unidade de informação.

metadados Dados explicativos sobre os dados.

metodologia Um conjunto de práticas, ferramentas, documentos, relatórios e, muitas vezes, notações para projeto e desenvolvimento de sistemas, recomendado e documentado.

MICR — reconhecimento de caracteres de tinta magnética (*magnetic ink character recognition*) Tecnologia de entrada de dados que detecta a forma dos caracteres escritos com tinta magnética.

middleware *Software* que coordena as aplicações de *software* de modo que a saída de toda aplicação possa ser alimentada automaticamente em outras aplicações, como entrada.

mineração de dados O processo de identificar padrões em grandes massas de dados.

modelo cliente/servidor Projeto de *software* que divide o processamento entre dois programas, um chamado cliente, que fornece uma interface de usuário e solicita informações de outro, chamado servidor.

modelo das cinco forças Um modelo popularizado por Michael Porter no qual o poder de barganha dos fornecedores e compradores, a ameaça de novos entrantes, a possibilidade de substitutos do produto ou serviço e a rivalidade entre os concorrentes afetam, todos, o sucesso da estratégia de uma organização.

modelo de banco de dados Os métodos básicos que um banco de dados usa para associar, armazenar e acessar dados relacionados.

modelo de negócio Um plano amplo de quais produtos ou serviços a empresa planeja vender e como planeja obter sua receita.

modelo de objeto Um modelo de dados derivado de programação orientada a objeto que envolve dados e métodos e organiza os objetos em classes de objeto, entre as quais possa haver um relacionamento hierárquico.

modelo de rede Um modelo de DBMS que constrói uma forte ligação, chamada set (conjunto), entre elementos de dados.

modelo em cascata Uma abordagem do desenvolvimento de sistemas que segue o ciclo de vida do desenvolvimento de *software* em seqüência.

modelo hierárquico Vê os dados como organizados numa hierarquia lógica.

modelo OSI (*open systems interconnection model* — modelo de interconexão de sistemas abertos) Divide o processo de comunicação em camadas dentro das quais padrões compatíveis podem ser determinados.

modelo relacional Um banco de dados que apresenta conexões lógicas entre os arquivos (conhecidos como tabelas) pela inclusão de dados identificadores de uma tabela em outra.

modelo XML Um modelo de banco de dados que tem como sua entidade fundamental um documento XML.

modem Dispositivo que fornece uma interface entre um computador ou um terminal de computador e as linhas via telefone ou cabo de uma portadora de comunicação.

módulo de carga Ver módulo executável.

módulo de explicação A parte de um sistema especialista que diz ao usuário como o mecanismo de inferência aplicou as regras e os fatos para chegar à sua conclusão.

módulo executável Um programa criado por um *linker* combinando módulos objeto que executam tarefas relacionadas com módulos objeto já compilados que estão disponíveis em uma biblioteca de funções usadas comumente. Também chamado módulo de carga.

módulo objeto Código de computador para executar uma tarefa determinada depois que ele foi traduzido por um compilador; estes módulos objeto podem ser interligados num módulo executável.

monitor de processamento de transações (monitor de TP) *Software* que garante a atomicidade da transação e provê outros serviços genéricos de processamento de transações.

moralidade Refere-se ao que é bom ou mau, certo ou errado. Os filósofos diferem quanto à moralidade ser ou não absoluta.

N

nanotecnologia Tecnologia para construir estruturas numa escala de um bilionésimo de metro, praticamente numa escala de átomos.

não-rejeição A propriedade de um protocolo de mensagem garantida que confirma ter um determinado remetente enviado uma dada mensagem e o qual rebate qualquer tentativa do remetente de negar ter enviado a mensagem.

Nível de Socket Garantido (SSL — *Secure Socket Layer*) Um processo usado pela maioria dos *browsers* (navegadores) de Internet para permutar com segurança uma chave de sessão e verificar a identidade das partes de uma sessão.

nome de domínio Um nome que identifica exclusivamente um servidor na Internet.

normalização O processo de agrupar elementos de dados em tabelas de maneira que simplifique o acesso, reduza a entrada de dados e armazenamento e minimize a probabilidade de inconsistências nos dados.

núcleo (*kernel*) Ver núcleo do sistema operacional.

núcleo do sistema operacional *Software* do sistema operacional que executa as funções mais básicas de manutenção, alocação de recursos e monitoramento de recursos do computador.

número de IP Endereço exclusivo para cada dispositivo conectado à Internet; este endereço consiste em duas partes — um número de rede e um número de dispositivo.

O

ODBC (*open database connectivity* — conectividade de banco de dados aberta) Um padrão que permite aos programas acessar seus bancos de dados de uma maneira uniforme e torna fácil movimentar bancos de dados de um DBMS para outro.

operadora de serviços de comunicações Um órgão público ou empresa privada que fornece recursos e serviços de comunicação ao público.

oportunidade Um fator externo ou do ambiente que pode auxiliar uma organização a atingir seus objetivos estratégicos.

organização virtual Uma estrutura modular interligada pela tecnologia da informação.

P

pacote Consiste na divisão de uma mensagem em um conjunto de pequenas partes chamadas pacotes, utilizados pelos *softwares* de comunicação para enviar dados; por exemplo, muitos *softwares* de comunicação de dados enviam os dados num pacote contendo um número fixo de bytes.

padrão Regras que regem os tipos de investimentos que uma organização pode fazer na tecnologia da informação e em sistemas. São também acordos abrangentes aplicáveis a toda a indústria sobre as características de *hardware*, de *software*, ou dispositivos e protocolos de telecomunicações específicos.

pixel Um ponto na tela do computador. É uma contração de *picture element*.

plano de contingência O processo de antecipar sinistros e preparar respostas apropriadas para manter o negócio operando após uma catástrofe ou sinistro qualquer.

plano de continuidade do negócio Ver plano de contingência.

plano de testes A criação de testes que asseguram a operação apropriada dos sistemas desenvolvidos.

plotter Um dispositivo de saída que opera pelo movimento de uma ou mais canetas sobre o papel, bastante parecido com o modo como uma pessoa escreve.

política de segurança Uma política que aborda as práticas de segurança apropriadas e os métodos de pôr em vigor estas práticas.

política de uso aceitável Uma política ou código organizacional que esclarece e torna explícito aos empregados quais são os usos apropriados das instalações corporativas de computadores e redes.

porta Um soquete usualmente localizado na parte traseira do computador, através do qual o monitor, teclado e quaisquer outros dispositivos de entrada e saída são conectados, através de cabos, aos circuitos de interface dentro do computador.

portal da Internet Uma empresa que consegue um grande volume de tráfego de visitantes que retornam, porque ela fornece serviços gratuitos, tais como pesquisas na Internet.

processador de sinais digitais (DSP — *digital signal processor*) Processador que converte sinais de onda eletrônicos, como os originados por som ou outros sensores de entrada, para um fluxo de bits digitais e vice-versa.

processamento analítico *online* (OLAP — *online analytical processing*) Ferramentas que agregam, exibem e analisam dados para extrair inferências e tomar decisões.

processamento paralelo O uso de dois ou mais processadores cooperando em um único computador.

produtor Um empreendimento que obtém receita vendendo os produtos ou serviços que constrói, industrializa, planta ou cria.

programação ágil Qualquer uma de diversas metodologias de desenvolvimento de sistemas que dão ênfase em dar resposta às demandas de alterações encaminhadas pelo usuário e destinadas a pequenos grupos de desenvolvimento e projetos que requerem documentação mínima.

programador Uma pessoa que escreve programas de computador.

projeto A criação de especificações detalhadas para um sistema proposto.

projeto assistido por computador (CAD — *computer-aided design*) Sistema que permite a engenheiros, arquitetos, projetistas gráficos e outros profissionais compor seus projetos de produto e processos num computador, e não em papel.

projeto de dados O processo de identificar e formalizar os relacionamentos entre os elementos de dados num banco de dados.

projeto de interface A especificação das mídias, conteúdo e formatos de entradas e saídas.

projeto de objeto A geração de um modelo de objeto.

projeto de processo O projeto dos processos computacional e lógico que fundamentam um sistema.

projeto físico Decisões sobre o *hardware* usado para implementar um sistema.

protocolo de rede Um padrão que define como uma mensagem, dentro de uma rede, é empacotada, protegida, enviada, direcionada, recebida e reconhecida pelo receptor.

prototipagem Uma abordagem de desenvolvimento de sistemas que busca satisfazer as necessidades do usuário focalizando a interface de usuário.

prototipagem rápida A conversão de um modelo de projeto assistido por computador eletrônico num modelo físico sólido. Também, o desenvolvimento de protótipos de *software* usando o desenvolvimento rápido de aplicações, com a finalidade de verificar as especificações do sistema.

provedor de serviços da Internet (ISP — *Internet service provider*) Uma empresa que vende acesso à Internet; ela possui um grande bloco de números de IP para realocação e tem uma conexão telefônica de alta capacidade com o *backbone* da Internet.

provedor de serviços de aplicações (ASP) Uma empresa que fornece serviços de terceirização para operação, manutenção e, freqüentemente, customização de aplicativos de *software* específicos.

publicidade através de *banners* (*click-through advertisement*) Uma publicidade que direciona o espectador para o *site* do anunciante na Internet se o espectador clicar sobre seu anúncio na página da Internet.

pure play Uma estratégia de negócios que requer que a empresa venda seus produtos ou serviços exclusivamente pela Internet; um negócio que segue a estratégia *pure play*.

Q

quadro de avisos eletrônico Um sistema para conversação eletrônica e transmissão de mensagens controlado por um administrador central que usa um repositório central para armazenar mensagens.

quadro de funções Ferramenta de projeto de sistemas que mostra como um processo se conecta a outros processos.

R

RAID (*redundant arrays of inexpensive disks* — arranjos de discos redundantes de baixo custo) Dispositivo que usa um grande número de discos rígidos relativamente pequenos numa única unidade.

reconhecimento óptico de caracteres (OCR — *optical character recognition*) *Software* que converte imagens recebidas de dispositivos de captura de imagem em dados que os programas de processamento de texto e planilhas eletrônicas podem usar.

recurso Uma entrada para a produção das saídas.

rede Um conjunto de pontos e as conexões de telecomunicação entre eles.

rede de alcance pessoal (PAN — *personal area network*) Uma rede que conecta os dispositivos de uma única pessoa ou computador.

rede de áreas de armazenamento (SAN — *storage area network*) Um dispositivo de armazenamento virtual criado pela conexão de diferentes tipos de dispositivos de armazenamento, tais como bibliotecas de fitas, discos RAID, e jukeboxes óticas, em uma rede de alta velocidade.

rede de longa distância (WAN — *wide area network*) Uma rede que cobre uma área maior do que a de uma LAN.

rede de valor agregado (VAN — *value-aided network*) Um revendedor da capacidade de transmissão telefônica e/ou via satélite.

rede local (LAN — *local area network*) Uma rede que conecta dispositivos em um único prédio ou em uma área com prédios avizinhados.

rede neural Abordagem da inteligência artificial que opera imitando o cérebro humano.

Rede Privada Virtual (VPN — *Virtual Private Network*) Uma rede privada de longa distância que conecta as LANs e os usuários de uma empresa entre si através de uma rede pública, usualmente a Internet.

registro Entrada em um arquivo contendo um exemplo de ocorrência do tipo de dados que o arquivo contém. Cada registro tem, freqüentemente, dados sobre uma pessoa, um lugar ou uma coisa concreta ou abstrata.

reintermediação O ato ou processo de substituir os distribuidores *brick and mortar (lojas com tijolo e cimento)* com um modelo puro de distribuição de *e-commerce.*

relacionamento A estratégia de obter uma vantagem competitiva pelo estabelecimento de relações especiais e exclusivas com clientes, fornecedores e concorrentes.

relatório de exceções Relatório que alerta os administradores sobre problemas potenciais, apresentando somente os dados ou indicadores que estejam fora de uma faixa aceitável ou esperada.

relatório detalhado Fornece aos administradores informações úteis para a supervisão das operações cotidianas de um departamento ou grupo de trabalho.

relatório periódico Relatório que um sistema de relatórios de gestão produz de modo periódico para distribuição a uma lista pré-especificada de empregados.

relatório por solicitação Qualquer relatório que um sistema de relatórios de gestão fornece por solicitação para usuários autorizados.

relatório resumo Também conhecido como relatório estatístico, um relatório que apresenta totais, médias, máximos, mínimos ou outros dados estatísticos agregados com o passar do tempo, dados de pessoal, produtos ou outras quantidades.

relatórios iniciados por eventos Relatório gerado por um sistema de relatórios de gestão (MRS), destinado a alertar os administradores sobre problemas potenciais, apresentando somente os dados ou indicadores que estejam fora de uma faixa aceitável ou esperada.

replicação Um recurso do DBMS distribuído em que o DBMS muda os dados em todos os locais se um usuário ou uma aplicação alterar os dados redundantes em um local.

resolução A qualidade da saída de computador, normalmente medida em pontos por polegada (DPI) ou pixels, que são medidas de densidade.

retorno sobre o investimento (ROI — *return on investment*) A razão do benefício (retorno) de um investimento em relação ao valor do investimento.

revendedor de valor agregado (VAR — *value-aided reseller*) Um representante do *software* do fabricante autorizado a customizar seu *software.*

revisão pós-implementação Processo que avalia quão bem um novo sistema satisfaz as necessidades do usuário, determina prioridades para novos desenvolvimentos e determina quando refazer o levantamento das necessidades.

robótica Dispositivos de saída que se movem fisicamente em resposta aos sinais de um computador.

roteador Um dispositivo que conecta dois ou mais *hubs,* sub-redes, ou redes que têm o mesmo protocolo de rede e passa dados entre as redes quase simultaneamente.

S

sabedoria A capacidade de usar o conhecimento para uma finalidade.

sala de reunião eletrônica Sala na qual os participantes trabalham em seus próprios computadores numa mesa em forma de U frente a um computador comum na parte dianteira da sala, que pode ser visto por todos os participantes.

saturação de informações Uma sobrecarga de informações.

sensor Dispositivo de entrada, tal como um microfone, receptor eletromagnético, detector de pressão, detector químico e detector de temperatura, que responde ao ambiente com um sinal que o computador pode interpretar.

serviço de circuito comutado Uma conexão temporária feita entre dois pontos que tem a duração de uma sessão.

serviço de comutação de pacotes Fornece uma conexão direta entre quaisquer pontos na rede telefônica mas não fornece necessariamente um circuito fixo para a sessão toda.

servidor Em uma arquitetura cliente/servidor, um computador dedicado a executar serviços especiais para os computadores cliente na rede.

servidor de banco de dados Em uma arquitetura cliente/servidor, um computador que armazena dados e executa o *software* para acessar seus dados em resposta às solicitações dos computadores clientes.

servidor de nome de domínio (DNS — *domain name server*) Servidor que busca o endereço IP de um nome de domínio para os usuários da Internet.

servidor universal Nome comum para DBMS híbridos objeto-relacional.

sessão Uma série prolongada de mensagens dotadas de significado e comunicadas num período de tempo em alguma ordem.

set No modelo em rede, as combinações de proprietários e membros em um relacionamento de um para muitos.

simulação O processo de representar processos reais com modelos analíticos simulados.

sistema de apoio à decisão em grupo (SADG) *Software* que suporta o processo da tomada de decisão conjunta.

sistema de automatização Sistema que usa a tecnologia da informação para executar tarefas ou torná-las mais fáceis ou menos dependentes de mão-de-obra intensiva.

sistema de execução da manufatura (MES — *manufacturing execution system*) *Software* que monitora e controla os processos no chão da fábrica, permitindo que os administradores e empregados observem e monitorem atividades num centro de trabalho específico ou numa máquina específica.

sistema de gerenciamento de banco de dados (DBMS — *database management system*) *Software* que compreende programas para armazenar, acessar e administrar um banco de dados informatizado e prover interfaces com programas aplicativos e usuários não programadores, bem como fornecer um *host* para a criação e manipulação de outros dados e recursos de segurança.

sistema de gestão de depósito Um sistema de informação que suporta as atividades no interior dos armazéns da empresa e em suas docas de expedição e de recepção.

sistema de informação A combinação de tecnologia da informação, dados, procedimentos para processamento dos dados e pessoas que coletam e usam estes dados. Os sistemas de informação também incluem os sistemas de automação, que executam tarefas que eram executadas manualmente; sistemas de processamento de transações, que processam e registram as atividades de negócios; sistemas de gestão, que fornecem informações aos administradores; e sistemas estratégicos, que dão apoio à implementação da teoria organizacional.

sistema de informações departamentais Sistema de informação que aborda as necessidades individuais de funções ou departamentos.

sistema de informações empresariais Integra inteiramente as funções da organização ou empreendimento e propicia um repositório único e abrangente para suas informações.

sistema de informações executivas (EIS — *executive information system*) Sistema que permite aos executivos fácil acesso aos seus relatórios favoritos, permite-lhes focalizar com mais detalhes itens de seu interesse e rastreia os jornais *online* e outros serviços de informação buscando itens de maior interesse para o executivo.

sistema de informações geográficas (GIS — *geographic information system*) *Software* com capacidade de examinar e manipular informações geográficas, junto com os bancos de dados associados que contêm informações geográficas.

sistema de informações individuais Sistema de informação projetado para ser usado por uma pessoa.

sistema de ponto de venda (POS — *point-of-sale system*) Sistema que registra a venda de um produto ou serviço e atualiza os registros da empresa relacionados à venda.

sistema de processamento de transações (TPS — *transaction processing system*) Um sistema de informações que registra e processa as atividades de negócios rotineiras de uma organização.

sistema de recepção de pedidos Registra e processa o recebimento de um pedido.

sistema de regras *Software* de inteligência artificial que direciona o computador a tomar decisões com base em regras lógicas.

sistema de relatórios de gestão (MRS — *management reporting system*) Um sistema que auxilia os administradores a monitorar as operações e recursos da organização e do meio em que a organização opera.

sistema de suporte à decisão (DSS — *decision support system*) Sistema que assiste os administradores ao avaliar o impacto de decisões alternativas e fazer a melhor escolha possível.

sistema de suporte à gestão (MSS — *management support system*) Um sistema de informação que fornece as informações de que os administradores necessitam para tomar decisões e coordenar suas atividades.

sistema de suporte a grupo (GSS — *group support system*) Ver *groupware.*

sistema especialista (*expert system*) *Software* de computador que automatiza o papel de um especialista em um determinado campo.

sistema integrado de gestão (ERP — *enterprise resource plan*) *Software* que fornece um suporte completo para a cadeia de suprimentos, a cadeia de valor e os processos administrativos de uma empresa.

sistema interorganizacional (IOS — *inter-organizational system*) Um sistema de informação automatizado compartilhado por duas ou mais empresas.

sistema operacional Programas que executam as tarefas mais básicas de manutenção, alocação de recursos e funções de monitoramento de recursos do computador, com um mínimo de entrada ou controle pelo usuário.

sistemas de gestão de recursos humanos (HRM — *human resource management*) Sistemas de informação que racionalizam os processos relativos ao recrutamento, desenvolvimento, retenção, avaliação e remuneração do empregado.

sistemas de informações funcionais Sistema de informação que aborda as necessidades de funções ou departamentos individualmente.

sistemas de suporte executivo (ESS — *executive support system*) Ver sistema de informações executivas.

sistemas legados (*legacy systems*) Sistemas de grande porte e arraigados, consistindo em milhares de programas escritos e modificados há mais de dez ou vinte anos, que apresentam grandes dificuldades para serem alterados devido à sua complexidade ou à falta de documentação.

SNMP (*Simple Network Management Protocol* — **Protocolo de Gestão de Rede Simples**) Um protocolo que define como os dispositivos de gestão operam e os dados que eles mantêm.

softcopy Saída num meio não movível, tal como uma tela de computador.

software Ver *software* de computador.

***software* comercial de prateleira (COTS — *commercial off-the-shelf*)** *Software* vertical não customizado.

***software* de computador** Instruções no formato de código de computador e sua documentação de acompanhamento, para processar dados eletronicamente.

***software* de gestão de conteúdos** *Software* que facilita a criação de páginas dinâmicas na Internet transferindo informações selecionadas de um banco de dados para um gabarito de página da Internet.

***software* de otimização** *Software* analítico que identifica a melhor escolha exeqüível — ou as melhores escolhas — para atingir um dado objetivo.

***software* horizontal** *Software* que executa tarefas genéricas comuns a muitos tipos de problemas e aplicações dentro e através das indústrias.

***software* vertical** *Software* que executa as tarefas comuns a uma determinada indústria e muitas vezes tem algumas ou muitas opções para customização.

solicitação de proposta (RFP — *request for proposal*) Um documento que identifica os requisitos de processamento de informações e as necessidades de informações de uma organização e solicita dos fornecedores de *software* ou *hardware* a submissão de ofertas para o desenvolvimento de *software* que corresponda a estas necessidades.

solução *turn key* (solução pronta) *Hardware* e *software* agrupados, para a venda como um único produto.

SQL Uma linguagem não-procedural, fácil de usar, que foi adotada como padrão para o modelo relacional.

subesquema Uma visão lógica de como os dados num banco de dados ou numa parcela do banco de dados relacionam-se com outros dados no banco de dados.

T

tabela A representação do modelo relacional de um arquivo com linhas chamadas tuplas (*tuples*) e colunas chamadas atributos.

TCP/IP (Protocolo de Controle de Transmissão/Protocolo da Internet) Protocolo para comunicação de dados com origem na transmissão por meio da Internet, mas que é agora largamente utilizado por redes locais e de longa distância.

tecnologia da informação (TI) *Hardware* e *software* de computador, sistemas de gestão de banco de dados e sistemas de transmissão de dados.

tecnologia de comunicação de dados As redes da empresa, a Internet e quaisquer outras tecnologias para a transmissão de dados digitalizados.

tela volumétrica Dispositivo que produz uma imagem tridimensional em torno da qual o observador pode andar.

telecommuter Empregado móvel que raramente, se alguma vez, visita o escritório do seu empregador.

telecomunicação Comunicação a distância.

teleconferência A tecnologia que permite que pessoas em diferentes locais realizem uma conferência, como se estivessem na mesma sala. A teleconferência inclui ambas as conferências, de áudio e de vídeo.

terceirização Contratar uma organização externa para executar serviços tais como processamento de informações e desenvolvimento de aplicações.

teste de componentes Testes que examinam a interação de uma série de programas dentro do sistema que provavelmente serão usados em conjunto, tais como os que processam uma transação.

teste de desempenho O primeiro estágio do teste de sistema no qual os desenvolvedores identificam e corrigem os problemas que poderiam levar o sistema a falhar ou operar com excessiva lentidão, quando sobrecarregado com muitos usuários ou dados em demasia.

teste de integração Teste que aborda a interação entre os grandes componentes do novo sistema desenvolvidos de modo independente, que foram verificados internamente nos níveis de testes de unidade e teste de componentes.

teste de unidade Testar cada pequeno componente de um sistema para garantir sua operação como desejado.

teste de usabilidade O segundo estágio do teste de sistemas no qual o sistema desenvolvido é comparado às expectativas e necessidades dos usuários.

teste do sistema Também conhecido como *alpha testing*, testa um sistema inteiro sob condições realísticas.

trabalhador do conhecimento Um empregado, tal como um engenheiro, um contabilista, um advogado, ou especialistas técnicos, que têm capacidades e conhecimento especializados.

trabalho cooperativo assistido por computador (CSCW — ***computer-supported cooperative work***) Ver *groupware*.

transação Uma unidade de atividade de negócios, tal como adquirir um produto, fazer um depósito bancário, ou reservar um assento em um avião.

troca eletrônica de dados (EDI — ***electronic data interchange***) A troca de dados (usualmente transações) entre duas organizações de negócios usando um formato eletrônico padrão.

tuple No modelo relacional de DBMS, uma linha numa tabela.

U

usuário final Um consumidor de sistemas e serviços de informações.

V

varejista Uma empresa, tal como uma mercearia ou loja de departamento, que venda produtos diretamente aos consumidores.

veículo guiado automaticamente (AGV — ***automated guided vehicle***) Veículo controlado por computador, que se move ao longo de um sistema de orientação construído dentro de um assoalho de fábrica ou armazém.

videoconferência Realizar uma reunião em que as informações são permutadas eletronicamente.

visão física Visão dos dados que inclui como eles são comprimidos e formatados, quais dados são armazenados próximos uns dos outros e que índices existem para simplificar e acelerar o acesso aos dados em sua mídia de armazenamento.

visão lógica Uma visão lógica dos dados, baseada num modelo de dados que é independente da maneira em que os dados são armazenados fisicamente.

W

webcasting O processo de transmitir áudio ou vídeo, ao vivo ou gravado, de modo que os receptores possam recebê-lo usando um navegador da Internet.

Wi-Fi Um protocolo que opera como um Ethernet, para LANs sem fio.

X

XML Uma linguagem de computador que identifica o significado dos dados cercando-os com marcas especiais. A linguagem pode ser estendida pelo usuário, que pode criar novas marcas usando as regras de definição da linguagem e recursos que o XML fornece.

Índice

A

B

C

D

E

F

G

H

I

J

K

L

M

N

O

P

Q

R

CRÉDITOS DAS FIGURAS

Figura 3-2 Teclado de processamento de dados, Photo Disc, Inc. Teclado de ponto de venda, cortesia da International Business Machines. Proibida a reprodução sem autorização.

Figura 3-3 *Joystick*, cortesia da International Business Machines. Proibida a reprodução sem autorização. *Light Pen*, cortesia de Fastpoint Technologies, Inc.; *Mouse*, PhotoDisc, Inc.; *Touch Screen*, Corbis Digital Stock; *Touch Pad*, PhotoDisc, Inc.; *Track Ball*, PhotoDisc, Inc.; *Trackpoint*, PhotoDisc, Inc.

Figura 3-4 Código de barras matricial, cortesia de National Barcode, Inc.

Figura 3-7 *Chip* de 256 megabits, cortesia da International Business Machines. Proibida a reprodução sem autorização.

Figura 3-8 Disco *Zip*, Copyright © 2002 Iomega Corporation. Todos os direitos reservados. O nome Iomega, a logomarca com o "i" estilizado e as imagens do produto são propriedades da Iomega Corporation nos Estados Unidos da América e/ou em outros países. *CD-ROM*, © Corbis; Disquete, PhotoDisc, Inc.; DVD, © Corbis; Cartão de Memória *Flash*, cortesia da Kingston Technology Company, Inc.; Fita-cartucho, cortesia da Verbatim Corporation.

Figura 3-10 Tela volumétrica mostrando a estrutura do vírus HIV, cortesia da ComputerWorld.com.

Figura 3-11 Plotter, Photo Researchers.

Figura 3-21 Átomos de xenônio em uma superfície de níquel, cortesia da International Business Machines. Proibida a reprodução sem autorização.

Figura 5-3 Configuração típica para videoconferência, Andréas Pollok, Stone.

Figura 5-12 Tela capturada do WIN 2000, reproduzida com permissão da Microsoft Corporation.

Figura 7-7 Diagrama de linhas de software CAD, cortesia da Imaginit Technologies.

Figura 7-8 Fábrica de automóveis, cortesia da Stäubli Corporation.

Figura 7-9 AGV (*Automated Guided Vehicle*) — Veículo transportador não-pilotado, cortesia da Engemin Automation.

Figura 8-13 Salão para conferências por computador, cortesia da Andrulis Corporation.

Figura 8-14 Painéis de instrumentos virtuais, copyright 2002 iDashes, Inc. Patente requerida. Extraída do software de demonstração disponível em http://www.idashes.net.

Figura 9-15 Laboratório de praticidade de uso, cortesia do UEgroup.com.

ROTAPLAN
GRÁFICA E EDITORA LTDA

Rua Álvaro Seixas 165 parte
Engenho Novo - Rio de Janeiro - RJ
Tel/Fax: 21-2201-1444
E-mail: rotaplanrio@gmail.com